GRAETZ · GESCHICHTE DER JUDEN

Geschichte der Juden

von den ältesten Zeiten bis auf die Gegenwart

Aus den Quellen neu bearbeitet von

Dr. H. Graetz

Zehnter Band

Dritte vermehrte und verbesserte Auflage

Bearbeitet von Dr. M. Brann

Geschichte der Juden

von der dauernden Ansiedelung der Marranen in Holland (1618) bis zum Beginne der mendelssohnschen Zeit (1750)

Von

Dr. H. Graetz

arani

Reprint der Ausgabe letzter Hand, Leipzig 1897

Gesamtherstellung: Ebner Ulm
ISBN 3-7605-8673-2

Geschichte der Juden

von

den ältesten Zeiten bis auf die Gegenwart.

Aus den Quellen neu bearbeitet

von

Dr. H. Graetz,

weil. Professor an der Universität und am jüdisch-theologischen Seminar zu Breslau.

Leipzig,
Oskar Leiner.

Geschichte der Juden

von der

dauernden Ansiedelung der Marranen in Holland (1618)

bis zum

Beginne der Mendelssohnschen Zeit (1750).

Von

Dr. H. Graetz,

weil. Professor an der Universität und am jüdisch-theologischen Seminar zu Breslau.

Zehnter Band.

Dritte vermehrte und verbesserte Auflage.

Bearbeitet

von

Dr. M. Brann.

Leipzig,

Oskar Leiner.

Vorwort zur dritten Auflage.

Auf den Wunsch der Familie meines unvergeßlichen Lehrers und Vorgängers im Amte habe ich mich gern der Mühe unterzogen, die vorliegende dritte Auflage des zehnten Bandes (von S. 80 an) zum Druck vorzubereiten. Bei dem Weltruf, den das Buch in der Gestalt, in welcher es aus der Hand des heimgegangenen Verfassers hervorgegangen ist, gewonnen hat, habe ich mich nicht für berechtigt gehalten, die charakteristische Geschichtsauffassung wesentlich zu modifizieren. Jedoch habe ich hier und da, ohne dem Inhalt zu nahe zu treten, die Form der Darstellung unbedenklich geändert. Dem Text der neuen Ausgabe sind zunächst die Bemerkungen, die der verewigte Verfasser in sein Handexemplar der zweiten Auflage eingetragen hat, zugute gekommen. Ferner sind die Zitate nach Möglichkeit geprüft und, wo es nötig war, stillschweigend berichtigt worden. Außerdem habe ich in eckigen Klammern auf die mir bekannt gewordene neuere Literatur hingewiesen und an einzelnen Stellen tatsächliche Berichtigungen hinzugefügt.

Breslau, 30. Oktober 1896.

Dr. **M. Brann.**

Inhalt.

Vierte Periode des dritten diasporischen Zeitraums,

letzte Stufe des inneren Verfalles.

Seite

Sechstes Kapitel.

Siebentes Kapitel.

Seite

Kamenker. Bannspruch gegen die Sabbatianer in Deutschland und Polen. Chajon gerichtet. Sein Sohn als Ankläger gegen die Juden . . . . 294—338

Elftes Kapitel.

Allgemeine Verwilderung in der Judenheit. (Fortsetzung.) **Luzzatto, Eibeschütz, Frank.** Luzzattos Lebensgang und dichterische Begabung. Seine Jugenderzeugnisse. Seine Gestaltungskraft führt ihn auf die Abwege der Phantasterei, er dichtet einen neuen Sohar und träumt sich als Messias. Chagis gegen Luzzatto. Gebannt wandert er nach Amsterdam. Sein kunstvolles Drama. Seine Auswanderung nach Palästina und sein Tod. Jonathan Eibeschütz, sein Charakter und Lebensgang. Ist als Vorsteher eines Lehrhauses in Prag der sabbatianischen Ketzerei verdächtig. Seine Verbindung mit den Jesuiten. Seine Berufung nach Metz. Seine Verbindung mit den Franzosen gibt Anlaß zum Verdacht des Landesverrates im schlesischen Kriege. Baron de Aguilar und Berusch Eskeles. Ausweisung der Juden aus Böhmen und Mähren durch Maria Theresia. Rücknahme des Ediktes. Eibeschütz in Altona. Jakob Emden und sein Charakter. Beginn und Verlauf der Streitigkeiten wegen der sabbatianischen Amulette. Parteinahme für und wider Eibeschütz. Wirren und Zerwürfnisse in der Judenheit. Jakob Frank Lejbowicz und die Frankisten oder Kontratalmudisten. Entlarvende Überraschung in Laskorun. Bannflüche und Verfolgung gegen sie. Sie erklären sich als Trinitarier und erlangen den Schutz des Bischofs Dembowski von Kamieniec. Anschuldigungen gegen den Talmud und die talmudischen Juden als Christenkindermörder. Neuer Scheiterhaufen für den Talmud. Die Frankisten unterliegen durch Dembowskis Tod. Neue Wirren durch die Frankisten. Sie lassen sich zum Scheine taufen. Frank als Schwindler entlarvt und nach Czenstochau abgeführt . . . . 339—406

Noten.

1. Uriel da Costa, Isaak Orobio und ihre schriftstellerischen Zeitgenossen in Amsterdam . . . . 407—420
2. Jakob Sasportas und die Texeiras . . . . 421—427
3. Sabbataï Zewi, sein Anhang und seine Lehre . . . . . 428—460
4. Das apostolische Zeitalter nach Sabbataï Zewi . . . . . 460—478
5. Die Könige von Schweden und die Karäer . . . . . . 478—481
6. Chajon, seine Ketzerei, seine Gönner und Gegner . . . . 481—510
7. Jonathan Eibeschütz und sein Verhältnis zum Sabbatianismus 510—524

Register . . . . 525—532

Vierte Periode

des dritten diasporischen Zeitraums,

letzte Stufe des inneren Verfalles.

Erstes Kapitel.

Das holländische Jerusalem.

Die Amsterdamer Gemeinde, ihre Erwerbsquellen, ihre Reichtümer und ihre geachtete Stellung. Zacuto Lusitano. Der Dialog des Siebengebirges. David Abenatar Melo und seine spanischen Psalmen. Spaltung in der Gemeinde und Wiedervereinigung. Das Lehrhaus. Saul Morteira, Isaak Aboab und Manasse Ben-Israel. Gewalt und Einfluß der Amsterdamer Gemeinde. Die Pintos in Rotterdam. Die portugiesische Gemeinde in Hamburg. Rodrigo de Castro. Gutachten zweier lutherischer Fakultäten über die Juden. Die jüdischen Begründer der Hamburger Bank. Die erste Synagoge. Intoleranz der lutherischen Geistlichkeit. Bendito de Castro. Diego Texeira de Mattos. Reibungen zwischen den Juden und der Geistlichkeit. Der Eiferer Johannes Müller und seine judenfeindliche Schrift. Dionysius Musaphia. Die erste große Synagoge in Hamburg. Jüdische Kolonie in Brasilien.

(1618—1648.)

Man kann das Leben des jüdischen Stammes in seiner fast zweitausendjährigen Diaspora (Zerstreuung) füglich dem eines Polypen vergleichen. So vielfach verwundet und zerstückelt, starben die vom Ganzen losgetrennten Teile nicht ab, sondern begannen eine selbstständige Existenz, entwickelten sich organisch und setzten einen neuen Grundstock an. Aus der Urheimat Palästina verdrängt, sammelten sich die zersprengten Glieder dieses eigenartigen Volksorganismus an den Ufern des Euphrat und Tigris und in den Palmenstrichen Arabiens. Dort dem Untergange geweiht, zogen sie mit dem Kulturvolk des Mittelalters, mit den Arabern, nach Spanien und wurden die Lehrer des in Barbarei steckenden Europas. Auch von dort aus verjagt und gebrochen, zogen sie ostwärts, und als auch da keines Bleibens für sie war, siedelten sie sich im Norden an, immer der aufgehenden Kultur nachziehend. Die Zulassung der Juden in Holland war das erste zitternde Aufdämmern eines hellen Tages aus nächtlichem Dunkel. Amsterdam, das nordische Venedig, war im Anfang des siebzehnten Jahrhunderts ein neuer Mittelpunkt für die Juden geworden; sie nannten es mit Recht ihr neues, großes Jerusalem[1]). Diese Stadt wurde mit der Zeit eine feste Arche in der neuen Sintflut für den jüdischen Stamm. Mit jedem Inquisitionsprozesse in Spanien und Portugal wegen des Judaisierens der dortigen Marranen, mit jedem Scheiterhaufen für Überführte und Verdächtige vermehrte sich die Mitgliederzahl der Amsterdamer Gemeinde, als hätten es die Fanatiker darauf angelegt, die erzkatholischen Länder zu entvölkern und arm zu machen, um die ketzerischen Staaten der Niederlande zu bevölkern und zu bereichern. Die über vierhundert portugiesischen Gemeindeglieder Amsterdams besaßen bereits in diesem durch sie zur blühenden Handelsstadt erhobenen Platze dreihundert stattliche Häuser und Paläste. Sie betrieben meistens mit ihren bedeutenden Kapitalien den Handel im großen Stile, waren bei der ostindischen und westindischen Kompagnie beteiligt oder leiteten Bankgeschäfte. Dem Wucher aber, der die Juden anderer Länder so sehr verhaßt machte, waren sie abgesagte Feinde. Von dem Umfange ihrer Kapitalien und des Umsatzes gibt die Synagogensteuer, die sie sich selbst aufgelegt haben, einen annähernden Begriff. Von jedem Pfund der von ihnen nach auswärts versandten und empfangenen Waren pflegten sie einen Deut zu steuern, und diese Steuer betrug jährlich beinahe 12 000 Francs (9000 Mk.). Dabei waren nicht die Einnahmen berechnet, welche den Beteiligten von der Handelskompagnie zuflossen[2]).

Doch nicht um ihrer Reichtümer willen allein nahmen sie eine angesehene Stellung in der neuen batavischen Handelsstadt ein. Die eingewanderten Marranen gehörten meistens den gebildeten Ständen an, hatten in ihrer Rabenmutterheimat Spanien oder Portugal Stellungen als Ärzte, Rechtsgelehrte, Staatsbeamte, Offiziere oder Geistliche eingenommen, waren daher meistens ebenso der lateinischen Sprache und der Literatur, wie der schönen Wissenschaften kundig und gewandt in den Umgangsformen der Gesellschaft. In den Niederlanden, damals dem gebildeten Teile Europas, deren Staatsmänner die Berufung Scaligers, des Fürsten der Gelehrsamkeit, an die Universität von Leiden als eine hochwichtige Angelegenheit behandelten, in diesem Lande galt humanistische Bildung an sich schon als

[1]) Schudt, Jüd. Merkwürdigkeiten I, 271.
[2]) Manasse Ben-Israel, Adresse an Cromwell, Übers. p. 152.

eine besondere Empfehlung. Gebildete Juden verkehrten daher in Holland mit christlichen Männern der Wissenschaft auf dem Fuße der Gleichheit und verwischten das Vorurteil gegen den jüdischen Stamm. Einzelne unter ihnen erlangten einen europäischen Ruf und standen mit hochgestellten Persönlichkeiten in Verbindung. Abraham Zacuto Lusitano (geb. 1576, gest. 1642), Urenkel des Historikers und Astronomen Zacuto (B. VIII_4 370, IX_4 14)[1], war einer der berühmtesten Ärzte seiner Zeit. Von marranischen Eltern in Lissabon geboren, hatte er schon im achtzehnten Jahre den Doktorgrad erlangt. Aber weder seine reichen Kenntnisse, noch seine Geschicklichkeit als Arzt vermochten ihn vor den lauernden Schergen der Inquisition zu schützen. Glücklich nach Amsterdam entkommen, konnte er ungehindert seiner Wissenschaft und dem Judentume leben. Zacuto Lusitano stand in brieflicher Verbindung mit dem Kurfürsten Friedrich von der Pfalz und dessen gelehrter Gemahlin, jenem unglücklichen Eintagskönigspaare von Böhmen, das den Janustempel des dreißigjährigen Krieges aufschloß. Christliche wie jüdische Fachgenossen verkündeten sein Lob in Poesie und Prosa. Aus den Briefen und Versen an Zacuto Lusitano erkennt man nicht, daß Vorurteile gegen Juden damals noch im Schwange waren. Die Statthalter der Niederlande, die Reihe der edlen Fürsten aus dem Hause Oranien-Nassau, Moritz, Heinrich und Wilhelm II., waren wie ihr Stammgründer Wilhelm I. wohlwollend gegen die Juden und behandelten sie wie vollberechtigte Bürger. Auch die niederländischen Gelehrten zollten den Gebildeten unter ihnen Achtung und verkehrten mit ihnen wie mit ihresgleichen. Selbst die Peiniger der Marranen in ihren Ländern, die spanischen und portugiesischen Könige, bequemten sich nach und nach dazu, den Nachkommen ihrer gehetzten Opfer Ehren zu erweisen, Amtsbefugnisse zu übertragen und ihnen die Konsulatsgeschäfte für ihre Staaten anzuvertrauen.

Die Anhänglichkeit der Amsterdamer Juden an ihre neugewonnene und mit so vielen Gefahren erkaufte Religion war tief empfunden und erneuerte sich beim jedesmaligen Eintreffen neuer Flüchtlinge und bei jeder Nachricht von dem Märtyrertum ihrer Brüder auf den Scheiterhaufen des Inquisitionstribunals. Diese tiefe Hingebung spiegelte sich in all ihrem Tun ab und verkörperte sich in Versen, die sie allerdings nur in der Sprache ihrer Peiniger dichten konnten.

[1]) Seine Biographie ist kurz angegeben im ersten Teil seiner medizinischen Werke von de Lemos; auch Biographie universelle s. v.

Jener Dichter, welcher einst auf dem Sprunge stand, Mönch zu werden, Paul de Pina, oder Rëuel Jesurun (IX$_4$ S. 466) dichtete für eine feierliche Gelegenheit Wechselgesänge in portugiesischer Sprache, welche von sieben Jünglingen vorgetragen wurden, um die erste Synagoge (Bet Jakob) zu verherrlichen (1624). Die Berge des heiligen Landes: Sinaï, Hor, Nebo, Garisim, Karmel, Zetim (Ölberg) wurden redend eingeführt, um die Vortrefflichkeit des israelitischen Gottesbekenntnisses, des jüdischen Gesetzes, des jüdischen Volkes in wohlklingenden Versen zu feiern. Zetim, dargestellt von David Belmonte, einem der acht würdigen Söhne des für die Gründung der Amsterdamer Gemeinde so eifrigen Jakob Israel Belmonte (IX$_4$ S. 469), pries diejenigen glücklich, welche auserwählt wurden, den einigen Gott zu bekennen. Der Sinaï, von Abraham de Fonseca dargestellt, sprach: „Wie selig ist der zu nennen, der Tag und Nacht dem Gesetze Gottes nachsinnt." Die heiligen Höhen vermissen indes den Hauptberg Zion, und als er sich endlich blicken läßt (Isaak Coen Lobato), bewillkommnen ihn die übrigen voll Jubel, als den Ergänzer der heiligen Siebenzahl. In wohlgesetzten Versen preisen sie die tausend Gnadenwege, welche Gott sein Volk von den Urzeiten bis auf die Gegenwart geführt hat[1]). Die Einheit Gottes, die Heiligkeit des Gesetzes und die Erwartungen der messianischen Gnadenzeit, von den sefardischen Marranen tiefer empfunden, als neugewonnene, gewissermaßen mit Blut erkaufte Überzeugungen, das waren unerschöpfliche Themata für ihre Poesie. Im Hintergrunde glänzender Gemälde zeigte sie aber stets die schauerlichen Kerker, die Molochspriester und den lodernden Flammenschein der Inquisition. Diese zugleich fröhliche und düstere Stimmung der Amsterdamer marranischen Juden veranschaulichte ein tiefsinniger Dichter treu und farbenreich, David Abenatar Melo (blühte um 1600 bis 1625). Im Scheinchristentum in Spanien geboren, hatte die argusäugige Inquisition auch ihn in eine ihrer mörderischen Höhlen gebracht und mehrere Jahre darin schmachten lassen Die Kerkernacht

[1]) De Barrios teilt auf einem Blättchen als Eingang zu einem Sonett mit: Al dialogo de los Siete montes que compuso Rohel Jesurun, representaronlo en la sinagoga de Amsteladama de Bet Jehacob año de 5384. Indes muß daselbst emendiert werden: David de Belmonte (representó) á Zetim, statt Zerim. S. auch dessen Triumpho de govierno popular oder Casa de Jacob, p. 24. Kayserling, Sephardim, S. 340, Note 192 gab aus einer Handschrift den Anfang der Berg-Dialoge; sie sind gedruckt Amsterdam 1767.

hat aber, wie er selbst erzählt, seinen Geist erleuchtet; Melo lernte in der düstern Umgebung seinen Gott erkennen. Unter eigenen Umständen der Inquisition und dem Höllenrachen entflohen (1611) und dem Lichte wiedergegeben, stellte er sich zur Aufgabe, die Psalmen in spanische Verse umzugießen. Die traurigen und frohen Weisen des Psalters belebten sich in seiner Dichterbrust zu einem ergreifenden Abbilde der Gegenwart; er verwandelte sie zu einer neuen Sangweise. Abenatar Melo widmete seine spanischen Psalmen „dem gebenedeiten Gott und der heiligen Genossenschaft Israels und Judas, welche in langer Gefangenschaft durch die Welt zerstreut ist". Jenes erhebende Triumphlied, welches zur Einweihung des Tempels nach mehrjähriger Schändung in jauchzenden Chören, durchzuckt von schmerzlichen Erinnerungen (Ps. 30), gesungen worden war, bildete Melo in ein individuelles Danklied für seine eigene Befreiung von den Folterqualen des Tribunals um:

„Mich warf in tiefen Kerkers Nacht
Der Ketzerrichter Schreckgewalt
Den Zähnen wilder Leuen hin.
Du hast die Freiheit mir gebracht,
Der Schmerz verrauscht, die Klage schweigt,
Weil ich ein reuig Herz gezeigt,
Hast dich mir gnädig zugeneigt.
Weil ich dir Besserung versprach,
Wenn die Erlösung mir genaht,
Erhörtest mich mit deiner Gnad',
Und meiner Quäler Macht zerbrach.
Als meine Kraft schon fast vernichtet,
Da hast, o Gott, du sie gerichtet.
Und als in schwerer Marter Schmerz
Die Glieder sie mit Fesseln banden,
Daß in der Qualen Übermacht
Den Freund ich, ja den Bruder morde,
Als Nacht umhüllt das zage Herz,
Zur Folter sie empor mich wanden,
Da fleht' ich die entmenschte Horde:
„Nehmt nur die Fesseln mir vom Leibe,
Und man verzeichne, und man schreibe,
Und ich will euch gern gestehen
Mehr als ihr von mir verlanget."

Seine Hoffnung auf die messianische Erlösung kleidete David Abenatar Melo in ein inbrünstiges, wohlklingendes Gebet, das sich dem Herzen mit wohltuender Wärme einschmeichelt[1]).

[1]) Melos Psalmen sind gedruckt Frankfurt a. M. 1625; s. über ihn ausführlich de los Rios, Estudios sobre los Judios de España, p. 521 ff.

In dieser durch die stete Rückerinnerung an die überstandenen Leiden und Martern gehobenen Stimmung gründeten die Mitglieder der Amsterdamer Gemeinde Wohltätigkeitsanstalten aller Art mit vollem Herzen und reicher Hand, Waisenhäuser, Unterstützungsgesellschaften (hermandades), Hospitäler, wie sie in keiner der älteren Gemeinden vorhanden waren. Sie hatten Mittel und den rechten Sinn dafür. Ihre Frömmigkeit äußerte sich in Mildtätigkeit und Edelsinn. Indessen, wie gehoben auch ihre Stimmung war, so waren sie doch Menschen mit Leidenschaften, und darum stellten sich auch Zwistigkeiten in der jungen Gemeinde ein. Viele Mitglieder, im Katholizismus geboren und erzogen, brachten ihre katholischen Anschauungen und Gewohnheiten mit und behielten sie bei; sie glaubten sie mit dem Judentum vereinigen zu können: „Kann jemand Kohlen in seinem Schoße tragen, ohne daß seine Kleider davon versengt werden?" Von Kindesbeinen an hatten die Marranen gehört und gesehen, daß man sündigen dürfe, wenn man sich nur von Zeit zu Zeit mit der Kirche aussöhnt. Dazu waren eben die katholischen Priester in allen Rangstufen da, um die Sündenvergebung zu vollziehen und die einstigen Höllenstrafen durch kirchliche Mittel von den Sündern abzuwenden. In den Augen der meisten Marranen vertraten die Riten und Zeremonien des Judentums die Stelle der katholischen Sakramente und die Rabbiner die der Priester und Beichtväter. Sie glaubten, wenn man die jüdischen Riten gewissenhaft befolge und zum Überfluß noch dieses und jenes tue, so dürfe man dem Antrieb der Begierden nachgeben, ohne seines Seelenheiles verlustig zu gehen. Allenfalls könnten die Rabbiner Absolution erteilen. Der Lebenswandel der Amsterdamer Marranen war daher weit entfernt, geläutert zu sein, namentlich im Punkte der Keuschheit. Die ersten beiden Rabbiner der Amsterdamer Gemeinde Joseph Pardo und Juda Vega drückten unter Berücksichtigung der Umstände ein Auge bei den Schwächen und geschlechtlichen Vergehungen zu. Der dritte, Isaak Usiel, hielt aber nicht mehr an sich, geißelte vielmehr mit unerbittlichem Eifer von der Kanzel die üblen Gewohnheiten der Halbjuden und Halbkatholiken. Diese Strenge verletzte die Betroffenen; aber anstatt in sich zu gehen, grollten sie dem strengen Prediger, und mehrere verließen den Verband und die Synagoge und taten sich zusammen, eine neue (dritte) zu gründen (1618). An der

Kayserling, a. a. O., S. 169 ff. Diesen Dichter Melo darf man nicht identifizieren mit dem Chasan und Prediger desselben Namens, der fast ein Jahrhundert später gelebt hat; s. Note 6.

Spitze der Ausgetretenen stand **D a v i d O s o r i o**; er mag sich am meisten von Usiels Strafpredigten verletzt gefühlt haben. Für die neue Synagoge (Bet Israel), welche die Ausgetretenen errichtet hatten, wählten sie zum Rabbiner und Prediger **D a v i d P a r d o**, Joseph Pardos Sohn. Dieser entschuldigte die Annahme dieses Amtes bei der neuen Gemeindegruppe, welche Isaak Usiel gewissermaßen zum Trotz gegründet war, mit der Angabe, er habe damit dem Umsichgreifen der Zwietracht entgegenarbeiten wollen. Indessen dauerte die Spannung doch zwei Jahrzehnte (1618 bis 1639)[1]).

Inzwischen suchten auch deutsche Juden, welche die Kriegsfurie des dreißigjährigen Krieges aus ihren Ghettos vertrieben hatte, das Asyl Amsterdam auf und wurden zugelassen (1636)[2]). Wenn der Amsterdamer Rat früher der Einwanderung und Ansiedelung der Juden nur durch die Finger sah, so beförderte er sie später förmlich, weil er den bedeutenden Nutzen, den sie der Stadt brachten, vor Augen hatte. Holland wurde damals der duldsamste Staat auf dem ganzen Erdrunde. Die Juden unterlagen keinerlei Beschränkung, ein und dasselbe Gesetz war für sie und die christliche Bevölkerung, nur daß sie nicht Staatsämter bekleideten, was sie auch gar nicht beansprucht haben[3]). Infolge des Friedensschlusses der Niederlande mit Spanien und Portugal verlangten die holländischen Vertreter für die jüdischen Untertanen dieselben Rechte in diesen Ländern wie für die christlichen, daß sie auch daselbst unbelästigt wohnen dürften. Dafür bemühte sich besonders der Gesandte Baron van **R e e d e**[4]). — Die eingewanderten deutschen Juden konnten sich natürlich der portugiesischen Gemeinde nicht eng

[1]) De Barrios, Vida de Ishac Huziel, p. 33, 34, 36, 43, falsch die Jahreszahl der Vereinigung 1619, richtig in Toro Hor, p. 21: unieronse en Veadar 28 año 5399 que corresponde 3 d. Abril 1639; auch Govierno popular, p. 27 (nach p. 64) und Arbol de las vidas, p. 62.

[2]) David Franco Mendes gibt in einem handschriftlichen Bericht über die erste Ansiedelung der Amsterdamer Gemeinde diese Jahreszahl an: בשנת שצ"ו קצר; (לפי חסר) באו אחינו גרושי אלימניה ופולין להתישב ג"כ העירה (im Besitze des Herrn Carmoly). Kœnen, Geschiedenis der Joden in Nederland, p. 196.

[3]) Thomas de Pinedo hebt diese Toleranz Hollands gegen die Intoleranz Spaniens mit schönen Worten hervor (in seinen Anmerkungen zu Stephanus Byzantius de urbibus, p. 138): Ex commercio in tantam excrevit magnitudinem Amstelodamus ac etiam e x i s o n o m i a. Ejus consules semper in ore habent illud Maronis: Tros Rutulus fuat, nullo discrimine habebo.

[4]) Koenen, a. a. O., p. 152 ff. Die Verhandlungen darüber dauerten von 1652 bis 1657. Freilich konnten die Staaten der Inquisition solche Forderungen nicht bewilligen.

anschließen, weil sie nicht bloß durch Sprache, sondern auch durch Haltung und Manieren von ihr geschieden waren. Eine weite Kluft trennte die Stamm- und Religionsgenossen portugiesischer und deutscher Zunge voneinander. Jene sahen auf diese mit Stolz wie auf Halbbarbaren herab, und diese erkannten jene nicht als vollbürtige Juden an[1]). Sobald ihrer eine hinlängliche Zahl zusammen war, bildeten die deutschen Juden sofort einen eigenen Synagogenverband mit einem eigenen Rabbinen. Ihr erster war Moses Well. Die Spaltung innerhalb der portugiesischen Gemeinde ist aber schmerzlich empfunden worden. Darum gab sich ein angesehener Mann, Jakob Curiel, welcher später Resident des portugiesischen Hofes in Hamburg wurde, die größte Mühe, eine Versöhnung zustande zu bringen. Erst seit der Einigung der drei Synagogen zu einer einzigen Körperschaft (April 1639) trat die portugiesische Gemeinde durch das harmonische Zusammenwirken der Kräfte mit Glanz auf und überragte alle ihre älteren Schwestern in den drei Erdteilen. Die Amsterdamer Gemeinde glich in ihrer Jugend in manchen Punkten der Gemeinde Alexandrien in alter Zeit. Sie besaß wie diese große Reichtümer, Bildung und ein gewisses vornehmes Wesen, litt aber auch wie diese an Unkunde ihres religiösen und wissenschaftlichen Schrifttums. Haben doch die meisten, wenn auch nicht sämtliche marranische Gemeindeglieder erst im Alter Hebräisch lernen müssen!

Bei der Vereinigung der drei Gemeindegruppen zu einer einzigen, wofür Statuten festgesetzt wurden, haben die Vertreter auch Sorge getragen, dieser Unkunde entgegen zu arbeiten. Sie gründeten eine Lehranstalt (Talmud Thora), in welcher zugleich Knaben und Jünglinge Unterricht in den wissenswerten Fächern der jüdischen Theologie erhalten sollten. Es war vielleicht die erste derartige Lehranstalt in der Judenheit, worin eine gewisse Ordnung und eine Stufenfolge in den Lehrgegenständen eingeführt war. Sie bestand anfangs aus sieben Klassen[2]). Anfänger konnten darin von der untersten Stufe des hebräischen Alphabets bis zur höchsten des Talmudstudiums hinaufgeführt werden. Es war zugleich eine Elementarschule und ein höheres Lehrhaus. Auch gründliche hebräische Sprachkunde, Beredsamkeit und neuhebräische Poesie wurden darin gelehrt, was in keiner anderweitigen jüdischen Lehranstalt üblich war. In den höchsten Lehrfächern erteilten

1) Vgl. Rittanglii cum Judaeo altercatio bei Wagenseil, Tela ignea Satanae I, p. 371 und Lettres de quelques Juifs à M. de Voltaire, p. 15.

2) De Barrios, Arbol de las vidas p. 63 ff. Sabbatai Baß oder Bassista Schifte Jeschenim Einleitung.

die Rabbinen oder Chachams den Unterricht, zu jener Zeit Saul Morteira und Isaak Aboab. Diese beiden ohne ihr Verdienst berühmt gewordenen Männer bildeten mit Manasse Ben-Israel und David Pardo das erste Rabbinatskollegium. Das reich ausgestattete Lehrhaus wurde eine Pflanzstätte zur Ausbildung von Rabbinen für die Amsterdamer Gemeinde und ihrer Töchter in Europa und Amerika. Aus ihm gingen Zöglinge hervor, welche auf größere Kreise wirkten; nennen wir bloß des Gegensatzes wegen den kabbalistisch wirren Moses Zacuto und den geisteshellen Baruch Spinoza.

Es war kein Glück für die Amsterdamer Gemeinde, daß ihre ersten geistlichen Führer, die einen außerordentlichen Einfluß ausübten, nur mittelmäßige, zum Teil verschrobene Persönlichkeiten waren. Bei den großartigen Mitteln, welche dieser ersten holländischen Gemeinde zu Gebote standen, bei der vielfältigen Bildung, die in ihr vorhanden war, und der Hingebung ihrer Mitglieder an das Judentum, hätten ihre Führer, wenn sie einen freieren Blick, tieferen Geist und Schwung besessen hätten, Wunderbares zutage fördern können. Die Zeitumstände waren außerordentlich günstig. Sie hätten eine Verjüngung des Judentums schon damals anbahnen können. Allein das erste Amsterdamer Rabbinatskollegium hatte von dem allen nichts, gar nichts. David Pardo scheint gar wenig Bedeutung gehabt zu haben[1]). Saul Levi Morteira (geb. um 1596 gest. 1660)[2]) stammte wahr-

[1]) Die Schriften, welche David Pardo zum Verfasser haben, gehören Ältern oder Jüngern dieses Namens an; vgl. Kayserling in Frankels Monatsschrift 1859, S. 388 ff.

[2]) Seine Biographika sind bei sämtlichen Bibliographen nach de Barrios' Angabe zusammengestellt, namentlich sein Todesjahr. Sein Geburtsjahr ergibt sich aus folgender Notiz. Seine Jünger, die Editoren seiner Predigtsammlung גבעת שאול, geben in der Einleitung an, er sei mit 20 Jahren nach Amsterdam gekommen, mit der Absicht nach Venedig, seinem Geburtsort, zurückzukehren: כבן כ׳ שנים שאול במלכו עבר עלינו (באמשטרדם) לשוב אל עירו גדולה לאלהים ויניציא זה נולד שם. Nach Amsterdam war er, wie de Barrios öfter erzählt, mit der vom französischen Hofe dahin gesandten Leiche Elia Montaltos (st. Febr. 1616) gekommen. Folglich ist er geboren 20 Jahre vorher = 1596. Eigen ist es, daß ihn de Barrios nennt: Saul Morteira Aleman oder de Alemania. Die Sprache, deren sich Morteira bediente, weist ihn aber nach Portugal. Denkbar ist nun diese Bezeichnung, daß Aleman Eigen- oder Familienname bedeutet, nicht selten bei sefardischen Juden. Daraus mag Barrios oder ein Vorgänger de Alemania gemacht haben, als wenn Morteira aus Deutschland stammte. Über seine meist handschriftlich gebliebenen Werke geben die Bibliographen, Wolf, Rodriguez de Castro und de Rossi Auskunft. Über sein Verhältnis zu Sasportas s. Note 2.

scheinlich von portugiesischen Eltern, war aber in Venedig geboren. Er scheint in seiner Jugend in Begleitung des zu seiner Zeit berühmten Arztes Elia Montalto (zuletzt im Dienste der französischen Königin Maria von Medici) gewesen zu sein. Montaltos Leiche, welche diese Königin mit allen Ehrenbezeugungen von Tours über Nantes nach Amsterdam gesandt hatte, begleitete Morteira nächst Mose Montalto, des Verstorbenen Sohn, und seinem Oheim Josua de Luna. In Amsterdam wurde Morteira festgehalten und zum Prediger der ersten Synagoge nach Mose ben Arroyo erwählt. Er war aber nicht einmal ein ausgezeichneter Kanzelredner, denn sein Kollege Aboab und Manasse Ben-Israel überstrahlten ihn bei weitem. Seine Predigten, das einzige, was von ihm gedruckt wurde, haben wohl einen philosophischen Anstrich, aber keinen Gedankenkern. Auch was Morteira sonst schriftlich hinterlassen hat — über die Unsterblichkeit der Seele, über die Wahrheit des Judentums und Gottes Vorsehung für sein Volk, zugleich zur Abwehr feindseliger Angriffe gegen das Judentum und zur Widerlegung christlicher Dogmen — bietet nichts besonders Originelles. Morteira folgte nur breitspurigen Bahnen und wiederholte nur das, was andere vor ihm gedacht und aufgezeichnet hatten. Selbst in der rabbinischen Gelehrsamkeit hatte er keine Meisterschaft und wurde von den zeitgenössischen Talmudisten nicht als Autorität betrachtet.

Noch viel weniger war sein Kollege Isaak Aboab de Fonseca (geb. 1606 gest. 1693)[1]. Er stammte ebenfalls aus Portugal, einem Städtchen Castro d'Ayre oder San Juan de Luz, und kam, wie es scheint, mit seiner Mutter, die ihn als Fünfzigerin geboren hatte, als Kind nach Amsterdam. Unter Isaak Usiel bildete er sich aus und lernte von ihm, was dieser bieten konnte, Kanzelberedsamkeit, wenn sich das überhaupt erlernen läßt. Aboab wurde ein ausgezeichneter und beliebter Prediger. Seine Art zu sprechen hat der kluge und von geheimnisvollem Wohlwollen für die Juden erfüllte portugiesische Jesuit Antonio Vieira aus Lissabon sehr gut charakterisiert. Als er einst in

[1]) Seine Geburtsgeschichte und Lebensumstände gibt de Barrios Tora Hor p. 20, 21, auch unter Aboabs Porträt (bei Wolf IV, p. 805): Nacio en San Jan de Luz del anno 1609 (l. 1606) pr. Februar, murio de edad de 88 annos em 27. de Ve-Adar em Schabbat del año 5453. Von seinem Familiennamen da Fonseca wissen die Bibliographen nichts, und doch nennt er sich so in einer Approbation zur Übersetzung Josephus' contra Apionem von Joseph Semach Arias vom Jahre 1677: Aprovacion del magniffico y venerable Señor Ishac Abuab da Fonseca, insigne predicador, y Maestro en la primera Catedra de sagrada Theologia. Von seinen Übersetzungen und unbedeutenden eigenen Schriften bei den Bibliographen.

Amsterdam war, Aboab und Manasse Ben-Israel predigen hörte und gefragt wurde, wie er sie gefunden habe, antwortete er: „Der eine (Manasse) spricht, was er weiß, und der andere weiß, was er spricht"[1]). Aber eine wohlgesetzte, eindringliche und anmutende Predigt ist nicht immer die Frucht gediegenen Wissens und klarer Überzeugung. Wenigstens war es bei Aboab nicht der Fall. Er hat weder auf dem Gebiete der Wissenschaft, noch auf dem des Talmuds etwas Nennenswertes geleistet. Von Charakter war er schwankend, dem Einflusse anderer zugänglich, für Schmeichelei empfänglich und daher unselbstständig[2]). Diesem Manne war es gegeben, die Amsterdamer Gemeinde fast siebzig Jahre, drei Menschenalter, zu leiten. Einschneidend wichtige Fragen sind an ihn herangetreten und fanden ihn kleinlich, beschränkten Geistes, ohne Verständnis für die Vergangenheit und ohne Blick in die Zukunft. Aboab war wahngläubig wie die Menge, und anstatt sie zu leiten, wurde er von ihr mitgerissen.

Bedeutender war allerdings Manasse Ben-Israel (geb. 1604, starb 1657)[3]), ein Kind der Amsterdamer Gemeinde, wohin sein Vater durch die Folterqualen der Inquisition gebrochen und aller Mittel beraubt, gekommen war. Lernbegierigen Geistes bildete sich auch der junge Manasse unter Isaak Usiel aus und brachte es in Kenntnis der Bibel und des Talmuds, wenn auch nicht zur vollendeten Meisterschaft, so doch zur Gewandtheit und Eingelesenheit. Durch den geschichtlichen Wurf aufs Erlernen mehrerer Sprachen gewiesen — portugiesisch als seine angeborene Muttersprache, hebräisch als nationale Muttersprache, holländisch als Landessprache und auch lateinisch als Literatursprache, und noch mehr, im ganzen etwa zehn, — verstand es Manasse, sich in allen diesen Zungen mit mehr oder weniger Vollendung in gehobenem Stile mündlich und schriftlich auszudrücken. Von Natur redegewandt, bildete auch er sich zum Prediger aus, mit allen Licht- und Schatten-

1) Mitteilungen bei Wolf, Bibliotheca III, p. 709: Manassen dicere quae sciat, Aboabum scire, quae dicat. Über Vieira im 8. Kapitel.

2) So schildert ihn sein ernsterer Kollege im Alter, Jakob Sasportas (Resp., Nr. 66) an Josua da Silva: ואתה ידעת את האיש ואת שיחו והרי"א (יצחק אבוהב) מתהלך בתומו מטה אזן לכל מטעים לו את דבריו ובשפת חלקות מרמה בו עד שסומך על הוראתו כמו שאמר הרי"א בעצמו שהתנהג עמו החכם משה רפאל די אגילאר.

3) Von Manasse Ben-Israel gibt es viele Biographien, die ausführlichste und quellenmäßigste ist die von Kayserling im Jahrbuche für die Geschichte des Judentums vom Institute der israel. Literatur, Jahrg. 1860—61, S. 87 ff. Ich beziehe mich auf diese Monographie und werde nur Neugefundenes durch Zitate belegen.

seiten dieses Standes. Neigung und Anlage befähigten ihn schon im fünfzehnten Jahre die Kanzel zu besteigen. Er wurde ein fruchtbarer Schriftsteller und er hat, obwohl jung gestorben, unvergleichlich mehr als seine Kollegen geleistet. War er auch eine hervorragende Persönlichkeit? Man sollte es eigentlich mit diesem liebenswürdigen Manne, welcher der Judenheit einen so wesentlichen Dienst geleistet und eine Lebensaufgabe hatte, der er die größten Opfer brachte, nicht so genau nehmen, man sollte nicht untersuchen, wie viel Anteil Schwärmerei und eine gewisse Eitelkeit daran hatten. Aber die Geschichte ist eine strenge Richterin. Was seine Zeitgenossen an Manasse bewunderten, war nicht sein tiefer Geist, nicht seine überwältigende, hinausgreifende Größe, sondern im Gegenteil seine ruhige, sich anschmiegende, bescheidene Umgänglichkeit, sein einfaches Wesen. Er hat sich selbst ohne Unterschätzung und Überschätzung richtig und kurz gezeichnet: „Ich erfreue mich einer mittelmäßigen Anlage, allerdings einer glücklichen, der Geschicklichkeit, mit einer gewissen Ordnung die Gegenstände beschreiben zu können, welche der Wille ihr entgegenbringt"[1]). Er hat keine großen und fruchtbaren Gedanken in die Welt gesetzt, sondern die Geisteskinder anderer gehegt und gepflegt, sie wie seine eigenen behandelt. Er war mehr Vielwisser als Denker. Obwohl er auch in der Profanliteratur und der christlichen Theologie heimisch war, so hielt er doch zähe am überkommenen Judentume, nicht bloß an dem rabbinischen Wesen, sondern auch an der Kabbala und betrachtete wie seine minder gebildeten Kollegen jedes Wort im Talmud und Sohar als eine tiefe, überschwengliche Offenbarung. Wie sie, war auch Manasse Ben-Israel dem Wahnglauben ergeben, der in ihm noch stärker hervortrat und seine Willenskraft anspornte.

So waren die Männer beschaffen, welche berufen waren, die junge, unwissende, katholisierende und folgsame Gemeinde Amsterdams zu führen und zu belehren. Ihnen war eine große Macht gegeben. Wichtige Angelegenheiten wurden in gemeinschaftlichen Sitzungen des von den Gemeindegliedern gewählten Vorstandes und des Rabbinats (**Maamad**) beraten und beschlossen. In religiösen Angelegenheiten gaben die Chachams allein den Ausschlag, weil die Laien — im Anfang wenigstens — sich kein Urteil zutrauten. Die Beschlüsse des Rabbinats waren für die Gemeindeglieder bindend, niemand durfte sich dagegen

[1]) M. B. Israel **Estatua de Nebuchadnezar**, Widmung an David Naßi p. IV unten: **Ne he tenido tal fortuna que gozé de lo raro, ma solamente de un ingenio mediocre, aun que felice en escrivir con alguna disposicion las materias que la voluntad le ofrece.**

auflehnen, weil das Regiment einen despotischen Charakter hatte. Die Behörden ließen dem Vorstande und dem Rabbinatskollegium vollständige Freiheit, geistliche Strafen über ungefügige Mitglieder zu verhängen[1]). Von dieser Freiheit und dieser Gewalt machten die Vertreter einen nur allzu ausgedehnten Gebrauch. Sie hatten von Spanien und Portugal den unseligen Eifer mitgebracht, den Glauben rein erhalten und Ketzerei ausrotten zu wollen. Das Amsterdamer Rabbinat hat die Neuerung eingeführt, religiöse Meinungen und Überzeugungen vor seinen Richterstuhl zu ziehen, sich als eine Art Inquisitionstribunal zu konstituieren und Autodafés, wenn auch unblutige, so doch für die Betroffenen nicht minder empfindliche, zu veranstalten. — Der Charakter, und die Organisation der größten portugiesischen Gemeinde in Europa haben auf den Gang der jüdischen Geschichte mächtig eingewirkt. Denn es bildeten sich von hier aus Töchtergemeinden, welche sich nicht bloß den Ordnungssinn, die Würde, die hingebende Frömmigkeit und Wohltätigkeit, sondern auch die Torheiten und Verkehrtheiten ihrer Mutter zum Muster nahmen. Die zweite Gemeinde auf holländischem Boden sammelte sich nach und nach in Rotterdam an. Zwei eben so fromme wie reiche Brüder Pinto (Abraham und David)[2]) legten den Grund zu dieser Gemeinde und beriefen zu ihrem Chacham und Vorsteher eines von ihnen fundierten Lehrhauses (Jesiba de los Pintos) einen jungen Mann, Josiahu Pardo, Sohn David Pardos und Schwiegersohn Morteiras, der sich aber durch nichts besonders hervortat.

Auch in Harlem sollten Juden Erlaubnis zur Ansiedlung erhalten. Die Humanisten und Beförderer der Duldung, wie der König der Philologen, Joseph Scaliger, freuten sich schon darauf; allein zuletzt siegte doch die Intoleranz und es wurde anfangs nichts daraus[3]). Dafür entstanden portugiesische Gemeinden im deutschen Norden, jenseits des Ozeans und erst nach und nach auch in anderen niederländischen Städten.

In Hamburg bildete sich zunächst eine bedeutende Kolonie der Amsterdamer Gemeinde. Aber wie viele Schwierigkeiten hat es gemacht, um die deutschen Vorurteile und die deutsche Pedanterie zu über-

[1]) Uriel de Costa, exemplar humanae vitae gegen Ende.

[2]) De Barrios, Insigne Jesiba de los Pintos, Arbol de las vidas, p. 82.

[3]) Scaligerana II. Artikel Judaei: Les Juifs viendront à Harlem et y auront Synagogue et privilège des estats; erit magna in his regionibus commoditas; ils seroient plus libres qu'ailleurs. Dazu die Anmerkung des Editors: cela n'est point arrivé.

winden! Gegen die Vorteile aus der Niederlassung der reichen und intelligenten Juden, welche die Amsterdamer schnell begriffen, sträubten sich die Hamburger Bürger mit Händen und Füßen. Es war den eingefleischten Lutheranern ein Greuel, Juden in ihrer Mitte zu haben. Ein jüdischer Juwelier Isaak aus Salzuflen (im Lippeschen) hatte mit zwölf Glaubensgenossen, die gezwungen waren, eine neue Wohnstätte auszukundschaften, den Versuch gemacht, sich in Hamburg niederzulassen. Er hatte eine Bittschrift an den Senat gerichtet, sie auf zwölf Jahre aufzunehmen, und dafür die Summe von 3000 Talern Einzugsgeld und 400 Mark jährliche Steuer geboten. Alle Gründe, welche sich damals für die Aufnahme geltend machen ließen, hatte der Unterhändler Isaak erschöpfend auseinandergesetzt und von vornherein erklärt, sich allen Bedingungen unterwerfen zu wollen. Er hatte darauf hingewiesen, daß nicht bloß in papistischen, sondern auch in evangelischen Ländern Juden geduldet wurden, nicht bloß im Westen, in Frankfurt und Worms, sondern auch im nördlichen Deutschland, in Hannover, Minden, Hildesheim, Göttingen, Norden, Dortmund, Hamm, Lippe und Emden[1]). Alles vergebens. Hamburg, das damals viel Behagen an pfäffischem Gezänk über Rechtgläubigkeit und Ketzerei hatte, mochte von Juden nichts wissen.

Spaßhaft ist es aber, daß Hamburg damals, als es sich gegen die zeitweise Aufnahme von Juden so sehr sträubte, bereits, ohne es zu ahnen, solche in seiner Mitte beherbergte, freilich unter der Maske portugiesischer Papisten, mit denen die rechtgläubigen Christen täglich verkehrten. Marranische Flüchtlinge, den Scheiterhaufen der Inquisition entkommen, hatten sich nämlich auch in der norddeutschen Reichs- und Hansestadt niedergelassen und galten als portugiesische „Kommerzanten", welche die Handelsblüte der Stadt beförderten[2]). Bei der Nachricht, daß ihre Genossen in Amsterdam, mit denen sie in Verbindung standen, sich offen zum Judentum bekannten und geduldet wurden,

[1]) Der Archivar Lappenberg fand im Hamburger Archiv eine Supplik von einem unterzeichneten „Isach Jude" an den Senat um Zulassung von 12 Familien, ohne Datum, abgedruckt in Zeitschrift des Vereins für Hamburgische Geschichte Bd. I, S. 286. Er vermutete, daß diese Supplik dem Jahre 1580 angehört. Später teilte Dr. Reils eine zweite Supplik desselben Isaak mit, welche das Datum 1583 trägt (das. Bd. II, 159 ff.). Er bezeichnete mit Recht jene als eine spätere. Beide Suppliken hat Kayserling mitgeteilt in Frankels Monatsschrift 1859, S. 410.

[2]) Mit Recht macht Dr. Reils das. II, S. 158 auf die Äußerung von Stephan Gerlach in seinem Tagebuche aufmerksam, daß mindestens schon 1574 sich verkappte Marranen in Hamburg aufhielten.

lüfteten auch sie mehr ihre Maske und wollten als Juden erkannt werden, ließen aber noch immer ihre neugeborenen Kinder taufen. Darob erhob die strenglutherische Bürgerschaft ein lautes Geschrei und richtete an den Senat die Forderung, daß die reichen Juden, welche aus Portugal und anderen Orten vertrieben seien, ausgewiesen und nicht geduldet werden sollten[1]). Allein der Rat mochte nicht darauf eingehen; eine Art Schamgefühl hinderte ihn, diese Portugiesen von edelmännischer Haltung und intelligentem Wesen wie Landstreicher oder wie Juden zu behandeln. Zu den heimlichen Juden Hamburgs gehörte auch der zu seiner Zeit beliebte und gesuchte Arzt Rodrigo de Castro (geb. um 1560 in Lissabon, st. 1627 oder 1628)[2]), der beim Wüten der Seuche mit Selbstaufopferung an das Siechbett der von der Pest Befallenen eilte und manchem das Leben rettete. Auch war de Castro ein geschickter Frauenarzt und hatte dadurch das schwache, gerade auf Erregung von Sympathie oder Antipathie so starke Geschlecht für sich gewonnen. Geschickte Ärzte waren damals überhaupt und noch mehr im deutschen Norden nicht häufig. Andere „Portugiesen", wie sich die verkappten Marranen in Hamburg nannten und genannt wurden, besaßen Kapitalien oder leiteten als Faktoren bedeutende Geschäfte spanischer oder portugiesischer Häuser. Kurz, es schien dem Senat nicht tunlich, diese Portugiesen auszuweisen. Er verlegte sich daher anfangs der Bürgerschaft gegenüber auf ein offizielles Dementieren, daß sich unter ihnen gar keine Juden befänden; später gab er die Zahl derselben geringer an — etwa sieben portugiesische Juden, „welche allhier Feuer und Rauch haben", das heißt Familien[3]). Anfangs begnügte sich die Bürgerschaft mit dieser offiziellen Angabe und drang nur darauf, die „Portugiesen" höher oder nach einem andern Modus zu besteuern, worauf diese wiederum nicht eingehen mochten und ihre Kapitalien und Geschäfte nach Stade oder anderen benachbarten Orten zu verlegen drohten. Dieser Streit um die Besteuerung zog sich einige Jahre hin und artete in eine kirchlich-fanatische Gewissensfrage aus. Die in Hamburg am intolerantesten sich gebärdende lutherische Geistlichkeit hetzte nämlich gegen die Duldung der portugiesischen Juden und klagte

[1]) Reils Beiträge zur ältesten Geschichte der Juden in Hamburg, aus den Akten des Staats- und Ministerial-Archivs gesammelt, das. II, S. 362, petitum vom 9. Dez. 1603 und vom 4. März 1604.

[2]) Carmoly, histoire de médecins juifs, p. 173; Kayserling zur Geschichte der jüd. Ärzte, in Frankels Monatsschrift 1859, S. 330 ff. S. Rießer Briefe, G. I, S. 57.

[3]) Reils Beiträge S. 363 vom Jahre 1606.

den Senat geradezu der Pflichtvergessenheit an. Dieser, welcher nur den Handelsvorteil im Auge hatte, die Juden darum nicht missen mochte und auch sein Gewissen nicht beschweren oder vielmehr sich nicht unchristliche Gesinnung vorwerfen lassen wollte, wendete sich von der Hamburger Geistlichkeit — dem Ministerium — an eine höhere Instanz, an die theologischen Fakultäten von Frankfurt a. O. und Jena[1]). Die theoretischen Gründe, welche der Senat für die Duldung der Juden geltend machte, nehmen sich recht drollig aus und zeugen für die Verknöcherung des Luthertums in jener Zeit. Das Gutachten der Frankfurter Fakultät[2]) geht auch auf diese Gründe ein und gibt sich der Hoffnung hin, daß die portugiesischen Juden, — welche um ihrer Überzeugung willen Leben, Ehren, Vermögen und ihre liebgewonnene Heimat aufgegeben hatten — sich in Hamburg zum Christentum bekehren würden! Das ausführlich gehaltene Gutachten der Jenaer Fakultät[3]) sieht aus, als hätte es ein Professor der Dominikaner-Theologie ein Jahrhundert vorher zur Zeit Hochstratens geschrieben, und als wäre der Zeiger der Geschichte unverrückt stehen geblieben. Sie könnte die Zulassung der Juden nur gestatten, wenn der Senat ihnen weder öffentliche Synagogen, noch heimliche gottesdienstliche Zusammenkünfte erlauben würde, weil sie darin Jesus schmähten, und wer den Sohn schmähe, lästre auch den Vater, und wenn der Rat dieses stillschweigend duldete, würde er sich damit auch der Gotteslästerung teilhaftig machen. Ferner dürfte er nicht die Beschneidung zugeben, noch dulden, daß sie christliche Dienstboten hielten, noch daß sie zu irgendeinem Amte zugelassen würden. Wie die unduldsamsten Päpste wünschte auch die lutherisch-theologische Fakultät die Juden zum Anhören christlicher Predigten zu zwingen.

Der Senat, der durch diese beiden Gutachten im ganzen von der kirchlichen Seite geschützt war, gestattete (Februar 1612) den portugiesischen Juden offen den Aufenthalt in Hamburg, allerdings mit solchen Beschränkungen, wie sie dem deutschen Geiste oder der deutschen Engherzigkeit jener Zeit eigen war, die Folgerichtigkeit nach beiden Seiten hin pedantisch-bedächtig vermeidend. Sie galten eigentlich als Schutzjuden, die jährlich einen Schoß oder Schutzgeld von 1000 Mark zu leisten hatten. Auch war ihr Aufenthalt kündbar. Synagogen zu halten wurde ihnen nicht gestattet, auch nicht häusliche Andacht nach jüdischen Gebräuchen, und auch die Beschneidung sollten sie nicht üben;

[1]) Reils, Beiträge, S. 370 vom 2. August 1611.
[2]) Vom 29. August 1611 das. S. 371.
[3]) Das. vom 13. Sept. d. J. das. S. 372 ff.

aber sie durften ihre Toten auf einem eigenen Gottesacker bei Altona, den sich einige Familien zu diesem Zwecke vom Grafen zu Schaumburg gekauft hatten, beerdigen. Es befanden sich damals in Hamburg 125 erwachsene Personen marranischer Abkunft, 26 Ehepaare und 73 Unverheiratete und Alte (Kinder nicht mitgerechnet), darunter 10 Kapitalisten, zwei Ärzte und drei Handwerker[1]). Wichtig in den vereinbarten Artikeln war, daß neue Ankömmlinge auch Aufnahme finden sollten, „wenn der hoch- und wohlweise Rat deren Qualifikation so beschaffen befindet, daß er dieselben in Schutz zu nehmen kein Bedenken findet". So vergrößerte sich die junge, halbgeduldete Hamburger Gemeinde von Jahr zu Jahr, und innerhalb eines Jahrzehntes waren auch mehrere Kapitalisten hinzugekommen[2]). Die Vergrößerung der Gemeinde mit solchen Ansiedlern, die geradezu als Juden und nicht mehr als verkappte Portugiesen aufgenommen waren, machte eine neue Vereinbarung zwischen ihnen und dem Senate erforderlich (1617), welche ihre Privilegien in geschäftlicher Beziehung erweiterte, aber in bürgerlicher beschränkte. Sie durften kein eigenes Haus oder Liegenschaft besitzen und mußten dieselben, wenn erworben, wieder veräußern. Eine Ausnahme wurde nur dem beliebten Arzte Rodrigo de Castro wegen seiner viele Jahre geleisteten treuen Dienste zugestanden, aber nur für die Dauer seines Lebens; vererben durfte er sein Haus nicht. Synagogen durften sie immer noch nicht haben, und das zu ihrem Gebrauche taugliche Fleisch nicht aus Altona oder Wandsbeck, sondern von weiter gelegenen Plätzen beziehen[3]).

Indessen je mehr die portugiesischen Juden durch ihre Kapitalien und ihre geschäftliche Verbindung mit den großen, im Senate sitzenden Handelsherren Bedeutung erlangten, desto mehr durchbrachen sie die um sie gezogenen Schranken einer engherzigen Gesetzgebung. Als die Bank in Hamburg gegründet wurde (1619 bis 1623), welcher diese Stadt ihre auf fester Basis beruhende Handelsblüte verdankt, haben mindestens zwölf jüdische Kapitalisten[4]) sich dabei mit ihren Fonds

[1]) Das 1612 aufgenommene Verzeichnis der in Hamburg befindlichen Juden oder **Rolla** der portugiesischen Nation oder **Nomina** der sämtlichen allhier residierenden und wohnenden Portugiesen" ist aus dem Archiv mitgeteilt von Dr. Reils a. a. O., S. 376 ff. Diese „**Rolla**" hat auch negativ-geschichtlichen Wert, zu wissen, welche Hamburger jüdische Berühmtheit 1612 noch nicht daselbst weilte.

[2]) Vgl. weiter unten.

[3]) Reils das. S. 381 ff.

[4]) Reils teilt das. S. 380 eine ihm von Herrn O. C. Geedechens zugekommene Notiz mit, daß vierzig portugiesisch, spanisch oder italienisch

interessiert und mit daran gearbeitet, wie die Amsterdamer Portugiesen an der Entstehung der überseeischen holländischen Handelsgesellschaften. Den bedeutenden Handel Hamburgs mit Spanien und Portugal haben die portugiesisch-jüdischen Ansiedler allein begründet[1]). Sie konnten daher darauf rechnen, daß die Herren des Senats, welche das Regiment in Händen hatten, bei Überschreitungen der Artikel ein Auge zudrücken würden. Am meisten lag ihnen daran, zum gemeinsamen Gottesdienste zusammen kommen zu dürfen, und gerade das war ihnen verboten. Auf ihre Unentbehrlichkeit vertrauend, richteten sie aber still eine Synagoge ein auf dem Platze genannt „auf der Herrlichkeit" (um 1626). Eliahu Aboab Cardoso war es, welcher dieses Wagestück begann. Sie nannten sie Talmud Thora und beriefen dazu einen Chacham Isaak Athias, einen Jünger Isaak Usiels[2]), aus Amsterdam.

Diese wohl einfache, aus zwei großen Zimmern bestehende Synagoge hat sehr viel böses Blut gemacht und viel Ärgernis gegeben. Der Kaiser Ferdinand II., der Schrecken der Protestanten, den es verdroß, daß die erzlutherische Elbstadt den Katholiken den Bau einer Kirche versagte, richtete ein drohendes Schreiben an den Senat (28 Juli 1627), daß den Juden um des Handels willen eine öffentliche Synagoge gestattet werde, während den Römisch-Katholischen die Religionsübung verboten sei[3]). Mehr brauchte es nicht, um die lutherischen Fanatiker in Harnisch zu bringen. Wenn man den Juden freie Religionsübung ge-

klingende Namen der ersten Interessenten bei der Bankgründung unzweifelhaft portugiesischen Juden angehören. Allein das ist nicht so ausgemacht. Es gab damals in Hamburg auch christliche Spanier und Portugiesen. Jüdischen Teilhabern an der Bank gehören ohne Zweifel an: 1. die Namen, welche auch in der Rolla von 1612 vorkommen und 2. welche mit echt jüdischen Vornamen verbunden sind. Zu 1 gehören: Joan Francisco Brandon (Rolla Nr. 24); Gonsalvo Cardoso (Nr. 7); Diego Carlos (Nr. 9); Francesco Gomes (Nr. 23); Diego Gonsalvo da Lima (Nr. 16, der 1607 nach Hamburg gekommen ist, wie aus einer Notiz Benditos de Castro hervorgeht, Kayserling in Frankels Monatsschrift 1860, S. 97, Note 7); Henrico da Lima (Nr. 2); Gonsalvo Lopez (Nr. 22); Lope Nuñes (Nr. 2 bei Reils das. S. 378, nicht auf der Rolla befindlich). Zu 2 gehören Mardochai Abendana (im Verzeichnis Geedechens); David Brandon; Abraham da Costa und Joseph Mendes.

[1]) Zeugnis des Rats und der Bürgerschaft, das. S. 380.

[2]) De Barrios, vida de Ishac Huziel p. 44: . . Su primer Sinagoga nominada Talmud Torá, por su Iaxam ostenta al referido Atias que sustenta. Edificóla Eliahu Aboab Cardosa. Falsch bei Reils, daß David de Lara erster Rabbiner von Hamburg gewesen wäre.

[3]) C. Caraffa, Germania sancta restaurata p. 22, bei Schudt, jüdische Merkwürdigkeiten I, S. 373, Reils das. S. 394.

statte, so müsse man sie auch den Katholiken und gar auch den Calvinisten einräumen, sagten sie. Allerdings eine erschreckende Konsequenz! Als das Ministerium oder der geistliche Konvent, welcher in Hamburg eine große Macht besaß, den Senat wegen Überschreitung der mit den Juden vereinbarten Artikel anfuhr, und dieser wieder die Juden zur Rede stellte, erklärten die letzteren, sie hätten keine Synagoge, sondern lediglich Versammlungsorte, um das Gesetz Mose, die Psalmen, die Propheten und andere Bücher des alten Testaments zu lesen, allenfalls beteten sie auch darin für das Wohl der Stadt und der Obrigkeit. Der Rat beruhigte sich dabei, weil die Juden drohten, falls ihnen der Gottesdienst untersagt werden sollte, würden sie sämtlich Hamburg verlassen und ihre Kapitalien und Handelsverbindungen einem benachbarten Platze zuwenden. Das zog. Aber die Geistlichen hörten nicht auf, von der Kanzel gegen die Juden und den pflichtvergessenen Senat zu donnern. Sie verlangten nicht weniger, als daß ein christlicher Rabbiner angestellt werden solle, um den Juden in der Synagoge oder irgendwo das Christentum zu predigen[1]). Auch die Ärzte sahen mit Ingrimm auf die Beliebtheit jüdischer Fachgenossen und suchten nicht bloß sie, sondern die Judenheit überhaupt zu verdächtigen und gegen sie zu hetzen. Diese Verleumder fertigte ein geschickter und gesuchter jüdischer Arzt ab, Bendito de Castro oder Baruch Nehemias (geb. 1598 st. 1648)[2]), ein Sohn Rodrigo Castros, in einer geharnischten Gegenschrift (Flagellum Calumniantium sive Apologia, 1631). Sie war lebendig, in zierlichem Latein abgefaßt und machte einen guten Eindruck. Der Verfasser wurde später Leibarzt der Königin Christine von Schweden.

Die Gemeinde und ihr Wohlstand wuchsen aber von Jahr zu Jahr, und der Senat nahm die Zuzügler mit Kapitalien und Handelsverbindungen gerne auf. Wenn auch die Schilderungen des damaligen Erzjudenfeindes (Johannes Müller) übertrieben erscheinen, so läßt sich doch daraus der Reichtum der portugiesischen Juden Hamburgs entnehmen. „Sie gehen einher, geschmückt mit goldnen und silbernen Stücken, mit köstlichen Perlen und Edelgesteinen. Sie speisen auf ihren Hochzeiten aus silbernen Gefäßen und fahren in solchen Karossen, die nur hohen Standespersonen zustehen, und gebrauchen noch obendrein Vorreiter und eine große Gefolgschaft"[3]). Ganz besonders machte die

[1]) Reils das. S. 395 ff.

[2]) Vgl. über ihn Kayserling in Frankels Monatsschrift 1860, S. 92 ff. Er nannte sich später, als er offen als Jude leben durfte, Baruch Nehemias.

[3]) Bei Reils das. S. 400.

in Hamburg angesiedelte, überaus reiche Familie Texeira einen geradezu fürstlichen Aufwand. Der erste Gründer dieses Bankierhauses, Diego Texeira de Mattos, hieß in Hamburg, wie einst Joseph von Naxos in Konstantinopel „der reiche Jude". Er stammte aus Portugal, führte einen hohen Adelstitel und war früher spanischer Resident in Flandern. Als Siebziger unterwarf er sich noch der gefahrvollen Operation, um Volljude zu werden. Vermöge seines Reichtums und seiner Verbindungen, sowohl mit dem Adel als mit den Kapitalisten, konnte Diego Texeira den vornehmen Herrn spielen. Er fuhr in einer mit Samt belegten Kutsche und hielt Bediente in Livree. Ein geistlicher Herr, an welchem einst der alte Texeira in seidenem Talar vorüberfuhr, machte in seiner deutschen Unterwürfigkeit vor dem Unbekannten eine tiefe Reverenz, als ob es dem Kurfürsten von Sachsen gelte. Als er aber hörte, daß er seine Verehrung an einen Juden verschwendet hatte, schämte er sich vor sich selbst, und wünschte die Macht zu haben, diesen und alle Juden, wie einst Josua die Gibeoniten, zum Holzspalten und Wassertragen zu erniedrigen[1]). Die lutherische Geistlichkeit war es besonders, welcher der Wohlstand und die dadurch erlangte religiöse Freiheit der Juden am meisten in die Augen stachen. Die portugiesischen Juden hatten bereits zwei oder gar drei Synagogen, die zweite von Abraham Aboab Falero und die dritte von David de Lima erbaut[2]). Auch eine kleine deutsche Gemeinde hatte sich nach und nach in Hamburg zusammengefunden und eine Betstube eingerichtet. Und das sollten die treuen Söhne Luthers ruhig mit ansehen, obwohl dieser gewissermaßen auf dem Totenbette seinen Anhängern befohlen hatte, die Juden wie die Zigeuner zu behandeln, ihnen keine Synagogen zu gestatten und ihren Rabbinern die Zungen ausschneiden zu lassen?[3]). Die Hamburger Pastoren durften das nicht zugeben, drängten den Rat und hetzten die Bürgerschaft, ihnen diese sehr geringe religiöse Duldung zu entziehen. Unter ihnen tat sich ein Erzeiferer hervor, Johannes Müller, Senior an der Petrikirche, ein protestantischer Großinquisitor und Hauptverketzerer, ein schmäh- und skandalsüchtiger Mensch, welcher seine ehrbarsten Amtsbrüder von der Kanzel und in Schmähschriften begeiferte. Es verstand sich bei diesem giftigen Pastor, der sich für eine Säule der lutherischen Rechtgläubigkeit hielt, von selbst, daß es eine Gewissenssache für ihn sei, die Juden gründlich zu hassen und zu

[1]) Bei Schudt, jüdische Merkwürdigkeiten I, S. 375; vgl. über die Familie Texeira Note 2.

[2]) De Barrios, vida de Ishac Huziel, p. 44.

[3]) Siehe Band IX_4, S. 315 ff.

demütigen. Er und seine Genossen drangen stets darauf, die Synagoge schließen zu lassen (zwischen 1631 bis 1644). Der Rat antwortete darauf, es gehe über seine Befugnisse; die Juden beteten darin den wahren Gott an, den Gott der Erzväter, welcher Himmel und Erde geschaffen. Sollten sie denn da wie das dumme Vieh ohne Religion leben? Man könne ihnen doch nicht das Beten und Singen der Psalmen verbieten! Auch habe man ihnen das Privilegium einmal zugesagt, sie in ihren religiösen Angelegenheiten nicht zu stören, und eine christliche Obrigkeit müsse ein gegebenes Versprechen heilig halten. Endlich — und das war die Hauptsache — wenn man ihnen die Synagogen verböte, würden sie wegziehen, was der Stadt zum größten Schaden gereichen würde, sie würde zu einem Dorfe herabsinken[1]). Und der Senat und die Juden behaupteten ihre Sache; denn da wo Einsicht und Gerechtigkeit nicht durchdringen konnte, schlug das Geld der Juden an, gegen das auch Pastoren nicht gleichgültig waren. Der Pastor G e s i u s zu St. Nikolai hatte gegen die deutschen Juden so heftig von der Kanzel gedonnert, daß sie, welche nicht so viel Bevorzugungen genossen, die Stadt „auf Nimmerwiedersehen" verlassen hatten. Ein ansehnliches Geschenk für den Pastor bewirkte indes ihre Rückkehr[2]).

Der Senior Müller durfte das Verdienst der Unbestechlichkeit für sich beanspruchen; dafür war er aber um so giftiger gegen die Juden. In Schrift und Wort, auf der Kanzel und im Kreise seiner Schüler, im Privatgespräch und in offiziellen Äußerungen war sein Lieblingsthema die Juden und ihre Demütigung. Alles ärgerte ihn an ihnen, ihre Freude und Gastereien am Purim, ihre Trauer am Zerstörungstage, ihre Trachten, ihr Umgang mit Christen, ihre Leichenbegängnisse. In einigen Punkten hatte der Eiferer nicht Unrecht, so in der Rüge gegen den Erbfehler der portugiesischen Marranen, ihre fleischlichen Vergehen mit Christinnen und gegen die Art, wie einige unter ihnen das Christentum herausforderten. Zur Bestärkung der aus der pyrenäischen Halbinsel, im Christentum geborenen und erzogenen Marranen in dem neuange-

[1]) Diese Gründe des Senats für Zulassung der Synagogen, welche Reils erst aus den Jahren 1660—69 mitteilt (Zeitschrift II, S. 412), zählt bereits J o h a n n e s M ü l l e r in seiner judenfeindlichen Schrift (Judaismus) auf vom Jahr 1644 (S. 1424—1431). Die Einleitung dazu lautet: „Es werden aber etliche Ursachen fürgewendet, um welcher willen man den Juden ihre Synagoge lassen solle." Darauf werden sieben Gründe aufgeführt, die wörtlich mit der Verteidigung des Senats von 1660—69 übereinstimmen. Es folgt daraus, daß Müller das. Hamburger Verhältnisse im Auge hatte, und daß der Streit zwischen Senat und Ministerium wegen der Synagogen noch v o r 1644 entbrannt war.

[2]) Reils das. S. 392 und S. 400 Anmerkungen.

nommenen Bekenntnisse hatte der erste Hamburger Chacham Isaak Athias die gegenchristliche Schrift des Karäers Isaak Troki (Bd. IX_4, S. 437) ins Spanische übersetzt[1]). Außerdem hatte ein jüdischer Schriftsteller (Jakob Jehuda Leon?) ein Gespräch zwischen einem Rabbiner und einem Christen über den Wert oder Unwert der christlichen Dogmen, der Evangelien und Kirchenschriften in lateinischer Sprache verfaßt (Colloquium Middelburgense)[2]), worin die Schwächen des Christentums aufgedeckt wurden. Solche gegenchristliche Schriften waren für die Marranen notwendig, damit sie ihre gewissermaßen im Katholizismus angebornen Irrtümer los würden. Sie wurden daher von geschäftigen Juden verbreitet und in Umlauf gesetzt. Allein sie beschränkten sie nicht auf jüdische Kreise, sondern sprachen davon und rühmten sie vor Christen. Wie es scheint, war der junge Arzt und Lexikograph Dionys (Benjamin) Musaphia in Hamburg tätig, diese Schriften unter Christen zu bringen und viel Wesens davon zu machen. Er rühmte sich, den gelehrtesten Christen über die Entstehung des Christentums und die christlichen Dogmen in Verwirrung und zur Beschämung bringen zu können[3]). Nach solchen Vorgängen war Müller zu einer Gegenschrift berechtigt. Er verfaßte eine, wie soll

[1]) Vgl. Wolf Bibliotheca III, p. 546, 610, de Rossi Bibliotheca antichristiana Nr. 17.

[2]) Fabricius behauptet, das nur handschriftlich bekannte Colloquium Middelburgense gehöre Manasse Ben-Israel an, und Wolf glaubte diese Annahme durch den Umstand bestätigt, daß Manasse in Middelburg gestorben sei (Wolf, T. IV, S. 903). Allein abgesehen davon, daß M. B.-Isr. nur zufällig in Middelburg bei seiner Rückkehr von London war und zwar 1657, ist diese Annahme schon dadurch widerlegt, daß J. Müller von diesem Colloquium schon 1644 spricht und es widerlegt. Plausibler ist die Konjektur de Rossis (Bibl. antichr. Nr. 15), daß Jak. Jeh. Leon Verfasser desselben sei, weil dieser in den vierziger Jahren in Middelburg gewohnt hat. Er hat auch ein Buch der Disputationen con diferentes Theologos de la Christianidad geschrieben.

[3]) J. Müller in der genannten Schrift Judaismus Vorrede: „Es wird ein Buch hier (in Hamburg) herumgeschleppt, in hebr.-hispanischer und nunmehr auch teutscher Sprache, dessen Titel ist חזוק האמונה von Isaak ben Abraham ... welche Schrift dieses Ortes ziemlich bekannt ist ... Ein solches giftiges Buch hat an einem vornehmen Orte übergeben ein schwäzhafter Juden-Arzt allhier, welcher sich große Kunst einbildet und wohl eher gesagt: ego doctissimum quemque Christianorum possum confundere. Selbige Schrift ist in lat. Sprache weitläufig gestellt in Gestalt eines Gesprächs, welches ein hisp. Rabbi mit einem chr. Theologo zu Middelburg .. gehalten. Dieses Buch speit lauter Gift und Galle ..., welche ich colloquium Middelburgense nenne ... und mögen wohl etliche Rabbiner daran gearbeitet haben." Der geschwätzige Arzt soll wohl Benjamin Musaphia bedeuten, wenn

man sagen? — Verteidigungs- oder Schmähschrift: **Judaismus oder Judentum**, d. i. ausführlicher Bericht von des jüdischen Volkes Unglauben, Blindheit und Verstockung (1644). Sie ist weder vom heiligen Geist, noch von der christlichen Liebe diktiert. Luthers giftige Worte gegen die Juden waren für den Pastor von St. Petri unleugbare Offenbarungen. Aus ihr sprach das verknöcherte Luthertum rein und unverfälscht, das eben so wenig Herz wie der von ihm angefeindete Papismus hatte, und sein Wesen in trockene Glaubensformeln setzte. Müllers Albernheiten und Lieblosigkeiten gehören nicht ihm, sondern dem Bewußtsein der damaligen verrotteten lutherischen Kirche an. Müller wünschte die vollständige Knechtung der Juden; ihnen irgendeine freie Bewegung lassen, hieße sich einer Sünde schuldig machen und Gott lästern. Nach seiner Ansicht müßte die Obrigkeit sie zwingen, einen gelben Lappen zu tragen, dürfte ihnen nicht Grundbesitz, nicht eine Synagoge gestatten, Christen dürften nicht Dienst in einem jüdischen Hause nehmen, nicht einmal Gemeinschaft für Geschäfte mit ihnen machen. Und nun gar sich jüdischer Ärzte zu bedienen, das sei der Sünden größte. Mit dieser Ansicht stand er noch weniger allein. Drei theologische Fakultäten, die hauptlutherische von **Wittenberg**, die **Straßburger** und die **Rostocker**, hatten auf Müllers Anfrage den Bescheid erteilt, daß jüdische Ärzte nie und nimmer zu christlichen Patienten zugelassen werden dürften[1]). Also unter den Augen des siebzehnten Jahrhunderts, als der bluttriefende dreißigjährige Krieg mit der Zuchtrute die Toleranz einprägte, von Vertretern des Luthertums eine neue Auflage der Konzilbeschlüsse gegen Juden aus der westgotischen Zeit! Aber die Zeit war denn doch eine andere geworden. Der König **Christian IV.** von Dänemark, Schleswig und Holstein, der Hort der Protestanten nächst Gustav Adolf, dem Müller sein judenfeindliches Buch gewidmet hat, gerade er hatte den jüdischen Arzt **Benjamin Musaphia** zu seinem Leibarzt angenommen[2]).

man damit die Äußerung Müllers bei Reils a. a. O., S. 399 vergleicht, wo es heißt: „Sie (die Juden) fordern die Ministerialen zum Disputieren heraus und klagen, daß niemand unter denselben sei, der sie bestehen könne. So der Arzt Benjamin in seinem Buche Axiomata."

1) Bei Müller, Judaismus, S. 1434—1449.

2) Daß Musaphia Leibarzt Christians IV. war, ist nirgends genügend hervorgehoben, vgl. Carmoly, histoire des Médecins juifs, p. 181. Musaphia widmete diesem König 1642 seine Schrift über Ebbe und Flut. Deutlich sagt er in seinem מוסף הערוך (gedr. 1655) Artikel סרדני, daß er vor 10 Jahren im Dienste Christians IV. gestanden hat: והגידו לי שמלך הגדול הצפוני

In Hamburg selbst hatte Müllers fanatischer Eifer auch nicht den besten Erfolg. Er und die Gesamtgeistlichkeit haben zwar bei dem beabsichtigten Bau einer größeren, gemeinsamen Synagoge großen Lärm geschlagen und ihm Hindernisse in den Weg gelegt, aber vereiteln konnten sie ihn doch nicht[1]). Die Bürgerschaft gewöhnte sich nach und nach an die Juden und lernte sie achten. Einige unter ihnen wurden von hohen, selbst katholischen Potentaten zu Geschäftsträgern oder Residenten ernannt. Der König von Portugal bestimmte zuerst Duarte Nuñes da Costa und dann Jakob Curiel zu seinen Agenten, und die katholische Majestät Ferdinand III. erhob einen jüdischen Schriftsteller von portugiesischer Abstammung, Imanuel Rosales, zum Palastbeamten[2]). Die portugiesischen Juden, überall günstiger gestellt, als die deutschen, fühlten sich so behaglich in Hamburg, daß sie es ihr „kleines Jerusalem“ nannten.[3])

Eine Kolonie der Amsterdamer Muttergemeinde bildete sich in Südamerika, in dem von Portugiesen entdeckten und bevölkerten Brasilien und besonders in der Stadt Pernambuco. Dorthin hatte die portugiesische Regierung öfter jüdische Verbrecher, d. h. Marranen, welche sie nicht dem Scheiterhaufen überliefern wollte, zugleich mit Lustdirnen und anderem Gesindel als Kolonisten transportieren lassen. Diese geschändeten Marranen erleichterten den Holländern die Eroberung von Brasilien, das eine holländische Kolonie wurde und einen eigenen Statthalter an dem einsichtigen Johann Moritz von Nassau erhielt (1624 bis 36). Sofort trat eine Verbindung zwischen der Amsterdamer Gemeinde und der brasilianischen ein, welche die Maske des Christentums abgeworfen hatte und von den Holländern fast verhätschelt wurde. Schon nannten sich die Juden auf Recife bei Pernambuco die „heilige Gemeinde“ (Kahal Kados) und hatten einen Vorstand, bestehend aus David Señor Coronel, Abraham de Moncado, Jakob Mucate, Isaak Cathunho[4]). Mehrere hundert Amsterdamer Portugiesen schifften sich, sei es auf

המולך בדינמרקא . ונורויגיא ראה חיה זו סרני (Syrene) ואני קודם
עשרה שנים בעמדו אצלו שאלתיהו על זה והמלך שחק. Also um 1645 war Musaphia Leibarzt Christians IV., wahrscheinlich noch früher. Denn die gehässige Abhandlung Müllers über Judenärzte scheint an Christian adressiert, dem das Buch gewidmet ist, weil er einen so gefährlichen Judenarzt in seiner Nähe duldete.

[1]) Reils a. a. O., S. 411 ff.

[2]) Manasse Ben-Israel in humble Adress an das Parlament.

[3]) Schudt, jüd. Merkw. I, S. 271.

[4]) Manasse Ben-Israel, Widmung seines Conciliador, Teil II.

Grund einer Einladung oder aus eigenem Antrieb, um Geschäftsverbindungen mit der Kolonie anzuknüpfen, nach Brasilien ein und nahmen den Chacham Isaak Aboab da Fonseca mit (1642)[1]). Er war der erste brasilianische Rabbiner, wahrscheinlich auf Recife. Auch auf Tamarica bildete sich eine Gemeinde, welche einen eigenen Chacham an Jakob Lagarto[2]) hatte — dem ersten talmudischen Schriftsteller in Südamerika. Es verstand sich von selbst, daß die brasilianischen Juden vollständige Gleichberechtigung genossen, denn sie leisteten den Holländern die wesentlichsten Dienste als Ratgeber und Krieger. Als die eingeborenen Portugiesen, welche die Unterjochung durch die Holländer mit Ingrimm ertrugen, eine Verschwörung anzettelten, um sich bei einem Schmause der holländischen Beamten der Hauptstadt zu entledigen und dann über die hauptlose Kolonie herzufallen, warnte sie ein Jude und rettete sie und die Kolonie vor sicherem Untergange. Als später (1646) ein offener Krieg zwischen Portugiesen und Holländern ausbrach, und die Besatzung von Recife, von Hungersnot aufgerieben, auf dem Punkte stand, sich auf Gnade oder Ungnade zu ergeben, waren es die Juden, welche den Gouverneur zur mutigen Ausdauer und zur Fortsetzung des Kampfes antrieben. Sie rieten, die Kranken und vor Hunger Ausgezehrten in die Mitte zu nehmen, sich durch das feindliche Heer durchzuschlagen und das Binnenland zu erreichen[3]). Selbst die jüdischen Marranen in Portugal nahmen ein lebendiges Interesse an den Holländern, den Beschützern ihrer Brüder. Der portugiesische Hof, welcher die Aufständischen in Brasilien heimlich unterstützte, stellte offiziell jede Teilnahme daran in Abrede und wiegte die Generalstaaten in eine gefährliche Sicherheit ein. Indessen war es einem Marranen gelungen, Beweise von dem falschen Spiele des Hofes zu erlangen. Er beeilte sich, seinen Stammesgenossen in Amsterdam Kunde davon zu geben, und diese teilten sie der holländischen Regierung mit, welche von dieser Zeit an, von der Verblendung geheilt, mit Energie Truppen zur Hilfe der bedrängten Kolonie schickte. Indessen half diese zu spät nachgesandte Verstärkung nicht; ein fanatischer Rassen- und Religionskrieg zwischen den Portu-

[1]) De Barrios Tora Hor, p. 21.

[2]) Ders. Arbol de las vidas, p. 87, Wolf III, p. 511 לאגרתו das. zu lesen statt לאגרתו. Die von Lagarto verfaßte Schrift über talmudische Aphorismen hatte nicht den Titel ס' המאמרים, wie Wolf angibt, sondern אהל יעקב = Tienda de Jacob, bei Barrios.

[3]) Vgl. über die portugiesischen Juden in Brasilien, Koenen, Geschiedenis der Joden, p. 277 ff.

giesen und den holländischen Kolonisten verwüstete das schöne Brasilien, die Hungersnot gesellte sich dazu. Eine Stadt nach der andern fiel den Portugiesen in die Hände. Die Juden litten und kämpften mit den Holländern um die Wette. Der Chacham der brasilianischen Gemeinde, Isaak Aboab, schildert die Kriegsnöte, die er selbst mit erlitten, mit grellen Farben. „Bücher wären nicht imstande unsere Leiden zu fassen. Der Feind breitete sich in Feld und Wald aus, lauerte hier auf Beute und dort auf das Leben. Viele von uns starben mit dem Schwerte in der Hand, andere aus Mangel. Sie ruhen jetzt in kalter Erde. Wir Übriggebliebenen waren dem Tode in jeder Gestalt ausgesetzt. Die an Leckerbissen Gewöhnten waren froh, trockenes verschimmeltes Brot zur Stillung ihres Hungers zu erhaschen"[1]). Endlich waren die Generalstaaten, durch europäische Kriege gedrängt, gezwungen, die Kolonie den Portugiesen zu überlassen. Ein jüdischer Zeitgenosse bemerkt dabei, dieses Aufgeben einer so blühenden Kolonie hätte vermieden werden können, wenn man den Ratschlägen der Juden Folge gegeben hätte[2]). Dieser hingebende Eifer der Juden für das Staatswohl der Holländer war ein fester Kitt zwischen ihnen und der Republik, welcher sich nie mehr löste. Die Duldung und Gleichstellung der Juden in den Niederlanden blieben für die Dauer gesichert.

[1]) Isaak Aboab, Einleitung zu Herreras Porta Coeli.
[2]) Manasse Ben-Israel, humble Adress.

Zweites Kapitel.

Die deutschen Juden und der dreißigjährige Krieg.

Die vier größten deutschen Gemeinden. Die Frankfurter Gemeinde. Die Stättigkeit. Wühlereien gegen die Frankfurter Juden. Vincenz Fettmilch. Ausweisung. Wühlereien gegen die Juden von Worms. Doktor Chemnitz. Ausweisung. Rückkehr der Juden nach Frankfurt und Worms Die neue Judenstättigkeit. Die Wiener Gemeinde, die Hofjuden. Lipman Heller, Denunziation gegen ihn und Verhaftung. Bekehrungseifer des Kaisers Ferdinand II. Ausweisung und Leiden der Mantuaner Gemeinde. Wirkung des dreißigjährigen Krieges auf die Juden.

(1618—1648.)

Während in Holland der erste Strahl einer besseren Zeit aufdämmerte, war das übrige Europa für die Juden noch voll von dichtem Schatten. In Deutschland besonders galt der Jude noch im siebzehnten Jahrhundert wie vorher als ein verworfenes Geschöpf, für das es kein Mitleiden gab, das man mit Kot bewarf, dem man den Bart anzündete und das man fast noch schlimmer als einen Hund behandelte [1]). Es gab nur noch drei oder vier bedeutende Gemeinden in Deutschland: Frankfurt a. M. mit etwa 2000 Seelen, Worms mit 1400, Prag mit höchstens 10 000 und Wien mit 3000 [2]); die übrigen zählten nicht viel. Hamburg war noch eine junge Gemeinde. In den westdeutschen Freistädten Franlfurt und Worms herrschte eine fast noch schlimmere

[1]) Joseph (Juspa) Hahn Nürlingen יסף אומץ Nr. 886, Schickard, Bechinat Happeruschim, praefatio (geschrieben 1624): Prout et mihi . . vitio versum scio, quod Judaeis converser crebrius . . . hominibus nauci et viliter habitis, quos nemo . . alloquio dignetur, sed pueri crepitaculis per plateas prosequantur; vgl. in betreff des Endes desselben Jahrhunderts Wagenseil, Hoffnung der Erlösung Israels, Anf.

[2]) Für die Zahl der Juden in Frankfurt die Verse bei Schudt III, S. 346 a. a. O. II, S. 65, 156 ff., und besonders Kriegk in der weiter zu nennenden Abhandlung. Für Worms ist zwar bei Schudt I, S. 419 angegeben 14000; aber es ist wohl ein Druckfehler, richtiger bei Schaab, Geschichte der Juden von Mainz, S. 207, nämlich 1400. Für Prag s. v. Herrmann, Geschichte der Juden in Böhmen, und für Wien, Wolf, Judentaufen, S. 5.

Antipathie gegen die Juden, als in Hamburg, die mehr in der Engherzigkeit des Pfahlbürgertums und des zopfigen Zunftwesens, als im konfessionellen Gegensatz wurzelte. Beide Städte betrachteten die Juden in ihren Mauern als ihre Kammerknechte und beriefen sich allen Ernstes auf eine Urkunde des Kaisers Karl IV., daß er sie ihnen mit Leib und Gut verkauft habe. Als sich portugiesisch-marranische Juden von den Niederlanden aus in Frankfurt niederlassen wollten, um diese Stadt zu einem Handelsplatze ersten Ranges wie Amsterdam und Hamburg zu erheben, und um die Erlaubnis baten, ihnen ein Bethaus zu bewilligen, schlug es ihnen der Rat rundweg ab. Was taten die jüdischen Kapitalisten? Sie wendeten sich an den Herrn von *Hanau* und erlangten von ihm ein sehr günstiges Privilegium[1]).

Die Verbissenheit der Frankfurter gegen ihre jüdischen Mitbewohner hatte sich in einer Gesetzgebung kristallisiert, die zu den widerwärtigsten und abgeschmacktesten gehört. Sie wurde die „*Judenstättigkeit*" genannt und bestimmte, unter welchen Bedingungen oder Beschränkungen die Juden die Frankfurter Luft oder vielmehr die verpestete Atmosphäre des Judenviertels einatmen durften. Sämtliche vom Papsttum eingeführten kanonischen Beschränkungen zur Brandmarkung derselben: Verbot christliche Dienstboten und Ammen zu halten und Gebot ein schändendes Abzeichen zu tragen — einen gelben Ring und eigene Kopfbedeckung, beileibe kein landesübliches Barett — hat die größtenteils protestantische Stadt beibehalten. Sie behandelte sie geradezu wie Sträflinge. Außerhalb der Judengasse durften sich die Juden nur für nötige Geschäfte aufhalten, aber nicht zwei zusammen als Spaziergänger, und gar nicht in der Nähe des Römers, besonders nicht an christlichen Festtagen oder Hochzeiten oder wenn Fürsten in der Stadt lagen. Auch in ihrem Ghetto sollten sie sich still verhalten, christliche Ohren nicht durch einen hellen Laut verletzen, die eingekehrten fremden Juden zum zeitigen Schlafengehen anhalten. Ohne Vorwissen des Magistrats durften sie überhaupt keine Fremden beherbergen, nicht einmal Kranke in ihr Hospital aufnehmen. Eßwaren durften sie nicht gleichzeitig mit den Christen auf dem Markt einkaufen. Ihr Geschäftsumfang war neidisch eingeengt, und doch mußten sie viel mehr Steuern als die christlichen Einwohner zahlen. Wie sie an ihren Kleidern besondere Abzeichen, so mußten sie an ihren Häusern besondere Schilder mit wunderlichen Figuren und Namen haben: *zum Knoblauch*, *zum Esel*, *zum grünen*, *weißen Schild*, *Rotschild*, *Schwarzschild*. Nach diesen Schilderfiguren wurden

[1]) Fortsetzer von Gans' Chronik צמח דוד I, zum Jahre 1610.

die Bewohner der Häuser genannt: „Der Jude N. zum Esel, der Jude N. zum Drachen". Bei der Aufnahme eines Juden mußte dieser die pünktliche Befolgung aller dieser ebenso dummen, wie herzlosen Bestimmungen mit einer entehrenden Eidesformel geloben. Und noch dazu hing ihr kümmerliches Dasein nur vom guten Willen des Magistrats ab; denn ein Paragraph bestimmte: Der Rat behielt sich vor, einem jeden Juden, zu welcher Zeit auch immer, die Stättigkeit, d. h. das Aufenthaltsrecht, zu kündigen. In diesem Falle mußte der einzelne oder die Familie nach Ablauf der bestimmten Frist die Stadt verlassen[1]).

Wenn der Magistrat berechtigt war, einzelnen Juden den Aufenthalt zu kündigen, so durfte er sie doch sämtlich aus der Stadt weisen. So folgerte und verlangte die mit dem Rate in Hader geratene Bürgerschaft oder die Zünfte. Sie beabsichtigten ihre Freiheiten zu erweitern, die aristokratische Macht der Patrizier im Magistrat zu beschränken und fingen mit den Juden an. Der Grund war, daß die Ratsherren für greifbare Dankbarkeit von seiten der Juden bei Handhabung der gegen sie erlassenen Gesetze nachsichtig waren; sonst hätten die Juden unter dem Drucke und der Schmach der „Stättigkeit" nicht existieren können. Aber diese Nachsicht des Magistrats gegen die Juden war den Zünften doppelt zuwider. Sie arbeiteten daher mit Aufgebot aller Mittel, die Ausweisung der Juden aus Frankfurt durchzusetzen. Diese hatten sich zwar vom Kaiser ihre Unantastbarkeit als Gesamtheit bestätigen und verbriefen lassen[2]); aber auf Dekrete und Drohung des Kaisers gab man damals sehr wenig. An der Spitze der aufsässigen Zünftler stand der Lebkuchenbäcker Vincenz Fettmilch, welcher, sowie die ihn unterstützenden Handwerker, zu den bürgerlich zurückgesetzten Reformierten gehörte und seinen Ingrimm an der lutherischen Bürgerschaft durch Rachenahme an den Juden zu befriedigen suchte. Er war ein verwegener Mann, der die Räte in Schrecken hielt und sich ganz offen den „neuen Haman der Juden" nannte. Er wurde von der Bürgerschaft zu ihrem Sprecher und Rädelsführer erwählt und verdiente auch diese Führerschaft. Denn er führte seinen Plan mit vieler Umsicht aus. Nächst den Beschwerdeschriften an den Rat und an den Kaiser „das jüdische Joch vom Halse zu nehmen" wurde die Juden-

[1]) Siehe über die alte Judenstättigkeit Schudt a. a. O. III., S. 119 ff.

[2]) Urkunde vom 13. Nov. 1611 bei Wolf, Ferdinand II. und die Juden S. 29. Vgl. Kriegk, Geschichte von Frankfurt, S. 227 ff. und Auszug daraus, Frankel-Graetz Monatsschr., Jahrg. 1872, S. 236—240 und 324—328.

stättigkeit gedruckt[1]) und unter die Bürger verteilt, damit diese daraus die Berechtigung zur Ausweisung der Juden klar erkennen sollten. Der Magistrat ließ zwar die Exemplare der aufregenden Schrift konfiszieren, aber der von dem Pfefferküchler geleitete Ausschuß setzte ihre Freigebung durch. Diese Schrift tat auch ihre Wirkung; sie machte die Zünftler nur noch mehr erbittert gegen die Juden. Die Plünderung sowie Ausweisung der Juden wurde öffentlich verhandelt, und öfter hieß es, es werde an diesem oder jenem Tage ein Angriff auf das Judenviertel gemacht werden. Beschimpfungen, Mißhandlungen und Einkerkerungen einzelner Juden waren an der Tagesordnung. Immer kühner traten Fettmilch und die Zunftmeister auf, rissen dem Magistrat das Regiment aus den Händen und bedrohten ganz offen die Juden. Vergebens erschienen kaiserliche Kommissarien, Subdelegierte des Erzbischofs Johann Schwickhard von Mainz und des Landgrafen Ludwig von Hessen-Darmstadt, den Streit zwischen Rat und Bürgerschaft zu untersuchen und zu schlichten und die Juden zu schützen. Sie zogen unverrichteter Sache ab und sofort machte die Rotte Angriffe auf das Tor des Judenviertels am Wochenfeste. Auf das Schlimmste gefaßt, hatten viele Juden ihre Frauen und Kinder von dem unter ihren Füßen erzitternden Boden entfernt. Die Kommissarien erschienen wieder mit dem Mandate des Kaisers, die Ruhe herzustellen, drangen abermals nicht durch, ja verschlimmerten noch die Lage. Selbst die Bürger, welche fürchteten, sich dem Zorne des Kaisers auszusetzen, stachelten ihre Gesellen und Tagelöhner zum Angriff auf die Juden auf. Und als die Kommissarien dieselben mit Ausweisung bedrohten, kannte ihre Raserei keine Rücksicht. Der Tag für die Plünderung und vielleicht Ermordung der Frankfurter Juden war bereits verabredet, und die ganze Gemeinde beging ihn mit Fasten und Gebet, wie einen Versöhnungstag, um die Hilfe des Himmels zu erflehen, wo menschliche Hilfe so fern war.

Am bestimmten Tage (27. Elul = 22. August alten Stils, September neuen Stils 1614)[2]), während die Gemeinde im Bethause versammelt war, folgte Schlag auf Schlag und Stoß auf

[1]) 5. Januar 1613. Schudt, jüd. Merkwürdigkeiten II, 141.

[2]) Quellen darüber bei Schudt, a. a. O. Kriegk, a. a. O. Von jüdischer Seite Vincenz-Lied oder שירה. auch מגילת וינץ von Elchanan ben Abraham Helen, hebräisch und deutsch zuerst gedruckt Amsterdam 1618, auch einverleibt in Gans' צמח דוד und bei Schudt. Der richtige Familienname des Verf. ist Helen (העלן) und nicht Hellein. Es gab Ärzte mit dem Namen Helen oder Helenius. S. darüber Katalog Bodleiana S. 921.

Stoß, mit Wutgeschrei vermischt, an die Pforte des Judenviertels. Darauf von seiten der Juden Angstgeschrei, verzweifeltes Hin- und Herrennen und ratloses Fliehen. Mutige Jünglinge und Männer griffen zu den Waffen, die Stürme abzuwehren oder mannhaft zu sterben. Es fielen auf beiden Seiten Verwundete und auch einige Leichen; die Überzahl und Verwegenheit der Fettmilchschen Bande siegte. Darauf Plünderung, Zerstörung und Entweihung der heiligen Plätze mit tierischer Wut die ganze Nacht hindurch bis an den andern Tag. Die kaiserlichen Kommissarien vermochten dem wüsten Treiben keinen Einhalt zu tun, mußten sogar einen Anschlagzettel ausstellen, daß die Mordbande unsträflich sei. Die meisten Juden, welche nicht von menschenfreundlichen Bürgern geborgen worden waren, harrten zitternd auf dem Begräbnisplatze aneinander gekauert, manche in Sterbekleider gehüllt, des Todes. Geflissentlich ließ sie die Rotte in banger Ungewißheit über das Los, das sie ihnen zugedacht, zwischen Leben und Vertreibung, so daß die Juden es als eine Gnade Gottes ansahen, als sich ihnen des Nachmittags (24. August n. St.) das Fischerpförtchen öffnete und sie, allerdings ohne Hab und Gut, abziehen durften, 1380 Personen. Den Fortschritt der Menschlichkeit gegen frühere Jahrhunderte konnte man bei dieser Gelegenheit darin bemerken, daß mitleidige Christen den von allem entblößt Abziehenden Brot und Speisen reichten, und die kleineren Städte und Dörfer ihnen ein Obdach gewährten, obwohl Fettmilch und die Judenfeinde vor deren Aufnahme gewarnt hatten.

Es dauerte lange, bevor die Juden Frankfurts Genugtuung für die so verletzende Unbill erhielten. Der Magistrat war ohnmächtig und der Kaiser Matthias fast nicht minder. Dieser erließ zwar Mandate über Mandate an seine Kommissarien gegen die Aufwiegler und Räuber in Frankfurt. Der Erzbischof von Mainz und der Landgraf von Darmstadt widerriefen die erzwungenen Zugeständnisse ihrer Subdelegierten und forderten die Auslieferung der Rädelsführer und Wiedereinsetzung der ausgetriebenen Juden. Allein das alles geschah so sehr ohne Nachdruck, daß Fettmilchs Rotte noch ein ganzes Jahr den Rat so sehr tyrannisieren durfte, daß er nichts für die Juden tun konnte. Einige juristische Fakultäten nahmen noch dazu die Frankfurter Räuber gewissermaßen in Schutz und gaben ein Urteil ab, daß deren Vergreifen an dem Eigentum der Juden nicht als Diebstahl anzusehen sei, da es teils am Tage, teils bei Fackelschein geschehen sei[1]). Die Ver-

[1]) Wahrhaftige Beschreibung der Exekution in Frankfurt bei Schudt das. II, S. 56 ff.

zögerung der vom Kaiser so oft befohlenen Restituierung der Frankfurter Gemeinde lag teils an der damaligen politischen Stellung des Kaisers zu den Ständen, teils an der Lauheit der zunächst als Vollstrecker des Urteils bestellten Fürsten. Erst ähnliche Vorgänge in Worms beschleunigten das Ende der Frankfurter Wirren[1]).

Dort hatte die durch Judenhaß und Brotneid entstandene Erbitterung gegen eine der ältesten deutschen Gemeinden zur selben Zeit insofern einen anderen Verlauf genommen, als nicht die Zünfte, sondern einige Glieder des Magistrats die Ausweisung der Juden betrieben, und als der Hauptjudenfeind nicht ein brutaler, aber gerader Handwerksmann, sondern ein arglistiger Advokat und Rechtsverdreher war. Der Hauptgrund war auch hier wie in Frankfurt die Auflehnung gegen den Magistrat. Nur handelten die Zünftler hier geschlossener und einmütiger. Siebzehn Zünfte wählten einen Ausschuß von je einem Mitgliede aus jeder Zunft, welcher sowohl gegen den Magistrat, als gegen die Judenschaft vorgehen sollte. Verarmung ihres Gemeinwesens, welches an den veränderten Handelsverhältnissen lag, schoben sie auf die Juden und den Wucher, was einer dem andern nachjammerte, obwohl der Zinsfuß infolge der Entscheidung des Speyerschen Gerichtes auf fünf vom Hundert herabgesetzt war. Die Unvernünftigen dachten durch die Vertreibung der Juden den Wohlstand der Stadt zu heben und arbeiteten darauf los. Der Führer und Ratgeber, der Alles in allem im Bürgerausschusse, war ein Rechtsgelehrter, Doktor Chemnitz (Chemnitius), welcher durch Advokatenkniffe glücklicher und ungefährlicher die Ausweisung der Juden durchsetzen zu können vermeinte, als die Frankfurter durch Gewalt. Zunächst wurden allerhand Schikanen und Beschimpfungen gegen sie angewendet. Der Ausschuß wollte nicht Hand an sie legen, aber sie mürbe machen. Er versperrte ihnen die Ausgänge zur Stadt, verhinderte sie, Einkäufe von Nahrungsmitteln zu machen, jagte ihr Vieh von der Weide[2]) und ließ nicht einmal Milch für jüdische Kinder in die Judengasse bringen. Die Juden sahen sich von sicherem Elende bedroht und schafften daher ihre bewegliche Habe nach benachbarten Plätzen; dieses wollte der Ausschuß verhindern und

[1]) Quellen über die Vorgänge in Worms: Schudt das. I, S. 417 ff.; Schaab, Geschichte der Juden von Mainz, S. 202 ff.; Wolf, Geschichte der Juden von Worms, S. 17 ff.; ausführliche Relation von Joh. Georg Kern, aus einem Kodex des Wormser Gymnasialarchivs, mitgeteilt von L. Levysohn in Frankels Monatsschr., Jahrg. 1858, S. 38 ff.

[2]) Jedes jüdische Haus hatte bis dahin das Recht, eine Kuh auf die Weide von Kisselwitz zu treiben, Judenstättigkeit von Worms bei Wolf a. a. O., S. 74, § 10.

legte Schloß und Kette an die zwei Tore der Judengasse, um nichts hinauszuschaffen zu lassen. Da diese Maßregel aber als Gewalt erschien, riet ihnen der schlaue Advokat, lieber beständig an den Pforten Wache zu halten. Auch in Worms wurden die sogenannten jüdischen Privilegien, d. h. die „Stättigkeit", welche ihnen unter beschränkenden Bedingungen zu atmen gestatteten, der Bürgerschaft zugänglich gemacht. Sie wurden ihr vorgelesen, und sie hörte sie mit solchem Ernst an, als „wenn ein Evangelium vom Himmel gepredigt worden wäre". Sie wollte sich vergewissern, daß sie mit Fug und Recht die Juden ausweisen durfte. Um diese so äußerst wichtige Angelegenheit zu betreiben, erweiterte sich der Bürgerausschuß von 17 auf 150 Mann, und Chemnitz war rührig und geschäftig, das heiß ersehnte Ziel herbeizuführen, besonders nachdem die Frankfurter so glücklich waren, ihre Juden loszuwerden. Die Wormser Gemeinde tat zwar auch das Ihrige, den sie bedrohenden Schlag abzuwenden. Ihr Sachwalter, der Vorsteher Löb Oppenheim, ein Glied einer sehr geachteten Familie, war an den kaiserlichen Hof abgeordnet worden, empfohlen vom Landgrafen Ludwig von Darmstadt und dem Erzbischof Schwickhard von Mainz, den Kaiser Matthias günstig für die Juden zu stimmen; Geldmittel wurden nicht gespart. Der Kaiser hatte aber kein anderes Mittel, als Handschreiben und Mandate an die Bürgerschaft zu richten, die Gewalttätigkeiten gegen die Juden abzustellen und die Aufwiegler zu bestrafen; die kaiserlichen Drohworte fanden kein Gehör und wurden von den übermütigen Rädelsführern noch verspottet.

Kräftiger nahm sich der junge Kurfürst Friedrich von der Pfalz, der Freund des jüdischen Arztes Zacuto Lusitano (o. S. 3), der Wormser Juden als Schutzherr der Stadt an, jener Fürst, welcher später den Tanz des dreißigjährigen Krieges eröffnen und als erstes Opfer desselben fallen sollte. Er hatte zuerst durch zwei Kommissarien seine Vermittlung angeboten, und als diese nicht angenommen wurde und Chemnitz seine Wühlerei verdoppelte, ließ ihn der Kurfürst festnehmen und in Heidelberg in Gewahrsam bringen. Während seiner dreimonatigen Haft trat eine kleine Pause in Worms ein. Sobald aber dieser Aufwiegler wieder auf dem Schauplatze erschien, begannen die Wirren von neuem. Er hatte zwar sein Wort verpfändet, der Bürgerschaft nicht gegen die Juden zu dienen und sich anheischig gemacht, im Übertretungsfalle in 1000 Gulden Strafgeld zu verfallen; nur unter dieser Bedingung wurde er vom Kurfürsten aus der Haft entlassen. Das machte ihm aber kein Bedenken, er hetzte vielmehr die Zünfte noch nachdrücklicher gegen die Juden auf. Sie versammelten sich auf

Chemnitz' Rat unbewaffnet auf dem Markte zur Beratung und schickten eine Deputation an die Juden, innerhalb einer Stunde „mit Sack und Pack aus der Stadt zu ziehen". Die Deputation warf ihnen vor, die Bürgerschaft beim Kaiser verdächtigt, seinen Haß gegen sie erregt und ihr jedes Mittel benommen zu haben, Recht zu erlangen. Der Magistrat protestierte, aber ohnmächtig, und so blieb den Juden nur übrig, am vorletzten Passahtage auszuwandern (20. April n. St. 1615). Die Schiffer, welche im Dienste der den Juden stets wohlgesinnten Dalberge standen, hatten zwar die Weisung, die Juden nicht über den Rhein zu führen, aber die Bürger brachten sie, um sie nur los zu sein, hinüber. Sie durften alles Bewegliche mitnehmen, und was sie zurückließen, sollte ihnen gut verwahrt werden. So hatte Chemnitz geraten, um die Bürger nicht in die Anklage wegen Plünderung zu verwickeln. Der Fanatismus konnte sich aber nicht enthalten, die Wut an den heiligen Stätten der Juden auszulassen, die tausend Jahre alte Synagoge zu verwüsten, den jüdischen Begräbnisplatz zu entweihen und mehrere hundert Grabsteine zu zerbrechen, von denen einige Zeugnis vom hohen Alter dieser Gemeinde ablegen[1]). Der Erzbischof von Mainz und der Landgraf Ludwig von Darmstadt gestatteten den Verbannten den Aufenthalt in den kleinen Städten und Dörfern, und so kamen sie zum Teil mit ihren Frankfurter Leidensbrüdern zusammen.

Indessen dauerte der Jubel der judenfeindlichen Wormser Bürger nicht lange. Der durch den Bürgerausschuß gedemütigte Rat unterhandelte heimlich mit dem Kurfürsten Friedrich von der Pfalz, und dieser ließ, etwa zehn Tage nach Ausweisung der Juden, Fußvolk, Reiterei und Kanonen unter dem ohnmächtigen Proteste des Ausschusses in die Stadt einrücken, welche alsbald dem Aufruhr ein Ende machten. Der großsprecherische Doktor Chemnitz wurde mit anderen Aufwieglern in Gewahrsam gebracht. Später wurde er seines Amtes als Advokat entsetzt und Landes verwiesen. Andere Rädelsführer, die sich bei der Vertreibung der Juden bemerklich gemacht hatten, wurden auf Nimmerwiederkehr zur Stadt hinausgestäupt. Es dauerte aber doch noch fast drei Vierteljahre, bis die Wormser Juden auf Befehl des Kaisers von dem Pfalzgrafen und dem Bischof von Speyer in ihre Stätte wieder eingesetzt wurden (19. Januar n. St. 1616). Zwei Monate später wurden die Juden von Frankfurt wie im Triumphe mit Paukenschall und Hörnerklang von den Kommissarien von Kurmainz und Darmstadt in ihre Wohnungen wieder zurückgeführt (20. Adar = 10. März

[1]) L. Lewysohn, Epitaphien der Wormser Gemeinde, S. 3.

n. St.)[1]. Hier wurden die Aufwiegler härter als in Worms bestraft, weil sie Zerstörung, Plünderung und Blutvergießen veranlaßt hatten. Vincenz Fettmilch, der Lebkuchenbäcker, der Frankfurter Haman, wurde gevierteilt und gehängt, sein Haus geschleift und seine Familie in die Verbannung gejagt. Die Stadt wurde vom Kaiser mit 175 919 fl. Schadenersatz für die an den Juden verübte Plünderung belegt. Zum Andenken an diese im deutschen Reiche nicht alltägliche Errettung und ehrenvolle Wiedereinsetzung bestimmte die Frankfurter Gemeinde, den Tag des Einzuges (20. Adar) als Festtag — Purim-Vincenz genannt — zu begehen, den Tag vorher aber zur Erinnerung an die Leiden zu fasten.

Die alte Judenstättigkeit sowohl in Worms als in Frankfurt hob der Kaiser Matthias auf und führte dafür eine neue Judenordnung ein, welche von Kommissarien beraten war (für Frankfurt ausgestellt am 3. Jan. 1617 und für Worms am 22. Febr. 1617)[2]. Dieses Neue war aber immer noch im mittelalterlichen Geschmack. Die alten Beschränkungen der Juden in Tracht, Hantierung und Bewegung sind geblieben und womöglich noch teilweise verschärft worden. Galten die Juden doch auch dem Kaiser des heiligen deutsch-römischen Reiches und seinen Räten als Auswürflinge. „Nur da sie einmal vom Kaiser privilegiert waren, sollte der Rat sie schützen und nicht mehr die Befugnis haben, diejenigen, welche einmal die Stättigkeit erlangt hatten, auszuweisen." Diejenigen Frankfurter Juden, welche damals wieder eingesetzt wurden, brauchten daher nicht mehr wie früher ihr Aufenthaltsrecht alle drei Jahre zu erneuern, und ihr Recht ging auf ihre Nachkommen über[3]. Dagegen wurde die Zahl der Juden auf 500 festgesetzt. Nicht mehr als sechs Familien sollten jährlich zur Stättigkeit zugelassen werden[4], und nie mehr als zwölf Paare durften sich jährlich verheiraten[5]. Eine andere Beschränkung kam noch hinzu, daß sich die Juden nicht Bürger von Frankfurt, sondern nur erbliche Rats-Schutzangehörige nennen durften[6]. Zu den alten Schutz-

[1]) Bei Kriegk wird das Datum unbegreiflicherweise als der 28. Februar angegeben, das stimmt nicht mit den Angaben der jüdischen Quellen.

[2]) Die erste mitgeteilt von Schudt das. III, S. 175—190, Lüning, deutsches Reichsarchiv Port. Spec. (contin. IV.) T. I, S. 708, und die andere Urkunde bei Wolf, Geschichte der Juden von Worms, S. 70, Beilage, XXIII.

[3]) Neue Judenstättigkeit von Fr. § 4.

[4]) Das. § 104, 105.

[5]) Das. § 108.

[6]) Das. § 32.

abgaben kamen auch neue hinzu, eine Heiratssteuer und ein Erbschaftszoll[1]). — Die Beschränkungen in der neuen Judenordnung für Worms sind womöglich noch drückender ausgefallen. Die Gemeinde hatte ihr Weiderecht eingebüßt; sie wurde dafür mit dem Privilegium entschädigt, „Milch zu ihrer und der Ihrigen Notdurft von der Bürgerschaft kaufen und abholen zu dürfen"[2]) — eine bedeutende Errungenschaft!

Diese betrübende Erscheinung der Ausweisung der Juden aus den beiden westdeutschen Städten und ihrer Wiedereinsetzung hatte doch für die deutsche Judenheit eine günstige Wirkung. Es kam allen deutschen Gemeinden zugute, daß der Kaiser einmal wenigstens die Unverletzlichkeit der Juden mit Nachdruck betont und mit Waffengewalt bestätigt hatte. Kaiser Ferdinand II., so sehr er auch Jesuitenzögling und Protestantenfresser war, besiegelte diese Unantastbarkeit der Juden für das ganze Reich und besonders für Frankfurt und Worms, als die Bürgerschaft dieser Städte sie von neuem zu quälen gedachte[3]). Daher kam es, daß der zerstörungs- und blutreiche dreißigjährige Krieg die Juden Deutschlands nicht so hart traf, wie man erwarten sollte. Sie teilten zwar die Leiden des deutschen Volkes, das, in zwei Lager gespalten, das Schwert gegen die eigene Brust zückte und sein eigenes Land zur Wüste machte. Auch die Juden hatten ihr Teil an den Brandschatzungen, Plünderungen und Verwüstungen, welche die Führer der Landsknechte, die Mansfeld, Tilly, Waldstein nacheinander über die blühendsten Städte brachten. Manche jüdische Gemeinde ist infolge der Kriegswut vollständig untergegangen. Aber die Juden hatten wenigstens von dem inneren Feinde nichts zu fürchten und konnten sich in der Abgeschiedenheit ihres Ghettos still vor den Stürmen bergen[4]).

1) Neue Judenstättigkeit von Fr. § 93, 102.

2) Judenstättigkeit für Worms bei Wolf a. a. O., § 10.

3) Wolf, Ferdinand II. und die Juden, S. 29, Beil. II.

4) Allgemeine Nachrichten über den Zustand der Juden während des dreißigjährigen Krieges gibt es nicht. Juspa Hahn Nürlingen, der sein rituales Werk יוסף אומץ (nach dem Muster Jakob Mölns מהרי״ל) 1630 beendete, bemerkt im Nachtrage p. 166b: בעינינו ראינו . . . שיש אל חי בקרבנו תשועת לנו נסים וזה נראה בחוש בפרטות על ידי אנשי המלחמה אשר עברו זה כמה שנים בעיירות ובכפרים . . . ואלו כל הימים דיו אי אפשר להעלות על הספר . . . שהטיבו לבני עמנו ביתר שאת ויותר משאינם נמולים . . . שלהם הרעו מאוד עד שלעתים החביאו העמים באיזו מקומות רכושם בבתי היהודים, הן הנסים שנעשו לאותם שעלה חמת הצוררים עליהם ובקשו לשבותם ולא עלה בידם . . . וגם כמה שבויים שנצלו . . . בקלות . . . רובם בלי מחיר וכסף וקצתם רק במעט כסף. Dagegen bemerkt sein Zeitgenosse, auch ein Frankfurter, der Kabbalist Naphtali ben Jakob Elchanan, Ver-

Die katholischen Heerführer hatten vom Kaiser die Weisung, Leben und Gut der Juden zu schonen, und diese wurde hin und wieder befolgt, so daß mancher Protestant seine Habe im Asyle des Judenviertels bergen und retten konnte. Freilich war der Beweggrund für diese Schonung nicht humanes Wohlwollen, sondern finanzielle Berechnung. Ehe Waldstein die Entdeckung machte, daß der Krieg durch den Krieg ernährt werden, daß eine große Armee sich auch Finanzmittel verschaffen könnte, brauchte der Waffengang, den Ferdinand II. gegen die protestantische Hälfte Deutschlands unternahm, viel Geld, woran der kaiserliche Schatz von jeher arm war. Bares Geld fand sich aber meistens nur in den Kasten jüdischer Kapitalisten. Die Finanzquelle der Juden mußte daher vor allem geschont werden, wenn der Krieg einen guten Fortgang haben sollte. Daher war der mit vieler Überlegung handelnde Kaiser darauf bedacht, seinen Feldherren einzuschärfen, die Juden von aller Kriegsbeschwerlichkeit und Einquartierung zu befreien[1]). Wie teuer den Gemeinden diese zärtliche Behandlung zu stehen kam, läßt sich nicht angeben. Die böhmischen Juden entrichteten eine bedeutende Summe und verpflichteten sich, jährlich 40 000 Gulden zur Bestreitung der Kriegskosten zu leisten[2]).

Der Wiener Hof erfand auch ein anderes Mittel, die Finanzquelle der Juden für den Krieg ergiebig zu machen. Er ernannte jüdische Kapitalisten zu H o f j u d e n , räumte ihnen die ausgedehnteste Handelsfreiheit ein, befreite sie von den Beschränkungen, denen andere Juden unterworfen waren, sogar vom Tragen des gelben Fleckens, gewährte ihnen und ihren Angehörigen mit einem Worte eine günstige Ausnahmestellung. Solche Hofjuden waren zur Zeit des dreißigjährigen Krieges: J o s e l P i n k h e r l e von Görz, M o s e s und J a k o b M a r b u r g e r von Gradiska, V e n t u r a P a r e n t e von Triest,

fasser des blödsinnigen kabbalistischen Werkes עמק המלך (gedruckt 1648), allerdings tendenziös, daß infolge des Todes des Kabbalisten Vital Calabrese (1620) und gerade in seinem Todesjahr mörderische Kriege begannen, von welchen die Juden hart betroffen worden seien (p. 141 c): פטירת חיים קלפריז באה המלחמה של כליון לעולם . . . בארץ פולין . . . וכן בארץ אשכנז . . . אשר כפי ותמו קהלות קדושות במלחמות הרעות האלה בחרב דבר ורעב.

1) Wolf, Ferdinand II., Beilage XIII. „Wir Ferdinand entbieten allen und jeden unsern Obristen, Obrist-Lieutenanten, Rittmeistern usw. und geben euch zu vernehmen, daß wir die gesammbte Judenschaft von Worms in unsern kaiserlichen Schutz an- und aufgenommen, vor allen gewalttätigen Einlagen, Einquartierungen und andern Kriegsbeschwerlichkeiten gänzlich und allerdings eliminiert und befreit haben."

2) v. Herrman, Geschichte der Juden in Böhmen, S. 54, Zeitschrift Maskir V, S. 141: Waldstein erhöhte 1628 diese Summe auf 4000 Fl. monatlich.

denen der Kaiser für geleistete Dienste bedeutende Privilegien erteilte[1]); ferner Elia Halfan, der Arzt, in Wien, Samuel zum Drachen und Samuel zum Straußen in Frankfurt a. M.[2]). Ein ganz besonders begünstigter Hofjude damaliger Zeit war Jakob Bassewi (Batscheba) Schmieles in Prag (geb. 1580, st. 1634)[3]), welchen Kaiser Ferdinand wegen der Dienste, die er dem Kaiserhause geleistet, in den Adelstand erhob (Jan. 1622). Er erhielt den Namen von Treuenburg und durfte ein Wappen führen, (blauer Löwe, acht rote Sterne im blauen Felde). Bassewi von Treuenburg begleitete öfter das Hoflager des Kaisers. Diese Stellung machte ihn nicht aufgeblasen gegen seine niedriggestellten Stammesgenossen; er wirkte vielmehr zu ihrem Besten mit voller Hingebung. Da er und die andern Kapitalisten der Geldverlegenheit des kaiserlichen Hofes abhalfen, konnten sie wirksam für ihre Glaubensgenossen im Reiche und Italien eintreten. Wahrscheinlich auf ihre Veranlassung erhielten die Juden gewissermaßen mitten im Feuerregen von den militärischen Führern besondern Schutz. Nach der entscheidenden Schlacht am weißen Berge (1621) wurde das Judenviertel Prags[4]) von einer Schutzwache besetzt, damit den Juden kein Haar gekrümmt werde. Zum Andenken an diese kaum geahnte Rettung vor der wilden Söldnerschar beging die Prager Gemeinde den Tag des Einzuges der Kaiserlichen (14. Marcheschwan = 10. November) alljährlich halb als Fast- und halb als Festtag, wie es der damalige Rabbiner Jesaia Hurwitz angeordnet hatte. Die reichen Juden Prags durften auch die von den protestantischen Bewohnern verlassenen Häuser käuflich an sich bringen[5]).

Ein gewichtiges Ansehen erhielt während des Krieges und vielleicht durch denselben die Gemeinde Wiens. Der Schwerpunkt

[1]) Wolf, Ferdinand II., Beil. Nr. IV. [2]) Das. Beil. X.

[3]) Seine Biographica in Liebens Prager Epitaphien, S. 21 f. Maskir IV, S. 20, Note.

[4]) Lipmann Heller, Einl. zu den betreffenden Bußgebeten (Selichot, Prager Ritus), die er zum Andenken an diesen Tag verfaßt hat. Da diese Selichot selten sind, so sei das Wesentlichste daraus mitgeteilt: וביום א׳ ר״ב בחשון (שפ״א) . . . נגשו להלחם יחד ורבים מהיהודים הוצרכו לעשות שוללות (שאנצין) . . . וביום ג׳ י״ד חשון . . . הייני בצרה גדולה עד לעת הערב קראו לשלום וה׳ נתן אותנו לחן ולחסד לפני שרי חיל ויפקידו שומרים ברחובותינו כי כן יסד הקיסר . . . על כל שר צבא חילו לבלתי נגוע יד בשום יהודי לא בגופו ולא במאודו רק ישמרם בשמירה מעולה. ובתים מלאים כל טוב היו לשלל ולביזה כמו חודש ימים רצופים וביהודים לא שלחו את ידכם . . . קימו וקבלו עליהם חכמי פראג . . . עם הסכמת האב״ד ר׳ ישעיה סג״ל . . . לעשות את יום י״ד לחודש חשון יום זכרון.

[5]) v. Herrman a. a. O, S. 54.

des Katholizismus fiel nämlich damals durch die Erschlaffung Spaniens vom Manzanares an die Donau, von Madrid an Wien. Die nach und nach trotz wiederholter Ausweisungsdekrete der Kaiser wieder in Wien angesammelten Juden standen dadurch den wichtigen europäischen Angelegenheiten näher. Hofjuden und jüdische Ärzte zogen nach Wien mit ihren Gesindern, d. h. den Personen ihres Anhanges, oder die sie als solche ausgaben. Die Wiener Juden galten damals als außerordentlich reich[1]). Da sie in verschiedenen Quartieren der Stadt zerstreut wohnten, empfanden sie das Bedürfnis, sich zu sammeln und einen gemeinsamen Platz zum Beten zu haben. Sie wandten sich an den Kaiser, und dieser bewilligte ihnen einen Platz am untern Wörd (jetzt Leopoldstadt), entzog sie der Gerichtsbarkeit der städtischen Behörden und befreite sie sogar vom Tragen der Abzeichen. Zur selben Zeit als die protestantischen Hamburger Bürger eifersüchtig wachten, daß den portugiesischen Juden keine Synagoge eingeräumt werde (v. S. 20), gestattete ihnen der erzkatholische Kaiser in seiner Hauptstadt eine neue Synagoge mit allem Zubehör zu bauen (Dezember 1624). Seine „befreiten", d. h. privilegierten Juden, brauchten keine Einquartierung aufzunehmen und nicht Kriegskosten zu tragen[2]). Der Magistrat erhob freilich Einspruch gegen diese Begünstigung der Juden; er wünschte den „Judenschwarm" aus der Stadt zu schaffen. Die Hofräte, welche Gelder erpressen wollten, gaben daher den Bürgern zu hören, für 20 000 fl. könnten sie die Freude genießen, die Juden ausgewiesen zu sehen, raunten aber zugleich den Juden zu, wenn sie diese Summe zuvorkommend erlegten, könnten sie in Wien bleiben[3]). Wahrscheinlich haben die Juden gesiegt. Die geeinte und wohlhabende Gemeinde sah sich nach einem rabbinischen Leiter um und traf eine glückliche Wahl an dem ebenso liebenswürdigen wie gelehrten damaligen Rabbiner von Nikolsburg, Lipmann Heller (Februar 1625). Er war keine glänzende, epochemachende Erscheinung, aber auf dem dunklen Grund jener Zeit hebt sich seine Bedeutung hell ab.

Lipmann Heller (geb. in Wallerstein 1579, st. Krakau 1654)[4]) bildet nämlich eine Ausnahme unter den damaligen Rabbinen,

[1]) Lipmann Heller, Selbstbiographie, p. 4.

[2]) Hurter, Ferdinand II., B. 10, S. 137 f. Wolf, Ferdinand II., Beilage Nr. V, auch Lipmann Heller, a. a. O.

[3]) Hurter das. B. 8, S. 291.

[4]) Seine Lebenszüge gibt seine Selbstbiographie מגילת איבה, über seinen Prozeß und seine Auswanderung; Ergänzungen dazu: Lieben, Prager Epi-

wenigstens unter denen in Deutschland und Polen. Er war nicht bloß von talmudischer Gelehrsamkeit erfüllt und eingenommen, sondern auch von Elementen des Wissens befruchtet, welche außerhalb des rabbinischen Gesichtskreises lagen. Heller hatte sich nämlich auch in außerjüdischer Literatur umgesehen und verstand gut Mathematik. Auf talmudischem Gebiete konnte er sich allerdings nicht mit den zeitgenössischen polnischen Größen, mit Samuel Edles in Ostrog, Josua Fa'lk in Lemberg, Joël Serkes in Krakau und so vielen andern messen. Allein wenn er ihnen an Scharfsinn oder richtiger an Tüftelei nachstand, so überragte er sie an Gründlichkeit und Klarheit seines Wissens; die Schätze seiner Gelehrsamkeit lagen geordnet in seinem Kopfe. Heller besaß ein sanftes Wesen, imposante Züge, führte eine gewandte Sprache und konnte daher in christlichen Kreisen verkehren. Fern von jenem Wissensdünkel, der keinen Widerspruch vertragen kann — ein Fehler, der namentlich den meisten Vertretern der rabbinischen Gelehrsamkeit in Polen anhaftete, — nahm sein sanftes, bescheidenes Wesen jedermann für ihn ein und gewann ihm die Herzen. Er ist einer von denen, die man unwillkürlich bedauert, daß sie in jener barbarischen Zeit gelebt; in einer besseren Zeit hätten sie erfolgreicher für das Judentum wirken können. In Prag, wo er seine letzte rabbinische Ausbildung erhalten und mit dem, der sophistischen (pilpulistischen) Lehrweise abholden Prediger Ephraim Lencycz verkehrt hatte, schriftstellerte Heller in der Jugend über Themata, welche den Talmudbeflissenen fern lagen oder gar von ihnen verachtet wurden[1]). Im dreißigsten Lebensjahre, gerade in demselben Alter wie Maimuni, arbeitete er ein Riesenwerk aus, einen sachgemäßen Kommentar zur Mischna (Tossafot Jom-Tob, vollendet 1614 bis 1617). Es gehörte dazu eine viel größere Arbeitskraft, als sein großer Vorgänger und auch Obadja di Bertinoro dafür angewendet hatten, wenn man berücksichtigt, wie hoch in der Zwischenzeit die Materialien aufgeschichtet waren, die alle beachtet, aufgenommen und geprüft werden mußten. Freilich nach der wissenschaftlichen Seite steht Heller dem Mischnakommentar Maimunis

taphien, S. 65, und Landshut, Amude Aboda p. 63. Aus der Grabschrift bei Lieben ist sein Todesjahr 1654 unzweifelhaft; Manasse Ben-Israel setzt es aber 1649 aus einem Mißverständnis. Denn Mose Zacut hat auf Hellers Tod eine Elegie gedichtet (auch gedruckt), in welcher die Chiffre vorkommt: בב ישקוט בשנת ה׳ ש׳ ק׳ ט׳. Manche haben das ה als 5000 genommen und daher 5409 = 1649 gezählt; es gehört aber zu den Einern, und vervollständigt die Zahl 5414 = 1654.

[1]) Er schrieb einen Kommentar zu Bedaresis בחינת עולם und zu Ezechiels Gesichte vom Thronwagen (מרכבה).

bei weitem nach. Aber hin und wieder zeigt der Verfasser einen freieren Blick; nur sprach er seine bessere Erkenntnis mit vieler Zurückhaltung und Schüchternheit aus[1]).

Lipmann Heller wurde, wie gesagt, für das Rabbinat nach Wien berufen, und er wirkte wohltätig für diese junge Gemeinde. Er arbeitete für sie eine Gemeindeordnung aus und war daher während der kurzen Zeit seiner dortigen Funktion geachtet und beliebt. Er hätte mit seinem sanften friedliebenden Wesen in Wien bleiben und sich nicht von den scheinbaren Vorzügen der Prager Gemeinde dorthin verlocken lassen sollen; denn in ihr herrschte noch immer Gemeinheit und Niedrigkeit, Neid und Tücke, wie früher, und Heller paßte am wenigsten in diesen Kreis. Es zog ihn aber nach der böhmischen Hauptstadt, wo es unvergleichlich mehr Talmudbeflissene gab, und er auf anregenden Gedankenaustausch rechnen konnte. Denn vom Ehrgeize, Rabbiner in der größten Gemeinde Deutschlands zu sein, muß man ihn freisprechen. Er hatte nur zu bald Gelegenheit, die Annahme dieser Wahl zu bereuen.

Seine Anstellung in Prag erfolgte 1627. Als fungierender Rabbiner hatte Heller den Vorsitz in der Kommission, welche die undankbare Aufgabe hatte, die bedeutende Summe jährlicher Kriegssteuer von 40 000 Gulden unter die Prager Gemeindemitglieder und die Landgemeinden zu verteilen[2]). Bei Hellers biederem und lauterem Charakter läßt sich voraussetzen, daß er bei der Umlage mit der äußersten Gewissenhaftigkeit zu Werke gegangen ist und wissentlich keinen ungerecht überbürdet hat. Nichtsdestoweniger beklagten sich einige Mitglieder über ungebührliche und parteiische Verteilung, erregten Streit in der Gemeinde, brachten einen Anhang zusammen und bedrohten die Kommission mit Anschwärzungen. Vergebens ließ Heller seine mahnende Stimme gegen die überhandnehmende Spaltung vernehmen, sprach von der Kanzel bald sanft, bald ernst. Trotz gesellte sich zum Neid, und die Unzufriedenen verklagten ihn und die Ältesten der Kommission bei der Hofkammer, daß er mit Parteilichkeit die Reichen verschont, die Steuerlast auf die Schultern der Mindervermögenden gewälzt und sie zur Erlegung des ihnen aufgelegten Anteils durch Androhung von Bann, Gefängnis und anderen Strafen gezwungen habe. Die Anklage gegen Heller muß noch überdies sehr gehässiger Natur gewesen sein. Denn, ehe er noch etwas von dem ihn bedrohenden Schlage ahnte,

[1]) Vgl. Tossafot Jom Tob Nasir V, 5.
[2]) S. oben S. 37.

wurden von Wien aus nach Frankfurt die Anzeichen von einer bevorstehenden Verfolgung gemeldet (März 1629)[1]).

Darauf erfolgte von seiten des Kaisers Ferdinand II. ein herber Verweis für den Rabbiner Lipmann Heller und die Gemeindeältesten, mit Androhung unnachsichtiger Strenge bei Wiederholung solcher Ungebühr bei Verteilung der Steuern, und mit dem Befehle eine Zentralkommission zu erwählen (2. Mai 1629)[2]). Aber damit begnügten sich diese gewissenlosen Streitsüchtigen nicht, sondern verleumdeten Lipmann Heller beim Kaiser, er habe in einem seiner Werke verletzende Äußerungen gegen das Christentum gebraucht, was ihn in Harnisch bringen mußte. Um ihrer Verleumdung Nachdruck zu geben, trugen sie einer dem Kaiser nahestehenden Persönlichkeit, die sich auf theologisches Wissen viel einbildete, zu, Heller habe sich vor dem Prager Statthalter gerühmt, sie in einer Disputation besiegt zu haben. Zugleich wiesen die Verleumder darauf hin, daß der angeschuldigte Rabbiner im Besitze eines großen Vermögens wäre, das dem kaiserlichen Schatze zufallen müßte, falls er schuldig befunden würde. Um ihre Rache oder ihren hämischen Sinn zu befriedigen, setzten diese Angeber vollständig außer Augen, daß sie dadurch nicht nur eine Verfolgung der Prager Juden, sondern auch der ganzen deutschen Judenheit heraufbeschwören könnten.

Ihre Verleumdung fand nur zu sehr Gehör. Plötzlich traf ein gemessener Befehl vom Kaiser an den Statthalter von Prag ein, den Rabbiner Lipmann Heller in Fesseln nach Wien bringen zu lassen (25. Juni 1629). Bei der militärischen Strenge, welche während des dreißigjährigen Krieges Mode geworden war, war auch für den Unschuldigen Schlimmes zu befürchten. Indessen war Heller auch bei den christlichen Beamten so geachtet, daß der Polizeimeister, welcher seine Verhaftung vornehmen sollte, mit außerordentlicher Schonung gegen ihn verfuhr, und der Vorstand setzte es beim Statthalter durch, daß Heller ungefesselt und ohne Wache, nur auf Bürgschaft, nach Wien reisen durfte. Dort angekommen, fand er sich beim Kanzler ein, um

1) Juspa Hahn berichtet יוסף אומ״ץ p. 171. סמוך לפורים שפ״ט באו כתבים מוינא מדברים רעים מאוד אשר צלו במחשבה . . ולכן תקננו פה תשובה ונשלוח ספרים ביד הרצים לכל מדינת אשכנז. Das war also Adar = anfangs März 1629. Bedenkt man, daß der drohende Brief des Kaisers an den „Rabbiner und Eltisten der Prager Judenschaft" vom 22. Mai datiert ist, und daß sich daran die Verhaftung Hellers und gewaltsame Bekehrungsversuche knüpften, so kommt man darauf, daß in diesem Berichte die Anzeichen von dem, was später erfolgte, angedeutet sind.

2) Urkunde bei Wolf, Ferdinand II., S. 49, Nr. IX.

Näheres von der gegen ihn gemachten Anschuldigung zu erfahren. Dieser fuhr ihn hart an, was ihn kein gutes Ende hoffen ließ, daß er gegen die christliche Religion geschrieben habe. Darauf wurde Heller in ein Gefängnis gebracht, zusammen mit lasterhaften Verbrechern eingesperrt, und eine Kommission von Geistlichen wurde eingesetzt, um seine Schuld als Gotteslästerer zu konstatieren. Durch außerordentliche Bemühung der Wiener Gemeinde wurde Heller indes in eine leidliche Haft gebracht, bis das Urteil der Kommission erfolgen werde. Bei dem Verhöre, dem er unterworfen wurde, rückten die Richter nicht mit dem letzten Grunde der gegen ihn erhobenen Beschuldigung heraus, sondern formulierten die Anklage gegen ihn lediglich dahin, daß er in einer seiner gedruckten Schriften den Talmud allzusehr verherrlicht habe, der doch nach dem Dekret mancher Päpste zum Feuer verurteilt wurde, und damit habe er sich gegen die katholische Religion vergangen. Indessen machte doch Hellers Verteidigung, daß er in seinen Schriften mit keinem Worte das Christentum angegriffen habe, und daß ihm, dem Rabbinen, die Vorliebe für den Talmud nicht zum Verbrechen gemacht werden könne, einen so günstigen Eindruck, daß das Urteil milder ausfiel, als er und die Judenschaft erwartet hatten. Wahrscheinlich haben auch Bestechungen dazu beigetragen. Der Spruch lautete, Heller habe eigentlich den Tod verdient; allein der Kaiser wollte Gnade walten lassen und habe die Todesstrafe in eine Geldstrafe von 12 000 Tlr. verwandelt, die sofort bar zu erlegen sei, und die angeschuldigte Schrift solle vernichtet werden. Als Heller flehentlich beteuerte, diese Summe nicht erschwingen zu können, drohte der Kanzler im Namen Ferdinands, er werde ihn auf mehreren Plätzen Wiens und Prags stäupen lassen, um der ganzen Judenheit damit eine Schmach anzutun. Indes gelang es doch den Bemühungen der Juden, die 12 000 Taler auf 10 000 Gulden herunter zu bringen, welche außerdem in Ratenzahlungen abgetragen werden durften, wofür aber Bürgschaften verlangt wurden. Die Prager Verleumder, denen das milde Urteil unangenehm war, ruhten aber nicht, bis sie es beim Kaiser durchgesetzt hatten, daß Heller des Prager Rabbinats verlustig und er für unwürdig erklärt wurde, einen andern Rabbinatssitz, so weit das Zepter des Kaisers herrschte, einzunehmen. Endlich wurde er nach vierzigtägiger Haft (14. August 1629) mit Verlust seines Amtes, seines Vermögens und ohne Aussicht auf eine anderweitige Anstellung entlassen. Der geadelte Jakob Bassewi von Treuenburg, der ihm überhaupt mit Rat und Tat zur Seite stand, bewirkte indes für ihn die Begnadigung, daß er ein Rabbinat im deutschen Reiche annehmen dürfe. Heller blieb aber nicht in dem vom Kriegslärm betäubten Deutschland, sondern nahm ein Rabbinat in Polen (Litauen) an, wohin der Ruf von seiner Gelehrsamkeit und seinem Märtyrertum gedrungen war.

So ganz ohne Folgen für die Juden war die lügenhafte Verleumdung gegen Lipmann Heller doch nicht; es blieb doch etwas davon hangen. Der bigotte Kaiser und manche Geistliche, welche durch diesen Vorfall auf das Verhalten der Juden gegen das Christentum aufmerksam gemacht worden waren, kamen darauf, den von dem Papste Gregor XIII. angeordneten Brauch der Bekehrungspredigten für Juden auch für die österreichische Judenschaft einzuführen. Der Kardinal Klesel, der früher allmächtige und weltlich gesinnte, später durch Ausschließung von der Politik auf das Geistliche gerichtete Priester, hat diesen Plan angeregt. Zunächst sah es der Kaiser auf die beiden größten Gemeinden seiner Erblande, auf Prag und Wien, ab. Er erließ ein Dekret (Februar 1630)[1]), daß die Juden gezwungen werden sollten, Bekehrungspredigten anzuhören und zwar jeden Sonnabend Morgen zwischen 8 und 9 Uhr, mindestens 200 Gemeindeglieder beider Geschlechter zu gleichen Teilen; unter diesen sollten vierzig jüngere Juden von 15 bis 20 Jahren sein. Jeder, der zum Anhören der Prediger befohlen worden, sollte bei einmaliger Versäumnis mit einem Taler Strafgeld, und im wiederholten Falle gesteigert, belegt werden. Einschlafen und Schwatzen während der Predigt war verpönt. Die Strafgelder sollten zur Unterstützung der bekehrten Juden verwendet werden. Dem Kaiser Ferdinand lag die Bekehrung der Juden sehr am Herzen und er versprach sich viel von diesem Zwange. Indessen konnte dieser Plan nicht so leicht ausgeführt werden. Die Hofräte, denen der Kaiser dieses Geschäft übertragen hatte, waren für Bestechung nicht unzugänglich und steckten sich hinter die Jesuiten, welche weniger auf Fang von Judenseelen, als vielmehr auf Unterdrückung der Protestanten und Machterweiterung Gewicht legten. Bald hieß es, es sei in Wien kein passendes Lokal für die Predigten zu finden; es schicke sich nicht, eine Kirche dazu herzugeben, und einen Hörsaal in der Universität mochten die Väter der Gesellschaft Jesu nicht dazu einräumen. Dann hieß es, es sei Mangel an einem geeigneten Prediger; die Jesuiten gaben nur ungern eines ihrer Ordensglieder dazu her. Der Kaiser mußte wiederholentlich ermahnen, doch einmal damit den Anfang zu machen, aber es fanden sich immer neue Hindernisse. Dann beschäftigten

[1]) Wolf, Judentaufen in Österreich, S. 8 f., auch S. 3 von Herrman a. a. O., S. 55.

den Kaiser andere Sorgen. Gustav Adolph, der Schwedenkönig, und sein großer Kanzler Oxenstjerna entrissen den Katholiken fast alle Eroberungen, welche die Liga im Protestantenlande gemacht hatte. Dazu kamen dann die Befürchtungen wegen Waldsteins verräterischer Absichten. Die Judenpredigten haben daher in Deutschland keinen Erfolg gehabt.

Kaiser Ferdinand II. ließ die Juden nicht das Mißlingen seines Planes entgelten, er war vielmehr darauf bedacht, die Wunden, welche seine Kriegsscharen den Juden schlugen, zu heilen. Die entfesselte Wut der deutschen Soldateska, des Waldsteinischen Gesindels, traf auch die Gemeinde Mantua. Diese drittgrößte Gemeinde Italiens nächst der römischen und venetianischen zählte damals ungefähr 1000 jüdische Seelen[1]). Der vorletzte Herzog Ferdinand aus dem Hause Gonzaga, obwohl Kardinal und Wüstling, war den Juden zugetan; sie waren so wenig auf schlimme Zeiten gefaßt, daß sie untereinander eine Ghettoordnung für die Dauer einführten, welche der Herzog bestätigte[2]).

Die streitige Erbfolge nach dem Tode des letzten Gonzaga zog Mantua in die Händel des dreißigjährigen Krieges hinein. Bei der fast acht Monate dauernden Belagerung arbeiteten und kämpften die Juden um die Wette mit den christlichen Bürgern. Bei Befestigung der Mauern ruhten sie nicht einmal am Sonnabend; ihre rabbinischen Leiter erklärten es für gestattet. Indessen half alle diese Anstrengung nicht, die deutschen „Teufel", wie die Italiener die Schar Aldringers und Gallas' nannten, eroberten die schöne Stadt, plünderten, zerstörten und mordeten drei Tage hintereinander. Das Ghetto wurde jedoch nur kurze Zeit geplündert. Warum? Die kriegerischen Befehlshaber geboten den Soldaten Halt, um die Beute für sich zu behalten. Aldringer ließ den Juden verkünden (28. Juli 1630), daß sie sämtlich binnen drei Tagen Mantua zu verlassen hätten und weiter nichts als ihre Kleider am Leibe und drei Dukaten bar jede Person mitnehmen dürften; das Wenige, das sie behalten hatten, wurde ihnen von den gemeinen Soldaten entrissen. So wurde die ganze Mantuaner Gemeinde halbnackt und im elendesten Zustande ausgestoßen, der Hungersnot und Pest preisgegeben[3]). Nur sechzehn Juden behielten die

[1]) Geschichte der Vertreibung und der Restitution der Mantuaner Gemeinde גלות והפדות von Abraham Masseran (Venedig 1634), S. 26a.

[2]) סדר הגיטו zur Vermeidung der Konkurrenz: תקונים וסדורים סביב דיורי הגיטו Mantua 1620.

[3]) Masseran a. a. O., p. 14 f.

deutschen Kriegsobersten zurück, um von ihnen durch Marter die Verstecke zu erfahren, wo die abgezogenen Juden ihre Barschaften verborgen hätten. Indessen brachten drei eifrige Juden, Jakob Chajim Cases, Samuel Fano und Abraham Horwitz aus Innsbruck, auf einsamen Wegen die elende Behandlung der Mantuaner Gemeinde zur Kenntnis des Kaisers. Die Hofjuden in Begleitung Ferdinands II. in Regensburg vereinigten ihre Anstrengung, ihn günstig für sie zu stimmen. Dieser erließ auch sofort ein Schreiben (2. September) an den Gouverneur Colalto, den ausgewiesenen Juden die Rückkehr nach Mantua zu gestatten und ihnen alles Geraubte zurückzugeben. Aber erst anfangs Winter (November) kehrten die Übriggebliebenen in ihre leeren Häuser zurück, von 1000 nur 500; die Fehlenden waren von Not, Entblößung, Hunger und anderen Plagen aufgerieben worden[1]).

Sonst erzählen die Jahrbücher des dreißigjährigen Krieges durchaus nichts von besonderen Leiden des jüdischen Stammes. Bei der Einnahme Prags durch die Protestanten und bei dessen Wiedereroberung durch Waldstein (1632) ist den Juden nichts Leides geschehen[2]). Hin und wieder tauchte die alte Lüge von Christenkindermord auf; aber Kaiser Ferdinand III. nahm die Juden nachdrücklich in Schutz gegen die boshafte Anschuldigung in einem Erlasse (23. Juli 1638), sich dabei auf seine Vorgänger und den Papst berufend[3]). Hier und da wurden sie beschuldigt, es verräterisch mit den Schweden zu halten[4]). Der Krieg hatte überhaupt seit Einmischung der Schweden und Franzosen den wilden Charakter eines Religionskrieges abgelegt und den eines politischen um das Gleichgewicht unter den Staaten angenommen. Fast scheint es, als wenn die Juden in dieser Zeit noch besser als die Christen behandelt worden wären. Wenigstens in Mainz verfuhren die Schweden, die über vier Jahre dort hausten (Ende 1631 bis Anfang 1636) glimpflicher gegen sie[5]). Sie waren auch nicht so sehr verarmt, denn sie konnten drei Jahre nach Abzug der Schweden eine Synagoge in Mainz bauen, also einen größeren Gemeindeverband bilden, eine Vergünstigung, die sie seit ihrer Ausweisung über 150 Jahre vorher nicht genießen konnten[6]). Der dreißigjährige Krieg

[1]) Masseran, p. 23 f.
[2]) L. Heller, Selbstbiographie, p. 28.
[3]) Wülfers Theriaca judaica p. 83.
[4]) (König) Annalen der Juden in preußischen Staaten, S. 84.
[5]) Schaab, diplomatische Geschichte der Juden in Mainz, S. 210.
[6]) Schaab das.

endete bekanntlich auf demselben Schauplatz, wo er begonnen hatte, in Prag. Der schwedische General Königsmark belagerte die Moldaustadt und hatte bereits die Kleinseite eingenommen. Aber die Einwohner wehrten sich tapfer, und die Juden blieben an Ausdauer nicht hinter den andern zurück, wenn auch nicht mit Waffen, doch mit Arbeit in den Schanzen und mit Löschapparaten. Ein Jude war es, der dem Kaiser aus der belagerten Stadt Nachrichten brachte, um Entsetzungstruppen herbeizuziehen[1]). Wegen ihrer Anhänglichkeit an das Kaiserhaus erhielten die böhmischen Juden von Ferdinand **III.** eine Erweiterung ihrer Rechte (8. April 1648), welche darin bestand, daß sie in allen königlichen Städten und Kammergütern wohnen und nicht ohne Wissen des Kaisers ausgewiesen werden, daß sie neben ausgedehntem Handel auch alle Handwerke — mit Ausnahme von Waffenschmieden — betreiben dürften, daß die Vorsteher nicht gezwungen sein sollten, einen Verdächtigen aus der Mitte der Gemeinde zu stellen und für ihn verantwortlich zu sein[2]). Man kann annehmen, daß die Juden durch den verheerenden Krieg nicht allzuviel verloren haben. Während die christliche Bevölkerung durchweg verarmt war und mit Not zu kämpfen hatte — ein Hauptumstand, welcher die Fürsten zum Abschluß des westfälischen Friedens geneigt machte

[1]) Die Belagerung Prags durch die Schweden und den Anteil der Juden an der Verteidigung beschrieb ausführlich in einem nicht ganz schlechten hebräischen Stil Jehuda Levi ben Josia in einem Werkchen מלחמה בש׳לום, gedruckt Prag 1649, lateinisch übersetzt von Wagenseil in **excitationes sex p. 104.**

[2]) v. Herrman a. a. O., S. 56, 59, **Maskir** S. 41 f. Aktenstücke von Wolf. Welche Bedeutung dieser Passus im Privilegium hat, vergegenwärtigt ein Fall vom Jahre 1622, der in einem Kodex des Prager Gemeindearchivs zur Erinnerung niedergeschrieben ist. Ein Prager Jude hatte von einem Soldaten Damastvorhänge gekauft, welche dem Statthalter entwendet waren. Als der Diebstahl ruchbar geworden war, übergab sie der Käufer dem Synagogendiener, welcher dazu vereidet war, gestohlene Sachen zu übernehmen und sie dem Eigentümer zuzustellen, ohne den Namen des Beteiligten zu nennen. Der damalige Vizestatthalter, Rudolf Waldstein, begnügte sich aber nicht damit, sondern verlangte den Namen des Käufers zu wissen, und als dieses verweigert wurde, ließ er für den damaligen Vorsteher, einen würdigen Greis, Jakob Teomin Lämmel, eigens einen Galgen auf dem Schinderberge bauen und bedrohte ihn mit dem Strange, falls er nicht den Hehler zur Stelle brächte. Der Käufer mußte genannt werden, und er sollte den Galgentod erleiden. Erst nach angestrengter Bemühung gelang es, den Vizestatthalter zu beschwichtigen, die Todesstrafe in eine Geldstrafe von 10 000 fl zu verwandeln. Diese Summe bestimmte Waldstein als Stammkapital für eine Stiftung zur Bekehrung der Juden. S. auch v. Herrman a. a. O., S. 56.

— hatten die Juden doch noch etwas errettet. Die Beute der Plünderungen so vieler Städte ging durch ihre Hände, und wenn sie auch durch Steuerleistung außerordentlich angespannt waren, behielten sie doch immer einen Gewinn davon. Daher kam es, daß, als gerade nach Beendigung des dreißigjährigen Krieges große Massen flüchtiger Glaubensgenossen aus Polen durch Deutschland kamen, sie von den deutschen Gemeinden brüderlich unterstützt werden konnten. Die Juden Polens wurden nämlich damals zum ersten Male von einer ausgedehnten blutigen Verfolgung heimgesucht. Der Leidenskelch sollte auch an ihnen nicht vorübergehen.

Drittes Kapitel.

Chmielnicki und die Verfolgung der Juden in Polen durch die Kosaken.

Zustand der Juden in Polen vor der Verfolgung. Entstehung der Kosaken. Die Synoden. Das gesteigerte Talmudstudium in Polen. Die Autoritäten: Falk Kohen, Meïr Lublin, Samuel Edels, Joël Serkes. Sabbataï Kohen, Einfluß der rabbinischen Lehrweise auf den Charakter der polnischen Juden. Verbindung der Juden mit dem Adel und den Jesuiten zur Knechtung der Kosaken. Bogdan Chmielnicki. Erster Sieg der Kosaken, Mißhandlung der Juden. Gemetzel in Nemirow, Tulczyn, Homel, Polonnoie, Bar; Vertilgung der Karäergemeinden in Luck und Deraznia. Gemetzel in Narol. Der Friedensschluß. Die Synode von Lublin; neuer Fasttag für Polen eingesetzt. Gemetzel in Litauen, Kleinpolen und Großpolen. Flüchtige polnische Juden. Rückwirkung der polnischen Verfolgung auf die Judenheit.

(1648—1656.)

Polen war zwar nicht mehr wie früher die große Freistätte für die Söhne Judas, seitdem die verblendeten Könige die Jesuiten ins Land gerufen, um ihnen die Abrichtung der Söhne des Adels und der jungen Geistlichkeit für die fanatische Kirchlichkeit in die Hände zu geben und den widersetzlichen Sinn der polnischen Dissidenten zu brechen. Die Väter der Zwietracht, auf welche die vielfache Teilung Polens als erste Urheber zurückgeführt werden muß, suchten auch die stille Macht, welche die Juden vermöge ihrer Geldmittel und ihrer Klugheit auf die adlige Bevölkerung ausübten, zu untergraben und gesellten sich zu deren anderweitigen Feinden, den deutschen Gewerk- und Handelszünftlern, um sie zu beschränken und zu unterdrücken. Öfter kamen seit dieser Zeit Judenhetzen in Polen vor; bald riefen die deutschen Zünftler, bald die Jesuitenschüler „hepp hepp“ gegen sie. Indessen war ihr Zustand in Polen doch erträglicher, als in Deutschland und Italien. In den Drangsalen des dreißigjährigen Krieges suchten flüchtige Juden Polen auf[1]). Die kanonischen Gesetze wurden

[1]) S. weiter unten.

hier doch nicht mit aller Strenge gegen sie angewendet. Der König Sigismund **III.** und sein Sohn bestätigten alle Privilegien, die noch von Kasimir **I.** datierten. Der letzte König aus dem Stamm der Jagellonen Wladislaw **IV.** (1632 bis 1648) war ihnen besonders gewogen[1]). Die Gunst der polnischen Könige hatte zwar nicht viel mehr zu bedeuten, als die der deutschen Kaiser, weil auch sie mehr herrschten als regierten. Allein es war doch immer so besser, als wenn die Könige durch ihren Judenhaß die Feinde der Juden zur Verfolgung gewissermaßen aufgemuntert hätten. Der hohe Adel blieb im allgemeinen auch in dieser Zeit in seiner Abhängigkeit von den Juden, weil sie ihm gewissermaßen die Ergänzung zu seinen Nationalfehlern boten. Der polnischen Flüchtigkeit, Leichtlebigkeit, Unbeständigkeit, Verschwendungssucht und Sorglosigkeit kam die jüdische Überlegtheit, Klugheit, das kleinliche Sparsystem und die Vorsorglichkeit recht gut zustatten. Der Jude war dem polnischen Edelmann mehr noch als sein Finanzmeister, er war sein Helfer in Verlegenheit, sein kluger Ratgeber, sein Alles in allem[2]). Besonders verwendeten die Adligen die Juden zur Verwertung neu angelegter Kolonien, wozu jene weder die nötige Ausdauer, noch die Fähigkeit hatten. Es hatten sich nämlich nach und nach am untern Dnjepr und am Nordrande des Schwarzen Meeres in der Nachbarschaft der Krimschen Tataren Kolonien aus entlaufenen polnischen Leibeigenen, Sträflingen, Abenteurern aller Provinzen, Bauern und Adligen gebildet, welche sich in der Heimat beengt und gefährdet fühlten. Die Auswürflinge bildeten den Grundstock zu dem Kosakenstamme an den Wasserfällen des Dnjepr (Za-Porogi), wovon die Kosaken den Namen Zaporoger erhielten. Um ihr Leben zu fristen, waren sie auf Beute und Raub bei den benachbarten Tataren

1) Er bestätigte die von seinem Vater 1592 konfirmierten, alten Privilegien gleich nach seiner Thronbesteigung 11. März 1633; vgl. Perles, Geschichte der Juden in Posen, p. 130, 145. Nathan Hannover יון מצולה Anfang.

2) Kostomarof, Bogdan Chmielnicki, übersetzt von Merimée im Journal des Savants, Jahrg. 1863, Anfang. En général l'intendant ou l'homme d'affaires d'un Pane polonais était un Juif. Son industrie ordinaire était d'avancer de l'argent à son maître et d'en obtenir, pour se rembourser l'autorisation de pressurer les paysans. — Stupasky de Konary, Geheimschreiber des Königs Wladislaw, schrieb 1637 an Gerhard Vossius (Vossii epistolae II. No. 66): Judaeorum genus adeo diffudit se per universum hoc regnum Poloniae ejusque provincias, ut omnes pene insederit urbes, oppida, villa, hac maxime in finitima Germaniae, bellorum tempestate. Tanta haec multitudo fieri non potest, quin multorum offendat animos, mercatorum (i. e. Germanorum) inprimis et subditorum, qui Judaeis subesse aegre ferunt.

angewiesen. Sie wurden kriegerisch abgehärtet und mit jedem Erfolge wuchs ihr Mut und ihr unabhängiger Sinn. Die Könige Stephan Bathori und Sigismund III., welche die Kosaken zu kriegerischen Unternehmungen und zur Abwehr gegen Einfälle von Tataren und Türken brauchten, hatten ihnen in der Ukraine und Kleinrußland eine gewisse Selbständigkeit eingeräumt, sie teils zu stehenden Kriegern und teils zu freien Bauern gemacht, welche der Leibeigenschaft enthoben bleiben sollten, und über sie einen Hauptmann aus ihrer eigenen Mitte ernannt, einen Attaman (Hetman), mit eigenen Abzeichen seiner Würde. Aber der bigotte Sinn des Königs Sigismund III. und die Jesuiten machten aus den Kosaken, welche ein Element der Stärke für Polen hätten werden können, ein Element ewiger Unzufriedenheit und Empörung. Die Zaporoger waren größtenteils Anhänger der griechische Kirche, nicht aus Überzeugung, sondern aus träger Gewohnheit, wie denn überhaupt im südlichen Polen das griechisch-katholische Bekenntnis vorherrschend war. Nachdem die Päpste vermittelst der Jesuiten die polnischen Dissidenten geschwächt und unterdrückt hatten, arbeiteten sie daran, auch die Griechisch-Katholischen entweder mit der römischen Kirche zu vereinigen oder zu vertilgen. Bei dem kriegerischen Sinn der Kosaken war aber diese Umwandlung nicht so leicht, daher wurde ein förmliches System der Knechtung gegen sie angewendet. Ein Aufstand der Kosaken, um diese Bedrückung abzuwehren, unter einem geistlichen Führer Nalewaiko, scheiterte, und diese Niederlage vermehrte noch den Druck. Drei adlige Häuser hatten vornehmlich die Kolonisation in der Ukraine und Kleinrußland: die Koniecpolski, die Wischniowiecki und die Potocki, und diese überließen die Pacht der auf die Kosaken fallenden drückenden Auflagen ihren jüdischen Geschäftsführern. So breiteten sich allmählich jüdische Gemeinden aus in der Ukraine und Kleinrußland und noch darüber hinaus. Die Kosaken mußten z. B. von jedem neugeborenen Kinde und von jedem neuvermählten Paare eine Abgabe zahlen. Damit kein Umgehen der Abgaben eintreten könnte, hatten die jüdischen Pächter die Schlüssel zu den griechischen Kirchen, und so oft der Geistliche taufen oder trauen wollte, mußte er den Schlüssel von ihnen ausbitten[1]). Im allgemeinen war die Stellung der Juden in den reinpolnischen Landstrichen besser, als da, wo auch noch eine deutsche Bevölkerung angesiedelt war, wie in den größeren Städten Posen, Krakau, Lublin, Lemberg.

[1]) Beauplan, description de l'Ukraine p. 17. Hin und wieder übergaben Adlige ihren jüdischen Agenten die Aufsicht über die Festungen in dieser Gegend; vgl. Joachim Pastorius, historia belli Scythico-Cosaccici p. 209.

Vermöge ihrer Massenhaftigkeit, ihrer Bedeutung und ihres einheitlichen Verbandes bildeten die Juden in Polen im eigentlichen Sinne einen Staat im Staate. Die allgemeine Synode, welche zweimal des Jahres in Lublin und Jaroslaw zusammentrat, bildete ein gesetzgebendes und gesetzentscheidendes Parlament, von dem es keine höhere Appellation gab. Anfangs die Synode der Drei-Länder genannt, gestaltete sie sich im ersten Viertel des siebzehnten Jahrhunderts zur Synode der Vier-Länder (**Waad Arba Arazot**)[1]. Ein gewählter Vorsitzender (**Parnes di Arba Arazot**) stand an der Spitze und leitete die gemeinsamen Angelegenheiten. Die Gemeindeverbände und Rabbinen hatten die Zivilgerichtsbarkeit und gewissermaßen auch die peinliche, wenigstens gegen Angeber und Verräter. Kein Jude wagte es daher, eine Klage gegen einen Stammesgenossen bei den Landesbehörden anzubringen, um sich nicht der Schmach und der Verachtung von seiten der öffentlichen Meinung auszusetzen, die sein Leben verbittert oder ihm gar den Tod zugezogen haben würde. Fast jede Gemeinde hatte ihr Richterkollegium, einen Rabbiner samt zwei Beisitzern, bei welchem jede Klage vorgebracht werden mußte. Hauptgemeinden in jedem Landesteil hatten ein Appellationsgericht; aber letztentscheidend war die Synode. Diese sorgte auch für Redlichkeit im Handel und Wandel, bei Gewicht und Maß, soweit es Juden betraf. Daher fühlte sich der Jude in Polen in Sicherheit; Unfälle von außen, von der judenfeindlichen Bevölkerung, wußten sie abzuwenden oder als Strafe des Himmels hinzunehmen, mit Verachtung auf die Verfolger herabblickend. Der Reichtum der polnischen Juden war zwar nicht groß, wenigstens hielt er keinen Vergleich mit dem der portugiesischen Juden in Amsterdam, Hamburg und Livorno aus; aber dafür gab es auch keine niederbeugende und vertierende Armut. Für die Bedürftigen wurde mit hingebender Liebe gesorgt; Mildtätigkeit war gewissermaßen zur Pflicht der Schicklichkeit gemacht, der sich selten ein Wohlhabender entzog. Hatte ein junger Mann einen guten Kopf — und die polnischen Juden waren wegen ihrer guten Köpfe berühmt — so hatte er für seine Existenz keine Sorge, mochte er von Hause aus noch so arm und verlassen sein. Während der Studierzeit wurde er als Talmudjünger (**Bachur**) entweder von der Gemeinde, oder von einzelnen Wohltätern, oder von dem Vater eines jungen Mädchens aus Spekulation auf eine Verbindung unterhalten. Hatte er sich verheiratet

[1]) Vgl. darüber Bd. IX, Note 9; Karl Anton, kurzer Bericht über Jonathan Eibeschütz, S. 48, Anm. V, 3. Perles in Frankels Monatsschrift Jahrg. 1867. Die Organisation der Vier-Länder-Synode ist noch immer dunkel.

— was in der Regel vor dem zwanzigsten Lebensjahre geschah — dauerte die Unterstützung von seiten des Schwiegervaters so lange, bis der junge Schwiegersohn, wenn er sich auf einem der Disputierplätze, den talmudischen Messen in Lublin oder Jaroslaw, unter den vielen Tausend bemerkbar gemacht oder ausgezeichnet hatte, ein Rabbinat erlangte, sei es, daß er dazu berufen oder daß ihm ein solches gekauft wurde. Denn in Polen, wo alles verkäuflich war, war es auch das Rabbinat[1]). Einfach praktischer Rabbiner (Ab-bet-Din) sein, war damals wenig, einem Lehrhause vorstehen (**Rosch Jeschiba**) war schon mehr, als höchste Staffel der Größe aber galt, seine talmudischen „Neuigkeiten" (Chidduschim) gedruckt zu sehen, was eben so viel hieß als von Tausenden beachtet und kritisiert zu werden. Denn neuerschienene Bücher über talmudische Stoffe — andere kamen gar nicht in Betracht — kamen vermöge der polnischen Messen und Synoden sehr rasch in Umlauf und Fluß und bildeten in- und außerhalb der Lehrhäuser den Gegenstand der Unterhaltung, beifälliger oder hämischer Bemerkungen, bis sie nach Verlauf einiger Jahre heilig gesprochen wurden und Autorität erlangten. Die Unterhaltung einer eigenen Hochschule mit recht vielen Zuhörern und die Autorschaft eines namhaften Buches berechtigten zu den höchsten Ehrenstellen, entweder von einer der größten Gemeinden berufen oder in den Synodalkörper gewählt zu werden, was allerdings nur den Gelehrtesten und Scharfsinnigsten vorbehalten blieb[2]). Es gehörte nämlich nicht wenig dazu. Wer in Polen auch nur als Talmudkundiger (**Lamdan**) anerkannt sein wollte, mußte den Talmud fast auswendig kennen und den ganzen dazu gehörigen Lehrstoff beherrschen. Dieses erforderte eine beispiellose Hingebung und Entsagung. An ein Genießen des Lebens war dabei nicht zu denken, sondern die ganze Zeit mußte diesem einen Streben zugewendet, und selbst der Schlaf mußte überwunden werden. Die Talmudbeflissenen brachten nämlich nicht nur die Tage, sondern auch die Nächte in den Lehrhäusern oder Studierstuben zu. Auch die Häuslichkeit wurde vernachlässigt. Gemütlicher Verkehr mit Frau und Familie, Aufmerksamkeit auf die Erziehung der Kinder galten als Störungen, womit sich ein Talmudbeflissener so wenig als möglich befaßte. Nur die geistesgeweckten Söhne, wenn sie in das Alter traten, in die Hallen des Talmuds eingeführt zu werden, wurden vom Vater beachtet; die zum Studium untauglichen dagegen und die Töchter

[1]) Lipmann Heller, Selbstbiographie, S. 29 f.
[2]) Vgl. darüber Nathan Hannover, **Jawan Mezula**, Ende.

wurden vollständig vernachlässigt, der Mutter oder dem Zufall überlassen.

Solchergestalt erlangte das Talmudstudium in Polen, welches zuerst durch drei Männer angeregt worden war, durch Schachna, Salomo Lurja und Mose Isserles (**IX$_4$**, S. 417 f.), einen Umfang wie bis dahin in keiner Zeit und in keinem Lande. Das Bedürfnis nach Talmudexemplaren war z. B. so groß, daß in kaum zwei Jahrzehnten drei Auflagen gedruckt werden mußten, ohne Zweifel in Tausenden von Exemplaren[1]). Jeder nach Achtbarkeit strebende Mann, mochte er selbst nicht gelehrt sein, schaffte sich eine Bibliothek alter und neuer talmudisch-rabbinischer Schriften an. Von Polen gingen fast alljährlich neue Auslegungen, Ergänzungen und Abhandlungen über diesen Literaturzweig aus, wurden beliebt, gesucht und fanden Verleger und Leser. Es schien, als wenn die polnischen Juden ein Monopol auf Talmudkunde gehabt hätten.

Die Vertiefung in den Talmud war allerdings in Polen ein größeres Bedürfnis als im übrigen Europa. Die Rabbiner hatten, wie schon gesagt, eigene Gerichtsbarkeit und entschieden nach talmudisch-rabbinischen Gesetzen. Die Massenhaftigkeit der Juden in Polen und ihre Prozeßlust gaben Veranlassung zu verwickelten Rechtsfällen, die kaum im Kodex (Schulchan Aruch) angedeutet waren. Die Richter-Rabbinen mußten daher auf die Rechtsquelle, auf den Talmud, zurückgehen, um für solche Fälle Anhaltspunkte zu suchen und mußten, weil die Parteien meistens selbst kundig und gewitzt waren, ihre Herleitungen und Vergleichungen scharf begründen; sie wurden zu sehr kontrolliert. Das rabbinische Zivilrecht fand daher in Polen eine ganz außerordentliche Pflege und Erweiterung, um auf alle Fälle passend und den gelehrten Parteien zugänglich zu sein. So lag gewissermaßen die immer zunehmende Kniffigkeit der Lehrmethode in den Verhältnissen und Bedürfnissen, und man muß noch den Umstand hinzunehmen, daß einer den anderen an Haarspalterei übertreffen wollte.

Es wäre ermüdend, die talmudisch-rabbinischen Schriftsteller Polens in der ersten Hälfte des siebzehnten Jahrhunderts aufzuzählen. Die besonders hervorragenden, welche einen dauernden Namen erlangt haben, liefern auch schon den Beweis von der staunenswerten Fruchtbarkeit der polnischen Talmudisten, wie sie dieses einseitige und beschränkte Fach erweitert und bereichert haben. Die älteren Autori-

[1]) Der Talmud wurde gedruckt in Krakau zweimal 1602—1605 und 1616—1620, in Lublin 1617—1628, dann wieder in Krakau und Lublin von 1644 ab.

täten dieser Zeit waren Josua Falk Kohen, Meïr Lublin und Samuel Edels. Der Lebensgang dieser rabbinischen Häupter und ihrer Nachfolger ist einander so ähnlich, daß sich kaum ein irgendwie unterscheidender Zug erkennen läßt. Sie besuchten von Jugend auf ein oder mehrere Lehrhäuser, füllten „ihren Leib mit Talmud" (wie der grelle Ausdruck lautete) und der verwandten Literatur, rabbinisierten, sammelten Jünger um sich, leiteten ihrerseits ein Lehrhaus und füllten viel Papier mit ihren Bemerkungen, ihren „Neuigkeiten" oder „Entdeckungen" (Chidduschim) und ihren Entscheidungen. Auch ihr Gedankengang und ihre Ausdrucksweise ist zum Verkennen ähnlich.

Von Josua Falk Kohen (ben Alexander, geb. um 1550 st. 1615)[1]) läßt sich noch allenfalls sagen, daß er bei umfassender Gelehrsamkeit und großem Scharfsinn, Bescheidenheit besaß und von seinen Meistern, Salomon Lurja und Mose Isserles, eine gewisse Ordnungsliebe gelernt oder wenigstens sich von jener Verwilderung ferngehalten hat, welche aus dem Talmudstoff ein chaotisches Durcheinander machte. Als reifer Mann vertauschte Falk Kohen seine praktische Tätigkeit als Rabbiner mit der theoretischen als Schulhaupt. Sein reicher und gemeinnütziger Schwiegervater Israel in Lemberg räumte ihm ein großes Haus mit Stockwerken als Lehrhaus ein, und Falks Ruf zog begabte Jünglinge herbei. Er genoß so viel Ansehen, daß er zum Mitgliede, vielleicht gar zum Vorsitzenden der Drei- oder Vier-Länder-Synode gewählt wurde. Seine Werke — versteht sich rabbinische Kommentarien — wurden sehr geschätzt. — Von seinem Zeitgenossen Meïr Lublin (ben Gedalja, geb. 1554, st. 1616)[2]) läßt sich noch weniger erzählen. Er galt als ein außerordentlich scharfsinniger Ausleger des Talmuds und war, kaum ein Dreißiger, bereits Rabbiner von Krakau und später von Lemberg. Den Namen Lublin hatte er von

[1]) Sein Geburtsjahr folgt aus seiner Angabe in Einl. zu סמ"ע = ס׳ מאירת עינים, daß er Zuhörer von S. Lurja und M. Isserles war. Wolf referiert im Namen Ungers, daß J. Falk 1605 gestorben sei (IV, p. 839), das Datum muß aber ein Druckfehler sein, für 1615; denn aus genanntem Werke סמ"ע Nr. 67 geht hervor, daß der Verfasser, das Sabbatjahr bestimmend, zwischen 1609 und 1616 geschrieben hat. Wichtig ist seine kleine Schrift תקנות oder קונטריס על דיני רבית für die Synode der Drei-Länder. Sein Werk דרישה ופרישה ist zu verschiedenen Zeiten gedruckt worden. Zitiert wird er unter der Abbreviatur רו"ך oder רפ"ך Walk oder Falk Kohen.

[2]) Sein Sohn teilt in der Einleitung zu M. Lublins Respp. mit, sein Vater sei 58 Jahre alt geworden, und der Korrektor der venetianischen Ausgabe seiner Novellen מאיר עיני חכמים bemerkt, er sei gestorben 10. Ijar שנת: בבי גדול וצרה, d. h. 5376 = 1616. Auch in der Fortsetzung von Gans' צמח דוד so angegeben.

seiner Geburtsstadt. — Samuel Eliëser Edels aus Posen (oder wie er auch genannt wird, Meharscha ben Jehuda, geb. um 1565, st. in Ostrog 1631)[1]), war ein tiefer Kopf von haarspaltendem Denkvermögen. Damit grübelte er in den ohnehin subtilen tossafistischen Auseinandersetzungen, um darin Widersprüche zu entdecken und bei der Lösung derselben etwas Neues zu finden, sei es auch nur ein Pünktchen über dem J. Dabei glaubte Edels noch einfach und schlicht in seiner Methode zu sein, und seine Kommentarien zweiten und dritten Grades (Superkommentarien zum Talmud) für jedermann angelegt, allgemein verständlich gemacht zu haben. Seinen agadischen Auslegungen muß man es als Verdienst anrechnen, daß sie nur geschmacklos waren; sie hielten sich im Zustande der Nüchternheit und wichen geradezu dem Rausche der benebelnden Kabbala aus. Edels war nicht etwa der Mystik abgeneigt, — war er doch Zeitgenosse des mit der Kabbala radschlagenden Vital Calabrese! — aber er wünschte die Beschäftigung mit ihr auf einen engen Kreis betagter Adepten beschränkt zu sehen und sie nicht durch den Mund unreifer Jünglinge von den Dächern gepredigt zu hören[2]).

In demselben Jahre, in dem Edels starb, kam Lipmann Heller nach Polen, um den Quälereien von seiten seiner gemeinen, denunziatorischen Feinde in Prag und des Kaisers zu entgehen. Sein Ruf ging ihm voran und so wurde er von der, wie es scheint, jungen Gemeinde Nemirow in Kleinrußland zum Rabbiner gewählt[3]). Später wurde er von der Gemeinde Wladimir (Wolhyn) berufen und im Alter (1645) gar von der bedeutenden Gemeinde Krakau gewählt. Heller, von Sittlichkeit und deutscher Gradheit durchdrungen, fand arge Mißbräuche in Polen, auf deren Beseitigung er tatkräftig drang. Unter anderem setzte er es durch, daß die Generalsynoden einen Beschluß gegen die Käuflichkeit der Rabbinatsstellen faßten und bekannt machten; sie belegten mit dem Banne diejenigen, welche Geld zur Erlangung eines Rabbinats böten und diejenigen, welche solches an-

[1]) Sein Todesjahr teilt die hebräische Zeitschrift המליץ mit (Jahrg. I, Nr. 4) nach der aufgefundenen Grabschrift: מהרש"א נפטר באוסטרהא ביום א' ח' כסלו שצ"ב = Nov. 1631. Daß er aus Posen stammte, gibt er öfter in seinen Novellen an, und Heller תוספות י"ט nennt ihn ר' שמואל מפוזנא. Seine חדושי הלכות arbeitete er im frühen Mannesalter aus; zuerst gedruckt Prag 1598; seine חדושי אגדות sind stückweise erschienen.

[2]) Chiddusche Agadot zu Chagiga II.

[3]) Heller, Selbstbiographie p. 27. Der erste Herausgeber bemerkt, daß es in einer anderen Handschrift heißt נמירוב הגדולה שבארץ רוסיא statt שבארץ ליטא.

nähmen[1]). Er zog sich dadurch erbitterte Feindschaft zu und wurde in Polen, wie in Prag, von seinen Feinden bei den Behörden denunziert. Den Krebsschaden der polnischen Judenheit, die kniffige Lehrweise und die damit verbundene Wahrheits- und Rechtsverdrehung hat Heller, wie es scheint, nicht einmal anzugreifen gewagt, obwohl er nach seinem Bildungsgange ein Feind der Sophistik war. Er stand mit seiner Art vereinzelt, allenfalls hatte er einen Gesinnungsgenossen an Joël Serkes (geb. um 1560, st. um 1641)[2]), Rabbiner in Lubmila, Brzeć und zuletzt in Krakau (seit 1619), der öfter seine Abneigung gegen diese verkehrte Lehrart zu erkennen gab, namentlich wenn sie sich bei praktischen Entscheidungen über Rechtsfragen oder das Eherecht geltend machte. Um dieser Verkehrtheit entgegenzuarbeiten, baute er ein „neues Haus“, d. h. verfaßte ein neues Werk, wiederum einen Kommentar zum Kodex. Indem Serkes sie bekämpfen wollte, mußte auch er die verschlungenen Wege der rabbinischen Literatur betreten und verlor sich seinerseits im Labyrinth. Die Strömung der polnischen Lehrweise war so gewaltig, daß sie, weit entfernt, von Heller, Serkes und wenigen anderen eingedämmt werden zu können, diese mit sich fortriß. Wer nicht als Schwachkopf gelten wollte, mußte dieser Richtung folgen. In Krakau selbst hatte Heller zwei Kollegen, die sich so recht auf Spitzfindigkeiten verlegten, Josua ben Joseph Falk II. (st. 1648) und Josua ben Jakob Heschel (st. 1663)[3]).

Der junge Stürmer Sabbataï Kohen aus Wilna (ben Meïr geb. 1622, st. 1663)[4]), genannt Schach, wäre als Genie bewundert

[1]) Heller, Selbstbiographie, p. 29 f.

[2]) Serkes (d. h. Sohn von Serke, Diminutiv von Sara, Sarche, Särke, Serke), Verf. des בית חדש = ב"ח, starb wie Asulaï angibt, im Jahre des Druckes seines genannten Werkes 5400 = 1639 oder 40. Im Vorworte nennt er sich alt. In Lublin war er nie Rabbiner, sondern in לובמלא, das heißt Lubmila.

[3]) Beide Grabschriften hat Wolf erhalten IX, p. 1200 und 1208. Der erstere ist Verf. der Respp. פני יהושע I. und der מגיני שלמה, worin er die Ausstellung der Tossafisten — meistens sehr richtig — gegen Raschi zu widerlegen unternahm. Heschel, der nach Asulaï bereits 1633 in Krakau gewesen sein soll (I, p. 48 und Additt. Ben Jakob II, p. 164, No. 18), hat viele talmudische Novellen verfaßt.

[4]) Bemerkung des ersten Herausgebers zu שפתי כהן = ש"ך zu Choschen Mischpat, im Jahre 1663, der Verfasser, sein Schwiegervater, sei 41 Jahre alt geworden. Asulaï II, p. 146 berechnet daher, daß dessen Kommentar zu Jore Dea im 25. Lebensjahre bereits fertig war, und auch andere Schriften, die unediert blieben. Die Abhandlung הקפו כהן arbeitete er zwischen Monat Tebet und Adar 1651 aus. Seine Biographie in Sterns Kochbe Jizchak I, 176 und S. Finn קריה נאמנה p. 74 f.

worden, wenn er nicht in dieser falschen Richtung erzogen worden wäre. Im zwanzigsten Lebensjahre beherrschte er bereits das unübersehbare Gebiet des Talmuds und der rabbinischen Literatur mit einer Meisterschaft, welche die ältern Rabbiner in Schatten stellte. Er berichtigte seine Vorgänger, machte neue Bemerkungen zu alten Schrullen und trat mit großer Selbständigkeit auf. Sabbataï Kohen vergeudete seine große Geisteskraft, um Spinngewebe aufzulösen und wieder zusammenzusetzen. Noch sei genannt aus der Blütezeit der polnischen Schule, Mose Lima (geb. um 1617, st. um 1673)[1]), Rabbiner von Slonim und Wilna, und David ben Samuel Levi in Lemberg (geb. um 1580, st. nach 1666)[2]). Die meisten der rabbinischen Schriftsteller verbrämten den Hauptkodex mit neuen Kommentarien, tüftelten noch mehr heraus und bereicherten die rabbinische Literatur mit neuem Ballast. Alle ihre Schriften erlangten nach ihrem Tode eine geheiligte Autorität. Nur hin und wieder äußerten einige ihren Tadel über diese neubackenen Autoritäten, welche mit ihrer Wucht die älteren und besseren erdrückten, „obwohl sie nur Wissen und Gedächtnis in Verwirrung bringen[3])". Nichtsdestoweniger wurden diese Schriften der „Jüngeren" (Acharonim) tonangebend, ohne welche sich die Späteren den Kodex ebensowenig denken konnten, wie den Talmud ohne Zubehör der Kommentarien und die Bibel ohne Raschis Auslegung.

An Kabbalisten und Mystikern fehlte es keineswegs in Polen, wie sich denken läßt. Wo hätte es in jener Zeit an solchen gefehlt? Mittelpunkt derselben war Simson Ostropol in Polonnoie, der seinen Hausgeist gehabt haben will, welcher ihm die Zukunft offenbarte[4]). Er hatte ihm aber nicht seinen tragischen Tod durch die Mordbande Chmielnickis vorher verkündet. Ein ausgeprägter Kabbalist war ferner Nathan Spira, der Pole (ben Salomo, geb. 1585, st. 1633)[5]), der Stammvater vieler Kabbalisten, dessen Urenkel eine trübselige Bewegung hervorgerufen hat. Nur brachte in Polen die

[1]) Verfasser des חלקת מחוקק zu אבן העזר s. Finn das. p. 71.

[2]) Verfasser des טורי זהב und מגן דוד. Als sein Sohn dem Pseudomessias die Aufwartung machte, 1666, war der Vater bereits über 80 Jahre alt.

[3]) S. Samuel Levi נחלת שבעה II, No. 50. Samuel Aaron Kaidanower (מהרש״ק) schreibt: ומעלתו שם לבו אל האחרונים כספר ש״ך וט״ז ואני לא כן עמדי עקר עסקי בפוסקים ראשונים ובש״ס ובעוד שאנו מגרמים גרמים באחרונים נאכל בשרא אפתורא דדהבא . . . כי האחרונים מבלבלים הדעת והזכרון.

[4]) Asulaï s. v.

[5]) Über N. Spiras Tod s. Ben Jakob Additamm. zu Asulaï p. 164, No. 18. Er war der Urgroßvater von Jonathan Eibeschütz.

Verbindung der Nüchternheit und Trockenheit der talmudischen Studien mit der Schwärmerei der Kabbala eigene Erscheinungen zutage. — Die einseitige Ausbildung eines einzigen Seelenvermögens, der haarspaltenden Urteilskraft, auf Kosten der übrigen hemmte auch die Phantasie, und daher ist in Polen auch nicht ein einziges literarisches Werk entstanden, welches mit dem Namen Poesie belegt werden könnte. Sämtliche Geisteserzeugnisse der polnischen Schule tragen den talmudischen Stempel, wie sie auch alles vom talmudischen Gesichtspunkte betrachtete. Die Jünger dieser Schule sahen fast mit einer gewissen achselzuckenden Verächtlichkeit auf die heilige Schrift und ihre einfache Größe herab, oder vielmehr sie war für sie so gut wie nicht vorhanden. Wo hätten sie auch Zeit hernehmen sollen, sich mit ihr zu beschäftigen? Und was sollten sie auch mit diesen Kindergeschichten anfangen, bei denen sich kein Scharfsinn anbringen ließ? Allenfalls wußten sie etwas von der Bibel aus den Abschnitten, welche in den Synagogen vorgelesen wurden, und aus dem, was der Talmud gelegentlich anführt. Der Sinn für die einfach-erhabene Größe der biblischen Lehren und Charaktere, sowie überhaupt für das Einfache und Erhabene blieb ihnen daher verschlossen. Drehen und Verdrehen, Advokatenkniffigkeit, Witzelei und voreiliges Absprechen über das, was nicht in ihrem Gesichtskreise lag, wurde solchergestalt das Grundwesen der polnischen Juden. Dünkelhafter Hochmut auf das eigene Wissen, auf Gelehrsamkeit im Talmud und Rechthaberei hafteten auch den besten Rabbinen an und untergruben ihr sittliches Bewußtsein. Religiös waren die polnischen Juden natürlich, außerordentlich fromm; aber auch diese Frömmigkeit beruhte auf Klügelei und Überhebung. Einer wollte den anderen darin übertreffen oder vielmehr besser wissen, was der Kodex für diesen und jenen Fall vorschreibt. So sank die Religion in ihrer Mitte nicht bloß, wie unter den Juden anderer Länder zu einem mechanischen, gemütslosen Tun herab, sondern zu einer spitzfindigen Auslegungskunst. Wissen oder Besserwissen war für sie alles, handeln nach den erkannten Grundsätzen religiöser Lauterkeit, sie für ein sittliches Leben anzuwenden, daran dachten nur wenige. Biederkeit und Rechtssinn waren ihnen ebenso abhanden gekommen, wie Einfachheit und Sinn für Wahrheit. Der Troß eignete sich dieses kniffige Wesen der Hochschulen an und gebrauchte es, um den minder Schlauen zu überlisten. Er fand an Betrügerei und Überlistung Lust und eine Art siegreicher Freude. Freilich gegen Stammesgenossen konnte List nicht gut angewendet werden, weil diese gewitzigt waren; aber die Nichtjuden, mit denen sie verkehrten, empfanden zu ihrem Schaden diese

Überlegenheit des talmudischen Geistes der polnischen Juden. Daß der Talmud und die großen Lehrer des Judentums Betrügerei und Übervorteilung Andersgläubiger fast noch mehr brandmarken, als von Stammesgenossen, daran kehrten sich die polnischen Söhne des Talmuds wenig[1]).

Diese Verdorbenheit der polnischen Juden rächte sich an ihnen auf eine blutige Weise und hatte zur Folge, daß die übrige Judenheit in Europa von dem polnischen Wesen eine Zeitlang angesteckt wurde. In arger Verblendung hatten polnische Juden den Adligen und Jesuiten hilfreiche Hand geboten, die Zaporoger Kosaken in der Ukraine und Kleinrußland zu unterdrücken. Die Magnaten wollten aus den Kosaken einträgliche Leibeigene, die Jesuiten aus den griechischen Ketzern römische Katholiken machen, die in dem Landstriche angesiedelten Juden wollten sich dadurch bereichern und die Herren über diese niedrigsten Parias spielen. Sie gaben den Besitzern der Kosakenkolonien Ratschläge, wie sie am gründlichsten dieselben demütigen, unterdrücken, quälen und mißhandeln könnten, sie maßten sich Richterämter über sie an und kränkten sie in ihren kirchlichen Angelegenheiten. Kein Wunder, daß die geknechteten Kosaken die Juden fast noch mehr haßten als ihre adligen und geistlichen Feinde, weil sie mit ihnen am meisten zu verkehren hatten[2]). An Warnungszeichen hatte es den Juden nicht gefehlt,

[1]) Beachtenswert ist die Äußerung Mose Ribkes', Verfasser von באר הגולה, zu Choschen Mischpat, No. 346, § 5. ואני כתבתי זאת לדורות שראיתי רבים גדלו והעשירו מן טעות שהטעו את אינו יהודי ולא הצליחו וירדו נכסיהם לטמיון ולא הניחו אחריהם ברכה. ורבים אשר קדשו השם והחזירו את טעות אינו יהודי בדבר חשוב גדלו והצליחו והניחו יתרם לעולליהם.

[2]) Grondski de Grondi, historia belli Cosacco-Polonici ed. Koppi p. 32. Apud quos (Cosaccos) autem complures reperiebantur filii, tum relicto patri uno, cum quo officia domino praestare debita perageret (proventum hunc Judaeis intimantibus et exigentibus) a reliquis omnibus unum exigebant (nobiles) numisma Dudek ... quod quidem primo intuitu leve videbatur, sed postea astutia Judaeorum in grave excrescebat onus. Quando namque vel a filio baptizando vel a filia elocanda constitutum adferebat (Cosaccus) censum, Judaeus praetendendo varias difficultates non recipiebat statim, sed de industria instituta tergiversatione necessitatem imponebat plus sibi solvendi. Alia autem onera plebis in dies magis ac magis augebantur, quorum pars maxima fuit, quod Judaeis per modum Arendae concedebantur, qui non solum cum magno illorum praejudicio, sed etiam judicia super illos usurpabant. Das ist nicht die parteiische Schilderung eines Judenfeindes; denn sie wird von einem jüdischen Zeitgenossen, von Nathan Hannover, bestätigt: ועם היונים (קוזאקין) ... היו נבזים ושפלים לעם פולין וליהודים

welches Los sie treffen würde, wenn diese ihre erbitterten Feinde einst die Oberhand erlangen sollten. Bei einem wiederholten Aufstand der Zaporoger unter ihrem Führer und selbstgewählten Hetman Pawliuk (um 1638)[1], so kurz er auch dauerte, erschlugen sie 200 Juden und zerstörten einige Synagogen. Nichtsdestoweniger boten die Juden die Hand zu der infolge des Aufstandes noch gesteigerten Knechtung der Unglücklichen. Sie erwarteten im Jahre 1648 laut des Lügenbuches Sohar die Ankunft des Messias[2]) und die Zeit der Erlösung, wo sie die Herren würden spielen können, und waren daher rücksichtsloser und sorgloser, als sie sonst zu sein pflegten. Die blutige Vergeltung blieb nicht aus und traf die Unschuldigen mit den Schuldigen, vielleicht jene noch mehr als diese.

Sie ging von einem Manne aus, welcher den gesteigerten Haß der Kosaken zu seinen Zwecken zu benutzen verstand und in welchem seine Landsleute ihr Ideal erblickten. Zinwii Bogdan Chmielnicki (russisch Chmel[3]), geb. um 1595, st. 1657), vor dem ganz Polen mehrere Jahre zitterte, und der Rußland zuerst Gelegenheit gab,

... ואפילו אותה אומה הירודה (ישראל) בין כל האומות היו מושלים בהם, in der Beschreibung der Verfolgung, Anfang. — Über den Haß zwischen Juden und Kosaken bemerkt de Grondi (das. p. 52) Judaei jurati Cosaccorum prout et hi illorum hostes.

1) In dieses Jahr setzt es Hermann, Geschichte des russischen Staates in Heeren und Uckerts europ. Staatengeschichte III, S. 615. Nathan Hannover dagegen und Kostomarof (a. a. O. p. 24) in das Jahr 1637.

2) Über diese Illusion s. Note 1.

3) Quellen für Aufstände und Kriege der Kosaken und Judengemetzel: die schon genannten de Grondi und Kostomarof. Jüdischerseits: Nathan Hannover in יון מצולה (erster Druck Venedig 1652) sehr treu und zuverlässig; Sabbataï Kohen (ש״ך) in מגילת עיפה, verbunden mit Ibn-Vergas שבט יהודה in allen Ausgaben seit 1655, ebenfalls treu, nur nicht so ausführlich wie Nathan Hannover. Ferner die poetisierende Schilderung צוק העתים, man weiß nicht, wer der Verf. war, ob Meïr ben Samuel aus Szebrzecin (soll Krakau 1650 erschienen sein, Wolf I, III, s. v.) oder Joschia ben David aus Lemberg, gedruckt Venedig 1656. Da dasselbe von Nathan Hannover abhängig ist, so liegt nicht viel daran zu wissen, wer Plagiator war. Es hat für den Gang der Geschichte wenig Wert. In dem Werkchen מליצת נחלת יעקב von Jakob aus Gnesen finden sich Elegien auf das Gemetzel, gedruckt Amsterdam 1652. Eine seltene Quelle ist כרט חרון von Samuel bei Nathan Feivel (?), Wolf III, p. 1095, Katal. Bodl., No. 7064, soll in Venedig gedruckt sein, aber erst nach 1656. Ein Auszug daraus מזכיר Jahrg. 1864, p. 36 f. Die Zahl der Hingemetzelten und der Gang der Gemetzel sind darin nicht zuverlässig. Sie gibt an: 140 Gemeinden und 600000 Familienväter ohne Frauen und Kinder seien hingeschlachtet worden. Das erste ist zu wenig und das andere zu viel. Auch die Karäer

sich in die Angelegenheiten der polnischen Republik einzumischen, war für die Juden eine erschreckende Geißel, welche sie auch um ihre halbgünstige Stellung gebracht hat. Chmielnicki, tapfer im Kriege und verschlagen in Ausführung von Plänen, undurchdringlich in seinem Vorhaben, grausam und heuchlerisch zugleich, war persönlich von Juden gereizt worden, als er noch in untergeordneter Stelle eines Feldschreibers (Pisar) der Kosaken in Untertänigkeit von dem Hause Koniecpolski lebte. Ein Jude Zacharias Sabilenki hatte ihm einen Streich gespielt, wodurch ihm sein Gut und seine Frau geraubt wurden. Ein anderer hatte ihn verraten, als er mit den Tataren in Einverständnis getreten war. Neben den Kränkungen, welche sein Stamm von den jüdischen Pächtern in der Ukraine erduldete, hatte er also auch persönliche zu rächen. Dem Kerker entlaufen, entflammte er die „Kosakenmutter“, die ganze Ukraine zu einem fanatischen Religions- und Rassenkrieg gegen Polen und ging ein Bündnis mit den Tataren der Krim ein, auch ihrerseits einen Einfall in polnisches Gebiet zu machen, heimlich vom König Wladislaw ermuntert, die Waffen zu ergreifen. Das Wort an die Kosaken: „Die Polen haben uns als Sklaven der verfluchten Brut der Juden überliefert“ genügte, um sie zu allem zu bewegen. Die racheschnaubenden Zaporoger und die beutelustigen Tataren unter Tugaï-Bey schritten vereint von den Steppen nach dem Dnjepr, während das kleine polnische Heer unter Potocki und Kalinowski in Sicherheit gewiegt und unter sich geteilt war. In kurzer Zeit hatte Chmielnicki die polnischen Scharen durch glückliche Manöver zur wilden Flucht gebracht (18. Mai 1648). Potocki, sein Unterfeldherr und 8000 Polen gerieten in Gefangenschaft und wurden, laut Verabredung, den Tataren überlassen. Nach dem Siege ergossen sich die wilden Scharen über die Städte Perejaslaw, Prijatin, Lubin, Lochwitza, östlich vom Dnjepr, zwischen Kiew und Pultawa, plünderten und mordeten besonders die Juden, welche nicht die Flucht ergriffen hatten; die Zahl der Gemordeten belief sich auf mehrere Tausend[1]). Hunderte nahmen zum Schein die Taufe unter griechisch-katholischer Form an, um sich zu retten. Glücklich waren noch diejenigen, welche in Gefangenschaft der Tataren geraten waren, sie wurden nach der Krim transportiert und von dort aus von den türkischen Juden aus-

haben Denkwürdigkeiten über die an ihnen begangenen Gemetzel aufgeschrieben, die aber nur noch fragmentarisch erhalten sind in A. Neubauers aus der Petersburger Bibliothek p. 125, No. XXXV: שיר מר' יוסף בר' ישועה p. 130, No. X: ס' הזכרונות בכה' אהרון הלוצקי . . . במעשה הנורא.

1) Nathan Hannover Jawan Mezula.

gelöst. Vier jüdische Gemeinden (Porobischtscha und andere), mit ungefähr 3000 Seelen, entschlossen sich, dem Gemetzel zuvorzukommen und ergaben sich den Tataren mit allen ihren Habseligkeiten. Sie wurden gut behandelt und nach der Türkei verkauft, wo auch gegen sie von ihren Stammesgenossen die Pflicht der Auslösung brüderlich geübt wurde. Die Gemeinde Konstantinopels sandte einen Delegierten nach Holland, um von den reichen Gemeinden Gelder zur Auslösung der Gefangenen zu sammeln[1]).

Zum Unglücke für die Polen und Juden war der König Wladislaw, auf den Chmielnicki noch einige Rücksicht genommen hatte, mit dem Tode abgegangen. Während der Zwischenregierung von mehreren Monaten (Mai bis Oktober 1648) trat die gewöhnliche polnische Zerfahrenheit ein, welche jeden Widerstand nach außen lähmte. Anfangs zog sich Chmielnicki, scheinbar zur Unterhandlung mit der Krone geneigt, zurück, erteilte aber seinen Kreaturen Vollmacht, die polnischen Provinzen zu durchstreifen und zu verheeren. Es bildeten sich förmliche Mordscharen, die sich Haidamaks (tatarisch: Parteigänger), nannten[2]), unter vertierten Führern, die ein Menschenleben nicht höher als einen Strohhalm achteten und sich an den Todesnöten ihrer polnischen und jüdischen Feinde förmlich weideten. Es waren Krywonoß, Hodky, Ganja, Nebaba, Morosenko und andere[3]). Von den griechischen Popen aus ihrer Mitte wurden sie im

[1]) Darüber berichten: Manasse Ben-Israel in נשמת חיים Ende, geschrieben 1650: מה׳ דוד קרקשוני ציר אמונים שולח מעיר גדולה קושטנדינה למחננו על ענין פדיון השבויים אשר שבו הקוזאקין בחרב ובבזה מארץ פולניאה בשנת שעברה; de la Croix, mémoires contenants diverses relations de l'empire Ottoman II., p. 396: Les Juifs sont charitables entre eux, ils ont un grand soin des pauvres . . . et à la rédemption des esclaves que les Turques et les Tartares font sur les Polonais. Auch die Angabe bei J. Sasportas ציצת נובל צבי p. 17b von den Gemeinden Konstantinopels und Ägyptens für Auslösung der Gefangenen: קוסטאנטינא ומצרים המעט לחם פדיון שבוים אשר עשו מהאשכנזים, bezieht sich wohl auf Juden Polens. [2]) Kostomarof a. a. O., p. 79.

[3]) Krywonoß kommt nur bei Nathan Hannover vor: קריוואנאס. Nebaba und ein oder zwei andere dieser Kannibalen in einem Gedichte des Karäers Joseph bei Neubauer a. a. O. (?) שיר... בחרוזים במעשה הנורא שעשו הצארי והמלניצקי ונבבא הגבורים שהרגו את קהל הקראים שבעיר דרזנע:

בסימן טוב קרן נצאר (גניא?) רשע נגדע
וחילו הנחפז לאידו לא ידע
וכן חמיל גם כן בבושה וכלמה
עצתו הפר אל שאון לבו נדמה
וניבבא עם רוב חיילותיו נכלם,
זממו נתבטל ולו חרפת עולם.

Namen der Religion zum Morde der Katholiken und Juden geradezu fanatisiert. Jeder Bandenführer hatte eine eigene Art, seine Grausamkeit zu üben. Morosenko z. B. ließ Riemen um den Hals katholischer und jüdischer Frauen schlingen und sie daran zerren, das nannte er: „sie mit einem roten Bande beschenken". Schon wenige Wochen nach dem ersten Siege der Kosaken zog eine Bande unter Ganja gegen die Festung Nemirow, wo sich 6000 Juden, Einwohner und Flüchtlinge aus der Umgegend, angesammelt hatten: sie waren die Herren der Festung und verrammelten die Tore. Aber die Kosaken waren im Einverständnis mit den griechischen Christen in der Stadt und zogen polnische Kleidung an, um für Polen gehalten zu werden. Die Christen in der Stadt drangen daher in die Juden, ihren Freunden die Tore zu öffnen. Sie taten es und wurden plötzlich von den Kosaken und Bewohnern der Stadt angegriffen und fast sämtlich unter furchtbaren Qualen niedergemetzelt (20. Siwan = 10. Juni 1648). Der Rabbiner von Nemirow, Jechiel Michel B. Eliëser[1]), welcher das Unglück vorausgesehen und die Gemeinde zur Standhaftigkeit im Judentum ermahnt hatte, wurde anfangs von einem Kosaken verschont, damit er ihm die vergrabenen Schätze angebe. Dann wurde er von einem Schuhmacher in seinem Versteck gefunden und von demselben auf dem Begräbnisplatze mit einer Keule erschlagen. Seine greise Mutter, welche dem Mörder ihr Leben statt dem ihres Sohnes angeboten hatte, wurde ebenfalls getötet. Die Taufe nahmen nicht wenige an[2]). Zwei schöne jüdische Mädchen, welche von Kosaken geehelicht werden sollten, brachten sich selbst um. Die eine sprang, während sie nach der Kirche geführt wurde, von der Brücke ins Wasser, und die andere beredete ihren Liebhaber, auf sie zu schießen, weil sie gegen Kugeln gefeit sei. — Eine andere Horde Haidamaken, unter Krywonoß, griff die Stadt Tulczyn an, wo 600 Christen und ungefähr 2000 Juden in der Festung Nesterow Zuflucht genommen hatten. Es waren darunter tapfere Juden, oder die Not hatte sie tapfer gemacht, und sie wollten nicht ohne Gegenwehr sterben. Edelleute und Juden beteuerten einander durch einen Eid, Stadt und Festung bis auf den letzten Mann zu verteidigen. Da die kosakischen Bauern von der Belagerungskunst nichts verstanden und von den Juden und Polen öfter bei Ausfällen hart mitgenommen wurden, so wandten sie eine List an.

[1]) Er ist Verfasser einer unbedeutenden Schrift שברי לוחות, die sein Neffe 1680 drucken ließ, Wolf III, p. 334.

[2]) Diesen Umstand, daß einige sich durch die Taufe gerettet haben, hat nur der Verfasser des צוק העתים.

Sie versicherten den Edelleuten, daß sie es nur auf die Juden, ihre Todfeinde, abgesehen hätten; wenn ihnen diese überliefert würden, so würden sie abziehen. Die verblendeten und eidvergessenen Adligen stellten daher an die Juden den Antrag, ihnen die Waffen abzuliefern. Diese dachten anfangs daran, den Verrat der Polen blutig zu strafen, da sie ihnen an Zahl überlegen waren. Aber der Rabbiner von Tulczyn warnte sie vor Angriffen auf die Polen, weil diese dafür blutige Rache üben und ganz Polen gegen die Juden aufreizen würden, wodurch sie überall aufgerieben werden würden. Er beschwor sie, sich lieber für ihre Brüder im ganzen Lande zu opfern; vielleicht würden die Kosaken ihre Habe als Lösegeld annehmen. Die Juden fügten sich, lieferten die Waffen ab; die Polen ließen darauf die Bande in die Stadt. Nachdem diese den Juden alles genommen hatten, stellten sie ihnen die Wahl zwischen Tod und Taufe. Aber kein einziger von ihnen wollte um diesen Preis sein Leben erkaufen; gegen 1500 wurden unter den Augen der polnischen Edelleute gemartert und hingerichtet (4. Tammus = 24. Juni)[1]). Nur zehn Rabbiner ließen die Kosaken am Leben, um große Summen von den Gemeinden zu erpressen. Die Polen traf aber sogleich die Strafe des Verrats. Des Beistandes der Juden beraubt, wurden sie von den Kosaken angefallen und mit Hohn getötet, da Wortbrüchige nicht auf Treue rechnen könnten. Dieser traurige Vorfall hat wenigstens die gute Seite gehabt, daß die Polen seitdem durchweg auf seiten der Juden blieben und im Verlaufe des mehrjährigen Krieges sich nicht von ihnen trennten.

In derselben Zeit war eine andere Haidamakhorde unter einem Führer Hodki in Kleinrußland eingedrungen und richtete ein grausiges Gemetzel unter den dort wohnenden Gemeinden in Homel, Starodub, Czernigow und anderen (östlich und nödlich von Kiew) an. Die Juden von Homel[2]) sollen am standhaftesten das Märtyrer-

[1]) Das Tagesdatum geben nur Sabbataï Kohen und einige Elegien an.

[2]) Es ist zwar an sich gleichgültig, an welchen Orten die Metzeleien stattgefunden haben, aber einigermaßen wichtig zu wissen ist es, wie weit sich die Juden damals in Süd- und Ostpolen ausgebreitet hatten. In fast sämtlichen jüdischen Quellen wird ein großes Gemetzel in einer Stadt הומיה tradiert. Am ausführlichsten bei Sabbataï Kohen und in צוק העתים. Es ist die Stadt Homel, hieß damals Homelia und liegt bei Starodub, östlich von Kiew, unweit von Nowa-Belica am Flusse Soz. S. Kohen bei der Erzählung vom Gemetzel in Tulczyn: והיה זה ביום הששי . . . ד' ימים לחודש תמוז . . . באותו יום הששי נגזרנו שני פעמים כי גם אז הרגו כמו ט״ו מאות נפשות . . . בקריה הומיה במדינת רוסיא שהיא רחוקה מטולטשין כמו כ' פרסאות . . . כי אותן היהודים . . . בקריה הומיה קדשו את שם המיוחד יותר בשאר היהודים. Dann referiert S. Kohen poetisierend den Dialog zwischen den

tum bestanden haben und zwar an demselben Tage, an welchem die Tulczyner Gemeinde niedergemetzelt wurde. Der Anführer der Horde ließ sämtliche Juden von Homel, Einheimische wie Flüchtlinge, außerhalb der Stadt entkleiden, von den Kosaken umgeben, und forderte sie auf, sich taufen zu lassen oder des scheußlichsten Todes gewärtig zu sein. Sie zogen sämtlich den Tod vor, ungefähr 1500 Männer, Frauen und Kinder,

Der Fürst Jeremias Wischniowiecki, die einzige Heldengestalt in der damaligen polnischen Zerfahrenheit, ein Mann mit durchdringendem Scharfblick, todesverachtendem Mut und Feldherrntalent, nahm sich der gehetzten Juden mit hingebendem Eifer an. Er nahm die Flüchtlinge unter die schützenden Flügel seiner kleinen, aber tapferen Schar auf, mit der er die kosakischen Streifbanden überall bis zur Vernichtung verfolgte. Aber auf die eigene Kraft angewiesen, vermochte er nichts Nachhaltiges durchzusetzen. Durch kleinliche Eifersüchtelei wurde er bei der Wahl des Oberfeldherrn gegen den kosakischen Aufstand übergangen, und statt seiner wurden drei gewählt, wie sie Chmielnicki für seine Siege nur brauchen konnte. Dominik Zaslawski und seine Leutnants Koniecpolski nebst Niklas Ostrorog. Der Rebellenführer bezeichnete den einen als Schlafkissen, den anderen als Wiegenkind und den dritten als Federfuchser[1]).

Erbittert über diese erbärmliche Politik des an der Stelle des Königs regierenden Primas von Gnesen, verfolgte Wischniowiecki

Kannibalen und Schlachtopfern. Nathan Hannover erzählt diesen Vorgang kurz beim Gemetzel von Litauen: בק"ק הומיה נהרגו כמה אלפים אין מספר על קידוש השם ומשם נסעו ק"ק סטארידוב והרגו ביהודים הרג רב, גם בק"ק צרניאוב ובק"ק בארחין. Den Zug gegen Homel hat auch de Grondi bei der Erzählung von der Vorbereitung zur Krönungsfeier (p. 97): Interim conatibus Hodkii (celeberrimi inter Cosaccos legionarii) maximum attulit augmentum frequentissimus in illis partibus plebis graecae religionis accursus, quo factum est, ut aliquot urbes, utpote Starodub, Homelia et alias per proditionem in potestatem Hodkii devenerint. Das צוק העתים hat auch dabei einen langen Dialog, wie S. Kohen; eigen ist bei ihm der Name des Rabbiners ר' אליעזר, der die Gemeinde zur Standhaftigkeit ermahnt habe. Das ungenaue טיט היון hat auch הומיה, läßt aber darin 10000 Flüchtlinge und Eingeborene umkommen (Maskir a. a. O., S. 38 oben). In der Elegie in נחלת יעקב, p. 10 b heißt es: נהרג ק"ק באר והומיה ופולנאה מספרם לא ידענו. — Nach טיט היון sind auch in Kiew Juden erschlagen worden, darunter einer, reich wie Korah. Mein verewigter Freund Herr Nissen erinnerte sich eines in Polen kursierenden Spruches: כי מקיוב תצא תורה ודבר ה' מסטארידוב. Das kann sich nur auf die Zeit vor 1648 beziehen.

[1]) Bei de Grondi; Dominik Perina, Koniecpolski Detina, Ostrorog Latina.

seinen eigenen Weg, mußte aber doch vor der Überzahl der Streifscharen und der mit ihnen sympathisierenden griechisch-katholischen Bevölkerung zurückweichen, was die Juden, welche auf seinen Heldenmut gerechnet hatten, mit ins Verderben zog. In der Festung Polonnoie (zwischen Zaslaw und Zytomir) sollen 10 000 Juden, teils Einwohner, teils Flüchtlinge aus der Umgegend durch die Hand der belagernden Haidamaks und der verräterischen Einwohner umgekommen sein (3. Ab = 22. Juli). Unter ihnen befand sich auch ein Kabbalist, Simson Ostropol, der mit 300 Gesinnungsgenossen in Sterbekleidern den Todesstoß empfangen hat. Mehrere Hundert gingen zum Christentum über[1]).

Die unerwartete Eroberung von Polonnoie und das Gemetzel, welches selbst Wischniowiecki nicht verhindern konnte, verbreiteten Schrecken weit und breit, und nicht umsonst; denn überall, wo die blutdürstigen Haidamaks auf Juden und Katholiken stießen, erschlugen sie sie ohne Erbarmen; in Zaslaw (mindestens 200), Ostrog (600)[2]), Konstantinow (3000).

Der unglückliche Ausgang der zweiten Schlacht zwischen Polen und Kosaken (21. bis 24. Sept.), als das polnische Heer mehr noch durch den panischen Schrecken vor den Tataren unter dem Chan Tugaï Bey und durch die Unfähigkeit der Feldherren, als durch Chmielnickis Tapferkeit in wilder Flucht auseinanderstob und sich erst hinter den Mauern von Lemberg sammelte, brachte auch ein blutiges Los über diejenigen Juden, welche sich weitab vom Schlachtfelde sicher geglaubt hatten. Es war kein Entrinnen für sie vor dem Ansturm der Zaporoger, es sei denn, daß sie die walachische Grenze erreichen konnten. Die weite Strecke von der Südukraine bis Lemberg über Dubno und Brody bezeichneten Blutspuren von erschlagenen und zertretenen Juden; in der Stadt Bar allein kamen zwei- bis dreitausend um. Es braucht

1) Nathan Hannover und S. Kohen geben die Zahl der Erschlagenen in Polonnoie auf 10000 an, in Bar dagegen der erstere zirka 2000 und der letztere zirka 3000 כ״ץ הדין; a. a. O. 36: פולנאה = פולנה 10 000 Seelen, Flüchtlinge aus neun Städten; בצר d. h. Bar 600 ausgezeichnet reiche Juden und 1500 mit den Flüchtlingen. Ich weiß daher nicht, aus welcher jüdischen Quelle Kostomarof die Nachricht hat (S. 82): „Les contemporains rapportent qu'à la prise de Bar Kriwonoss fit écorcher vivants 15 000 Juifs. Credat Judaeus Apella!“ An sich ist die große Zahl nicht unglaublich, erzählt doch de Grondi von Narol (S. 81): prout in una civitate Narol enecta sunt quadraginta quinque millia hominum (Catholici et Judaei). Nur von Bar ist die Zahl nicht so groß angegeben.

2) Diese Zahl nach dem zuverlässigen Nathan Hannover, כ״ץ הדין; hat übertreibend 1500.

kaum gesagt zu werden, daß die vertierte Grausamkeit der regulären Kosaken wie der wilden Haidamaks keinen Unterschied zwischen Rabbaniten und Karäern machte. Von den wenigen karäischen Gemeinden Polens blieben nur zersprengte Überreste übrig. Am meisten litten die karäischer Gemeinden in Luck und Deraźnia[1]) (nördlich von Bar); die letztere wurde vollständig aufgerieben. Ihre Büchersammlungen gingen natürlich dabei unter, und so gerieten die übriggebliebenen Karäer in noch größere Unwissenheit als vorher. Die bedeutende Gemeinde Lemberg verlor viele ihrer rabbanitischen Mitglieder durch Hunger und Pest und noch dazu ihr ganzes Vermögen, das sie an die Kosaken als Lösegeld zahlen mußte. Von Lemberg zog Chmielnicki mit seinem Heere auf Zamość zu, um sich Warschau zu nähern und bei der bevorstehenden Königswahl mit seinem Schwerte den Ausschlag zu geben.

In der Stadt Narol, welche auf dem Wege lag, richteten die Zaporoger ein bis dahin unerhörtes Gemetzel an. 45 000 Menschen sollen daselbst unter grausamen Martern erschlagen worden sein und darunter über 12 000 Juden (anfangs November)[2]). Unter den Leichen blieben lebendige Weiber und Kinder liegen, die mehrere Tage sich von Menschenfleisch nähren mußten. Die Haidamaken schweiften indes in Wolhynien, Podolien und Westrußland umher und löschten ihren Rachedurst in dem Blute erschlagener Edelleute, Geistlichen und Juden zu Tausend und Zehntausend[3]). In Krzemieniec schlachtete ein Unmensch mehrere Hundert jüdische Kinder, untersuchte zum Hohn deren Leichen, wie die Juden es beim Vieh zu machen pflegen und warf sie den Hunden vor. In manchen Städten bewaffneten sich die Juden gleich den Katholiken und trieben die blutdürstigen Kosaken auseinander.

[1]) In einem Memorialbuch der Karäer (bei Neubauer a. a. O., S. 130): ואלו שמות אנשי בית עדתינו (לוצק) הנהרגים על ידי גוים ארורים . . . זכרונות נפשות אנשי עדתינו הנקברים בקברות עיר דרזניץ שהיו דרים לשם מקודם ובע"ה הורגי ושאריתם נפוצו על יד חמיאל הרשע הארור. Das טיט הרוג zählt in דראזנה d. h. Deraźnia 100, welche nach Bar entflohen; dann mußten die Mordbanden von Nord nach Süd gezogen sein. Der Untergang der Gemeinde von Deraźnia muß übrigens 1648 und nicht 1650 stattgefunden haben. Denn in diesem Jahre war Waffenruhe. Der Karäer Mardochaï ben Nissan (דוד מרדכי, S. unten) 6a spricht nur vom Gemetzel des Jahres 1648 und 1654: בשנת ת"ח יצאו גדודי יונים ובשנת תי"ד יצאו אחריהם חיל מוסקוויטר והחריבו ארץ ליטא ופולין ונחרבו כל הקהלות הרבנים והקראים ונתבטלו המדרשים . . . ונשרפו ספרינו ולא שבה הקהלה למקום מעלתה גם עד היום. 1650 war kein Gemetzel.

[2]) Vgl. oben S. 67 Anm. 1. Nathan Hannover a. a. O. und die andern Quellen. [3]) Das.

Die endlich erfolgte Königswahl, die, trotzdem der polnische Staat am Rande des Abgrundes war, unter leidenschaftlichen Kämpfen und Zuckungen vorgenommen wurde, machte dem Blutvergießen für den Augenblick ein Ende. Von den zwei Brüdern des Königs Wladislaw, welche, obwohl beide Priester, Kardinäle und Jesuiten, doch um die Dornenkrone Polens und um den Besitz der schönen Königin-Witwe, ihrer Schwägerin, rangen, entschied sich Chmielnicki für Jan Kasimir, bisher Primas von Gnesen, und er wurde gewählt. Infolgedessen entschloß sich der Hetman, die in Trümmer verwandelte Gegend zu verlassen und als Triumphator nach der Ukraine zurückzukehren. Die polnischen Kommissarien, welche ihn in seiner Kosakenresidenz aufsuchten, um mit ihm wegen Abschluß eines Friedens zu unterhandeln, ließ er den ganzen Übermut und die Roheit seiner Natur empfinden. Obwohl meistens betrunken und im viehischen Zustande, behielt er Nüchternheit genug, unter seinen Friedensbedingungen barsch zu diktieren, daß in den Kosakenprovinzen keine katholische Kirche geduldet werden und kein Jude darin wohnen sollte[1]). Die Kommission, welche die Bedingungen nicht annehmen konnte, reiste unverrichteter Sache ab (16. Februar 1649). Die Juden, welche auf eine friedliche Ausgleichung gerechnet und in ihre Heimat zurückgekehrt waren, büßten ihr Vertrauen mit dem Tode. Denn die Kosaken umschwärmten nach wie vor die Städte mit ihrem Todesgeheule. So kamen viele Juden mit Edelleuten zum zweitenmal in Ostrog um (4. März 1649)[2]).

Das Abbrechen der Unterhandlungen mit Chmielnicki führte zu einem dritten Zusammenstoß. Obwohl das polnische Heer dieses Mal gerüsteter auf dem Kampfplatze erschien und von dem König selbst geführt war, so hatte es doch ebenso wenig Glück wie früher, teils weil der einzige tüchtige Heerführer Wischniowiecki abermals übergangen worden war, teils weil der Kosakenhetman dieses Mal noch mehr Tataren, die ganze „goldene Horde" unter Islan-Gorei als Bundesgenossen heranzog, und endlich, weil die griechisch-katholische Bevölkerung den Kosaken jeden Vorschub leistete und den Polen alle Nachteile zufügte. In dem Treffen bei Sbaraź wäre die polnische Armee von den Zaporogern und Tataren vollständig aufgerieben worden, wenn der König, der nahe daran war, in Gefangenschaft zu geraten, sich nicht klugerweise mit dem Tatarenhäuptling verständigt hätte. Darauf folgte der Friedensschluß (August 1649), welcher unter einer andern Form Chmielnickis Programm vollständig bestätigte, unter

[1]) Kostomarof a. a. O., S. 138. [2]) Nathan Hannover a. a. O.

andern auch den Punkt in betreff der Juden. In den Hauptorten der Kosaken (d. h. in der Ukraine, Westrußland, im Kiewschen und einem Teil von Podolien), durften sie weder Ländereien besitzen, noch pachten, noch überhaupt darin wohnen[1]).

Infolge des Friedensschlusses von Sbaraz hatten die Polen und die Juden etwa anderthalb Jahre so ziemlich Ruhe, obwohl auf beiden Seiten geheime Pläne gehegt wurden, den Vertrag bei günstiger Gelegenheit zu brechen. Soweit ihnen der Aufenthalt gestattet war, kehrten die flüchtigen Juden in ihre Heimat zurück; den aus Todesfurcht getauften Juden gestattete der König Jan Kasimir sich zum Judentum offen zu bekennen. Dies machte ihm keine Gewissensskrupel, da er als Katholik das griechisch-kosakische Bekenntnis, in dem die Juden getauft waren, nicht anerkannte. Infolgedessen flohen die getauften Juden aus den katholischen Landstrichen nach Polen, um das aufgezwungene Christentum loszuwerden. Namentlich machten jüdische Frauen von dieser Erlaubnis Gebrauch, welche die rohen Zaporoger durch die Ehe an sich geschmiedet hatten. Viele hundert jüdische Kinder, welche ihre Eltern und Verwandten verloren hatten und im Christentum auferzogen waren, brachten die Juden wieder an sich, gaben sich Mühe, ihre Abstammung zu erforschen und hängten die Zeugnisse in einem Röllchen an ihren Hals, damit sie später nicht in Blutsverwandtschaft heiraten möchten. Die im Winter (1650) in Lublin zusammengetretene allgemeine Synode von Rabbinern und Vorstehern hatte vollauf zu tun, um die Wunden der polnischen Judenheit nur einigermaßen vernarben zu machen. Viele Hunderte oder gar Tausende von jüdischen Frauen wußten nicht, ob ihre Männer im Grabe lagen, oder bettelnd im Osten oder Westen, in der Türkei oder Deutschland umherirrten, ob sie also Witwen oder Ehefrauen wären — oder befanden sich in andern Verlegenheiten, welche das rabbinische Gesetz geschaffen hatte. Die Synode von Lublin soll dafür vortreffliche Anordnungen getroffen haben[2]). Höchstwahrscheinlich war der milde Lipman Heller, damals Rabbiner von Krakau, bestrebt, eine milde Auslegung der Gesetze in betreff der Verschollenheit durchzusetzen. Auf Anregung des Sabbatai Kohen (Schach) wurde der Tag des ersten Gemetzels in Nemirow (20. Siwan) zur Erinnerung

[1]) Kostomarof das. S. 175. Nathan Hannover das. S. 10 a.

[2]) Nathan Hannover a. a. O. und nach ihm in צוק העתים. Die Zeit dieser Synode gibt die Einleitung zu der סליחות לכ' סיון ed. Krakau (Katalog Bodl. Nr. 2957) an, nämlich בהתועדות לובלין שנת ת"י. Messe und Synode in Lublin fiel zwischen Purim und Peßach. Über die Selichot zu

als allgemeiner Fasttag für die Überbleibsel der polnischen Gemeinden eingesetzt. Der greise Lipman Heller in Krakau, Sabbataï Hurwitz in Posen und der junge Sabbataï Kohen haben Bußgebete (Selichot) für diesen traurigen Gedenktag gedichtet, meistens aber aus älteren Stücken ausgewählt.

Nach anderthalbjähriger Pause brach von neuem der Krieg zwischen den Kosaken und Polen aus (Frühjahr 1651), dessen erste Opfer abermals die Juden waren, da Chmielnicki mit den wilden Zaporogern nunmehr in die polnischen Gebiete einfiel, wo sich wieder jüdische Gemeinden angesiedelt hatten. Freilich so massenhaft konnte das Gemetzel nicht mehr ausfallen, es gab nicht mehr Tausende von Juden abzuschlachten. Auch hatten sie durch die bösen Tage Mut bekommen, sich bewaffnet und dem König eine Schar jüdischer Soldaten gestellt[1]). Indessen wendete sich diesmal das Schlachtenglück gegen die Kosaken, da die abermals herbeigerufenen Tataren plötzlich vom Schlachtfeld abzogen und Chmielnicki als Gefangenen mitschleppten. Dieser kehrte zwar wieder zu den Seinigen zurück, aber er war ihnen selbst verdächtig geworden, wie denn überhaupt die Zaporoger in Parteien gespalten waren, so daß sie den vom Könige ihnen diktierten Frieden (11. September 1651) annehmen mußten. Jan Kasimir und seine Minister vergaßen nicht, das Recht der Juden ausdrücklich in diesem Vertrage zu wahren. Es sollte ihnen unbenommen bleiben, sich nach wie vor in der Ukraine und überhaupt überall niederzulassen und Güter in Pacht zu nehmen[2]).

Auch dieser Vertrag wurde beschlossen und beschworen, um gebrochen zu werden. Chmielnicki hatte ihn nur angenommen, um sich zu stärken und sein erschüttertes Ansehen bei den Kosaken wieder herzustellen. Sobald er sein nächstes Ziel erreicht hatte, begann er von neuem Feindseligkeiten gegen Polen, welche die Juden stets am schmerzlichsten empfanden. In zwei Jahren seit dem ersten Aufstande der Zaporoger waren mehr denn 300 Gemeinden vollständig durch Tod oder Flucht untergegangen[3]), und das Ende der Leiden war noch nicht

diesem Tage s. Katalog das. Nr. 2958, 59, 68, Landshut, Amude Aboda s. v. Jom Tob Heller und Beilage S. XIII, Nr. 7. Perles, Geschichte der Juden in Posen, S. 58.

[1]) Nathan Hannover a. a. O.

[2]) Den Wortlaut des die Juden betreffenden Paragraphen hat Pastorius, Bellum Scythico-Cosac. (1652) Ende erhalten: Judaeis in terris Regis et nobilium jus incolationis et conductionum u t a n t e a liberum esto. Auch Nathan Hannover, de Grondi, S. 215, Kostomarof, S. 372.

[3]) Sabbataï Kohen, der noch 1649 schrieb, bemerkt: והחריבו . . . יותר מג' מאות קהלות גדולות vgl. o. S. 61 Anmerkung 3.

abzusehen. Die polnischen Truppen konnten vor Chmielnickis Gewaltstreichen oder Arglist nicht bestehen. Als er von den Tataren keine Hilfe mehr erwarten konnte, verband er sich mit den Russen und reizte diese zu einem Kriege gegen das unglückliche und doch in sich geteilte Polen. Infolge des russischen Krieges (Frühjahr 1654 und 1655) litten auch diejenigen Gemeinden, welche bis dahin von den Kosakenschwärmen verschont geblieben waren, die westlichen Gebiete und Litauen. Die Gemeinde Wilna, eine der größten, wurde durch das Gemetzel von seiten der Russen und durch die Flucht vollständig entvölkert (Juli 1655)[1]). Als hätte damals das Verhängnis die Auflösung Polens beschlossen, trat ein neuer Feind zu den Kosaken und Russen hinzu, Karl X. von Schweden, der den ersten besten Vorwand benutzte, um seine Kriegslust an Polen zu befriedigen. Durch den schwedischen Krieg kamen auch die groß- und kleinpolnischen Gemeinden von Posen bis Krakau in Not und Verzweiflung (1656)[2]). In kaum drei Monaten hatte Karl X. die westlichen und nördlichen Provinzen erobert und den König Jan Kasimir, der eher befähigt war, den Krummstab als das Zepter zu halten, gezwungen, sein Land zu verlassen, und als Flüchtling den Schutz des deutschen Kaisers anzuflehen. Bis auf die Neige mußten die Juden Polens den Leidenskelch leeren. Diejenigen, welche die Kosaken, Russen und die wilden Schweden aus dem dreißigjährigen Krieg verschont hatten, mißhandelte der judenfeindliche polnische General Czarnicki unter dem Vorwande, sie wären im verräterischen Einverständnis mit den Schweden[3]). Auch die Polen verfuhren barbarisch gegen die Juden, zerstörten die Synagogen und

[1]) Über Wilna s. Mose Ribkes, באר הגולה Einl. וביום ד׳ כ״ג לתמוז שנת תט״ו נמלטו על נפשם ויצאו מן העיר (ווילנא) כמעט כל הקהל כאחד את אשר הכינו להם סוסים ועגלות יצאו טעונות . . . ואשר לא הכינו יצאו ברגליהם ומשאריתם בניהם הקטנים על כתפיהם.

[2]) Über Krakau berichtet ein obskurer Schriftsteller Abraham ben Joseph aus Krakau, in einem schlechten Kommentar zu מגלת תענית (Amsterdam 1658) Einleitung ובעונינו נחרבו כמה וכמה ק״ק ובתי מקדשות מעט שלנו בירח אייר (שנת ת״יו) ונהרג כמה וכמה מאות בעלי בתים (בקראקא) . . . אינם מספיקין לכתוב הצרות הבאות עלינו משנת ת״ח עד שנת ת״יו, auch S. 23b unten: ועכשו חרה ה׳ אפו על מדינת פולין גדול בר״ח אייר שנת תט״ז הרגו האויבים הרג רב בישראל במיתות משונות קשות ונהרגו על קידוש השם ואני הייתי בתוך המהפכה (בקראקא) וראיתי רבים קפצו לתוך המים על קדושת השם.

[3]) Geheimschreiben aus Wien nach England bei Thurloe, Collection of the states-Papers T. p. 773 vom 27. Mai 1656. Les Polonais (sous Czarnizki) avoient taillé en pièces en une villette près de Gnesna (Wreschen?) quelques centaines de Juifs qui étoient du parti

zerrissen die heiligen Schriften. — Ganz Polen glich damals einem blutigen Schlachtfelde, auf dem sich Kosaken, Russen, Preußen und Schweden und noch dazu Scharen des Fürsten Ragoczi von Siebenbürgen tummelten; die Juden wurden von allen mißhandelt und erschlagen. Nur der große Kurfürst von Brandenburg verfuhr milder gegen sie. Die Zahl 600000 jüdischer Familien, welche in dem Jahrzehnt dieser Kriege (1648 bis 1658) umgekommen sein soll, ist zwar sehr übertrieben, aber auf eine viertel Million kann man wohl die erschlagenen Juden Polens veranschlagen[1]). Mit dem Sinken Polens als Großmacht ist auch die Bedeutung der polnischen Judenschaft geschwunden. Die Überbleibsel waren verarmt, gebeugt, erniedrigt und konnten sich nicht mehr erholen. Ihre Not war so groß, daß sich diejenigen, welche in die Nachbarschaft von Preußen verschlagen wurden, als Tagelöhner für Feldarbeit an Christen um Brot vermieteten[2]). Wie zur Zeit der Vertreibung der Juden aus Spanien und Portugal man überall auf flüchtige sefardische Juden stieß, ebenso begegnete man während der kosakisch-polnischen Kriege fliehenden polnischen Juden in elender Gestalt, verschmachtenden Auges, die dem Blutbade, den Feuersbrünsten, dem Hunger, der Seuche entkommen waren, oder von den Tataren in Gefangenschaft geschleppt und von ihren Brüdern ausgelöst, irgendwo ein Unterkommen suchten. Westwärts über Danzig und die Weichselgegend kamen jüdisch-polnische Flüchtlinge nach Hamburg, wanderten nach Amsterdam und wurden von da nach Frankfurt a. M. und anderen rheinischen Städten befördert. Dreitausend litauische Juden kamen auf Schiffen nach Texel (Niederlande) und wurden gastlich

Suédois, dont les autres en villettes prochaines s'avoient fait baptiser et raser la teste et la barbe . . . pour éviter la furie des Polonais. Das ist der צורר צרניצקי, von dem das טיט היון erzählt (Maskir a. a. O., S. 38), daß er 200 Märtyrer machte in קובלין = Kobylin, 100 in מדריך = מזריץ = Meseritz, 100 in ווריעשנא = Wreschen, 300 in לונטשיך = לונטשיץ = Lenczyc, 600 in Kalisch und andern kleinen Städten. Dann heißt es, der צורר צרוניצקי habe ganz Großpolen und Krakau verwüstet. Über die Märtyrer von Großpolen 1656 s. Landshut Amude Aboda Ende, Beilage S. X, Nr. 5, 6. נוסח אל מלא רחמים על הקדושים שנהרגו בשנת תט"ז בווריעשנא זלאטווי לובזעניץ ראגשני פקוט לגסלא ופוזנא. Daraus geht hervor, daß die Gemetzel in Großpolen sich von Frühjahr bis Herbst (פסח bis יום כפור) erstreckt haben.

[1]) In טיט היון a. a. O., S. 58. Dasselbe gibt auch die große Zahl der Erschlagenen an. Manasse Ben-Israel referiert in Declaration to the english Commonwealth: Die Kosaken haben in den letzten Jahren über 180 000 Juden in Polen getötet. Aber als er dieses niederschrieb (1655), waren die Gemetzel noch nicht zu Ende.

[2]) (König) Annalen der Juden in preußischen Staaten, S. 85.

aufgenommen.[1]) Südwärts entflohen viele derselben nach Mähren, Böhmen, Österreich und Ungarn und wanderten von da bis Italien[2]). Die Gefangenen im Heere der Tataren kamen nach den türkischen Provinzen und wurden zum Teil zu den Barbaresken verschlagen. Überall wurden sie von ihren Brüdern voller Herzlichkeit und Liebe aufgenommen, verpflegt, bekleidet und unterstützt. Die italienischen Juden übten an ihnen die Pflicht der Auslösung und Unterstützung mit großen Opfern. So hatte die Gemeinde von Livorno in dieser Zeit den Beschluß gefaßt, ein Viertel vom Hundert des Einkommens für die Befreiung und Unterhaltung der unglücklichen polnischen Juden zu erheben und zu verwenden[3]). Auch die deutschen und österreichischen Gemeinden, obwohl sie unter den Drangsalen des dreißigjährigen Krieges auch gelitten hatten, betätigten an ihnen jene Brüderlichkeit, die sie weniger mit den Lippen bekannten, aber desto tiefer im Herzen trugen.

Indessen war die Zahl und das Elend der aus Polen Entflohenen und Gefangenen so groß, daß die deutschen Gemeinden, und wohl auch andere, genötigt ware, die für Jerusalem bestimmten Gelder anzugreifen, um die polnischen Hungrigen zu speisen, die Nackten zu kleiden und unterzubringen. Sofort empfanden die von Almosen lebenden Jerusalemer Juden, welche ohnehin von den Paschas und den Unterbeamten ausgesogen wurden, den Ausfall der regelmäßig aus Europa für sie eingehenden Unterstützung. Sie gerieten alsbald in eine so große Not, daß von den dort lebenden 700 Witwen und einer geringeren Zahl Männer nahe an 400 Hungers gestorben sein sollen. Die Jerusalemer schickten daher einen außerordentlichen Sendboten Nathan Spira, den Jerusalemer, nach Italien, um von da aus den übrigen europäischen Gemeinden ihre Not zu klagen und ihnen zu Herzen zu führen, schleunige Hilfe zu bringen, wenn nicht alle Hungers sterben sollten[4]). — Tragisch war das Geschick so mancher der umherirrenden Polen. Ein junger Talmudkundiger Jakob Aschkenasi aus Wilna, dessen Sohn und Enkel in die Wirren der späteren Zeit

[1]) Koenen, Geschiedenis der Joden in Nederland, p. 198.

[2]) Nathan Hannover Ende; Mose Ribkes Einleitung zu באר הגולה und mehrere andere polnisch-jüdische Schriftsteller aus dieser Zeit.

[3]) Joseph Ergas, Ressp. דברי יוסף Nr. 36. Der Beschluß datiert vom Jahre 1655.

[4]) Unter den Gründen, welche für die Zulassung der Juden in England, die in derselben Zeit verhandelt wurde, geltend gemacht wurden, war auch folgender: Because the Jews are now in very great strights in many places. — Multitudes in Poland, Lithuania and Prussia (Russia?) by the late wars by the Swedes, Cossacks and others being driven away from thence. Hence

eingegriffen haben, war mit seiner jungen Frau im Gefolge seines Schwiegervaters vor dem Wutschnauben der Russen entflohen. Auf der Flucht wurde er von den Seinigen getrennt. Blutdürstige Banden, welche auf eine Gruppe Flüchtlinge gestoßen und viele derselben getötet hatten, führten bereits den Todesstreich auch gegen ihn. War es Mitleid oder Verachtung, genug der Krieger, welcher Jakob Aschkenasi bereits das letzte Niederknieen befohlen hatte, stieß ihn plötzlich mit dem Rücken seiner Klinge fort. Wunderbar errettet, brachte er mehrere Tage unter Leichen zu, um nicht anderen Banden in die Hände zu fallen. Sein Schwiegervater, der Rabbiner Ephraim Kohen, war indes mit den Seinigen nach Mähren (Trebitsch) entkommen, und er vernahm aus dem Munde anderer Flüchtlinge die Trauerbotschaft vom Tode seines Tochtermannes Jakob Aschkenasi. Die Nachricht lautete so bestimmt, daß er seine Tochter — nach der Entscheidung eines Rabbiners — als Witwe erklärte und in sie drang, sich wieder zu verheiraten. Sie aber blieb dabei, ihr Gatte müsse noch am Leben sein und schlug trauernd jeden Heiratsantrag aus. Erst nach einem halben Jahre beschwerlicher Wanderungen fand Jakob Aschkenasi seine treue Gattin wieder.[1])

their yearly Alms to the poor Jews, of the german Synagogue, at Jerusalem hath ceased, and of 700 widows and poor Jews there, about 400 have been famished, as a letter from Jerusalem to their Friends relates. Mitgeteilt in Harleian Miscellany T. VII, p. 579 b, aus der Schrift: A narrative of the late proceedings at Whitehall, concerning the Jews. Diese Nachricht von dem Hungertod der Jerusalemer hat wahrscheinlich Nathan Spira gebracht und verbreitet, der eigens zum Zwecke einer Sammlung ausgesandt worden war. Das. S. 280 a heißt es nämlich: Many of the Jews in Jerusalem being now very cruelly dwelt withal and persecuted by the Turcks as their letters thence desiring Relief from other Jews in Germany, Holland etc. sent thither by the hand of Rabbi Nathan Tsephira, their messenger... do manifest. Nathan Tsephira oder richtig Nathan Spira, mit dem Beinamen Jeruschalmi, war damals Sendbote. Er ließ, um die italienischen Gemeinden noch mehr zu Spenden für die heilige Stadt anzuspornen, den fabelhaften Brief des Baruch Gad über die angeblichen Mose-Söhne am Fluß Sabbation nach Reggio kommen. Im Schreiben des Jerusalemer Rabbinats an die italienischen Gemeinden heißt es darüber: d. d. 15ten אב des Jahres 1657 = ב׳ה׳ר׳ד׳י׳ folgendermaßen: . . . נדרשני לשאלת החכם המקובל. . נתן שפירא הירושלמי להעתיק לו מ״פ הכתב אשר בא אלינו מאחינו בני משה מעבר לנהר סבטיון בשנת ה׳תו . . ולהפיק רצון השואל החכם נתן הנזכר העתקנו לו מקצת. אכן כמהר״ר נתן יגיד לכם פה אל פה כל הכתוב לחיים בירושלים. Über die Quellen s. weiter unten Kap. 6.

[1]) Jakob Emden, Biographie seines Vaters Chacham Zewi, s. darüber Note 6.

Für das Judentum war die Chmielnickische oder kosakische Judenverfolgung von einschneidender Wirkung. Es wurde dadurch sozusagen polonisiert. Hatte bereits bis dahin die polnisch-rabbinische Lehrweise die Talmudschulen in Deutschland und zum Teil auch in Italien durch die überreiche Literatur polnischer Autoren förmlich beherrscht, so wurde sie durch die Flüchtlinge — die meistens talmudkundig waren — tonangebend und unterjochend. Die Rabbinatssitze wurden meistens polnischen Talmudkundigen übertragen: in Mähren Ephraim Kohen und Sabbataï Kohen, in Amsterdam Mose Ribkes, in Fürth und später in Frankfurt a. M. Samuel Aaron Kaidanower, in Metz Mose Kohen aus Wilna[1]). Diese polnischen Talmudisten waren wegen ihrer Überlegenheit in ihrem Fache eben so stolz, wie ehemals die spanisch-portugiesischen Flüchtlinge und sahen mit Verachtung auf die Rabbinen deutscher, portugiesischer und italienischer Zunge herab. Weit entfernt, in der Fremde ihre Eigenart aufzugeben, verlangten sie vielmehr, daß alle Welt sich nach ihnen richte und setzten es auch durch. Man spottete über die „Polacken", ordnete sich ihnen nichtsdestoweniger unter. Wer sich gründliches talmudisches und rabbinisches Wissen aneignen wollte, mußte sich zu den Füßen polnischer Rabbiner setzen; jeder Familienvater, der seine Kinder für den Talmud erziehen lassen wollte, suchte für sie einen polnischen Rabbi. Diese polnischen Rabbiner zwangen allmählich den deutschen und zum Teil auch den portugiesischen und italienischen Gemeinden ihre klügelnde Frömmigkeit und ihr Wesen auf. Durch sie sanken wissenschaftliche Kenntnisse und auch die Bibelkunde noch mehr als bis dahin[2]). Gerade im Jahrhunderte Descartes' und Spinozas, als die drei zivilisierten Völker, Franzosen, Engländer, Holländer, dem Mittelalter den Todesstoß versetzten, brachten die jüdisch-polnischen Emigranten, die von Chmielnickis Banden Gehetzten, ein neues Mittelalter über die europäische Judenheit, das sich über ein Jahrhundert in Vollkraft erhalten hat und zum Teil noch in unserer Zeit fortdauert.

[1]) Die Biographien und zum Teil Finn קריה נאמנה (Geschichte der Juden von Wilna), S. 73 ff.

[2]) Vorwort zu Witzenhausens jüdisch-deutscher Bibel: „Sind der Zeit daß viele polnische בעלמדים in אשכנז sein gekommen, da haben sie auch gleich, wie ihr סדר ist, wenig פסוק mit den Kindern gelernt: רבי לא שנה ר' חייא בגלך".

Viertes Kapitel.

Ansiedelung der Juden in England und Manasse Ben-Israel.

Vorurteil der Engländer gegen die Juden Manasse Ben-Israel, sein Charakter und sein Wissensumfang. Vorliebe christlicher Gelehrter für hebräische und rabbinische Literatur. Scaliger, Buxtorf, Maria Schurmann, Dorothea Moore, Hugo Grotius, Selden,, Vossius. Schwärmer für die fünfte Monarchie, Apokalyptiker, Mochinger, Frankenberg, Jesse, Serrarius, la Peyrère. Die Puritaner. Cromwell, Holmes. Nikolas' Schutzschrift zugunsten der Juden. Montezinos und die verschollenen israelitischen Stämme in Amerika. Die Hoffnung Israels. Neue Märtyrer der Inquisition: da Silva = Eli Nazareno, Lope de Vero y Alarcon = Juda Creyente, de Castro Tartas. Manasse Ben-Israel knüpft mit dem englischen Parlament an. Felgenhauers Mystik. Samuel Ben-Israel Soeiro. Manasses Reise nach London und ehrenvoller Empfang durch Cromwell. Beratung in Whitehall wegen Zulassung der Juden. Gunst und Ungunst gegen dieselben. Prynnes judenfeindliche Schrift. Pamphlete gegen und für sie. Manasses Schutzschrift und ehrenvolle Entlassung. Heimliche Ansiedelung der Juden in England.

(1655—57.)

Gerade in derselben Zeit, als die Juden Polens zertreten, hingeschlachtet oder wie ein gescheuchtes Wild umhergetrieben wurden, erschloß sich wieder für die Judenheit ein Land der Freiheit, aus dem sie seit mehr als dritthalb Jahrhunderten verbannt waren. England, welches die kluge Königin Elisabeth und der mutige Protektor Cromwell zur ersten Macht Europas erhoben hatten, das eine ganz andere Bedeutung als das zusammenbrechende Polenreich hatte, ließ wieder Juden einziehen, zwar nicht durch das große Portal, sondern durch eine Hintertüre; aber diese Zulassung machte so viel von sich reden, daß sie einem Triumphe des Judentums glich. Sehnsüchtig blickten die Juden Amsterdams und Hamburgs nach diesem Insellande, dem sie so nahe waren, mit dessen Kaufherren, Schiffsmeistern und Gelehrten sie in Verbindung standen, und das ihnen einen weiten Spielraum verhieß. Aber ihre Ansiedlung daselbst schien auf unüberwindliche Hindernisse zu stoßen. Die englische Hochkirche, welche das Zepter über die Gewissen führte, war noch viel unduldsamer, als der von ihr verfolgte Papismus. Sie gönnte den Katholiken und Dissidenten nicht die Luft zum Atmen, und sollte gar die Nachkommen derer dulden, welche in den neutestamentlichen Schriften so verlästert werden? Das englische Volk, welches seit Jahrhunderten keinen Juden gesehen hatte, teilte meistens die Antipathie der Geistlichkeit gegen sie. Es sah in jedem Juden einen Shylock, der mit Herzenslust den Christen Stücke Fleisch ausschneiden möchte, ein Ungeheuer in menschlicher Gestalt, welches das Kainszeichen an sich trage. Wer sollte es unternehmen, dieses große Vorurteil zu bannen, um Bevölkerung wie Herrscher günstig für die Nachkommen Israels zu stimmen?

Ein Mann unternahm und führte diese schwierige Aufgabe durch, der nicht zu den Geistern erster Größe gehörte, der aber das rechte Maß von Einsicht und Beschränktheit, von Willensstärke und Schmiegsamkeit, von Wissen und Phantasterei, von Selbstverleugnung und Eitelkeit besaß, welches zu einer so dornenvollen Unternehmung durchaus erforderlich war. Manasse Ben-Israel, zweiter oder dritter Rabbiner in Amsterdam, der in der Heimat nur eine Nebenrolle spielte, der arme Prediger, welcher, um die Seinigen zu ernähren, ein Nebengeschäft, eine Buchdruckerei, anlegen mußte, der aber auch davon so wenig Gewinn zog, daß er die Kanzelberedsamkeit mit kaufmännischer Spekulation vertauschen wollte und nahe daran war, nach Brasilien zu übersiedeln, er war es, welcher England für die Judenheit eroberte und die Vorurteile gegen seinen Stamm, wenn auch nicht bannte, so doch verminderte. Ihm allein gebührt dieses Verdienst, das nicht gering anzuschlagen ist, nur wenige Hilfsgenossen standen ihm dabei zur Seite. Die Erlösung der Juden aus ihrer tausendjährigen Verachtung und Zurücksetzung in der europäischen Gesellschaft, oder vielmehr das Ringen nach ebenbürtiger Gleichstellung beginnt mit Manasse Ben-Israel. Er war der Rießer des siebzehnten Jahrhunderts. Er war, wie gesagt, keine hervorragende Persönlichkeit und kann nur zu den Mittelmäßigen gezählt werden. Aber er hatte etwas in seinem Wesen, welches sehr anzog, eine gewinnende Freundlichkeit und Zugänglichkeit, die ihn befähigten, mit verschiedenen Kreisen zu verkehren, sich überall Freunde zu erwerben und keinen Feind zu haben. Er gehörte zu den glücklichen Naturen, welche in der Erscheinungswelt nicht die herben Gegensätze, die schrillen Mißklänge wahrnehmen und daher vertrauensselig und unternehmend sind. Sein Gemüt war tiefer als sein Geist. Seine starke Seite war gewandte Beredsamkeit,

Leichtigkeit der Darstellung und Ausarbeitung derjenigen Gedanken, die in seinem engen Gesichtskreise lagen, und die er mehr empfangen als aus sich selbst heraus erzeugt hatte. Manasse Ben-Israel umfaßte die jüdische Literatur, kannte auch die christliche Theologie in dem Stande, den sie zu seiner Zeit eingenommen hatte, und wußte genau, was sich über jeden Punkt sagen läßt, d. h. von Vorgängern gesagt worden ist. Dagegen hatte er von denjenigen Wissenszweigen, welche Geistesschärfe verlangen, von Philosophie und Talmudkunde, nur oberflächliche Kenntnis. Seine starke Seite war eben diese seine Schwäche. Die Leichtigkeit zu sprechen und zu schreiben verleitete ihn zur Vielsprecherei und -schreiberei. Wie er über 400 ausgearbeitete Predigten in portugiesischer Sprache hinterließ, so verfaßte er auch eine Menge Schriften, welche einen ganzen Katalog füllen, die jedoch die in denselben behandelten Themata nur oberflächlich lösen.

Zum Muster für seine Schriftstellerei hatte er sich Isaak Abrabanel genommen, dessen Urenkelin Rahel Soeira er geheiratet hatte. Auf diese Verbindung war Manasse nicht wenig stolz, weil er des festen Glaubens war, die Abrabanels stammten aus königlich davidischem Geblüte, und daß er dem davidischen Hause Nachkommen erhalte. Gleich Abrabanel arbeitete er ein Werk (Conciliador) aus, in welchem die Widersprüche in der heiligen Schrift gelöst und versöhnt werden sollten[1]; er ahmte ihn auch in der Form nach, nämlich eine Reihe von Fragen aufzuwerfen, um darauf die Lösung zu geben. Nur ist Manasses Darstellung, wenn auch eben so unbefriedigend, doch nicht so außerordentlich weitschweifig und langweilig. Der Amsterdamer Prediger richtete sein Augenmerk meistens auf dogmatische oder religiös-philosophische Punkte und bemühte sich nachzuweisen, daß die Thora in ihren Lehren durchgehends folgerichtig sei und keinen Widerspruch enthalte. Zu diesem Zwecke zog er massenhafte theologische Gelehrsamkeit herbei, um die tatsächlichen oder willkürlich aufgeworfenen Schwierigkeiten aufzuheben. In seiner Beantwortung von 180 Fragen im Pentateuch allein erfährt man aus seinem „Versöhner" wohl, was die großen jüdischen, christlichen und auch heidnischen Denker, die Talmudlehrer oder die „heiligen kabbalistischen Theologen" (wie er sie nennt) über diese und jene Punkte gedacht und geäußert haben, nur nicht, was er selbst Neues darüber gedacht hat. Der ganze Inhalt dieses so weitläufig angelegten Werkes ist für unsere Anschauung und unsern

[1]) Der Conciliador ursprünglich spanisch, erster Band über Pentateuch, der wichtigste Teil, gedruckt 1632.

Geschmack vollständig wertlos. Vieles darin ist geradezu unsinnig. Noch wertloser ist seine einige Jahre später verfaßte Schrift über die Auferstehung, worin er alles, was von den jüdischen und christlichen Vorgängern darüber geschrieben war, zusammengetragen hat. Manasse Ben-Israel war ein sehr dankbarer Leser; er nahm nicht bloß das Wahre auf, von welcher Seite es ihm auch zukommen mochte, sondern auch das Unwahre, Alberne, Unsinnige. Den Gespenstergeschichten der Mystiker schenkte er denselben Glauben, wie der Erzählung der Bibel. In die Kabbala und ihre Theorie von der Seelenwanderung war er förmlich vernarrt[1]). Das Gepräge der Unselbstständigkeit, der urteilslosen Kompilation und der Leichtgläubigkeit tragen alle seine scheinbar religionsphilosophischen Schriften[2]).

Indessen sahen seine Zeitgenossen Manasses Schriften mit anderen Augen an; die darin angehäufte Gelehrsamkeit aus allen Literaturgebieten und Sprachen und die Glätte der Form bestachen sie und erregten sogar ihre Bewunderung. Von den Juden wurde er außerordentlich gefeiert; wer nur irgendeinen lateinischen, portugiesischen oder spanischen Vers zustande bringen konnte, verkündete Manasses Lob. Aber auch christliche Gelehrte seiner Zeit überschätzten ihn.

In Holland, welches durch das Zusammentreffen vieler Umstände und namentlich durch die große Anregung des Königs der Philologen, Joseph Scaliger, gewissermaßen eine Hochschule geworden war, wurde im siebzehnten Jahrhundert der Grund zu jener staunenswerten Gelehrsamkeit gelegt, welche sich in umfangreichen Folianten ablagerte. Zu keiner Zeit hat es so viel Philologen mit frühreifer Gelehrsamkeit, mit eisernem Gedächtnisse und wunderbarer Hingebung für die Sprachwissenschaft gegeben, als in der ersten Hälfte des siebzehnten Jahrhunderts, als wären sie eigens in die Welt gesetzt worden, um das so lange Vernachlässigte schnell einzuholen. Alles, was das Altertum an Schriftschätzen hinterlassen hat, wurde gesammelt und nutzbar gemacht; Staatsmänner wetteiferten darin mit Fachgelehrten. Es kam bei dieser Riesensammlung wenig auf Prüfung und Ermittlung

[1]) Charakteristisch für seine Anschauung ist, was er zum Schluß von נשמת חיים sagt: אבל כבר אמרתי שאחה נשבעתי לחר׳ שמעון בן בן יוחאי (זהר) ולא אשקר באמונתי סוף דבר תאמין לבי או תשמאיל האמן בכל מה שהאמין ח־רשב״י.

[2]) Außer der Fortsetzung des Conciliador, 2. T. erste Propheten 1641, 3. T. letzte Propheten 1650, 4. T. Hagiographen 1651: La resurreccion 1636, ebenso gehalten ist צרור החיים de termino vitae lateinisch 1639; Fragilidad humana 1642, נשמת חיים über Unsterblichkeit und Seelenwanderung, das einzige hebräische Werk von ihm 1652.

des Wahren und Haltbaren an, sondern lediglich auf massenhaftes Wissen. Die drei bevorzugten Sprachen des Altertums, Griechisch, Lateinisch und Hebräisch, und ihre Literatur gründlich zu verstehen, spornte den Ehrgeiz vieler an. Das Hebräische, als Sprache der Religion, genoß noch eines besonderen Vorzugs, und wer sie gleich den beiden andern verstand, war der Auszeichnung sicher. Joseph Scaliger, das Orakel der holländischen und überhaupt der protestantischen Theologen, hatte neben der hebräischen Sprache auch der sogenannten rabbinischen Literatur das Bürgerrecht verschafft und selbst den Talmud mit einer gewissen Achtung behandelt. Seine holländischen, französischen und englischen Jünger folgten seinem Beispiele und verlegten sich mit allem Eifer auf diesen, ein Jahrhundert vorher mit Verächtlichkeit oder mit einer gewissen Scheu behandelten Wissenszweig[1]).

Johannes Buxtorf, der Ältere, in Basel (geb. 1564, gest. 1639) hatte die Kenntnis des Hebräischen und Rabbinischen zu einer Art Meisterschaft gebracht und sie christlichen Kreisen zugänglich gemacht. Er führte mit jüdischen Gelehrten in Amsterdam, Deutschland und Konstantinopel eine lebhafte Korrespondenz in hebräischer Sprache. Selbst Damen verlegten sich damals auf die hebräische Sprache und Literatur. Das Wundermädchen Anna Maria Schurmann aus Utrecht, welches fast alle europäischen Sprachen und ihre Literatur kannte, korrespondierte in hebräischer Sprache mit Gelehrten und auch mit einer englischen Dame, Dorothea Moore, und zitierte mit Kennersicherheit Raschi und Ibn-Esra. Die exzentrische Königin Christine von Schweden, Gustav Adolphs gelehrte Tochter, verstand hebräisch. Ernstlich und eingehend beschäftigten sich auch damit Staatsmänner, der Holländer Hugo Grotius und der Engländer Johannes Selden, für ihre theologischen oder geschichtlichen Studien.

Aber zur Selbständigkeit hatten es christliche Gelehrte bei allem Eifer doch nicht in der rabbinischen Literatur gebracht; sie konnten ohne einen jüdischen Führer nicht gehen oder fühlten sich unsicher. Selbst Buxtorf, der gelehrteste Rabbinist seiner Zeit und der Lehrer aller folgenden, hielt sich einen Juden, namens Abraham, zur Unterweisung, und da dieser ohne gründliche Kenntnis war, führte er

[1]) Schickardt, Bechinat Happeruschim, praefatio: O quam frequens est hodie Semihebraeorum temeritas; qui ut Rabinos legisse putentur, Maimonidas, Nachmanos, Aben-Ezras, Bechajas, R. Salomones subinde crepant, ipsumque adeo Talmudum citant, quorum tamen nihil unquam, ne per transennam quidem, non dico legerunt, sed vix viderunt.

auch seinen Brotherrn auf Irrwege. Daher waren den christlichen Forschern Manasse Ben-Israels Abhandlungen, welche viel rabbinische Belegstellen und neue Gesichtspunkte boten, außerordentlich willkommen. Sie waren ihnen durch seine faßliche Darstellung mundgerecht gemacht. Die holländischen Gelehrten suchten daher Manasse auf, bewarben sich um seine Freundschaft, hingen sozusagen an seinem Munde, legten daher allmählich die Vorurteile gegen die Juden ab, welche damals auch im tolerantesten Lande Europas die freisinnigsten Männer noch nicht losgeworden waren. Zunächst waren es solche wißbegierige Forscher, welche von der herrschenden Kirche verfolgt oder verketzert wurden, die sich an Manasse anschlossen. Die gelehrte Familie Vossius, selbst Johannes Gerhard Vossius (der Ältere), obwohl mit einer reichen Dosis Judenhaß versehen, war gegen ihn zuvorkommend. Sein Sohn, Dionysius Vossius, ein Wunder der Gelehrsamkeit, obwohl im achtzehnten Jahre vom Tode ereilt, übersetzte in seinem Todesjahre Manasses „Versöhner" (Conciliador) kurz nach dem Erscheinen desselben ins Lateinische. Isaak Vossius, der jüngste Sohn, welcher bei der Königin von Schweden ein Ehrenamt bekleidete, empfahl ihr Manasse Ben-Israel. Durch diese Familie wurde er auch mit dem gelehrten Staatsmanne Hugo Grotius bekannt, der ebenfalls von ihm lernte. Das Haupt der Arminianer, Simon Episcopius, suchte Manasses Umgang auf und noch mehr Caspar Barläus, der als Socinianer, d. h. als Leugner der Dreieinigkeit, von orthodoxen Christen gemieden war. Er schmiegte sich eng an Manasse an und verherrlichte ihn in lateinischen Versen, wofür er nur noch mehr angefeindet wurde, weil er das jüdische Glaubensbekenntnis dem christlichen gleichgestellt hatte. Auch der gelehrte Jesuit Petrus Daniel Huet pflog Freundschaft mit ihm; aber dieser Fanatiker liebte das Exzentrische, haßte das Licht vernünftigen Denkens und glaubte an Manasse Ben-Israel einen Gleichgesinnten gefunden zu haben. Nach und nach erlangte der Chacham und Prediger von Amsterdam unter den Christen einen solchen Ruf, daß jeder durch Amsterdam reisende Gelehrte ihn als eine außerordentliche Persönlichkeit aufsuchte. Auswärtige wechselten Briefe mit ihm und ließen sich von ihm über dunkle Punkte Auskunft erteilen. Als die Frage angeregt wurde, ob das Zeugnis des Geschichtsschreibers Josephus von Jesus echt oder untergeschoben sei, wurde er von dem gelehrten Deutschen Christoph Arnold in Leyden um seine Meinung darüber angefragt. Manasse äußerte sich aber ausweichend, weil er sich's überhaupt zum Grundsatze gemacht hatte, über alles, was das Christentum betraf, ein kluges Schweigen zu beobachten[1]). Mit der Königin Christine von Schweden hatte Manasse eine Unterredung, worin er ihr Wohlwollen für die Juden und ihre Gunst für die jüdische Literatur anregte[2]). So hoch stellten manche Christen Manasse Ben-Israel, daß sie den Wunsch nicht unterdrücken konnten, diesen so gelehrten und charaktervollen Rabbinen für das Christentum gewonnen zu sehen.

Am meisten drängten sich an Manasse Ben-Israel christliche Schwärmer heran, welche von dem Eintreten des fünften Reiches, der Herrschaft der Heiligen (nach der Sprache Daniels) träumten. Der bluttriefende dreißigjährige Krieg, welcher Eigentum und Leben der Rohheit wilder Landsknechte überliefert hatte, die tyrannische Unterdrückung der nach innerlicher Befreiung und Sittlichkeit ringenden Gläubigen — in England durch die Bischöfe und das weltliche Regiment und in Frankreich durch die Despotie Richelieus — erweckten in schwärmerischen Männern die Gedankenreihe, daß die vom Buche Daniel und der Apokalypse verkündete messianische Zeit des tausendjährigen Reiches nahe und daß die Kriegsnöte nur die notwendigen Vorläufer der Gnadenzeit seien. Diese phantastischen Schwärmer zeigten sich den Juden sehr günstig; sie mochten diese große Veränderung nicht ohne Teilnahme derer sich vollziehen lassen, an die doch eigentlich die Verkündigungen zuerst ergangen seien. Sie gaben demnach zu, daß die Juden wieder Besitz vom heiligen Lande nehmen müßten, was sich aber nicht so leicht, selbst nicht durch Wunder erringen ließe. Denn dazu müßten zuerst die verschollenen Zehnstämme wieder aufgefunden und versammelt werden, wenn die prophetischen Worte nicht zur Erde gefallen sein sollten. Sodann müßten die zur Besitznahme des heiligen Landes versammelten Stämme doch ihren Messias haben, einen Sproß vom Stamme Isaïs. Aber was sollte dann aus Jesus, als Christus, d. h. als Messias werden, an den doch die Juden schlechterdings nicht glauben wollten? Auch diese Zugeständnisse machten einige Enthusiasten des fünften Heiligen-Reiches zugunsten der Juden, ihnen einen eigenen Messias einzuräumen in der Erwartung, daß sich der Rangstreit zwischen dem jüdischen und christlichen Heiland und Erlöser gegebenenfalls würde ausgleichen lassen.

Solche apokalyptische Schwärmereien fanden in Manasse Ben-Israels Herzen eine widerhallende Saite. Erwartete doch auch er,

[1]) Christophorus Arnold de testimonio Flavii Josephi sive 30 epistolae, auch in Havercamps Edition des Josephus T. II, No. 12, ist von Manasse Ben-Israel französisch, datiert 7. Dec. 1650.

[2]) Arkenholz, mémoires concernant Christine I, p. 303 f.

wenn auch nicht das tausendjährige Reich der Heiligenherrschaft, so doch, nach kabbalistischer Verkündigung, das baldige Eintreffen der Messiaszeit. Der Sohar, das auch von ihm als göttlich verehrte Buch, sagte mit unzweideutigen Worten, daß die Gnadenzeit für Israel ganz bestimmt mit dem Jahre 5408 der Welt (1648) anfangen werde[1]). Manasse war, wie schon gesagt, vor allem in seinem innersten Wesen Mystiker, seine klassische und literarische Bildung war bei ihm nur äußerer Anflug und tat seiner Wundergläubigkeit keinen Abbruch. Glücklich machte ihn daher das Schreiben eines christlichen Schwärmers aus Danzig an ihn, welches mit Überzeugung die Hoffnung der Juden auf Wiederherstellung ihres ehemaligen Glanzes aussprach. Johannes Mochinger, aus einem alten Tiroler Adelsgeschlechte, der in den Strudel der Mystik geraten war, schrieb an Manasse Ben-Israel unter Lobeserhebung über seine Gelehrsamkeit: „Von mir mögest du wissen und überzeugt sein, daß ich eure Glaubenslehren gebührend würdige und mit anderen Glaubensgenossen eifrig wünsche, daß Israel endlich vom wahren Lichte bestrahlt werden und sich des alten Ruhmes und Heiles erfreuen möge"[2]). Später trat ein anderer deutscher Mystiker aus Danzig mit dem kabbalistischen Chacham von Amsterdam in Verbindung, Abraham v. Frankenberg[3]), ein Edelmann aus der Gegend von Öls (Schlesien), ein Jünger Jakob Böhmes. Dieser sagte ihm rund heraus: „Das wahre Licht wird von den Juden kommen; ihre Zeit ist nicht mehr fern. Von Tag zu Tag wird aus verschiedenen Gegenden Wunderbares gehört werden, das für sie eintreffen wird, und alle Inseln werden mit ihnen jauchzen." In seiner nächsten Nähe hatte Manasse zwei christliche Freunde, welche enthusiastisch für Israels Glorie schwärmten, Heinrich Jesse und Petrus Serrarius. — In Frankreich lebte damals im Dienste des Herzogs Condé ein Schwärmer eigener Art, Isaak la Peyrère aus Bordeaux, ein Hugenotte, vielleicht gar von jüdisch-marranischem Blute. Er hatte den drolligen Einfall, daß es noch vor

[1]) S. darüber Note 3.

[2]) Mochingers Schreiben von 1636 zu Ende von Felgenhauers bonum nuncium Israeli p. 100. Er schrieb auch de nominibus Dei Hebraïcis, biblicis et Rabbinicis.

[3]) Bei Felgenhauer das. p. 97 Brief von 1643. Er sagt: Gravissima et profundissima arcana ad novissimum usque tempus apud Judaeos sunt recondita.

Hebraei habent fontes,
Graeci rivos,
Latini paludes.

Adam Menschen gegeben habe, von denen alle Völker, mit Ausnahme der Juden, abstammten (Präadamiten). In einem Buche, das er darüber schrieb (1655) und das ihn in die Kerker der Inquisition brachte, legte er den Juden große Wichtigkeit für die Zukunft bei. In einer anderen Schrift: „Von der Heimkehr der Juden" (**Rappel des Juifs**) setzte Isaak la Peyrère auseinander, daß die Juden von allen Enden der Welt aus ihrer Zerstreuung berufen werden müßten, um zeitlich in das heilige Land zurückzukehren. Der König von Frankreich, als ältester Sohn der Kirche, habe den Beruf, den ältesten Sohn Gottes, Israel, in das gelobte Land zurückzuführen[1]). Auch er trat mit Manasse in Verbindung.

Am meisten warme Verehrer des „Gottes-Volkes" gab es damals in England und zwar unter denen, die ein gewichtiges Wort im Rate und im Lager zu sprechen hatten. In einer Zeit, in der die Deutschen wegen Bekenntnisspaltung einander zerfleischt, die Einmischung des Auslandes herbeigerufen und beides, Freiheit und Macht, eingebüßt hatten, errang sich England, was ihm nimmermehr geraubt werden konnte, religiöse und zugleich politische Freiheit, und diese machte es zum mächtigsten und glücklichsten Lande. In Deutschland verlangten sämtliche Religionsparteien, Katholiken, Lutheraner und Calvinisten, in selbstsüchtiger Verblendung jede nur für sich Religionsfreiheit, für die anderen dagegen hatten sie nur Druck und Verfolgung. Diese Selbstzerfleischung der Deutschen benutzten ihre Fürsten zur Befestigung ihrer despotischen Gewalt. In England herrschte zwar unter den Episkopalen, Presbyterianern und Katholiken dieselbe Selbstsucht; aber es erhob sich eine vierte Partei, welche vollständige Religionsfreiheit für alle auf ihre Fahne schrieb. Dieser gesinnungstüchtigen und kernigen Partei, den so ungerecht verschrieenen Puritanern, hatten der kopflose Despotismus Karls I. und die Engherzigkeit des langen Parlaments die Herrschaft in die Hände gespielt. England glich damals auch wie Deutschland einem großen, blutgetränkten Schlachtfelde; aber es hatte Männer erzeugt, welche wußten, was sie wollten, dafür ihr Leben einsetzten und daher eine Wiederverjüngung des Volkes bewirkten. Oliver Cromwell war zugleich der Kopf, welcher richtige Gedanken ersann, und der Arm, der sie verwirklichte. Mit dem Schwerte erkämpfte er und das ihm anhangende Heer Religionsfreiheit nicht nur für sich, sondern auch für andere. Er und seine Offiziere

[1]) Über La Peyrère (nicht le P.) gibt die sicherste Auskunft Richard Simon, **lettres choisies II, No. 4**, der auch die Vermutung aufstellt, daß der präadamitische Mystiker von marranischem Geschlechte gewesen sei.

waren allerdings nicht racheerfüllte, beutesüchtige und blutdürstige Landsknechte, sondern gehobene, geisterfüllte Gottesstreiter, welche zugleich gegen die Bosheit und Falschheit des Herzens zu Felde zogen und eine sittliche Weltordnung, einen Gottesstaat, herbeiführen zu können träumten und herbeizuführen unternahmen. Wie einst die Makkabäer, hatten die puritanischen Krieger „das Schwert in der Hand und Gottes Preis im Munde". Cromwell und seine Soldaten lasen ebenso oft die Bibel, als sie kämpften Aber nicht aus dem neuen Testamente konnten die „Rundköpfe" ihre Begeisterung und ihren Kriegsmut schöpfen, sondern lediglich aus dem alten. Die christliche Bibel mit ihren essäisch-mönchischen Gestalten, ihren Teufelsbeschwörern, ihren Betbrüdern und himmelnden Heiligen bot keine Musterbilder für Krieger, welche einen wortbrüchigen König, eine falsche Aristokratie und unheilige Priester bekämpfen mußten. Nur die großen Heldengestalten des alten Testaments, welche Gottesfurcht im Herzen und das Schwert in der Hand hatten, diese zugleich nationalen und religiösen Streiter, konnten den Puritanern als Vorbild dienen: die Richter, welche das unterdrückte Volk vom Joche der Fremdherrschaft befreiten; Saul, David, Joab, welche die Feinde ihres Landes zu Paaren trieben; Jehu, der einem götzendienerischen und lasterhaften Königshause ein Ende machte, das waren die Lieblingsgestalten der puritanischen Krieger. In jedem Verse der biblischen Schriften Josua, Richter, Samuel und Könige sahen sie ihre eigene Lage abgespiegelt, jeder Psalm schien eigens für sie gedichtet zu sein, wie sie, von gottlosen Feinden rings umgeben, durch ihr Gottvertrauen die Heerscharen nicht zu fürchten brauchten. Oliver Cromwell kam sich wie der Richter Gideon vor, der anfangs nur zaudernd der Gottesstimme folgte, dann aber mutig die Scharen der anstürmenden Heiden zerstreute, oder wie Juda Makkabi, der aus einer Handvoll Märtyrer siegreiche Streiter machte[1]).

Sich in die Geschichte, die Prophezeiung und die Poesie des alten Testaments vertiefen, sie als Ausfluß göttlicher Offenbarung verehren, darin mit allen Regungen des Herzens leben, und das Volk, den Träger und Erzeuger aller dieser Herrlichkeit und Größe, nicht als besonders

[1]) Mit Recht bemerkt E. Schöll, Verf. des Artikels Puritaner in Herzogs Realenzyklopädie für protest. Theol. XII, S. 393: „In seiner Vaterlandsliebe gleicht Oliver den Römern der alten Zeit, in seinem theokratischen Eifer den Richtern des alten Bundes. Seine ganze religiöse Anschauung mit all ihrer Stärke und Schwäche wurzelt im alttestamentlichen Boden. Man tausche Namen und Zeiten, und Olivers Charakter und ganzes Tun wird verständlich."

bevorzugt und auserkoren halten, war unmöglich. Unter den Puritanern gab es daher ernstliche Bewunderer des „Volkes Gottes", und Cromwell gehörte auch dazu. Es schien ihnen ein staunenswertes Wunder, daß dieses Volk, welches Gott durch große Gnade und harte Züchtigung so sehr ausgezeichnet hat, daß dieses Volk, oder ein Rest desselben, noch existierte. Der Wunsch regte sich in ihrem biblisch gestimmten Herzen, dieses lebendige, wandelnde Wunder, Juden, mit eigenen Augen zu sehen, es in die, in England zu errichtende, Gottesgemeinde hineinzuziehen und ihr damit gewissermaßen das Siegel aufzudrücken. Bezeichnend für die Gefühle, welche die Puritaner gegen die Juden hegten, ist die Äußerung Oliver Cromwells: „Groß ist mein Mitleiden mit diesem armen Volke (der Juden), welches Gott erwählt und dem er sein Gesetz gegeben hat; Jesus verwerfen sie, weil sie ihn nicht als Messias anerkennen"[1]). Cromwell träumte von einer Versöhnung des alten und neuen Testamentes, von einer innigen Verbindung des jüdischen Gottesvolkes und der englisch-puritanischen Gottesgemeinde. — Andere Puritaner hatten sich aber so sehr in das alte Testament hineingelesen, daß das neue ihnen vollständig entschwunden war. Besonders die Schwärmer für die fünfte Monarchie oder das tausendjährige Reich der Heiligen, welche sich in Cromwells Heer und unter den Parlamentsmitgliedern befanden, wiesen dem jüdischen Volke eine glänzende Stelle in dem erwarteten tausendjährigen Reiche zu. Ein puritanischer Prediger, Nathanael Holmes (Homesius), wünschte geradezu nach dem Buchstaben mancher Prophetenverse der Knecht Israels zu werden, und ihm auf den Knieen zu dienen[2]). Je mehr die Spannung in England durch die Gefangennehmung des Königs, durch die Spaltung zwischen dem presbyterianischen langen Parlamente und dem puritanischen Heere, durch den Bürgerkrieg, endlich durch die Hinrichtung des Königs Karl I. und die Konstituierung Englands zu einer Republik zunahm, desto mehr erhielten das öffentliche Leben und die Kirchenpredigten einen sozusagen israelitischen Anstrich. Es fehlte nur noch, daß die Parlamentsredner hebräisch sprachen, so hätte man sich nach Judäa versetzt glauben können. Ein Schriftsteller schlug geradezu vor, den Sabbat statt des Sonntags zum Ruhetag zu erwählen und wies in einer Schrift die Heiligkeit dieses Tages und die Verpflichtung der Engländer ihn zu feiern nach (Anfang 1649). Das

[1]) De Larrey, histoire d'Angleterre, d'Ecosse et d'Irlande, IV, p. 341.

[2]) Holmes' Brief an Manasse Ben-Israel bei Felgenhauer a. a. O., p. 106: quin et universae vestrae nationi flexis genibus servire molior.

Parlament verurteilte zwar diese Schrift als ketzerisch, skandalös und profan zum Verbrennen und Drucker wie Verfasser zur Strafe[1]). Aber dadurch wurde die israelitische Stimmung bei den Puritanern und namentlich den Levellern (Ultrarepublikanern) nicht unterdrückt. Manche hatten gewünscht, daß die Staatsgesetze die Thora geradezu zur Norm für England erklären sollten[2]).

Mit pochendem Herzen folgte Manasse Ben-Israel diesen Vorgängen auf der britischen Insel, welche die baldige Verherrlichung Israels in nebelhafter Nähe verhießen. Sollten diese Stimmen nicht die Nähe des Messiasreiches verkünden? Er hoffte es und entwickelte eine fieberhafte Tätigkeit, um diese Zeit herbeiführen zu helfen. Er hegte dabei einen eigentümlich schwärmerischen Gedankengang. Der Messias könne nicht eher erscheinen, ehe sich nicht die Strafe für Israel vollzogen habe, daß es von einem Ende der Erde bis zum andern zerstreut sein werde. Nun lebten damals keine Juden in England. Es müßte daher daran gearbeitet werden, den Juden die Erlaubnis zum Wohnen in England zu erwirken, damit bei der Ankunft des Messias dieses Hindernis beseitigt sei. Er setzte sich daher mit einigen angesehenen Personen in Verbindung, welche ihm versicherten, daß „die Gemüter der Menschen in jener Zeit den Juden günstig wären und daß sie den Engländern angenehm und willkommen sein würden". Was ihn besonders zu freudigem Hoffen berechtigte, war eine Schutzschrift unter dem Namen eines einflußreichen Christen, Edward Nikolas, ehemaligen Sekretärs im Parlamente[3]): „Für die edle Nation der Juden und die Söhne Israels"[4]) In dieser Schrift,

[1]) Tovey, Anglia judaica p. 268: das Votum der Verurteilung vom März 1649.

[2]) Vgl. Carlyle, Cromwell's letters and speeches T. III, p. 253 (ed. von 1850), wo in einer Rede von Cromwell der Passus vorkommt: when they (the party of fifth Monarchy) tell us, not that we are to regulate Law, but that Law is to be abrogated and subverted and perhaps wish to bring in Judaical Law.

[3]) Vgl. jedoch Revue des E. j. VI, S. 98, Anm. 2.

[4]) Apology for the honorable nation of the Jews, by Edward Nicholas, erschienen London 1648. 8°. Basnage, Wolf und de Rossi halten sie für die pseudonyme Schrift eines portugiesischen Juden. Allein Holmes hat sie für echt gehalten und schrieb darüber an Manasse Ben-Israel d. d. 24. Dec. 1649. Delectari videris D. Nicolai apologia: spero, ne glorier, te plura visurum meo de mille annis prodeunte tractatu (bei Felgenhauer bonum nuncium Israeli Ende). Wäre sie unecht gewesen, so hätten es Manasse und Holmes herausgerochen. — Ob aber der Verfasser derselben jener esquire Edward Nicholas, secretary of the parliament after

welche der Verfasser dem langen Parlamente gewidmet hat, werden die Juden durchweg als das auserwählte Volk Gottes mit einer Zärtlichkeit behandelt, woran sie bis dahin gar nicht gewöhnt waren. Er hielt es daher zum Schluß für nötig zu beteuern, daß er sie nicht auf Betrieb der Juden, sondern aus Liebe zu Gott und seinem Vaterlande geschrieben habe. Die Meinung des Apologeten war, die gehäuften Leiden, über England durch den Religions- und Bürgerkrieg hereingebrochen, seien eine gerechte Strafe dafür, daß die Engländer die Heiligen und Lieblinge Gottes, d. h. die Juden, verfolgt hätten, und es sei eine dringende Mahnung, diese große Sünde durch Zulassung und brüderliche Behandlung derselben wieder gut zu machen. Die Bevorzugung und Auserwähltheit Israels belegt der Verfasser mit zahlreichen Bibelversen. Er beruft sich auf einen Prediger, welcher im Parlamente geäußert hat, anknüpfend an den Vers: „Rühret meine Gesalbten nicht an und mißhandelt nicht meine Propheten", daß das Wohl und Wehe der Welt von der guten oder schlechten Behandlung des Gottesvolkes abhänge. Gott habe dieses Volk vermöge seines geheimen Ratschlusses bis auf den heutigen Tag erhalten, und eine glorreiche Zukunft sei ihm vorbehalten. „Daher ist es unsere Pflicht, alles mögliche aufzubieten, um die Juden zu begünstigen, zu trösten, soweit es angeht, ihnen Genugtuung für ihr unschuldiges Blut zu geben, das in diesem Reiche vergossen wurde, und sie mit uns in Freundschaft und Verkehr zu einigen." Diese Schrift nimmt auch die Juden gegen die Beschuldigung in Schutz, Jesum gekreuzigt zu haben. Jesu Tod sei nur auf Betrieb der Synhedristen und nicht des Volkes erfolgt. Mit den eindringlichsten Worten legt sie den Engländern ans Herz, „die betrübten und unglücklichen Juden zu trösten". Am meisten würden wohl der Papst und seine Anhänger über die brüderliche Behandlung der Juden empört sein, sie, welche noch immer Grausamkeiten und Demütigungen über das Volk Gottes verhängten. Die Päpste zwängen die Juden ein Schandzeichen zu tragen und die Katholiken jede Berührung mit ihnen zu vermeiden, weil die Juden Götzen und heidnischen Kultus verabscheuten.

Diese mehr als judenfreundliche, geradezu judenverherrlichende

Falkland (1642) war, ist nicht gewiß. Möglich, daß der Verfasser diesen Namen benutzt hat. Es existiert von dieser Apologie eine spanische Übersetzung, wie de Castro (I, 565) berichtet. Die Seminarbibliothek besitzt ein solches handschriftliches Exemplar als cod. 94, das auch auf dem Titel hat: London 1648, wie das Original. Ob Manasse Ben-Israel es ins Spanische übersetzt hat, ist nicht erwiesen.

Schrift machte das größte Aufsehen in England und Holland. Manasse Ben-Israel war entzückt davon, er glaubte dem Ziele nahe zu sein, zumal ihm sein Freund Holmes gleich darauf schrieb, er selbst bereite eine Schrift über das tausendjährige Reich vor, worin er die hohe Bedeutung der Juden für die einstige Gestaltung der Zukunft hervorheben werde[1]). Manasse Ben-Israel machte sich sogleich ans Werk, dieses Ziel seinerseits herbeizuführen. Er wie die christlichen Mystiker in England trug jedoch eine Sorge im Herzen, was denn aus den verschollenen Zehnstämmen, die der assyrische König Salmanassar verbannt habe, geworden sei? Eine Wiederherstellung des jüdischen Reiches ohne diese Zehnstämme schien unmöglich, ja die Beglaubigung der prophetischen Verheißungen war davon bedingt. Die Vereinigung von Juda und Israel, welche manche Propheten so eindringlich verkündet hätten, bliebe unerfüllt, wenn die Zehnstämme untergegangen sein sollten. Manasse lag also unendlich viel daran, das Vorhandensein derselben irgendwo nachweisen zu können.

Glücklicherweise war Manasse Ben-Israel in den Stand gesetzt, den Fundort einiger der Zehnstämme anzugeben. Einige Jahre vorher hatte ein jüdischer Reisender, Montezinos, mit einem feierlichen Eide versichert, in einer Gegend Südamerikas eingeborne Juden vom Stamme Rëuben gesehen und mit ihnen verkehrt zu haben. Die Umstände, mit denen er es erzählte, spannten die Neugierde und machten die Zeitgenossen zum Glauben geneigt. Antonio de Montezinos war ein Marrane, welchen Geschäfte oder Reiselust nach Amerika geführt hatten. Dort war er auf einen Indianer-Mestizen gestoßen, welcher in ihm eine Ahnung erweckte, daß in Amerika Stammesgenossen lebten, welche von den Indianern ebenso verfolgt und unterdrückt worden wären, wie diese von den Spaniern. Ehe er noch diese Spuren verfolgen konnte, wurde Montezinos in Cartagena von der auch in Amerika wütenden Inquisition wegen Anhänglichkeit an das Judentum in den Kerker geworfen. Später befreit, lag es ihm am Herzen, sich Gewißheit darüber zu verschaffen. Er suchte den Indianer-Mestizen Francisco del Castillo auf, fand ihn zum Glücke und bewog ihn, nachdem er sich als Abkömmling von Abraham und Israel zu erkennen gegeben hatte, ihm mehr über die verborgen wohnenden unterdrückten Stämme mitzuteilen. Darauf führte ihn der Indianer nach mehreren Tagemärschen an das Ufer eines Flusses, auf welchem ein Nachen mit drei Männern und einer Frau sich ihnen näherte. Monte-

[1]) S. die vorangegangene Note.

zinos gab sich durch das inhaltsvolle Glaubensbekenntnis: „Höre Israel, Gott ist einzig" als Juden zu erkennen, und sofort teilten die Personen im Nachen ihm durch Zeichen und durch Verdolmetschung des spanischen Indianers mit, daß sie vom Stamme Reuben herkämen, ferner daß auf einer Insel zwei Stämme Joseph wohnten, daß die Zeit nahe sei, in der sie aus ihren Schlupfwinkeln heraustreten würden, und noch anderes. Nach und nach seien ungefähr 300 sogenannte israelitische Indianer auf Nachen zu Montezinos gekommen und hätten immer dasselbe durch Worte und Zeichen ausgesagt. Das, was er von ihnen habe herausbringen können, habe er von dem Mestizen und auch von anderen Genossen erfahren, daß israelitische Stämme zuerst in diese Gegend und erst später Indianer mit ihren Kaziken und Mohanen (Zauberern) gekommen wären. Diese hätten die betörte Menge überredet, gegen die Israeliten zu Felde zu ziehen und sie zu mißhandeln. Der Feldzug sei aber zuletzt unglücklich ausgefallen, und die Mohanen selbst wären dadurch zum Geständnis gebracht worden, der Gott der Söhne Israels sei der wahre Gott, und diese würden am Ende der Zeiten Herren aller Länder werden.

Diese überraschende Neuigkeit hatte Antonio de Montezinos oder als Jude Aaron Levi nach Amsterdam gebracht und sie unter Beteuerung der Wahrheit vielen Personen und auch Manasse Ben-Israel erzählt (um 1644). Später war er nach Brasilien gewandert und dort gestorben. Auf dem Totenbette hatte er die Nachrichten von dem Vorhandensein einiger israelitischer Stämme in Amerika wiederholentlich beteuert[1]). Manasse Ben-Israel war von der Aussage desselben fest überzeugt und legte sie einer Schrift, „Die Hoffnung Israels", zugrunde, welche er eigens verfaßte, um die messianische Zeit anzubahnen. Die Zehnstämme waren nach seiner Annahme bis nach der Tatarei und China zerstreut worden und von da könnten einige Gruppen nach dem amerikanischen Festlande gekommen sein. Einige Anzeichen und gewisse, unter den Indianern angetroffene, den jüdischen ähnliche Sitten und Bräuche schienen ihm dafür zu sprechen. Die prophetische Verkündigung von der Unvertilgbarkeit des israelitischen Volkes hätte sich demnach bewährt, und noch mehr, auch unter den Stämmen in den Cordilleren soll sich unbewußt ein dunkles Gefühl, daß die Zeit der Erfüllung nahe sei, geregt haben; sie wären bereit, aus ihrem Versteck herauszutreten und sich mit den andern zu vereinigen. Die Zeit der

[1]) Manasse Ben-Israel Esperança de Israel (Amsterdam 1650) Einleitung und p. 41 f.

Erlösung, die man zwar nicht im voraus berechnen könne und in deren Berechnung so viele geirrt hätten — diese Zeit schiene sich doch endlich zu nähern. Mehrere Vorzeichen sprächen dafür. Haben sich doch die Strafandrohungen der Propheten für Israel in so schrecklicher Weise erfüllt, warum sollten sich nicht auch ihre Hoffnung erweckenden Verheißungen bewähren. „Welche unsägliche Grausamkeit verhängte und verhängt noch täglich das Ungeheuer der Inquisition über arme Unschuldige des jüdischen Stammes, Große und Kinder jeden Alters und Geschlechts? Aus welchem Grunde? Weil sie vom Gesetze Moses nicht lassen können, das unter so vielen Wundern offenbart wurde. Dafür sind unzählige Menschen umgekommen in allen Orten, wo sich das tyrannische Reich der Inquisition verbreitet. Und täglich bewähren noch Märtyrer eine unglaubliche Standhaftigkeit, sie lassen sich lebendig verbrennen, um den Namen Gottes zu heiligen."

Manasse zählte darauf die Autodafés gegen Marranen und andere das Judentum bekennende Märtyrer auf, welche zu seiner Zeit vorgekommen sind. Im Jahre 1632 ließ Philipp IV. von Spanien in Madrid ein großes Menschenopferfest im Beisein des Hofes und der Gesandten feiern. In dem Hause eines alten Ehepaares, Miguel Rodriguez und Isabel Alvarez, waren Marranen heimlich zu einem Gebete zusammengekommen. Verraten, wurden 53 von der Inquisition verurteilt, sieben zum Tode auf dem Scheiterhaufen und die übrigen meistens zu ewiger Kerkernacht. Um diese Grausamkeit von allen gebilligt zu sehen, wurde verbreitet, die verfluchten Juden hätten ein Jesusbild mißhandelt. Das Haus, welches als Synagoge gedient haben soll, wurde geschleift und an seiner Stelle ein Kloster gebaut — noch eines mehr zu den hundert Klöstern der Hauptstadt. Unter den lebendig Verbrannten waren mehrere schwache Frauen und unter den Eingekerkerten ein kaum zwölfjähriges Mädchen[1]). Manasse Ben-Israel übergeht das Autodafé in Valladolid vom 22. Juni

[1]) Manasse, Esperança de Israel p. 100; Llorente, Histoire de l'Inquisition en Espagne III, p. 465 f. Es existiert eine Schrift darüber: Auto da Fé celebrado en Madrid 1632; s. Kayserling, Sephardim S. 346, Note 249. Manasse erwähnt nicht ein acht Jahre früher in Coimbra vorgekommenes Autodafé, das eine gewisse Wichtigkeit hatte, das Martyrium des Professors und Diakonus Antonio Homem, des Praeceptor infelix, der eine Art Verbindung der Marranen untereinander, Hermandad de St. Antonio, zustande gebracht zu haben scheint. Diese Verbindung wurde entdeckt und eine Art Synagoge aufgefunden, in welcher der Diakonus als Chasan und Prediger fungierte. Er wurde verhaftet (1619) und verbrannt 5. Mai 1624. S. darüber O Antiquario Coimbricense Sept. Oct. No. 3, 4.

1636, wo unter 28 Verdammten zehn Judaisierende waren[1]). Einige Jahre später (23. Januar 1639) wurden in Lima, Hauptstadt von Peru (erzählt er aus seiner Zeit), 72 zum Autodafé verurteilt, darunter 63 Juden, und drei, weil sie den Verkehr der Gefangenen untereinander erleichtert hatten. 17 Marranen wurden als Unbußfertige dem weltlichen Arm überliefert, d. h. lebendig verbrannt, darunter ein Marrane, dessen Bekenntnis und Märtyrertum ein gewisses Aufsehen gemacht hatten. Francisco Maldonadda Silva, ein Arzt in Lima, hatte den Mut, sich nicht bloß öffentlich zum Judentum zu bekennen, sondern es auch zu predigen, er lebte wie ein Nasaräer, ohne Wein- und Fleischgenuß und nannte sich Eli Nazareno. Freilich hat das Inquisitionstribunal einen solchen Frevel nicht ungeahndet hingehen lassen; es sperrte ihn zuerst ein, ließ ihn vierzehn Jahre im Kerker sitzen und veranstaltete von Zeit zu Zeit Bekehrungsdisputationen mit ihm. Die unwissenden peruanischen Geistlichen waren natürlich der Schriftgelehrsamkeit Elis nicht gewachsen, und so blieb nichts übrig, als ihn durch den Qualm des Scheiterhaufens stumm zu machen[2]). In demselben Jahre erlitt in Mexiko ein Marrane, Thomas Terbinjo (Termiño de Sobremonte?) das Märtyrertum mit großer Standhaftigkeit[3]). — Manasse Ben-Israel führte auch als Beispiel für die Hingebung an das Judentum den Märtyrertod eines christlichen Adligen an, welcher ohne Furcht vor den Flammen der Inquisition den Glauben an Jesus öffentlich aufgab. Don Lope de Vera y Alarcon von San-Clemente aus einem altadligen Geschlecht hatte in Salamanca studiert und wurde durch die hebräische Literatur für das Judentum begeistert. Die Psalmen in hebräischer Sprache waren die Nahrung seiner Seele. Mit dem Mute eines Ritters und Weisen sprach der zwanzigjährige Jüngling seine gewonnene Überzeugung aus. Die Inquisition ließ ihn in die Sicherheit des Kerkers in Valladolid bringen und ihm sogar einen Knebel in den Mund stecken, damit er nicht lästerliche Worte gegen das Christentum ausstieße. Vergeblich waren trockene Disputationen von Geistlichen

[1]) Llorente das. p. 466.

[2]) Manasse das. S. 100, Llorente das. S. 469. Isaak Cardoso Excelencias de Israel, p. 323, entlehnt einer Schrift über dieses Autodafé, erschienen 1640.

[3]) Manasse das., Cardoso das. Beide referieren sehr kurz über ihn. Dagegen weiß de Barrios ein Langes und Breites zu erzählen und nennt ihn Tremiño de Sobremonte aus Rioseco (Govierno popular, p. 43). Mit Recht glaubt Kayserling a. a. O., S. 360, Note 489, de Barrios habe denselben mit da Silva = Eli Nazareno verwechselt.

und die flehentlichen Bitten seiner Eltern; er blieb fest. Er wollte nicht mehr nach seinem adligen Namen, sondern Juda, der Gläubige, genannt werden. Nachdem er mehrere Jahre im Kerker zugebracht, wurde er dem Feuer übergeben (25. Juli 1644). Inmitten der Flammen vernahmen die Zuhörer schaudernd aus seinem Munde den Psalmvers: „In deine Hand, o Gott, empfehle ich meinen Geist." Der Inquisitor Moscoso war von der Standhaftigkeit dieses Märtyrers betroffen und schrieb darüber an eine Gräfin, niemals habe man einen solchen Drang zum Sterben, ein solches Vertrauen auf Seligkeit gesehen, wie bei Lope. Er mußte immer den Knebel im Munde haben, damit er nicht, wie er es tat, den katholischen Glauben schmähe und Moses Gesetz verherrliche. Man hat noch nie eine solche Festigkeit gesehen, wie bei diesem Jüngling[1]).

Eine große Aufregung verursachte unter den holländisch-jüdischen Portugiesen der Feuertod eines 25 jährigen marranischen Jünglings, welcher in der lateinischen und griechischen Literatur belesen war. Isaak de Castro-Tartas, in der Gascogne in einem Städtchen Tartas geboren, war mit seinen Eltern nach Amsterdam gekommen. Vom Eifer erglüht, die noch im Christentum verharrenden Marranen zum Judentum zurückzuführen, schickte er sich an, nach Brasilien zu reisen. Vergebens hatten ihn Eltern und Freunde vor diesem tollkühnen Schritte gewarnt. In Bahia wurde er von den Portugiesen gefangen, als Jude erkannt, nach Lissabon geschickt und der Inquisition überliefert. Ihr stand nicht einmal das formelle Recht über Isaak de Castro zu, da er als holländischer Bürger in Gefangenschaft geraten war. Das Tribunal versuchte es zuerst, ihn zum Abschwören des Judentums zu bewegen; aber es war vergebliche Mühe. Der junge de Castro-Tartas hatte es darauf abgesehen, den Märtyrertod zur Verherrlichung seines Bekenntnisses mannhaft zu bestehen. Er wurde gewissermaßen mit dem Glanze zum Tode geführt, wie er es gewünscht hatte. In Lissabon wurde für ihn und noch mehrere Schlachtopfer ein Scheiterhaufen angezündet (22. Dez. 1647)[2]). Auch er rief aus den Flammen

[1]) Manasse das. S. 98, Spinoza in einem Briefe, siehe Note 1, II; Cardoso das. S. 363; de Barrios, Govierno popular, S. 45. Adolfo de Castro, Judios en España zitiert einen zeitgenössischen Bericht über diesen Märtyrer, Kayserling das. S. 346, Note 253. Es herrscht übrigens eine kleine Differenz zwischen Manasses und Cardosos Angaben. Nach dem ersten hätte Juda Creyente fünf Jahre im Kerker zugebracht und wäre im 25. Jahre verbrannt worden, nach dem letztern sechs Jahre und im 26. Jahre.

[2]) Manasse das. S. 99, Cardoso das. S. 324. Das Datum nur bei Cardoso. Bei de Barrios (das.) Druckfehler: 23. de Septembre. Das Datum

heraus: „Höre Israel, Gott ist einzig," mit so ergreifender Stimme, daß die Zeugen des schrecklichen Schauspiels in tiefster Seele davon erschüttert waren. Mehrere Tage sprach man in der Hauptstadt von nichts, als von der schauerlichen Stimme des Märtyrers Isaak de Castro-Tartas und seinem bis zum letzten Hauche ausgestoßenen Schemà. Mit Schauer erzählte es einer dem andern. Die Inquisition mußte mit Androhung schwerer Strafe das Aussprechen von Schemà verbieten. Es soll auch damals in Lissabon beschlossen worden sein, künftighin nicht mehr jüdische Ketzer lebendig zu verbrennen[1]).

Der Eindruck, den die Nachricht von dem aufeinanderfolgenden Flammentode junger Dulder auf die Amsterdamer Gemeinde machte, war betäubend. De Castro-Tartas hatte Eltern, Verwandte und Freunde in Amsterdam und war wegen seiner Kenntnisse und seines Charakters beliebt. Der Rabbiner Saul Morteira hielt eine beklemmende Gedächtnisrede auf seinen Tod. Die Dichter beweinten und verherrlichten ihn in hebräischen und spanischen Versen[2]).

Unter diesem Eindruck der Nachrichten von den neuen Greueltaten der Inquisition gegen die Juden schrieb Manasse Ben-Israel seine „Hoffnung Israels". Man fühlt beim Lesen noch den Schmerz nachzittern. In der Tat, wenn Märtyrer die Wahrheit und Haltbarkeit der Sache, für die sie geblutet haben, beweisen könnten, so brauchte das Judentum keinen weiteren Beweis. Denn kein Volk und keine Religion der Erde hat deren so viele und so standhafte geliefert. Manasse bediente sich dieses Beweises, um die Schlußfolgerung daraus zu ziehen, daß wie die gehäuften Leiden sich auch die so fest verheißene Erlösung und Wiedergeburt des Gottesvolkes erfüllen werde. Diese Abhandlung über das Vorhandensein der Zehnstämme und die daran geknüpfte Hoffnung überreichte er in lateinischer Sprache[3]) einer hoch-

bei Salom. de Oliveyra (Reimlexikon שרשות גבלות p. 52 b): אל גוירנה איש האלהים . . . יצחק די קאסטרו תארתאס בחור . . . בחודש שבט התי״ח bezieht sich nicht auf den Todestag, sondern auf den Tag, an dem Oliveyra die Elegie gedichtet hat. Denn anfangs Schebat 5418 entspricht 25. Jan. 1648, d. h. einen Monat, nachdem die Nachricht aus Lissabon nach Amsterdam gelangt war.

[1]) Cardoso a. a. O.

[2]) Nämlich Oliveyra hebräisch und Jona Abrabanel spanisch; von dessen Versen hat Cardoso sechs erhalten.

[3]) Gewöhnlich wird angenommen, Manasses Esperança sei aus dem Spanischen ins Lateinische übersetzt worden. Aber der Widmungsprolog sagt gerade das Gegenteil, daß er diese Abhandlung zuerst für einen Engländer von Rang lateinisch ausgearbeitet habe: mas como de nuevo persona de gran calidad y letras de Inglaterra me obligase, a que sobre ello escriviese

gestellten und gelehrten Persönlichkeit in England, um sie dem unter Cromwells Einfluß stehenden Parlamente und dem Staatsrate vorzulegen. In einem Begleitschreiben setzte Manasse dem Parlamente seine Lieblingsschrulle auseinander, daß der Rückkehr der Juden ins Stammland — wozu die Zeit doch so nahe sei — ihre allgemeine Zerstreuung vorangehen müsse. Die Zerstreuung soll nach den Worten der Schrift von einem Ende der Erde bis zum andern stattfinden, darunter sei die Insel England zu verstehen, welche im äußersten Norden der bewohnten Welt liege. Da aber seit mehr denn 300 Jahren keine Juden in England wohnen, so knüpft er daran die Bitte, der Staatsrat und das Parlament möchten den Juden die Erlaubnis erteilen, nach England überzusiedeln, dort freie Religionsübung halten und Synagogen bauen zu dürfen (1650)[1]. Aus seinen messianischen Hoffnungen machte Manasse kein Hehl, weil er darauf rechnete und rechnen durfte, daß die „Heiligen" oder die Puritaner selbst das „Einsammeln des Gottesvolkes" in seiner Urheimat wünschten und zu helfen und zu fördern geneigt waren. Er deutete auch in seinem Schreiben an, daß er entschlossen sei, nach England zu kommen, um die Angelegenheit der Übersiedlung der Juden persönlich zu betreiben.

Manasse Ben-Israel hatte sich nicht verrechnet. Sein Gesuch und seine Widmungsschrift wurden vom Parlamente günstig aufgenommen. Lord Middlesex, wahrscheinlich der Vermittler, sandte ihm ein Dankschreiben zu, mit der Überschrift: „Meinem teuren Bruder, dem hebräischen Philosophen Manasse Ben-Israel." Auch ein Paß zur Reise nach England wurde ihm zugeschickt. Der englische Gesandte in Holland, Lord Oliver Saint-John, ein Verwandter Cromwells, zeigte ihm an, er wolle die Amsterdamer Synagoge besuchen, und gab wahrscheinlich im Auftrage Cromwells, zu verstehen, daß England geneigt sei, die langgehegten Wünsche der Juden zu befriedigen. Manasse sorgte daher dafür, daß er im Bethause mit Jubel, Musik und Hymnen (vor Aug. 1651) empfangen wurde[2]. Indessen schien das schöne Ziel, dem er so nahe zu sein glaubte, wieder in die Ferne gerückt. England und Holland gerieten in einen leidenschaftlichen Krieg, welcher die

mas largo, hizé en lengua latina este tratado. Da er in „Rettung Israels" (erste deutsche Mendelssohnsche Edition S. 7) selbst angibt, er habe die Esperança dem Parlamente und Staatsrate zugeschrieben, so scheint es durch diese persona de gran calidad y letras geschehen zu sein.

[1]) Manasse Rettung Israels, c. 7.

[2]) Rettung Israels, c. 4, Nr. 7. Adress to the english Commonwealth Anf.

Verbindung zwischen Amsterdam und London unterbrach. Manasse geriet in Spannung mit seinem älteren Kollegen Saul Morteira (1652) und dem Vorsteher Joseph da Costa, man weiß nicht aus welcher Veranlassung, und hatte in verdrossener Stimmung den Entschluß gefaßt, Amsterdam zu verlassen[1]). Die Vorsteher bahnten zwar wieder ein leidliches Verhältnis zwischen den beiden Chachams an, aber Manasse hatte weder die dazu notwendige freudige Stimmung, noch die günstige Gelegenheit, seinen jedenfalls abenteuerlichen Plan wieder aufzunehmen.

Als aber Oliver Cromwell durch die ungesetzliche, aber notwendig gewordene Auflösung des langen Parlamentes die Gewalt vollständig an sich gerissen hatte (April 1653) und Geneigtheit zeigte, mit den Generalstaaten Frieden zu schließen, nahm Manasse sein Vorhaben wieder auf. Cromwell hatte ein neues Parlament zusammenberufen, das sogenannte kurze oder Barebone-Parlament, welches aus lauter Heiligen, d. h. puritanischen Predigern, biblisch gesinnten Offizieren und Schwärmern für das messianische tausendjährige Reich, zusammengesetzt war. Welche Vorliebe manche von Cromwells Offizieren für die altjüdische Ordnung hatten, erweist sich aus dem Umstande, daß sie ihm alles Ernstes vorschlugen, den Staatsrat aus 70 Mitgliedern zu erwählen, nach der Zahl der jüdischen Synhedristen[2]). Im Parlamente saß der Obergeneral Thomas Harrison, ein Wiedertäufer, welcher mit seiner Partei das mosaische Gesetz für England eingeführt wissen wollte. Sobald das Parlament zusammengetreten war (5. Juli 1653), beeilte sich Manasse daher, sein Gesuch an dasselbe zu wiederholen, den Juden die Erlaubnis zum Aufenthalt in England zu erteilen. Die Judenfrage wurde auch gleich darauf auf die Tagesordnung gesetzt[3]). Das Parlament sandte auch Manasse einen Paß zur Reise nach London, um die Angelegenheit persönlich zu betreiben. Indessen, da der Krieg zwischen England und Holland noch immer fortdauerte, so bestürmten ihn seine Verwandten und Freunde, sich nicht der Fährlichkeit des täglichen Wechsels der Dinge

[1]) David Franko Mendes, Biographie Manasses, s. Note II, Nr. 2, Anmerkung 2. Koenen, Geschiedenis der Joden in Nederland, p. 174. Es heißt daselbst, Manasse Ben-Israel sei nicht frei von Herrschsucht gewesen.

[2]) Schlosser, Allgemeine Geschichte XV, S. 232.

[3]) Schon am 29. Juli 1653 berichtet Feeld darüber an Franklin in Thurloe States Papers I, p. 387 in einem aufgefangenen Brief: **There hath been several motions in the house, that the Jews might be admitted to trade as well as in Holland.** Vgl. die Mitteilung über Samuel Herring in RÉJ. VI, 99.

auszusetzen, und er schob die Reise wieder auf eine günstigere Zeit auf[1]). Indessen wurde auch das kurze Parlament bald aufgelöst (12. Dez. 1653), und Cromwell erhielt königliche Gewalt unter dem Titel Protektor des Reiches. Als er Frieden mit Holland schloß (April 1654), hielt Manasse den Zeitpunkt für durchaus geeignet, seine innigsten Wünsche für die Erlösung Israels zu verwirklichen. Hatten doch sogar drei Generale der englischen Flotte eine Petition eingereicht (Okt. 1654), die Juden in England zuzulassen[2]). Dem zweiten von Cromwell zusammenberufenen, noch kürzer tagenden Parlamente (3. Sept. 1654 bis 22. Januar 1655) überreichte Manasse ebenfalls seine Bittschrift um Aufnahme derselben[3]) und, wahrscheinlich auf seine Anregung, reichte einer der Amsterdamer Vorsteher David Abrabanel Dormido, zu gleicher Zeit ein Gesuch in demselben Sinne ein, welches Cromwell dringend zur schnellen Erledigung dem Staatsrat empfahl (3. November 1654)[4]).

Manasse schwelgte in einem wahren Taumel von Träumen ob der herannahenden Glanzzeit für Israel. Er betrachtete sich als ein von der göttlichen Vorsehung auserkorenes Werkzeug, ihre Erfüllung herbeizuführen. In diesen Träumen wurde er von den christlichen Mystikern des tausendjährigen Reiches erhalten und bestärkt. Der Holländer Heinrich Jesse (o. S. 84) hatte kurz vorher eine Schrift

[1]) Manasse, Rettung, c. 7.

[2]) Thurloe das. II, S. 552 Bericht des französischen Gesandten in Holland, d. d. 16. Oktober 1654: A Jew of Amsterdam hath informed me for certain, that the three Generals of the fleet have presented a petition to his Highness (Cromwell) the protector, to obtain, that their nation may be received in England to draw the commerce thither.

[3]) In der Adress to the Commonwealth sagt Manasse: If by humble adresses to the late honorable Parliament I might obtain a safe conduct to transport myself thither, which I have done, and according to my desire received a most kind and satisfactory Answer. I now am come. Das letzte Parlament, im Jahre 1655 gesprochen, kann nur das zweite von Cromwell zusammenberufene sein, nicht das kurze Barebonesche. Dagegen wenn er in der Rettung sagt: „Ich schrieb meine „Hoffnung Israels" dem ersten Parlament, nachher wandte ich mich an das zweite," so kann das zweite nicht mit dem letzten identisch sein, sondern es ist darunter das kurze Barebone-Parlament zu verstehen, und unter dem ersten das lange Parlament. Manasse hat demnach an alle drei unter Cromwell tagende Parlamente petitioniert.

[4]) Kayserling, Biographie Manasses (S. 137) zitiert dafür Godwin, history of the Commonwealth of England IV, p. 247, das ich nicht nachsehen konnte, und teilt ein Memorandum Cromwells vom 3. November 1654 an das Council mit, die Sache zu beschleunigen.

„Von dem baldigen Ruhm Judas und Israels", in holländischer Sprache veröffentlicht. Am tollsten trieb es der böhmische Arzt, Mystiker und Alchimist Paulus Felgenhauer. Dieser, von dem ausgetrockneten Formelglauben der evangelischen Kirche und dem götzendienerischen Treiben des Katholizismus angeekelt, schrieb während des dreißigjährigen Krieges gegen die Verderbnis der Kirche, das verstockte Babel und die protestantische Geistlichkeit und wollte eine innerliche, mystische Religiosität fördern. Nach einer eigenen Berechnung glaubte Felgenhauer, das sechste Jahrtausend der Welt und damit verbunden die Ankunft des Messias sei nicht fern. In Deutschland von Katholiken und Protestanten gleich verfolgt, suchte er ein Asyl in Amsterdam und knüpfte dort Bekanntschaft mit Manasse Ben-Israel an. Unter diesen beiden und einem dritten gleichgesinnten Schwärmer Petrus Serrarius war viel von dem baldigen Eintreffen der messianischen Zeit die Rede. Felgenhauer verfaßte darauf eine originelle Schrift (Dezember 1654): „Frohe Botschaft für Israel vom Messias, daß nämlich die Erlösung Israels von allen seinen Nöten, seine Befreiung aus der Gefangenschaft und die ruhmreiche Ankunft des Messias nahe sei, zum Troste für Israel aus den heiligen Schriften, alten und neuen Testaments, von einem Christen, welcher ihn mit den Juden erwartet[1])." Felgenhauer stellt das jüdische Volk als Samen Abrahams sehr hoch, aber auch die wahren Gläubigen aus den andern Völkern seien geistiger Samen Abrahams. Daher sollten Juden und Christen einander nicht verachten, sondern einander lieben. Sie sollen beide, wie Juda und Israel, sich in Gott vereinigen. Diese Vereinigung stehe nahe bevor. Als Zeichen dafür der blutige Krieg zu Wasser und zu Land, von Volk gegen Volk und von Stadt gegen Stadt fast auf dem ganzen Erdenrunde, wie er bis zu dieser Zeit noch nicht in dieser Ausdehnung vorgekommen sei[2]). Als fernere Zeichen galten ihm die Kometen, welche nacheinander 1618, 1648 und 1652 erschienen waren, auch der wütende von den Kosaken angezündete polnische Krieg[3]). Verse aus der Bibel, namentlich aus Daniel und der Apokalypse, mit abenteuerlicher Auslegung galten ihm als Beweise. Indessen leugnete Felgenhauer einen irdischen Messias, sowie er auch Jesus eigentlich nicht als solchen gelten ließ.

1) Bonum nuntium Israeli etc. Amsterdam 1655.
2) Das. p. 23.
3) Das. p. 32.

Da diese halbtolle Schrift Manasse Ben-Israel gewidmet war, so mußte er darauf antworten, und er antwortete sehr klug (1. Februar 1655), indem er die den Juden günstige Seite darin freudig begrüßte, das übrige aber schweigend überging: Die ihm verkündete frohe Botschaft für die nächste Zukunft sei seinem Herzen um so angenehmer, als er selbst trotz der Trübsale so vieler Jahrhunderte und trotz der öfter vereitelten Hoffnung nicht aufhöre, sie glühend zu wünschen.

„Wie gerne möchte ich dir glauben, daß die Zeit nahe sei, in welcher Gott, der uns so lange gezürnt, sein Volk wieder trösten und es aus einer mehr als babylonischen Gefangenschaft und mehr als ägyptischen Knechtschaft befreien wird! — Was du als Zeichen für das Anbrechen der messianischen Zeit angibst, von der durch die ganze Erde ergehenden Verkündigung der Erhebung Israels, scheint mir nicht bloß wahrscheinlich, sondern auch hell und deutlich. Eine nicht unbeträchtliche Zahl dieser Verkündigungen (von christlicher Seite) zur Tröstung Zions sind mir selbst zugeschickt worden von Frankenberg, Mochinger, aus Frankreich, Ungarn. Und erst aus England, wie viele Stimmen! Sie gleichen jener kleinen Wolke zur Zeit des Propheten Elias, welche plötzlich sich so sehr ausdehnte, daß sie den ganzen Himmel bedeckte[1])."

Manasse Ben-Israel hatte den Mut, die jüdischen Erwartungen gegenüber dem, was von den christlichen Enthusiasten geltend gemacht wurde, unzweideutig zu betonen. Diese stellten sich meistens die angeblich anbrechende fünfte Monarchie als tausendjähriges Reich vor, in welchem Jesus wieder erscheinen und den Heiligen die Herrschaft übergeben werde. Die Juden würden zwar auch an diesem Reiche teilnehmen, sich aus allen Enden sammeln, in ihre Urheimat zurückkehren und Jerusalem und den Tempel wieder erbauen. Aber das werde nur ein Zwischenzustand oder eigentlich nur ein Mittel sein, damit sie alle, sämtliche zwölf Stämme, Jesus als Messias anerkennen könnten und ein Hirt und eine Herde bestehe. Diesem gegenüber arbeitete Manasse Ben-Israel eine Abhandlung über das fünfte Weltreich der Danielschen Prophetie aus (beendet 25. April 1655)[2]) um sie im Sinne der selbständigen Herrschaft Israels auszudeuten. In dieser Schrift „Der edle Stein" oder „Das Standbild Nebuchadnezars", die er dem im Dienste der Schwedenkönigin stehenden Isaak Vossius widmete, bot er seine ganze Gelehrsamkeit auf,

[1]) Auch Manasses Antwortschreiben ist mit dem Bonum nuntium abgedruckt; vgl. Note 3.

[2]) Titel אבן יקרה Pedra gloriosa ó de la estatua de Nebuchadnezar, Amsterdam 5415.

um nachzuweisen, daß die Gesichte von den „vier Tieren" oder großen Reichen in der aufeinanderfolgenden Herrschaft der Babylonier, Perser, Griechen und Römer sich bereits bewährt hätten, und darum sei auch das Eintreffen des fünften Weltreiches sicher. Dieses sei aber deutlich genug im Daniel für Israel, das Volk Gottes, gezeichnet. An diesem messianischen Weltreiche würden zwar alle Völker der Erde Teil haben, sie würden mit Wohlwollen behandelt werden, aber die Autorität werde für immer bei Israel bleiben. Diesen einfachen Gedanken hat Manasse Ben-Israel durch kabbalistische Spielerei und Künstelei sozusagen entstellt. Eigen ist es, daß nicht nur ein gelehrter Christ die Widmung der sozusagen, stockjüdischen Schrift angenommen, sondern daß auch der berühmte holländische Maler Rembrandt vier kunstvolle Kupferstiche dazu geliefert hat, um das Traumbild Nebuchadnezars oder Manasses kunstvoll zu veranschaulichen[1]).

Manasse hat von dem zweiten kurzen von Cromwell zusammengerufenen Parlamente eine freundliche Einladung erhalten; aber da dieses inzwischen aufgelöst worden war, so konnte er die Reise nicht eher antreten, bis er vom Protektor selbst berufen wurde[2]). Seinen Sohn Samuel Ben-Israel Soeiro (nach der mütterlichen Familie so zubenannt) scheint er vorausgeschickt zu haben. Dieser wurde von der Universität Oxford wegen seiner Kenntnisse und Begabung einstimmig zum Doktor der Philosophie und Medizin ernannt und erhielt laut Brauch den goldenen Ring, das Barett und den Friedenskuß[3]). Es war nichts Geringes, daß einem Juden von einer Universität, die sich als sehr christlich gebärdete, diese Ehre zuerteilt wurde. Cromwells Wille scheint dabei entscheidend gewesen zu sein. Er erließ auch eine Einladung an Manasse, aber die Reise verspätete sich doch bis zum Herbste. Erst nach Beendigung der großen Feiertage (25. bis 31. Oktober 1655)[4]) unternahm Manasse die allerdings wichtige, aber nach seiner

[1]) In der Vorrede spricht Manasse selbst von den dabei angebrachten Kupferstichfiguren. Sie fehlen aber in dem mir vorliegenden Exemplar der Seminarbibliothek. Vgl. Steinschneider, Ha-Maskir I, S. 46 ff.

[2]) Rettung Israels, c. 7.

[3]) Koenen, Geschiedenis der Juden in Nederland p. 440 ff., Note XI teilt das von der Oxforder Universität an Samuel B. J. Soeiro erteilte Doktordiplom originaliter mit. Es ist datiert Anno 1655 die 6to Majas. Damals war Manasse allerdings noch nicht in England; aber kann sein Sohn nicht früher dorthin gereist sein? Dadurch erledigt sich die aufgeworfene Schwierigkeit.

[4]) Godwin referiert (bei Kayserling a. a. O., S. 137), daß Manasse Oktober 1655 in London eintraf. Das kann erst gegen Ende des Monats nach den jüdischen Feiertagen erfolgt sein.

Ansicht weltbedeutende Reise nach London. Er wurde von Cromwell aufs freundlichste empfangen und erhielt eine Wohnung angewiesen. In seiner Begleitung war der gelehrte und an Verkehr mit hochgestellten Personen gewöhnte Jakob Sasportas[1]), früher Rabbiner in afrikanischen Städten. Auch andere Juden hatten ihn begleitet, in der Hoffnung, die Zulassung der Juden werde weiter keine Schwierigkeiten machen. Auch andere wahrscheinlich verkappte Juden aus Spanien und Portugal waren bis dahin gekommen, um sofort von der gewährten Freiheit Gebrauch zu machen[2]). Allein so rasch ließ sich die Sache nicht erledigen. Zunächst überreichte Manasse dem Protektor in einer Audienz eine sorgfältig ausgearbeitete Bittschrift (Adress). Er hatte sich dazu von den Juden aus verschiedenen Ländern Europas Vollmachten ausstellen lassen, um nicht im eigenen Namen, sondern gewissermaßen in dem der ganzen jüdischen Nation die Ansiedlung der Juden in England zu erbitten. In der Bittschrift hatte er geschickt den Gedanken durchgeführt und mit Stellen aus der Bibel und dem Talmud belegt, daß Macht und Herrschaft von Gott nach seinem Willen erteilt werde; Gott belohne und bestrafe auch die Regenten der Erde, dieses habe sich besonders in der jüdischen Geschichte bewährt. Große Monarchen, welche Israel betrübt hätten, hätten ein unglückliches Ende erfahren, wie Pharao, Nebuchadnezar, Antiochus Epiphanes, Pompejus und andere. Hingegen hätten Wohltäter der jüdischen Nation auch hienieden Glück gehabt, so daß sich der Gottesspruch an Abraham buchstäblich erfüllt habe: „Ich werde die segnen, welche dich segnen, und die verfluchen, welche dich verfluchen."

„Daher da ich, einer der geringsten unter den Hebräern, aus Erfahrung gefunden habe, daß durch Gottes große Gnade für uns viele angesehene und durch Frömmigkeit und Macht hervorragende Personen von aufrichtigem und innigem Mitleid und Mitgefühl gegen uns bewegt sind und uns mit der herannahenden Erlösung Israels trösten, kann ich nicht umhin für mich und meine Stammesgenossen diese untertänige Bitte bei Ew. Hoheit anzubringen, daß Sie uns gewähren mögen, daß der große und ruhmvolle Name Gottes von uns im ganzen Gebiete der Republik verehrt und gepriesen und uns Stätten in Ihrem Lande eingeräumt werden, worin wir unsere Synagogen und freie Übung unserer Religion haben könnten. Hat doch ein heidnischer König dem Hohenpriester Onias gestattet, in Ägypten einen eigenen jüdischen

[1]) Über Sasportas' Begleitung s. Note 2.

[2]) Rettung Israels gegen Ende, auch Einleitung zum Berichte über die Verhandlung, wovon weiter unten.

Tempel zu bauen. Um so mehr seien die gegenwärtigen Juden zur Hoffnung berechtigt, dieselbe Freiheit von einem Volke zu erlangen, das mit uns den Gott Israels anbetet. Diese Hoffnung hege das jüdische Volk, seitdem es vernommen, daß in England das Königtum in eine Republik verwandelt worden sei, und es glaube, daß der alte Haß in Wohlwollen verwandelt und die alten strengen Gesetze gegen ein so unschuldiges Volk widerrufen werden würden."

Zu gleicher Zeit hatte Manasse Ben-Israel eine Denkschrift (declaration) durch den Druck verbreiten lassen[1]), welche dazu dienen sollte, die Gründe für die Zulassung der Juden auseinanderzusetzen und die Gegengründe, sowie die Vorurteile zu entkräften. Alle seine Gründe liefen auf zwei hinaus, einen mystischen und einen handelspolitischen. Der mystische ist bereits öfters auseinandergesetzt worden. Seine Meinung begegne der vieler Christen, daß die Rückkehr des israelitischen Volkes in sein Urvaterland nahe bevorstehe; nach seiner Ansicht müsse aber die allgemeine Zerstreuung der Juden vorangehen. „Jetzt wissen wir, daß unsere Nation gegenwärtig überall zerstreut ist und ihren Aufenthalt in allen blühenden Ländern der Welt hat, sowohl in Amerika wie in den andern drei Weltteilen. Diese bedeutende und mächtige Insel allein ist davon ausgenommen. Daher müssen wir, ehe der Messias eintritt und unsere Nation wieder herstellt, auch hier unseren Wohnsitz haben." Der andere Grund war dahin formuliert, daß durch die Juden der Handel Englands einen großen Aufschwung durch Ausfuhr und Einfuhr von allen Teilen der Welt nehmen werde. Diesen Punkt des Nutzens, den die Juden gewähren könnten, entwickelte er ausführlicher, um nachzuweisen, daß sie vermöge ihres Welthandels, ihrer Treue und Anhänglichkeit an die ihnen gastfreundlichen Länder berücksichtigt zu werden verdienten. Außerdem aber sollten sie vermöge ihres alten, ja ältesten Adels und der Reinheit ihres Blutes bei einem Volke, welches auf solche Vorzüge Wert legt, besonders beliebt sein.

Den Handel, dem die Juden meistens ergeben waren, faßte Manasse Ben-Israel von einem höheren Gesichtspunkte auf. Er hatte dabei den

1) Die Humble adresses to the Protector und ein Teil der Declaration to the Commonwealth of England sind zuerst abgedruckt in T o v e y , Anglia Judaica, p. 204. Tovey sagt: the Treatise referred to this declaration was published at the same time with it. Vollständig ist beides zuerst abgedruckt in Jewish Chronicle, Jahrg. 1859 und daraus in deutscher Übersetzung bei Kayserling a. a. O., Jahrg. 1861, S. 193. Die Seminarbibliothek (cod. 79) besitzt von beiden, der Adress und Declaration, eine spanische Übersetzung handschriftlich, zum Schlusse defekt, s. auch Koenen a. a. O., S. 439.

Großhandel im Auge, den die portugiesischen Juden Hollands mit Münzen verschiedener Länder (Wechselgeschäft), Diamanten, Cochenille, Indigo, Wein und Öl betrieben. Die Geldgeschäfte, welche sie machten, beruhten nicht auf Wucher, worauf die Juden Deutschlands und Polens angewiesen seien, sondern sie legten ihre Kapitalien in Banken an und begnügten sich mit vier oder fünf Prozent Zinsen. Die Kapitalien der portugiesischen Juden in Holland und Italien seien deswegen so bedeutend, weil auch die Marranen in Spanien und Portugal ihre Barschaft denselben zum Verkehr übergäben, um sie gegen die Habsucht der Inquisition sicher zu stellen. Daher legte Manasse auf den Nutzen, welchen sich England von seinen aufzunehmenden Landsleuten versprechen könnte, ein starkes Gewicht. Er meinte, daß die Hauptbeschäftigung und gewissermaßen der Naturtrieb der Juden aller Länder seit ihrer Zerstreuung der Handel, ein Werk der Vorsehung und der göttlichen Güte gegen sie wäre, damit sie durch angehäufte Schätze Gunst in den Augen der Herrscher und Völker fänden. Sie seien darauf angewiesen, weil sie durch die Unsicherheit ihrer Existenz in fremden Ländern keine Ländereien besitzen könnten. Dem Handel würden sie demnach bis zur Rückkehr in ihr angestammtes Land obliegen müssen; denn dann „würde es keinen Krämer mehr im Lande des Herrn geben", wie ein Prophet verkündet.

Manasse Ben-Israel gab darauf einen Rundblick über die Länder, wo die Juden zu seiner Zeit oder kurz vorher vermöge ihres Handels zu Ansehen gelangt waren, und zählte die Persönlichkeiten auf, welche durch ihre Dienste an Staaten oder an Fürsten es zu einer hohen Stellung gebracht hatten. Indessen war vieles, was er als Beispiele anführte, in der Nähe betrachtet, nicht so glänzend mit Ausnahme der geachteten und gesicherten Stellung, welche die Juden in Holland einnahmen. Dann suchte er durch Beispiele zu belegen, welche Treue und Hingebung die Juden in alter und neuer Zeit ihren Beschützern bewiesen haben. Er widerlegte eingehend das Vorurteil, als wenn die Juden wegen ihres verräterischen und treulosen Verhaltens aus Spanien und Portugal verbannt worden wären. Es war ihm leicht, aus christlichen Schriftstellern zu beweisen, daß diese Verbannung und die grausame Behandlung der Juden in Portugal zugleich ein Verbrechen und eine Torheit waren, welche weise Fürsten aufs strengste gebrandmarkt haben. — Gelegentlich nahm er seine Religionsgenossen auch gegen drei andere Anschuldigungen in Schutz, wegen Wuchers, Kindesmordes und Verführung zum Judentum. Um sein Volk vom Schandfleck des Wuchers rein zu waschen, bediente er sich der Rechtfertigung, welche ein zeitgenössischer jüdisch-italienischer Schriftsteller, Simone Luzzatto, gebraucht hatte, daß der Wucher nicht an sich, sondern nur das Übermaß desselben verwerflich sei. Von besonderem Gewichte aber ist die Tatsache, die er aufstellte, daß die portugiesischen Juden, für die er eben eintrat, den Wucher ebenso wie viele Christen verabscheuten, und daß sie ihre großen Kapitalien nicht damit erworben hätten. Die Beschuldigung des Christenkindermordes konnte Manasse mit mehr Entrüstung zurückweisen. Die Christen machten es beinahe wie die Neger Guineas und Brasiliens, meinte er, welche die von einem Schiffbruch kaum Geretteten und überhaupt vom Mißgeschick Heimgesuchten besonders quälen, weil sie annehmen, daß solche von Gott verflucht seien. „Wir leben freilich nicht unter Schwarzen und Barbaren, sondern unter weißen und gesitteten Völkern, finden aber doch häufig, daß die Menschen nur allzu geneigt sind, denjenigen zu hassen und zu verachten, welcher das Unglück hat, dagegen den hochzustellen, welcher vom Glück begünstigt wird." Manasse erinnerte die Christen daran, daß es eine Zeit gegeben, in der auch sie von den Heiden als Kindesmörder, Zauberer und Beschwörer angeklagt und von heidnischen Kaisern und Beamten bestraft wurden. Er konnte auf ein Beispiel aus seiner Zeit hinweisen, wie die Unschuld eines vielfach wegen Christenmordes gemarterten Juden, Isaak Jesurun in Ragusa, an den Tag gekommen war und die Richter mit Reue erfüllt hatte[1]). Die Beschuldigung der Verleitung von Christen zum Judentum wies Manasse, als der Wahrheit zuwiderlaufend, ebenfalls zurück und berief sich auf die Vorschrift des jüdischen Gesetzes, Proselyten eher abzumahnen, als anzuziehen.

„Da ich nun glaube, daß ich mit gutem Gewissen unsere Nation von diesen drei Verleumdungen gereinigt habe, so darf ich auf Grund der zwei Eigenschaften, des Nutzens und der Treue, schließen, daß eine solche Nation wohl aufgenommen, geliebt und allgemein geschätzt werden müßte, zumal sie in der heiligen Schrift Söhne Gottes genannt werden, wer ‚euch antastet, tastet den Augapfel Gottes an'. „Über den dritten Punkt, den Adel der Juden, brauche ich mich nicht auszulassen, da er unter den Christen hinlänglich bekannt und jüngst von dem christlichen Prediger Heinrich Jesse und dem Edelmanne Edward Nikolas hervorgehoben wurde. Ich schließe daher mit den Worten des Königs Salomo: ‚Eines andern Mannes Mund möge dich loben und nicht dein eigener.'"

[1]) Das Martyrium Isaak Jesuruns ist ausführlich erzählt von einem Zeitgenossen: Aaron Kohen Ragusano, in מצבת ישורון, verbunden mit צמח טוב וזקן אהרן, gedruckt zuerst Venedig 1657.

Cromwell war entschieden der Aufnahme der Juden geneigt. Er mag nebenher den Vorteil im Auge gehabt haben, daß der ausgebreitete Handel und die Kapitalien der spanischen und portugiesischen Juden, sowohl der offenen als der verkappten, England zugeführt werden könnten, das damals noch nicht mit Holland konkurrieren konnte. Auch war er von dem großen Gedanken unbedingter Toleranz aller Religionsbekenntnisse beseelt und dachte damals daran, sogar den am meisten verhaßten, gefürchteten und daher verfolgten Katholiken Religionsfreiheit zu gewähren[1]). Darum kam er dem Wunsche der Juden entgegen, ihnen ein Asyl in England zu eröffnen. Am meisten wirkte bei ihm aber das religiöse Gefühl, die Juden durch freundliche Behandlung fürs Christentum zu gewinnen. Er glaubte, das Christentum, wie es in England von den Independenten gepredigt wurde, ohne Götzendienst und Aberglauben, müßte die bisher vom Christentum abgeschreckten Juden doch endlich dafür einnehmen[2]).

Cromwell und Manasse begegneten einander in einem messianisch-schwärmerischen Hintergedanken. Der kabbalistische Rabbiner glaubte, infolge der Ansiedelung der Juden auf der britischen Insel werde die messianische Erlösung eintreten, und der puritanische Protektor glaubte, die Juden würden massenhaft dem Christentum zuströmen, und dann würde die Zeit von einem Hirten und einer Herde einkehren. Um die Bevölkerung den Juden günstig zu stimmen, ließ Cromwell zwei seiner eifrigsten Independenten dafür arbeiten, den Geistlichen Hugh Peters, seinen Sekretär, und das feurige Mitglied des Staatsrats Harry Martens[3]).

Endlich war die Zeit gekommen, die Frage und Zulassung der Juden ernstlich in Beratung zu ziehen. Denn da sie im Jahre 1290 infolge eines Dekrets auf Nimmerwiederkehren aus England ausgewiesen worden waren, so war es fraglich, ab dieses Gesetz nicht noch zurzeit Anwendung finden sollte. Cromwell ließ daher eine Kommission in Whitehall zusammentreten (4. Dezember 1655), um die Sache erschöpfend

[1]) Carlyle, Letters and Speeches of Cromwell III, p. 154 ff. Merle d'Aubigné, the Protector, p. 299 ff.

[2]) Dieses Motiv ist besonders hervorgehoben in dem Passus bei de Larrey, Histoire d'Angleterre etc. IV, p. 341, spielt auch in dem Hauptbericht über die Verhandlung eine wichtige Rolle. In dem Schreiben des Major-General Whalley an den Staatssekretär Thurloe, in des letzteren Collection of States-Papers IV, p. 308 wird neben dem Handelsvorteil die Bekehrung der Juden hervorgehoben.

[3]) Monteth, history of Great Britain bei Tovey, Anglia Judaica, p. 200.

zu beraten, bestehend aus dem Oberrichter (Lord chief justice) Glynn und dem Gerichtsrat (Lord chief Baron) Steel, aus sieben Bürgern, darunter dem Lordmayor von London, dem abgetretenen Lordmayor, den beiden Sheriffs von London, einem Alderman und dem Archivrat der Stadt, und aus vierzehn hohen Geistlichen verschiedener Städte. Cromwell stellte zwei Punkte zur Debatte, ob es gesetzlich sei, die Juden wieder in England zuzulassen, und dann, falls es nicht gegen das Gesetz verstieße, unter welchen Bedingungen die Aufnahme geschehen solle. Manasse hatte seinen Antrag in sieben Punkten formuliert, daß sie zugelassen und gegen Gewalttätigkeit geschützt würden; daß ihnen Synagogen, freie Religionsübung und Begräbnisplätze gestattet würden; daß sie Handelsfreiheit genießen, ihre Streitigkeiten untereinander durch Rabbinen und Vorsteher schlichten, und daß alle älteren judenfeindlichen Gesetze gegen sie zur größeren Sicherheit aufgehoben werden sollten. Bei der Einwanderung sollte jeder Jude England den Eid der Treue schwören[1]).

Die Aufregung in London bei der Verhandlung um Zulassung der Juden war groß, und man stritt im Volke dafür und dawider. Blinder Haß gegen die Kreuziger des Gottessohnes und blinde Liebe für das Volk Gottes, Furcht vor Handelskonkurrenz der Juden und Hoffnung, vermittelst derselben den Holländern und Spaniern den Rang abzulaufen, Vorurteile, daß sie Christenkinder kreuzigen, Münzen beschneiden oder gar sämtliche Engländer zu Juden machen würden, alle diese dunkeln

[1]) Der Hauptbericht über die Kommissionssitzungen, die Mitglieder des Komitees und die Motive dafür und dawider sind zusammengestellt in einer Flugschrift von 16 Seiten, die schon 1656 erschienen ist, abgedruckt in Harleian Miscellany VII, p. 578—583. Der vollständige Titel der Flugschrift laute : A Narrative of the late Proceedings at Whitehall concerning the Jews, who had desired by Rabbi Manasse, an Agent of them, that they might return into England and worship the God of their fathers here in the Synagogues. Published for satisfaction to many in several parts of England, that are desirous and inquisitive to hear the truth thereof. Die ganze Haltung spricht dafür, daß der Herausgeber [vgl. Bibliotheca anglojudaica Nr. 284] zu den Gönnern der Juden gehörte. Aus diesem Berichte haben alle Späteren, auch Tovey a. a. O. geschöpft. Der ganze Bericht ist deutsch wiedergegeben in Pantheon Anabaptisticum, p. 235 f. In bezug auf die Zeit der Kommissionssitzung heißt es daselbst, die Kommission sei am 4. Dezember 1655 zusammengetreten und hätte wöchentlich zwei bis drei Tage, bis zum 18. beraten. Die Namen der Kommissionsglieder sind daselbst verzeichnet, bei den Späteren haben sich einige Korruptelen eingeschlichen. Daß Cromwell zuletzt noch sein Faktotum Hugh Peters und andere hinzugezogen hat, berichtet der Sammler der Cromwelliana p. 154

Gefühle trübten das Urteil für und wider sie. Auch Parteileidenschaften spielten hinein. Die Anhänger Cromwells und überhaupt die Republikaner waren dafür, seine geheimen und offenen Gegner, die Royalisten und Papisten, waren auch ihre Gegner. Das Volk drängte sich daher zum Saale, wo die Judenfrage zu allererst öffentlich verhandelt wurde. Gleich im Anfang erklärten die Vertreter des Staatsrechts, daß kein altes Gesetz die Juden aus England ausschließe; denn ihre Verbannung wäre lediglich vom König ohne Zustimmung des Parlamentes verfügt worden. Die Vertreter der Stadt verhielten sich ruhig; desto heftiger waren die Geistlichen, welche ihren aus den Evangelien und der theologischen Literatur gezogenen Haß gegen die Juden nicht loswerden konnten. Cromwell, welcher gern ein günstiges Resultat erzielen wollte, zog daher noch drei Geistliche hinzu, von denen er ein judenfreundliches Votum erwartete, unter ihnen auch jenen Hugh Peters. In drei Sitzungen wurde die Frage noch nicht zur Entscheidung gebracht. Cromwell ordnete daher eine Schlußberatung an (18. Dezember 1655), der er selbst präsidierte. Die Mehrzahl der Geistlichen war auch an diesem Tage gegen die Zulassung und nur einige für deren Aufnahme unter zweckmäßiger Vorsicht. Cromwell, unzufrieden mit dem Gang der Verhandlung ließ zuerst die theologischen Einwendungen von Manasse-Ben-Israel widerlegen, dann sprach er selbst mit vieler Wärme und schalt die Geistlichen aus; er habe gehofft, von ihnen eine Aufklärung für sein Gewissen zu erhalten; statt dessen hätten sie die Frage noch dunkler gemacht. Die Hauptstärke seiner Gründe war: man müsse den Juden das reine (puritanische) Evangelium predigen, um sie für die Kirche zu gewinnen. „Können wir es ihnen aber predigen, wenn wir sie nicht unter uns dulden wollen?" Cromwell schloß darauf die Beratung und wollte nach eigenem Ermessen die Angelegenheit entscheiden.

Allein er hatte nicht bloß den Widerstand fanatischer Geistlicher gegen sich, sondern auch den der Menge, welche deren vorurteilsvolle Stimmung teilte[1]). Die Judenfeinde machten alle Anstrengung, um die Bevölkerung gegen die Zulassung einzunehmen. Sie verbreiteten, die Juden gingen damit um, die Bibliothek von Oxford durch Kauf an sich zu bringen und womöglich die Paulskirche in eine Synagoge zu verwandeln. Sie suchten Cromwells Judenfreundlichkeit zu verdächtigen und sprengten aus, eine Gesandtschaft asiatischer und Prager Juden wäre nach England gekommen, um Untersuchungen anzustellen,

[1]) Thurloe schrieb 17. Dezember desselben Jahres an Cromwells Sohn: **The like difference I find in the counsel, and so amongst the Christians abroad; Collection of States-Papers IV, p. 321.**

ob nicht Cromwell der erwartete Messias der Juden sei. Am meisten fanatisch aufregend gegen die Juden wirkte ein geistlicher Rumormacher und Pamphletschreiber, William Prynne. Er verfaßte eine giftige Schrift „Bedenken wegen der rechtmäßigen Zulassung der Juden in England"[1]), worin er alle lügenhaften Beschuldigungen gegen sie, von ihrer Falschmünzerei und ihrer Kreuzigung von Christenkindern, wieder aufwärmte und die judenfeindlichen Dekrete aus dem 13. Jahrhundert kurz zusammentrug, um den Namen Jude verhaßt zu machen. Auch von anderen Seiten erschienen Flugschriften gegen sie. Ein Holländer Johann Hoornbeek verfaßte ein ganzes Buch über die Bekehrung der Juden, worin er nur scheinbar Gutes von ihnen sagte, im Grunde aber sie anzuschwärzen beabsichtigte[2]). Ein Engländer, der sich zurzeit in Cassel aufhielt, John Dury, wollte auch seine Stimme über die Judenfrage vernehmen lassen, wog das Für und Wider ab und neigte sich endlich der Ansicht zu, daß es doch bedenklich sei, die Juden in England zuzulassen. Seine Schrift wurde gedruckt und verbreitet[3]). Wahrscheinlich auf Cromwells Veranlassung schrieb Thomas Collier eine Widerlegung gegen Prynnes Anklagen, die er dem Protektor selbst widmete. Er rechtfertigte darin sogar Jesu Kreuzigung durch die Juden und schloß seine Schrift mit einer im Geschmack jener Zeit gehaltenen Wendung: „Laßt uns sie, die Juden, hochstellen! Erwarten wir den ruhmreichen Tag, welcher sie zum Haupt der Nationen machen wird. O, die Zeit ist nah, in welcher jeder sich glücklich fühlen wird, welcher das Gewand eines Juden auch nur wird anfassen können! Unser Heil kommt von ihnen. Unser Jesus war einer der ihrigen. Wir sind in ihre Verheißungen und Bevorzugungen hineingebracht. Die natürlichen Zweige sind abgeschnitten worden, damit wir als Pfropfreiser eingesetzt werden können. Laßt uns um Gottes Willen nicht undankbar gegen sie sein. Nein, wir hätten genug, wenn wir alle ihre geistigen Reichtümer hätten"[4]).

Während die Zulassung der Juden in England auf so viel Schwierigkeiten stieß, hegte die holländische Regierung Argwohn gegen die Bemühung Manasse Ben-Israels, ihre Ansiedlung durchzusetzen. Sie

[1]) Die polemische Schrift, erschienen 1655/56, hat den Titel: Short Demurrer against the Jewes continued remitter into England. [Vgl. Bibliotheca anglo-judaica Nr. 278].

[2]) Hornbeek de Convertendis Judaeis 1655.

[3]) Harleian Miscellany VII, p. 240 f. Das Schreiben vom Januar 1656 ist in demselben Jahre gedruckt. [Vgl. Bibliotheca anglo-judaica Nr. 277].

[4]) Tovey a. a. O. p. 279. [Vgl. Bibliotheca anglo-judaica Nr. 286].

mochte befürchten, daß die Amsterdamer Juden mit ihren Kapitalien sämtlich nach England auswandern würden. Manasse mußte deswegen den holländischen Gesandten in einer Unterredung beruhigen und ihm versichern, daß seine Bemühung nicht den holländischen Juden, sondern den von den Argusaugen beobachteten Marranen in Spanien und Portugal gelte, denen er ein Asyl in England verschaffen wolle[1]).

Manasse Ben-Israel wartete bereits ein halbes Jahr in London, um von Cromwell einen günstigen Bescheid zu erhalten, ohne daß es dazu gekommen wäre. Der Protektor hatte keine Muße für die Judenangelegenheit; er hatte damals vollauf zu tun, um die nötigen Gelder für die Verwaltung des Staates und die auswärtigen Kriege zu beschaffen, die ihm ein Parlament nach dem andern versagte, und die Verschwörung der Royalisten gegen sein Leben zu vereiteln. Manasses Begleiter, welche die Hoffnung auf Erfolg aufgegeben hatten, verließen daher London; andere, welche, aus der pyrenäischen Halbinsel entflohen, auf dem Wege dahin waren, kehrten um und ließen sich in Italien oder Genf nieder[2]).

Indessen ermatteten die Judenfreunde nicht und hofften noch immer eine günstige Bewegung in der Bevölkerung zu erzeugen. Einer der „Heiligen“ veröffentlichte eine kleine Schrift (April 1656), worin er den Vorgang bei der Beratung wegen der Aufnahme der Juden kurz zusammenfaßte und dann hinzufügte: „Wie der Ausgang sein wird, weiß der große Gott! Rabbi Manasse weilt noch in London. Er erhoffte eine günstige Antwort auf seine Vorschläge, da er sie nicht erhielt, hat er darauf angetragen, daß, wenn das Gesuch nicht erfüllt werden sollte, ihm eine günstige Entlassung gewährt werden solle, um heimzukehren. Da aber andere große Dinge gegenwärtig vorliegen, und jenes eine Angelegenheit von großer Wichtigkeit ist, so ist ihm bis auf den heutigen Tag noch keine Antwort erteilt worden[3]).“

Um eine gründliche Widerlegung aller der Beschuldigungen herbeizuführen, an welche sich die Judenfeinde und Gegner der Toleranz in England anklammerten, veranlaßte um dieselbe Zeit eine hochgestellte Persönlichkeit, welche der Regierung nahe stand, Manasse Ben-Israel

[1]) Der holländische Gesandte Neuport in England berichtete Dezember 1655 an seine Regierung: Manasseh Ben-Israel hath been to see me and did assure me, that he doth not desire any thing for the Jews in Holland but only for these as sit in the inquisition in Spain and Portugal; Thurloe a. a. O. IV, p. 333.

[2]) Rettung Israels, c. 7.

[3]) Tovey a. a. O. p. 270.

eine kleine, aber umfassende Schrift zur Verteidigung der Juden zu veröffentlichen. In Form eines Briefes stellte derselbe sämtliche Anklagepunkte zusammen. Sie betrafen die landläufigen Verleumdungen, Gebrauch des Blutes von Christen am Passahfeste, Verwünschung der Christen und Lästerung des Christengottes in ihren Gebeten, und endlich, daß sie den Thorarollen götzendienerische Verehrung erwiesen. Die Schutzschrift[1]) für die Juden, welche Manasse Ben-Israel infolgedessen ausgearbeitet hat, (10. April) und die bald darauf durch den Druck verbreitet wurde, ist vielleicht das Beste, welches aus seiner Feder geflossen ist. Sie ist mit warmem Herzen und darum überzeugend geschrieben: gelehrter Kram fehlte zwar auch darin nicht, aber die Gelehrsamkeit ist dem Hauptzweck untergeordnet. Bei Abfassung der Schutzschrift muß es Manasse eigen zumute gewesen sein. Er war nach England in der Erwartung gekommen, als Dolmetsch oder Vertreter des Gottesvolkes die Sympathie der Christen gewissermaßen im Sturmschritt zu erobern und die Herrschaft Israels über die Völker der Erde anzubahnen, und nun wurde diese Nation sozusagen auf die Anklagebank gesetzt und er mußte sie verteidigen. Daher ist der Ton dieser Schrift nicht herausfordernd und siegesgewiß, sondern im Gegenteil elegisch. Er versicherte, daß nie etwas auf sein Gemüt eine tiefere Wirkung hervorgebracht habe, als der an ihn gerichtete Brief mit der Summe der Anschuldigungen. „Denn es betrifft das Ansehen eines Volkes, das ich ungeachtet der mannigfaltigen, offenbar schändlichen Verleumdungen für unschuldig zu erklären unternehmen muß. Zuerst muß ich mit bittern Tränen und Beklemmung der Seele jene harte und schreckliche Anklage einiger Christen wider die zerstreuten und niedergebeugten Juden beweinen, daß sie (ich zittre, indem ich dieses niederschreibe) bei der Feier des Passahfestes zur Gärung ihres Brotes sich des Blutes von Christen bedienen sollten, die sie zu diesem Zwecke umgebracht hätten." Dieser so oft und auch von Prynne behaupteten erlogenen Anklage ist der größte Teil seiner Verteidigung gewidmet, und sie ist schlagend ausgefallen. Die Beglaubigung dafür führte er mit Recht entweder auf falsche Zeugen, oder die Geständnisse der Angeklagten auf der Folter zurück. Die Wahrheit und die Unschuld der An-

[1]) Der Titel derselben lautet Vindiciae Judaeorum, or a Letter in answer to certain Questions propounded by a Noble and Learned Gentleman, touching the reproaches cast on the Nation of the Jews, gedruckt London 1656, später ins Holländische, von Mendelssohn 1782 ins Deutsche, Rettung Israels, und 1848 ins Hebräische, unter dem Titel תשועת ישראל übersetzt.

geklagten sei öfter an den Tag gekommen, aber zu spät, wenn sie bereits hingerichtet waren. Manasse belegte dieses mit einer ergötzlichen Geschichte. Der Arzt eines portugiesischen Grafen war von der Inquisition als judaisierender Christ angeklagt und eingekerkert worden. Vergebens verbürgte sich der Graf für dessen Rechtgläubigkeit, er wurde nichtsdestoweniger gefoltert und gestand selbst ein, daß er ein judaisierender Sünder sei. Darauf habe der Graf, eine schwere Krankheit vorschützend, den Inquisitor zu sich rufen lassen und in seinem Hause bei verschlossenen Türen ihm mit drohender Miene befohlen, schriftlich einzugestehen, daß er ein Jude sei. Der Inquisitor weigert sich; da bringt ein Bedienter einen glühenden Helm, um ihm denselben auf den Kopf zu setzen. Darauf gesteht der Inquisitor alles ein, was der Graf von ihm verlangt hat, und dieser nimmt nun Gelegenheit, ihm seine Grausamkeit und Unmenschlichkeit vorzuwerfen.

Manasse Ben-Israel beteuerte zum Überfluß mit einem feierlichen Eide, um die so oft wiederholten Anschuldigungen wegen Gebrauchs von Christenblut abzuweisen: „Ich beschwöre, daß ich nie einen solchen Gebrauch bei dem Volke Israel gesehen und daß es nie eine solche Ruchlosigkeit ausgeübt oder auch nur versucht hat." Nachdem er alle übrigen Beschuldigungen gegen die Juden auf ihr Nichts zurückgeführt hat, beschließt er seine Schutzschrift mit einem schönen Gebete und mit einer Anrede an England. „Die sehr ehrwürdige englische Nation ersuche ich ganz untertänigst, daß sie meine Gründe unparteiisch und ohne Vorurteil und Leidenschaftlichkeit lesen möge, die durch die Propheten verheißene Zeit nahen zu lassen, daß wir Gott eines Sinnes anbeten und daß wir die Tröstungen Zions sehen mögen."

Diese letzte Schrift Manasse Ben-Israels hat in England den gewünschten günstigen Eindruck gemacht. Denn wenn auch Cromwell unter der zunehmenden Schwierigkeit seiner Regierung die Zulassung der Juden nicht durchsetzen konnte, so hat er doch den Anfang dazu gemacht. Er entließ Manasse mit Auszeichnungen und setzte ihm einen Jahresgehalt von 100 Pfund (20. Februar 1657) aus dem Staatsschatze aus[1]). Die Juden sind zwar nicht durch das große Portal im Triumphe in England aufgenommen worden, aber sie sind von Cromwell durch eine Hintertür eingelassen worden, und haben doch daselbst festen Fuß gefaßt. Noch in demselben Jahre gestattete Cromwell einzelnen Juden,

[1]) Carlyle, Letters and Speeches of Cromwell III, p. 58: To Manasseh Ben-Israel a pension of 100 L. per annum, payable and commencing 20. Febr. 1656. Carlyle emendiert dafür mit Recht 1657; um diese Zeit muß Manasse England verlassen haben.

sich wahrscheinlich als Spanier oder Portugiesen, in London anzusiedeln, und räumte ihnen ein Grundstück zu einem eigenen Begräbnisplatz ein[1]). Manasse bezog nicht die ihm ausgesetzte Pension, noch erlebte er das Aufgehen des von ihm ausgestreuten Samens; denn er starb, wahrscheinlich von Anstrengung und getäuschter Hoffnung gebrochen, noch ehe er die Seinigen erreicht hatte, unterwegs in Middelburg (März 1657). Man brachte seine Leiche später nach Amsterdam und setzte ihm eine ehrende Grabschrift[2]). Aber die von ihm mit so viel Eifer, wenn auch aus messianischem Wahn entwickelte Tätigkeit trug, weil ehrlich gemeint, ihre Früchte. Ehe ein Jahrzehnt nach seinem Tode vergangen war, wurden von dem die Republik überlebenden Königtume nach und nach viele Juden in England zugelassen. Es sammelte sich eine Gemeinde, die sich nach allen Seiten hin selbständig ohne Hindernis organisierte, ein Zimmer in King-Street zu einer Synagoge einrichtete und jenen aus Afrika verschlagenen Begleiter Manasse Ben-Israels, Jakob Sasportas, zu ihrem ersten Rabbiner wählte. Die Tochtergemeinde zu London nahm sich die Amsterdamer zum Muster[3]). Von diesem zweiten Posten aus, den die portugiesischen Juden besetzten, ging später die Anregung für die Völkerfreiheit und auch für die Befreiung der Juden aus.

[1]) Godwin teilt ein Aktenstück von Februar 1657 aus dem Archiv der Lewis-Mark-Synagoge in London mit: an account of piece of Ground in the Parish of Stepney, granted them (to the Jews) for a burying ground und eine Klage, daß die Juden die Kühnheit haben, in England auf ihre Weise Gott zu verehren, bei Kayserling a. a. O., S. 187. Tovey referiert aber eine ihm von Rabbiner David Nieto gemachte Mitteilung, daß er im jüdischen Gemeinderegister gefunden habe: that even so late as the year 1663 the whole number of Jews in London did not exceed twelve. a. a. O. p. 279, s. auch das. p. 274. Indessen muß 1664 die Zahl schon größer gewesen sein, denn in diesem Jahre wurde Sasportas zum Rabbiner von London berufen, s. Note 2. Vgl. James Picciotto, Sketches of Anglo-Jewish History 1875, p. 30, daß Thomas Greenhalg bezeugt, 1662 in der Synagoge in der Straße King-Street über hundert stattlich aussehende Männer und reich gekleidete Damen gesehen zu haben. Das. p. 32 f. sind die Namen von 23 Männern und einer Witwe aufgezählt, welche die ersten Ansiedler waren.

[2]) D. Franco Mendes teilt in seiner Biographie M. B. J. die hebräische Übersetzung der Grabschrift mit, die er gemacht hat. Zeitschrift Meassef, Jahrg. 1788, p. 171.

[3]) Sasportas Respp., No. 64. Vgl. Anmerkung oben.

Fünftes Kapitel.

Die Wühler.

Die Entstellung und Verkümmerung. Kabbalistische Schwindeleien. Vital Calabrese. Israel Saruk, Abraham de Herrera, Jesaia Hurwitz. Die Zweifler: Imanuel Aboab; Uriel da Costa, sein Lebensgang und sein Tod. Leon Modena, sein Charakter und seine Schriften. Debora Ascarelli und Sara Copia Sullam, jüdische Dichterinnen. Leon Modenas innerer Kampf und äußere Schwankungen. Joseph Delmedigo, seine Reisen und sein Charakter. Simon Luzzatto und seine Schriften.

(1620—1660).

Das dreitausendjährige Judentum glich damals — wie sollte es auch anders? — einem edeln Kerne, der von übereinander geschichteten Krusten, abgelagerten Versteinerungen, fremdartigen Ansätzen und Überzügen durchweg so verhüllt und verdeckt war, daß ihn nur wenige, sehr wenige, herauserkannten. Die sinaitischen und prophetischen Kerngedanken waren längst schon von dreifachen Schichten sopherischer, mischnaitischer und talmudischer Auslegungen und Umzäunungen überdeckt. Darüber hatten sich im Laufe der Jahrhunderte neue Lagen aus der Zeit der gaonäischen, spanischen, französischen, deutschen und polnischen Schulen gebildet, und diese Lagen und Schichten wurden von einer häßlichen Kruste, von einem pilzartigen Gebilde, einem Schimmelüberzug umschlossen, von der Kabbala, die sich nach und nach in Ritzen und Lücken einnistete, dort fortwucherte und sich verästelte. Alle diese neuen Gebilde hatten bereits die Autorität des Alters für sich und galten als unantastbar. Man fragte im allgemeinen nicht mehr: was lehrte das sinaitische Grundgesetz, worauf haben die Propheten Gewicht gelegt? Man beachtete kaum, was der Talmud als wesentlich oder unwesentlich aufstellte, sondern die rabbinischen Autoritäten allein, in letzter Instanz Joseph Karo und Mose Isserles, entschieden, was Judentum sei. Dazu kamen noch die Zusätze der polnischen Schule und endlich die kabbalistischen Träumereien Isaak Lurjas. Gerade diese Schmarotzerpflanze überwucherte in dieser Zeit das ganze religiöse Leben der Juden. Fast sämtliche Rabbinen und Führer der jüdischen Gemeinden, gleichviel ob in einem polnischen Städtchen oder in dem gebildeten Amsterdam, der Chacham Isaak Aboab de Fonseca in gleichem Grade, wie der nach Palästina ausgewanderte Jesaia Hurwitz, waren von der Kabbala berückt. Sie, welche seit dem vierzehnten Jahrhundert, gleichzeitig mit der Ächtung der Wissenschaft die Herrschaft über die Gemüter antrat, hatte seit Isaak Lurjas Tod (IX_4, S. 401) solche Riesenfortschritte gemacht, oder vielmehr solche riesige Verheerungen angerichtet, daß keine Mittel sie hemmen konnten. Der lurjanische Schwindel von Seelenursprung, Seelenwanderung, Seelenanschluß, Erlösungswerk und Wundertäterei zog nach seinem Tode immer mehr Anhänger in seinen Bannkreis, trat mit Siegeszuversicht auf, benebelte die Köpfe und verhärtete die Gemüter. Lurjas Jünger, die Jungen des Löwen,[1]) wie sie sich geschmacklos nannten, gingen förmlich auf Bekehrung aus, verbreiteten die abgeschmacktesten Märchen von seinen Wundertaten und gaben zu verstehen, daß sein Geist auf sie übergegangen sei und hüllten sich in geheimnisvolles Dunkel, um desto größeren Zulauf zu haben. Am meisten hatte sich Chajim Vital Calabrese hervorgetan und mit seinen Gaukeleien die leichtgläubige Welt in Palästina und den Nachbarländern fast vierzig Jahre (1572 bis 1620) lang bis an seinen Tod beschwindelt. Er gab zu verstehen, daß er mindestens der ephraimitische Messias sei und maßte sich daher eine Art Herrschaft über seine Mitjünger an. In Jerusalem, wo er sich mehrere Jahre aufgehalten hatte, predigte Vital, hatte Träume und Träumereien, fand aber nicht die gehoffte Anerkennung. Nur Weiber wollten über seinem Haupte bei seinen Predigten eine Feuersäule oder den Propheten Elias schwebend gesehen haben[2]). In Kairo, wohin er öfter Abstecher machte, wurde er auch nicht nach Wunsch gewürdigt; er rächte sich daher an den ägyptischen Juden durch gehässige Schilderungen ihrer Sitten. Sie wären sämtlich unwissend und rechtsverdrehend, und die jüdischen Ehefrauen trieben während der Abwesenheit ihrer Männer Unzucht mit ihren Sklaven[3]). Zwar sprach nicht Vital selbst diese Anschwärzungen aus, sondern ein besessenes Mädchen. Aber die Besessenen waren von jeher Mundstücke des Beschwörers oder des Erzählers. Von Ägypten aus wurde Vital der Erbschleicherei beschuldigt[4]). Die Ironie eines Paschas

[1]) Gure Ari, אר"י = אשכנזי ר' יצחק.

[2]) Vitals Selbstbiographie: ספר חזיונות, s. darüber Band IX, Note 9. Die beiden Ausgaben sind so verwahrlost gedruckt, daß sich keine Seitenzahl für die Zitate angeben läßt. [3]) Das.

[4]) Israel Nagara זמירות ישראל in der Abteilung מי מריבה במדבר ישראל, fol. 154b.

soll den prahlerischen Kabbalisten aus Jerusalem verdrängt haben. Man erzählt sich, der damalige Beherrscher der heiligen Stadt, Abu-Saifin, habe von ihm, dem Wundertäter, verlangt, die damals verschüttete Gihonquelle wieder flüssig zu machen. Dieser Probe sei Vital ausgewichen[1]). Während seiner Abwesenheit trieben andere Lurjajünger in Safet argen Spuk mit einer Frau in Krämpfen, welche die wunderlichsten Reden gehalten haben soll, vielleicht auch von mystischen Träumereien angesteckt, womit die Luft in Safet sozusagen geschwängert war. Eilig berichteten die Adepten der lurjanischen Schule diese Geisterseherei an die europäischen Gemeinden[2]).

Nach Safet zurückgekehrt, besuchte Vital nach dem Vorgange seines Meisters Gräber, trieb Geisterbeschwörung und noch andere mystische Narrenspossen, vertrug sich aber schlecht mit seinen Genossen, selbst mit seinem eigenen Schwager, Gedalja Levi, auf den er neidisch war. Er ließ sich daher dauernd in Damaskus nieder (1584 bis 1620), setzte daselbst seine Mystifikationen fort, tat sehr groß mit seiner Persönlichkeit, als wenn das Heil der Welt auf seinen Schultern ruhte, predigte stets von dem baldigen Erscheinen des Messias und von seiner Sendung, es zu befördern. Jesus und Mohammed selbst würden, ihre Irrtümer bereuend, ihre Krone ihm zu Füßen legen.[3]) Er wurde zwar von einigen Besonnenen wegen seiner Schwindeleien verspottet und für einen Lügenprophet erklärt, dafür rächte er sich an ihnen durch empörende Verunglimpfungen[4]).

Die sittliche Verkehrtheit, welche die Lurjanische Kabbala von der Seelenharmonie aufgestellt hatte, zeigte sich schon bei seinem Hauptjünger. Vital hatte eine Frau, mit der er sich wegen ihrer Heftigkeit nicht vertragen konnte. Er war daher bald mit seinem Urteil fertig; sie besitze die Seele eines ehemaligen Mannes und stimme nicht zu der ihm durch die Wanderung zugekommenen Seele. Er spekulierte daher auf ihren Tod und träumte schon, er werde eine passende Frau finden, die ihm viel Geld mitbringen werde[5]).

Im Alter machte er noch einen mystischen Dunst vor, ihm sei zwar früher untersagt worden, seine Gesichte und Träume zu offenbaren.

1) Asulaï s. v. חיים ויטאל.

2) Elieser Aschkenasi מעשה ה' p. 5b vom Jahre 1580; auch Gedalja Ibn-Jachja Schalschelet Absch. von bösen Geistern.

3) Selbstbiographie p. 2 im Traum von 1610.

4) Das. Die zugleich interessante und anwidernde Erzählung von der Besessenen in Damaskus von 1609.

5) Selbstbiographie.

Dieser Bann sei aber wieder von ihm genommen worden, und er dürfe von jetzt an sprechen, daß sich einige im Leibesleben wandelnde Seelen ihm anschließen würden, — allerdings ihm untergeordnet —, um die Erlösung herbeizuführen. Eine von diesen Seelen sei aus dem Auslande dazu berufen. Es war ein Lockmittel, kabbalistische Schwärmer an sich heranzuziehen und sich einen Anhang zu verschaffen. Und in der Tat eilten Schwärmer aus Italien, Deutschland, Polen und anderen Ländern in Vitals Nähe, um eine messianische Rolle zu übernehmen[1]). Noch mehr Schwindel erregten die von Lurja hinterlassenen schriftlichen Aufzeichnungen. Vital behauptete im Alleinbesitze derselben zu sein, und er setzte einen Bannspruch vom Kollegium in Safet durch, daß niemand befugt sei, über die lurjanische Kabbala auswärts Mitteilungen zu machen. Um so erpichter waren die Kabbalisten, in den Besitz derselben als eines unvergleichlichen Schatzes zu gelangen. Chajim Vitals Bruder, Mose Vital, benutzte diesen Eifer, um ein gutes Geldgeschäft zu machen. Während einer Krankheit seines Bruders ließ Mose die bei jenem gefundenen Schriften kopieren und verkaufte sie an Liebhaber um einen hohen Preis. Nach seiner Genesung behauptete Chajim Vital, die ihm entwendeten Schriften seien gar nicht die rechten, diese werde er nie veröffentlichen. Er soll letztwillig verfügt haben, sie ihm mit ins Grab zu legen. Nichtsdestoweniger veräußerte sein Sohn, Samuel Vital, nach des Vaters Tode lurjanisch-kabbalistische Offenbarungen und verbreitete dessen Träume und Visionen in einer eigenen Schrift[2]). Ein aus Portugal eingewanderter Marrane, der Arzt Jakob Zemach, der sich auf die Kabbala verlegt hatte, will die beste Sammlung in Vitals Grab gefunden haben[3]).

Seit dieser Zeit wurde auf die lurjanische Kabbala förmlich Jagd gemacht. Wer im Besitze von lurjanischen oder Vitalschen Kopien war und sie zum Verkaufe oder Druck anbot, fand bereitwillige Abnehmer. Sendboten waren beflissen, diesem Schwindel die größte Verbreitung in den Gemeinden zu geben. Israel Saruk (oder Sarug), ein Deutscher, einer der Jünger Lurjas, führte die lurjanische Kabbala in Italien ein, erwarb ihr dort zahlreiche Anhänger und sich viel Geld. Sein marktschreierisches Wesen von der Wundertuerei seines Meisters erregte nur bei sehr wenigen Anstoß[4]). Von Italien scheint er sich nach

[1]) Schlomels Brief in Del Medigos מצרף p. 38a, 46a; Leon Modena ארי נהם p. 65.

[2]) Nämlich das ס׳ החזיונות oder שבחי חיים ויטאל Asulaï s. v. גלגולים Nr. 31. [3]) Schlomels Brief das. Asulaï s. v. חיים ויטאל und יעקב צמח.

[4]) Leon Modena das. p. 66.

Holland begeben zu haben und erwarb dort einen Jünger, welcher dem kabbalistischen Wahnwitze einen philosophischen Anstrich zu verleihen wußte. Alonso oder Abraham de Herrera (st. 1639), ein Abkömmling des spanischen Großkapitäns und Vizekönigs von Neapel (B. IX_4, 461) hatte sich von Saruk[1]) in die Untiefen der Kabbala einführen lassen. Da er den größten Teil seines Lebens als Christ gelebt hatte, so war er mit der außerjüdischen philosophischen Literatur mehr vertraut als mit der jüdischen; daher war er leicht zu täuschen, Schlacken für Gold zu halten. Er fühlte zwar heraus, daß die lurjanische Kabbala Anklänge an die neuplatonische Philosophie verrate, aber das störte de Herrera wenig, oder vielmehr es bestätigte ihm den kabbalistischen Lehrinhalt, und er versuchte eins durch das andere zu erläutern. Freilich vermochte de Herrera nur für die ersten Ausgangspunkte der Kabbala Belege aus der neuplatonischen Philosophie herbeizuziehen, den Verlauf aber, die fünf Gestaltungen des Göttlichen (Prosopen), die Entwicklung der albernen Theorie von Verzweigung der Sefirot mit dem Weltenbau, konnte er nicht unterbringen. Der Faden der Vergleichung und des verständigen Denkens riß ihm ab, und auch er begann hohle Worte ohne Sinn und Bedeutung zu schwätzen. Abraham de Herrera, der, wie gesagt, erst im reifen Alter Jude geworden war, konnte das Hebräische nicht mehr erlernen, und ließ daher seine zwei kabbalistischen Schriften, das „Gotteshaus" und die „Himmelspforte" von dem Amsterdamer Prediger Isaak Aboab (o. S. 10) aus dem Spanischen ins Hebräische übersetzen. Er bestimmte auch letztwillig eine bedeutende Summe seines Vermögens zur Veröffentlichung derselben durch den Druck[2]). Der Verfasser und der Übersetzer glaubten, wer weiß welchen großen Dienst damit dem Judentume geleistet zu haben! Sie haben aber gerade durch den äußerlichen Schimmer, den diese Schriften der Kabbala verliehen hatten, die durchschnittlich oberflächlichen Köpfe der portugiesischen Juden geblendet, welche trotz ihrer Kunde von der klassischen Literatur und der europäischen Kultur sich dem Wahnglauben der Kabbala hingaben. Manasse Ben-Israel und alle seine älteren und

[1]) Abraham de Herrera bemerkt öfter (z. B. fol. 51b, 59c) in seiner Porta Coeli קבלתי מפי מורי ה' ישראל סרוג; da nun derselbe, wie es scheint, direkt von Cadix nach Holland kam, so kann er auch daselbst von ihm gehört haben. Außerdem nennt de Barrios öfter Ishac Saruco und Haym Saruco in Amsterdam als Nachkommen des aplaudido Cabalista Israel Saruco. Über Herrera (falsch Irira) s. B. IX_4, S. 461.

[2]) S. Aboabs Einleitung zu שער השמים = Porta Coeli gedruckt mit בית אלהים Amsterdam 1655.

jüngeren Zeitgenossen in Holland huldigten alle der Mystik und zweifelten nicht an deren Wahrheit und Göttlichkeit.

In Deutschland und Polen brachten zwei Männer, halb Polen und halb Deutsche, die lurjanische Kabbala zu hohem Ansehen, Jesaias Hurwitz und Naphtali Frankfurter, wenn man nicht noch den leichtgläubigen Salomo oder Schlomel aus Mähren hinzurechnen will, der die albernsten Märchen von der Wundertätigkeit Isaak Lurjas, Vitals und ihres Kreises durch Briefe in Deutschland und Polen verbreitete, die gierig aufgenommen und gelesen wurden[1]). Jesaia Hurwitz (geb. um 1570, st. 1628)[2]) aus einer alten Rabbinenfamilie, war ein gelehrter Talmudist außergewöhnlichen Schlages, wurde daher von großen Gemeinden, Frankfurt a. M., Prag, als Rabbiner angestellt und von anderen (Posen, Krakau) zu demselben Amte berufen. Er war ein Mann von sittlichem Ernste, von gediegener und lauterer Frömmigkeit, sah die Schäden seiner Zeit wohl ein, verkannte aber die Mittel, welche zu deren Heilung angewendet werden mußten. Wie viele andere der Kabbala Ergebene ließ auch er sich von ihr zur Auswanderung nach Jerusalem verleiten. Er glaubte dort die Ruhe zu finden, welche in Deutschland während des dreißigjährigen Krieges geflohen war. Aber nur zu bald gewahrte Hurwitz seine Täuschung. Die vielen Kabbalisten in Jerusalem, welche die Umwandlung der Welt leicht wie ein Kinderspiel vollbringen zu können vermeinten, waren nicht imstande, zwei kleine Tyrannen zu bändigen. Ibn-Faruch und Othman, welche zwei Jahre hintereinander die Gemeinde bis aufs Blut aussaugten, die angesehensten Männer, Hurwitz nicht ausgenommen, mißhandelten, einkerkerten, geißelten und zwischen Tod und Leben schweben ließen (Anfang 1625 bis November 1626)[3]). Statt der erwarteten messianischen Versammlung trat eine Zerstreuung der Jerusalemer Gemeinde nach allen Seiten hin ein. Hurwitz wurde nach dem wenig bevölkerten Tiberias geworfen, und hier vollendete er (1628) ein umfangreiches Werk, welches geeignet ist, die Seele mit mystischen Schauern zu erfüllen (genannt Schelah)[4]). Er empfahl darin aufs dringendste eine

[1]) Diese Sendschreiben besaß Delmedigo a. a. O. Joseph Nördlingen in יוסף אומץ und Naphtali Frankfurter in עמק המלך Vorwort.

[2]) Seine Biographie bei Landshut Amude Aboda, S. 133 und Lieben, Epitaphien des Prager Friedhofes גל עד, deutsch p. 31 f. Vgl. Zunz, Lit.-Gesch. der synagogalen Poesie, S. 428.

[3]) Darüber das Sendschreiben aus Jerusalem חרבות ירושלים, gedruckt Venedig 1627. S. o. S. 74 und 75 Anmerk.

[4]) של״ה, Abkürzung für שני לוחות הברית, gedruckt Amsterdam 1649.

düstere, man könnte fast sagen, gespenstische Frömmigkeit und stempelte das Leben mit seinen berechtigten Regungen als sündhaft und nichtig. Hurwitz hat zwar dieses umfangreiche Werk angeblich nur für seine Söhne und Familienmitglieder bestimmt, aber diese mochten es der Welt nicht vorenthalten und verbreiteten es durch den Druck. Dieses grauenerregende Buch hat durch die Verehrung, welche der Verfasser bei der Mitwelt genoß, die lurjanische Kabbala mit rabbinischer Autorität bekleidet und ihr einen noch größeren Einfluß verschafft. Die Sätze über sittliches Leben und methodisches Talmudstudium, welche darin vorkommen, sind unter dem Wust mystischer Spielerei nahezu völlig vergraben. — Naphtali ben Jakob Elchanan, ein Pole, der sich in Frankfurt a. M. niedergelassen und dann wieder die weite Reise nach Palästina gemacht hatte, brachte von dort aus den lurjanischen Schwindel nach Polen und Deutschland und veröffentlichte ein dickleibiges Werk darüber[1]), das von Blödsinn strotzt, und in dem auch nicht ein einziger verständiger Satz vorkommt. Nichtsdestoweniger empfahlen bedeutende Rabbinen Deutschlands und Polens — Lipmann Heller allerdings mit einer gewissen Zurückhaltung — diesen Pfuhl von Abgeschmacktheit als eine Quelle göttlicher Weisheit. Charakteristisch ist, daß, während Naphtali einige Kabbalisten, besonders Joseph Delmedigo, der Fälschung, Entstellung und Entwendung der lurjanischen Mystik beschuldigte, ihm ein Jünger Vitals, Chajim Kohen aus Aleppo, geradezu Fälschung und literarischen Diebstahl vorwarf[2]).

Indessen entstanden in dieser dichten, häßlichen Kruste, welche die Kabbala abgelagert hatte, einige Rissen und Spalten, welche eine beginnende Zerbröckelung andeuteten. Hier und da gab es einige Männer von unbefangenem Urteile, welche Zweifel an der Wahrheit des Judentums in seiner rabbinischen und kabbalistischen Gestalt hegten und aussprachen. Manche gingen noch weiter und zogen auch die talmudische Auslegung mit hinein. Andere schritten vom Zweifel zur Gewißheit fort und wühlten mehr oder weniger offen gegen das bestehende Judentum. Solche Wühler waren, wie sich denken läßt, nicht unter den deutschen und polnischen Juden, auch nicht unter den asiatischen anzutreffen; diese betrachteten vielmehr jeden Buchstaben im Talmud und Sohar, jedes Gesetz (Din) im Kodex (Schulchan Aruch) als ein unantastbares Gotteswort. Zweifler und Wühler, allerdings auch nur vereinzelte,

[1]) עמק המלך gedruckt Amsterdam 1648. S. d. Vorwort.

[2]) S. עמק המלך p. 4b, p. 7d; Chajim Kohen, מקור חיים Vorwort gegen Ende. Vgl. auch Asulaï II, s. v. עמק המלך.

gab es nur in italienischen und portugiesischen Gemeinden, welche mit gebildeten Gesellschaftskreisen in Verbindung standen. Ein frommer Anhänger des Überkommenen, Imanuel Aboab, portugiesischen Ursprungs, der sich lange in Italien aufgehalten hat, sah sich dadurch veranlaßt, eine Schutzschrift für die Auslegung, wie sie der Talmud und die Rabbinen gegeben haben, auszuarbeiten (Nomologia, ausgearbeitet 1616—1625)[1]) und eine ununterbrochene Kette von den Trägern treuer Überlieferung bis auf seine Zeit nachzuweisen, eine gut gemeinte, aber wenig überzeugende Arbeit. Der wirre Kabbalist Naphtali Frankfurter klagte über einige Zeitgenossen, welche den Talmud verspotteten[2]). Das, was in einem kleinen Kreise als ein dunkles Gefühl oder als Unbehaglichkeit an dem für religiös Geltenden nagte, brachten drei oder vier begabte Persönlichkeiten zu gleicher Zeit, aber unabhängig voneinander, mit mehr oder weniger Offenheit zum Bewußtsein. Diese drei, an Charakter, Lebensgang und Stellung verschiedenen Wühler waren Uriel Acosta, Juda Leon Modena und Joseph Delmedigo; man kann allenfalls noch Simone Luzzatto dazu zählen. Sie haben einen Ansatz gemacht, die Schäden und Unzuträglichkeiten des bestehenden Judentums bloßzulegen; freilich, ein Heilmittel anzugeben oder es gar durchzuführen, vermochte keiner von ihnen.

1) Über Im. Aboab ist nicht mehr bekannt, als was er selbst in seinem 1625 vollendeten (S. 312, 320, 322) Werke Nomologia angibt, welches seine Erben, wahrscheinlich in Amsterdam 1629 herausgaben. 1603 hielt er in Venedig vor dem Senat eine Rede über die Treue des jüdischen Volkes (S. 290). Er gedachte nach Palästina auszuwandern und dort zwei Schriften auszuarbeiten. Im Prolog S. 5 und im letzten Kapitel S. 318 f. bemerkt er, daß er in Italien unter den Juden Zweifler gefunden habe.

2) Naphtali עמק המלך p. 76a: אבל ראיתי כמה וכמה מהם בדורינו זה בעו"ה שנטו למינות אודות ספריהם וסברותם וטענותיהם עד שבעו"ה היו מלעיגים על התלמוד ועל דברי תורתנו הקדושה. Vgl. die interessante Anfrage an Joël Serkes, Resp. ב"ח Nr. 4: ... קול ענות מעיר אמשטרדם פלוני הרופא ... מלעיג על דברי ... רז"ל באגדותיהם גם בחכמת הקבלה שולח יד לשונו ... ודבר עליה דופי ואומר כי לא נחשב בעיניו כי אם רק הפילוסופיא ... ועוד מחזיק בטומאתו לצרף אליו אנשים ... ומפתה אותם לדעתו ... שנית כי אשר הוא אחד מהפרנסים נתן לאיש אחד רשות לשחוט בהמות ... ואנשי המעמד ... צוו לשני חכמים שביניהם לשאול אותו פי האיש השוחט ההוא בדיני שחיטה ... ולא ידע מאומה ... ופלוני הרופא ... עלה לראש המגדל והכריז בקול רם: שלא ישגחו על ההכרזה ... Man kann sich eigentlich denken, wie Joël Serkes', des polnischen Rabbiners, Bescheid lautete: Wer die Kabbala gering schätzt und sich von der Philosophie leiten läßt, verfalle eo ipso dem Bann: המלעיג על דברי חכמים והמדבר דופי על חכמת הקבלה ... והנמשך אחרי הפילוסופיא היא המינות בעצמה חייב נדוי

Uriel da Costa (Gabriel Acosta, geb. um 1590, st. April 1640)[1]) war eine originelle Erscheinung, dessen innere Gärung und äußerer Lebensgang ihn zum Widerspruche gegen das Judentum mit einer gewissen Naturnotwendigkeit führen mußte. Er stammte aus einer portugiesischen Marranenfamilie in Oporto, deren Glieder die Schrecken der Inquisition bereits zu aufrichtigen Christgläubigen gemacht hatten. Sein Vater wenigstens, der zu den höheren Ständen Portugals gehörte, war streng katholisch geworden. Der junge Gabriel lernte vom Vater Kirchlichkeit und Kavaliertugenden, war gleich ihm ein guter Reiter und wurde in einen zwar beschränkten, aber für die damalige Zeit ausreichenden Bildungskreis eingeführt. Er betrat die Laufbahn, welche allein noch für Jünglinge des hohen portugiesischen Bürgerstandes offen blieb, vermöge welcher sich die Begabteren zu höheren Ämtern und zu einer gewissen Gleichstellung mit dem Adel erheben konnten. Er wurde für die Rechtswissenschaft vorbereitet, welche auch einen Übergang zum zweiten Stande, dem geistlichen, anbahnen konnte. In seiner Jugendzeit hatte der Jesuitenorden schon eine gewaltige Macht über die Gemüter errungen, und seine Mittel, die Phantasie zu überreizen und die Geister durch Ausmalung der ewigen Verdammnis und Höllenstrafen zu knechten, hatten sich bereits bewährt. Nur pünktliches, mechanisches, kirchliches Tun und ewiges Beichten konnte die Schrecken der Hölle überwinden. Gabriel da Costa aber fühlte sich trotz seiner pünktlichen Kirchlichkeit im Gewissen nicht beruhigt; die täglichen mechanischen Übungen verfehlten ihre Wirkung auf sein Gemüt, und das fortwährende Beichten, um Absolution durch des Priesters Mund zu erlangen, sagte ihm, je reifer er wurde, desto weniger zu. Es war etwas von dem grübelnden, jüdischen Geiste in seinem Wesen geblieben, das an dem festgezimmerten katholischen Glaubenssystem in seinem Inneren rüttelte. Je mehr er sich in die katholisch-jesuitische Dogmenlehre vertiefte, desto mehr Zweifel stiegen in ihm auf und beunruhigten sein Gewissen. Er nahm indessen ein halbgeistliches Amt als Schatzmeister an einer Stiftskirche an (um 1615). Um seine Zweifel zu bannen, griff er nach den ältesten Urkunden der heiligen Schrift. Die Propheten sollten ihm die Rätsel lösen, welche die römisch-katholischen Kirchensatzungen ihm täglich aufwarfen. Der frische Geist, der ihn aus der heiligen Schrift alten Testaments, wenn auch in entstellter lateinischer Hülle, anwehte, brachte seinem Innern Beruhigung. Die

[1]) Siehe über Uriel da Costas Biographie Note 1; vgl. auch Perles, in Frankels Monatsschrift Jahrg. 1877, S. 197; Güdemann, Nachbemerkungen das. S. 327.

Glaubenslehren des Judentums schienen ihm um so gewisser, als sie eigentlich doch auch von dem neuen Testamente und der Kirche anerkannt wurden, während diese von dem Judentum verworfen werden. Dort allgemeine Zustimmung, hier Widerspruch. Da faßte Costa den Entschluß, den Katholizismus zu verlassen und zum Judentum zurückzukehren. Von schneller, heftig leidenschaftlicher Gemütsart, wie er war, suchte er ihn rasch zu verwirklichen. Seiner Mutter und seinen Brüdern teilte er mit großer Vorsicht seine Absicht mit — sein Vater war bereits gestorben — und auch sie waren entschlossen, sich der Gefahr einer heimlichen Auswanderung auszusetzen, Haus und Hof zu verlassen, eine geachtete Stellung in der Gesellschaft aufzugeben, die sichere Gegenwart mit der ungewissen Zukunft zu vertauschen. Trotz der argusäugigen Auflauerei der Inquisition und der weltlichen Behörden gegen Marranen gelang es der Familie da Costa doch, ein Schiff zu gewinnen und nach Amsterdam zu entkommen (um 1617 bis 18). Gabriel da Costa und seine Brüder unterzogen sich zugleich der Operation, um in den Bund des Judentums aufgenommen zu werden. Der erstere änderte seinen christlichen Vornamen in Uriel um.

Eine heißblütige Natur, ein Enthusiast, dessen Phantasie die Urteilskraft übermannte oder gar außer Tätigkeit setzte, hatte sich Uriel da Costa ein Ideal vom Judentume entworfen, das er in Amsterdam anzutreffen gedachte, wie es in Wahrheit nimmer war. Biblische Zustände, von rein pentateuchischen Gesetzen getragen, dachte er in der jungen Amsterdamer Gemeinde verwirklicht zu sehen, einen hohen Flug des Geistes zu finden, der ihm die Rätsel, welche ihm die katholische Kirche nicht lösen konnte, mit einem Schlage klären würde. Was die katholischen Beichtväter ihm nicht bieten konnten, das glaubte er von den Rabbinen Amsterdams erlangen zu können. Da Costa hatte religiös-dogmatische Luftschlösser gebaut und war erbittert darüber, sie nicht in der wirklichen Welt anzutreffen. Er fand bald, daß das religiöse Leben der Amsterdamer Gemeinde und die feststehenden Gesetze nicht mit den mosaischen oder pentateuchischen Vorschriften übereinstimmten, sondern ihnen oft entgegengesetzt waren. Da er große Opfer für seine Überzeugung gebracht hatte, so glaubte er ein Recht zu haben, seine Meinung freimütig zu äußern und auf die Kluft hinzuweisen, welche zwischen dem biblischen und dem rabbinischen Judentum liege. Er war tief verstimmt, erbittert und gereizt und ließ sich davon vollständig beherrschen. Er blieb nicht bei aufregenden Worten stehen, sondern richtete auch sein Tun danach ein, setzte sich offen über Religionsgebräuche hinweg und glaubte damit noch ein vor Gott verdienstliches Werk zu tun, den Anordnungen der „Pharisäer" (wie er, an die Sprache der Kirche gewöhnt, die Rabbinen nannte) entgegen zu treten. Freilich zog er sich dadurch Unannehmlichkeiten zu, die sich immer mehr zu einem tragischen Knoten schürzten. Sollten die Amsterdamer Juden, die so viel für ihre Religion gelitten, ruhig mit ansehen, wie eines ihrer Mitglieder das ihnen so teuer gewordene Judentum offen verletzte und verspottete? Die im Lande der Inquisition Geborenen und Erzogenen hatten von Duldung und Gewährenlassen jeder Überzeugung keine Ahnung. Die Rabbinen, vielleicht Isaak Usiel und Joseph Pardo, bedrohten da Costa mit dem Banne, d. h. mit der Ausstoßung aus der religiösen Gemeinschaft und den Gemeindeverhältnissen, wenn er in seiner Übertretung der religiösen Satzungen verharren sollte. Der Widerstand reizte den heftigen Mann nur noch mehr; er wollte durch die Opfer, die er gebracht hatte, sich nicht neue Fesseln erkauft haben. Er fuhr fort, sich über das Bestehende hinwegzusetzen und wurde in den Bann getan. Seine eigenen Verwandten, die sich leichter in das neue Bekenntnis eingelebt hatten, mieden ihn und richteten kein Wort an ihn. So stand da Costa inmitten einer großen Stadt allein. Von seinen Stammesgenossen, Freunden und Verwandten geschieden, mit den christlichen Bewohnern Amsterdams, deren Sprache er noch nicht erlernt, ohne Verbindung und auf sich selbst angewiesen, verfiel er immer mehr in Grübeleien. Aus Überreizung wollte er eine Schrift in feindseligem Sinne gegen das bestehende Judentum veröffentlichen und besonders den grellen Gegensatz desselben mit der Bibel hervorheben. Als unerschütterlichen Beweis gedachte er besonders anzuführen, daß jenes nur leibliche Strafen und Belohnung kenne und von Unsterblichkeit der Seele nichts lehre. Aber unter der Hand kam er auf die Entdeckung, daß die Bibel selbst über ein jenseitiges, rein spiritualistisches Leben Stillschweigen beobachtet und eine vom Körper losgelöst gedachte Seele gar nicht in den Kreis der Religion hineinzieht. Kurz, sein Denken führte ihn, so wie über den Katholizismus und das rabbinische Judentum, so auch über die Bibel hinweg. Man weiß nicht, auf welche Weise es bekannt wurde, daß der gebannte da Costa damit umginge, ein öffentliches Ärgernis zu geben; denn man kam ihm zuvor. Ein jüdischer Arzt, Samuel da Silva, veröffentlichte (1623) in portugiesischer Sprache eine Schrift „Abhandlung über die Unsterblichkeit der Seele, um die Unwissenheit eines gewissen Gegners zu widerlegen, der im Wahnsinn viele Irrtümer behauptet." Im Verlaufe nannte der Verfasser den Uriel deutlich und bezeichnete ihn als „blind und unfähig". Da Costa glaubte, seine Gegner, besonders die Rabbinen, hätten da Silvas Feder gemietet, um ihn anzufeinden, so beeilte er sich, seine Schrift der Öffentlichkeit zu übergeben (1624 bis 25, ebenfalls portugiesisch): „Prüfung der pharisäischen Traditionen, verglichen mit den geschriebenen Gesetzen und Entgegnung wider den falschen Verleumder Samuel da Silva." Daß er seinen Gegner einen Verleumder nannte, beweist eben seine Unklarheit und Befangenheit; denn er behauptete doch in der Tat darin, was da Silva ihm vorgerückt hatte, daß die Seele nicht unsterblich sei. Da er dadurch seinen Bruch mit dem Judentume unzweideutig angekündigt hatte, so mußte er die Folgen über sich ergehen lassen. Wurde er früher als Gebannter, Ketzer und Epikuros (im talmudischen Sinne) nur von der Gassenjugend öffentlich gehöhnt, mit Steinen geworfen, in seinem eigenen Hause öfter gestört und beunruhigt (er meinte immer durch Aufreizung der Rabbinen), so traten nach dem Erscheinen seiner Schrift die offiziellen Vertreter der Amsterdamer Gemeinde mit einer Anklage bei dem Magistrat auf, daß er mit dem Verleugnen der Unsterblichkeit der Seele nicht bloß gegen die Lehre des Judentums, sondern auch gegen das Christentum angekämpft und Irrlehren verbreitet habe. Da Costa wurde hierauf verhaftet, blieb mehrere Tage im Kerker, wurde zuletzt zu einer Geldstrafe (300 Gulden) verurteilt und seine Schrift wurde zum Scheiterhaufen verdammt. Der freieste Staat jener Zeit glaubte damals doch das Recht zu haben, Denk- und Schreibfreiheit zu überwachen und zu beschränken; nur für die Leiber zündete er keinen Scheiterhaufen an. Da Costas Stammesgenossen müssen ihn indessen nicht so sehr verfolgt haben, denn er hielt es doch den langen Zeitraum von fünfzehn Jahren im Zustande des Gebanntseins aus. Nur die Vereinsamung lastete schwer auf ihm; er ertrug es nicht, von den Seinigen wie ein Verpesteter gemieden zu werden. Da Costa war kein starker Geist, kein Denker ersten Ranges, der in seiner Ideenwelt wie in einem unendlichen Raume glücklich lebt, unbekümmert um die Außenwelt, froh, von ihr beiseite gelassen zu sein. Er aber konnte die Welt nicht missen. Er hatte sein Kapital bei einem seiner Brüder angelegt, und er glaubte es gefährdet, wenn er den Krieg mit der Gemeinde fortsetzen würde. Er hatte im Sinne, eine Frau in sein Haus zu bringen, was ihm als Gebannten unmöglich war. Daher gab er dem Drängen eines seiner Verwandten zuletzt nach, sich mit der Gemeinde auszusöhnen. Er wollte, wie er sagte, „unter Affen auch ein Affe sein". Er bekannte sich mit den Lippen zum Judentume, gerade zu der Zeit, als er innerlich gründlich mit ihm zerfallen war.

Da Costa war nämlich durch seine Grübeleien auf eine neue Entdeckung gekommen: Das Judentum, selbst das rein biblische, könne nicht göttlichen Ursprungs sein, weil es der Natur in vielen Punkten zuwiderlaufe, und Gott, als Schöpfer der Natur, dürfe sich in der Offenbarung nicht widersprechen. Er dürfe daher durch das Gesetz nicht gebieten oder verbieten, wenn er in die Natur eine entgegengesetzte Regung eingepflanzt habe. Es war der erste Ansatz zu der in Frankreich und den Niederlanden damals auftauchenden deistischen Richtung, welche Gott nur einseitig in der Natur, aber nicht allseitig im Sittengesetz, in der Religionsbildung und Staatenentwicklung erkannte. Da Costas Theorie dachte sich eine dem Menschen angeborene Naturreligion, die aus sich selbst das Sittengesetz erzeugt und aufgebaut habe und in der Liebe der Familienglieder zueinander aufgehe. Das Beste, was dem Judentume und den anderen auf Offenbarung beruhenden Religionen innewohne, sei eben der Naturreligion entlehnt. Diese kenne nur Liebe und Eintracht, jene dagegen bewaffneten, um des Glaubens willen, Eltern und Kinder gegeneinander. Diese Theorie war die Eingebung seiner Erbitterung, weil seine Verwandten ihn gemieden und überhaupt wenig geschont hatten. Da Costa scheint sich unter Naturreligion ungefähr das gedacht zu haben, was der Talmud die noachidischen Gebote nennt[1]).

Trotz seiner vollständigen Zerfallenheit mit dem Judentum entschloß er sich doch, wie er selbst erzählt, auf Vermittlung seines Neffen, nachdem er fünfzehn Jahre im Banne zugebracht hatte (um 1615 bis 1633), seine bisherige Lebensweise und seine früheren Schritte zu widerrufen, Reue zu zeigen, ein Bekenntnis abzulegen oder vielmehr etwas zu unterschreiben, was er selbst als eine durchgängige Heuchelei bezeichnete, um den Bann von sich genommen zu sehen. Er wollte sich um den Preis seiner Überzeugung Ruhe und Lebensbehaglichkeit erkaufen. Allein seine leidenschaftliche Natur brachte ihn um beides. Er konnte sich nicht Entsagung auflegen, um den Religionsgebräuchen des Judentums zu genügen, übertrat sie vielmehr gleich nach seinem reumütigen Bekenntnisse heimlich. Er wurde von einem seiner Verwandten dabei betroffen, was diese, namentlich seinen Neffen, der die Versöhnung herbeigeführt hatte, so sehr erbitterte, daß sie ihn mehr noch als die ihm Fernstehenden verfolgten. Sie gaben abermals den Verkehr mit ihm auf, verhinderten die Hochzeit mit seiner Braut und sollen ihn auch

[1]) Exemplar humanae vitae, bei Limborch p. 666: Si cum gentes omnes, exceptis Judaeis . . . servent praecepta septem, quae vos (Pharisaei) dicitis Noam servasse, et alios qui ante Abraham fuerunt hoc illis satis est ad salutem jam ergo est aliquae religio . . . cui ego possum inniti, etiamsi a Judaeis originem ducam.

an seinem Vermögen geschädigt haben. Außerdem beging er durch seine leidenschaftliche Gehässigkeit gegen das Judentum, das er doch mit den Lippen bekannt hatte, eine Torheit, welche seine innere Gesinnung hervorkehrte. Zwei geborene Christen, ein Italiener und ein Spanier, waren von London nach Amsterdam gekommen, um sich dem Judentume anzuschließen. Als sie mit Uriel da Costa zu Rat darüber gingen, machte er ihnen eine abschreckende Schilderung von der jüdischen Religionsweise und warnte sie, sich ein schweres Joch auf den Nacken zu legen, sondern lieber in ihrem Bekenntnisse zu verharren. Gegen ihr Versprechen verrieten die beiden Christen die ärgerlichen Äußerungen da Costas über das Judentum den Vertretern der Gemeinde. Der Krieg zwischen diesen und ihm brach daher von neuem aus. Die Rabbinen luden ihn zum zweitenmal vor ihr Tribunal, hielten ihm seine religiösen Übertretungen vor und erklärten ihm, er könne nur dadurch dem zweitmaligen verschärften Banne entgehen, wenn er sich einer öffentlichen feierlichen Buße unterwerfen wollte. Mehr noch aus Ehrgefühl als aus Überzeugung verwarf er diese Buße, und so wurde er von neuem in den Bann gelegt und zwar in einen viel härteren, in dem er wiederum sieben Jahre verharrte. Während dieser Zeit wurde er von den Gemeindemitgliedern mit Verachtung behandelt und öfter angespieen. Am härtesten verfuhren seine Brüder und seine Vettern gegen ihn, weil sie ihn dadurch zur Buße zu zwingen gedachten. Sie rechneten auf seine Unbeholfenheit und Schwäche. Und sie hatten sich nicht verrechnet.

Da Costa war inzwischen ins Mannesalter getreten, durch die Kämpfe und Aufregungen mürbe geworden und sehnte sich noch mehr nach Ruhe. Auf dem Wege Rechtens, den er bei den Amsterdamer Behörden eingeschlagen hatte, konnte er nichts erlangen, weil seine Klage nicht faßbar formuliert werden konnte. Er sagte daher alles zu, was man von ihm zu seiner Demütigung verlangt hatte. Seine öffentliche Buße sollte eine sehr strenge sein. Es gab zwar keine bestimmte Vorschrift darüber im Religionskodex; ja eigentlich sollte es gar keine öffentliche Buße geben, der Sünder soll seine Vergehen gegen die Religion nicht laut verkünden, sondern sie still vor Gott bekennen[1]). Das Judentum hat von Hause aus einen Widerwillen gegen Beichte und Ableierung eines Sündenbekenntnisses. Aber gerade deswegen blieb es dem Rabbinatskollegium überlassen, eine Form für die Buße willkürlich anzu-

[1]) S. darüber Maimuni, Hilchot Teschuba II, § 2 und Abraham ben Davids Bemerkung dazu. Nicht einmal Eleasar von Worms im Rokeach hat in dem Abschnitt von der Buße etwas von lugubren Zeremonien.

geben. Die Amsterdamer Rabbinen und der aus Marranen bestehende Vorstand nahmen dabei die düstere Form des Inquisitionstribunals zum Muster.

Sobald da Costa seine Unterwürfigkeit zugesagt hatte, wurde er in eine der Synagogen geführt, die voll von Männern und Frauen war; es sollte eine Art jüdisches Autodafé sein und seiner Reue die größtmögliche Öffentlichkeit gegeben werden, weil das von ihm ausgegangene Ärgernis öffentlich war. Dort betrat er die Emporbühne und las sein Sündenbekenntnis ab: daß er den Sabbat entweiht, die Speisegesetze übertreten, Glaubensartikel geleugnet und Personen widerraten habe, dem Judentum beizutreten. Er erklärte feierlich, sich nicht mehr solcher Vergehungen schuldig machen zu wollen, sondern als treuer Jude zu leben. Darauf begab er sich auf Zuflüstern des ersten Rabbiners, wahrscheinlich Saul Morteiras[1]), in einen Winkel der Synagoge, mußte seinen Körper bis zum Gürtel entblößen, worauf er neununddreißig Geißelhiebe erhielt. Dann mußte er sich auf die Erde setzen, worauf der Bann gelöst wurde. Damit noch nicht zu Ende, mußte er sich auf die Schwelle der Synagoge hinstrecken, damit die Anwesenden über ihn hinwegschreiten sollten. Es war allerdings ein Übermaß von Büßung, das nicht aus Verfolgungssucht oder gar aus Rachegefühl, sondern aus religiöser Skrupulosität und Nachäffung katholischer Formen über ihn verhängt wurde. Kein Wunder, wenn die erlittene Schmach und Demütigung den empfindlichen da Costa, der sie nicht aus inniger Reue auf sich genommen, sondern wegen Erschöpfung im Kampfe nur über sich hatte ergehen lassen, tief brannte, sein ganzes Wesen erschütterte und ihm Gedanken der Rache eingab. Statt die Rabbinen als Werkzeuge historischer Zustände zu beklagen, haßte er sie als Auswürflinge der Menschheit mit glühendem Rachegefühle, als wenn sie auf nichts als auf Betrug, Lüge und Bosheit sännen. Sein verletztes Ehrgefühl und seine erhitzte Phantasie sah in allen Juden der Amsterdamer Gemeinde, womöglich in allen Juden auf dem Erdenrunde, seine persönlichen, giftigen Feinde und im Judentum nur ein Institut, die Menschen zu Haß und Verfolgung gegeneinander zu reizen. Da er sich von erbitterten Gegnern umgeben glaubte und sich zu schwach zu neuem Kampfe fühlte, beschloß er zu sterben, aber zugleich Rache an seinem Hauptverfolger, seinem Bruder (oder Vetter) zu nehmen. Um

[1]) In den Worten des Exemplar humanae vitae (bei Limborch p. 663): accessit ad me Sacratissimus praeses, susurrans mihi in aurem, ut diverterem ad angulum quendam Synagogae, ist Morteira zu verstehen, der damals schon erster Chacham war.

das Mitleid der Mit- und Nachwelt mit seinem Mißgeschick zu erregen, schrieb er seine Leidensgeschichte und sein Bekenntnis nieder, das aber keinen frischen Gedanken, sondern nichts als Verbissenheit und gehässige Ausfälle gegen die Juden enthält, untermischt mit Anschwärzungen gegen sie in den Augen der Christen, daß sie z. B. noch zu seiner Zeit Jesus würden gekreuzigt haben, daß der Staat ihnen nicht Freiheit des Bekenntnisses einräumen solle. Diese während der Vorbereitung zum Tode ausgearbeitete Schrift atmete nichts als glühende Rache gegen seine Feinde. Nachdem er sein leidenschaftliches Testament vollendet hatte, lud er zwei Pistolen, drückte die eine auf seinen an seinem Hause vorübergehenden Verwandten ab, und als diese fehlte, verschloß er die Tür seines Zimmers und entleibte sich mit der anderen (April 1640).

Beim Öffnen seiner Wohnung nach dem vernommenen Schusse fanden die Eindringenden seine Selbstbiographie: „Ein Beispiel des menschlichen Lebens" auf seinem Tische, worin er Juden und Judentum auf die Anklagebank versetzte und mit pathetischen Sätzen, wie sie ihm die aufgeregte Phantasie in der letzten Stunde eingegeben hatte, alles, was jüdisch ist, brandmarkte.

Sowohl durch seine Tat, wie durch diese seine Hinterlassenschaft bekundete da Costa, daß er sich mehr von Gefühlen übermannen, als von Ideen und Gesinnungen leiten ließ. Er war weder ein theoretischer Denker, noch ein praktischer Weiser, noch ein mannhafter Charakter. Wie er überhaupt keinen abgerundeten Gedankenkreis hatte, sondern nur das Vorhandene als falsch und schlecht verneinte, und es zerstört wünschte, weil es ihm im Wege war, so hat er auch keinen dauernden Eindruck hinterlassen. Seine jüdischen Zeitgenossen verharrten in hartnäckigem Stillschweigen über ihn, als wollten sie sein Andenken in Vergessenheit verfallen lassen. Er wirkte etwa wie ein Bube, der in einem altertümlichen, stockig gewordenen Gebäude die Fenster zertrümmert und dadurch der Luft einen Durchzug öffnet.

Der zweite maulwurfartige Wühler dieser Zeit, Leon (Jehuda) ben Isaak Modena (geb. 1541, st. 1649)[1]), war anderen Schlages und in einer anderen Mitte erzogen. Leon Modena stammte aus einer

[1]) Auch er hat eine Selbstbiographie hinterlassen: חיי יהודה handschriftlich in mehreren Bibliotheken, auch in der Seminarbibliothek (cod. 84) vorhanden. Auszüge daraus gaben Carmoly, Revue Orientale, 1842, p. 49 ff., Reggio בחינת הקבלה 1852, Geiger zweimal in demselben Jahr, 1856 in Liebermanns Volkskalender und Jahrbuch und in einer Monographie über Leon da Modena. Ich bemerke, daß er sich ausdrücklich in der Selbstbiographie Leon Modena und nicht da Modena nennt: אני חותם נצבי בנוצרי ליאון מודינא דא ויניציאה ולא דא מודינא.

gebildeten, bei der Vertreibung der Juden aus Frankreich nach Italien (Modena) eingewanderten Familie, deren Ahnen in Unklarheit des Geistes neben ihrer Bildung abergläubischen Wust oder Schrullen im Kopfe trugen. Sein Großvater Mardochaï Modena, ein berühmter Arzt seiner Zeit, vom Kaiser Karl V. zum Ritter des goldenen Vließes ernannt und auch talmudisch gelehrt, ließ vor seinem Tode durch das Zitieren eines Bibelverses den Ausgang seiner Krankheit verkünden. Einer seiner Oheime verschwendete sein Vermögen in alchimistischen Versuchen. Sein Vater Isaak befragte einen Zukunftverkünder nach dem Tode seiner ersten Frau, ob er eine ihm zugedachte zweite heiraten solle, und ob er glücklich mit ihr sein werde. Der Bedeutendste in der Familie, den sich Leon zum Muster genommen, war sein Großoheim Abtalion Modena (geb. 1529, st. 1611), der in der Profanliteratur, wie in der jüdischen heimisch war, gut lateinisch sprach, sich beim Papste Gregor XIII. für die Rettung der jüdischen Schriften aus dem Inquisitionsfeuer verwendet und einen, allerdings nur augenblicklichen Erfolg durch eine lange, wohlgesetzte lateinische Rede erlangt hat. Nichtsdestoweniger beschwor er den Propheten Elia, ihm zu erscheinen[1]).

Leon Modena hat diese Familieneigenheit in einem hohen Grade besessen. Er war ein Wunderkind; im dritten Jahre las er bereits einen Abschnitt aus den Propheten vor, im zehnten hielt er eine Art Predigt, im dreizehnten verfaßte er einen gewandten Dialog über Zulässigkeit oder Schädlichkeit des Karten- und Würfelspiels[2]) und dichtete ein Trauerlied auf den Tod seines Jugendlehrers Mose Basula in hebräischen und italienischen Versen, die ganz gleich klingen, freilich eine Spielerei, die ihm aber im reifen Alter noch so gut gefallen hat, daß er sie abdrucken ließ[3]). Aber aus dem Wunderkinde wurde keineswegs

[1]) In Leon Modenas Selbstbiographie, auch ausgezogen in Nepis und Ghirondis Biographien תולדות גדולי ישראל S. 26.

[2]) Titel סור מרע oder Eldad und Medad zuerst gedruckt 1595, übersetzt lateinisch, deutsch und französisch.

[3]) In seiner Predigtsammlung מדבר יהודה S. 80b. Nur zwei Verse haben einigen Wert, die übrigen sind gezwungen und kindisch. Ich setze sie zur Probe her:

משה מורי, משה יקר דבר בו
Mosè mori, Mosè già car da verbo
ספינה בים קל, צל עובר ימינו
הלום יובא ....
Se fin habbiam ch'al cielo ver, ameno
Va l'uomo, va ...

ein Wundermann, keine hervorragende, Ton und Richtung angebende Persönlichkeit. Modena bildete sich nur zum erstaunlichen Vielwisser (Polyhistor) aus. Wie er allerhand Gewerbe trieb, um seine Existenz zu begründen, Prediger, Lehrer für Juden und Christen, Vorbeter, Dolmetscher, Schreiber, Korrektor, Buchhändler, Makler, Kaufmann, Rabbiner, Musikant, Heiratsvermittler und Amuletienverfertiger war, ohne es zu einem festen Stande zu bringen, so betrieb er auch viele Wissensfächer, ohne auch nur in einem einzigen besonders hervorzuragen. Er umspannte die ganze biblische, talmudische und rabbinische Literatur, war in die christlichen Bekenntnis- und theologischen Schriften eingelesen, verstand etwas Philosophie und Physik, machte hebräische und italienische Verse, kurz, er hat alles gelesen, was ihm durch das Medium der drei Sprachen, hebräisch, lateinisch und italienisch, zugänglich war, und hat es auch behalten, denn er besaß ein glückliches Gedächtnis und kam auf ein Mittel, es noch mehr zu schärfen, worüber er ein Buch schrieb[1]). Allein Leon Modena hatte keine Freudigkeit und kein Genüge weder am Wissen, noch an der Poesie; beides hatte für ihn nur Wert, insofern es Brot brachte. Er predigte, machte Bücher und Verse, übersetzte und kommentierte, alles um Geld zu erwerben, und das Erworbene vergeudete er im Karten- und Würfelspiel, einer Leidenschaft, die er theoretisch höchst tadelnswert fand, aber praktisch nicht bemeistern konnte. Im Alter als Sechziger hatte er es einmal zu einem erklecklichen Vermögen gebracht, aber er verlor es noch schneller, als er es erworben hatte, in kaum einem Monate 100 Dukaten, und im darauffolgenden Jahre das Doppelte. Die Wissenschaft hat ihn nicht geläutert und gehoben, hat keinen Einfluß auf seine Gesinnung geübt. Leon Modena war weder ein Genie, noch ein Charakter. Unzufrieden mit sich und seinem Geschicke, wegen seiner Spielsucht in steter Aufregung, mit Not kämpfend, wurde sein Inneres zerrissen und zwiespältig. Die Religion hatte auch keine Macht über sein Gemüt; er predigte andern, aber nicht sich selbst. Unglaube und Aberglaube führten in seinem Innern einen steten Kampf. Daher beneidete er die Naivgläubigen, welche in ihrer Einfalt von keinem Zweifel beunruhigt wurden, von der skrupulösen Befolgung der Ritualien ihre Seligkeit erwarten und sie auch erreichen, wie Leon Modena hinzufügt. Die Forscher dagegen müßten sich erst ihren Glauben und die durch ihn bedingte Seligkeit erringen,

[1]) Er schrieb eine Art Mnemotechnik unter dem Titel לב האריה, gedruckt Venedig 1612.

und würden von dem Geier des Zweifels stets geplagt[1]). Er hatte keinen rechten Ernst, wie auch keine rechte Überzeugung, oder vielmehr er hatte jeden Tag, je nach Laune und Stimmung eine andere, ohne darum ein Heuchler zu sein. Er konnte daher von sich sagen: „Ich gehöre nicht zu den Gefärbten, sondern mein äußeres Verhalten entspricht stets meinem Innern"[2]).

Leon Modena war in der Tat in jedem Augenblicke aufrichtig. Er konnte an einem Tage für den Talmud und das rabbinische Judentum eine Lanze einlegen und an einem anderen den Stab darüber brechen. Er verdammte das Spiel und beklagte sich über sein Mißgeschick, daß die Sterne ihm diesen unglücklichen Hang zugeteilt hätten — er glaubte nämlich auch an Astrologie — und arbeitete doch ein talmudisches Gutachten zu dessen Verteidigung aus. Als das Venetianer Rabbinatskollegium den Bann über Karten und Würfel aussprach, wies er nach, daß das Spiel nach talmudisch-rabbinischen Prinzipien gestattet sei, und der Bann dagegen keine Berechtigung habe[3]). Einst fragte ihn sein Jünger Joseph Chamiz, Arzt und Mystiker, was er von der kabbalistischen Seelenwanderung halte, worauf Leon Modena erwiderte, einem andern gegenüber würde er mit dem Munde die Frage bejahend beantworten, wenn er auch vom Gegenteil überzeugt wäre — um nicht als Ketzer und Tor verschrieen zu werden; ihm gegenüber wolle er aber sein aufrichtiges Glaubensbekenntnis aussprechen. Darauf arbeitete Leon Modena eine Schrift aus, um das Lächerliche und Unjüdische an dem Seelenwanderungsglauben hervorzuheben[4]). Aber so schwach wurzelte auch diese Überzeugung in seinem Innern, daß er, einmal von einem außerordentlichen Vorfall betroffen, doch wieder,

[1]) Dieses Bekenntnis ist für L. Modena charakteristisch (in ארי נוהם III, S. 68): וכמה פעמים קנא קנאתי באלה מן היהודים . . . חסרי הדעת כהמון אנשים ונשים . כי אין ספק אצלם היות חלקם בחיים הנצחיים יותר בנקל ממודעי בינה החוקרים ודורשים בשבע נפות בתורה ובחכמות ועוף יעופף שכלם ואין כל אחד יונתן בן עוזיאל שכל עוף הפורח עליו מיד נשרף . ויגיעה רבה הצורך להם להסיר מעולה על רוחם מה שאיננו בדרך היושר . הגם כי סוף סוף יגרשוהו בידיעתם ויעמדו על הצדק ביסוד מוסד כמו שהיא אמונה הנשארת אחר החקירה.

[2]) כי לא הייתי מן הצבועים . . . תוכי כברי, so schildert er sich selbst in der Todesstunde. Geiger, der aus ihm einen Helden machen wollte, stempelt ihn zum Heuchler; er hat Modenas Charakter vollständig verkannt.

[3]) Isaak Lampronti, talmudische Enzyklopädie פחד יצחק, Artikel חרם.

[4]) Abhandlung über Metempsychose, betitelt בן דוד abgedruckt in der Sammelschrift טעם זקנים S. 61 f.

auf einen Augenblick wenigstens, an die von der Kabbala so sehr in den Vordergrund gestellte Seelenwanderung glaubte[1]).

Im Ghetto von Venedig muß es damals ganz anders ausgesehen haben, als in denen von Frankfurt, Prag und in den polnischen Judenvierteln, daß ein Mann mit den eigentümlichen Grundsätzen wie Leon Modena wirkliches Mitglied des Rabbinats sein konnte, zugleich mit einem andern, Simone Luzzatto, welcher eben so wenig Stockrabbiner war. In dieser 6000 Seelen starken[2]), nächst Rom größten italienischen Gemeinde gab es gebildete Juden, welche an der italienischen und europäischen Kultur regen Anteil nahmen und mit der christlichen Gesellschaft nicht bloß in geschäftlichem, sondern auch in literarischem Verkehr standen. Die Mauern des Ghetto bildeten keine scharfabgrenzende Scheidewand zwischen der jüdischen und christlichen Bevölkerung. In dieser Zeit, in dem Zeitalter des großen dramatischen Dichters Shakespeare, gab es, wenigstens in Venedig, keinen jüdischen Wucherer Shylock, der sich als Unterpfand für sein Darlehen ein Pfund Fleisch von seinem christlichen Schuldner ausbedungen hätte.[3]) Das eigentliche Volk, die kleinen Handwerker, die Schiffs- und Lastträger, waren

[1]) Asulaï (s. v. Jehuda Arje Modena) versichert, diesen Umstand in dessen Selbstbiographie gelesen zu haben. In dem mir vorliegenden Seminarexemplar fehlt dieser Passus.

[2]) Die Seelenzahl der Venetianer Gemeinde gibt Simone Luzzatto in discorso circa il stato degli Hebrei c. 8, p. 28b.

[3]) Leti, der Biograph des Papstes Sixtus V., erzählt eine Sentenz dieses Papstes gegen einen christlichen Shylock, gegen einen römischen Hauptmann Paolo Maria Secchi, welcher mit einem Juden, Simson Ceneda, eine Wette bei der Nachricht von der Einnahme Domingos eingegangen war. Der Einsatz der Wette war ein Pfund Fleisch von seiten des Juden und tausend Scudi von seiten des Christen, welcher, als er sie gewonnen, auf dem Pfunde Fleisch bestand, bis der Papst beide Wettende bestraft hat. Diese Nachricht findet sich nur in der ersten Ausgabe von Letis vita di Sixto V. und in den daraus entstandenen direkten Editionen (P. III, L. II, p. 146 ff.) und in den Übersetzungen; in der zweiten Ausgabe ist sie weggelassen. Auch Schudt hat sie ausgezogen (Jüdische Merkwürdigkeiten II, S. 192). Über das Unterschieben des Juden als Sündenbock [s. Allg. Ztg. des Judentums, Jahrg. 1838, S. 285 ff.] und das schöne Gedicht von Leop. Feldmann in L. A. Frankls Libanon, S. 108. — Schudt referiert aus einigen Quellen, daß es einen Shylock in Konstantinopel unter Soliman I. gegeben haben soll. Möglich, daß Shakespeare diese Sage benutzt und die Szene nach Venedig verlegt hat. Seine Kommentatoren geben aber an, daß er das Sujet den Gesta Romanorum entnommen habe, in welchen ein Ritter einem Kaufmann (nicht gerade einem jüdischen) gegenüber „all sein Fleisch" verpfändet hat. (S. auch Bd. VIII, S. 2).

gerade in Venedig milder und zutunlicher gegen Juden, als in anderen christlichen Städten[1]). Jüdische Fabrikanten beschäftigten nämlich in der Lagunenstadt 4000 christliche Arbeiter, so daß deren Existenz von ihren jüdischen Arbeitgebern allein abhing[2]). Zur Zeit einer verheerenden Pest, als selbst in diesem Polizeistaate die Zügel der Regierung lockerer und schlaffer wurden und den Händen der Machthaber zu entfallen drohten, boten die jüdischen Kapitalisten freiwillig ihr Geld dem Staate an, um keine Verlegenheit eintreten zu lassen[3]). Es gab nicht wenige unter ihnen, welche mit den gebildeten Ständen unter den Christen wetteiferten, elegant die italienische Sprache mündlich und schriftlich zu handhaben und auch gute Verse zu machen. Als Beispiele können dafür neben den beiden Rabbinen Leon Modena und Simone Luzzatto zwei jüdische Dichterinnen angeführt werden: Debora Ascarelli[4]) und Sara Copia Sullam. Die erstere, Gattin eines in Venedig angesehenen Mannes, Giuseppe Ascarelli, hat hebräische Hymnen in zierliche italienische Strophen übersetzt und auch selbständige Verse gemacht. Ein jüdisch-italienischer Dichter redete sie in Versen an: „Mögen andere große Trophäen besingen, du verherrlichst deines Volkes Preis."

Die anmutige, geistvolle Frau Sara Copia (geb. um 1600, st. 1641)[5]) hat zu ihrer Zeit ein gewisses Aufsehen erregt. Sie war eine selbständige Dichterin und Denkerin, und ihre Begabung sowie ihre Anmut haben ihr Versuchungen und Unannehmlichkeiten zugezogen. Das einzige Kind eines begüterten Vaters, Simon Copia (Coppio) in Venedig, der sie zärtlich liebte, gab sie sich ganz ihrem Hange nach Belehrung hin und ließ sich in Wissenschaften und Literatur einweihen.

1) S. Luzzatto a. a. O., c. 9, p. 33b.

2) Das. c. 1 und p. 9a, p. 29a.

3) Das. c. 8, p. 29a.

4) Ihre Übersetzung des מעון השואלים von Mose Riete erschien 1601/2 oder 1609 in Venedig, vgl. Steinschneider, C. B., S. 1988 und Kayserling, Die jüdischen Frauen in der Geschichte, Literatur und Kunst, S. 354 f. Wolf und de Rossi sprechen nur von ihrer Hymnenübersetzung. Zum Schluß dieser Übersetzung finden sich auch Gedichte an sie und von ihr. In der Widmung des Herausgebers David della Rocca, sagt er, er habe ihr und ihrem Gatten viel zu danken.

5) Die Korrespondenz der S. C. Sullam mit Ansaldo Cebà, mitgeteilt in Rio, les quatre martyres, Paris 1856, p. 85 ff. Die Biographie derselben lieferte Prof. M. A. Levy im Jahrbuch für die Geschichte der Juden und des Judentums III, S. 67 ff. S. auch Wolf, Bibliotheca III, p. 1162. Vgl. Geiger, Jüdische Zeitschrift, Jahrg. 1869, S. 178 ff. Mitteil. von M. Soave [und Kayserling a. a. O. S. 335 und Berliner, לחות אבנים S. 78 ff.].

Diesem Hange blieb sie auch nach ihrer Verheiratung mit Jacob Sullam treu; Sara Copia Sullam übertraf an Kenntnissen ihr Geschlecht und Männer ihres Alters. Sie schwelgte im Reiche des Schönen und hauchte ihre Begeisterung in wohlgesetzten, zierlichen, weichen Versen aus. Jung, liebreizend, mit einem edlen Herzen und durchdringendem Verstande, nach Großem strebend und ein Liebling der Musen, bezauberte Sara Sullam Greise wie Jünglinge. Ihre klangvolle, musikalisch ausgebildete Stimme erregte Bewunderung. Als ein betagter italienischer Priester, Ansaldo Cebà in Genua, ein Heldengedicht in italienischen Strophen veröffentlichte, dessen Heldin die Esther der heiligen Schrift bildet, wurde Sara so sehr davon ergriffen, daß sie anonym einen schwärmerischen Brief voll Lobes an den Verfasser richtete (1618). Es tat ihr wohl, eine jüdische Heldin, ihr Ideal, in Versen gefeiert und die Aufmerksamkeit des gebildeten Publikums auf das jüdische Altertum gelenkt zu sehen. Sie knüpfte daran die Hoffnung, daß dadurch das Vorurteil gegen die Juden in der Gegenwart schwinden würde. Sara verleugnete dem Dichter nicht, daß sie seine poetische Schöpfung stets mit sich herumtrüge und auch nachts unter ihren Pfühl lege. Statt an der aufrichtigen Huldigung einer reinen Frauenseele Genüge zu finden, sann Cebà im Bekehrungseifer nur darauf, sie zum Christentum hinüberzuziehen. Als er nun gar durch den Mund seines Dieners, den er mit Geschenken und Versen an sie gesandt hatte, die Schönheit Saras rühmen hörte, erwachte in ihm eine geistliche Liebe für sie, die bei manchen katholischen Priestern auch im Alter nicht ganz frei von einer gewissen Sinnlichkeit zu sein pflegt. Diese wurde noch durch das Zusenden ihres Bildnisses vermehrt, begleitet von schwärmerischen Versen in der übertriebenen Manier jener Zeit, worin sie ihm sagte: „Im Herzen trage ich meinen Abgott, und ich wünsche, daß jeder ihn anbete." Die schöne jüdische Venetianerin ließ sich aber nicht fangen. Sie hielt an ihrem jüdischen Bekenntnisse fest und entwickelte ihrem priesterlichen Freunde die Gründe, die sie bewogen, das Judentum vorzuziehen. Vergebens bemühte sich Cebà durch Zärtlichkeiten, Vorwürfe und sentimentales Schmachten mit Hinweisung auf seine baldige Auflösung und seine Sehnsucht, mit ihr in einem Himmel vereint zu werden, sie in ihrer Überzeugung wankend zu machen. Als er sich von ihr die Erlaubnis erbat, für ihr katholisches Seelenheil beten zu dürfen, gewährte sie ihm dies nur unter der Bedingung, daß sie auch für seine Bekehrung zum Judentum beten dürfe.

Ihre Ausnahmestellung als Dichterin und ihre Verbindung mit hochstehenden Christen trug ihr aber neben Ruhm auch Kränkungen ein.

Verleumderische Glaubensgenossen verbreiteten das Gerücht über sie, daß sie die Satzungen des Judentums gering achte und an die Göttlichkeit desselben nicht recht glaube. Ein gewissenloser christlicher Geistlicher Balthasar Bonifacio, der später einen Bischofsstuhl einnahm, veröffentlichte eine Schrift mit der Anklage, daß die Jüdin Sara Sullam die Unsterblichkeit der Seele leugne. Eine solche Beschuldigung konnte im katholischen Venedig eine ganz andere Wirkung haben, als gegen Uriel da Costa im freisinnigen protestantischen Amsterdam. Nicht Geldstrafe und Haft standen hier darauf, sondern Inquisitionskerker, Marter und möglicherweise auch der Scheiterhaufen. Kaum von einer Krankheit genesen, schrieb sie eine Rechtfertigung, (1621) oder vielmehr ihr Bekenntnis (**Manifesto**) von der Unsterblichkeit der Seele mit reifer Dialektik, männlichem Mute und zermalmender Kraft gegen ihren verleumderischen Ankläger. Rührend ist die Widmung, die sie ihrem entschlafenen Vater darbringt, und noch rührender das inbrünstige Gebet in wohlklingenden, italienischen Versen nach Psalmenart. Es verleiht der Verfasserin eine Strahlenkrone, daß sie sich bewußt war, sie, das Weib und die Jüdin, könne nicht auf die eigene Kraft vertrauen, sondern nur auf die Hilfe von oben. Der Ausgang der Angelegenheit ist nicht bekannt. — Cebàs Epos „Esther" hat wahrscheinlich Leon Modena angeregt, die Tragödie derselben Heldin von Salomon Usque und Gracian (B. IX$_4$, S. 341) aus dem Spanischen in italienische Verse zu übertragen; er widmete sie Sara Copia[1]), deren Grabschrift er in wohlklingenden hebräischen Versen gedichtet hat.

Leon Modena verkehrte auch sehr viel mit Christen. Sein eignes Naturell, sein geistvolles, mitteilsames Wesen, seine Gelehrsamkeit wie seine Spielsucht öffneten ihm, dem leichtlebigen Rabbiner, die Pforten der christlichen Kreise. Christliche Jünger saßen zu seinen Füßen. Der französische Bischof Jacob Plantavicius und der halbverrückte christliche Kabbalist Jacob Gaffarelli waren seine Jünger. Adlige und Gelehrte korrespondierten mit ihm und ließen sich von ihm seine Schriften mit schmeichelhaften Dedikationen widmen. Leon Modena nahm in Italien ungefähr dieselbe Stellung ein, wie Manasse Ben-Israel in Holland. Im Gespräche ernster Männer und im lustigen

[1]) Cinelli, Bibliotheca volante, sectio IV, p. 71, erschienen 1619. In seiner Selbstbiographie zählt Modena unter seinen Schriften auf: טראגידיאה אסתר כולה. Cebà schrieb Mai 1619 an Sara: Le Rabbin qui vous a dédié **sa tragédie**, peut vous faire ici pas beaucoup plus d'honneur que moi Rio a. a. O., S. 101. Über Saras Grabschrift vgl. Geigers Zeitschrift a. a. O., S. 181 [u. Berliner a. a. O.].

Kreise von Spielern hörte er öfter die Ritualen des Judentums als kindische Possen verlachen (Lex Judaeorum lex puerorum)[1]. Anfangs verteidigte er sein Bekenntnis; nach und nach wurde er aber dahin gedrängt, dieses und jenes am Judentum als unangemessen und lächerlich einzugestehen; er schämte sich so ganz und gar Jude zu sein und alle Konsequenzen zu rechtfertigen. Seine Geldbedrängnisse brachten ihn dann dahin, auf das Drängen seiner christlichen Freunde einzelne Teile und zuletzt den ganzen Umfang des jüdischen Religionskodex in italienischer Sprache dem christlichen Publikum zugänglich zu machen. Ein englischer Lord erlangte von ihm für Geld eine solche Ausarbeitung mit der Aussicht, sie dem König Jakob I. von England zu übergeben, welcher die Eitelkeit auf umfassende Gelehrsamkeit hatte. Später ließ sein christlicher Jünger Gaffarelli diese Schrift „Die hebräischen Riten"[2]) in Paris drucken und widmete sie dem französischen Gesandten in Venedig. Leon Modena hat mit dieser von Christen gierig gelesenen Schrift, gewissermaßen wie Ham, die Blöße seines Vaters aufgedeckt, das innere Heiligtum der Juden schaulustigen und spottsüchtigen Augen enthüllend preisgegeben. Uneingeweihten mußte das, was innerhalb der jüdischen Kreise Sache der Pietät und des Gewissens war, kleinlich, albern, läppisch, als Ausbund der Lächerlichkeit erscheinen. Leon Modena setzte

[1]) Einleitung zu Riti, wovon weiter unten.

[2]) Der ursprüngliche Titel ist Historia dei Riti Hebraici ed observanza degli Hebrei di questi tempi, zuerst gedruckt Paris 1637, dann vom Verf. umgearbeitet Venedig 1638, ins Französische übersetzt von Richard Simon (Pseudonym, le sieur de Simonville) Paris 1681; auch lateinisch, englisch und holländisch übersetzt, in neuester Zeit auch hebräisch unter dem Titel: שלחן ערוך למוהר"ר יהודה אריה ממודינה von S. Rubin, Wien 1867. Über Entstehung und Schicksale desselben vgl. Modenas Selbstbiographie und Rich. Simons Préface. Bemerkenswert ist, was Modena über die Zensur in seiner Zeit bemerkt, daß, seitdem die Päpste den Talmud verboten haben, er in Italien von den Juden weder gesehen noch gelesen wird (Porta II, cap. 2 Ende). Man muß damit vergleichen, was R. Simon darüber bemerkt: (Lettres choisies I, Nr. 23): Au reste quelque rigueur que l'inquisition d'Italie garde à l'égard des Juifs pour empêcher, qu'ils ne lisent leur Talmud, ils ne laissent pas de le lire, au moins une partie qui court parmy eux traduite en Italien; mais en Manuscrit seulement. Car pour ce qui est de l'impression les Inquisiteurs y tiennent la main avec plus de rigueur. In demselben Briefe berichtet Rich. Simon auch von L. Modena: Ce Rabbin, qui était homme de bon sens, avait songé à donner une traduction Italienne de l'ancien Testament . . . mais les Inquisiteurs étant opposés à son dessein, il tâcha de suppléer à ce défaut par un nouveau Dictionnaire Hebreu et Italien — Venise 1612. Es ist das Lexikon mit dem hebräischen Titel גלות יהודה.

für christliche Leser auseinander, welche Zeremonien und Satzungen die Juden in ihrer Wohnung, Kleidung, ihrem Hausgerät, beim Aufstehen und Niederlegen, bei menschlichen Verrichtungen und in den Synagogen und Lehrhäusern üben und anwenden. Unwillkürlich gesellte sich der Verfasser zu den Verächtern des Judentums, das er doch selbst als Rabbiner geübt und gelehrt hatte. Er sprach sich bewußt darüber aus: „Während des Niederschreibens habe ich in Wahrheit vergessen, daß ich ein Hebräer bin, und betrachte mich als einfachen und unparteiischen Erzähler. Indessen leugne ich nicht, mich bemüht zu haben, den Spott wegen der vielen Zeremonien zu vermeiden; aber ich hatte auch nicht die Absicht, sie zu verteidigen und zu beschönigen, weil ich nur mitteilen, nicht überzeugen wollte"[1]).

Indessen wäre es ein Irrtum, wenn man daraus schließen wollte, daß Leon Modena vollständig in seinem Innern mit dem rabbinischen Judentume gebrochen hätte. Er war, wie gesagt, kein Mann von fester und ausdauernder Überzeugung. Fast zur selben Zeit, als er die Riten des Judentums dem christlichen Publikum preisgab, arbeitete er eine Verteidigung derselben und der mündlichen Lehre überhaupt gegen Angriffe von jüdischer Seite aus. Ein Hamburger Jude von marranischer Abkunft hatte elf Punkte hervorgehoben, um die Unwahrheit der talmudischen Überlieferung nachzuweisen, von denen einige wesentlich, andere dagegen nichtssagend sind. Er führte den Beweis, daß die Gebetkapseln (Tephillin) nicht in der sinaitischen Gesetzgebung vorgeschrieben sein können, daß den zweiten Feiertag begehen gegen den Sinn der Thora verstoße, daß die Talmudisten im Widerspruche mit dem Wortlaut der Bibel „Auge um Auge" in eine Geldstrafe verwandelt hätten, daß die Umzäumungen und Verhütungen, die sie eingeführt, schädlich wirkten und weit eher zur Übertretung der wesentlichen Vorschriften führten, daß es richtiger wäre, Göttliches und Menschliches auseinander zu halten, daß die Überlieferung einer mündlichen Lehre von Mose, neben der schriftlichen im Buchstaben der Thora keine Berechtigung habe, daß die Juden irrtümliche und lächerliche Ansichten über Religion hätten, welche dem Judentum zur Schande gereichten, die man unterdrücken müßte. Das Hauptgewicht legte aber der Hamburger Zweifler auf den Punkt, daß alles Talmudische und Rabbinische lediglich Zusatz zum pentateuchischen Judentum sei, während dieses derartige Zusätze gerade-

[1]) Einleitung zu den Riti: Nello scriver, in verità, che mi sono scordato d'esser Hebreo, figurandomi semplice et neutrale relatore. Verfaßt hat er diese Schrift, wie er in der Selbstbiographie angibt, mehr denn 20 Jahre vor dem Drucke, also um 1617.

zu verboten habe. Diese von einem Halbgelehrten aufgestellten Einwürfe gegen das talmudische Judentum widerlegte Leon Modena[1]) auf den Wunsch einiger portugiesischer Juden. Seine Widerlegung ist allerdings matt ausgefallen und enthält nichts Neues. Das Hauptgewicht legte auch er auf die Unzulänglichkeit der schriftlichen, sinaitischen Gesetzgebung. Freilich weiß man bei Leon Modena niemals, woran man mit ihm ist, ob es ihm mit Glauben oder Unglauben Ernst war. Wie er in der Jugend Gründe für und gegen die Schädlichkeit des Karten- und Würfelspiels vorgebracht hat, zuletzt es doch verdammte und nichtsdestoweniger ihm frönte, so machte er es auch mit dem talmudischen Judentum. Er griff es an, verteidigte es, machte es lächerlich und übte es doch praktisch mit einer gewissen Ehrlichkeit.

Einige Jahre nach seiner Ehrenrettung des talmudischen Judentums gegen den Hamburger Zweifler arbeitete er (1624) eine Schrift aus, welche das Beste ist, das aus seiner schreiblustigen Feder geflossen ist. Auf der einen Seite wuchtige Angriffe auf das rabbinische Judentum, wie sie bis dahin kaum von Christen und Karäern aufgestellt worden sind, und auf der anderen Seite eine durchgreifende Abwehr derselben. Die schweren Anklagen gegen das bestehende Judentum und den Talmud wagte er doch nicht mit seinem eigenen Namen zu decken, sondern legte sich einen falschen Namen bei. Er gab vor, daß ihm eine polemische Schrift von einem jüdischen Spanier Amitaï ben Jedaja Ibn-Raz aus Alkala in die Hände geraten sei, die ihn zu tieferem Nachdenken angeregt habe, und er habe eine Widerlegung derselben ausgearbeitet. Den Teil, der die Angriffe enthält, nannte er „Torenstimme" (Kol Sachal) und die Rechtfertigung „Löwengebrülle" (Schaagat Arjeh)[2]). Es ist die Zwiespältigkeit seines Innern, die wechselnde Über-

[1]) Titel dieser Schrift מגן וצנה, herausgegeben von Geiger, Breslau 1856. Ich halte die Relation für echt, ebenso, daß Modena hier wirklich als Apologet für den Talmudismus aufgetreten ist. Hätte er die Einwürfe selbst aufgestellt, so wäre unter ihnen mehr logischer Zusammenhang und sie hätten nicht das Ansehen von disjecta membra. Auch achtete L. Modena diese Schrift so wenig, daß er sie nicht unter seinen opera omnia aufzählte, eben weil sie bloß ein Responsum war. Dagegen hat er sein שאגת ארי״ה mit aufgeführt.

[2]) Beides zuerst abgedruckt von Reggio in בחינת הקבלה, Görz 1852. Reggio hatte vollkommen recht zu behaupten, daß auch die offensive Schrift Modena angehöre, und daß der Name אמיתי ן' רז מאלקצלה, sowie das darin vorkommende Datum 1500 fingiert sind. Hingegen kann ich mich mit Reggios Ansicht nicht befreunden, daß Modena von der Defensive nur die vorhandenen zwei Kapitel geschrieben, und daß er die Berechtigung der Anklage gegen das rabbanitische Judentum vollständig anerkannt hätte. Diese

zeugung, die Leon Modena in zwei Rollen verteilte. — Den Gegner des Judentums läßt er mit einer Kühnheit sich aussprechen, wie sie Uriel da Costa kaum schärfer geäußert hat. Nicht dem talmudisch-rabbinischen Judentum allein entzieht er den Boden, sondern auch dem biblischen, der sinaitischen Offenbarung, der Thora. Ihre Berechtigung beruhe lediglich auf einer eigenen Welt- und Gottesanschauung, allenfalls auf Wahrscheinlichkeit, aber keineswegs auf Gewißheit. Vorausgesetzt, daß das Weltall nicht von Ewigkeit her vorhanden, sondern zu einer Zeit geschaffen sei, folge allerdings daraus die Notwendigkeit eines Schöpfers, daß derselbe seinen vorhersehenden Blick auf alle Geschöpfe und besonders auf den Menschen richte, daß ihm nicht alle Handlungen des mit Willensfreiheit ausgerüsteten Menschen gleichgültig, daß ihm vielmehr die guten angenehm, die bösen unangenehm seien, daß er auf die einen Lohn, auf die andern Strafe verhängt und daß er endlich zu diesem Zwecke, um dem Menschen einen Leitfaden zu geben, sich ihm offenbart oder die Thora gegeben habe. Freilich kann aber auch das Entgegengesetzte wahr sein, daß die Welt urewig und daß Gott nur als Weltseele zu betrachten sei. In diesem Falle sei alles im Weltall ein Gefüge starrer Notwendigkeit und Gesetzmäßigkeit, dann habe es keinen Schöpfungsakt gegeben, gebe auch keine göttliche Vorsehung, und also sei die Offenbarung am Sinaï eine menschliche Erfindung.[1])

Viel eindringlicher sind die Schläge, die Leon Modena der mündlichen Lehre oder dem talmudischen Judentum in einem Anfall von Unglauben unter der Maske des Ibn-Raz von Alkala versetzt hat. Er schickt voraus, daß keine Religionsform sich in ihrer Ursprünglichkeit und Reinheit im Sinne ihres Stifters erhalten habe. Auch das Judentum, obwohl der Gesetzgeber ausdrücklich gewarnt habe, etwas hinzuzufügen, habe sich eine Menge Zusätze gefallen lassen müssen. Die Deutungs- und Auslegekunst habe vieles daran geändert. Ibn-Raz (oder Leon Modena in seiner ungläubigen Laune) durchmustert kritischen Auges Jakob Ascheris Kodex und merkt jeden Punkt an, wo die Rabbinen zum ursprünglichen Kodex Zusätze gemacht, wo sie es geschmälert und entstellt hätten. Er geht gar so weit, Vorschläge zu machen, wie das Judentum von all diesen Auswüchsen gereinigt werden könnte, um das echte, alte, biblische, innerliche in seiner Lauterkeit wieder herzustellen — der

Partie muß vielmehr ursprünglich eine ganze Schrift ausgemacht haben, da er selbst sie in der Selbstbiographie unter ihrem Titel שאגת אריה, als eine **Apologie für das rabbinische Judentum**, zitiert: כ' שאגת אריה תשובה לספר אחד שכתב נגד תורה שבעל פה (in der Selbstbiographie).

1) Dieser Gedankengang ist verhüllt gegeben in קול כסל I, 2, 10.

erste Versuch zu einer Reform: Vereinfachung der Gebete und des Synagogenwesens, Beseitigung der Ritualien, Aufhebung des zweiten Feiertages, Erleichterung der Sabbats-, Feiertags- und Passahgesetze, selbst des Versöhnungstages: „Es sollte jeder nur nach Maßgabe seiner körperlichen und geistigen Kräfte fasten." Das Ritual für Tierschlachten, die Speisegesetze, alles wollte er entweder vollständig beseitigt oder vereinfacht wissen. Das Verbot von Weintrinken mit Nichtjuden mache uns lächerlich, ebenso die Strenge gegen angebliches Götzentum. Zinsnehmen von Geld sei biblisch erlaubt, und nur Wucher, d. h. ein Übermaß des Zinssatzes sei verboten. Auch die Ehegesetze wollte er reformiert wissen, und die talmudisch-rabbinischen Gesetze über bürgerliches und peinliches Recht machte er dadurch lächerlich, daß er einfach die Ausstellungen wiederholte, die der gewissenlose Täufling Abner-Alfonso (VII$_3$, 291 ff.) gemacht hatte. Alles das, bemerkt Ibn-Raz oder Leon Modena zum Schlusse, erschöpfe das Thema nicht, sondern sei nur eine Probe von dem Unwesen des rabbinischen Judentums. Er wisse wohl, er werde von den Rabbinen wegen dieser freimütigen Beurteilung verketzert und verfolgt werden; allein wenn er nur dazu beitragen könnte, einem einzigen die Augen zu öffnen, würde er sich reichlich belohnt halten.

Wäre es Leon Modena mit dieser kühnen, das bestehende Judentum umwälzenden Ansicht Ernst gewesen, hätte er sie als tiefe Überzeugung in die Welt hinausgerufen, dann hätte er ohne Zweifel eine starke Bewegung innerhalb der Judenheit hervorgerufen. Allein die Verurteilung des Talmuds war ihm nur ein Geistesspiel; er dachte gar nicht daran, einen Kampf dagegen aufzunehmen, er arbeitete vielmehr eine Entgegnung aus mit ebenso geringem Ernst und ließ beides, Angriff wie Verteidigung, unter seinen Papieren schlummern. Mehr Ernst machte Leon Modena mit der Bekämpfung der Kabbala, die ihm durch seine nächste Umgebung lästig und widerwärtig, wie kriechendes, schleimiges Ungeziefer, geworden war.

Nicht nur sein Jünger Joseph Chamiz, sondern auch sein Schwiegersohn Jakob Levi, auf den er viele Hoffnung gesetzt hatte, vertieften sich in die Mystik und plagten ihn viel damit. So gleichgültig, so träge er sonst entgegengesetzten Meinungen gegenüber war, so verdroß ihn doch die unverschämte Anmaßung, mit der die Kabbalisten immer kühner auftraten, als wären sie im Alleinbesitze der Wahrheit. Am meisten empörte ihn eine Schrift eines Kabbalisten Elia Marchiano, welcher alle Juden zu Ketzern stempelte, wenn sie nicht an die kabbalistische Lehre glaubten. Der Verfasser entblödete sich nicht, selbst über den hochverehrten Maimuni, das Herzblatt der freisinnigen Juden, das Verdammungsurteil auszusprechen. Er und sein Gelichter behaupteten mit dreister Stirn, der Glaube an den En-Sof, die zehn Sefirot und den übrigen kabbalistischen Spuk bedinge die Seligkeit; wer ihn nicht habe, wer auch nur mit einem leisen Zweifel daran anstreife, sei ebenso aus dem Judentum ausgeschieden, als wenn er die sinaitische Gesetzgebung, die Thora, verleugnete. Die Kabbala, bisher nur geduldet, beanspruchte die Oberherrschaft über Bibel und Talmud und predigte Unduldsamkeit.

Darum fühlte sich Leon Modena gedrungen, vernichtende Pfeile gegen sie abzuschießen, und er tat es mit meisterhafter Geschicklichkeit, wie niemand vor ihm. Die kabbalafeindliche Schrift, die er gerade seinem Jünger Joseph Chamiz, dem eingefleischten Lurjanisten, widmete, nannte er „brüllender Löwe" (Ari Nohem)[1]). Nach vielen Seiten hin beleuchtete er die Schwindeleien, den Aberwitz, die Verlogenheit der Kabbala und ihres Grundbuches, des Sohar. Aber weder diese Schrift gegen die Kabbala, noch seine Angriffe auf das talmudische Judentum wurden von ihm veröffentlicht; es lag dem Verfasser selbst nicht viel daran, nach dieser Seite hin zu wirken. Bis in sein spätes Alter setzte er seine ungeregelte Lebensweise fort, tadelte sich in seiner Selbstbiographie stets, ohne an seiner Besserung zu arbeiten. Leon Modena starb kampfesmüde, nicht im Streite gegen die Götter (d. h. Ideen) und Menschen, sondern im Streite mit sich selbst und mit der gemeinen Not, die er über sich selbst gebracht.

Scheinbar ähnlich, aber doch grundverschieden von ihm war der dritte Wühler dieser Zeit: Joseph Salomo Delmedigo (geb. 1592, st. 1655)[2]). Sprößling einer alten und edlen Familie, in deren

[1]) ארי נהם (auch שאגת אריה genannt), beendet 1638, ediert von J. Fürst, Leipzig 1840, leider aus einer sehr verdorbenen Handschrift. Sie wurde vielfach kopiert und tat ihre Wirkung. J. Bassan, der Kabbalist, beklagte sich ועליו (על ארי נהם) סובבים כל זדים וכל יושר רשעה Kerem Chemed II, p. 63.

[2]) Seine Biographie schrieb Geiger in Melo Chofnajim, Berlin 1840. Er hat ihn aber zu glimpflich beurteilt und seinen Charakter beschönigt. Delmedigos Todesjahr ist erst später bekannt geworden durch sein Epitaphium in Prag. Ich setze es aus Liebens Sammlung Nr. 81 hierher, weil sich daraus auch andere biographische Momente ergeben, welche Geiger unbekannt geblieben sind: קרא שור סוכת ת'ט'ו לפק הרב המופלא החכם הכולל הפילוסוף אלהי אביר הרופאים מה' יוסף רופא מקנדיא אב"ד היה בהאמבורג ובגלילות אמשטרדאם. Daß seine Grabschrift auch auf dem jüdischen Friedhofe in Lublin vorhanden sein soll, ist mehr als unsicher, wie mir der erste Entdecker derselben, Herr Michael Levi, versicherte.

Mitte Wissenschaft und Talmud Pflege fanden, Urenkel weiblicherseits des gradsinnigen Denkers Elia Delmedigo (B. VIII$_4$, S. 244 ff.), war er ihnen wenig ähnlich. Sein Vater Elia, Rabbiner in Kandia, hatte ihn in die talmudische Literatur eingeweiht, aber ihn auch die griechische Sprache erlernen lassen. Später eignete sich Delmedigo auch die gebildeten Sprachen damaliger Zeit an, außer Lateinisch auch Italienisch und Spanisch. Sprachkenntnisse waren ihm indes nur Mittel. Auf der Universität in Padua erlangte er seine wissenschaftliche Ausbildung; sein klarer Kopf hatte eine entschiedene Neigung für Mathematik und Astronomie, und er konnte sich rühmen, daß er den großen Galilei, den Entdecker der Himmelsgesetze, den Märtyrer für die Naturwissenschaft, zu seinem Lehrer hatte. Durch ihn wurde er mit dem kopernikanischen Sonnen- und Planetensystem bekannt. Weder bei Delmedigo noch bei irgendeinem gläubigen Juden[1]) regte sich der Wahn, als ob diese Ansicht vom Stillstand der Sonne und der Bewegung der Erde im Widerspruche mit der Bibel stände und ketzerisch wäre. Delmedigo erlernte zwar auch die Medizin, aber nur als Brotstudium, sein Lieblingsfach blieb die Mathematik. Er füllte indes seinen Geist mit allen Schätzen und allem Plunder des Wissens, er wurde fast noch mehr Vielwisser als Leon Modena, an den er sich während seines Aufenthalts in Italien wie ein Jünger an seinen Meister anschloß. Im Kreise der jüdisch-italienischen halben Freidenker büßte er seinen von Hause mitgebrachten naiven Glauben ein, wurde von Zweifeln an der Wahrheit des Überkommenen beschlichen, hatte aber nicht Wahrheitsdrang genug in sich, diese Zweifel zu überwinden und sich wieder in Übereinstimmung mit der angeborenen und anerzogenen Glaubensansicht zu setzen, noch ihm Raum zu geben und das Wahrheitswidrige in dem angehäuften Wust schonungslos aufzudecken. Joseph Delmedigo war eben so wenig wie Leon Modena zum Märtyrer für seine Überzeugung geschaffen, dieser aus Wankelmut, jener aus Unaufrichtigkeit.

Mit Zweifel im Herzen kehrte er nach Kandia ins Vaterhaus zurück, erregte mit seiner freieren Denkweise und namentlich mit seiner Vorliebe für profanes Wissen Anstoß. Er machte sich Feinde, die ihn verfolgt haben sollen, und er war genötigt, sein Vaterland wieder zu verlassen. Damit begann sein Wanderleben, das ihn, wie sein Vorbild Ibn-Esra, rastlos von Stätte zu Stätte trieb. Wie dieser befreundete auch er sich überall mit Karäern, wo er solche antraf, und diese drängten sich auch an ihn. In Kairo feierte Delmedigo einen wahren Triumph

[1]) [S. jedoch z. B. נובלות חכמה, ed. Jesnitz, S. 36].

mit seinen mathematischen Kenntnissen[1]), als ein alter mohammedanischer Lehrer der Mathematik Ali Ibn Rahmadan, ihn, fast noch Jüngling, zu einem öffentlichen Wettkampfe herausgefordert und unterlegen war. Der Besiegte war großherzig genug, ihn vor aller Welt auszuzeichnen. Anstatt sich nach Palästina zu begeben, wie er beabsichtigt hatte, reiste Delmedigo nach Konstantinopel, hielt sich auch dort im Kreise der Karäer auf und wanderte zuletzt über die Walachei und Moldau nach Polen. Da die Mathematik, sein Lieblingsfach, kein Brot abwarf, so übte er die Arzneikunde aus, die er aber mehr aus Büchern als am Krankenbette erlernt hatte. In Polen galt er indes als großer Heilkünstler und wurde von dem Fürsten Radziwil bei Wilna in Dienst genommen (um 1616 bis 1620)[2]). Hier, wo durch die Überhandnahme des Talmudstudiums die Wissenschaft verwaist war, drängten sich lernbegierige Jünglinge und Männer, besonders Karäer, an Delmedigo, um ihren Wissensdurst zu löschen. Ein halbnärrischer Karäer Serach ben Nathan[3]) aus Torok, der eine gewisse Neigung zum rabbanitischen Judentum hegte, und wie er selbst von sich sagte, „viel Geld, aber wenig Einsicht hatte", schrieb ihm Briefe über Briefe, kramte vor ihm gereimte und reimlose Narrheiten aus, um in geheuchelter Demut seine Vielwisserei zu zeigen, legte ihm eine Menge wichtiger Fragen vor, die Delmedigo ihm gewissermaßen auf einem Fuße stehend beantworten sollte, und schickte ihm für den polnischen Winter einen feinen Zobelpelz zum Geschenke.

Delmedigo fand es für gut, sich in Polen einen Schein von vornehmem Wesen zu geben und sich in den Nimbus des Schweigens und der Unnahbarkeit zu hüllen. Er beantwortete die an ihn gerichteten Fragen Serachs anfangs nicht selbst, sondern ließ sie von einem seiner Begleiter, seinem Famulus und Schleppenträger Mose Metz, beantworten. Dieser schilderte seinen Lehrer als einen auserwählten

[1]) Faulhaber in einem Werke über Logarithmen bemerkt, daß er in Frankfurt a. M. erfahren habe, daß der berühmte Philosoph Delmedigo ein Werk über Logarithmen veröffentlicht habe (Archives, Jahrg. 1855, S. 277).

[2]) Nur in Polen und Litauen hielt sich Delmedigo auf, nicht in Livland, wie sein Biograph angibt, denn die Angabe in מעין גנים Eingang und im Brief an Serach: מכתב אחוז bei Geiger hebr. S. 2: אירח לי כי גרתי משך . . בקצה ארץ לרווניאה ist ein Schreibfehler für ליטוניאה = Lithuania. Im Schreiben an den Editor des נובלות חכמה sagt er: גם לבן גרתי ברייסן ופולין וליטה, und erwähnt nicht seinen Aufenthalt in Livland.

[3]) Vgl. über ihn auch Neubauer, Beiträge und Dokumente aus der Petersburger Bibliothek, S. 144 Nr. 10, S. 124, Nr. XXXIV, das Fragment eines halbnärrischen Briefes an Manasse Ben-Israel.

Geist, als ein vollendetes Wesen, einen Halbgott, der alles menschliche und göttliche Wissen in seinem Haupte trage. Er entwarf ein Bild von seinem äußeren und inneren Wesen, seinem Handeln und Benehmen, das durchweg nach dem Maßstabe hoher Weisheit geregelt sei, gab Auskunft über seine Abstammung von einer gelehrten und vornehmen Familie, väterlicher- und mütterlicherseits, und band als Mundstück seines Lehrers dem leichtgläubigen Karäer auf, derselbe habe über alle Zweige der Wissenschaft Bücher verfaßt, worüber die Welt staunen würde, wenn sie ans Tageslicht kommen würden. Metz teilte ihm auch einige Lehrsätze seines Lehrers über Mathematik, Religion und Philosophie mit und machte damit Serachs ohnehin verwirrten Kopf nur noch wirrer. In seinen Äußerungen über das Judentum, die Delmedigo selbst oder durch Mose Metz aussprach, war er sehr vorsichtig, ließ wohl hier und da einen Schein von Unglauben durchschimmern, verdeckte ihn aber schnell mit einem Qualm von gläubigen Redensarten. Nur, wo er es ohne Gefahr tun konnte, äußerte Delmedigo seine wahre Meinung. Damals spukte in Podolien eine Wundergeschichte von einem vierjährigen jüdischen Kinde in Grodek (bei Satanow), das, ohne lesen zu können, jede Stelle im Talmud und Sohar auswendig hergesagt und überhaupt geheime Dinge anzugeben gewußt haben soll. Leichtgläubige Rabbinen machten weittönenden Lärm von diesem Wunderkinde und dachten durch dasselbe den Schleier der Zukunft gelichtet zu sehen. Von weit und breit strömte die Menge nach dem Städtchen, um den Propheten im Kinderkleide zu sehen, und brachte reiche Geschenke für dessen Vater mit. Delmedigo, gestützt auf den Schutz des Fürsten Radziwil, begab sich auch dahin und entdeckte, daß die Wunderdinge auf der Schwindelei des schlauen Vaters beruhten. Wahrscheinlich auf seine Veranlassung hat das Wilnaer Rabbinat den Bann über den betrügerischen Vater ausgesprochen[1]). Als er sich endlich herbeiließ, in eigener Person einen Brief an den Karäer Serach zu beantworten (um 1624) verhehlte er seine Gesinnung nicht, bezeugte seine Vorliebe für das Karäertum und dessen alte Lehrer, überschüttete sie unverdient mit Lobpreisung, stellte die Wissenschaft hoch und belustigte sich ohne Zwang über den Wahnwitz der Kabbala und ihrer Pfleger. Auch gegen den Talmud brachte Delmedigo im Sendschreiben an Serach Sticheleien vor und pries die Karäer glücklich, daß sie ihn entbehren können[2]). Er hatte nichts zu fürchten, als er sein Herz vor seinem karäischen Verehrer ausschüttete.

[1]) Delmedigo, Elim, S. 50 und 65.

[2]) Die Schrift in Form eines Sendschreibens an Serach führt den Titel מכתב אחוז, vollständig abgedruckt von Geiger in dessen Biographie. Einen

In Polen scheint sich Delmedigo auf die Dauer nicht behaglich gefühlt zu haben. Zechen mit den Edelleuten, die er ärztlich behandelte, durfte er nicht aus Furcht vor den Juden, und Geld zu verdienen gab es in diesem geldarmen Lande nicht. So begab er sich, wohl über Danzig, nach Hamburg in die damals kurz vorher geduldete portugiesische Gemeinde. Seine Arzneikunde scheint in der Elbstadt wenig Beachtung gefunden zu haben. Was bedeutete seine Kunst gegen die der de Castros, des Vaters und Sohnes? So mußte er sich entschließen, um eine Existenz zu haben, eine Art rabbinischer Funktion zu übernehmen, sei es auch nur als Prediger[1]). Er war daher um des Brotes willen gezwungen, zu heucheln und dem rabbinischen Judentum das Wort zu reden. Ja, um das Gerücht, welches aus Polen über ihn als ganzen oder halben Ketzer herübertönte, zu zerstreuen, entblödete er sich nicht, die Kabbala, die er kurz vorher verdammt hatte, als höchste Wahrheit anzupreisen, vor welcher die Philosophie und alle Wissenschaften verstummen müßten. Zu diesem Zwecke arbeitete er seine Schutzrede für die Geheimlehre[2]) aus, um die vernichtende Beweisführung eines seiner Ahnen, Elia Delmedigo, gegen sie zu widerlegen. Aber diese Schrift war recht darauf angelegt, der unwissenden Menge Sand in die Augen zu streuen; sie enthält buntscheckige Gelehrsamkeit über allerlei, aber keine Spur von Logik. Freilich war er zu gescheit, um lange die Schafsmiene platter Dummgläubigkeit beizubehalten, ohne eine grinsende Satyrgrimasse zu machen. Er verteidigte die Echtheit des Sohar als eines alten Werkes von Simon ben Jochaï oder wenigstens seiner Schule. Man dürfe sich nicht an manche Ungereimtheiten und Abgeschmacktheiten stoßen, welche darin vorkommen; der Talmud enthalte deren auch nicht

Teil derselben gebrauchte Delmedigo als Vorwort für seine Schrift בציר גנים; aber darin ließ er sämtliche verfängliche Stellen gegen Talmud und Kabbala und Günstiges für den Karäismus, als anstößig für rabbinische Leser, ganz weg. Es ist kein Grund vorhanden, mit Zunz anzunehmen, daß die Karäer diese Stellen im Sendschreiben interpoliert hätten. Es ist nicht zu übersehen, daß Delmedigos Polemik gegen den Talmud darin verhüllter als gegen die Kabbala gehalten ist.

1) Daß er eine gewisse rabbinische Funktion in Hamburg und auch in „der Gegend von Amsterdam" ausgeübt hat, gibt sein Epitaphium (o. S. 142); aber auch sein Famulus Samuel Aschkenasi im Vorwort zu seiner Schrift תעלומות חכמה an, daß er Prediger war: שעסקי הרב (יש"ר מקנדיאה) רבים בישיבה ובדרשות שכמעט צריך לדרוש בכל שבת. Sein Biograph hätte diesen Umstand nicht übersehen sollen, wodurch dessen unlauterer Charakter noch entschiedener hervortritt.

2) Diese Quasi-Apologie führt den Titel מצרף לחכמה.

wenig und sei doch ein heiliges Buch[1]). Um es mit den Vernünftigen nicht zu verderben, ließ Delmedigo darin durchblicken, daß er nur aus Not den kabbalistischen Unsinn verteidige. Man dürfe nicht oberflächlich den Charakter eines Schriftstellers nach seinen Worten beurteilen. Er z. B. schreibe die Schutzschrift für die Kabbala aus Gefälligkeit für einen hochgestellten Gönner, der sich in sie verliebt habe. Würde dieser Freund anderen Sinnes werden, und von ihm eine Anklageschrift gegen die Kabbala verlangen, so würde er sie ihm nicht verweigern[2]). Zum Schlusse bemerkt er, Philosophenjünger würden ihn wohl verspotten, daß er der Wissenschaft den Rücken gekehrt habe und dumm geworden sei, er aber wolle sein Leben lang lieber Narr genannt werden, als auch nur eine Stunde gegen die Frömmigkeit verstoßen.

Diese Schrift, die Delmedigo in Hamburg begonnen hatte, konnte er daselbst nicht mehr vollenden. Eine ausgebrochene Pest vertrieb ihn, den Arzt, von da nach Glückstadt. Da die winzige Gemeinde, von der er sagte, er habe darin weder eine Stadt, noch Glück finden können, ihm keine Subsistenzmittel bot, begab er sich nach Amsterdam (um 1629)[3]). An ärztliche Praxis konnte er in einer Stadt, wo Mediziner erster Größe waren, noch weniger denken, als in Hamburg, und so mußte er sich abermals aufs Rabbinisieren verlegen. Um seine Bedeutung hervortreten zu lassen, gab er die wissenschaftlichen Antworten in Druck, die er auf die Anfragen seiner polnischen Bewunderer erteilt hatte, mit allen Lobhudeleien, Weihrauchwolken und Narrheiten, welche der junge Karäer Serach hervorgebracht hatte. Es ist ein Werk wahrhaft polnischer Ordnungslosigkeit, worin neben mathematischen Themen und naturwissenschaftlichen Problemen auch philosophische und theologische Fragen erörtert werden, alles bunt durcheinander. Delmedigo hütete sich aber, seine Ausfälle gegen die Kabbala und den Talmud und seine Vorliebe für die Karäer, alles was er dem reichen Serach zuliebe geschrieben hatte, abdrucken zu lassen. Anstatt ein enzyklopädisches Werk zu veröffentlichen, das er ruhmredig in frühester Jugend ausgearbeitet haben wollte, alle Wissenschaften umfassend und alle tieferen Fragen lösend, gab er ein buntes Allerlei[4]).

1) מצרף לחכמה p. 28b.

2) Das. p. 20a. 3) Das. Schluß.

4) Es besteht aus drei Partien: 1. אלים, enthaltend Serach ben Nathans Korrespondenz und 82 Fragen, Antworten von Mose Metz und Delmedigos direkte Antworten an den und jenen; 2. מעין גנים Delmedigos Beantwortung der 82 Fragen; 3. מעין חתום die Fortsetzung. Alles gedruckt in der Offizin von Manasse Ben-Israel, Amsterdam 1629.

Delmedigo war so glücklich, wieder einen Schleppenträger zu finden, der das für ihn veröffentlichte, was er unter seinem Namen herauszugeben Bedenken trug. Samuel ben Loeb Aschkenasi, der in seinem Hause verkehrte, druckte aus Delmedigos papiernen Schätzen dessen Schutzschrift für die Kabbala und andern Unsinn aus Lurjas mystischen Schriften ab, ebenso ohne Methode und Ordnung. Samuel gab sich noch dazu her, sich von seinem Meister ausschelten zu lassen, als ob er ohne dessen Zustimmung diese Schätze ans Licht gezogen hätte. Um Delmedigo zu verherrlichen, stellte er ihn als einen bekehrten Ketzer dar, der sich zwar früher über die Kabbala lustig gemacht, aber in seinem siebenundzwanzigsten Jahre von ihrer Wahrheit überzeugt worden sei und seitdem der Philosophie den Rücken gekehrt habe[1]). Das war alles Dunst; denn noch als Dreißigjähriger sprach Delmedigo gegen Serach mit Verachtung von der Geheimlehre. Aber weil damals die Kabbala im Schwange war und alle Köpfe berückte, bediente sich ihrer Delmedigo, um seine Rechtgläubigkeit darzutun.

Die Amsterdamer Gemeinde war damals durch das rücksichtslose Auftreten da Costas voller Argwohn gegen die philosophisch Gebildeten, und darum hielt es Delmedigo für geraten, jeden Verdacht des Unglaubens von sich abzuwenden und sich in den Ruf strengster Gläubigkeit zu bringen. Aber diese durchsichtige Heuchelei brachte ihn nicht weiter. Er wurde allerdings als Prediger und halb und halb als Rabbiner in oder bei Amsterdam angestellt[2]); aber er konnte sich doch nur wenige Jahre in Holland behaupten. Unvermögend und unstät, wie er war, begab er sich mit seiner Frau um 1639 nach Frankfurt am Main, um seine Subsistenz zu suchen. Aber hier in einer deutschen Gemeinde, wo rabbinische Gelehrsamkeit verbreitet war, konnte er nicht ein rabbinisches Amt erlangen, wohl aber seine, wenn auch geringen medizinischen Kenntnisse verwerten. Da er weder für das Rabbinentum noch für die Arzneikunde einen inneren Beruf fühlte, so war es ihm gleichgültig, den Predigertalar mit dem Doktormantel zu vertauschen. Er wurde unter drückenden Bedingungen als Gemeindearzt auf fünf Jahre engagiert (14. Februar 1631), mußte geloben, ohne Erlaubnis des Vorstandes keine Reise außerhalb der Stadt zu machen, selbst wenn ein Edelmann oder Fürst seine ärztliche Hilfe suchen sollte. Zwei Jahre später wurde der Vertrag mit ihm unter etwas günstigeren Bedingungen

1) Einleitung zu תעלומות חכמה; dieses besteht aus מצרף לחכמה, Basel 1629 und נובלות חכמה, eine ganze Reihe kabbalistischer Piecen, Basel 1631.

2) S. oben S. 146, Anmerk. 1.

erneuert[1]). Wie lange er es in Frankfurt ausgehalten, ist nicht bekannt; günstig muß seine Stellung nicht gewesen sein; denn er vertauschte die Mainstadt mit Prag (um 1548 bis 50); in dieser verwahrlosten Gemeinde ließ er sich dauernd nieder. Später (1552) war er, wahrscheinlich nur zufällig, in Worms, endete jedoch sein viel verheißendes, aber wenig leistendes Leben in Prag. Auch nicht einen Teil seiner mit so viel Marktschreierei angekündigten, großartig angelegten Werke hat er veröffentlicht; es war wohl nur Aufschneiderei.

Halb und halb kann man auch Simone (Simcha) Luzzatto (geb. um 1590, st. 1663)[2]) zu den Wühlern dieser Zeit rechnen. Er war

[1]) Das Faktum von Delmedigos Aufenthalt in Frankfurt beruht auf einem Protokoll des dortigen Gemeindearchivs, das ich der Mitteilung meines gelehrten Freundes R. Kirchheim verdanke. Es lautet seinem wesentlichen Inhalt nach: קבלנו עלינו ... הרופא המומחה האלוף כמה' יוסף בן מח' אליה זמן משך ה' שנים מהיום באופן ובתנאים המבוארים למטה ... הראשון שלא ליסע תוך זמן משך ה' שנים מחוץ לעיר בלתי רשות ורצון גבאי הקהל ואף אם ישלח אליו שר או מושל ... נעשה יום ו' ר' לחודש אדר שני שצ"א. Dann weiter: ועוד הותנה אם ירחיב ה' את גבולו בעושר ובנכסים שמחויב לישא בעול עם חברים ישראל במסים .. כאחד מאחיו .. יום א' ג' אדר שצ"ג. Daraus ergibt sich, daß er mittellos war. Aus einem Schreiben des gelehrten Dänen Suaningius an Johann Buxtorf (noch handschriftlich in Buxtorfs Korrespondenz) vom Februar 1630 geht hervor, daß Delmedigo bereits in dieser Zeit in Frankfurt war. Dieses Schreiben liefert einige, nicht besonders erhebliche Data zu dessen Biographie, mehr aber zur Beurteilung seiner Gelehrsamkeit: Judaei Francofurtenses me balbutientem audivissent, eruditam meam extollunt inscitiam et non sine honoris testificatione demittunt. Ex iis unum oculis tuis subjicio, cui patria Creta, nomen in foedere Joseph contigit. Gloriatur se peregrinatione Asiae et Europae nobiliores perlustrasse provincias et cum eodem felici consortio (?) Linguarum Cardinalium et aliarum exoticarum conjunxisse. Fides auxit quod expeditissima ratione sine interprete cum eruditis Judaeis Rabbinica, cum uxore Hispanica, mecum Romana singula peregerit Lingua. Memoriae tenacitates et Linguae promptitudines subinde admiror, imprimis in uno hujus aetatis Judaeo. In arte medica artifex exstiterit, judicent qui poterunt. (Mitgeteilt in Geigers Jüd. Zeitschrift, Jahrg. 1871, S. 132). Vgl. Frankls Monatsschrift Jahrg. 1881, S. 82.

[2]) Von S. Luzzattos Biographie ist wenig bekannt; zu dem, was Wolf und de Rossi (s. v.) gegeben haben, haben Nepi und Ghirondi (תולדות גדולי ישראל, p. 316, 317) wenig Neues hinzugefügt. Sein Todesjahr nach Unger (bei Wolf III, S. 1150) 6. Januar 1663, Geburtsjahr nicht bekannt; aber da seine Schrift Socrate bereits 1613 in Venedig gedruckt wurde, so muß er damals doch mindestens ein Zwanziger gewesen sein. [Nach S. D. Luzzatto, Autobiografia (Padua 1878), S. 15 erschien die betreffende Schrift jedoch erst 1651, so daß der vorstehenden Kombination die Grundlage entzogen wird. Doch folgt, wie bereits Leon Luzzatto (a. a. O., S. 33) hervorhebt, aus dem

mit Leon Modena Rabbiner in Venedig. Luzzatto war zwar eben so wenig eine hervorragende Persönlichkeit, aber er hatte viel mehr Gediegenheit als sein Kollege Modena und als Delmedigo. Von dem letzteren, der ihn persönlich kannte, wird er als ein ausgezeichneter Mathematiker gerühmt. Auch in die alte und neue Literatur war er gründlich eingelesen. Mehr noch als Wissen und Gelehrsamkeit zierten ihn seine Aufrichtigkeit und Wahrheitsliebe, die er niemals verleugnete. Eine Parabel, die Luzzatto in seiner Jugend in italienischer Sprache ausarbeitete, bekundet seine Gesinnung, wie seine Geistesreife, daß er frühzeitig über das Verhältnis des Glaubens zum Wissen nachgedacht hat. Er legte seine Gedanken dem Vater der griechischen Weisheit, Sokrates, in den Mund: In Delphi hatte sich eine Akademie gebildet, die sich's zur Aufgabe stellte, das menschliche Wissen zu läutern. Alsbald richtet die Vernunft eine Bittschrift an sie aus dem Kerker, in dem sie so lange von der gläubigen Autorität gehalten worden war, sie in Freiheit zu setzen[1]). Obwohl die Hauptträger des Wissens, Pythagoras und Aristoteles, sich gegen das Gesuch der Vernunft aussprechen und auch vor deren Befreiung warnen, weil sie ungezügelt die schrecklichsten Irrtümer erzeugen und verbreiten würde, so setzt die Akademie sie doch in Freiheit, weil nur dadurch das menschliche Wissen gefördert werden könne. Die Autorität wird ihres bisherigen Amtes entsetzt. Die freigelassenen Geister richten aber großen Schaden unter den Menschen an, die Akademiker sind ratlos. Da tritt Sokrates auf und setzt in langer Rede auseinander, daß beide, Vernunft und Autorität, zur Alleinherrschaft zugelassen, nur Irrtümer und Schädlichkeit erzeugen, dagegen gegenseitig beschränkt, die Vernunft durch die Offenbarung und diese wiederum durch Vernunft, das rechte Maß und einen schönen Zusammenklang gäben, wodurch der Mensch sein Ziel hienieden und jenseits erreichen könne. Dieser Gedanke, daß Vernunft und Glaube einander regeln und überwachen müssen, der in der maimunischen Zeit bereits als Gemeinplatz galt, wurde in dieser Epoche, unter der bevormundenden Herrschaft der lurjanischen Kabbala, in jüdischen Kreisen als eine kühne Neuerung, fast als Ketzerei angesehen.

Umstande, daß Simcha Luzzatto bereits 1606 in Angelegenheit des Frauenbades zu Rovigo als Rabbiner in Venedig ein R G A (betitelt מִשְׁעַן מַיִם) in der Sammlung משבית מלחמות (S. 38b bis 56b) abgegeben hat, daß sein Geburtsjahr etwa in das Jahr 1580 gesetzt werden muß].

1) Der Titel dieser Schrift lautet: Socrate, opera, nella quale si dimostra, quanto sia imbecille l'intendimento humano mentre non è diretto della revelatione divina.

Simone Luzzatto ließ sich von dem überlauten kabbalistischen Schwindel nicht berücken, er warf seine Vernunft nicht hinter sich; er war gläubig, blieb aber dabei nüchtern. Er teilte nicht die Schwärmerei Manasse Ben-Israels und vieler anderen, daß die verloren geglaubten israelitischen Zehnstämme irgendwo in einem der Erdteile in Unabhängigkeit und Waffenmacht vorhanden wären. Mit nüchternen jüdischen Forschern der Vorzeit nahm er an, daß die Danielsche Offenbarung nicht auf einen künftigen Messias deute, sondern nur geschichtliche Vorgänge widerspiegele[1]). Auch er verfaßte eine Schrift über die Sitten und Glaubensansichten des Judentums, die er „wahrheitsgetreu ohne Eifer und Leidenschaft" darzustellen sich vornahm. Sie sollte wahrscheinlich ein Gegenstück zu Leon Modenas Darstellung bilden, welche einen Schatten auf das Judentum warf.

Meisterhaft ist Luzzattos Verteidigungsschrift für das Judentum und die Juden, der er den Titel gab: Abhandlung über den Stand der Hebräer[2]). Sie zeugt ebenso sehr für seinen praktisch nüchternen Sinn, wie für seine Wahrheitsliebe, seine vernünftige Anhänglichkeit an das Judentum und seine gediegenen Kenntnisse. Er wollte, wie er sagte, sie nicht dem oder jenem Patron aus Schmeichelei widmen, sondern den Freunden der Wahrheit im allgemeinen. Er beschwor diese Freunde, die Überbleibsel des alten hebräischen Volkes, wenn auch durch Leiden entstellt und durch lange Gefangenschaft verkümmert, nicht geringer zu achten, als ein verstümmeltes Kunstwerk von Phidias oder Lysippus, da doch alle Menschen zugeben, daß dieses Volk einst von dem höchsten Werkmeister belebt und geleitet worden sei. — Es ist erstaunlich, welche gründliche Kenntnis der Rabbiner von dem damaligen Welthandel und der darauf einwirkenden politischen Stellung der europäischen und naheliegenden asiatischen Staaten hatte. Luzzatto hätte einen brauchbaren Finanz- und Handelsrat abgeben können. Der Zweck, den er mit seiner Verteidigungsschrift verfolgte, war zunächst der Böswilligkeit einiger venetianischer Patrizier gegen die Juden in

[1]) Der Konvertit Samuel Nahmias oder Giulio Morosini hat Luzzattos Äußerung über den Sinn der Danielschen Apokalypse entstellt oder mißverstanden, wenn er ihn in seiner via della Fede sprechen läßt, sie könne auch auf Jesus hinweisen (auch ausgezogen bei Wolf III, S. 1128). Vermöge Luzzattos Geistesrichtung kann er nur behauptet haben, sie weise gar nicht auf einen Messias hin, sondern nur auf die Hasmonäergeschichte, wie Chajim Galipapa die Danielschen Kapitel interpretiert hat.

[2]) Discorso circa il stato degl' Hebrei, Venedig 1638, p. 5a und 91a; das. zitiert er seine Schrift Trattato dell'opinioni . . e dei riti loro più principali.

dem Polizeistaate die Waffen zu entziehen. Das eigentliche Volk hatte weniger Antipathie gegen die Juden, es lebte zum Teil von ihnen. Aber unter den Teilhabern an der Regierung gab es fanatisch religiöse Eiferer und Neider, welche eine noch größere Beschränkung oder gar Ausweisung derselben befürworteten. Es war ihnen nicht ganz wohl, daß die venetianischen Juden, die in dem Ghetto eingepfercht, kein Grundstück besitzen und kein Handwerk betreiben durften, mit ihnen in Geldgeschäften und Handel konkurrierten. Die Handelsstadt Venedig, von den neu aufgekommenen Seemächten Holland und England bei weitem überflügelt und auch allmählich aus der Levante verdrängt, sah manches seiner stolzen Handelshäuser in glänzendem Elend, während neue jüdische Kapitalisten an ihre Stelle traten und die levantinischen Geschäfte an sich rissen. Mit geschickten Wendungen und feinen Andeutungen gab Luzzatto den Politikern Venedigs zu verstehen, daß Erschöpfung zu dem beginnenden Verfalle der Republik noch hinzutrete, die Wohlhabenden nur auf Erhaltung des Erworbenen und auf Genüsse bedacht seien, und der ehemalige venetianische Welthandel nahe daran sei, in die Hände Fremder überzugehen. Die Juden seien daher ein Segen für den Staat geworden. Es sei doch geratener, den ausgebreiteten Handel namentlich nach dem Orient den eingeborenen Juden zu lassen und sie zu schützen, als ihn den Nachbarstädten oder ganz Fremden zugewendet zu sehen, welche im Lande selbst einen Staat im Staate bildeten, sich nicht immer gefügig gegen die Gesetze zeigten und das bare Geld nach und nach außer Landes führten. Luzzatto rechnete statistisch aus, daß die Juden der Republik jährlich mehr denn 250 000 Dukaten eintrugen, daß sie 4000 Arbeitern Brot gaben, einheimische Fabrikate billig lieferten und Waren aus den entfernten Ländern herbeischafften[1]). Ein Rabbiner mußte erst diese volkswirtschaftliche Seite, welche die Lebensbedingung für die Inselrepublik war, den weisen Räten vor Augen führen. Luzzatto machte noch darauf aufmerksam, von wie bedeutendem Nutzen sich die Kapitalisten der Juden in jüngster Zeit während der Pest und der Auflösung der Polizeiordnung erwiesen hatten, wie sie zuvorkommend dem Staate Geld anboten, um keine Verlegenheit eintreten zu lassen.

Auch von der religiösen Seite verteidigte Luzzatto die Juden gegen Angriffe, aber in diesem Punkte ist seine Auseinandersetzung nicht originell. Wenn er die Lichtseiten seiner jüdischen Zeitgenossen hervorhob, so verschwieg er keineswegs ihren Schatten, und das gereicht ihm zum Lobe. Luzzatto schilderte sie folgendermaßen. So sehr auch die

[1]) S. o. S. 134.

Weise des venetianischen Juden verschieden ist von der des Konstantinopolitaners, Damaskers, des deutschen und polnischen, so haben sie doch sämtlich etwas Gemeinsames. „Es ist eine Nation von zaghaftem und unmännlichem Sinne, im gegenwärtigen Stande einer politischen Regierung unfähig, nur beschäftigt mit ihren Sonderinteressen und wenig um das Allgemeine bekümmert. Die Sparsamkeit der Juden streife an Geiz; sie seien Bewunderer des Altertums und hätten kein Auge für den gegenwärtigen Lauf der Dinge. Viele von ihnen seien ungebildet, ohne Sinn für Lehren oder Kenntnis der Sprachen und die Befolgung ihrer Religionsgesetze bis zur Peinlichkeit übertreibend. Sie hätten aber auch bemerkenswerte Eigenschaften: Festigkeit und Beständigkeit in ihrer Religion, Gleichmäßigkeit der Glaubenslehren in der langen Reihe von mehr denn fünfzehn Jahrhunderten seit der Zerstreuung; wunderbare Standhaftigkeit, wenn auch nicht Gefahren entgegen zu gehen, so doch das herbste Elend zu ertragen und auszuharren. Sie besitzen Kenntnis der heiligen Schrift und ihrer Erläuterungen, Mildtätigkeit und Gastlichkeit gegen Stammesgenossen — der persische Jude leidet gewissermaßen bei den Unbilden der italienischen mit — strenge Enthaltsamkeit von fleischlichen Vergehungen, außerordentliche Sorgsamkeit, die Familie unbefleckt zu erhalten; Geschicklichkeit, schwierige Angelegenheiten zu behandeln. Unterwürfig und gefügig sind sie gegen jedermann, nur nicht gegen Religionsgenossen. Die Fehler mancher Juden haben mehr den Charakter des Feigen und Niedrigen, als des Grausigen und Ungeheuerlichen"[1]).

Wie sich Luzzatto zum Talmud verhielt, hat er nicht deutlich angegeben, sondern nur historisch auseinandergesetzt, daß es drei oder vier Klassen von Juden gäbe: Talmudisten oder Rabbinen, welche das mündliche Gesetz ebenbürtig neben die Bibel setzen, philosophisch Gebildete, Kabbalisten und Karäer. Doch deutete er an, daß auch er die talmudische Überlieferung für wahr hielt, dagegen die Kabbala als nichtjüdisch, als platonischen, pythagoräischen und gnostischen Ursprungs betrachtete[2]). Einer seiner Jünger erzählt von ihm, daß er sich über die Kabbalisten lustig machte und meinte, ihre Theorie habe keinen Anspruch auf den Titel einer Überlieferung; ihr fehle der heilige Geist[3]).

[1]) Das. Consideratione XI, p. 37b ff. [2]) Das. Cons. XVI, p. 75b ff.

[3]) Sendschreiben eines Anonymen in der Chajonschen Streitsache (vgl. darüber Note 6 unter Ziffer 13): Il mio maggior מלמד che fù à Venezia il מורנו Luzato נ"ע, huomo insigne in tutto, mi diceva che la קבלה in questi tempi non si doveva dire קבלה, ma Cabala perchè mancando del רוח הקדש, mancava il poter penetrare le cose del ביה(?) e poi lui si burlava di quelli, che pretendevano esser Cabalisti.

Diese vier mit dem bestehenden Judentum mehr oder weniger unzufriedenen Denker, die mit so viel Geist und Kenntnissen ausgerüstet und redegewandt waren, haben jedoch wenig oder gar keinen Einfluß auf ihre jüdischen Zeitgenossen ausgeübt und also die dichte Kruste auch nicht an einem Punkte zum Aufspringen gebracht. Luzzatto hat nur für einen beschränkten Leserkreis geschrieben und auch keine wuchtigen Stöße gegen das Unjüdische im Judentum geführt oder führen wollen. Uriel da Costa verfehlte sein Ziel wegen seines ungestümen, ungeduldigen Wesens und seines Mangels an Einsicht in das Grundwesen des Judentums, Leon Modena war selbst zu sehr schwankend, vom Winde entgegengesetzter Meinungen hin und her bewegt, als daß er eine ernstliche Überzeugung hätte herstellen und den Kampf dafür aufnehmen sollen. Seine Angriffe auf die unangemessene Seite des Judentums hatte er, wie schon gesagt, nur im Stillen gemacht. Joseph Delmedigo hat geradezu mehr geschadet als genützt durch seine Unaufrichtigkeit und Heuchelei. Er hat in seiner Gesinnungslosigkeit sogar dem Unwesen der Kabbala das Wort geredet und die ohnehin urteilslose, wahnbetörte Menge geradezu durch das Gewicht seiner anderweitigen Kenntnisse in der Nebelhaftigkeit noch mehr bestärkt und verführt. Aber von zwei andern Seiten, von zwei ganz entgegengesetzten Persönlichkeiten, wurden so wuchtige Schläge gegen das Judentum geführt, daß sie es völlig zu zertrümmern drohten. Die in einem Juden gewissermaßen verkörperte Vernunft und die in einem andern eingefleischte Unvernunft reichten einander die Hände, um das Judentum als aufgehoben und aufgelöst zu behandeln und sozusagen den Gott Israels zu entthronen.

Sechstes Kapitel.

Spinoza und Sabbataï Zewi.

Spinozas Jugend, seine Mitschüler Mose Zacut und Isaak Naar. Sein Bildungsgang und frühreifer Zweifel. Sein innerer Bruch mit dem Judentum. Neue Märtyrer der Inquisition. Verfahren des Rabbinats gegen Spinoza. Mordversuch auf ihn. Er wird von Morteira und Aboab in den Bann getan. Verteidigung seiner Meinungsfreiheit, seine Rechts- und Staatstheorie. Sein Weltsystem (Ethik). Seine Antipathie gegen das Judentum. Seine Anschauung vom jüdischen Staate und Verkennen der jüdischen Geschichte. Spinozas gebildete Zeitgenossen in Amsterdam. De Rocomora; Enriques Gomez de Paz. Der Dichter Joseph Penso und das erste hebräische Drama. Gomez de Sosa; Arias; de Olliver y Fullano und seine poetische Gattin Isabel Correa; Thomas de Pinedo; Leon Templo; David Coen de Lara; Benjamin Musaphia. Orobio de Castro.

(1656—70.)

Während Manasse Ben-Israel mit allem Eifer daran arbeitete, den Giebel für den Bau des Judentums aufzurichten, d. h. den messianischen Abschluß herbeizuführen, legte einer seiner Jünger Gedankenhebel an, um diesen Bau bis auf seine Grundfesten zu zerstören, ihn in unnützes Gerölle und Staub aufzulösen. Er machte Ernst mit dem, was für Leon Modena nur Spiel war. Der jüdische Stamm hatte wieder einmal einen tiefen Denker in die Welt gesetzt, welcher den menschlichen Geist von seinen eingewurzelten Verkehrtheiten und Irrtümern gründlich heilen und ihm eine neue Richtung vorzeichnen sollte, um den Zusammenhang zwischen Himmel und Erde oder zwischen Geist und Körper besser zu begreifen. Wie sein Urahn Abraham wollte dieser jüdische Denker alle Götzen und Wahngebilde, vor welcher die Menschen bis dahin in Furcht, Gewohnheit und Gedankenträgheit ihre Kniee gebeugt hatten, zertrümmern und ihnen einen neuen Gott offenbaren, der nicht in unerreichbarer Himmelshöhe throne, sondern in ihnen selbst weile und webe, dessen Tempel sie selbst sein sollten. Er wirkte wie ein Gewitter, betäubend und niederschmetternd, aber auch reinigend und erfrischend.

Die zuckenden Gedankenblitze dieses Denkers erster Größe trafen das ihm zunächst Liegende, das Judentum, am meisten. In der Verkümmerung, in der sich damals Religion und Bekenner befanden, konnte selbst sein weltendurchdringender Blick nicht das schöne Gebilde unter der häßlichen Außenseite erkennen. Diese Verkennung machte ihn gewissermaßen zum Muttermörder.

Dieser große oder richtiger größte Denker seiner Zeit, welcher eine neue Erlösung brachte, war Baruch Spinoza (eigentlich Espinosa, geb. in Spanien[1]) 1632, st. 1677). Er gehörte einer Familie an, die weder durch Geistesgaben noch durch Wohlstand hervorragte. Kein Zeichen verriet bei seiner Geburt, daß er noch über zwei Jahrhunderte später als König im Reiche des Gedankens herrschen werde. Er besuchte mit vielen anderen Knaben in Amsterdam, wohin seine Eltern mit ihm eingewandert waren, die neu errichtete siebenklassige jüdische Schule. Bei seinen außerordentlichen Anlagen hat er sicherlich den Stufengang wenn nicht überflügelt, so doch eingehalten. Mit dem dreizehnten oder vierzehnten Jahre wurde er wohl von Manasse Ben-Israel in das Talmudstudium eingeführt und auch in hebräische Grammatik, Rhetorik und Poesie eingeweiht. Die letzte Ausbildung im Talmudischen und Rabbinischen erhielt er von Saul Morteira, dem bedeutendsten Talmudisten jener Zeit in Amsterdam. In Morteiras Lehrhaus waren zugleich mit Spinoza einige Mitjünger, welche später in die jüdische Geschichte mehr oder weniger eingegriffen haben, aber ganz andern Schlages waren.

Als der erste Jünger Morteiras galt Mose Zacut (geb. 1630, st. 1697)[2]), ein Abkömmling der berühmten Familie dieses Namens. Er bildete von seiner Jugend auf mit seinem Hange zur Mystik und Poesie einen direkten Gegensatz zu Spinoza. Jener liebte das Dunkel und die Verschwommenheit, dieser die Helle und die Bestimmtheit. Zwei Züge mögen Mose Zacut charakterisieren. Er wurde in der Jugend gefragt, was er von den märchenhaften Erzählungen im Talmud von Rabba Bar-Bar-Chana, welche Münchhausiaden gleichen, glaube und er antwortete, er halte sie für wahre Geschichten. In der Jugend lernte Zacut, wie die meisten portugiesischen Jünglinge Amsterdams, Lateinisch; später bereute er so sehr, diese Sprache erlernt zu haben,

[1]) Vgl. Note 1.

[2]) Über ihn vgl. Steinschneider, C. B. Nr. 6552. Eine Anekdote, mitgeteilt von Nepi (Biographien S. 224) charakterisiert ihn: שמעתי שבילדותו למד (מעשה זכות) לשון לאטין וכשהגדיל ועמד על דעתו הרחבה התענה כ׳ תעניות כדי שישתכח ממנו לפי שהיה אומר שהוא לשון הקליפה ולא יעמוד יחדיו עם רזי התורה וכו׳.

daß er vierzig Tage fastete, um sie zu vergessen, weil, wie er meinte, diese Zunge des Teufels sich nicht mit der kabbalistischen Wahrheit vertrage. Ein anderer Mitjünger Spinozas war Isaak Naar (Nahar), ebenfalls ein Mystiker und dazu eine hämische Natur mit einem weiten Gewissen[1]).

Der Wissenstrieb stachelte Spinoza, über den beschränkten Kreis der Studien hinauszugreifen, welche in Morteiras Lehrhaus getrieben wurden. Er vertiefte sich in die Schriften älterer jüdischer Denker, von denen ihn drei zugleich anzogen und abstießen, Ibn Esra mit seinem Freisinn und seiner Mystifikation, Mose Maimuni mit seinem künstlichen System, Glauben und Wissen, Judentum und Philosophie, zu versöhnen und endlich Chasdaï Crescas mit seiner Feindseligkeit gegen die hergebrachte Philosophie. Auch die Kabbala war Spinoza nicht fremd, deren Hauptlehren damals durch Abraham de Herrera (o. S. 118) und Isaak Aboab zugänglich gemacht worden waren. Diese Wissenselemente wogten und gärten in seinem nach Klarheit ringenden Geiste und erregten quälende Zweifel in seinem Innern, wozu am meisten Ibn Esras verdeckter Unglaube beigetragen hat. Schon als fünfzehnjähriger Jüngling soll Spinoza seinen Zweifel in Form von einschneidenden Fragen an seinen Lehrer Morteira ausgesprochen haben, welche den in ausgefahrene Gleise eingewöhnten Chacham nicht wenig in Verlegenheit gesetzt haben mögen[2]). Zu diesen aus der jüdischen Literatur ihm zugeführten skeptischen Elementen kamen von außen neue hinzu. Spinoza lernte auch Lateinisch, was nichts Besonderes war, da, wie schon erwähnt, fast sämtliche jüdische Jünglinge Amsterdams, wie die christlichen aus den gebildeten Ständen Hollands diese Sprache als Bildungsmittel betrachteten. Allein er begnügte sich nicht mit der oberflächlichen Kenntnis derselben, sondern wollte tiefer in ihre Literatur eingeführt werden. Zu diesem Behufe suchte er den Unterricht eines bedeutenden Philologen seiner Zeit, des Arztes Franz van den Enden auf, welcher für vornehme Jünglinge Amsterdams und von auswärts Vorlesungen hielt. Hier lernte er in Berührung mit gebildeten christlichen Jünglingen eine andere Anschauungsweise kennen, als in Morteiras Lehrhause und in den jüdischen Kreisen. Van den Enden befruchtete seinen Geist auch formell. Dieser war nämlich, wenn auch nicht Atheist, so doch ein skeptischer und satirischer Kopf, der sich über religiöse Gebräuche und Vorurteile lustig machte und deren Blößen

[1]) S. über ihn Note 2.

[2]) Spinozas Biographie bei Boulainvilliers.

aufdeckte. Was bei ihm aber nur Gegenstand der Laune und des Witzes war, das wurde in Spinozas empfänglichem und gärendem Geiste ein anregendes Element zu tieferm Nachdenken und Grübeln. Die Naturwissenschaften, Mathematik und Physik, die er mit Liebe betrieb, und die neu aufgetauchte imposante Philosophie des René Descartes (Cartesius), für die sein Geist eine ganz besondere Wahlverwandtschaft hatte, erweiterten seinen Gesichtskreis und klärten seine Urteilskraft. Je mehr ihm aus verschiedenen Kanälen neue Gedanken zuströmten, die er mit den ihm angeborenen verarbeitete, je mehr sich sein logisch gerader Verstand entwickelte, desto mehr wurde er dem Judentum in dem entstellenden rabbinischen und kabbalistischen Aufzuge entfremdet, und es bedurfte nicht dazu der Liebe zu van den Endens gelehrter Tochter[1]), um ihn dem jüdischen Leben abwendig zu machen.

Die selbständig urteilende Vernunft, welche von allem Überlieferten und durch die Zeit Geheiligten absieht, und ihrem eigenen Gesetze folgt, das war seine Geliebte, der er einen reinen, ungeteilten Kultus widmete, und die ihn dahin brachte, mit seinen ererbten Ansichten zu brechen. Alles, was sich nicht vor dem unerbittlichen Tribunal der klaren menschlichen Einsicht rechtfertigen läßt, galt ihm als Aberglauben und getrübte Einsicht, wo nicht gar als Wahnwitz. Sein Drang nach Wahrheit, nach der reinen Wahrheit und Gewißheit, führte ihn zum völligen Bruche mit der ihm von Jugend auf lieb gewordenen Religion; er verwarf nicht bloß das talmudische Judentum, sondern betrachtete auch die Bibel als Menschenwerk. Die scheinbaren Widersprüche in den Büchern der heiligen Schrift scheinen zuerst seinen Zweifel an der Göttlichkeit derselben angeregt zu haben[2]). Es mag ihm einen schweren Kampf gekostet haben, die durch vielfache Bande liebgewordene Gewohnheit und Anschauung aufzugeben, und gewissermaßen einen neuen Menschen anzuziehen. Denn Spinoza war eine ebenso bedeutend sittliche Natur, wie ein tiefer Denker. Etwas für unwahr in der Theorie halten und es doch aus Furcht, Gewohnheit oder Vorteil praktisch mitmachen, das war ihm ganz unmöglich. Er war ganz anders geartet, als der von ihm bewunderte Meister Descartes, welcher sich mit der von ihm entzündeten Fackel der Wahrheit von der Kirche fernhielt, um sie nicht in Brand zu stecken, eine Kluft zwischen Theorie und Praxis aushöhlte

[1]) S. Note 1.

[2]) Tractatus Theologico-politicus IX, p. 221: Quin addo, me nihil hic scribere, quod non dudum et diu meditatum habuerim, et quamquam a pueritia opinionibus de scriptura communibus institutus fuerim, non tamen potui haec non admittere.

und beispielsweise für das Gelingen seines auf Umsturz ausgehenden Systems eine Wallfahrt zur Madonna von Loretto gelobte. Nach Spinozas Kopf sollte jede Handlung ein treues Abbild der Vernunft sein. Sobald er im Judentum die Wahrheit nicht mehr finden konnte, brachte er es nicht mehr über sich, dessen rituelle Vorschriften zu befolgen. Er stellte allmählich den Besuch der Synagoge ein, kümmerte sich nicht mehr um den Sabbat und die Festzeiten und verletzte die Speisegesetze. Er beschränkte sich aber nicht bloß darauf, sich vom Judentume loszusagen, sondern brachte seine Überzeugung auch den Jünglingen bei, welche seine Belehrung suchten.[1])

Die Vertreter der Amsterdamer Gemeinde waren bei dem täglich zunehmenden Gerüchte von Spinozas Entfremdung und Feindseligkeit gegen das Judentum um so mehr betroffen, als sie sich in dem hochbegabten Jünglinge gewissermaßen gespiegelt und in ihm einst eine feste Stütze für die umlauerte Religion ihrer Väter erblickt hatten. Nun war zu befürchten, daß er sie verlassen, zum Christentum übertreten und seine Geistesgaben zur Bekämpfung seiner Mutterreligion anwenden würde. Durften die Vertreter, das Rabbinatskollegium und die Vorsteher diesem systematischen Aufheben des Judentums in der eigenen Mitte mit gleichgültigem Blicke zusehen? Es kamen noch immer Flüchtlinge aus Portugal und Spanien, welche ihre geachtete Stellung aufgaben, ihr Vermögen und ihr Leben aufs Spiel setzten, um sich zum Judentum frei zu bekennen. Andere ließen sich aus unbeugsamer Anhänglichkeit an das Bekenntnis ihrer Väter in die finsteren Kerker der Inquisition schleppen oder bestiegen freudigen Mutes die Scheiterhaufen. Ein zeitgenössischer Schriftsteller, ein Augenzeuge, berichtet: „In Spanien und Portugal sind Mönchs- und Nonnenklöster voll von Juden. Nicht wenige bergen das Judentum im Herzen und heucheln wegen weltlicher Güter den Christenglauben. Von diesen empfinden einige Gewissensbisse und entfliehen, wenn sie können. In dieser Stadt (Amsterdam) und in mehreren anderen Gegenden haben wir Mönche, Augustiner, Franziskaner, Jesuiten, Dominikaner, welche den (katholischen) Götzendienst verworfen haben. Es gibt in Spanien Bischöfe und feierlich ernste Mönche, deren Eltern, Brüder oder Schwestern hier (in Amsterdam) und in anderen Städten wohnen, um das Judentum

[1]) Vgl. die Bannformel gegen ihn Note 1. Darin heißt es: horrendas heregias que praticava e ensinava e ynormes obras que obrava. Er hat also seinen Unglauben anderen beizubringen gesucht.

bekennen zu dürfen"[1]). Gerade in den Jahren, in welchen sich Spinoza vom Judentum abwendete, stieg der Qualm der Scheiterhaufen für jüdische Märtyrer in mehreren Städten Spaniens und Portugals lichterloh auf, in Cuenca, Granada und San Jago de Compostella, in Cordoba und Lissabon.[2])

In der letzten Stadt wurde ein angesehener Marrane Manuel Fernando de Villa-Real, ein Staatsmann, politischer Schriftsteller und Dichter, welcher in Paris die Konsulatsgeschäfte des portugiesischen Hofes leitete, als er einst wieder geschäftshalber nach Lissabon gekommen war, von der Inquisition eingezogen, geknebelt und zum Tode geführt (1. Dezember 1652)[3]). In Cuenca wurden eines Tages (29. Juni 1654) an 57 judaisierende Christen zum Autodafé geschleppt. Die meisten wurden nur körperlich und mit Verlust ihres Vermögens bestraft, aber zehn wurden doch verbrannt. Unter ihnen befand sich ein angesehener Mann, der Hofsattler Balthasar Lopez aus Valladolid, der es zu einem Vermögen von 100 000 Dukaten gebracht hatte. Er war früher nach Bayonne ausgewandert, wo bereits eine kleine Gemeinde von ehemaligen Marranen geduldet wurde und war nur nach Spanien zurückgekehrt, um einen Neffen zur Rückkehr zum Judentum zu bewegen. Da ertappte ihn die Inquisition, folterte und verurteilte ihn zum Tode durch Erwürgen und Feuer. Auf dem Wege zum Schaffot machte sich Balthasar Lopez noch über die Inquisition und das Christentum lustig. Dem Henker, der ihn binden wollte, rief er zu: „Ich glaube nicht an deinen Christus, wenn du mich bindest" und warf das ihm aufgezwungene Kreuz zu Boden[4]). Fünf Monate später wurden zwölf Marranen in Granada verbrannt[5]).

[1]) Orobio de Castro bei Limborch de veritate religionis . . . amica collatio cum Judaeo ed. Basel (p. 174): Ideo omnia monachorum claustra (Hispaniae et Portugalliae) atque monalium Judaeorum plena: Canonici, inquisitores, Episcopi plurimi ex Judaeis procedunt; non pauci in corde judaïcant et propter ea bona temporalia Christianismum simulant, ex quibus aliqui resipiscunt et, ut possunt, effugiunt. In hac civitate (Amst.) et pluribus aliis regionibus monachos habemus, qui idolatriam rejecere: Augustinos, Franciscanos, Jesuitas, Dominicanos etc.

[2]) Unrichtig hat Spinoza behauptet, daß nur die portugiesischen Marranen in Portugal dem Judentum anhänglich waren, weil sie nicht als Vollbürger anerkannt waren, nicht aber in Spanien. Die Zahl der spanisch-marranischen Märtyrer war ebenso groß als die der portugiesischen in Spanien. (Traktat III, S. 42).

[3]) Quellen bei Kayserling, Sephardim, S. 28 und 332.

[4]) Llorente, Histoire de l'Inquisition en Espagne III, p. 472.

[5]) Das. III, p. 473.

Wieder einige Monate später (März 1655), endete auf dem Scheiterhaufen ein blühender und vielversprechender Jüngling von zwanzig Jahren, Marcos de Almeyda Bernal (als Jude Isaak), und zwei Monate darauf (3. Mai desselben Jahres) wurde Abraham Nuñes Bernal in Cordova verbrannt[1]).

Wer in der Amsterdamer Gemeinde nur Verse machen konnte, in spanischer, portugiesischer oder lateinischer Sprache, besang oder betrauerte das Märtyrertum der beiden Bernal[2]). Und alle diese Märtyrer und die tausend noch immer gehetzten jüdischen Schlachtopfer der Inquisition sollten, nach Spinozas Ansicht, einem Wahn nachgejagt haben? Durften die Vertreter der Judenheit in ihrer nächsten Nähe seine Ansicht ungerügt durchgehen lassen, daß das Judentum ein vieltausendjähriger Irrtum sei?

Das Rabbinatskollegium, worin die beiden Hauptchachams Saul Morteira und Isaak Aboab ihren Sitz hatten — Manasse Ben-Israel weilte damals in London — hatte sich vorher Gewißheit über Spinozas Sinneswandlung verschafft und Zeugnisse gesammelt. Es war nämlich nicht so leicht, ihn des Abfalls vom Judentum anzuklagen, da er seine Gedanken durchaus nicht marktschreierisch laut verkündete, wie etwa Uriel da Costa seinen Bruch mit dem Judentume. Ohnehin führte er ein stilles, abgeschlossenes Leben und verkehrte wenig mit Menschen. Sein Vermeiden der Synagoge, welches wohl zuerst aufgefallen sein mochte, konnte nicht Gegenstand einer rabbinischen Anklage sein. Es ist möglich, daß, wie erzählt wird, zwei seiner Mitjünger, (vielleicht der schlaue Isaak Nahar) sich an ihn gedrängt, ihn ausgehorcht und ihn des Unglaubens und der Verspottung des Judentums angeklagt haben. Spinoza wurde darauf vorgeladen, verhört und ermahnt, zu seinem alten Wandel zurückzukehren. Mit Strenge verfuhr das Rabbinat anfangs nicht gegen ihn, da er ein Liebling seines Lehrers und wegen seines bescheidenen Wesens und seiner sittlichen Haltung in der Gemeinde beliebt war. Vermöge der Festigkeit seines Charakters hat Spinoza wohl keinerlei Zugeständnisse gemacht und auf der Freiheit der Forschung des Denkens und Verhaltens bestanden. Ohne Zweifel wurde er infolgedessen mit dem leichten Bann belegt, d. h. auf 30 Tage wurde jeder nähere Umgang mit ihm untersagt. Dieses mochte Spinoza, der, in sich gekehrt, in seiner reichen Gedankenwelt Unterhaltung genug fand, weniger

[1]) De Barrios, Relacion de los Poetas, p. 57; Govierno popular Judaico, p. 46.

[2]) Vgl. Kayserling a. a. O., S. 200.

geschmerzt haben, als den oberflächlichen da Costa. Auch fehlte es ihm nicht an Umgang mit christlichen Freunden. Er zeigte daher keinerlei Veränderung seines Wandels. Diese Festigkeit wurde natürlich auf der andern Seite als Halsstarrigkeit und Trotz ausgelegt. Aber Rabbinat wie Vorstand wollten dennoch die Strenge des rabbinischen Gesetzes nicht gegen ihn anwenden, um ihn nicht aufs äußerste, d. h. in die Arme der Kirche zu treiben. Welchen Schaden hätte der Übertritt eines so bedeutenden Jünglings zum Christentume in der noch ziemlich jungen, aus Juden mit christlichen Erinnerungen bevölkerten Gemeinde nach sich ziehen können? Welchen Eindruck hätte er auf die Marranen in Spanien und Portugal gemacht? Vielleicht mag auch der Skandal, welchen die noch in Andenken gebliebene Bannung da Costas verursacht hatte, eine Wiederholung derselben untunlich gemacht haben. Die Rabbinen ließen daher so unter der Hand Spinoza durch seine Freunde eine jährliche Pension von 1000 Gulden unter der Bedingung anbieten, daß er keinen feindlichen Schritt gegen das Judentum tun und sich von Zeit zu Zeit in der Synagoge blicken lassen würde. Allein Spinoza war, obwohl noch jung, bereits so gefestigten Charakters, daß ihn Geld nicht zum Aufgeben seiner Überzeugungen oder gar zur Heuchelei verlocken konnte. Er beharrte darauf, daß er die Freiheit der Forschung und Prüfung nicht fahren lassen werde. Er fuhr auch fort, seine das Judentum untergrabenden Lehren jüdischen Jünglingen mitzuteilen. So verschärfte sich die Spannung zwischen den Vertretern des Judentums und ihm täglich mehr; beide waren im Rechte oder glaubten es zu sein. Ein Fanatiker in Amsterdam glaubte dieser Spannung durch einen Messerstich gegen den gefährlichen Apostaten ein Ende machen zu können. Er lauerte Spinoza beim Austritt aus dem Theater auf und fuhr mit dem Mordwerkzeuge gegen ihn los. Dieser hatte aber die feindliche Bewegung zeitig genug bemerkt und wich dem Stoße aus, so daß nur sein Rock davon beschädigt wurde[1]). Infolgedessen verließ Spinoza Amsterdam, um sich nicht der Gefahr des Meuchelmordes auszusetzen und begab sich zu einem Freunde, der ebenfalls von der herrschenden kalvinischen Kirche verfolgt wurde, zu einem Anhänger der Sekte der Rhynsburger oder Kollektanten, welcher in

[1]) Bei Colerus heißt es: sortant de la synagogue portugaise, bei Bayle dagegen: au sortir de la comédie. Obwohl der erstere dafür die Aussage van de Spycks und seiner Frau zitiert, die es aus Spinozas Munde vernommen haben wollen, so ist Bayles Nachricht doch vorzuziehen. Spinoza wurde doch eben wegen seiner Absenzen aus der Synagoge gebannt. Seine Wirte mögen diesen Umstand nicht genau im Gedächtnis behalten haben.

einem Dorfe zwischen Amsterdam und Oudekerk wohnte. An eine Aussöhnung Spinozas mit der Synagoge war nach diesem Vorfall nicht mehr zu denken. Daher sprachen Rabbiner und Vorstand über ihn den schwersten Bann (Cherem) aus und verkündeten ihn in portugiesischer Sprache an einem Donnerstag (6. Ab = 27. Juli 1656)[1]), kurz vor dem Trauertage der Zerstörung Jerusalems in der Synagoge von der Kanzel herab in feierlicher Weise bei der geöffneten heiligen Lade. Der Inhalt des Bannes war: „Seit lange hat der Vorstand Nachricht von den schlechten Meinungen und Handlungen des Baruch d'Espinosa gehabt, und diese nehmen noch von Tag zu Tag zu, trotz der Bemühung, ihn davon abzuziehen. Namentlich lehrt und verkündet er entsetzliche Ketzerei, wofür glaubwürdige Zeugen vorhanden sind, welche ihre Aussagen in Gegenwart des Angeklagten abgelegt haben." Dieses alles sei in Gegenwart der Chachams geprüft worden, und so habe der Vorstand beschlossen, ihn in den Bann zu tun und von der Gemeinschaft zu trennen. — Darauf wurden in Gegenwart der Thorarolle die üblichen Bannflüche gegen ihn ausgesprochen, und zuletzt warnte der Vorstand, mit ihm mündlich oder schriftlich zu verkehren, ihm eine Gunst zuzuwenden, mit ihm unter einem Dache oder innerhalb vier Ellen zu weilen oder das von ihm Geschriebene zu lesen. Der Bann gegen Spinoza wurde gegen die sonstige Art verschärft, um Jünglinge von seinen Ketzereien fernzuhalten.

Spinoza war, wie schon gesagt, von Amsterdam abwesend, als der Bann gegen ihn geschleudert wurde. Die Nachricht davon soll er gleichgültig hingenommen und dabei bemerkt haben, man zwinge ihn zu etwas, was er auch sonst getan haben würde. Seine die Einsamkeit liebende Denkernatur konnte auch leicht den Verkehr mit Verwandten und ehemaligen Freunden missen. Indessen so ganz ohne Folgen lief die Sache für ihn nicht ab. Der Vorstand der portugiesischen Gemeinde ging gegen ihn auch bei der städtischen Behörde vor, um seine dauernde Verbannung aus Amsterdam zu erwirken. Der Magistrat legte die Frage, die doch eigentlich eine theologische war, den Geistlichen vor, und diese sollen seine Entfernung aus Amsterdam auf einige Monate beantragt haben. Höchst wahrscheinlich hat ihn dieses Verfahren des Vorstandes veranlaßt, eine Rechtfertigungsschrift auszuarbeiten, um der weltlichen Behörde darzutun, daß er kein Verbrecher oder Übertreter der Staatsgesetze sei, sondern daß er nur sein gutes Recht ausgeübt habe, über die Religion seiner Väter oder über Religion überhaupt nachzu-

[1]) S. darüber Note 1.

denken und eine andere Ansicht darüber aufzustellen. Die Gedankenreihe, welche in Spinoza bei Ausarbeitung dieser Selbstverteidigung aufstieg, regte ihn ohne Zweifel an, dieser Frage eine größere Ausdehnung und Tragweite zu geben. Sie gab ihm Veranlassung, die Denk- und Forschungsfreiheit überhaupt zu behandeln und damit den Grund zu der ersten seiner gedankenreichen Schriften zu legen, welche ihm literarische Unsterblichkeit verschafft haben. In dem Dorfe, wohin er sich zurückgezogen hatte, (1656 bis 60) und später in Rhynsburg, wo er auch mehrere Jahre weilte (1660 bis 64), beschäftigte sich Spinoza mit dem Schleifen optischer Gläser, was er zur Sicherung seiner mäßigen Subsistenz erlernt hatte, mit der cartesianischen Philosophie und mit der Ausarbeitung der Schrift „Der theologisch-politische Traktat". Es war ihm hauptsächlich darum zu tun, die Überzeugung zu verbreiten, daß die Denkfreiheit unbeschadet der Religion und des staatlichen Friedens gestattet werden könne, und noch weiter, daß sie gestattet werden müsse, denn wenn sie verboten würde, könnten die Religion und der Frieden im Staate nicht bestehen.

Die Apologie für die Denkfreiheit hatte sich Spinoza durch Querbalken seines großartig angelegten Gedankenbaues eher erschwert als erleichtert. Er konnte nämlich die Urquelle des Rechtes philosophisch nicht finden und verlegte dessen Ursprung in die Macht. Weder Gott noch das dem Menschengeiste innewohnende sittliche Gewissen bilden nach Spinoza die Ausflüsse des die Menschheit regelnden und zivilisierenden ewigen Rechtes, sondern der ganz niedere Naturstand. Er machte gewissermaßen „die Menschen wie die Fische des Meeres, wie Gewürm, das keinen Herrscher hat". Die großen Fische haben das Recht, nicht bloß das Wasser zu schlürfen, sondern auch die kleinen Fische zu verschlingen, weil sie die Macht dazu haben; auch die Rechtssphäre des einzelnen Menschen erstreckt sich eben so weit, wie seine Machtsphäre. Dieses Naturrecht erkenne den Unterschied von Gut und Böse, von Tugend und Laster, von Hingebung und Vergewaltigung gar nicht an. Weil aber ein solcher Zustand der ausgedehntesten Rechthaberei eines jeden zu einem ewigen Kriegszustande aller gegen alle führen müßte, hätten die Menschen stillschweigend aus Furcht oder Hoffnung oder Einsicht dieser ihrer weiteren Rechtsbefugnis sich begeben und sie auf ein Kollektivwesen, den Staat, übertragen. Die Menschen hätten unter zwei Übeln, dem Vollbesitze ihrer auf gegenseitige Aufreibung gerichteten Rechts- und Machtsphäre und der Veräußerung derselben, das letztere als das kleinere gewählt. Der Staat, sei er durch eine ausdrücklich dazu frei erwählte Oberbehörde (holländische Generalstaaten) oder durch einen Despoten repräsentiert, sei eben dadurch der volle Inhaber des Rechtes aller, weil er eben die Macht aller besitze. Ihm sei jedermann aus eigenem Vorteile unbedingten Gehorsam schuldig, auch wenn ihm befohlen würde, andern das Leben zu rauben; jede Widersetzlichkeit gegen ihn sei nicht bloß sträflich, sondern auch vernunftwidrig. Diese höchste Macht sei nicht einmal an ein Gesetz gebunden. Gleichviel ob sie von einem einzelnen (monarchisch) oder von mehreren (republikanisch) ausgeübt werde, in jedem Falle sei sie berechtigt alles zu tun und könne gar kein Unrecht begehen. Der Staat habe aber nicht bloß das höchste Recht über Handlungen weltlicher Natur, sondern auch über geistliche und religiöse Ansichten; er könne sonst nicht bestehen, wenn es jedem unter dem Vorwande der Religion gestattet wäre, den Staat aufzulösen. Die Staatsgewalt habe also ganz allein die Befugnis, die Religionsangelegenheiten zu fixieren und zu bestimmen, was Glaube und was Unglaube, was Rechtgläubigkeit und was Ketzerei sei[1]). Welch eine tyrannische Konsequenzmacherei! Wie diese spinozistische Theorie das sittliche Recht nicht anerkennt, so auch nicht Gewissenhaftigkeit und Treue. Sobald die Regierung schwach werde und ihre Macht einbüße, habe sie keinen Anspruch mehr auf Gehorsam; jedermann dürfe sich von ihr lossagen und sich ihr widersetzen, um sich der neu auftretenden Macht zu unterwerfen. Nach dieser Theorie des weltlichen und religiösen Despotismus dürfte eigentlich niemand eine eigene Meinung über das vom Staate Gesetzte (Gesetz) haben, sonst wäre er ein Rebell. Fast benimmt Spinozas Theorie auch die Denk- und Meinungsfreiheit. Wer gegen irgendeine Staatseinrichtung spricht, um die Regierung anzuklagen oder verhaßt zu machen, oder gegen ihren Willen ein Gesetz abzuschaffen sucht, ein solcher ist als Friedensstörer zu betrachten[2]). Nur durch einen sophistischen Kniff konnte Spinoza die Denkfreiheit und die freie Meinungsäußerung retten. Jeder Mensch habe von Natur dieses Recht, und das sei das einzige, welches er nicht an die Staatsgewalt veräußert oder übertragen habe, weil es seinem Wesen nach unveräußerlich sei. Es müsse jedem gestattet bleiben, gegen die Anschauung der Regierung zu denken und zu urteilen, auch zu sprechen und zu lehren, wenn es nur mit Vernunft und Besonnenheit, ohne Betrug, Zorn, Haß und ohne Absicht, eine Veränderung herbeizuführen, geschehe[3]). Mit diesem schwachen Grunde, welchen einige andere Nebengründe stützen sollten,

[1]) Theologisch-politischer Traktat p. 16—18.
[2]) Das. c. 20 p. 127.
[3]) Das.

rechtfertigte Spinoza seine Bekämpfung des Judentums und seine philosophischen Angriffe gegen die auch von den holländischen Staaten anerkannten heiligen Urkunden. Er glaubte seine Berechtigung dazu vor der Staatsbehörde genügend durch die Verteidigung der Denkfreiheit dargetan zu haben. In der Darstellung dieser Apologie zeigte sich, daß er denn doch noch nicht so gleichgültig gegen die Behandlung war, die ihm von seiten des Rabbinatskollegiums widerfahren war. Spinoza war so sehr von Unwillen, wenn nicht von Haß gegen Juden und Judentum erfüllt, daß sein sonst klares Urteil dadurch getrübt war. Er nannte die Rabbinen, wie da Costa, nicht anders als Pharisäer, und schob ihnen eine ehrgeizige und niedrige Gesinnung unter, während sie doch in Wahrheit nur ihren Schatz gegen Angriffe sicherstellen wollten.

Stolz auf die seit Jahrhunderten von der Kirche unterdrückte, damals um so kräftiger emporschnellende Vernunft, lud Spinoza die Theologie und besonders das uralte Judentum vor ihren Richterstuhl, prüfte dessen Dogma und Urkunden und sprach sein Verdammungsurteil über seine Mutter aus. In seinem Kopf hatte er einen Gedankenturm aufgerichtet, von dem aus er gewissermaßen den Himmel stürmen wollte. Doch nein, eher gleicht Spinozas Philosophie einem engmaschigen Fangnetze, an dem vor unsern Augen Glied an Glied, Masche an Masche angesetzt wird, und von dem der menschliche Verstand unversehens umgarnt wird, so daß er halb gezwungen, halb freiwillig sich gefangen geben muß. Spinozas Geist erkannte, wie kein Denker vor ihm, eherne unveränderliche Gesetze im ganzen Weltall, in der Entfaltung des unscheinbar winzigen Samenkorns nicht minder als in der Kreisbewegung der Himmelskörper, in der Regelmäßigkeit des mathematischen Denkens, wie in der scheinbaren Regellosigkeit wilder Leidenschaften. Während diese Gesetze ewig in gleicher Weise wirken, dieselben Ursachen, dieselben Erscheinungen in unendlicher Zeitenreihe hervorbringen, sind die Träger der Gesetzmäßigkeit vergängliche Wesen, Eintagsfliegen, welche auftauchen und verschwinden, um andern ihren Platz einzuräumen. Hier Ewigkeit, dort Vergänglichkeit, hier Notwendigkeit, dort Zufälligkeit, hier Wirklichkeit, dort Schein. Diese und andere Rätsel suchte Spinoza mit seinem Scharfsinn zu lösen, der in ihm den Sohn des Talmuds nicht verkennen läßt, aber auch mit einer logischen Folgerichtigkeit und Architektonik der Gedankenreihen, um die ihn Aristoteles hätte beneiden können. Die Steine zu seinem Riesengedankenbau sind scheinbar einfacher Art: fein durchdachte Begriffsbestimmungen (Definitionen), sichere Voraussetzungen (Axiome), unumstößliche Beweise und Folgerungen (Demonstration und Korollarien). Spinoza ging dabei von der Voraussetzung aus, daß in der Welt der Wesenheit wie in der Mathematik alles, was der menschliche Geist richtig anschaut, begreift und folgert, nicht bloß eine formale, sondern auch eine tatsächliche, wirkliche (substanzielle) Wahrheit sei, an welcher zu zweifeln Unverstand wäre.

Der Träger aller dieser ewigen, notwendigen Gesetze und des regelmäßigen Verlaufs der Dinge müsse selbst ewig und notwendig sein. Es ist das Selbstbestehende (Substanz)[1]), das in nichts anderm außer sich, sondern in sich selbst seine Bedingung habe, das seine eigene Ursache sei. Diese Substanz kann nur eine sein. Sie allein ist die Trägerin der Notwendigkeit und Ewigkeit, ist wahrhaft vollkommene Wesenheit und Wirklichkeit, die von Ewigkeit zu Ewigkeit wirkt; es ist Gott. Gott allein ist das Sein und Dasein, ohne ihn existiert nichts. Er ist der Inbegriff aller Vollkommenheiten und Wirklichkeiten, aber alles in notwendiger Weise. Sein Wesen ist zugleich Macht, d. h. ewige Wirksamkeit, ewige Ruhe und doch ewiges Schaffen und Hervorbringen der Fülle des Seins. Eine unendliche Zahl unendlicher, wesenhafter Eigenschaften (Attribute) machen Gottes Wesen aus, von denen jedoch nur zwei dem beschränkten Verstande erkennbar seien, unendliches Denken (Intellectus) und unendliche Ausdehnung (Extensio), d. h. nicht etwa Körperlichkeit und Materialität, sondern Verleiblichung des Denkens. Diese beiden scheinbar grundverschiedenen Eigenschaften,

[1]) Über Spinozas Entlehnung aus vorangegangenen Doktrinen vgl. Siegwart, Spinozas neuentdeckter Traktat von Gott (Gotha 1866) S. 96 f. Mit Recht behauptet Siegwart (S. 99), daß Spinozas pantheistische Mystik nicht von Cartesius entlehnt sein kann. Es mag dahingestellt sein, ob Spinoza Giordano Bruno gekannt und benutzt hat; aber eine kabbalistische Quelle hat er entschieden gekannt und benutzt, nämlich das שער השמים = porta coeli von Abraham de Herrera, das in Amsterdam 1656 in hebräischer Sprache erschienen ist. In den ersten Kapiteln dieses kabbalistischen und quasi-philosophischen Buches findet man manche Anklänge an Spinozas propositiones im ersten Buche der Ethik. Ich will nur einen Satz hervorheben, welcher den Angelpunkt des spinozistischen Systems bildet: מחויב המציאות לא יתכן היות כי אם אחד (I), verglichen mit Ethik I, Prop. 5: In rerum natura non possunt dari duae aut plures substantiae ejusdem naturae sive attributi. Auch die Definition der Substanz, daß sie das Dasein involviere, findet sich bei Herrera (das.) כל נמצא ימצא בחיוב והיא אשר מציאותו בלתי נבנה בשום אופן, verglichen mit Spinozas Prop. 7: Ad naturam substantiae pertinet existere. De Herreras Buch verdient nach dieser Seite eine eingehendere Untersuchung. Ich habe weiterhin auf einige Gedanken hingewiesen, die Spinoza aus der Kabbala oder andern jüdischen Philosophen entlehnt hat.

Denken und Ausdehnung, seien im ewigen Bestande Gottes eins, gehörten zueinander in unauflöslicher Verbindung, so daß es keine reinen Gedanken oder Geister ohne räumliche Abgeschlossenheit, und kein im Raume eingeschlossenes Wesen ohne Denkregung geben könne. So erscheint denn nach Spinozas Auffassung alles dasjenige geeint und harmonisch verbunden, was für die Denker seiner Zeit durch eine Kluft getrennt schien. Hier Gott und dort die Welt, hier Geist und dort Körper oder Ausdehnung! Wie wirken diese drei Grundwesenheiten (Substanzen) aufeinander, da sie doch verschiedener Natur sind? Antwort: Es gibt nur eine einzige Grundwesenheit und kann nur eine geben, wenn sie die Ursache ihrer selbst sein soll, aber diese Substanz enthält Geist und Raumerfüllung zugleich, als zwei Eigenschaften, die nach ihren eigenen Gesetzen tätig sind. — So hoch aber auch Spinoza Gott stellte oder vielmehr, weil er ihn hochstellte, so sprach er ihm doch Verstand, Willen und alles ab, was das gangbare Denken als höchste Vollkommenheit in Gott zu setzen pflegt. Denn diese Tätigkeiten seien lediglich Formen des allgemeinen Denkens, begrenzte Äußerungen des allgemeinen Geistes. Gott sei auch nicht nach der gemeinen Sprechweise frei, d. h. er vermöge nicht willkürlich zu handeln und eigenmächtig überzugreifen. Er sei nur insofern frei, als er nach der ihm innewohnenden Natur, nach seinen eigenen, ewigen Gesetzen wirke und schaffe und nicht von etwas anderem gezwungen werden könne. Man dürfe Gott nicht einmal einen bestimmten Zweck für sein Wirken zuschreiben; denn das hieße, seine Vollkommenheit beschränken, ihn unfrei, ihn von der Erfüllung oder Nichterfüllung des vorgenommenen Zweckes abhängig machen.

Das ganze Weltall, alle einzelnen Dinge und ihre Tätigkeiten sind (nach Spinoza) nicht bloß aus Gott, sondern in Gott; sie bilden die unendliche Reihe von Formen und Bildungen, in welchen sich Gott offenbare, durch die er nach seiner ewigen Natur ewig wirke: die Seele gewissermaßen denkender Körper und der Körper der sich im Raume ausdehnenden Seele. Gott sei die innewohnende, nicht aber die von außen einwirkende Ursache aller Dinge; alles ist in Gott und wird in Gott bewegt[1]). Gott als Schöpfer und Erzeuger aller Dinge

[1]) Ethik I, propositio 18. In einem Briefe an Oldenburg, Briefs. Nr. 21 bemerkt Spinoza zu diesem Satze: Omnia in Deo esse . . . cum Paulo affirmo, et forte etiam auderem dicere, cum antiquis omnibus Hebraeis, quantum ex quibusdam traditionibus, tametsi multis modis adulteratis, conjicere licet. Entschieden hatte Spinoza bei dieser Bemerkung die Kabbalisten im Sinne. Von ihrem ersten Anfänger an, z. B. Asriel von

ist die erzeugende oder sich verwirklichende Natur. Die ganze Natur ist beseelt, und die Reihe der Begriffe (Ideen) wie die der Körper bewegt sich in Ewigkeit in einander parallel laufenden oder ineinander eingreifenden Linien. Wenn auch die ganze Fülle der aus Gott hervorgegangenen und in ihm seienden Dinge nicht ewiger, sondern vergänglicher Natur ist, so sind diese doch nicht zufällig, sondern aus der Notwendigkeit der göttlichen Natur begrenzt oder bestimmt, jedes auf seine Weise innerhalb seiner geringern oder größeren Kraftsphäre zu bestehen und zu wirken. Die ewige beständige Natur Gottes wirke in ihnen durch die ihnen zugeteilten ewigen Gesetze. Die Dinge könnten daher nicht anders gestaltet sein, als sie es eben sind; denn sie sind die in ewigem Flusse ins Dasein tretenden Erscheinungen Gottes in der innigen Verbindung von Denken und Ausdehnung.

Welche Stellung nimmt der Mensch in diesem geschlossenen Systeme ein? Wie soll er handeln und wirken? Auch er ist mit aller seiner Größe und Kleinheit, mit seiner Kraft und Schwäche, mit seinem himmelanstrebenden Geiste und seinem dem Bedürfnisse der Selbsterhaltung unterliegenden Leibe nichts weiter als eine Daseinsweise (Modus) Gottes. Mensch auf Mensch, Geschlecht auf Geschlecht entsteht und vergeht, verfließt wie ein Tropfen in einem ewigen Strome, aber seine eigentümliche Natur, die Gesetze, nach denen er sich körperlich und geistig in dieser eigenartigen Verbindung von Geist und Raumausdehnung bewegt, spiegeln göttliche Wesenheit ab. Namentlich bilde der menschliche Geist oder richtiger die verschiedenen Denkweisen, Gefühle, Anschauungen aller Menschen zusammen die ewige Vernunft Gottes. Der Mensch ist aber so wenig wie alle andern Dinge, wie der Stein, der vom Berge herunterrollt, frei, sondern folgt den auf ihn eindringenden äußern und innern Einwirkungen. Jede seiner Handlungen ist ein Produkt einer unendlichen Reihe von Ursachen und Wirkungen, die er kaum übersehen, geschweige denn beherrschen und nach seinem Willen ändern könne. Der Gute wie der Böse, der sich für ein erhabenes Ziel hingebende Märtyrer, wie der fluchwürdige Bösewicht und Menschen-

Gerona, behauptete die Kabbala, daß nichts außer Gott, und er der Urgrund alles Geheimen und Sinnenfälligen sei: הוא (אין סוף) מבלי גבול אין חוץ ממנו . . . והוא עקר כל נסתר וגלוי. Der Sohar enthält viele solche pantheistisch klingende Sätze. Ein oft wiederkehrendes Bild im Sohar stellt alle Dinge und Erscheinungen als bloße Hüllen (לבושא = מלבוש) Gottes dar, in denen er sich versichtbart. Spinoza, welcher in der Geschichte ebenso unwissend wie seine Zeitgenossen war, hielt die Kabbalisten und den Verfasser des Sohar für antiqui Hebraei.

schlächter, alle sind sie wie der Ton in der Hand Gottes; sie müssen nach ihrer innern Natur, der eine gut, der andere böse und alle so handeln, wie sie eben handeln. Sie wirken beide nach eherner Notwendigkeit. Niemand dürfe es Gott zum Vorwurf machen, daß er ihm eine schwache Natur oder einen umnachteten Geist gegeben habe, wie es widersinnig wäre, wenn der Kreis sich beklage, daß Gott ihm nicht die Natur und die Eigenschaft der Kugel gegeben habe. Es ist eben nicht Sache eines jeden Menschen, starken Geistes zu sein, und es liegt ebensowenig in seiner Macht, einen gesunden Geist, wie einen gesunden Körper zu haben[1]).

Doch nach einer Seite ist der Mensch gewissermaßen frei, oder richtiger, einige ganz besonders Geistesbegabte können sich ein wenig von dem auf sie geübten Zwang befreien. Unfrei ist der Mensch am meisten durch seine Leidenschaften. Liebe, Haß, Zorn, Ruhmsucht, Geldgeiz machen ihn zum Sklaven der Außenwelt. Diese Leidenschaften entspringen aus verworrenen Ideen der Seele, welche die Dinge beherrschen zu mögen vermeint, aber sich gewissermaßen an dem festen Widerstand derselben aufreibt und Schmerz davon trägt. Je mehr Einsicht die Seele erlangt, in dem Zusammenhange des Weltalls die Reihenfolge der Ursachen und Wirkungen und die Notwendigkeit der Erscheinungen zu begreifen, desto mehr kann sie den Schmerz in Wohlbehagen verwandeln. Durch höhere Einsicht vermag der Mensch, wenn er sich von der Vernunft leiten läßt, sich Seelenstärke anzueignen, noch mehr Liebe zu Gott, d. h. zum ewigen Zusammenhange, zu empfinden. Dieses gewährt einerseits Edelsinn, die Menschen zu unterstützen und sie durch Milde und Wohlwollen zu gewinnen, und verschafft anderseits Befriedigung, Freude und Seligkeit. Der mit höchster Erkenntnis Begabte lebt in Gott, und Gott in ihm. Erkenntnis ist Tugend, wie Unwissenheit gewissermaßen Laster ist. Während der Weise (eigentlich nur der Philosoph) vermöge seiner höhern Einsicht und seiner Liebe zu Gott Seelenruhe genießt, muß der Geistesumnachtete, welcher sich der Raserei seiner Leidenschaft überläßt, diese Freudigkeit entbehren und geht öfter dadurch zugrunde. Die höchste Tugend ist nach dem spinozistischen System Selbstentäußerung durch Erkenntnis, sich in Passivität erhalten, mit dem zermalmenden Räderwerk der Kräfte so wenig als möglich in Berührung kommen, ihnen ausweichen, wenn sie nahe kommen, oder sich ihnen unterwerfen, wenn ihre wilde Jagd den einzelnen niederwirft. Aber so wenig der von

[1]) Spinoza, Brief an Oldenburg, Briefsammlung Nr. 25.

Begierden Besessene Tadel verdient, ebenso wenig gebührt dem sich seiner selbst entäußernden Weisen Lob; beide folgen ihrem notwendigen Naturgesetze. Höhere Erkenntnis und Weisheit lassen sich nicht erstreben, wenn die Bedingungen dazu fehlen, nämlich ein für Erkenntnis und Wahrheit empfänglicher Geist, den man sich weder geben noch nehmen kann. Der Mensch hat also gar kein Ziel, ebensowenig wie die ewige Substanz.

Spinozas Sittenlehre (Ethik im engeren Sinne) ist ebenso unfruchtbar wie seine Staatslehre. Hier wie dort erkennt er nur Unterwürfigkeit als vernünftig an. Eine glänzende Seite des menschlichen Gesamtgeistes war Spinozas Gesichtskreise ganz entrückt: die schöpferische Kraft, welche im Tatendrang, im Kämpfen und Ringen allmählich eine Zivilisation schafft, das Rechtsbewußtsein immer mehr klärt und Sittlichkeit und Religion dauernd begründet, die immer mehr Gesittung unter den Menschen verbreiten, Staaten gründen, die sich immer mehr von Recht und Sittlichkeit erfüllen und endlich den großen weltgeschichtlichen Prozeß fördern, der den Fortschritt der Menschheit bezeichnet. Für alle diese Erscheinungen hatte Spinozas Metaphysik kein Auge. Für ihn gab es keinen Fortschritt in der Flucht der Zeiten, sondern nur ein ewiges, langweiliges Wiederholen derselben Erscheinungen von Denken und Ausdehnung, einen ewigen Stillstand der Menschheit.

Bei dieser Auffassung von Gott und von dem gebundenen sittlichen Tun des Menschen darf es nicht befremden, daß das Judentum keine Gnade vor Spinozas Augen fand. Stellt dieses doch gerade entgegengesetzte Prinzipien auf, weist dem Menschen eine hohe, selbsttätige Aufgabe zu, verkündet laut den Fortschritt der Menschheit in einfacher Gottesverehrung, Heiligkeit und Überwindung der Gewalt, des Schwertes, des die Menschheit schändenden Krieges. Diesen Fortschritt hat das Judentum auch im Laufe der Zeiten vielfach gefördert. Spinoza fehlte überhaupt der Blick für geschichtliche Vorgänge, welche wunderbarer als die natürlichen sind, und auch ihrerseits gesetzmäßig erfolgen. Er konnte daher dem Judentum keine besondere Bedeutung beimessen. Er verkannte es noch mehr durch die Erbitterung, welche er gegen das Amsterdamer Rabbinatskollegium empfand, das — verzeihlich genug — ihn aus der Gemeinschaft ausgeschlossen hatte. Auch Spinoza übertrug seine Erbitterung gegen die Gemeinde auf die Gesamtjudenheit und das Judentum. Er nannte die Rabbinen, wie schon gesagt, nicht anders als Pharisäer (in seinem theologisch-politischen Traktate, sowie in seinen Briefen an Freunde) und gab diesem Worte den gehässigsten Begriff. Dem Christentum räumte Spinoza dagegen einen großen Vorzug vor dem Judentum ein, weil er dieses mit dem Auge des Unwillens betrachtete und daher überall Gebrechen und Ungereimtheiten erblickte, jenes aber mit wohlwollendem Blick ansah und die Schwächen übersah. Spinoza hat daher bei dem richtigen Trieb nach Wahrheit, der ihm eigen war, über die Gestaltung des Judentums neben manchem Richtigen auch vieles Falsche und Verkehrte ausgesprochen. So sonnenhaft sein Geist in metaphysischen Untersuchungen war, so dunkel und verworren war er auf geschichtlichem Gebiete. Um das Judentum herabzudrücken, erklärte Spinoza, daß die Bücher der heiligen Schrift vielfache Schreibfehler, Einschiebsel, Entstellungen enthalten und durchweg nicht den Verfassern angehören, denen sie zugeschrieben werden, nicht einmal der Pentateuch, die Grundquelle des Judentums[1]). Esra habe ihn vielleicht erst nach dem babylonischen Exil zusammengetragen und geordnet. Die echte Schrift von Mose sei nicht mehr vorhanden, nicht einmal die zehn Gebote in ihrer ursprünglichen Gestalt[2]). Nichtsdestoweniger nahm Spinoza jedes Wort in der Bibel als eine Art Offenbarung und alle darin vorkommenden Personen bezeichnete er als Propheten. Aus den Worten der heiligen Schrift bewies er, daß auch die Heiden ihre Propheten gehabt hätten, daß also die jüdische Nation keinen Grund habe, auf den Vorzug der Prophetie stolz zu sein[3]). Nicht sehr philosophisch folgte er der Annahme älterer jüdischer Denker (Saadia, Maimuni), daß Gott zur Bewährung der Offenbarung des Dekalogs am Sinaï die Israeliten tatsächlich eine eigens geschaffene Stimme habe vernehmen lassen, und diese habe ihnen jene außerordentliche Erscheinung vergewissert[4]). Auch gab Spinoza auf Grund der Schrift zu, daß die Offenbarung der Propheten tatsächlich durch augenfällige Zeichen beurkundet worden sei. Nichtsdestoweniger setzte er diese Offenbarung sehr tief herab. Mose, die Propheten und alle die höheren Personen der Bibel hätten nur eine verworrene Anschauung von Gott, der Natur und den Wesen gehabt; sie seien nicht Philosophen gewesen, sie hätten sich nicht des natürlichen Lichts der Vernunft bedient. Jesus dagegen

[1]) Theologisch-politischer Traktat cap. 8, 9.

[2]) Das. 8 gegen Ende.

[3]) Das. c. 3 p. 39 f.

[4]) Man vgl. Tractatus c. 1 p. 4: quapropter magis cum scriptura convenire videtur, quod Deus aliquam vocem vere creavit, qua ipse decalogum revelavit, mit Saadia Emunot II, c. 8: ברא דבור und Maimuni Moreh II, 65, II, 33: קול ה' רצוני לומר קול הנברא. Dieselbe Auffassung hatte auch Philo, s. Bd. III, S. 391, Anmerk. 4. Vgl. M. Joël, Spinozas theol.-polit. Traktat, S. 24 f.

habe höher gestanden; er habe nicht eine Nation, sondern die ganze Menschheit durch Vernunftgründe belehrt[1]). Auch die Apostel seien höher zu stellen als die Propheten, da sie einen natürlichen Lehrgang eingeführt, nicht bloß durch Zeichen, sondern auch durch vernünftige Überzeugung gewirkt hätten[2]). Als ob das Hauptbestreben der Apostel, dem ihr ganzer Eifer zugewendet war, an Jesu wunderbare Auferstehung zu glauben, vernunftgemäß gewesen wäre! Nur die Bitterkeit Spinozas gegen die Juden war es, die ihn veranlaßte, ihr geistiges Eigentum zu verkleinern und das Christentum hochzustellen. Die sinaitische Offenbarung, den Dekalog, dieses helle Licht, welches in die Nacht der Menschheit wie ein Blitz einschlug und sie allmählich erleuchtete, schlug Spinoza nur gering an, weil sie sich nicht in Form ewiger Wahrheit, sondern als Gesetz und Befehl Gottes gibt[3]). Dagegen konnte er die sogenannte Bergpredigt bei Matthäus — welche er trotz der vielen Widersprüche als echt und göttlich anerkannte — nicht genug bewundern[4]). — Wunder konnte sein nüchterner, auf den ewigen Zusammenhang der Dinge und Ereignisse dringender Sinn allerdings nicht annehmen. Er verspottete sie daher, soweit sie im alten Testamente vorkommen, entweder als Aberglauben des niedrigen Volkes oder Produkt der Geistesschwäche der Propheten, und entschuldigte sie allenfalls als Anbequemung an den niedern Erkenntnisstand der zu Belehrenden. Die Wunder des neuen Testaments hingegen beurteilte Spinoza viel milder. — Trotz seines wegwerfenden Urteils über das Judentum imponierten ihm indes zwei Erscheinungen in demselben, obwohl er sie auch nicht recht verstanden und sie daher nur oberflächlich nach seinem Gedankenschema beurteilt hat: die *sittliche Größe der Propheten* und die *Vorzüglichkeit des israelitischen Staates*, die gewissermaßen zusammengehören. Ohne Verständnis für die staatliche Organisation, worin Natur- und Sittengesetze, Notwendigkeit und Freiheit zusammenwirken, deren geheimnisvolle Triebfedern Sprache, Sitte, Religion und Rechtsbewußtsein bilden — das Größte, was der Menschengeist im Zusammenwirken schaffen kann — da er überhaupt in vollständiger Verkennung der Staatsbildung, den Staatsbegriff lediglich aus der brutalen Gewalt gegen brutale Gewalt ableitete, erklärte sich Spinoza die Entstehung des jüdischen Staates, ja das Judentum folgendermaßen: Als die Israeliten nach Befreiung

[1]) Traktat c. 4 p. 50; c. 5 p. 56.
[2]) Das. c. 11.
[3]) Das. c. 5, p. 49, 50.
[4]) Das. c. 11.

aus ägyptischer Knechtschaft jedes Staatsverbandes ledig und wieder in ihr Naturrecht eingesetzt waren, hätten sie freiwillig sich Gott zu ihrem Herrn erwählt und ihr Recht ihm allein durch förmlichen Vertrag und Bündnis übertragen.

Damit von göttlicher Seite nicht der Schein eines Betruges obwalte, habe Gott ihnen seine bewunderungswürdige Macht zu erkennen gegeben, vermöge deren er sie bis dahin erhalten habe und in Zukunft zu erhalten verhieß[1]), d. h. er habe sich ihnen in seiner Glorie am Sinai offenbart[2]); daher sei der Gott Israels König geworden und der Staat ein Gottesreich. Glaubensanschauung und Wahrheiten hätten daher in diesem Staate einen gesetzlichen Charakter gehabt, Religion und bürgerliches Recht wären zusammengefallen. Wer von der Religion abfiele, habe sein Bürgerrecht verwirkt, und wer für die Religion sterbe, wäre zugleich ein patriotischer Bürger. Infolgedessen hätte bei den Israeliten ursprünglich und theoretisch eine reine demokratische Gleichheit geherrscht, das Recht für alle Gott zu befragen und die Gesetze auszulegen. Da sie aber bei der überwältigenden Betäubung der sinaitischen Gesetzgebung freiwillig Mose aufgefordert hätten, die Gesetze von Gott zu empfangen und auszulegen, hätten sie auf diese ihre Gleichheit verzichtet und ihr Recht auf Mose übertragen. Mose sei demnach seit der Zeit Gottes Stellvertreter für sie geworden[3]). Er habe ihnen daher Gesetze gegeben, wie sie für den damaligen Zustand des Volkes paßten, und Zeremonien eingeführt, welche sie stets an das Gesetz erinnern und von der Willkür fernhalten sollten, daß sie nur nach einer bestimmten Vorschrift pflügen, säen, essen, sich kleiden, und überhaupt alles nur nach Vorschrift des Gesetzes tun sollten. Namentlich habe er dafür gesorgt, daß sie nicht aus kindischer oder sklavischer Furcht sondern aus Gottesfurcht handelten. Auch durch Wohltaten habe er sie verbunden und ihnen auch irdisches Glück für die Zukunft verheißen. Alles durch die Kraft und auf Befehl Gottes[4]). Moses habe die geistliche und weltliche Macht innegehabt und sei auch befugt

[1]) Man muß die eigenen Worte Spinozas lesen, um zu ermessen, wie vage und oberflächlich dieser große Denker über diese geschichtliche Erscheinung dachte. Traktat c. 22, p. 191 Ende: Deinde ut pactum, ratum fixumque esset et absque fraudis suspicione, nihil Deus cum ipsis (Israelitis) pepigit, nisi postquam experti sunt ejus admirandam potentiam, qua sola servati fuerant et qua sola in posterum servari poterant. Also doch ein Eingreifen Gottes in die Geschichte!

[2]) Das. c. 14, Ende.

[3]) Das. c. 17.

[4]) Das. c. 5, p. 61.

gewesen, beides weiter zu übertragen. Er habe es aber vorgezogen, die weltliche Macht seinem Jünger Josua, voll, aber nicht erblich, und die geistliche Macht seinem Bruder Aaron zu übertragen, erblich, aber durch den weltlichen Führer beschränkt und ohne Landbesitz. Nach Moses Tode war der jüdische Staat weder monarchisch, noch aristokratisch, noch Volksregierung, sondern blieb theokratisch. Der Dolmetsch Gottes sei die hohepriesterliche Familie gewesen, und die weltliche Macht sei nach Josuas Tode den einzelnen Stämmen oder ihren Häuptern zugefallen.

Diese Staatsverfassung habe viele Vorteile geboten. Die weltlichen Herrscher hätten das Gesetz nicht zu ihrem Vorteile und zur Unterdrückung des Volkes umdeuten können, da dieses Sache des geistlichen Standes, der Aaroniden und Leviten gewesen sei. Außerdem sei das Volk mit dem Gesetze vertraut gemacht worden durch die gebotene Vorlesung am Schlusse jedes Sabbatjahres, und es hätte jedes willkürliche Überschreiten des öffentlichen Rechts nicht gleichgültig hingehen lassen. Das Heer sei aus Einheimischen, aus dem Volksheerbann zusammengesetzt gewesen, und Ausländer, d. h. Soldtruppen, seien ausgeschlossen worden. So seien die Machthaber verhindert gewesen, die Volksfreiheit zu unterdrücken oder willkürliche Kriege zu führen. Die Stämme wären durch die Religion geeint, und die Unterdrückung eines Stammes durch seinen Regierer wäre von den übrigen bestraft worden. Die Oberhäupter waren nicht durch Adel oder Recht des Blutes an die Spitze gestellt, sondern durch Tüchtigkeit und Tugend. Endlich habe sich das Institut der Propheten als ein sehr heilsames erwiesen. Da die Verfassung theokratisch war, so habe jedermann von untadelhaftem Lebenswandel sich durch gewisse Zeichen als Propheten gleich Moses ausgeben können, im Namen Gottes das unterdrückte Volk an sich ziehen und der Tyrannei der Machthaber entgegentreten dürfen[1]. Diese eigene Verfassung habe im Herzen der Israeliten eine so ganz besondere Liebe zum Vaterlande, welche zugleich Religion war, erzeugt, daß niemand daran denken konnte, es zu verraten, aus dem Reich Gottes auszutreten oder einem Fremden den Eid der Treue zu schwören. Diese Liebe, verbunden mit Haß gegen andere Völker und von täglichem Gottesdienst genährt, sei den Israeliten zur zweiten Natur geworden. Dieses habe sie gestärkt, alles für das Vaterland mit Standhaftigkeit und Tapferkeit zu ertragen. Einen ferneren Vorteil habe diese Verfassung geboten, daß die Ländereien gleich verteilt waren und niemand seines

[1]) Traktat c. 17, p. 199.

Anteils durch Armut für immer beraubt bleiben konnte, weil im Jubeljahr die Zurückerstattung erfolgen mußte. Armut gab es daher wenig, oder sie war erträglich, da die Liebe gegen den Nächsten mit der größten Gewissenhaftigkeit ausgeübt werden mußte, um die Gnade Gottes, des Königs, zu behalten[1]). Endlich war auch der Freude ein großer Spielraum gegönnt. Dreimal des Jahres und auch bei andern Gelegenheiten sollten sie sich zu Festlichkeiten versammeln, nicht um Genüssen zu frönen, sondern um sich zu üben, Gott aus Herzensdrang zu folgen; denn es gäbe kein wirksameres Mittel, die Herzen der Menschen zu lenken, als Freude, die aus Liebe und Bewunderung zugleich entsteht[2]).

Nachdem Spinoza diesen israelitischen Gottesstaat fast zum Musterbilde aller Staaten ausgemalt hat, wurde er gewissermaßen stutzig, dem Gemälde so viel Licht zugeteilt zu haben, und er sah sich nach Schatten um. Anstatt die Fragen: woher es kam, daß die Hebräer so vielmal unterjocht wurden und warum ihr Staat endlich ganz zerstört wurde[3]), rein geschichtlich zu beantworten, daß diese heilsamen Gesetze nur Ideal, geschriebene Buchstaben geblieben sind, löst sie Spinoza sophistisch. Weil Gott Israels Reich nicht dauerhaft machen wollte, habe er ihnen schlechte Rechte und Gesetze gegeben. Spinoza belegte diese Annahme mit einem mißverstandenen Verse[4]). Diese „schlechten Gesetze", Auflehnung gegen den Priesterstaat, verbunden mit den schlechten Sitten, hätten Unzufriedenheit, Abfall, Aufruhr erzeugt. Zuletzt sei es dahin gekommen, daß sie statt des göttlichen Königs einen menschlichen, und statt des Tempels einen Hof erwählt hätten. Das Königtum habe nur noch mehr die Zerrüttung gefördert, es habe den Staat im Staate, das Hohepriestertum nicht dulden dürfen, habe deswegen durch Einführung fremder Kulte das Ansehen der Priesterschaft geschmälert. Die Propheten hätten auch nichts ausrichten können, weil sie nur gegen die Tyrannen eifern konnten, aber die Ursachen bestehen lassen mußten. Alle Übel zusammen genommen hätten endlich

1) Traktat c. 17, p. 202.

2) Das.

3) Das. p. 203.

4) Auf Ezechiel 20, 25: וגם אני נתתי להם חקים לא טובים ומשפטים בל יחיו בהם p. 205: ego etiam dedi ipsis statuta non bona etc. Der Sinn dieses vielfach verkannten Verses ist in indirekter Rede zu nehmen: die Israeliten meinten, ich hätte ihnen nicht gute Gesetze gegeben, ich hätte ihnen befohlen, ihre Erstgebornen dem Feuer zu übergeben. Das ganze Raisonnement Spinozas, wie die Deklamationen christlicher Apologeten von der nur relativen Bedeutung des „Gesetzes" der Thora, die sich an diesen Vers lehnen, fallen damit in nichts zusammen.

den Untergang des Gottesstaates herbeigeführt. Mit dem Untergang desselben durch die Eroberung des babylonischen Königs wären die natürlichen Rechte der Israeliten auf den Eroberer übergegangen, und sie wären verpflichtet gewesen, ihm und allen seinen Nachfolgern von Rechtswegen ebenso zu gehorchen, wie sie Gott gehorcht hätten. Sämtliche Gesetze des Judentums, ja das ganze Judentum sei dadurch von selbst aufgehoben worden und habe keine Bedeutung mehr. Das war das Endresultat der spinozistischen Untersuchung in dem theologisch-politischen Traktat. Das Judentum habe einst eine glänzende Vergangenheit gehabt, Gott habe mit dem Volke ein Bündnis geschlossen, ihm seine erhabene Macht gezeigt und ihm vortreffliche Gesetze gegeben; aber er habe es nicht für die Dauer bestehen lassen wollen, darum habe er ihm auch schlechte Gesetze gegeben. Somit hätte das Judentum seit mehr denn zwei Jahrtausenden sein Ende erreicht, und doch bestand es noch so lange! Wunderbar! Spinoza fand die israelitische Geschichte und die Staatsverfassung vortrefflich gerade während der Barbarei der Richterzeit, während ihm die Glanzepochen desselben, die Zeit Davids und Salomos, die Zeit des Königs Usia unerklärlich blieben. Und gar erst die Zeit des zweiten Tempels, die Makkabäerepoche, als sich die jüdische Nation aus schmachvoller Niedrigkeit zu glänzender Höhe erhoben und die Heidenwelt selbst zur Anbetung des einen Gottes und zum sittlichen Leben gebracht hatte, sie blieb Spinoza ein unauflösliches Rätsel. Das zeigt eben, daß seine ganze Beweisführung und seine Einfächerung (Schematisierung) nicht die Probe bestehen können und auf falschen Annahmen beruhen.

Spinoza hätte den Bestand des Judentums äußerst gefährden können; denn er lieferte nicht nur dessen Gegnern die Waffen der Vernunftschlüsse, es wirksamer zu bekämpfen, sondern gestand auch jedem Staate und jeder Behörde das Recht zu, es zu verbieten und dessen Bekennern Religionszwang aufzulegen, dem diese sich aus Gehorsam fügen müßten. Die Scheiterhaufen der Inquisition gegen die Marranen waren nach diesem System doppelt gerechtfertigt, weil Bürger nach Vernunftgründen kein Recht haben, sich der anerkannten Staatsreligion zu widersetzen und weil es eine Torheit sei, das Judentum zu bekennen und sich dafür noch dazu zu opfern. Allein Spinoza hatte eine Charaktereigenschaft, welche dem Judentum damals zu statten kam. Er liebte zu sehr Frieden und Ruhe, als daß er mit seinen kritischen Grundsätzen hätte Propaganda machen wollen. „Friedfertig und ruhig zu sein“, das war für ihn das Ideal des Lebens; jedem Kampf und jeder Widerwärtigkeit auszuweichen, das war zugleich seine

Stärke und seine Schwäche. Bis an sein Lebensende führte er ein ideal-philosophisches Leben; an Speise, Kleidung und Wohnung brauchte er nur so viel, als er mit seinen Fingern vom Schleifen optischer Gläser, die seine Freunde unterbrachten, verdiente. Er sträubte sich, selbst von seinen aufrichtigen reichen Verehrern (Simon de Vries und dem Ratspensionär de Witt), die damals üblichen Pensionen anzunehmen, alles nur, um nicht in Abhängigkeit, Zwang und Unruhe zu geraten[1]). Aus diesem unüberwindlichen Trieb nach philosophischer Ruhe und Sorglosigkeit entschied er sich auch nicht für eine der politischen Parteien, welche damals die Generalstaaten in fieberhafte Bewegung setzten. Nicht einmal der außerordentlich aufregende Meuchelmord an seinem Freunde Johann de Witt vermochte ihn zur Parteinahme hinzureißen. Spinoza beweinte seinen edlen, großen Freund, nahm sich aber nicht seiner Ehre an, um sie vor Verdächtigung zu retten. — Als der gebildetste deutsche Fürst seiner Zeit, der Pfalzgraf Karl Ludwig, welcher auch für die Juden ein gewisses Wohlwollen hegte[2]), ihm, dem „protestantischen Juden" (wie er denn noch immer genannt wurde), einen Lehrstuhl für Philosophie an der Universität von Heidelberg unter sehr günstigen Bedingungen antrug, lehnte Spinoza dieses Anerbieten entschieden ab. Er machte auch aus seiner Grundabsicht kein Hehl, er wollte nicht auf seine Ruhe Verzicht leisten. Aus dieser ihn beherrschenden Stimmung, oder richtiger aus Furcht vor Unruhe und Unannehmlichkeiten, und aus Besorgnis, sich Gegner auf den Hals zu ziehen, oder mit der Staatsgewalt in Gegensatz zu treten, mochte er eine Zeit lang seine Gedanken gar nicht veröffentlichen[3]). Und als er sich endlich auf das Drängen seiner Freunde entschloß, den theologisch-politischen Traktat dem Druck zu übergeben, gab er seinen Namen nicht zu dieser epochemachenden Schrift her und ließ einen falschen Druckort (Hamburg) darauf setzen, um jede Spur des wahren Vaters zu verwischen. Er verleugnete halb und halb sein eigenes Kind, um nicht in Gemütsunruhe versetzt zu werden.

Wie vorauszusehen war, machte das Erscheinen des theologisch-politischen Traktats (1670) ungemeines Aufsehen. So scharf, so ent-

[1]) Eigen ist es, daß Spinoza wegen der nicht bedeutenden Hinterlassenschaft seines Vaters mit seinen Schwestern prozessiert hat, wie Colerus erzählt.

[2]) Vgl. Chajim Jaïr Bachrach Respp. חוות יאיר No. 136.

[3]) S. Spinozas Brief Nr. 9 an Oldenburg und Nr. 10, 14 von Oldenburg an ihn.

schieden und einschneidend war bis dahin noch nicht über das Verhältnis der Religion zur Philosophie und zur Staatsgewalt geschrieben und namentlich nicht so der Stab über den geistlichen Stand gebrochen worden. Die Geistlichen aller Bekenntnisse waren gegen dieses „gottlose" Buch, wie es genannt wurde, welches den Offenbarungsglauben herabsetzte, außerordentlich aufgeregt. Spinozas einflußreichste Freunde vermochten es nicht zu schützen, es wurde durch ein Dekret der Generalstaaten verdammt und sein Verkauf verboten — allerdings, um nur noch eifriger gelesen zu werden. Spinoza scheute sich aber seit der Zeit noch mehr, seine anderweitigen Schriften, namentlich sein eigenes philosophisches System zu veröffentlichen. Er gehörte bei all seiner Charakterstärke nicht zu den Geistern, welche der Wahrheit eine Bahn zu brechen unternehmen, sie mit lauter Stimme in die Welt hineinrufen und Anhänger dafür werben, unbekümmert darum, ob sie auch ein blutiges oder unblutiges Märtyrertum dafür bestehen müßten. In der Selbstlosigkeit des spinozistischen Charakters und Gedankensystems lag doch etwas Selbstisches, nämlich die Rücksicht darauf, aus der Befriedigung der Erkenntnis, aus der Seligkeit der Betrachtung, aus dem Nachdenken über das Weltganze und das Räderwerk der darin waltenden Ursachen und Wirkungen so wenig als möglich aufgestört zu werden. Eine Herausforderung zur Tatkraft, zum Ringen, zum Überwinden des Widerstandes lag weder in Spinozas Naturell noch in seiner Philosophie.

In dieser scheinbaren Harmlosigkeit lag zum Teil auch der Grund, daß seine gegen das Judentum am kräftigsten und heftigsten geführten Schläge keinen tiefen Eindruck und keine große Bewegung in der jüdischen Welt hervorgerufen haben. Es gab doch damals, gerade zur Zeit, als Spinoza dem Judentum den Fehdehandschuh hinwarf, in jüdisch-portugiesischen Kreisen eine Fülle von Bildung und Kenntnissen, wie weder vorher noch nachher; es herrschte in der Amsterdamer Gemeinde und ihren Kolonien eine literarische Rührigkeit und Fruchtbarkeit, die man klassisch nennen könnte, wenn der Gehalt der literarischen Erzeugnisse dem Umfange entsprochen hätte. Ihre Träger waren meistens gebildete Marranen, welche den spanischen oder portugiesischen Inquisitionstribunalen entflohen waren, um im freien Holland ihrem Bekenntnisse und der freien Forschung leben zu können. Es waren Denker, Ärzte, Mathematiker, Sprachforscher, Dichter und auch Dichterinnen. Manche unter diesen nach Amsterdam entkommenen Marranen hatten eigentümliche Wandlungen durchgemacht. Ein Mönch aus Valencia, Fray Vicente de Rocamora (geb. 1601, st. 1684) hatte es in der katholischen Theologie sehr weit gebracht. Er war bis zum Beichtvater der Infantin Maria aufgestiegen, welche später Kaiserin von Deutschland und Verfolgerin der Juden wurde. Eines Tages entflieht der Beichtvater aus Spanien, gelangt nach Amsterdam und entpuppt sich als Isaak de Rocamora, studiert als Vierziger Medizin, wird glücklicher Familienvater und Vorsteher jüdischer Wohltätigkeitsanstalten. Dieser ehemalige Mönch und spätere Parneß (Gemeindevorsteher) war auch ein guter Dichter, insofern, als er gelungene spanische und lateinische Verse machte[1]).

Eine andere Laufbahn machte Enrique Enriquez de Paz aus Segovia (geb. um 1600, st. nach 1660), der jüdische Calderon. Jung in den Kriegerstand eingetreten, hat er sich so tapfer bewährt, daß er sich den San-Miguel-Orden erwarb und Kapitän wurde. Er führte neben dem Schwerte auch die Feder, mit der er komische Figuren und Lagen zu zeichnen verstand. Enriquez de Paz, oder wie er als Dichter genannt wurde, Antonio Enriquez de Gomez[2]), gestaltete mehr als zweiundzwanzig Komödien, von denen einige auf der Madrider Bühne aufgeführt und für Calderonsche gehalten und mit Beifall aufgenommen wurden. Aber weder Mars noch die Musen vermochten ihn gegen die Inquisition zu schützen; er konnte sich nur durch schnelle Flucht ihren Griffen entziehen. Eine Zeitlang lebte Enriquez Gomez in Frankreich. Seine fruchtbare Muse besang Ludwig XIV., die Königin von Frankreich, den mächtigen Staatsmann Richelieu und andere hochgestellte Personen des Hofkreises. Er beweinte in Elegien sein Mißgeschick und den Verlust seines Vaterlandes, das er, wie stiefmütterlich es auch gegen ihn war, wie ein Sohn liebte. Obwohl mit Glücksgütern gesegnet, fühlte sich Enriquez de Paz im rauhen Norden, fern von den blauen Bergen und der milden Luft Spaniens, verstimmt und unglücklich. Er trauerte:

Hab' Güter mir erworben und Meere viel durchstreift,
Und immer neue Schätze zu Tausenden gehäuft;

[1]) Über Rocamora s. de Barrios, Relacion de los Poetas Ende und in dessen Flugblättern, wo er sein Geburtsjahr andeutet und sein Sterbejahr genau angibt.

[2]) Quellen für seine Biographie de los Rios, Estudios sobre los Judios de España, p. 568 f. Ticknor, History of spanish literature II, p. 442 f. Kayserling, Sephardim 216 f., der allzu sklavisch der verworrenen Darstellung de los Rios' folgte. Der letztere setzte de Gomez' Flucht aus Spanien 1636. In seinen 1642 gedruckten Academias morales schildert sich de Gomez als Grauhaarigen (das. p. 596).

Nun bleichen mir die Haare, der Bart so schneeig weiß,
Wie meine Silberbarren, die meiner Mühe Preis[1]).

Auch in Frankreich lebte er als verkappter Christ, bekundete aber seine Teilnahme am Judentum, indem er den Märtyrertod des Lope de Vera y Alarcon (o. S. 93) in elegischen Versen betrauerte. Endlich ließ auch er sich im Asyl der Marranen nieder, während dessen sein Bild auf dem Scheiterhaufen in Sevilla verbrannt wurde. Es gab nämlich wieder ein großes Autodafé (1660) mit 60 Marranen, von denen vier zuerst erwürgt und dann verbrannt und drei einfach verbrannt wurden. Bildnisse von entflohenen Marranen wurden dabei immer in Prozession getragen und in die Flammen geworfen — darunter befand sich auch das des Ritters von San Miguel und Komödiendichters. Ein Neuchrist, der diesem schauerlichen Schauspiele beigewohnt hatte und bald darauf nach Amsterdam entflohen war, begegnete ihm auf der Straße und rief ihm in Aufregung zu: „Ach, Señor Gomez! Ich sah Euer Bildnis in Sevilla auf dem Scheiterhaufen verbrennen!" „Gut," antwortete er, „mögen sie es haben." — Unter den zahlreichen weltlichen Dichtungen hat Enriquez Gomez auch eine von jüdisch-nationalem Interesse hinterlassen, ein Heldengedicht, welches den Riesen-Richter Simson (Samson Nazareno) besingt. Die Lorbeeren, welche der von ihm bewunderte stammgenössische, ältere spanische Dichter Miguel Silveyra mit seinem Epos (Der Makkabäer) gepflückt hatte[2]), ließen ihn nicht ruhen, bis er ein Seitenstück hervorgebracht hatte. Dem geblendeten Helden, der sich noch mit seinem Tode an den Philistern rächen wollte, lieh Gomez Verse, welche seine eigene Brust bewegten:

„Ich sterb' für deine Schrift, für deine Religion,
Für deine Lehre, dein geheiligtes Gebot,
Für die durch deine Wahl erkorne Nation,
Für deine hehre Satzung geh ich in den Tod".[3])

Eine andere Seite bieten zwei ausgewanderte Marranen dieser Zeit, Vater und Sohn, die beiden Pensos, der eine reich an Glücks-

[1]) Conquisté el interes, surqué los mares,
Amontoné tesoros á millares,
Y halléme con la barba tan nevada,
Como la misma plata conquistada.

Indessen kann er doch im genannten Jahre nicht so gar alt gewesen sein, da er 1656 seinen Samson Nazareno drucken ließ und 1660 noch lebte, als er in effigie verbrannt wurde. Von diesem Autodafé, Llorente III, p. 474.

[2]) Über ihn und seinen Macabeo, de los Rios a. a. O., p. 536 f.; er starb in Neapel 1636 und hat sich wohl nie offen zum Judentum bekannt.

[3]) De los Rios das. p. 584.

gütern und Wohltätigkeit und der andere an poetischer Begabung. Beide stammten wahrscheinlich aus Espejo (Provinz Cordova), entflohen der Wut der Inquisition und ließen sich nach vielem Wechsel des Aufenthaltes zuletzt als Juden in Amsterdam nieder. Isaak Penso (st. 1683)[1]), der Vater, Bankinhaber, wurde auch Vater der Armen. Er verzehntete die Einkünfte von seinem Vermögen an Notleidende und verteilte bis zu seinem Tode 40 000 Gulden. Sein Hinscheiden wurde daher in der Amsterdamer Gemeinde schmerzlich empfunden. — Sein Sohn (Felice) Joseph Penso, auch de la Vega genannt, von seiner mütterlichen Familie (geb. um 1650, st. nach 1703), war auch ein reicher Kaufmann, aber er wandte seine Muße auch der Dichtkunst zu. Er erweckte bereits mit seiner jungen Stimme, als siebzehnjähriger Jüngling, das so lange schlummernde Echo der neuhebräischen Poesie und ließ sie den höchsten Ton anschlagen. Kühn unternahm Joseph Penso das Höchste, er verfaßte ein hebräisches Drama. Seit Immanuel Romi seine witzigen Novelletten gedichtet hatte (VII$_4$, 267) war die neuhebräische Poesie mit Unfruchtbarkeit geschlagen, woran die zunehmende Ungunst der Zeiten nicht allein Schuld hatte. Mose da Rieti, die Salonicher Dichterschule, haben nur Verse geschmiedet, aber nicht gedichtet. Aber selbst die vollwichtigen Dichter Gabirol und Jehuda Halevi hatten nur die lyrische und didaktische Poesie gepflegt und an das Drama nicht einmal gedacht. Joseph Penso, angehaucht von der poetischen Luft seines Geburtslandes Spanien, welches durch Lope de Vega und Calderon neben der Litanei der Mönche und dem Schrei der Schlachtopfer auch von wohlklingenden Versen widerhallte, übertrug die spanische Kunstform auf die neuhebräische Poesie. Er hat glücklich die verschiedenen Vers- und Strophengattungen der europäischen Dichtkunst in der Sprache Davids und Jesaias nachgeahmt.

Freilich einen strengen Maßstab darf man an Joseph Pensos Drama nicht anlegen, man muß vielmehr vergessen, daß Shakespeare lange vor ihm lebensvolle Gestalten und Verwicklungen geschaffen hatte. Denn daran gemessen sänke sein dramatischer Monolog und Dialog zu einem kindischen Versuche herab. So untadelig auch sein Versbau ist, so ist doch die Erfindung gar zu armselig und der Gedankengang alltäglich. — Ein König, der es mit seinen Regentenpflichten ernst nehmen will, wird bald durch seine eigenen Triebe (Jezer), bald durch

[1]) De Barrios, Corona de Ley, p. 8. Da sein Sohn aus Espejo stammte, so wohnte wohl auch er daselbst. S. über diesen Note 1, IV.

sein kokettes Weib (Ischa) und bald durch den Satan von seiner Bahn abgelenkt. Aber drei andere Gegenkräfte versuchen, ihn auf den rechten Weg zu führen, die eigene Einsicht (Sechel), die göttliche Leitung (Haschgacha) und ein Engel. Das sind die handelnden Personen des Pensoschen Dramas: „Die Gefangenen der Hoffnung" (Asire ha-Tikwah). Wenn man aber den Zweck in Erwägung zieht, den Joseph Penso dabei im Auge hatte, den an das spanische Lotterleben gewöhnten, nach Amsterdam ausgewanderten marranischen Jünglingen einen Spiegel vorzuhalten, ihnen den hohen Wert eines tugendhaften Wandels lebendig zu veranschaulichen, so wird man die Leistung des dichterischen Jünglings nicht gar zu sehr unterschätzen. — Spanische Verse hat Joseph Penso de la Vega sehr viele gedichtet, Gelegenheitspoesie, moralisch-philosophische Betrachtungen, Lobgedichte auf Fürsten. Beliebt waren seine Novellen: „Die gefährlichen Fahrten" (los Rumbos peligrosos).

Marranische Dichter mittleren Schlages gab es so viel zu dieser Zeit in Amsterdam, daß einer derselben, der zum Palastbeamten ernannte Resident Spaniens in den Niederlanden, Manuel de Belmonte (Isaak Nuñes) eine poetische Akademie gründete[1]). Dichterische Arbeiten sollten eingeliefert werden, und zu Preisrichtern ernannte er den ehemaligen Beichtvater de Rocamora und einen andern Marranen, welcher lateinische Verse leicht zustande brachte, Isaak Gomez de Sosa. Dieser war über Joseph Pensos hebräisches Drama so entzückt, daß er im Triumph in lateinischen Versen verkündete:

„Nun, so wär' es doch endlich erreicht! Die hebräische Muse
Schreitet auf hohem Kothurn sicher und rüstig einher:
Mit der Dichtung gemessenem Schritte führet sie glücklich
Joseph — entsprossen dem Stamm, der noch gefangen zumeist. —
Siehe, ein heller Hoffnungsstrahl, ein neuer, erglänzet,
Daß sich dem heiligen Lied nun auch die Bühne erschließt.
Doch was rühm' ich?! — Es feiert den Dichter die eigene Dichtung,
Und das eigene Werk kündet dem Meister das Lob."

Andere Freunde des jüdischen Dramatikers waren Nicolas de Oliver y Fullana (Daniel Jehuda), Dichter, Oberst in spanischen Diensten, zum Ritter geschlagen, dann in spanischen Diensten genauer Kartenzeichner und Kosmograph; ferner Joseph Szemach (Sameh) Arias, ebenfalls Militär mit hoher Charge, der diejenige Schrift des Geschichtsschreibers Josephus (gegen Apion) ins Spanische übersetzte, welche die alten Vorurteile und Lügen gegen die Juden

[1]) S. über alles Note 1, IV.

widerlegte. Diese Widerlegung war in dieser Zeit noch nicht überflüssig. Von den jüdisch-marranischen Dichterinnen sei nur genannt die schöne und geistvolle Isabel Correa (Rebekka), die einen Blütenkranz verschiedener Poesien flocht und das italienische Lieblingsdrama „Der treue Hirte“ (Pastor Fido von Guarini) in schöne spanische Verse brachte. Isabel wurde die zweite Gattin des dichterischen Kriegers de Oliver y Fullana.

Von einem ganz andern Schlage war der Marrane Thomas de Pinedo (Isaak, geb. 1614, st. 1679) aus Portugal, in einem Jesuitenkollegium von Madrid erzogen. Er war heimischer im klassischen Altertume als im jüdischen und legte sich auf ein zu seiner Zeit in Spanien wenig angebautes Fach, auf die alte Geographie. Auch ihn verscheuchte die Inquisition aus Spanien, und er pries sich glücklich, mit heiler Haut davon gekommen zu sein. Der Philologe de Pinedo weilte in seinen letzten Jahren als Bekenner des Judentums in Amsterdam, wo er sein umfangreiches Werk druckte[1]). Er verfaßte selbst seine Grabschrift in lateinischer Sprache.

Nicht unerwähnt darf bleiben eine zu dieser Zeit vielleicht über Verdienst berühmte Persönlichkeit: Jacob Jehuda Leon (Templo, geb. 1603, st. nach 1671). Auch er war, wenn nicht selbst Marrane, doch von marranischer Abkunft, weilte zuerst in Middelburg, dann in Amsterdam und war eigentlich mehr Künstler als Mann der Wissenschaft. Leon hatte sich nämlich auf Nachbildung des ehemaligen Tempels und seiner Gefäße verlegt, wie sie in Bibel und Talmud geschildert werden. Er arbeitete ein Tempelmodell in verjüngtem Maßstabe aus (3 Ellen Quadrat, $1^1/_2$ Elle Höhe) und gab dazu eine kurze, faßliche Beschreibung, zuerst in spanischer und dann in hebräischer Sprache[2]). Diese außergewöhnliche Arbeit machte zu jener Zeit, in

[1]) Über Thomas de Pinedo s. Kayserling in Frankels Monatsschrift Jahrg. 1858, S. 193 f. Sein Werk **Stephanus Byzantinus de Urbibus** besteht aus zahlreichen erläuternden Anmerkungen unter dem Texte und einem Nomenklator mit kurzen Biographien am Ende, gedruckt Amsterdam 1678, ein Jahr vor seinem Tode.

[2]) S. über ihn Steinschneider, C. B. Nr. 5565: die spanische Arbeit **Retrado del Templo**, Middelburg 1642, die hebräische תבנית היכל Amsterdam 1650. Es verdient auch bemerkt zu werden, daß Leon mehr als 200 Figuren zur Illustration talmudischer Objekte gezeichnet hat. Diese Figuren überließ sein Sohn Salomo Templo dem gelehrten Surenhuys für dessen lateinische Mischnaübersetzung und Kommentierung (S. **Surenhuys praefatio ad I** gegen Ende). Unter diesen Illustrationen befanden ich Vignetten, um sämtliche talmudische Traktate durch ein Charakter-

welcher jede Art von antiquarischer Gelehrsamkeit und ganz besonders von biblischer geschätzt wurde, außerordentlich viel Aufsehen. Die Regierung von Holland und Seeland gab dem Verfasser ein Privilegium gegen Nachdruck. Der Herzog August von Braunschweig und mehr noch seine Gemahlin Elisabeth wünschten von Leons Beschreibung eine deutsche Übersetzung zu besitzen und beauftragten damit den Professor Johann Saubert in Helmstädt. Aber während sich dieser mit dem Verfasser in briefliche Verbindung setzte, um eine recht gediegene vollständige Arbeit zu liefern, kam ihm ein anderer zuvor und veranstaltete davon (in Hannover) eine deutsche Übersetzung. Dieser Umstand machte dem armen Professor Saubert viel Verdruß[1]). Leon Templo (welchen Beinamen er und seine Nachkommen von seiner Beschäftigung mit dem Tempel erhielt) stritt sich auch mit christlichen Geistlichen über Judentum und Christentum herum und veranstaltete eine Psalmenübersetzung ins Spanische.

Zu diesem gebildeten Kreise von Spinozas Zeitgenossen gehören noch zwei Männer, welche abwechselnd in Hamburg und Amsterdam weilten, David Coën de Lara und Dionys Musaphia, beide Philologen, aber nicht viel mehr. Mit ihrer Kenntnis des Lateinischen und Griechischen haben sie den talmudischen Wortschatz erläutert und früher eingeschlichene Irrtümer berichtigt[2]). David de Lara (geb. um 1610, st. 1674) war auch Prediger und Moralschriftsteller; aber seine einschlägigen Schriften haben nur einen geringen Wert. Er verkehrte zu viel mit dem auf Judenbekehrung versessenen Hamburger Prediger Esdras Edzardus. Dieser verbreitete daher das gewiß falsche Gerücht, de Lara sei vor seinem Ende halb und halb Christ geworden[3]). — Dionys (Benjamin) Musaphia (geb. um 1616, st. in Amsterdam 1676), war Arzt und Naturforscher, stand

bild oder einen einzelnen Zug zu veranschaulichen. Surenhuys hat sie vor jeder der sechs Mischnaordnungen abdrucken lassen. Manche talmudische Vignette ist sehr sinnreich ausgeführt.

[1]) Saubert gab 1665 heraus: Gründlicher Bericht über die neulichst zu Hannover ausgegebene deutsche Dollmetschung des Traktats Jacob Jehudae Leonis von dem Tempel Salomonis, auch abgedruckt bei Wolf III, p. 460 f.

[2]) De Lara schrieb einen Prodromus zu einem talmudischen Lexikon עיר דוד, Amsterdam 1638 und ein vollständiges Lexikon כתר כהונה, Hamburg 1667; er hat es nur bis zum Buchstaben כ' ausgearbeitet, gedruckt bis zum Buchstaben ל'. Musaphia hat eine Ergänzung zum Lexikon Nathan Romis geschrieben, gedruckt mit diesem, מוסף הערוך, Amsterdam 1655. Vgl. über beide Steinschneider C. B. Nr. 4823, 4564.

[3]) Bei Wolf, Bibliotheca Hebraea I, p. 317.

eine Zeitlang im Dienste des dänischen Königs Christian IV. bis zu dessen Tode, war philosophisch gebildet und erlaubte sich an diesem und jenem in Talmud und Bibel zu zweifeln. Nichtsdestoweniger fungierte er im Alter als Rabbiner in Amsterdam, mußte aber von einem gewiegteren Talmudisten, von dem rücksichtslosen Jakob Sasportas hören, daß er keine gründlichen Talmudkenntnisse besäße[1]).

Viel bedeutender als dieser ganze Kreis war Balthasar Orobio de Castro (geb. um 1620, st. 1687)[2]). Auch er stammte von marranischen Eltern, welche heimlich vom Judentum noch den Versöhnungstag beobachteten, d. h. sich an diesem Tage der Speise und des Tranks enthielten. In diesem Halbjudentume wurde Orobio erzogen. Mit einem hellen Geiste begabt, studierte er die verkommene und veraltete Philosophie, wie sie nur noch auf spanischen Hochschulen gelehrt wurde, und brachte es bis zum Lehrer der Metaphysik an der Universität von Salamanka. Indessen scheint ihn diese verknöcherte Philosophie nicht befriedigt oder ihm nicht genügende Subsistenzmittel gebracht zu haben, denn er verlegte sich im reiferen Alter auf die Arzneikunde. Darin hatte Orobio mehr Glück; er erlangte Ruf in Sevilla, wurde Leibarzt des Herzogs von Medina=Celi und auch einer dem Hofe nahestehenden Familie und erwarb Reichtümer. Er war bereits glücklicher Gatte und Familienvater, als die Inquisition ihr Auge auf ihn warf. Ein Diener, den er wegen Diebstahls bestraft, hatte ihn angegeben. Orobio wurde verhaftet, des Judaismus angeklagt und in einen engen, düstern Kerker geworfen, der ihm nicht einmal Raum zur Bewegung ließ. Darin mußte er drei Jahre zubringen (um 1655—1658).

Anfangs füllte er seine Zeit mit philosophischen Grübeleien aus, wie sie auf den spanischen Universitäten getrieben wurden. Er übernahm ein Thema zu verteidigen, spielte in der Einbildung zugleich den Gegner, welcher es durch Einwürfe erschüttern will, und auch die Rolle des Vorsitzenden, welcher das Für und Wider zusammenfaßt. Nach und nach trübte sich sein Geist so sehr, daß er sich öfters selbst fragte: „Bin ich wirklich Don Balthasar Orobio, welcher sich in den Straßen Sevillas bewegte, im Wohlstand lebte und eine Familie hatte?" Sein ganzes vergangenes Leben kam ihm wie ein Traum vor, und er glaubte im Kerker geboren zu sein und dort auch sterben zu müssen. Aber das Inquisitionstribunal brachte noch einmal Abwechslung in sein wüstes Traumleben. Es ließ ihn in ein dunkles Gewölbe führen, das nur durch einen matten Lampenschein erhellt war. Kaum konnte er den Richter,

[1]) S. Note 2. [2]) S. Note 1.

den Schreiber und den Scharfrichter erkennen, welche sich mit ihm beschäftigen wollten. Nachdem er wieder ermahnt worden war, sein Verbrechen, judaisiert zu haben, offen einzugestehen, und er abermals geleugnet hatte, entkleidete ihn der Henker, band ihn mit Stricken, welche mit Haken an der Wand in Verbindung standen, brachte seinen Körper in eine schwebende Bewegung zwischen Gewölbe und Fußboden und zog die Stricke so fest an, daß Orobio das Blut unter den Nägeln hervordrang. Seine Füße wurden außerdem mit einer kleinen Leiter, deren Sprossen mit Spitzen versehen waren, kräftig in Verbindung gebracht. Dabei wurde der Gefolterte öfter ermahnt, Geständnisse abzulegen, und bedroht, falls er im Leugnen verharre, noch gräßlichern Schmerzen unterworfen zu werden, die ihm den Tod zuziehen könnten, den er dann nicht dem Tribunal, sondern seiner Halsstarrigkeit zuzuschreiben haben würde. Er überlebte indes die Folterqualen, wurde in den Kerker zurückgebracht, um seine Wunden vernarben zu lassen, dann verurteilt, zwei Jahre das Schandhemde (San Benito) zu tragen und endlich aus Spanien verwiesen. Er begab sich nach Toulouse, wo er Professor der Medizin an der Universität wurde. Obwohl in seiner neuen Stellung geachtet, konnte Orobio doch nicht lange die Heuchelei ertragen, gab sie auf, ging nach Amsterdam, bekannte sich offen zum Judentum und nahm den Namen Isaak an (um 1666). Kein Wunder, wenn er ein erbitterter Gegner des Christentums wurde, das er gründlich kennen gelernt hatte. Er wurde aber auch ein überzeugter Anhänger des Judentums, bewährte sich als mutiger und geschickter Kämpfer für die Religion seiner Väter und versetzte dem Christentum, wie wenige vor ihm, so nachhaltige Schläge, daß sich ein angesehener protestantischer Theologe (van Limborch) gedrungen fühlte, es gegen Orobios Angriffe in Schutz zu nehmen.

Alle diese vielseitig gebildeten Jünglinge und Männer, die dichterischen Krieger Enriquez Gomez, Nicolas de Oliver y Fullana, Joseph Arias, die Schriftsteller Joseph Penso, Thomas de Pinedo, Jacob Leon, David de Lara und Dionys Musaphia kannten Spinozas Angriffe auf das Judentum und lasen ohne Zweifel seinen theologisch-politischen Traktat. Isaak Orobio de Castro stand mit Spinoza in Verkehr. Und dennoch haben seine erschütternden Streiche gegen das Judentum seine Überzeugung nicht wankend gemacht. Es ist dies um so bemerkenswerter, als von einer anderen Seite in derselben Zeit das Judentum mit Schmach bedeckt wurde, oder, was auf eins hinausläuft, als die Träger desselben überall im Osten und Westen, mit sehr geringer Ausnahme, einem Wahne gefröhnt haben, der sie zum Gespötte der Welt machte, und erst jetzt die Finsternis des Mittelalters für sie herbeiführte.

Siebentes Kapitel.

Spinoza und Sabbataï Zewi.

(Fortsetzung)

Sabbataï Zewi, seine Jugend, sein Bildungsgang und seine kabbalistische Schwärmerei. Die mystischen Jahre 1648 und 1666. Sabbataïs Verbannung aus Smyrna und seine Reisen. Abraham Jachini. Raphael Joseph Chelebi in Ägypten und Sabbataïs Bekanntschaft mit ihm. Die Jerusalemer Gemeinde. Jakob Zemach und Jakob Chagès. Sabbataïs Aufenthalt in Jerusalem, seine Reise nach Ägypten. Die schöne Polin Sara, Sabbataïs Braut und Frau. Nathan Ghazati. Beginnende messianische Raserei in Jerusalem. Sabbataï Zewi in Smyrna als Messias verkündet und anerkannt. De la Papa. Benvenisti und Peña. Propheten und Prophetinnen. Wirkung der Nachrichten in den europäischen Gemeinden. Manoel Texeira und Bendito de Castro. Sabbataïs oder der Sabbatianer Theorie von der Gottheit und dem Judentume. Aufheben der Festtage. Reise Sabbataïs nach Konstantinopel und Gefangennahme. Seine Haft im Dardanellenschloß. Neuerungen. Nehemia Kohen und sein Verrat an Sabbataï Zewi. Abfall zum Islam und die Folgen. Fortgesetzter Schwindel nach seiner Bekehrung, Nathan Ghazati und Sabbataï Raphael. Sabbataï Zewis Rolle als Mohammedaner. Michael Cardoso. Phantastereien in Nordafrika. Sabbataïs Ende. Die Prachtsynagoge in Amsterdam. Spinozas Tod.

(1665—1677.)

Ohne es zu ahnen hatte Spinoza an einem Gegenfüßler im Morgenlande einen Verbündeten, der tatkräftig an der Auflösung des Judentums arbeitete, und dem es gelungen ist, die Gesamtjudenheit in einen Taumel zu versetzen, der sie auf lange Zeit den rechten Weg verfehlen ließ. Sabbataï Zewi war zugleich der Gegenfüßler und der Bundesgenosse Spinozas, der viel, viel mehr Bewunderer zählte, als der Denker von Amsterdam, eine Zeitlang der Abgott der ganzen Judenheit war, und der noch bis auf den heutigen Tag heimliche Anhänger hat. Sabbataï Zewi (geb. am 9. Ab = 1. August 1626, st. 1676)[1]) in Smyrna in Kleinasien, von spanischer Abkunft, der Urheber einer neuen messianischen Raserei, der Stifter einer neuen

[1]) S. über ihn Note 3.

Sekte, war keineswegs eine außergewöhnliche Erscheinung. Er verdankte die Anhänglichkeit, die ihm schon als Jüngling zuteil wurde, nicht seinem umfassenden Geiste, sondern seiner äußeren Erscheinung, seinem einnehmenden Wesen. Er war groß gewachsen, wohlgestaltet, hatte schönes, schwarzes Bart- und Kopfhaar und ein angenehmes Organ, das durchs Sprechen und mehr noch durch Gesang die Herzen gewinnen konnte. Sein Geist aber war von dem Vorherrschen der Phantasie umwölkt, er hatte einen schwärmerischen Zug und einen Hang zum Außergewöhnlichen, besonders zur Einsamkeit. Im Knabenalter mied Sabbataï Zewi Gesellschaft und Spiel von Altersgenossen, suchte einsame Plätze auf und tat überhaupt niemals das, was die Jugend reizt. Seine Bildungsmittel waren die gewöhnlichen. Im beginnenden Jünglingsalter lernte er Talmud im Lehrhause des greisen Joseph Eskafa, eines Stocktalmudisten von Smyrna, worin er es nicht allzuweit gebracht hat. Destomehr zog ihn der Wirrwarr der Kabbala an. In die Irrgänge des Sohar eingeführt, fühlte er sich heimisch darin, geleitet an dem Faden der lurjanischen Auslegung. Sabbataï Zewi teilte damals noch die allgemein verbreitete Meinung, daß die Kabbala sich lediglich durch asketische Mittel erwerben lasse. Daher kasteite er seinen Leib und badete sehr oft im Meere, bei Tag und Nacht, im Winter wie im Sommer. Vielleicht erhielt sein Leib von den Seebädern einen Wohlgeruch, den seine Verehrer steif und fest von ihm behaupteten. Im beginnenden Mannesalter unterschied er sich dadurch von seinen Genossen, daß er keinerlei Neigung für das weibliche Geschlecht empfand. Nach Brauch wurde Sabbataï Zewi jung verheiratet, mied aber seine junge nicht unschöne Frau so hartnäckig, daß sie auf Scheidung antrug, die er ihr gern gewährte. Dasselbe wiederholte sich mit einer zweiten Frau.

Diese im heißen Morgenlande seltene Abneigung gegen die Ehe, seine emsige Beschäftigung mit der Kabbala und seine strenge Lebensweise zogen die Aufmerksamkeit auf ihn. Jünger suchten ihn auf und ließen sich von ihm in die Kabbala einführen. Als Zwanzigjähriger war er bereits Meister eines kleinen Kreises. Diesen Kreis fesselte er an sich teils durch sein ernstes und einsames Wesen, das jede Vertraulichkeit ausschloß, teils durch seine schöne Singstimme, mit der er kabbalistische Verse von Lurja oder selbst gedichtete, selbst in spanischer Sprache zu singen pflegte. Das war die erste Anregung zu seinem hochmütigen Selbstgefühle. Ein anderer Umstand kam hinzu. Mit der Thronbesteigung des Sultans Ibrahim entstand ein heftiger Krieg zwischen der Türkei und Venedig, welcher den levantinischen Handel in der Hauptstadt unsicher machte. Mehrere europäische, namentlich holländische und englische Kaufhäuser verlegten daher ihr Kontor nach Smyrna. Diese bis dahin unansehnliche Stadt erhielt dadurch eine größere Bedeutung als Handelsplatz. Die Juden Smyrnas, welche bis dahin arm waren, benutzten diesen Aufschwung des Handels, hoben ihn noch mehr und erlangten zuerst als Agenten großer Handelshäuser und dann als Besitzer selbständiger Firmen große Reichtümer. Mardochaï Zewi, Sabbataïs Vater, aus Morea, von Hause aus arm, wurde Agent eines englischen Hauses in Smyrna, führte dessen Aufträge mit strenger Redlichkeit aus, genoß daher das Vertrauen der Handelsherren und machte dabei gute Geschäfte. Seinen zunehmenden Wohlstand schrieb der verblendete Vater dem Verdienste seines die Kabbala pflegenden Sohnes zu und zollte ihm eine so große Verehrung, daß sie unwillkürlich auf Fremde überging. Sabbataï galt als junger Heiliger. Freilich, Besonnene erklärten ihn wegen seiner Extravaganz für einen überspannten Narren. Im Hause seines englischen Handelsherren hörte Mardochaï Zewi oft von der Nähe des tausendjährigen Reiches sprechen, entweder daß dieser selbst oder einige seiner Leute zu den Schwärmern der Apokalypse der fünften Monarchie gehörten. Das Jahr 1666 wurde von diesen Schwärmern als das messianische Jahr bezeichnet, welches den Juden eine neue Herrlichkeit bringen und sie wieder nach Jerusalem zurückkehren sehen werde. Die im englischen Handelshause vernommenen Erwartungen teilte Mardochaï Zewi den Mitgliedern seiner Familie mit, und keins derselben lauschte mit mehr Andacht darauf als Sabbataï, der bereits in den Wirrwar der lurjanischen Kabbala verstrickt war und auch seinerseits schwärmerische Hoffnungen für bare Wirklichkeit nahm. Wie, wenn er selbst berufen wäre, diese Erlösungszeit herbeizuführen? War er nicht so jung, wie noch niemand vor ihm, in die Tiefe der Kabbala eingedrungen? Und wer wäre würdiger für diesen Beruf, als ein tiefeingeweihter Kabbalist?

Der Mittelpunkt der jüngeren Kabbala war eben die gespannteste Messiaserwartung: Lurja, Vital, ihre Jünger und Nachbeter verkündeten von neuem: „Das Himmelreich ist nah". Ein eigenes Erlösungswerk werde ihm vorangehen und es begleiten, die Erlösung der zerstreuten urseelischen Elemente (Nizuzot) aus den Fesseln des Urbösen, Dämonischen (Keliphot), welches sich ihnen durch den Fall der Geister oder der göttlichen Elemente (Schebirat ha-Kelim) angesetzt habe, sie gefangen halte, sie am Aufschwung hindere und die ewige Wanderung der Seele von Leib zu Leib nötig mache. Sobald das Böse entweder aufgezehrt, vernichtet, unwirksam gemacht oder wenigstens für sich bestehend ohne Vermischung mit dem Göttlichen sein werde, dann trete sofort die Welt der kabbalistischen Ordnung (Olam ha-Tikkun) ins Leben, die Gnadenströme könnten sich dann durch die Kanäle der Sefirot ohne Hemmnis auf die niedere Welt ergießen, sie befruchten und wunderhaft anregen. Dieses Erlösungswerk vermöge zwar jeder wahrhaft Fromme (Zaddik) zu vollbringen, der im Besitze einer geläuterten Seele, in die Kabbala eingeweiht, mit der Geisterwelt in Verbindung stehe, den Zusammenhang zwischen der oberen und niederen Welt begreife, sämtliche religiöse Übungen (Kewanot) mit gesammelter Andacht und mit Rücksicht auf die Einwirkung nach oben zu vollziehen vermöge. Aber noch nachhaltiger werde der Messias, der Sohn Davids, die Vernichtung der dämonischen Gewalten und die Wiederherstellung der verlorenen Seelen, richtiger die Sammlung der zerstreuten adamitischen Allseele, zustande bringen, er, dem eine lautere, durch keine Sünde befleckte Seele innewohne, er, dessen klarem Blicke die geheimnisvollen Tiefen der höheren Welten, Wesenheiten und des göttlichen Schöpfungsaktes, ja selbst das göttliche Wesen offen liege. Der Davidische Messias werde gewissermaßen der verkörperte Urmensch (Adam kadmon) und Teil der Gottheit sein.

Diese lurjanische Mystik hatte den wirren Kopf des Jünglings von Smyrna mit einem solchen Schwindel und Taumel geblendet, daß er diese geistige Erlösung mit Leichtigkeit herbeiführen zu können vermeinte, der die leibliche sofort nachfolgen müßte. Auf welche Weise dieses Gefühl der Überhebung, eine Messiasrolle spielen zu wollen, in schwärmerischen Gemütern keimt und zum Ausbruche kommt, ist ein undurchdringliches Rätsel der Seele. Sabbataï Zewi war nicht der erste solcher demütiger Vermessenen, die mit mystischem Dusel eine ganze Weltordnung umkehren zu können glaubten und sie zum Teil umgekehrt haben. Sicher ist es, daß die Schwärmereien jüdischer- und christlicherseits von dem nahen Bevorstehen der Gnadenzeit auf Sabbataïs schwaches Gehirn eingewirkt haben. Das Lügenbuch Sohar hatte bezeichnet, daß im Jahre 5408 der Welt (1648) die Erlösungszeit zu tagen beginnen werde, und gerade in diesem Jahre offenbarte er sich seinem Gefolge von jüngeren Genossen als messianischer Erlöser. Es geschah auf eine anscheinend nichtssagende Weise, die aber für die Eingeweihten von großer Bedeutung war. Sabbataï Zewi sprach den vollen vierbuchstabigen Gottesnamen im Hebräischen (Ihwh, Tetragrammaton) ohne Scheu aus, obwohl es talmudisch und durch Jahrtausende langen Brauch aufs strengste verpönt war. Die Kabbalisten hatten in dieses Verbot allerlei mystische Bedeutung gelegt. Während der Zerstreuung Israels sei nämlich die Vollkommenheit Gottes selbst wegen der herrschenden Sündhaftigkeit der Menschen und der Erniedrigung des jüdischen Volkes gewissermaßen gestört, da die Gottheit ihren sittlichen Plan nicht durchsetzen könne. Die höhere und niedere Welt sei durch eine tiefe Kluft voneinander getrennt; die vier Buchstaben des Gottesnamens seien auseinander gerückt. Mit der messianischen Erlösungszeit werde die Welt der sittlichen Ordnung, wie sie Gott in den Weltplan gelegt, und damit die Vollkommenheit und Einheit wieder hergestellt werden. Indem Sabbataï Zewi sich erlaubte, den Gottesnamen voll auszusprechen, bekundete er damit, daß mit ihm die Gnadenzeit angebrochen sei.

Indessen hatte er als Zweiundzwanzigjähriger bei all seinem frommen, mystischen Wandel noch zu wenig Autorität, als daß die Rabbinen ihm eine solche Verletzung des Bestehenden, welche noch andere nachziehen könnte, hätten durchgehen lassen. Sobald es einige Jahre später ruchbar wurde, sprach das Kollegium und an der Spitze desselben sein Lehrer Joseph Eskafa den Bann über ihn und seinen Anhang aus; es gab deswegen viele Reibereien in der Gemeinde, deren Einzelheiten nicht bekannt geworden sind. Schließlich wurde er und seine Jünger (um 1651) aus Smyrna verjagt. Die messianische Schwärmerei schien damit im ersten Aufkommen erstickt zu sein, glomm aber unter der Asche fort und brach kaum fünfzehn Jahre später zu einer hellen verzehrenden Flamme aus. Die Verfolgung, weit entfernt Sabbataï Zewi abzuschrecken, gab ihm nämlich erst recht das Gefühl seiner Würde. Die Vorstellung von einem leidenden Messias hatte sich bereits früher vom Christentum in den jüdischen Kreis fortgepflanzt, so daß auch hier angenommen wurde, des Messias Demütigung führe zu seiner Erhöhung und Verklärung. Sabbataï glaubte an sich, und seine Jünger, darunter Mose Pinheiro, ein bereits gereifter Mann, der wegen seiner Kenntnisse in Achtung stand, teilten diesen Glauben mit aller Zähigkeit. Freilich, hätte sich der Messias durch die Welt betteln müssen, so würde seine Illusion nicht lange vorgehalten haben. Allein Sabbataï war von seinem Vaterhause aus mit Geldmitteln reichlich versehen, konnte seine Unabhängigkeit und seine vermeintliche Würde behaupten und noch dazu Anhänger werben. Anfangs hielt er sich indessen im Verborgenen, sprach nicht viel von seiner Messianität und entging dadurch dem Gespötte. Wohin er sich nach seiner Verbannung aus seiner Geburtsstadt begeben, ist nicht ganz sicher, wahrscheinlich jedoch nach der türkischen Hauptstadt, der zahlreichsten jüdischen Gemeinde, worin es so viel reine und unreine Elemente gab, daß jedermann dort für seine Pläne und Abenteuer Genossen finden konnte. Dort lernte er einen Prediger Abraham Jachini kennen, welcher ihn in seinem Wahne bestärkte. Jachini stand wegen seines Predigertalentes in Ansehen. Er war ein armer Teufel und ein verschmitzter Mann, der für einen christlichen, holländischen Liebhaber der morgenländischen Literatur schöne Abschriften lieferte. Aus Eigennutz oder aus Lust an Mystifikation, um Sabbataï Zewi in seinem Wahne zu bestärken, spielte Jachini ihm eine apokryphische Rolle in altertümlichen Zügen in die Hände, welche angeblich aus älterer Zeit von Sabbataïs Messiastum Zeugnis ablegt. „Ich Abraham war 40 Jahre in einer Höhle eingeschlossen und war verwundert, daß sich die Zeit der Wunder nicht einstellte. Da tönte mir eine Stimme entgegen: „Ein Sohn wird im Jahre 5386 der Welt (1626) geboren und wird Sabbataï genannt werden. Er wird den großen Drachen demütigen, er ist der wahre Messias und wird ohne Waffen Krieg führen." Diese Schrift, welche der junge Schwärmer selbst für eine echte Offenbarung gehalten zu haben scheint, wurde später die Quelle vieler Mystifikationen und Betrügereien. Indessen schien es weder dem Betrogenen, noch den Betrügern ratsam, in Konstantinopel aufzutreten. Salonichi schien ein geeigneterer Schauplatz für kabbalistische Schwärmereien; es huldigte von jeher der Mystik. Hier hielt sich daher Sabbataï längere Zeit auf, gewann Anhänger und trat bereits mit mehr Kühnheit auf. Hier führte er eines seiner Stücke auf, durch welche er auch später auf die Einbildungskraft der Kabbalisten zu wirken pflegte. Er ließ ein feierliches Fest bereiten, lud seine Freunde dazu ein, ließ sich die heilige Schrift (Thora) bringen und bedeutete die Anwesenden, daß er seine mystische Vermählungsfeier mit derselben begehen wollte. Kabbalistisch sollte es bedeuten, daß die Thora, die Himmelstochter, mit dem Messias, dem Sohne des Himmels oder des En-Sof, in einem unzertrennlichen Bund vereinigt werden sollte. Diese Szene mißfiel aber den besonnenen Rabbinen Salonichis und sie setzten seine Verbannung auch aus dieser Stadt durch. Von da begab sich Sabbataï nach Morea, wahrscheinlich zu Verwandten und Freunden seines Vaters und hielt sich auch einige Zeit in Athen auf, wo es damals eine jüdische Gemeinde gab. Als die Juden dieser Gegend aber von dem über ihn verhängten Bann erfuhren, leisteten sie ihm keinerlei Vorschub. Aber diese Widerwärtigkeiten, weit entfernt ihn zu entmutigen, machten ihn nur noch kühner, er mochte sie als die zur Verherrlichung des Messias notwendigen Leiden ansehen.

Endlich bot sich ihm nach langer Wanderung in Kairo Aussicht zur Verwirklichung seiner Träume. In der ägyptischen Hauptstadt fungierte von jeher ein jüdischer Münzmeister und Zollpächter, welcher den Titel Saraf-Baschi führte, ähnlich den Arabarchen in Alexandrien in früherer Zeit[1]). In jener Zeit (seit 1656) hatte dieses Amt Raphael Joseph Chelebi (aus Aleppo) inne, ein Mann von großen Reichtümern und reich spendender Wohltätigkeit, aber auch von einer unsäglichen Leichtgläubigkeit und unvertilgbarem Hange zu nebelhafter Mystik und zur asketischen Lebensweise. Fünfzig Talmudkundige und Kabbalisten wurden von ihm unterhalten und speisten an seiner Tafel. Jeder, der sich an sein Mitleid wendete, fand Hilfe und Milderung seiner Not. Während er im Staatswagen fuhr, in Prachtgewändern auftrat, trug er an seinem Leibe ein Büßergewand, fastete und badete viel und ließ sich öfter in der Nacht geißeln. Samuel Vital, ein Sohn Chajims Calabreses, leitete seine beständigen Büßungen nach lurjanisch-kabbalistischer Vorschrift (Tikun Lurja). Diese hatten, wie schon angegeben, zum Zwecke, die bevorstehende Ankunft des Messias zu fördern. In Kairo seine und Raphael Josephs Bekanntschaft nicht zu machen, war für einen Kabbalisten nicht denkbar. Sabbataï Zewi kam also auch in dessen Kreise und gewann um so eher deren Vertrauen, als er vermöge seiner Unabhängigkeit nichts von ihnen verlangte. Ihm scheint er halb und halb einen Blick in seine messianischen Absichten eröffnet zu haben. Er war indessen älter, reifer und klüger geworden und wußte bereits sich die Menschen gefügig zu machen. Das apokalyptisch-messianische Jahr 1666 rückte immer näher, es galt daher für ihn, es zu bewähren.

Er begab sich nun nach Jerusalem (um 1663) wohl im Wahne, daß sich auf dem heiligen Boden ein Wunder ereignen werde, welches ihn in seiner Hoheit beglaubigen würde. Die Jerusalemer Gemeinde war damals nach jeder Seite hin arm und armselig. Durch die Quälereien und Gelderpressungen der türkischen Beamten ohnehin heruntergekommen, versiegten für sie noch die Zuflüsse aus Europa, infolge der anhaltenden Judenschlächtereien in Polen (v. S. 61 ff.). Die Folge davon war, daß die besten Männer auswanderten, und die Gemeindeführung eingefleischten Kabbalisten, lauter Lurjanisten und Vitalisten, oder gar einer zuchtlosen Bande überließen, welche dem Triebe des nacktesten Eigennutzes folgte. Männer von Klang und Gewicht gab es damals nur sehr wenige in Jerusalem. An der Spitze scheint ein Marrane gestanden zu haben, der Arzt Jacob Zemach, der sozusagen aus einer (portugiesischen) Kirche mit einem Satze nach

[1]) S. Band III, S. 34.

dem Kabbalistennest Safet entflohen und dort, wie später in Jerusalem ein unbewußtes Werkzeug der Vitalschen Mystifikationen geworden war. Neben ihm wirkte in demselben Sinne Abraham Amigo, ein Talmudist zweiten oder dritten Ranges. Einige Bedeutung hatte allerdings der aus Italien nach Jerusalem eingewanderte Jacob Chagis (geb. 1620, st. 1674), ein gelehrter Talmudist, der noch gut spanisch schrieb. Aber Chagis hatte keine offizielle Stellung, sondern war Klausner in einem Lehrhause, welches zwei Brüder Vega in Livorno für ihn gegründet und unterhalten hatten[1]). Die kopflose Leichtgläubigkeit der Jerusalemer jener Zeit charakterisiert eine grobe Mystifikation, die ihnen einer ihrer Almosen sammelnden Sendboten Baruch Gad aufgebunden, und die sie — Gelehrte wie Ungelehrte — nicht nur geglaubt, sondern als wahr beschworen haben. Derselbe hatte eine Bettelreise nach Persien gemacht. Dort wollte er viele Abenteuer erlebt haben und von einem Juden aus dem Stamme Naphtali errettet worden sein, der ihm auch einen kabbalistischen Brief von einem der Mose-Söhne am Wunderflusse Sabbation eingehändigt habe. Darin war viel von dem Reichtume, dem Glanze, den täglichen Wundern der Mose-Söhne geschrieben, und daß diese nur den Augenblick erwarteten, um beim Beginne der messianischen Zeit hervorzubrechen. Dieses Märchen, durch ein Sendschreiben beglaubigt, brachte Baruch Gad nach Jerusalem und fand unbedingten Glauben. Als die Jerusalemer Gemeinde infolge des kosakischen Gemetzels in große Not geraten war (v. S. 74), schickten zehn sogenannte Rabbinen, an der Spitze Jacob Zemach, ihrem Sendboten Nathan Spira aus Jerusalem eine Abschrift dieser in sorgsamer Verwahrung gehaltenen Urkunde von

[1]) Bei den Biographen herrscht durch Wolf und de Rossi eine große Konfusion in betreff Jakob Chagis', und ein bibliographisches Objekt ist ihnen entgangen. Chagis übersetzte Isaak Aboabs I. מנורת המאור unter dem Titel: Almenara de la Luz . . nuevamente traducido en lengua vulgar , . por el Haham Jahacob Hages . . Liorne 1656. In der Einleitung sagt der Verf.: para poder sacar á Luz un comento en lenguaje hebraico sobre las Misnaiot que intitulé Arbol de la vida (עץ חיים) y hallandome en Liorne para imprimir dichá obra paresióme traduzir . . Menorat amahor. [Vgl. Kayserling, Bibl. española-portugueza-judaica, S. 51. Grünbaum, jüdisch-spanische Chrestomatie, S. 114.] Er stammte also nicht aus Livorno, sondern befand sich zufällig 1656 das. Erst später muß er nach Jerusalem übergesiedelt sein. Über seine Klaus, gegründet von Gebrüder Vega s. Moses Chagis שפת אמת, p. 26b. Er starb nicht 1688, sondern wie Asulaï angibt (s. v.) והיתה מנוחתו בקושט' ה'ל'ד' = 1674. Seinen Geburtstag (31. Januar 1620) gibt er selbst Halachot Ketannot, p. 51b: וביום כ"ד שבט שנת התל"ב הגיעני . . לחמשים ושתים שנים.

den Mose-Söhnen nach Reggio nach[1]). Sie sollte als Lockmittel dienen, um reichlichere Almosen zu ziehen. Das Wunder, welches Sabbataï Zewi in der heiligen Stadt für sich erwartete, war bereits vorhanden, die Leichtgläubigkeit und die Wundersucht der Jerusalemer, die geneigt waren, wie die Wilden auf der untersten Stufe, das Albernste und Blödsinnigste als eine göttliche Offenbarung anzunehmen, wenn es ihnen nur auf die rechte Art beigebracht wurde. Anfangs hielt sich der Schwärmer von Smyrna ruhig und gab keinen Anstoß. Er lebte nach der lurjanischen Kabbala, legte sich die strengsten Kasteiungen auf und weilte oft auf den Gräbern frommer Männer, um deren Geister auf sich herabzuziehen. Damit und auch mit seinem einnehmenden, zugleich anziehenden und in Respekt haltenden Wesen und seiner Schweigsamkeit gewann er allmählich einen Kreis von Anhängern, der einen blinden Glauben an ihn hatte. Einer seiner treu gebliebenen Anhänger erzählte von ihm in glaubwürdiger Einfalt, Sabbataï Zewi habe beim Gebete Ströme von Tränen vergossen, die ganze Nacht bei hellem Kerzenlicht die Psalmen mit seiner angenehmen Stimme gesungen, während er das Zimmer in kürzeren oder längeren Schritten durchmaß. All sein Tun sei außergewöhnlich gewesen. Er pflegte aber auch anstößige L i e b e s l i e d e r in spanischer Sprache mit mystischer Andeutung zu singen, von der schönen Kaisertochter M e l i s s e l d e mit ihren Korallenlippen und ihrem Milchfleische, wie sie aus dem Bade steigt. Sabbataï wendete aber noch ein anderes Mittel an, um die Herzen zu erobern. So oft er sich auf den Straßen zeigte, teilte er den Kindern allerlei Näschereien aus, die ihm infolgedessen stets nachliefen und auch die Mütter für ihn gewannen.

Ein Vorfall brachte seine Exzentrizitäten der Verwirklichung näher. Über die Jerusalemer Gemeinde wurde abermals von Seiten eines der Paschas oder eines Unterbeamten eine jener Erpressungen verhängt, welche öfter Folterqualen und Tod im Gefolge hatten. Die verarmten Mitglieder setzten ihre Hoffnung einzig und allein auf Raphael Joseph Chelebi in Kairo, von dem man wußte, daß er Vermögen und guten Willen hatte, seinen leidenden Brüdern, namentlich den Heiligen in Jerusalem, beizuspringen. Ein Sendbote sollte an ihn abgeschickt werden, und Sabbataï Zewi wurde allgemein als der geeignetste für diese Sendung angesehen, zumal er bei dem Saraf-Baschi eine beliebte Persönlichkeit war. Er übernahm diesen Auftrag um so bereitwilliger, als er dadurch Gelegenheit zu erhalten hoffte, eine Rolle als Retter der

[1]) S. G h i r o n d i, Biographien S. 58; Jakob S a p i r, אבן ספיר, Nr. 42.

heiligen Stadt zu spielen. Seine Verehrer datieren auch von dieser seiner Reise nach Ägypten die ersten Anfänge seiner Wundertätigkeit und lassen ihn besonders viele Meerwunder vollbringen. Aber Sabbataï reiste nicht zu Wasser, sondern zu Lande über Hebron und Gaza hin und zurück, wohl mit Anschluß an eine Karawane durch die Wüste. Er erregte bereits so viel Aufmerksamkeit, daß sämtliche Juden Hebrons bei seinem Aufenthalte die ganze Nacht durchwachten, um sein Tun und Gebahren zu beobachten[1]). In Kairo angekommen, erhielt er sogleich von Chelebi die für die Befreiung der Jerusalemer Gemeinde erforderliche Summe und noch dazu eine außerordentlich günstige Gelegenheit, seine messianischen Träume unerwartet bestätigen zu können.

Während des Gemetzels der Juden in Polen durch Chmielnicki wurde ein etwa sechsjähriges verwaistes jüdisches Mädchen von Christen gefunden und in einem Kloster untergebracht. Die Eltern waren tot, ein Bruder nach Amsterdam verschlagen, die ganze Gemeinde zersprengt und flüchtig, und niemand kümmerte sich um das verlassene Kind, so daß die Nonnen jenes Klosters den Findling als eine ihnen zugeführte Seele betrachteten und ihm eine christliche und klösterliche Erziehung gaben. Indessen waren die Eindrücke, welche die Waise im elterlichen Hause erhalten hatte, so lebendig, daß das Christentum keinen Eingang in ihr Inneres finden konnte; sie blieb dem Judentume treu. Nichtsdestoweniger wurde ihre Seele durch die klösterliche Umgebung von phantastischen Träumen genährt und erhielt eine exzentrische Richtung. So entfaltete sie sich zu einer schönen Jungfrau und sehnte sich, den Klostermauern zu entfliehen. Eines Tages fanden sie Juden, welche sich wieder in dem Orte angesiedelt hatten, auf dem jüdischen Begräbnisplatze nur mit einem Hemde bekleidet. Erstaunt, ein sechzehnjähriges schönes Mädchen in solchem Zustande zu finden, fragten sie sie aus und erhielten zur Antwort, sie sei von jüdischer Abkunft und in einem Kloster erzogen worden. Die Nacht vorher habe sie der Geist ihres Vaters an ihrem Leibe angefaßt und sie aus dem Bette auf den Begräbnisplatz getragen. Sie zeigte den Frauen zur Bewahrheitung ihrer Aussagen Nägelspuren an ihrem Leibe, die von den Händen ihres Vaters herrühren sollten. Sie scheint im Kloster die Kunst erlernt zu haben, sich an einem Körperteile Wundenmale beizubringen. Die Juden hielten es für gefährlich, ein dem Kloster entflohenes Mädchen in ihrem Orte zu behalten und beförderten sie nach Amsterdam. Dort

[1]) Abraham Cuenqui, Sabbataïs Biographie bei Jakob Emden Torat ha-kenaot, p. 17 a b.

fand sie ihren Bruder wieder. Exzentrisch und noch mehr von dem mit ihr vorgegangenen Wechsel aufgeregt, wiederholte sie beständig die Worte, sie sei dem Messias, der bald erscheinen werde, zur Frau bestimmt. Nachdem sie unter dem Namen Sara einige Jahre in Amsterdam gelebt, war sie, man weiß nicht aus welcher Veranlassung, über Frankfurt a. M. nach Livorno gekommen. Dort hat sie, wie glaubwürdige Zeugen versichern, von ihrer Schönheit einen unsittlichen Gebrauch gemacht, und dabei blieb sie bei dem fixen Gedanken, sie sei dem Messias zugedacht und dürfe keine andere Ehe eingehen; es sei ihr aber gestattet, inzwischen ihren Geschlechtstrieb anderweitig zu befriedigen. Die abenteuerliche Geschichte dieses Mädchens machte unter den Juden einiges Aufsehen und drang auch nach Kairo. Sabbataï Zewi, welcher Kunde davon erhielt, gab vor, auch ihm sei im Schlafe ein polnisch-jüdisches Mädchen zu seiner seelenverwandten Frau bestimmt worden, sandte einen Boten nach Livorno und ließ Sara nach Kairo kommen.

Durch ihr zugleich phantastisches, freies, sehr wenig schüchternes Wesen und ihre Schönheit machte Sara einen eigenartigen Eindruck auf Sabbataï und seine Genossen. Er selbst wurde dadurch von seiner Messianität fest überzeugt. Sabbataï und seinen Freunden war auch der unkeusche Lebenswandel dieser polnischen Abenteurerin nicht unbekannt. Aber auch das sollte eine messianische Fügung sein; er sei angewiesen worden, wie der Prophet Hosea, ein unzüchtiges Weib heimzuführen[1]). — Keiner war glücklicher, als Raphael Joseph Chelebi, daß in seinem Hause dem Messias die Messiasfrau zugeführt und angetraut wurde. Er stellte fortan Sabbataï Zewi seine Reichtümer zur Verfügung und wurde sein erster einflußreicher Gläubige. Man tat dem Manne Unrecht, als man aussprengte, er habe sich aus Eigennutz dem neuen Messias zugewendet, er habe dadurch die Konkurrenz eines andern Juden auf sein Amt und seine Einkünfte vom Hafenzoll verhindern wollen. Wenn die Erlösung der Juden und die Rückkehr ins heilige Land so nahe bevorstehe, wozu sich um weltliche Dinge bekümmern, wozu die Münzpacht in Ägypten übernehmen? Das soll Raphael Joseph Chelebi allen gesagt haben, die auf seine Stellung und Einkünfte mit Neid geblickt hatten. Nein, nicht aus Habsucht, sondern aus Gläubigkeit und blinder Hingebung an die Kabbala hat er sich Sabbataï angeschlossen; er hat sich seine Parteinahme viel kosten lassen. Die warme Anhänglichkeit eines so hochgestellten, angesehenen

[1]) In der anonymen holländischen Quelle, p. 12.

und einflußreichen Mannes hat Sabbataï viele Gläubige zugeführt. Mit Recht sagte man damals von ihm, als Sendbote sei er nach Ägypten gekommen und als Messias heimgekehrt. Denn von diesem seinem zweiten Aufenthalte in Kairo datiert sein offenes Auftreten. Auch Sara, die schöne Messiasfrau, die Sabbataï ebensowenig wie seine ihm früher angetrauten zwei Frauen berührt haben soll, hat ihm viele Anhänger zugeführt. Durch sie kam ein romantisch-lüderlicher Zug in das phantastische Treiben des Messias von Smyrna. Ihre Schönheit und ihr freies Wesen zog Jünglinge und Männer an, welche sonst für das mystische Messiastum keine Sympathie hatten. Mit einem größeren Gefolge, als bei seiner Abreise, kehrte Sabbataï nach Palästina zurück, und brachte zwei Talismane mit, welche nachhaltiger wirkten, als kabbalistische Mittel, Saras herausforderndes Wesen und Chelebis Geld. In Gaza hatte er einen dritten Bundesgenossen gefunden, der ihm noch mehr die Wege ebnete.

In Jerusalem lebte ein aus Deutschland eingewanderter, an Wanderungen gewöhnter Mann, namens Elisa Levi, den die Gemeinde in aller Welt Enden mit Bettelbriefen umherschickte. Während er in Nordafrika, Amsterdam, Hamburg und Polen herumstreifte, blieb sein Sohn Nathan Benjamin Levi (geb. 1644, st. 1680) sich selbst, oder der verkehrten Erziehung jener Zeit überlassen. Er entwickelte sich im Lehrhause des Jakob Chagis zu einem Jünglinge von oberflächlicher Kenntnis des Talmuds, lernte kabbalistische Floskeln, erlernte aber eine Gewandtheit in jenem pompös klingenden, aber hohlen und nichtssagenden rabbinischen Stile jener Zeit, worunter sich die Gedankenarmut verbergen konnte. Die Feder wurde sein treues Organ, die ihm die Sprache ersetzte, in der er wenig Gewandtheit hatte. Dieser Jüngling wurde plötzlich aus drückender Armut in Wohlhabenheit versetzt. Ein reicher Portugiese, Samuel Lisbona, der von Damaskus nach Gaza gezogen war, ließ sich einen Bräutigam für seine schöne, aber einäugige Tochter von Jakob Chagis empfehlen, und dieser hatte ihm jenen Jünger Nathan Benjamin vorgeschlagen. So war dieser in das reiche Haus gekommen und hatte infolge seines Glückswechsels allen Halt verloren, wenn er ihn überhaupt je gehabt hat. Als Sabbataï Zewi auf seiner Rückreise aus Kairo mit großem Gefolge nach Gaza kam, sich bereits zum Teil öffentlich als Messias bekannte und umschwärmt wurde, trat auch Nathan Ghazati (aus Gaza) in ein näheres Verhältnis zu ihm. Auf welchem Wege ihre gegenseitige Bekanntschaft und Anhänglichkeit entstanden ist, läßt sich nicht ermitteln. Sabbataïs Jünger erzählten, Nathan habe einen

Teil jener altertümlichen Schrift aus der Erde ausgegraben, worin Zewis Messiastum bezeugt wurde[1]). Das Umgekehrte wird wohl eher der Wahrheit nahe kommen, daß Sabbataï die ihm von Abraham Jachini übergebene Lügenschrift (o. S. 193) Nathan Ghazati in die Hand gespielt hat, um ihn von seinem Messiastum zu überzeugen. Genug, dieser wurde sein eifrigster Anhänger, ob aus Überzeugung oder Heuchelei, um eine Rolle zu spielen, ist in dieser Geschichte, wo naiver Glaube, Selbstbetrug und geflissentliche Täuschung so nahe aneinander grenzen, nicht mehr zu unterscheiden.

Seit der Bekanntschaft des zwanzigjährigen Nathan Ghazati mit dem vierzigjährigen Sabbataï folgten prophetische Offenbarungen aufeinander. Der erstere gebärdete sich nämlich mit einem Male als der auferstandene Elia, welcher dem Messias die Bahn ebnen sollte. Er gab vor, an einem bestimmten Tage (wahrscheinlich in der Nacht des Wochenfestes 1665) einen Ruf vernommen zu haben, in einem Jahre und wenigen Monaten werde der Messias sich in seiner Glorie zeigen und werde den Sultan ohne Waffen, nur durch Lieder gefangen nehmen und die Herrschaft Jsraels über sämtliche Völker der Erde gründen. Das messianische Jahr sollte auf das Jahr 1666 eintreffen. Diese Offenbarung posaunte der angebliche Prophet von Gaza durch Schriften überall aus und fügte abenteuerliche Phantastereien und anregende Züge hinzu. An Raphael Joseph schrieb er mit der Anzeige, daß er die von ihm eingesandten Gelder erhalten habe, er möge sich im Glauben an Sabbataï nicht irre machen lassen; derselbe werde gewiß in einem Jahr und einigen Monaten den Großherrn zum Untertanen machen und ihn als Gefangenen mit sich herumführen. Er werde ihm indes die Herrschaft so lange anvertrauen, bis er die übrigen Völker unblutig besiegen werde (nur Deutschland, das judenfeindliche, durch Krieg). Dann werde der Messias zum Flusse Sambation wandern, dort die dreizehnjährige Tochter des großen Propheten Mose heiraten, welche zur Königin erhoben werden würde, Sara aber werde ihre Sklavin sein. Endlich werde er von dort aus die Zehnstämme nach dem heiligen Lande zurückführen, und zwar auf einem Löwen reitend, der einen siebenköpfigen Drachen im Rachen haben werde. Je ausschweifender und toller diese prophetischen Aufschneidereien Nathans waren, desto mehr fanden sie Glauben. Ein wahrer Taumelgeist bemächtigte sich fast sämtlicher Juden Jerusalems und der nahegelegenen Gemeinden. Hier ein Prophet, der früher ein schüchterner Jüngling

[1]) Abraham Cuenqui a. a O. Note 3.

war und jetzt so Großes verkündet, dort der Messias, welcher in der Kabbala mehr ist denn Chajjim Vital, mehr denn Isaak Lurja, wer wagt noch an der Nähe der Gnadenzeit zu zweifeln? Diejenigen, welche zu diesem auftauchenden Wahn den Kopf schüttelten, wurden von den Sabbatianern förmlich verhöhnt.

Freilich die rabbinischen Hauptführer Jerusalems waren von diesem messianischen Treiben unangenehm berührt und suchten es in der Geburt zu ersticken. Sie waren schon dadurch gegen Sabbataï eingenommen, daß er im Vordergrunde stand und sie verdunkelte. Auch soll er die aus Ägypten mitgebrachten Gelder nach eigenem Gutdünken verteilt und nur seine Anhänger damit bedacht haben. Jakob Chagis und sein Kollegium bedrohten ihn mit dem schwersten Banne, falls er sein Treiben fortsetzen sollte. Sabbataï Zewi scheint sich aber wenig daran gekehrt zu haben, zumal der Bannstrahl keine Wirkung haben konnte, sobald die Gemeinde mehr auf seiner Seite stand. Selbst Mose Galante, Schwiegersohn des Jakob Chagis, eine bereits geachtete Autorität im heiligen Lande, betrachtete ihn als eine bedeutende Erscheinung, wenn er auch, wie er sich später äußerte, nicht unbedingt an ihn glaubte. Indessen sah Sabbataï Zewi wohl ein, daß Jerusalem nicht der rechte Schauplatz für seine Pläne werden könnte, da ihm die Rabbinen Hindernisse in den Weg legen würden. Nathan Ghazati verkündete darauf in Verzückung, Jerusalem habe seine Bedeutung als heilige Stadt verloren, Gaza sei an die Stelle getreten. — In Smyrna, seiner Vaterstadt, einem bedeutenden Sammelplatze für Europäer und Asiaten, gedachte Sabbataï größere Erfolge zu erzielen. Seine reichen Brüder hatten ihm bereits durch Austeilung von Geld unter Arme und Unbemittelte einen guten Empfang vorbereitet und Nathans schwärmerisch-prophetische Briefe hatten die Phantasie der Smyrnaer entzündet. Ehe er aber Jerusalem verließ, sorgte Sabbataï dafür, rührige Sendboten von schwärmerischem und betrügerischem Charakter in die Welt hinaus als Propheten seiner messianischen Erscheinung zu schicken, die Gemüter aufzuregen und sie mit seinem Namen zu erfüllen. Sabbataï Raphael, ein Bettler und Schwindler aus Morea, nahm den Mund in marktschreierischer Weise voll von des Messias Größe, und ein deutscher Kabbalist, Matthatia Bloch, tat dasselbe in blinder Einfalt.

So kam es denn, daß, als Sabbataï Zewi Jerusalem verlassen hatte, freiwillig (wie er angab), ausgewiesen (sagten die andern), er bereits in der großen asiatischen Gemeinde Aleppo wie im Triumphe empfangen wurde. Noch größer war die Huldigung, die ihm in seiner

Vaterstadt zuteil wurde (Herbst 1665). An den früher über ihn verhängten Bann wurde gar nicht mehr gedacht. Ihn begleitete ein Jerusalemer Samuel Primo, der sein Geheimschreiber und einer der eifrigsten Werber wurde. Samuel Primo verstand nämlich die Kunst, nichtigen Dingen einen offiziellen Ernst zu verleihen und mit Stilblumen dem messianischen Schwindel die Wichtigkeit eines Weltereignisses zu geben. Er allein blieb inmitten der immer mehr anschwellenden Schwärmerei nüchtern und gab den Wahnwitzigen Richtung und Ziel. Primo scheint aus Überzeugung Sabbataïs Ruhm verkündet zu haben; er hatte einen geheimen Plan, der durch den Messias herbeigeführt werden sollte. Er scheint viel mehr Sabbataï benutzt zu haben, als von ihm benutzt worden zu sein. Sabbataï hatte Takt genug, in Smyrna sich nicht sogleich ganz offen als Messias zu bekennen; er gebot vielmehr der gläubigen Menge, noch nicht davon zu sprechen, bis seine Zeit gekommen sein würde. Aber diese Zurückhaltung, verbunden mit andern Umständen, den rasenden Briefen Nathans, der Ankunft einiger Jerusalemer, welche ihm die Huldigung der heiligen Stadt — allerdings ohne Auftrag — überbrachten, den schwersten Kasteiungen, welche sich das Volk auflegte, um die Sünden zu büßen und würdig für die Messiaszeit zu werden, dieses alles wirkte spannend und aufregend auf die Menge, und sie konnten den Tag seiner Offenbarung kaum erwarten. Die Kabbalisten hatte er ohnehin durch seine mystischen Deutungen auf seiner Seite. Endlich erklärte sich Sabbataï Zewi öffentlich in der Synagoge unter Hörnerschall für den erwarteten Messias (Neujahr = 10. September 1665), und die Menge jauchzte ihm entgegen: „Es lebe unser König, unser Messias." Das Sprichwort, der Prophet gelte am wenigsten in seiner Heimat, wurde diesmal Lügen gestraft. Die Raserei der Smyrnaer kannte keine Grenzen. Alle Zeichen der Verehrung und der schwärmerischen Liebe wurden ihm erwiesen. Es war keine Freude, sondern ein Taumel, daß der so lang erhoffte Messias endlich erschienen und in ihrer Gemeinde erschienen sei. Der Taumel ergriff groß und klein. Frauen, Mädchen und Kinder fielen in Verzückung und verkündeten in der Sprache des Sohar Sabbataï Zewi als den wahren Erlöser. Das Prophetenwort, daß Gott am Ende der Tage seinen Geist über Unmündige ausgießen werde, schien in Erfüllung gegangen. Alle bereiteten sich zum baldigen Auszuge, zur Rückkehr nach dem heiligen Lande vor. Die Geschäftsleute vernachlässigten seitdem Handel und Wandel und dachten nur an das bevorstehende Messiasreich. Die Verwirrung der Köpfe zeigte sich in der Art, wie die Sabbatianer Smyrnas sich die Teilnahme an dieser

Gnadenzeit verdienen wollten. Auf der einen Seite unterwarfen sie sich unglaublichen Kasteiungen, fasteten mehrere Tage hintereinander, wachten Nächte hindurch, um durch kabbalistische Gebetformeln (Tikkunim) in der Mitternachtsstunde die begangenen Sünden und deren Wirkungen zu verwischen, badeten auch in schneidender Kälte oder gar im Schnee. Einige gruben sich bis an den Hals in die Erde ein und blieben in diesem Grabesbette, bis ihr Leib vor Kälte und Feuchtigkeit erstarrte. Auf der anderen Seite überließen sie sich dem ausgelassensten Jubel und begingen Festlichkeiten über Festlichkeiten zu Ehren des Messias, so oft sich Sabbataï Zewi blicken ließ — stets umgeben von einem großen Gefolge — so oft er durch die Gassen Psalmen singend schritt, „die Rechte des Herrn ist hoch, die Rechte des Herrn bringt Sieg", oder so oft er in einer Synagoge predigte und seine Messianität durch kabbalistische Auslegungen bewahrheitete. Er zeigte sich nur in Prozession öffentlich, wehte sich mit einem Fächer Kühlung zu, und wen er damit berührte, der war des Himmelreiches sicher. Der Freudentaumel seiner Anhänger kannte keine Grenzen. Jedes Wort von ihm wurde wie ein Gotteswort tausendfach wiederholt, ausgelegt, überboten und zugespitzt. Alles, was er that, galt als ein Wunder, wurde verbreitet und geglaubt. So weit ging die Raserei, daß seine Gläubigen in Smyrna und auch anderwärts, namentlich in dem Kabbalistennest von jeher, in Salonichi, ihre Kinder zu zwölf, zehn Jahren, auch darunter, miteinander verheirateten — 700 solcher Paare — um nach kabbalistischem Wahnwitze den Rest der noch nicht geborenen Seelen in die Leiblichkeit eingehen zu lassen und dadurch das letzte Hindernis zum Eintreffen der Gnadenzeit zu beseitigen.

Die Tätigkeit Sabbataï Zewis, bald durch öffentliches Auftreten und Schaugepränge und bald durch stille Zurückgezogenheit die Gemüter der naiven Gläubigen zu elektrisieren, ergänzte Sara, seine Frau, durch ihr nicht allzu züchtiges Benehmen; sie wirkte auf die Sinnlichkeit der männlichen Bevölkerung. Die Schranken der Zucht, die im Morgenlande unter den Juden viel enger gezogen waren, als in Europa, wurden durchbrochen. Was bis dahin unerhört war, das Zusammenkommen von Personen beiderlei Geschlechts in größerer Menge, wurde noch überboten. In messianischem Freudenrausche tanzten Männer und Frauen wie Rasende miteinander, und in der mystischen Verzückung soll mancher Unfug getrieben worden sein. Die Stimmen der Bedenklichen und der Tadler verstummten immer mehr, wie in einen Wirbel wurden alle hineingerissen, und die Ungläubigen unschädlich gemacht. Der Rabbiner Aaron Lapapa (st. 1674)[1], ein greiser, würdiger Mann, welcher anfangs laut gegen diese messianische Raserei sprach und den Bann gegen den Urheber verhängte, wurde von Sabbataï, zugleich mit andern Rabbinen öffentlich in einer Predigt geschmäht, seines Amtes entsetzt und zuletzt genötigt, Smyrna zu verlassen. Unwürdig benahm sich dabei der Rabbiner Chajjim Benvenisti (geb. 1603 st. 1673), eine sehr bedeutende talmudische Autorität[2]) von erstaunlicher Gelehrsamkeit, der, weil er ein literarischer Gegner Lapapas war, nicht nur die Amtsentsetzung desselben duldete, sondern sich auch dessen Stelle von Sabbataï Zewi übertragen ließ. Anfangs bedenklich gegen das neue Messiastum, wurde auch er gläubig und betörte mit seiner Autorität die Menge noch mehr. Diese wurde von Sabbataï zu blutdürstigem Fanatismus aufgestachelt. Weil ein sehr edler, reicher und angesehener Mann in Smyrna Chajjim Peña (Penja), der Chajjim Benvenisti reichlich unterstützt hatte, diesem messianisch-kabbalistischen Schwindel hartnäckigen Unglauben entgegensetzte, wurde er in der Synagoge überfallen und verfolgt und war nahe daran, von der wütenden Menge zerfleischt zu werden. Sabbataï Zewi, der angebliche Inbegriff aller Frömmigkeit, befahl, die Synagoge zu erbrechen, um den argen Ketzer zu ergreifen. Als aber Peñas Töchter ebenfalls vom Taumel ergriffen, in Verzückungen geraten waren und weissagten, blieb dem Vater nichts übrig, als gute Miene zum bösen Spiel zu machen. Auch er gebärdete sich als eifriger Anhänger. Mit Peñas Überwindung war Sabbataï Zewi in der Gemeinde Smyrnas Alleinherrscher, er konnte die jüdische Bevölkerung nach Gutdünken zum Guten oder Schlimmen leiten. In dieser Stimmung, welche einige Monate lang anhielt, fürchteten die Smyrnaer Juden ihre Tyrannen, die türkischen Kadis, sehr wenig; wollten diese dem überhandnehmenden Treiben steuern, so wurden sie durch reiche Geschenke bewogen, die Augen zuzudrücken.

Diese Vorgänge im Smyrnaer Judenviertel machten in immer weiteren Kreisen das größte Aufsehen. Die kleinasiatischen Gemeinden in der Nähe, aus deren Mitte viele von dem Rufe angezogen, sich

[1]) S. Asulaï, ed. Ben-Jakob I, Aleph 133 u. II, Beth 87.

[2]) Verf. des ס' כנסת הגדולה, Nachträge zu den vier Teilen des Schulchan-Aruch enthaltend, die mehr von Sammelfleiß als von Tiefe zeugen. Im Vorwort zu אורח חיים vom Jahre 1658 bemerkt er שנת שפ"ד בהיותי בן כ"א שנה, bei Asulaï s. v. falsch שפ"א. Das Todesjahr ist bei Asula angegeben; auch seine literarische, nachmals aber in eine persönliche ausgeartete Feindschaft gegen Lapapa ist bei Asulaï vermerkt.

nach Smyrna begeben hatten, daselbst Zeugen der Szenen geworden waren und übertriebene Erzählungen von des Messias Anziehungskraft und Wundertäterei mit nach Hause gebracht hatten, wurden in denselben Taumel hineingerissen. Der Geheimsekretär Samuel Primo sorgte dafür, daß den auswärtigen Juden die Kunde und der volle Eindruck von dem erschienenen Messias zukam. Nathan Ghazati tat dasselbe von Palästina aus durch Sendschreiben, und die Wanderpropheten Sabbataï Raphael und Matthatia Bloch erfüllten ihre Zuhörer mit den staunenswertesten Dingen von dem neuen Erlöser. Aber auch Christen sorgten für Verbreitung von Nachrichten. Die Residenten, die Sekretäre der englischen und holländischen Handelshäuser und die evangelischen Geistlichen berichteten von den außerordentlichen Dingen, die in Smyrna vorgingen, spotteten zwar über die Torheit der Juden, konnten sich aber doch nicht eines halbgläubigen Gefühls erwehren. Sahen sie doch mit eigenen Augen die Verzückungen und Verkündigungen der Propheten und Prophetinnen von Sabbataï Zewi, dem wahrhaften Erlöser! An den Hauptbörsen Europas sprach man von Sabbataï Zewi als von einer merkwürdigen Erscheinung und war gespannt auf jede Nachricht von Smyrna oder Konstantinopel. Anfangs waren die Juden selbst von diesen plötzlich auf sie eindringenden Nachrichten wie betäubt. Also die lang gehegte Hoffnung, daß einst der Druck und die Schmach von Israel genommen werden und es wieder in Glorie in seine Heimatstätte zurückkehren würde, sollte sich endlich doch verwirklichen! Kein Wunder, wenn fast überall sich Szenen, ähnlich wie in Smyrna wiederholten: Leichtgläubigkeit, die jede Nachricht als eine unleugbare Tatsache hinnahm, schwärmerische Spannung, Kasteiung und Almosenspenden an Dürftige, um sich würdig für die Messiaszeit vorzubereiten, hin und wieder auch dieselben prophetischen Verzückungen. In Konstantinopel fing ein betagter Kabbalist, Mose Suriel, plötzlich an zu singen, hüpfte wie ein Knabe, fiel wie in einer Krankheit auf die Erde und verkündete in der Sohar-Sprache, daß Sabbataï aus Smyrna der wahre Messias sei und dem Exile Israels bald ein Ende machen werde. Auf der Insel Elba, in Portoferrajo, geriet ein jüdischer Schneider in ähnliche prophetische Verzückung, lag wie entseelt und sprach bald lachend, bald weinend von der nahen Erlösung und von Sabbataï Zewis Macht im Himmel und auf Erden[1]). Solche Vorfälle, die sich durch die Ansteckung der Phan-

[1]) Jakob Sasportas' Bericht (s. Note 3, III, 1), p. 17 b. Damit zu vergleichen das. p. 40b: בפורטו פוראיו חייט אחד שהוא נביא.

tasterei erklären lassen, wurden übertrieben und ausgeschmückt weiter verbreitet und zündeten immer weiter. Sie fanden nur allzu geneigte Gemüter, das Unsinnigste zu glauben. Nicht bloß die stumpfe Menge, sondern auch fast sämtliche Rabbinen und sogar Männer von Bildung und philosophischer Einsicht fielen dieser Leichtgläubigkeit anheim[1]). Die alles überwuchernde Kabbala hatte diese Leichtgläubigkeit erzeugt. Waren doch selbst die Karäer in den kabbalistischen Dusel eingelullt[2]), sie, welche den Talmud im Prinzip verwarfen, um zum reinen Bibelwort zurückzukehren! Es gab damals nicht einen einzigen Mann von Bedeutung und Gewicht, der das Grundübel aller dieser Erscheinungen, die Kabbala und den Sohar, erkannt oder gar aufgedeckt hätte — eine traurige Zeit! Jacob Sasportas (aus Afrika stammend, in Amsterdam, London und zu dieser Zeit in Hamburg, geb. 1608 [1610?], st. 1698)[3]), ein Mann von Mut und rücksichtsloser Schärfe, dessen Wort durch seine talmudische Gelehrsamkeit Gewicht hatte, Sasportas bekämpfte zwar von Anfang an mit Leidenschaftlichkeit diese messianische Raserei. Er war unermüdet, Sendschreiben auf Sendschreiben an die Gemeinden und Führer in Europa, Asien und Afrika zu richten, die groben Täuschungen zu entlarven und vor den traurigen Folgen zu warnen. Aber auch er war in die Schlingen der Kabbala verstrickt und erkannte ihre Grundsätze an. Auf dem Boden dieser Afterweisheit waren die ganzen Schwärmer mehr im Rechte als die halben. Spinoza hätte mit seinen sonnenhaften Gedanken diese dichten Nebel zerstreuen können; allein er war dem Judentume und seinem Stamme abgewendet, ja feindlich gesinnt und sah den Verwirrungen gleichgültigen oder schadenfrohen Blickes zu.

Die Nachrichten von Sabbataï Zewi und der messianischen Raserei kamen direkt oder auf Umwegen über Alexandrien nach Venedig, Livorno und anderen italienischen Städten. In Venedig gab den Ton der dummgläubige Kabbalist Mose Zacut an, Spinozas so unähnlicher Mitjünger (o. S. 9), der aus Amsterdam über Polen nach Palästina auswandern wollte und in Venedig festgehalten wurde.

[1]) Thomas de Pinedo war ein schlechter Beobachter, wenn er glaubte, daß nur Dummköpfe an den Messias von Smyrna glaubten: In ea (Gaza) 1668 surrexit pseudopropheta ille Nathan, qui una cum suo Pseudomessia Sabatai decepit stultos Judaeos, non eos ex meliore luto fixi praecordia Titan (Anmerkung zu Stephanus de urbibus, p. 322, Note 39).

[2]) Vgl. den Bericht Simcha Isaak Luzkis über die karäischen Kabbalisten des siebzehnten Jahrhunderts bei Neubauer, Aus der Petersburger Bibliothek, p. 128 f.

[3]) S. Note 2.

Weit entfernt, dem Wahnwitz der Menge zu steuern und ihr den richtigen Weg zu zeigen, leistete er ihm, wie das Rabbinat von Venedig noch Vorschub[1]). Es fielen deshalb in Venedig häßliche Szenen vor. — In Livorno in der großen, zum Teil marranischen Gemeinde entzündete die Gemüter der ehemalige Jünger Sabbataï Zewis Mose Pinheiro (v. S. 19). Die Menge drang daher in ihren Prediger Joseph Levi, von Buße und Kasteiung zu sprechen und sie ins Werk zu setzen. Weil dieser, von Reue und Buße sprechend, darunter nicht das Herplappern von Litaneien und Fasten, sondern das Fahrenlassen gegenseitigen Hasses, die Rückerstattung unrecht erworbenen Gutes und das Einstellen unzüchtigen Verkehrs mit Christinnen verstanden wissen wollte, wurde er heftig angefeindet[2]). Am meisten aufregend wirkten die Nachrichten aus Smyrna auf die zwei Gemeinden, das große und kleine Jerusalem des Nordens. Der Prophet von Gaza, der auch nüchtern zu berechnen verstand, hatte seine fanatisierenden Sendschreiben geradezu nach den angesehensten und reichsten Gemeinden Amsterdam und Hamburg gerichtet; diese traten daher in ein inniges Verhältnis zu dem neuen Messiastume. Die Amsterdamer und Hamburger Juden erfuhren auch von glaubwürdigen Christen die Bestätigung der außerordentlichen Vorgänge in Smyrna, von denen manche eine aufrichtige Freude darüber empfanden. Hatte doch selbst Heinrich Oldenburg, ein vornehmer deutscher Gelehrter zu London, an seinen Freund Spinoza geschrieben (Dez. 1665): „Alle Leute sprechen hier von dem Gerüchte der Rückkehr der mehr als 2000 Jahre zerstreuten Israeliten in ihr Vaterland. Bei wenigen findet es Glauben, aber viele wünschen es . . . Sollte sich die Nachricht bestätigen, so dürfte sie einen Umschwung in allen Dingen herbeiführen"[3]). Täglich wuchs in Amsterdam die Zahl der Gläubigen, unter den Portugiesen nicht minder, als unter den Deutschen, und viele Gebildete gingen mit dem Beispiel voran; die Rabbinen Isaak Aboab und Raphael Mose d'Aguilar, der Mitjünger Spinozas Isaak Naar und Abraham Pereyra, einer der Kapitalisten Amsterdams und Moralschriftsteller in spanischer Sprache[4]), sie wurden alle Gläubige.

[1]) In Venedig wurde ca. 1666 תקון שב״תי צבי mit Approbation des Rabbinats gedruckt: s. Steinschneider, C. B. Nr. 3041. Emden referiert, Zacut habe zum Gebetbüchlein שערי ציון ein Gedicht geliefert, worin eine Strophe das Akrostichon צבי hat (s. מטפחת ספרים, p. 31 a).

[2]) Sasportas קצור ציצת נובל צבי, p. 28a.

[3]) S. Note 3, Nr. 14.

[4]) Über diese Amsterdamer Sabbatianer berichtet Sasportas; von Abraham Pereyra sagt er: אברהם פירירה ראש המאמינים vergl. über seine

Selbst der halbe Spinozist Dionys Musaphia (o. S. 22) wurde ein eifriger Anhänger des neuen Messias. Auch in Amsterdam äußerte sich die Gläubigkeit auf widersprechende Weise, durch Jubel mit rauschender Musik und Tänzen in den Bethäusern und durch trübe mönchische Kasteiung. Die Druckereien konnten nicht genug Exemplare von eigenen Gebetbüchern in hebräischer, portugiesischer und spanischer Sprache für die Menge der Gläubigen liefern, worin Büßungen und litaneihafte Formeln angegeben waren, durch welche man des messianischen Reiches teilhaftig zu werden hoffte. Manche sabbatianische Gebetbücher (Tikkunim) zeigten Sabbataïs Bild neben dem des Königs David, Embleme seiner Herrschaft und ausgewählte Bibelsprüche[1]). In der sichern Erwartung baldiger Rückkehr ins heilige Land führten die Vorsteher in einer Synagoge den Brauch ein, allsabbatlich den Priestersegen zu sprechen[2]), während er bis dahin nur in gesammelter Stimmung während der Feiertage üblich war. Mit jeder neuen Nachricht aus Smyrna nahm auch hier die Zahl der Sabbatianer und ihre Raserei zu. Hier wurden Andachtsbücher mit Gebeten zur Beförderung des Messiasreiches gedruckt, welche auf dem Titelkupfer Sabbataïs Bildnis allein oder umgeben von zwölf Personen, seinen Jüngern, enthielten.

In Hamburg trieben es die Juden fast noch toller, weil sie den bigotten Christen gegenüber, die ihnen noch immer mit Beschränkungen und Quälereien, womöglich mit dem Zwang, christliche Predigten anhören zu müssen, vielfach zusetzten, eine Demonstration machen wollten. Wer in die Synagoge trat und ihr Hüpfen, Springen und Tanzen mit der Gesetzesrolle im Arm, und dieses von ernsten würdigen Männern, mit spanischer Vornehmheit und Grandezza sah, mußte sie für wahnsinnig halten. Eine geistige Krankheit war es in der Tat, die sie so kindisch und närrisch machte; ihr erlagen auch die angesehensten Männer der Gemeinde. Manoel Texeira, auch Isaak Señor Texeira genannt (geb. um 1630, st. um 1695)[3]), war nach dem Tode seines Vaters, des aus Portugal ausgewanderten und in Hamburg angesiedelten marranischen Edelmanns Diego Texeira (o. S. 20), einige Monate vorher Resident, Bankier und Vertrauter

Schriftstellerei Rodriguez de Castro, Bibliotheca Española I, p. 595. Gerade im Jahre 1666 schrieb er la certeza del camino.

[1]) Wolf II, p. 1459, 1469; Steinschneider, Catal. Bodl. Nr. 3032, 3034, 3037.

[2]) Sasportas' Resp. Nr 68—71.

[3]) Note 2, II.

der ehemaligen Königin Christine von Schweden geworden. Sie schätzte ihn wegen seiner Redlichkeit, seines edlen Wesens und seiner Klugheit. Sie wechselte Briefe über wichtige Angelegenheiten mit ihm, besprach mit ihm die politischen Interessen der europäischen Staaten und traute ihm einen tiefen staatsmännischen Blick zu. Während ihres Aufenthaltes in Hamburg nahm sie, zum Verdruß der judenfeindlichen Hamburger Geistlichkeit, Wohnung in Manoel Texeiras Haus, unbekümmert darum, daß die protestantischen Prediger sie von den Kanzeln deswegen streng tadelten. Als der Senat ihm einst wegen Verdrießlichkeiten mit der Geistlichkeit seinetwegen das Wort abgenommen hatte, die Stadt nicht ohne seine Zustimmung zu verlassen, sprach die Königin nach ihrer Weise ein scharfes Wort gegen den Magistrat und betrachtete die ihrem Residenten aufgelegte Beschränkung als eine Beleidigung ihrer Person. In Texeiras Haus verkehrten die vornehmsten Männer und spielten mit ihm um hohe Einsätze. Und auch dieser jüdische Kavalier gehörte zu Sabbataïs Anhängern und machte die närrischen Tänze mit. Nicht minder der bereits betagte, gebildete und gesuchte Arzt Bendito de Castro (Baruch Nehemias)[1], eine Zeitlang Leibarzt derselben Königin während ihres Aufenthaltes in Hamburg. De Castro war damals Vorsteher der Hamburger Gemeinde, und auf seine Anordnung wurden die messianischen Torheiten in der Synagoge begangen. Ein alter Prediger nährte diese Gläubigkeit und Torheit von der Kanzel durch abgeschmackte Schriftauslegung. Jakob Sasportas — der sich damals, wegen des Ausbruchs der Pest in London, in Hamburg aufhielt — bekämpfte zwar mit Ernst und Spott diesen messianischen Wahnglauben; aber er drang mit seiner Stimme nicht durch und wäre von den Sabbatianern beinahe mißhandelt worden[2]). — Die junge, unter Karl II. entstandene Gemeinde in London, die Jakob Sasportas zu ihrem ersten Rabbinen gewählt hatte, war nicht minder von diesem Wahn besessen. Dort erhielt er durch christliche Schwärmer für das tausendjährige Reich noch mehr Nahrung. Wunderliche Gerüchte flogen von Mund zu Mund. Es hieß, in Nordschottland habe sich ein Schiff mit seidnen Segeln und Tauen gezeigt, das von hebräisch redenden Schiffsleuten geführt wurde. Die Flagge habe die Inschrift getragen: Die zwölf Stämme oder Geschlechter Israels[3]). Die Gläubigen in London gingen in englischer Weise hohe

[1]) Oben S. 19. [2]) Sasportas קצור ציצת נובל צבי, p. 3b, 4a.

[3]) Ricaut, History of the ottoman empire, und daraus in der Schrift de tribus impostoribus und in allen deutschen Nachrichten von Sabbataï Zewi, Anfang Note 3, I.

Wetten, 100 gegen 10, ein, daß Sabbataï innerhalb zweier Jahre zum König von Jerusalem gesalbt sein würde, und stellten darüber förmliche Wechsel aus[1]). Und überallhin, wo Juden wohnten, drang die Kunde von dem kabbalistischen Messias in Smyrna und veranlaßte dieselben Erscheinungen. Die kleine Gemeinde von Avignon, die von päpstlichen Beamten nicht am glimpflichsten behandelt wurde, rüstete sich, im Frühjahr des Jahres 1666 in das Königreich Juda zu ziehen[2]).

Wenn Sabbataï Zewi bis dahin noch nicht an sich und seine Würde fest geglaubt hätte, so hätte diese Huldigung fast der ganzen Judenheit in ihm den Glauben an sich erwecken müssen. Täglich liefen Nachrichten, Sendboten und Deputationen ein, die ihn in den schmeichelhaftesten Wendungen als König der Juden begrüßten, ihm Habe und Leben zur Verfügung stellten und ihn mit Geschenken überhäuften. Wäre er ein Mann von festem Plane und von Willenskraft gewesen, so hätte er mit diesem ungeheuchelten Enthusiasmus und dieser opferwilligen Hingebung seiner Gläubigen doch etwas erzielen können. Faßte doch bereits Spinoza die Möglichkeit ins Auge, daß die Juden, bei dieser günstigen Gelegenheit und der Veränderlichkeit der menschlichen Dinge, ihr Reich wieder aufrichten und von Gott wieder erwählt werden könnten[3]). Allein Sabbataï Zewi hatte an dem Kitzel des Weihrauchs Genüge, er dachte an nichts Großes sondern lebte im Wahne, daß sich die Erwartungen von selbst durch ein Wunder erfüllen würden. Samuel Primo und einige andere seiner Vertrauten scheinen aber einen festen Plan verfolgt zu haben, nämlich das rabbinische Judentum zu durchbrechen oder gar es aufzuheben. Die Sache war eigentlich mit dem Messiastume gegeben. Der Grundgedanke des Sohar, der Bibel der Kabbalisten, lautet, daß in der Gnadenzeit, in der Welt der Ordnung (Olam ha-Tikkun), die Gesetze des Judentums, die Satzungen über Erlaubtes und Verbotenes vollständig ihre Bedeutung verlieren würden. Nun war diese im Sinne der Sabbatianer bereits angebrochen, folglich müßte der weitläufige, rituelle Kodex des Schulchan Aruch als nicht mehr verbindlich erscheinen. Ob Sabbataï selbst diese Konsequenz gezogen hat, ist zweifelhaft. Aber einige Vertraute seines Anhangs haben entschieden diese Theorie in den Vordergrund gestellt. Es herrschte überhaupt in diesem Kreise eine gewisse Bitterkeit gegen den Talmud und die talmudische Lehrweise. Hielt man den Sabbatianern entgegen, nach talmudischen Angaben müßte

[1]) Theatrum Europaeum X, 437.

[2]) Das.

[3]) Spinoza, Tractatus Theologico-politicus III, Ende.

der Messias eine ganz andere Stellung einnehmen und einen anderen Charakter haben, so spotteten sie über diese Autorität und sagten gerade heraus, die Lehrer des Talmuds hätten nichts von der höheren Weisheit verstanden. Der Trockenheit und Verknöcherung des Talmuds hatte schon der Sohar die Frische und den Phantasieschwung der Kabbala entgegengesetzt[1]). Die sabbatianischen Mystiker fühlten sich noch mehr von dem talmudisch-rabbinischen, dichtgezogenen Netze eingeengt und suchten Schlinge nach Schlinge aufzulösen. Sogar eine neue Gottheit stellten sie auf und setzten für den Gott Israels einen Gottmenschen. In ihrer Spielerei und Deutungswut hatten die Kabbalisten an dem Begriff der Gottheit so viel gemodelt, daß er ihnen in nichts verschwamm und fast abhanden gekommen war. Auf der andern Seite hatten sie den Messias in dem Maße erhöht und verherrlicht, daß er Gott so nahe als möglich zu stehen kam. Die lurjanisch-kabbalistische Theorie hatte die Verkehrtheit in der Welt von dem Überströmen des Göttlichen abgeleitet, weil diese die ganze Fülle nicht zu fassen vermocht habe. Es sei daher eine Unordnung eingetreten, Gutes und Böses seien vermischt worden, das Böse habe die Oberhand über das Gute erhalten. Die Sabbatianer oder einer derselben (Samuel Primo?) bauten auf diesem Grunde weiter. Aus dem göttlichen Schoß (dem Alten der Tage) habe sich eine neue göttliche Person entfaltet, welche die Ordnung der Welt wieder herzustellen imstande sei, wie sie im Plane der göttlichen Vollkommenheit gelegen habe. Diese Person sei der heilige König (Malka kadischa), der Messias, der ausgebildete Urmensch (Adam kadmon), der das Böse, die Sünde, den Fall der Geister aufzehren und die versiegten Gnadenströme wieder in Fluß bringen werde. Er, der heilige König, der Messias, sei der wahre Gott, der Erlöser und Befreier der Welt, der Gott Israels; ihm allein müsse Anbetung zu teil werden. Der heilige König und Messias enthalte zwei Naturen, eine männliche und eine weibliche; er vermöge wegen seiner höheren Weisheit mehr zu leisten als der Weltenschöpfer, mit dem er so ziemlich eins sei, indem er doch dessen Plan der Verwirklichung zuführe. Es war die alte Gnosis in einem andern Gewande, von der höhern Natur des Messias-Christus und von dessen Überlegenheit über den Weltenschöpfer. Einige Sabbatianer sprachen die lästerlichsten Dinge unzweideutig aus, bis zum Erscheinen des Messias habe nur ein untergeordneter Engel (Metatoron) die Welt und Israel regiert, und erst mit Sabbataï Zewi gelange die Gottheit zur Allmacht, oder Gott

[1]) S. Band VII₄, S. 214 f.

habe sich von der Weltherrschaft zurückgezogen und Sabbataï zu seinem Stellvertreter eingesetzt. Sie erzählten von ihm, er habe sich mit Anwendung eines Verses im Hohenliede geäußert: „Gott gleiche Zewi." Samuel Primo, welcher die Sendschreiben und Regierungserlasse im Namen des Messiaskönigs ausfertigte, setzte öfter als Unterschrift: „Ich, der Herr, euer Gott Sabbataï Zewi"[1]). Ob der Schwärmer von Smyrna wirklich diese gotteslästerliche Vermessenheit hegte, läßt sich nicht entscheiden und eben so wenig, ob er in seinem Innern das Gesetz des Judentums vollständig aufgehoben und außer Kraft gesetzt hat. Denn wiewohl einige Sabbatianer, welche diese Verrücktheiten aussprachen, sie aus seinem Munde vernommen haben wollten, so haben andere Jünger das Entgegengesetzte überliefert, er habe an dem Gottesbegriff, wie ihn Bibel, Talmud und Sohar lehren, festgehalten, er habe die talmudischen Schriften hochverehrt und geküßt und die talmudischen Weisen als seine Lehrer anerkannt.

Das Richtige ist wohl, daß Sabbataï Zewi in seiner eitlen Selbstbespiegelung alles das hinnahm, was die Tatkräftigen seines Anhanges gelehrt und vorgeschlagen haben. Die Auflösung des bestehenden Judentums begannen sie mit der Verwandlung des zehnten Tebet (Assara be-Tebet) in einen Freudentag. Samuel Primo richtete im Namen seines Götzen ein Sendschreiben an Gesamtisrael in halboffizieller Form. „Der einige und erstgeborene Sohn Gottes, Sabbataï Zewi, Messias und Erlöser des israelitischen Volkes, allen Söhnen Israels Frieden! Nachdem ihr gewürdigt worden seid, den großen Tag und die Erfüllung des Gotteswortes durch die Propheten zu sehen, so müssen eure Klage und Trauer in Freude und euer Fasten in frohe Tage verwandelt werden, denn ihr werdet nicht mehr weinen. Freut euch mit Gesang und Lied und verwandelt den Tag, der sonst in Betrübnis und Trauer verlebt wurde, in einen Tag des Jubels, weil ich erschienen bin." So fest wurzelte bereits der Glaube an Sabbataï Zewi in den Gemütern, daß die Gemeinden, denen das Schreiben zeitig genug zugekommen war, diesen Fasttag einstellten, obwohl sie nur durch strenges Fasten in das Messiasreich eingehen zu können vermeinten. Die Stockorthodoxen wurden aber wegen dieser ersten Neuerung stutzig. Sie konnten sich den Messias nicht anders, denn als streng frommen Rabbi vorstellen, der, wenn möglich, noch neue Erschwerungen ausklügeln würde. Tausendfach hatten sie es zwar im Sohar gelesen und einander wiederholt, daß in der messianischen Zeit

[1]) S. über alle diese Blasphemien Note 3, Nr. 17.

die Trauertage in Festtage umgewandelt werden und das Gesetz überhaupt nicht mehr bindend sein würde; als aber Ernst damit gemacht wurde, ergriff sie ein förmliches Entsetzen. Diejenigen Rabbinen, welche früher halbungläubig dem Treiben zugesehen, oder, um die jedenfalls heilsamen Büßungen und Betätigung der Wohltätigkeit nicht zu stören, dazu geschwiegen hatten, erhoben jetzt ihre Stimme gegen das gesetzauflösende Messiastum. Es bildete sich daher in jeder größeren Gemeinde eine allerdings kleine Partei von Ungläubigen (Kofrim), meistens Talmudkundigen, welche das Bestehende vor jedem Angriff und vor Zerstückelung schützen wollten.

Das rabbinische Judentum und die Kabbala, bisher Engverbündete, fingen an miteinander in Streit zu geraten, die zweideutige Bundesgenossin zeigte sich endlich in ihrer wahren Gestalt als Feindin des Stockrabbinismus. Aber diese ernüchternde Entdeckung, daß die Rabbinen an der Kabbala eine Schlange im eigenen Busen großgezogen hatten, erkannten doch nur wenige. Sie blieben ihr noch immer treu, schoben die beginnende Feindseligkeit gegen den Schulchan Aruch auf Sabbataï und seine Helfershelfer und schrieen Zeter. Es war aber zu spät, ihre Stimme verhallte in dem Jubelrausche. Salomo Algasi und einige Gesinnungsgenossen, — zum Smyrnaer Rabbinat gehörig, — welche sich der Aufhebung des Fasttages widersetzen wollten, wurden von der Menge der Gläubigen fast gesteinigt und mußten, wie Aaron Lapapa, die Stadt eiligst verlassen. Chajim Benvenisti dagegen, der nicht genug Erschwerungen zum rabbinischen Kodex nachtragen konnte, mußte die allmähliche Entkräftung desselben schmerzlich mit ansehen; er hatte sich einmal aus Ehrgeiz Sabbataï Zewi verschrieben und mußte das von ihm so gewissenhaft verehrte Gesetz verletzen helfen.

Aber der Messias mußte sich doch endlich einmal aus dem Schlaraffenleben und der Atmosphäre des Weihrauchs in Smyrna herausreißen, um sein Werk in der türkischen Hauptstadt zu vollenden, sei es, daß seine Anhänger ihn dazu gedrängt haben, sein Licht nicht unter, sondern auf den Scheffel zu stellen, damit die große Welt es sähe, oder daß der Kadi das tolle Treiben der Juden nicht länger dulden und die Verantwortlichkeit nicht allein tragen mochte. Es heißt, der Kadi habe Sabbataï Zewi drei Tage Frist gegeben, sich zu Schiff nach Konstantinopel zu begeben und vor die höchsten türkischen Behörden zu stellen. In seinem Wahne mochte Zewi glauben, daß sich ein Wunder ereignen werde, um die Prophezeiungen Nathan Ghazatis und anderer Propheten zu erfüllen, daß er mit Leichtigkeit dem Sultan die Krone werde vom Haupte nehmen können. Er schickte sich zur Reise an. Ehe er Smyrna verließ, verteilte er unter seine sechsundzwanzig Getreuen die Erde und ernannte sie zu Königen und Fürsten. Den Löwenanteil erhielten seine Brüder Elias Zewi und Joseph Zewi; der erste wurde zum König der Könige überhaupt, und der andere zum Könige der Könige Judas ernannt. Den übrigen getreuen Anhängern eröffnete er zugleich kabbalistisch, welche Seele der ehemaligen judäischen oder israelitischen Könige ihren Leibern innewohne, d. h. durch Seelenwanderung in sie gefahren sei. Zu den mehr bekannten Namen gehörte sein Jugendgenosse Isaak Silveyra, dann Abraham Jachini in Konstantinopel, der ihm die Mystifikationskunst beigebracht hat (o. S. 193), Mose Galante und Daniel Pinto, welche aus Aleppo nach Smyrna zu seiner Huldigung gekommen waren; Salomon Carmona, welcher in seiner Phantasterei den Propheten Elia gesehen haben wollte. Raphael Joseph Chelebi in Kairo durfte am wenigsten übergangen werden, er war die erste, feste Stütze des Messias gewesen, er galt als König Joas. Ein aus Portugal entflohener und auf Sabbataï schwörender marranischer Arzt erhielt die Krone von Portugal. Selbst sein ehemaliger Gegner Chajim Peña erhielt ein eigenes Königreich. Ein Bettler, Abraham Rubio in Smyrna, erhielt unter dem Namen Josia ebenfalls eine Krone und war so fest von seiner baldigen Herrlichkeit überzeugt, daß er große Summen ausschlug, die ihm für sein utopisches Königreich geboten wurden.

Mit einer gewissen Absichtlichkeit scheint Sabbataï Zewi seine messianische Reise nach Konstantinopel gerade mit dem Beginne des für mystisch gehaltenen Jahres 1666 angetreten zu haben. Er war von einigen seiner Anhänger, namentlich von seinem Sekretär Samuel Primo begleitet und hatte den Tag seiner Ankunft in Konstantinopel voraus verkündet, aber die Ereignisse straften ihn Lügen. Das Schiff, das ihn trug, hatte mit Sturm zu kämpfen und verzögerte die Fahrt auf Wochen. Aber da das Meer ihn nicht verschlungen hatte, so hatten die Sabbatianer Stoff zu Wundererzählungen, wie Sturm und Wogen dem Messias gehorchten. An einem Platze an der Küste der Dardanellen mußten die Passagiere des beschädigten Schiffes ans Land gesetzt werden, und dort verhafteten ihn türkische Häscher, welche zu seiner Gefangennahme abgesandt waren. Der Großwesir Achmed Köprili hatte von der Aufregung der Juden in Smyrna und im ganzen türkischen Reiche Kunde erhalten und wollte sie mit einem Schlage dämpfen. Vielleicht hatten nüchterne Juden in Konstantinopel Sabbataï bei den

Behörden angegeben, um dem tollen Treiben ein Ende zu machen. Genug, die Häscher hatten den gemessenen Befehl, den angeblichen Erlöser in Fesseln nach der Hauptstadt zu bringen, und waren daher dem Schiffe, das ihn führte, entgegengeeilt. Laut Befehl legten sie ihm Fesseln an und führten ihn nach einem Städtchen in der Nähe Konstantinopels, weil der Sabbatbeginn nahe war. Durch einen Kurier von seiner Ankunft in Chekmese Kutschuk unterrichtet, eilten seine Anhänger aus der Hauptstadt dahin, um ihn zu sehen, fanden ihn aber in einem elenden Aufzuge und in Ketten. Ihr mitgebrachtes Geld verschaffte ihm indessen einige Erleichterung, und am Sonntag darauf (Febr. 1666) wurde er zu Wasser nach Konstantinopel gebracht, wie ganz anders, als er und seine Gläubigen geträumt hatten! Indessen hatte seine Ankunft doch Aufsehen erregt. Auf dem Landungsplatze war ein solcher Andrang von Juden und Türken, welche den wahren oder angeblichen Messias sehen wollten, daß die Polizei Ordnung für das Ausschiffen machen mußte. Ein Unterpascha, welcher ihn in Empfang zu nehmen beauftragt war, bewillkommnete den Gottesmenschen mit einem Schall von Ohrfeigen. Sabbataï Zewi soll aber klugerweise die andere Wange zum Streiche hingehalten haben. Da er nicht den triumphierenden Messias spielen konnte, wollte er wenigstens den leidenden mit Anstand spielen. Vor den stellvertretenden Wesir (Kaimakam) Mustafa Pascha geführt, hat er die erste Probe nicht glänzend bestanden. Befragt, was sein Vorhaben sei, und warum er die Juden so sehr in Aufregung setzte, soll Sabbataï geantwortet haben, er sei weiter nichts als ein jüdischer Chacham, der aus Jerusalem nach der Hauptstadt gekommen sei, um Almosen zu sammeln; er könne nichts dafür, wenn die Juden ihm so viel Anhänglichkeit bezeugten. Mustafa ließ ihn darauf in das Gefängnis bringen, wo zahlungsunfähige jüdische Schuldner verhaftet waren.

Weit entfernt, durch diese Behandlung enttäuscht zu sein, verharrten seine Anhänger in Konstantinopel noch immer in ihrem Wahne. Einige Tage hielten sie sich still in ihren Häusern, weil die Gassenjugend ihnen spottend zurief: „Kommt er, kommt er?" (Gheldi mi, Gheldi mi). Aber bald begannen sie von neuem zu faseln, er sei der wahre Messias, und die Leiden, die ihm widerführen, seien notwendig und Vorbedingung zu seiner Verherrlichung. Die Propheten fuhren fort, von seiner und Israels baldiger Erlösung zu verkünden. In Konstantinopel unterhielten zwei jüdische Propheten Mose Suriel, und ein greiser Deutscher, Mardochaï der Fromme, die Schwärmerei für ihn. Auch ein türkischer Derwisch erfüllte die

Straßen Konstantinopels mit seinen Prophezeiungen von dem erschienenen Messias — die Gegner sagten, Sabbataïs Anhänger hätten ihn gekauft. Tausende drängten sich täglich zu Sabbataïs Gefängnis, um nur einen Blick von ihm zu erhaschen. Englische Kaufleute, welche ihre Schuldforderungen von ihren jüdischen Schuldnern nicht erlangen konnten, wandten sich an den Messias. Ein Handschreiben von ihm, welches die Säumigen ermahnte, ihren Gläubigern gerecht zu werden, sonst würden sie nicht an seiner Freude und Herrlichkeit teilnehmen können, hatte die beste Wirkung. Samuel Primo sorgte dafür, daß den Juden Smyrnas und überhaupt den entfernt wohnenden Juden die fabelhaftesten Mitteilungen zukamen von der Verehrung, die dem Messias von Seiten der türkischen Großen zuteil werde. Sie seien sämtlich innerlich von seiner Würde überzeugt. Die Erwartungen der Juden wurden dadurch noch mehr gespannt, die ausschweifendsten Hoffnungen nur noch mehr genährt. Es galt als ein handgreifliches Wunder, daß die rasche türkische Justiz ihn, den aufwieglerischen Juden, am Leben ließ. Bewies diese Schonung nicht, daß sie ihn fürchtete? Eine gewisse Scheu scheint in der Tat die türkische Regierung vor dem jüdischen Messias gehabt zu haben. Der kandiotische Krieg stand bevor, der alle Kräfte des bereits halberschöpften türkischen Reiches brauchte, und da mochte der kluge Großwesir Achmed Köprili ihn nicht dem Tode weihen, um nicht einen neuen Märtyrer zu machen und unter den Juden einen todesmutigen Aufruhr zu erzeugen. Auch Türken, bezaubert von Sabbataïs Wesen und betört von den außerordentlichen Wundererscheinungen, namentlich den Prophezeiungen von Frauen und Kindern, gehörten zu seinen Verehrern. Aber es schien Köprili eben so bedenklich, ihn während seiner Abwesenheit im Kriege in Konstantinopel zu lassen, wo er leicht Stoff zu einer immer zunehmenden Aufregung in der Hauptstadt abgeben könnte. Er befahl daher, ihn nach zweimonatlichem Gefängnis in Konstantinopel (Anf. Febr. bis 17. April) nach dem Dardanellenschlosse Abydos abzuführen, wohin Staatsgefangene in Gewahrsam gebracht zu werden pflegten. Es war eine leichte Haft; einige seiner Freunde durften ihn dahin begleiten, Samuel Primo brauchte ihn nicht zu verlassen. Diese Festung nannten die Sabbatianer mit einem mystischen Namen „Turm der Macht (Migdal Oz)“.

Wenn Sabbataï Zewi einen Augenblick an sich zweifelte, so schwoll ihm wieder der Kamm durch die Ortsveränderung, die rücksichtsvolle Schonung von Seiten des Divan und die andauernde und zunehmende Anhänglichkeit der Juden. Er fühlte sich wieder voll als Messias. Bei seiner Ankunft im Dardanellenschlosse (19. April) am Rüsttage des Passahfestes schlachtete er für sich und seine Begleiter ein Passahlamm und genoß es mit den Fetteilen, welche nach talmudischen Gesetzen verboten sind. Er soll dabei eine Segensformel gebraucht haben, welche andeuten sollte, daß das mosaisch-talmudische und rabbinische Gesetz aufgehoben sei: „Gebenedeiet sei Gott, der das Verbotene wieder gestattet.“ In Abydos richtete er eine förmliche Hofhaltung ein mit den bedeutenden Geldsummen, welche seine Brüder und seine reichen Anhänger ihm mit vollen Händen zufließen ließen. Seine Frau Sara durfte bei ihm weilen, gebärdete sich als Messiaskönigin und bezauberte die Menge durch ihre Reize. In der türkischen Hauptstadt wimmelte es von Schiffen, welche seine Anhänger nach dem Dardanellenschlosse führten. Der Fahrpreis für Schiffe stieg dadurch von Tag zu Tag[1]). Auch aus allen Ländern und Erdteilen strömten Scharen von Juden nach dem Orte seines Gefängnisses, um seines Anblicks gewürdigt zu werden. Der Kastellan des Schlosses stand sich gut dabei; denn er ließ sich von den Besuchenden Einlaßgeld zahlen und steigerte es bis auf fünf oder zehn Taler für die Person. Auch die Einwohner des Städtchens hatten ihren Nutzen davon, weil sie für ihre Wohnung und Lebensmittel hohe Preise erzielen konnten. Ein wahrer Goldregen strömte über Abydos. Der Eindruck, den diese Tatsachen, noch dazu geflissentlich von Mund zu Mund vermehrt und übertrieben, auf die Juden in Europa, Asien und Afrika machten, und die Wirkungen, die sie hervorbrachten, sind unbeschreiblich. Mit geringen Ausnahmen waren alle von Sabbataïs Messianität und baldiger Erlösung in spätestens zwei Jahren überzeugt. Sie sagten sich: „Er hatte den Mut nach der türkischen Hauptstadt zu gehen, obwohl er offen die Entthronung des Sultans verkündet hatte, und wurde gleichwohl nicht am Leben gestraft, sondern in einer Art Scheinhaft gelassen.“ Brauchte es mehr, um die Prophezeiung der Propheten älterer und neuerer Zeit zu bestätigen? Ernstlich bereiteten sich daher die Juden zur Rückkehr in ihre Urheimat vor. In Ungarn fingen sie bereits an, die Dächer ihrer Häuser abzutragen. Sie stellten ihre Geschäfte ein, wenigstens unternahmen sie keine neuen. In den großen Handelsstädten, in denen Juden im Großhandel tonangebend waren, in Amsterdam, Livorno, Hamburg, trat dadurch eine Stockung ein. Fast in allen Synagogen wurden die zwei Anfangsbuchstaben seines Namens S. Z. mit mehr oder weniger Verzierungen angebracht. Fast überall

[1]) Anonymer holländischer Bericht, S. 19.

wurde für ihn ein Gebet eingeführt mit der Formel: „Segne unsern Herrn und König, den heiligen, gerechten Sabbataï Zewi, Messias des Gottes Jakob." Nathan Ghazati hatte den Gemeinden vorgeschrieben, ein eigenes Gebet an den Feiertagen und bei feierlichen Handlungen für ihn hinzuzufügen: „Und es bewähre sich an ihm das Wort des Propheten: ‚es ruhe auf ihm der Geist Gottes, der Geist der Weisheit usw.'"[1]). Es wurde angenommen und in Gebetbüchern mit abgedruckt. In Europa waren die Augen aller Gemeinden auf die Amsterdamer gerichtet, und diese war in ihren Vertretern am meisten der Schwärmerei zugetan. Jeder Posttag, welcher neue Briefe brachte, war ein Festtag für sie. Die Amsterdamer gaben ihre Freude offen zu erkennen und scheuten weder die christliche Bevölkerung noch die Obrigkeit. Isaak Naar aus Amsterdam und der reiche Abraham Pereyra bereiteten sich zu einer Reise zum Messias vor, und der erstere zeigte es ironisch dem ungläubigen Jakob Sasportas an. Die Hamburger Gemeinde äffte stets die Amsterdamer Gemeinde nach oder überbot sie noch. Der Vorstand führte den Brauch ein, nicht bloß am Sonnabend, sondern auch am Montag und Donnerstag für Sabbataï Zewi zu beten. Die Ungläubigen wurden gezwungen, in der Synagoge zu bleiben, um sich durch ein lautes Amen daran zu beteiligen. Und das geschah alles auf Veranlassung des gebildeten Arztes Bendito de Castro. Die Gläubigen bedrohten förmlich die wenigen Gegner, wenn diese es wagten, ein Wort des Tadels über Sabbataï auszusprechen. — In Venedig brach am Sabbat ein Streit zwischen Sabbatianern und ihren Gegnern aus, und einer der letzteren wäre dabei beinahe ums Leben gekommen. Als Sabbataï befragt wurde, wie mit den Kofrim (Ungläubigen) verfahren werden sollte, antwortete er oder Samuel Primo, diese dürften ohne weiteres selbst am Sabbat ums Leben gebracht werden. Die Vollstrecker einer solchen Strafe seien der Seligkeit gewiß[2]). Ein Talmudkundiger in Ofen, Jakob Aschkenasi aus Wilna, dessen Sohn und Enkel später so eifrige Verfolger der Sabbatianer wurden, verfuhr auch danach und erklärte ein Gemeindeglied für todeswürdig, weil dasselbe nicht den Segen für Sabbataï Zewi sprechen mochte. In Mähren (Nikolsburg) gab es infolge der messianischen Schwärmerei so heftige Reibungen und Aufläufe, daß der Landeshauptmann Graf von Dietrichstein zur Beruhigung der Gemüter Bekanntmachungen anschlagen lassen

1) Note 3, II.
2) Sasportas, p. 26 a.

mußte[1]). In Salé in Nordwest-Afrika verhängte der damalige Emir Gailan (Gailand) eine Verfolgung über die Juden, weil sie gar zu offen die Hoffnung auf ihre baldige Erlösung zur Schau trugen[2]).

Aber auch manche Christen waren nicht frei von dem Wahnglauben an den neuen Messias, auch auf sie hatten die allwöchentlich eintreffenden Nachrichten aus dem Morgenlande über Sabbataï Zewi, seine Umgebung und sein Tun einen überwältigenden Eindruck gemacht. In Hamburg z. B. begaben sich frommgläubige Protestanten zu dem bekehrungssüchtigen Prediger Esdras Edzard und fragten ihn, was nun zu tun sei: „Wir haben nicht nur von Juden, sondern auch von unsern christlichen Korrespondenten aus Smyrna, Aleppo, Konstantinopel und anderen Orten der Türkei ganz gewisse Nachricht, daß der neue Judenmessias so viele Wunder tue, und die Juden aus der ganzen Welt sich um ihn sammeln. Wo bleibt denn nun die christliche Lehre und der Glaube von unserm Messias[3])?" Die Aufmerksamkeit, welche die Christen der gebildeten Stände den außergewöhnlichen Vorgängen schenkten, die als Zeitungsnachrichten verbreitet wurden, erhöhte wiederum die Gläubigkeit der Juden. Kurz, jedes Ereignis führte immer tiefer in die Täuschung hinein. Nur Jakob Sasportas ließ laut seine warnende Stimme gegen den Schwindel vernehmen. Er rieb sich förmlich auf, um überallhin zu korrespondieren, hier auf die Lächerlichkeit hinzuweisen und dort genaue Erkundigungen einzuziehen. Es nützte nicht viel. Er bekam von keiner Seite, wie er es wünschte, ganz augenfällige Beweise von Sabbataïs oder Nathans falschem Spiele. Abraham Amigo, einer der Rabbiner Jerusalems, welcher zu Sabbataïs Verbannung beigetragen hatte und um wahrheitsgetreue Auskunft angegangen wurde, erteilte keine Antwort[4]), vielleicht, weil er es mit den Sabbatianern nicht verderben und die Geldsendungen für Jerusalem nicht aufs Spiel setzen wollte. Von Konstantinopel aus, wo die Rabbinen am besten imstande waren, über Sabbataï wahrheitsgemäß zu berichten, bestätigte Abraham Jachini, im Namen des Rabbinenkollegiums, Sabbataïs Messianität und baldiges Erlösungswerk, um die Judenheit geflissentlich noch mehr in die Irre zu führen[5]). Fälschungen von Sendschreiben und Aktenstücken waren überhaupt an der Tagesordnung, Gewissenhaftigkeit

[1]) Theatrum Europ. X, p. 440.
[2]) Sasportas a. a. O., p. 8 b.
[3]) Schudt, jüd. Merkwürdigkeiten II*, S. 47
[4]) Sasportas a. a. O., p. 24 b.
[5]) Das. p. 12 b.

und Aufrichtigkeit im Strudel ganz abhanden gekommen. So verdichtete sich immer mehr die Nebelhülle des Wahnglaubens, und es war niemand mehr imstande, hinter die Wahrheit zu kommen. Die eifrigsten Sabbatianer fuhren fort, den glühendsten Fanatismus zu predigen. David Jizchaki z. B. schrieb nach Livorno, jeder Jude sei verpflichtet, an den Messias Sabbataï Zewi ebenso wie an Gott und seine Lehre zu glauben[1]).

Indessen führte Sabbataï bereits drei Monate (April bis Juli) im Dardanellenschloß ein wahres Fürstenleben und war nur auf die eigene Vergötterung bedacht. Entweder aus eigenem Antriebe oder auf Samuel Primos Eingebung erklärte er den Fasttag des siebzehnten Tammus ebenfalls für aufgehoben, weil er an diesem Tage sein messianisches Bewußtsein erlangt habe[2]). War es übermütige Laune oder die Absicht, seine Gläubigen an Aufhebung des rabbinischen Judentums zu gewöhnen? Genug, er bestimmte den 23. Tammus (26. Juli), einen Montag, den siebenten Tag nach seinem Erwachen zu messianischem Bewußtsein, als strengen Sabbat, als großen Sabbat[3]). Mehr als viertausend Juden, Männer und Frauen, die sich gerade an diesem Tage in Abydos befanden, feierten diesen neuen Sabbat mit großer Gewissenhaftigkeit. Im voraus sandte er oder sein Sekretär Rundschreiben an die Gemeinden, daß sie den nächsten Fasttag, den neunten Ab, seinen Geburtstag, als einen Feiertag förmlich begehen sollten mit einem eignen Gottesdienst, mit eigens ausgewählten Psalmen, mit Genießen von ausgesuchten Speisen und mit Saitenspiel und Gesang[4]). Auch soll er im Plane gehabt haben, sämtliche jüdischen Feiertage, sogar den Versöhnungstag außer Kraft zu setzen und dafür andere einzuführen[5]). Allein ehe es dazu kam, beging er im Übermut eine Unklugheit, welche das ganze messianische Kartenhaus umblies.

Unter den vielen Tausend Besuchern von Nah und Fern waren auch zwei Polen aus Lemberg zu ihm gewallfahrtet, um sich Gewißheit zu verschaffen und sich an seinem Anblick zu weiden. Der eine war Jesaia, Sohn einer hochgeachteten rabbinischen Autorität, des greisen David Levi (Ture Zahab) und Enkel des nicht minder berühmten Joel Serkes (o. S. 57), der andere sein Stiefbruder Loeb Herz. Über Wien nach Abydos gewandert, wurden sie an-

[1]) Sasportas a. a. O., p. 31 b.
[2]) Das. p. 26 a.
[3]) Das. p. 26 a, der 23. Tammus fiel damals auf Montag.
[4]) Das., auch die christlichen Quellen.
[5]) p. 28 b.

fangs nicht zur Audienz zugelassen, sondern angewiesen, sich nach Konstantinopel zu Abraham Jachini zu begeben, der sie vorher mystisch bearbeiten und stimmen sollte. Sie kehrten gerade an dem neuen großen Sabbat nach Abydos zurück, und, nichts von der eingeführten strengen Feier ahnend, ließen sie für schweres Geld Lebensmittel für sich einkaufen. Ob dieser Freveltat wurden sie von Sabbataï finster empfangen und von Samuel Primo derb ausgescholten. Da sie aber ihre Reue zu erkennen gaben, so wurden sie mit Geschenken entlassen. Den greisen Rabbiner David Levi beehrte der Messias mit einem seidenen Unterkleide, das er dessen Sohne für ihn mit der Versicherung übergab, es werde sein Alter verjüngen. Von diesen beiden Polen hatte Sabbataï vernommen, daß in fernem Lande ebenfalls ein Prophet, Nehemia Kohen, die Nähe des Messiasreiches, aber nicht ihn als den Träger desselben, verkündete. Er gab daher Jesaia Levi einen lakonischen Brief für dessen Vater mit, worin er den Juden in Polen Rache für das erlittene Gemetzel durch die Kosaken verhieß und zum Schluß befehlshaberisch bedeutete: „Nehemia soll eiligst zu mir kommen.“ Er legte auf Nehemia so viel Gewicht, daß er seinen Kreis auf dessen Ankunft gespannt machte. Überglücklich reisten die beiden Polen nach Lemberg zurück und berichteten überall von dem Glanze, in dem sie den Messias gesehen hatten. Nehemia wurde aufgefordert, schnell zu Sabbataï zu reisen, und dieser scheute es nicht, die Hunderte von Meilen zurückzulegen. Als er in Abydos eintraf (Anf. Sept.), wurde er sogleich zur Audienz vorgelassen, die ausnahmsweise mehrere Tage dauerte. Der polnische Prophet und der Smyrnaer Messias lachten nicht einander ins Gesicht, wie zwei Vogelschaupriester, sondern disputierten ernst und eifrig miteinander. Der Gegenstand ihrer mystischen Unterredung ist, wie sich denken läßt, unbekannt geblieben. Man erzählte sich, sie habe den messianischen Vorläufer, den Ephraimitischen Messias betroffen, ob dieser sich bereits gezeigt habe und ums Leben gekommen sei — wie es nach der Schablone geschehen müßte — oder nicht. Nehemia wurde von der langen Disputation nicht überzeugt und verhehlte es auch nicht. Deswegen sollen die fanatischen Sabbatianer einander verstohlen zugewinkt haben, den gefährlichen Polen bei Seite zu schaffen. Er entkam aber glücklich aus dem Schlosse und begab sich sofort nach Adrianopel zum Kaimakam Mustafa, wurde Türke und verriet demselben die phantastischen und hochverräterischen Pläne, welche Sabbataï Zewi hegte, die der Regierung nur deswegen unbekannt geblieben seien, weil der Aufseher des Dardanellenschlosses ein Interesse an dem Zuströmen der Juden hätte.

Der Kaimakam überbrachte die Nachricht dem Sultan Mohammed IV., und das Verfahren gegen Sabbataï Zewi wurde reiflich erwogen, wozu auch der Mufti Wanni hinzugezogen wurde. Kurzen Prozeß mit dem phantastischen Aufwiegler zu machen, schien dem Rat untunlich, zumal auch Türken ihm anhingen. Fiele er als Märtyrer, so könnte daraus eine neue Sekte entstehen, welche Zündstoff für neue Unruhen geben könnte. Wanni, ein bekehrungssüchtiger Oberpriester, schlug vor, den Versuch zu machen, Sabbataï zum Islam herüber zu bringen. Dieser Rat wurde befolgt, und der Leibarzt des Sultan (Hekim Baschi), ein jüdischer Renegat, namens Guidon, wurde ins Mittel gezogen. Ein Tschausch (Sendbote) erschien plötzlich in Abydos, vertrieb die Juden, die den Messias huldigend belagerten, führte diesen nach Adrianopel und brachte ihn zuerst mit dem Hekim Baschi zusammen, der als ehemaliger Glaubensgenosse ihn leichter würde überreden können. Der Leibarzt stellte ihm vor, welche grausige Strafe ihn unfehlbar treffen würde — er würde mit brennenden Fackeln, am Leibe gebunden, durch die Straßen gepeitscht werden, wenn er nicht den Zorn des Sultans durch Annahme des Islams beschwichtigen wollte. Man weiß nicht, ob diese Zumutung zum Abfall vom Judentum dem eingebildeten Messias viel Seelenkampf gekostet hat. Mannesmut hatte er überhaupt nicht, und das Judentum in der bestehenden Gestalt war für ihn vielleicht bereits überwunden. So ging er auf Guidons Rat ein. Tags darauf (13. Elul, 13. Sept. 1666) wurde er vor den Sultan geführt. Er warf sogleich seine jüdische Kopfbedeckung zum Zeichen der Verachtung auf die Erde, ein Page reichte ihm einen türkischen weißen Turban und ein grünes Oberkleid statt des schwarzen, und somit war sein Übertritt zur mohammedanischen Religion vollzogen. Bei dem Kleiderwechsel soll man mehrere Pfund Zwieback in seinen weiten Beinkleidern gefunden haben[1]). Der Sultan war mit diesem Ausgang der Bewegung sehr zufrieden, gab ihm den Namen Mehmed Effendi und ernannte ihn zu seinem Türhüter — Capigi Baschi Otorak — mit einem nicht geringen Monatsgehalte; er sollte in seiner Nähe bleiben. Die Messiasfrau Sara, die schöne, unzüchtige, polnische Rabbinerstochter, wurde ebenfalls Mohammedanerin unter dem Namen Fauma Kadin, und erhielt von der Sultanin reiche Geschenke. Einige seiner vertrautesten Anhänger gingen ebenfalls zum Islam über. Der Mufti Wanni unterrichtete sie in der mohammedanischen Religion. Sabbataï soll zu

[1]) Anonymer holländischer Bericht p. 20.

seiner Frau Sara, auf Befehl des Mufti, noch eine mohammedanische Sklavin geehelicht haben. Nehemia Kohen, der diese plötzliche Wandlung zu Wege gebracht hat, blieb aber nicht in der Türkei, sondern kehrte nach Polen zurück, legte den Turban wieder ab und lebte still, ohne auch nur ein Wort von den Vorgängen zu verraten. Er verscholl eben so plötzlich wie er aufgetaucht war. Frech schrieb der Ex-Messias einige Tage nach seiner Bekehrung an seine Brüder nach Smyrna: „Gott hat mich zum Ismaeliten (Türken) gemacht; er befahl und es geschah. Am neunten Tage nach meiner Wiedergeburt." Ungefähr in derselben Zeit versammelten sich sämtliche Rabbiner und Vorsteher von Lehrhäusern in Amsterdam und richteten ein Huldigungsschreiben an Sabbataï Zewi, um ihm ihre Gläubigkeit und Unterwürfigkeit zu bezeugen. Der halbe Spinozist Dionys (Benjamin) Mussaphia, gekränkt darüber, beim Absenden des Sendschreibens nicht zugezogen worden zu sein, richtete an Zewi ein eigenes Sendschreiben, mit seiner Namensunterschrift und der von zwei Mitgliedern des Lehrhauses versehen (24. Elul). Eine Woche später sandten 24 angesehene Männer aus Amsterdam abermals ein Huldigungsschreiben an den bereits apostasierten Messias. An der Spitze derselben stand Abraham Gideon Abudiente[1]). Ob diese Schreiben dem Türken Mehmed Effendi zu Händen gekommen sind? In Hamburg, wo man ebenfalls keine Ahnung von seiner Bekehrung hatte, wurde über Sabbataï am Versöhnungstage (9. Okt. 1666) fünfmal der Segen gesprochen. Ein Greis, der es nicht mit anhören mochte, wurde mißhandelt, der Vorsteher Bendito de Castro vergriff sich an ihm und erregte in der Synagoge Zank und Aufregung[2]). Auch an anderen Orten dauerte der Schwindel nach Sabbataïs Abfall vom Judentum noch eine längere Zeit fort.

Als aber die Kunde davon die Runde durch die Gemeinden machte und nicht mehr abzuleugnen war, folgte auf die Zuversicht das betäubende Gefühl der Enttäuschung und Beschämung. Der höchste Vertreter des Judentums hatte es verlassen und verraten! Chajim Benvenisti, der Rabbiner von Smyrna, welcher aus nicht sehr edlen Beweggründen den falschen Messias mit seiner Autorität gedeckt hatte, verging fast vor Reue und Scham[3]). Mohammedaner und Christen

[1]) Diese drastische Szene ist sehr gut geschildert von Sasportas a. a. O. p. 25 a b. Vgl. Monatsschr. Jahrg. 1876, S. 145 f.

[2]) Das. p. 26 b. ובליל כפור ברכוהו (ברכת מי שברך) . . . ואז הפרנס ירד מכסאו הוא הרופא אליל ברוך נחמיאס ותפשו (לזקן כופר) בבגדו וזלזל בכבודו ושלח בו יד והיתה צעקה גדולה וכו': Baruch Nehemias ist B. d. Castro.

[3]) Das. p. 36 b.

wiesen mit Fingern auf die leichtgläubigen, verblendeten Juden. Die Gassenbuben in der Türkei riefen ihnen den Spottnamen Pouschtai nach. Mit dem Spott war es noch nicht abgetan. Eine so durchgreifende Bewegung konnte nicht ohne Spuren verlaufen, konnte nicht ohne weiteres ungeschehen gemacht werden. Der Sultan gedachte sämtliche Juden seines Reiches, weil sie sich mit rebellischen Plänen getragen hatten, zu vertilgen, und die Kinder unter sieben Jahren im Islam erziehen zu lassen. Der Neutürke Mehmed Effendi soll, um sich zu rächen, selbst seine Pläne und die Zustimmung der Juden dazu verraten haben. Zwei Räte und die Sultanin-Mutter sollen aber den Sultan von diesem Vorhaben abgebracht haben, mit der Bemerkung, die Juden seien als Betrogene zu betrachten. Aber 50 Hauptrabbinen, weil sie ihre Pflicht versäumt hatten, das Volk zu belehren, sollten in der Tat hingerichtet werden, 12 von Konstantinopel, 12 von Smyrna und die übrigen 26 aus den übrigen türkischen Gemeinden[1]). Es wurde als ein besonderes Wunder angesehen, daß dieser Beschluß unausgeführt blieb, und die Juden nicht einmal eine Geldstrafe erlitten haben. Schlimmer noch als dieses hätte die Zwietracht in den Gemeinden wirken können, wenn die Ungläubigen die ehemaligen Gläubigen mit Spott und Hohn überhäuft hätten. Aber die Rabbinatskollegien traten im Morgenlande beschwichtigend und vermittelnd dazwischen. Sie bedrohten denjenigen mit dem Banne, der einem ehemaligen Sabbatianer durch Wort und Tat zu nahe treten sollte[2]).

Indessen, wenn sich auch die Gemüter für den Augenblick beruhigten, so war die Ruhe doch lange nicht hergestellt. Nachdem die erste Betäubung über das Unerwartete seiner Bekehrung vorüber war, besannen sich seine eifrigen Anhänger, namentlich in Smyrna, und konnten sich nicht überreden, daß sie wirklich einem Schatten nachgelaufen sein sollten. Es müsse doch wohl etwas an Sabbataïs Messianität sein oder gewesen sein, da alle Zeichen so sehr übereinstimmten. Die Kabbalisten kamen leicht über das Anstößige hinweg. Sabbataï sei gar nicht Türke geworden, sondern eine Scheingestalt habe diese Rolle gespielt, er selbst sei in den Himmel oder zu den Zehnstämmen entrückt worden und werde bald wieder erscheinen, um das Erlösungswerk zu vollbringen. Wie zur Zeit der Entstehung des Christentums mystische Gläubige Jesu Kreuzestod als einen bloßen Schein auslegten (Doketen), ebenso erklärten sich in dieser Zeit ein-

[1]) S. Note 3, Nr. 22.
[2]) Bei Emden Torat ha-Kenaot, p. 10 b.

gefleischte Mystiker Sabbataïs Abfall vom Judentum. Andere, welche den Sturz des rabbinischen Judentums durch ihn herbeizuführen gedachten, Samuel Primo, Jakob Faliachi, Jakob Israel Duchan, mochten diesen Plan nicht so ohne weiteres aufgeben, sie klammerten sich vielmehr noch fester an ihn an. Am meisten Interesse an ihm festzuhalten, hatten die Propheten, welche durch seine Bekehrung am augenscheinlichsten Lügen gestraft wurden. Sie mochten ihrer Glanzrolle nicht so einfach entsagen und sich ins Dunkel zurückziehen oder gar ausgelacht werden. Die seßhaften Propheten in Smyrna, Konstantinopel, Rhodos, Chios waren allerdings mit einem Mal verstummt, aber die Wanderpropheten Nathan Ghazati und Sabbataï Raphael mochten noch nicht abdanken. Der erstere hatte sich während Sabbataïs Triumphe in Palästina aufgehalten, um seinerseits Huldigungen zu empfangen. Nachdem die Enttäuschung eingetreten war, hielt er sich dort nicht mehr für sicher, machte Anstalt sich nach Smyrna zu begeben und setzte seine mystisch-bombastischen Sendschreiben fort. Von Damaskus aus ermahnte er in einem Schreiben an die Juden in Aleppo[1]), sich nicht durch auffallende Ereignisse im Glauben an den Messias entmutigen zu lassen; das alles sei ein tiefes Geheimnis, das in kurzem offenbar werden würde; aber er wußte noch nicht anzugeben, worin das Mysterium bestehen sollte. Durch diese Sendschreiben wurden die Leichtgläubigen in ihrem Wahne von neuem bestärkt. In Smyrna fuhren manche Synagogen fort, den Segen für Sabbataï beim Gebete einzufügen. Daher mußten die Rabbinen tatkräftig einschreiten, namentlich tat es das Rabbinat der türkischen Hauptstadt. Es belegte alle diejenigen mit dem Banne, welche auch nur Sabbataïs Namen nennen oder mit seinen Anhängern verkehren sollten, und drohte sie dem weltlichen Arm zu überliefern. Nathan Ghazati wurde besonders in den Bann getan und jedermann gewarnt, ihn zu beherbergen oder in seine Nähe zu kommen (12. Kislew = 9. Dezbr. 1666). Diese Bannbullen wirkten insofern, als Nathan sich nirgends lange aufhalten und selbst in Smyrna nur heimlich bei einem Gläubigen einige Zeit weilen durfte. Aber den Schwindel ganz zu bannen vermochten sie keineswegs. Einer der eifrigsten Sabbatianer, vielleicht auch der erfindungsreichste, Samuel Primo, warf ein Stichwort hin, das besser zog, als jenes von der Scheinbekehrung. Es mußte alles so kommen, wie es gekommen ist. Gerade durch seinen Übertritt zum Islam habe sich Sabbataï als Messias bewährt. Es sei ein kabba-

[1]) S. darüber Note 3.

listisches Mysterium, welches bereits früher einige Schriften voraus verkündet hätten. Wie der erste Erlöser Mose einige Zeit lang an Pharaos Hof habe weilen müssen und zwar nicht als Israelite, sondern zum Schein als Ägypter, ebenso müsse der letzte Erlöser an einem heidnischen Hofe einige Zeit scheinbar im heidnischen Gewande leben, „äußerlich sündhaft und innerlich gut". Es sei Sabbataïs Aufgabe, die verlorenen Seelenspuren, die auch im mohammedanischen Menschen weben, zu befreien, gewissermaßen aufzusaugen und sie dem Urquell wieder zuzuführen. Dadurch eben befördere er am wirksamsten das messianische Reich, indem er die Seelen in allen Kreisen erlöse. Dieses Stichwort machte Glück, es zündete von neuem und fachte den Schwindel wieder an. Es wurde ein Zugwort für sämtliche Sabbatianer, sich mit Anstand und mit einem Scheingrunde als solche bekennen und sammeln zu können.

Auch Nathan Ghazati ergriff dieses Wort und faßte wieder Mut, seine Prophetenrolle weiter zu spielen. Es war ihm bisher schlecht ergangen, er mußte Smyrna, wo er mehrere Monate heimlich geweilt, verstohlen verlassen (Ende April 1667). Seine Begleitung, aus mehr als dreißig Mann bestehend, wurde zersprengt. Durch diesen neuen Schwindel trat er aber wieder kühner auf und näherte sich Adrianopel, wo sich Mehmed Effendi aufhielt und mehrere Anhänger um sich hatte, die als Scheintürken mit ihm lebten und schwärmten. Die Vertreter der Judenschaft von Konstantinopel und Adrianopel fürchteten mit Recht neue Unruhen von der Anwesenheit des falschen Propheten und wollten ihn entfernt wissen. Abgeordnete von Ansehen begaben sich zu ihm nach Ipsola, um ihn aus dieser Gegend zu verbannen. Nathan Ghazati steifte sich aber auf seine Prophezeiung, deren Erfüllung noch bis zum Ablauf des Jahres möglich sei. Er erwartete, daß der heilige Geist am Wochenfeste (Pfingsten) auf den Renegaten Mehmed herabfahren werde, und infolgedessen werde auch er imstande sein, Zeichen und Wunder zu geben. Bis dahin könne er sich auf nichts einlassen, entgegnete er den Abgeordneten trotzig. Als das Wochenfest vorüber war, drangen die Adrianopolitaner wieder in ihn, seine Spiegelfechtereien einzustellen, konnten aber mit vieler Mühe nur das schriftliche Versprechen von ihm erlangen, daß er sich zwölf Tagereisen von Adrianopel entfernt halten, daß er mit Sabbataï nicht korrespondieren, daß er Leute nicht um sich sammeln werde, und daß er, wenn bis Ende des Jahres der Erlöser sich nicht einstellen sollte, seine Prophezeiung als falsch betrachten werde. Aber trotz seines schriftlichen Versprechens setzte dieser Lügenprophet seine Wühlerei fort, hielt sich in Comargena (in der Nähe Adrianopels) auf und ermahnte die Sabbatianer in Adrianopel, ihre fortdauernde Anhänglichkeit durch das Einstellen des Fastens am siebzehnten Tammus zu bekunden. In dieser Stadt gab es nämlich einen sabbatianischen Konventikel unter Leitung eines ehemaligen Jüngers Mose Kohen, der mit Mehmed Effendi in Verbindung stand. Das Rabbinat von Adrianopel wußte keinen Rat, wie es dem Unfug dieser kecken Sekte steuern sollte, und mußte zu einer Notlüge greifen. Es berichtete nämlich, der Renegat sei plötzlich in der Vorstandsversammlung erschienen, habe seinen Schwindel bereut und habe alles auf Nathan und Abraham Jachini gewälzt, die ihn betrogen hätten[1]). Auf diese Weise gelang es dem Rabbinat, für den Augenblick die Sabbatianer zu täuschen. Aber das Mittel hielt nicht lange vor. Durch Nathan auf der einen Seite und durch den Kreis um Mehmed Effendi auf der andern Seite ermutigt und zu neuer Hoffnung erweckt, nahm die Zahl der Gläubigen wieder zu, und diese setzten etwas Besonderes darein, am neunten Ab, dem Geburtstag ihres Messias, nicht zu fasten, namentlich in Smyrna und Tiria. Die Rabbinate von Konstantinopel und Smyrna versuchten diesen Schwindel mit den alten Mitteln, mit Bann und Androhung von Strafen, zu unterdrücken (Ende Juli)[2]); aber es schlug wenig an, die Sabbatianer lechzten gewissermaßen nach Märtyrertum, um ihren Glauben zu besiegeln. Der Lügenprophet ging geradezu auf Propaganda aus. Er hatte noch immer einige Begleiter um sich und sogar zwei Türken. In Salonichi, wo es einen Schwarm von Kabbalisten gab, kam er zwar schlecht an, aber desto mehr Gehör fand er in den Gemeinden auf den Inseln Chios und Korfu. Sein Blick war aber hauptsächlich auf Italien gerichtet.

Auch hier dauerte der Wirrwar noch fort[3]). Denn auf die erste Nachricht von Sabbataïs Abtrünnigkeit war keine zweite gefolgt, weil infolge des kandiotischen Krieges die Schiffe der Christen von den Türken gekapert wurden. So hatten die Sabbatianer freien Spielraum, ihren Glauben zu behaupten und jene Nachricht als ein lügenhaftes Gerücht zu verschreien, zumal von Kairo aus, von Raphael Josef Chelebi, und anderen Orten ermutigende Schreiben für sie eingingen. Die abgeschmacktesten Märchen über Sabbataïs Macht und Ansehen an der Pforte wurden in Italien verbreitet und fanden Glauben. Mose Pinheiro, Sabbataïs alter Genosse, Raphael Sofino in Livorno, die Amsterdamer Schwärmer Isaak Naar und Abraham Pereyra,

[1]) S. Note 3, Nr. 8, 23.
[2]) Sasportas p. 35, 36.
[3]) Das. p. 37 f.

welche nach Italien gekommen waren, um den Messias aufzusuchen, hatten ein besonderes Interesse daran, sich an einen Strohhalm zu klammern, um wenigstens nicht als Betrogene verlacht zu werden. Geradezu auf Täuschung und Betrug legte es aber der unwissende, marktschreierische Wanderprophet Sabbataï Raphael[1]) aus Morea an, der sich damals in Italien aufhielt. Er scheint dort eine gute Ernte gemacht zu haben. Als aber endlich an der Tatsache von Sabbataïs Religionswechsel nicht zu zweifeln war, wendete er seine Schritte nach Deutschland, wo wegen mangelhafter Postverbindung und geringen Verkehrs der Juden mit der Außenwelt, diese in ihrer Leichtgläubigkeit nur eine traumhafte Vorstellung von den Vorgängen hatten und die albernsten Märchen für bare Münze nahmen. In Frankfurt a. M. soll sich Sabbatai Raphael mancher Vergehen gegen das rabbinische Judentum schuldig gemacht haben, ohne in Mißkredit zu verfallen. Er galt einmal als Prophet. Indes schien sich Sabbataï Raphael mehr Gewinn von der reichen Amsterdamer Gemeinde zu versprechen und begab sich dorthin (Sept. 1667). Auch hier dauerte der Schwindel noch fort. Aus Schamgefühl, daß sie, die klugen und gebildeten Portugiesen so sehr betrogen sein sollten, schenkten sie anfangs den Nachrichten von Sabbataïs Verrat keinen Glauben. Selbst die Rabbinen Isaak Aboab, Mose Raphael de Aguilar und der philosophische Zweifler Musaphia blieben zähe und mochten die infolge der messianischen Erwartung eingeführten Gebete und den sabbatlichen Priestersegen nicht aufgeben[2]). Mit Recht verhöhnte sie Jakob Sasportas, namentlich den letztern wegen seines gegenwärtig unerschütterlichen Glaubens gegen seinen ehemaligen Unglauben[3]). Indessen mochten die Portugiesen sich doch nicht mit dem Marktschreier Sabbataï Raphael einlassen, zumal sie durch einen angesehenen Mann von Frankfurt aus gewarnt worden waren. Aber die deutsche Gemeinde in Amsterdam trieb wahre Abgötterei mit ihm, ließ ihn in ihrer Synagoge predigen und war begeistert von seiner mystischen Beredsamkeit in der Sohar-Sprache, die weder sie noch er verstanden. Als er sich aber als Prophet gebärdete, mit Elias im Verkehr zu stehen vorgab und Verwirrungen veranlaßte, gab ihm der portugiesische Vorstand einen deutlichen Wink, Amsterdam zu verlassen. Sabbataï Raphael wandte sich zwar an den Magistrat um

[1]) Note 3, II, 2.

[2]) Sasportas' Responsen Nr. 68—71.

[3]) Sasportas' Zizat Nobel Zebi p. 25b: והתפלספות של הרופא (בנימין מוספיא) . . לא הועילה לו והשליכה אחרי גוו . . . ואיה איפה הקרבתו הדברים אל חטבע?

Schutz und verklagte den Vorstand; es half ihm aber nichts; er wurde ausgewiesen (Anfang Nov. 1667). Er begab sich hierauf nach Hamburg; aber hier kam er anfangs nicht gut an, hier hatte Jakob Sasportas' Wort viel Gewicht, der sich von Anfang an den sabbatianischen Tollheiten entgegengestemmt hatte; sein richtiger Blick hatte sich bewährt. Sabbataï Raphael war auch klug genug, sich vor ihm anfangs zu demütigen, leugnete seine Prophetenrolle und heuchelte Reue. Inzwischen hatte er sich bei den deutschen Juden eingeschmeichelt, und sich sogar, als angeblicher Heilkünstler, der Protektion eines der Bürgermeister versichert, der am Podagra gelitten hatte, wodurch seine Ausweisung nicht so leicht war. Erst als seine gemeine Natur an den Tag gekommen war, entfloh er nach Polen (anfangs 1668). Welchen Schwindelgeist er unter den polnischen Juden erregt haben mag, ist nicht bekannt geworden. Vier Jahre später tauchte der Prophet von Morea wieder in Smyrna und Kleinasien auf und regte wieder die heimlichen Sabbatianer auf. Die Rabbinen ließen ihn aber einkerkern, angeblich wegen frecher Unzucht[1]). Seitdem ist er verschollen.

Inzwischen trieb der Prophet von Gaza sein Unwesen in Italien. Als er, von Griechenland kommend, in Venedig landete (Ende März 1668), wollten ihn Rabbinat und Vorstand, welche Kunde davon hatten, gar nicht ins Ghetto einlassen. Aber ein Sabbatianer verwendete sich für ihn bei angesehenen Christen, und unter solchem Schutze konnte er nicht so bald ausgewiesen werden. Um aber die Beteiligten von dem Schwindel zu heilen, erpreßte das Rabbinat von ihm ein schriftliches Bekenntnis, daß seine Prophezeiung von Sabbataï Zewis Messianität auf einer Täuschung seiner Phantasie beruht habe und daß er sie selbst als solche anerkenne und für eitel halte. Dieses Geständnis ließ das Rabbinat von Venedig mit einer Einleitung und den Berichten über die Vorgänge in Ipsola (o. S. 226) drucken, um den Sabbatianern in Italien endlich die Augen zu öffnen. Es half aber nicht viel. Der auf der Kabbala beruhende Wahn war zu tief gewurzelt. Von Venedig wurde er nach Livorno befördert und der dortigen Gemeinde ein Wink gegeben, ihn dort, wo die Juden mehr Freiheit genossen, unschädlich zu machen; Nathan Ghazati entwich aber heimlich nach Rom, schor sich den Bart ab, machte sich unkenntlich und soll chaldäisch beschriebene Zettel in den Tiber geworfen haben, um Roms Untergang herbeizuführen. Aber die Juden erkannten ihn, und da sie auf päpstlichem Gebiete von seinen betrügerischen Tollheiten Gefahr für sich fürchteten,

[1]) Note 3, II, 2.

sorgten sie für seine Ausweisung. So kam er nach Livorno und fand auch hier Anhänger. Nathan versprach sich aber in der Türkei mehr Ehre und Gewinn oder Gelegenheit, seinen unruhigen Geist zu befriedigen, und so kehrte er wieder nach Adrianopel zurück. Auf Wort und Eid gab er nicht viel. Nathan Ghazati schrieb viel kabbalistischen Blödsinn zusammen. Sein Name ist aber verschollen; er soll in Sophia gestorben und in eine von ihm selbst gegrabene Gruft gelegt worden sein (1680). Es traten aber andere Männer an die Spitze der Sabbatianer, welche ihn weit überflügelten und ein festes Ziel verfolgten.

Sabbataï oder Mehmed Effendi fing in dieser Zeit seine wühlerischen Mystifikationen von neuem an. In der ersten Zeit nach seiner Abtrünnigkeit mußte er sich erst unter des Mufti Wanni Leitung in den Mohammedanismus hineinleben und sich vor jedem Schein einer Neigung zum Judentum und den Juden sorgsam hüten. Er spielte daher den frommen Türken. Aber nach und nach durfte er sich freier bewegen, durfte auch seine kabbalistischen Ansichten über Gott und Weltzusammenhang aussprechen. Wanni, dem überhaupt vieles fremd war, hörte seine Auseinandersetzungen mit Neugierde an, und auch der Sultan soll seinen Worten mit Aufmerksamkeit gelauscht haben. Wahrscheinlich hat Sabbataï auch einen und den anderen Türken für seine kabbalistischen Träume gewonnen. Des Stillebens müde und begierig, wieder eine Rolle zu spielen, knüpfte er wieder mit den Juden an und gab vor, am Passahfeste (Ende März 1668) von neuem vom heiligen Geist durchweht worden zu sein und Offenbarungen empfangen zu haben. Sabbataï oder einer seiner Helfershelfer verbreitete eine mystische Schrift (fünf Zeugnisse des Glaubens, Sahaduta di Mehemnuta)[1]) in überschwenglicher Sprache an die Juden gerichtet, worin folgende Phantastereien auseinandergesetzt werden, daß Sabbataï der wahre Erlöser sei und bleibe, daß es ihm ein Leichtes wäre, sich als solchen zu bewähren, wenn er nicht Mitleid mit Israel hätte, das dadurch grausige Messiasleiden durchmachen müßte, daß er nur im Scheinmohammedanismus verharre, um Tausende und Zehntausende Nichtjuden zu Israel hinüberzuführen. Dem Sultan und Mufti gegenüber gab er dagegen an, seine Annäherung an die Juden habe den Zweck, sie zum Islam hinüber zu ziehen. Er erhielt auch die Erlaubnis, wieder mit Juden zusammenzukommen und vor ihnen in Adrianopel, sogar in Synagogen zu predigen. So spielte er bald den Juden, bald den Muselman. Waren türkische Aufpasser zugegen, so

[1]) Note 3, Nr. 23.

wußten die jüdischen Zuhörer sie zu täuschen. Sie warfen ihre jüdische Kopfbedeckung weg und setzten den Turban auf. Manche Juden mögen bei dieser Gelegenheit sich ernstlich zum Islam bekehrt haben, und es bildete sich eine jüdisch-türkische Sekte unter Sabbataï Zewi. Das Entsetzen, welches die Juden bis dahin vor der Abtrünnigkeit von ihrer Religion empfanden, so daß nur die Verworfenen unter ihnen zum Christentum oder Islam übergingen, dieses Entsetzen minderte sich; es hieß einfach, der und der hat den Turban genommen[1]). Durch Spiegelfechtereien ließen sich die eingefleischten Sabbatianer in Adrianopel, Smyrna, Salonichi und anderen Städten, sogar in Palästina im ausdauernden Glauben an den bereits erschienenen Messias bestärken; sie wollten gerne getäuscht sein. Selbst fromme und talmudisch gelehrte Männer hingen ihm noch immer an. Der Arzt Meïr Rofe aus Hebron, Sohn eines gediegenen Talmudisten und schlechten Arztes Chija Rofe, wallfahrtete zu Mehmed Effendi nach Adrianopel und blieb im Verkehr mit ihm. Abraham Cuenqui in derselben Stadt, der später als ein Heiliger galt und als Sendbote in Polen und Deutschland umherwanderte, blieb ein eingefleischter Sabbatianer bis in sein Alter.[2])

Als sollte dieser wirre Knäuel noch mehr verwirrt oder dieses kabbalistisch-messianische Unwesen bis in seine letzten Konsequenzen fortgeführt werden, erhielt es unerwartet an einem europäisch gebildeten, nicht unbegabten Manne einen Verteidiger und Anhänger, an Abraham Michael Cardoso[3]). Er war eine originelle Persönlichkeit, welche die Wandlungen der portugiesischen Juden seit ihrer Vertreibung an sich verlebendigte. In einer kleinen portugiesischen Stadt (Celarico, Prov. Beira) von marranischen Eltern geboren, studierte Miguel Cardoso wie sein älterer Bruder Fernando Medizin; aber während dieser sich mit Ernst den Wissenschaften ergab, vertändelte Miguel in dem üppigen Madrid seine Tage im süßen Nichtstun, sang zur Laute Liebeslieder unter dem Balkon schöner Damen und dachte sehr wenig an die Kabbala oder an das Judentum. Was ihn bewogen hat, Spanien zu verlassen, ist nicht bekannt; vielleicht hat ihn sein ernsterer und gesinnungstüchtiger Bruder mitgerissen, der, nachdem er bereits als medizinischer und naturwissenschaftlicher Schriftsteller sich in Spanien einen Namen gemacht hatte, aus Liebe zum Judentum nach Venedig auswanderte und dort sich in die jüdische Literatur ver-

[1]) לבש המצנפת.

[2]) Note 3, Sabbat. Quellen 1.

[3]) Note 4, I.

tiefte. Beide Brüder nahmen nach ihrer Rückkehr zur Religion ihrer Väter jüdische Namen an. Der ältere Isaak Cardoso[1]) gab seinen Namen Fernando ganz auf, der jüngere nahm zum Namen Miguel (Michael) noch den Namen Abraham hinzu. Beide dichteten spanische Verse. Während der ältere Bruder ein geregeltes Leben führte, getragen von sittlichen Grundsätzen und einem vernünftigen Glauben, verfiel der jüngere haltlos der Regellosigkeit einer ausschweifenden Phantasie und eines exzentrischen Wandels. Isaak Cardoso (geb. 1615, st. nach 1680) verherrlichte das Judentum, Abraham Michael Cardoso (geb. um 1630, st. 1706) schändete es.

Dieser, welcher ebenfalls in Venedig zum Judentum zurückgekehrt war, lebte von der Arzneikunde in Livorno, befand sich aber in mißlichen Verhältnissen. Als der Bey von Tripolis einen Leibarzt suchte, empfahl der Herzog von Toskana Abraham Cardoso; so fand er eine feste Lebensstellung, und es schien, als wollte er ein gesetztes Leben beginnen. Allein seine heißblütige und zerfahrene Natur hinderte ihn daran. Gegen die Gewohnheit selbst der afrikanischen Juden heiratete er zwei Frauen und anstatt sich mit seiner schwierigen Wissenschaft zu beschäftigen, hing er der Phantasterei nach. Cardoso scheint von dem in Livorno weilenden Mose Pinheiro (o. S. 192) in die Kabbala und in den sabbatianischen Schwindel eingeweiht worden zu sein Seit dieser Zeit hatte er fortwährend Träume und Gesichte, welche mit dem öffentlichen Auftreten Sabbataïs in Smyrna und Konstantinopel immer mehr zunahmen. Er steckte damit seine Weiber und Hausgenossen an, die ebenfalls allerhand Erscheinungen gesehen haben wollten. Der Abfall des falschen Messias vom Judentum brachte ihn von seinem Wahne nicht ab; er blieb ein eifriger Parteigänger desselben, rechtfertigte noch dazu dessen Verrat, als sei es notwendig gewesen, daß der Messias zu den Sündern gezählt werde, damit er die Sünde des Götzendienstes für Israel abbüße und tilge. Das jesaianische Kapitel vom Messiasvolke und seiner Auferstehung von den Toten, welches die Christen auf Jesus anzuwenden pflegten, deutete Cardoso ebenso verkehrt auf Sabbataï Zewi. Er richtete überallhin Sendschreiben, um das sabbatianische Messiastum aufrecht zu erhalten und sich als Prophet zu gebärden. Vergebens warnte und verspottete ihn sein nüchterner Bruder Isaak Cardoso und fragte ihn ironisch, ob er denn von seinen ehemaligen Liebeleien und seinem Lautenspielen für die schönen Mädchen von Madrid die Prophetengabe empfangen habe.

[1]) RÉJ. XII, 303.

Der ehemalige Leichtfuß Abraham Cardoso war dadurch keineswegs verdutzt, er nahm vielmehr gegen seinen älteren und ernsteren Bruder, welcher die Kabbala gleich der Alchemie und der Astrologie gründlich verachtete, einen belehrenden Ton an und sandte ihm zahllose Beweise aus dem Sohar und den andern kabbalistischen Schriften, daß Sabbataï der wahre Messias sei, und daß er notwendig dem Judentum entfremdet sein müsse. Durch seinen Eifer gewann er für den sabbatianischen Schwindel viele Anhänger in Afrika; er zog sich aber auch Gegner und Gefahren auf den Hals. Ein Ungläubiger, Abraham Nuñes in Tripolis, klagte den phantastischen Propheten öffentlich vor Juden, Türken und Christen gewisser Vergehungen an, wodurch Cardoso beinahe in Ungnade beim Bey gefallen wäre und sein Leben verwirkt hätte. Er entging aber diesmal der Gefahr. Als er aber fortfuhr, von dem baldigen Beginne des Messiasreiches zu prophezeien, obwohl von der Wirklichkeit so oft Lügen gestraft, das Eintreffen desselben immer von einem Jahre auf das nächste schob, kabbalistische Spielerei und Aufschneiderei trieb, einen neuen Gott für Israel aufstellte, oder vielmehr zwei oder drei Personen in der Gottheit predigte und zuletzt sich selbst als Messias vom Hause Ephraim gebärdete, wurde er von einem Gegner des Unwesens, von Isaak Lambroso, hart verfolgt. Dieser, ein vermögender und angesehener Mann, ließ es sich viel Geld kosten, um den falschen Propheten und Messias aus Tripolis verbannen zu lassen. Cardoso war dadurch in seine ehemalige unangenehme Lage zurückversetzt, mußte ein Abenteurerleben beginnen, von seinem Wahne gewissermaßen Brot für sich und die Seinigen ziehen, trieb bald in Smyrna, bald in Konstantinopel, auf den griechischen Inseln und in Kairo allerhand Spiegelfechtereien und nährte den sabbatianischen Unfug mit seinem reicheren Wissen, beredtem Munde und seiner gewandten Feder. Er war vermöge seines Bildungsganges in christlichen Schulen den übrigen sabbatianischen Aposteln bei weitem überlegen, wußte dem Blödsinn einen Anstrich von Vernünftigkeit und Weisheit zu geben, blendete dadurch die Befangenen und betörte selbst solche, welche früher dem sabbatianischen Treiben abgeneigt waren.

In Afrika hinterließ Cardoso viele Anhänger. Mehrere Gemeinden dieses Landstrichs, Marokko, Salé und andere, begingen mehrere Jahre den Fasttag der Zerstörung Jerusalems als Freudentag[1]). Ein eifriger sabbatianischer Parteigänger in Salé, Jakob

[1]) Sasportas a. a. O., p. 36 a, p. 41 a, b.

Ibn-Saadon, unterhielt diesen Wahn. Vergebens ermahnte sie der eifervolle Sasportas, ihr Landsmann, in ernsten und scharfen Briefen, davon abzustehen. Ibn-Saadon wußte diese Sendschreiben zu unterschlagen und wagte öffentlich zu verkünden, wer den Geburtstag des Messias nicht als Festtag begehe, der würde Zions Glanz nimmer erleben. Und in der Tat feierten ihn (noch 1669) die afrikanischen Sabbatianer mit Jubel und Saitenspiel. Diese Zähigkeit scheint um so sonderbarer, als die Tage der Juden in dieser Gegend nicht sehr angenehm waren. Muley Arschid, der Thronräuber, welcher sich des Königreichs von Tafilet bemächtigt, die kleinen Tyrannen vertrieben und seine Herrschaft weit ausgedehnt hatte, zeigte sich anfangs freundlich gegen die Juden, was sie eben in ihrem Wahne bestärkte. Nach und nach trat er aber als ihr erbittertster Feind auf, legte ihnen nicht bloß harte Steuern auf, sondern beraubte auch die Reichen ihres Vermögens, hin und wieder auch ihres Lebens und ließ die Synagogen in Marokko und Todela zerstören. Den Juden Todelas verbot er Fußbekleidung zu tragen und verhängte noch andere Quälereien über sie[1]). Gerade diese Gemeinde beharrte am hartnäckigsten in ihrem Glauben an Sabbataï.

Durch die fortwährende Anhänglichkeit unter den Juden an Sabbataï trotz seines Religionswechsels ermutigt, beharrte dieser auch in seiner messianischen Rolle und verkehrte immer mehr mit Juden. Freilich hatte sein schwacher Kopf durch diese auf ihn einstürmenden Ereignisse noch mehr gelitten und er verlor allen Halt. Das eine Mal schmähte er das Judentum und den Gott Israels mit gemeinen Schimpfworten und soll sogar Juden bei der türkischen Behörde als Verlästerer des Islams angegeben haben. Das andere Mal hielt er mit seinen jüdischen Anhängern Gottesdienst nach jüdischem Ritus, sang Psalmen, legte den Sohar aus, ließ am Sabbat aus der Thora Abschnitte vorlesen und wählte dazu öfter sieben Jungfrauen aus. Infolge seines häufigen Verkehrs mit Juden, die er doch nicht so massenhaft zum Mohammedanismus herüberzuziehen vermochte, wie er aufschneiderisch sich gerühmt haben mag, soll Mehmed Effendi zuletzt in Ungnade gefallen sein, seinen Gehalt eingebüßt haben und von Adrianopel nach Konstantinopel verbannt worden sein. Er heiratete zuletzt noch eine Frau, die Tochter eines talmudkundigen Mannes, Joseph Philosoph aus Salonichi. Als ihn einst die türkische Scharwache in einem Dorfe bei Konstantinopel (Kuru G'ismu) in

1) Sasportas a. a. O., p. 46 b, 47 a.

einem Konventikel mit Juden beim Psalmsingen überraschte und der Bostangi Baschi (Offizier) Anzeige davon machte, erteilte der Großwesir dem Kaimakam den Befehl, ihn nach Albanien in ein kleines Städtchen Dulcigno, wo keine Juden wohnten, zu verbannen. Dort starb er, man sagte später am Versöhnungstage, vereinsamt und verlassen (1676).

Der ebenfalls vom Judentum abgefallene Spinoza, welcher alle diese Erscheinungen erlebt hat, mag wohl mit großer Verachtung auf dieses tollhäuslerische messianische Treiben geblickt haben. Wenn es ihm darum zu tun war, das Judentum zu unterwühlen und zu bestatten, so hätte er in Sabbataï Zewi, in dessen Geheimschreiber Samuel Primo und dessen Propheten Bundesgenossen und Helfershelfer begrüßen müssen. Die Unvernunft der Kabbala hat das Judentum viel wirksamer in Mißachtung gebracht, als die Vernunft und Philosophie. Aber das ist das Merkwürdige, daß weder die eine noch die andere die zahlreichen gebildeten Juden Amsterdams von der Religion ihrer Väter abbringen konnte, so fest wurzelte sie in ihren Herzen. Gerade in dieser Zeit der doppelten feindlichen Strömung gegen das Judentum im eigenen Schoße, im Morgen- und Abendlande, unternahm (1671) die zu 4000 Familien angewachsene portugiesische Gemeinde den Bau einer Prachtsynagoge und vollendete das durch Kriegsunruhen unterbrochene großartige Werk nach einigen Jahren. Die Einweihung der Synagoge (10. Ab = 2. August 1675) wurde mit größter Feierlichkeit und mit Pomp begangen. Weder der erste, salomonische, Tempel, noch der zweite, der zerubabelsche, noch der dritte, der herodianische, sind so viel besungen und durch Beredsamkeit gepriesen worden, wie der neue Amsterdamer Tempel (Talmud Tora genannt). Abbildungen mit Kupferstichen wurden davon, mit Versen versehen, verbreitet. Christen beteiligten sich ebenfalls dabei. Sie schossen den Juden in der bedrängten Zeit Geld zum Bau vor, und ein Dichter Romeyn de Hooghe dichtete zur Verherrlichung der Synagoge und des jüdischen Volkes Verse in lateinischer, holländischer und französischer Sprache[1]).

[1]) Über diese Synagoge und ihre Einweihung ist eine Sammlung von Predigten erschienen: Sermones que pregaron etc. S. de Barrios, Govierno popular Judaico, p. 32 f. Bentheim, holländischer Kirchen- und Schulstaat I, S. 53. Wülfer, animadversiones ad Theriacam, p. 307. Schudt, jüdische Merkwürdigkeiten I, S. 281. Koenen, Geschiedenis der Joden in Nederland, p. 165 f. D. H. de Castro, De synagoge der Portug.-Israelitischen Gemeente te Amsterdam 1875. Das lateinische Gedicht von Hooghe auf die Synagoge bei den drei letzten, bei de Castro auch die in anderen Sprachen.

Spinoza erlebte noch diesen Jubel der Gemeinde, von der er sich abgewendet hatte. Er war gerade zur selben Zeit in Amsterdam, um seine, die bisherige Weltanschauung umkehrende Schrift (die Ethik) drucken und die andere, vorzüglich gegen das Judentum gerichtete und mit Zusätzen vermehrte Politik überdrucken zu lassen[1]). Er mag die Freude der Amsterdamer Juden als eitel belächelt haben; aber der Bau dieser Synagoge in einer Stadt, die ein Jahrhundert vorher keine Juden duldete und eine spanische Inquisition erhalten hatte, war ein laut redendes Zeugnis der Zeit und zeugte auch gegen manche seiner Behauptungen. — Er starb nicht lange darauf, oder richtiger, er entschlief sanft, wie mit einem Gotteskusse (21. Februar 1677), etwa fünf Monate nach Sabbataï Zewi. Er hat wider seinen Willen zur Verherrlichung des Stammes beigetragen, den er so ungerechterweise geschmäht hat. Seine riesige Geisteskraft, seine Konsequenz und Charakterstärke werden immer mehr als Eigenschaften anerkannt, die er dem Blute zu verdanken hat, aus dem er sein Dasein hatte. Von Seiten der gebildeten Juden hat nur Isaak Orobio de Castro ganz allein eine ernstliche Widerlegung der philosophischen Ansichten Spinozas versucht[2]). Dieser fand nämlich, daß diese doch nicht so unschädlich wären, als er anfangs glaubte, indem auch Halbwisser sich denselben zuwendeten und dadurch in Atheismus und in ein darauf gebautes gesetzloses, unsittliches Leben verfielen. Orobio de Castro, so gut er es auch gemeint hat, war aber zu schwach, die geschlossene Gliederkette des spinozistischen Systems zu durchbrechen; es mußte der Geschichte überlassen bleiben, die Widerlegung derselben durch Tatsachen zu führen.

[1]) Spinozas Briefsammlung Nr. 19.
[2]) S. Note 1, III.

Achtes Kapitel.

Schatten und Licht.

Die Juden im Kaisertum Fez und Marokko. Ausweisung der Juden aus Oran. Ausweisung aus Wien. Niederlassung in Fürth und der Mark Brandenburg. Der große Kurfürst; Elia Gumperts, Tobia Kohen Rofe. Abraham und Joseph Athias. Kindermordprozeß in Metz. Die Inquisition in Portugal gegen Marranen. Das große Autodafé in Madrid. Wiederholte Blutanklagen gegen die Juden in Berlin und Padua. Warme Teilnahme von Christen für Juden, Bewunderung ihres Fortbestandes. Jurieu, Oliger Pauli, Mose Germanus.

(1669—1685).

Es war recht freundlich von den Fürsten und Völkern Asiens und Europas, daß sie die Juden in der messianischen Posse nicht störten und ihnen ruhig gewährten, sich lächerlich zu machen. Es war gerade damals eine Pause in der regelmäßig wiederkehrenden Judenverfolgung eingetreten, die freilich nicht allzulang dauerte. Bald trat wieder das regelmäßige Tagewerk von Anschuldigungen, Quälereien und Ausweisungen ein. Dabei fällt der Unterschied zwischen den Bekennern Mohammeds und Jesu recht scharf ins Auge. In der Türkei ist den Juden trotz ihrer großen Aufregung und ihres national-messianischen Luftschlösserbaues kein Haar gekrümmt worden. In Afrika hat sie zwar Sid Gailand (o. S. 219) und später Muley Arschid, Kaiser von Talifet, Fez und Marokko teils wegen ihrer Rührigkeit und teils aus Habsucht gequält (o. S. 234). Aber dieses hörte mit dessen Nachfolger Muley Ismael auf. Dieser war vielmehr ein Gönner der Juden und vertraute mehreren von ihnen wichtige Posten an. Er hatte zwei jüdische Räte Daniel Toledano aus Miquenes, einen Freund Jakob Sasportas', einen talmudkundigen und in Staatsgeschäften erfahrenen Mann, und Joseph Maimaran, ebenfalls aus demselben Orte. Muley Ismael übertrug seine Gunst auch auf deren Söhne; Abraham Maimaran ernannte er zu seinem Geheimrat, und Joseph Toledano erhielt eine diplomatische Sendung nach Holland, um ein Bündnis zwischen dem afrikanischen

Kaisertum und den Generalstaaten abzuschließen[1]). Josephs Sohn Chajim Toledano wurde von demselben Kaiser zum Gesandten für Holland und England ernannt.

Innerhalb der Christenheit dagegen wurden die Juden nur in Holland als Menschen geachtet und behandelt, in den übrigen Staaten dagegen noch immer als Auswürflinge angesehen, für die es kein Recht und kein Mitleid gab. — Den Reigen der Ausweisungen eröffnete wieder Spanien. Dieses unglückliche Land, welches durch Despotismus, Glaubenswut und Inquisition immer mehr entmannt wurde, beherrschte damals ein unkluges und fanatisches Weib, die Witwe-Regentin Maria Anna von Österreich, welche ihren Beichtvater, den deutschen Jesuiten Niethard, zum Generalinquisitor und zum allmächtigen Minister erhoben hatte. Natürlich konnte an diesem bigotten Hofe keinerlei Duldung Andersgläubiger gelitten werden. Nun gab es noch in einigen Plätzen der Monarchie Juden, in dem Winkel des nordwestlichen Afrika, in Oran, Mazarquivir und andern Städten. Viele unter ihnen hatten der spanischen Krone bedeutende Dienste im Kriege wie im Frieden geleistet gegen die eingeborenen Araber oder Mauren, welche mit Ingrimm die Herrschaft des Kreuzes ertrugen. Die Familien Cansino und Sasportas, von denen die ersteren angestellte königliche Dolmetscher oder Dragomans für diese Besitzung waren, hatten sich besonders durch ihre Treue und Hingebung an Spanien ausgezeichnet, was der Gemahl Maria Annas, Philipp VI., in einem besonderen Schreiben anerkannt hat[2]). Nichtsdestoweniger erließ die Königin-Witwe mit einem Male den Befehl, die Juden dieser Gegend auszuweisen, weil sie nicht dulden könne, daß in ihrem Reiche Leute dieses Stammes ferner leben sollten. Man sagte, der Gouverneur der afrikanisch-spanischen Besitzung, Marquis de Los Veles, habe diese Vertreibung veranlaßt, weil er das Dolmetscheramt, welches Jakob Cansino II. vom König als besondere Anerkennung erhalten hatte, demselben entziehen und einem Christen übertragen wollte, dessen Frau bei ihm in Gunst stand. Vergebens wandte sich mit beredten Worten Samuel Sasportas, ein Verwandter der Cansinos, an die Regentin und hob die großen Dienste und Verdienste der Juden dieser Gegend um die spanische Krone hervor. Es blieb bei dem Ausweisungsdekret, und dies lautete

[1]) De Barrios, Historia universal Judaica, p. 9, 10, 22. Der hebräische Übersetzer von Manasse Ben-Israels Esperança (Eliakim ben Jakob מקוה ישראל) p. 56 b. Sasportas' Respp. Nr. 13.

[2]) Note 2.

im Übermaß der Herzlosigkeit, daß die Juden an ihrem Passahtage das Land bei Vermeidung schwerer Strafen verlassen müßten. Auf dringende Bitte der jüdischen Großen war der Gouverneur so freundlich, den Juden eine Frist von acht Tagen während ihrer Feiertage zu lassen und ihnen das Zeugnis zu erteilen, daß sie nicht wegen Vergehungen oder Verräterei, sondern lediglich wegen Unduldsamkeit der Regentin verbannt würden (Ende April 1669)[1]. Ihre Besitztümer mußten sie in der Eile um einen Spottpreis verkaufen. Die Ausgewiesenen ließen sich in der Gegend Savoyens, in Nizza, Villafranca nieder.

Wie die Mutter, so die Tochter. Um dieselbe Zeit wurde die Ausweisung der Juden aus Wien und dem Erzherzogtum Österreich dekretiert und zwar auf Anregung der Tochter der spanischen Regentin, der Kaiserin Margareta, in Verbindung mit den Jesuiten. Seitdem Leopold I. den Thron bestiegen hatte, er, der zum geistlichen Stande bestimmt worden war und dem Jesuitenorden auch als Kaiser angehörte, hatten die Jünger Loyolas allen Einfluß auf Schule und Kanzel und damit auch auf die öffentliche Meinung. Sie hetzten den Hof und die Bevölkerung zum Fanatismus gegen die akatholische Bevölkerung; die Protestanten in Ungarn ließen sie ebenso verfolgen, wie sie die Hugenotten in Frankreich und die Dissidenten in Polen rechtlos gemacht hatten. Die Juden mußten dabei mitbüßen. Der Brotneid der christlichen Kaufmannschaft und die Rauflust der jesuitisch erzogenen Studenten wurden künstlich gegen sie aufgestachelt. Angriffe von Scholaren auf Juden waren eine fast tägliche Erscheinung. Fand man gar eine christliche Leiche im Wasser, so wurde ohne weiteres von den geschäftigen Judenfeinden der Verdacht gegen die Juden erregt und durch Zeitungsblätter, Lieder, Pasquille und Bilder genährt[2]. Der Kaiser ließ sich zwar nicht so bald gegen die Juden einnehmen, weil er eine sichere Rente von ihnen bezog. Die auf fast 2000 Seelen angewachsene Gemeinde Wiens zahlte jährlich allein an Schutzgeld 10000 Gulden und die Landgemeinden 4000. Mit anderweitigen Einnahmen von den Juden zusammengerechnet, hatte der Kaiser

[1]) De Barrios a. a. O., p. 15—18. Sasportas, Zizat Nobel Zebi, p. 46 a, s. auch Note 2.

[2]) Vgl. die Urkunde bei Wertheimer, Die Juden in Österreich Nr. 24, S. 167. [Über alle diese Vorgänge vgl. die gründliche und erschöpfende Darstellung David Kaufmanns in seinem Buche: Die letzte Vertreibung der Juden aus Wien und Niederösterreich, ihre Vorgeschichte (1524—1670) und ihre Opfer. Budapest, 1889, 8. S. bes. S. 95 ff.].

jährlich 50,000 Gulden von ihnen[1]). Aber eine Kaiserin braucht sich nicht um die Finanzen zu kümmern, sie darf ihrem Herzen folgen, und ihr Herz, vom jesuitischen Christentum erfüllt, haßte die Juden gründlich, und ihr Beichtvater bestärkte sie nur darin. Als sie einst auf einem Balle sich ein Unwohlsein zugezogen hatte, und eine frühzeitige Geburt die Folge davon war, wollte sie sich nach ihrer Genesung dankbar gegen den Himmel erweisen, der sie so wunderbar errettet, und fand kein Gott wohlgefälligeres Mittel als das Unglück der Juden. Dringender als früher bestürmte sie ihren kaiserlichen Gemahl, die ihr von ihrem Beichtvater als Auswürflinge der Hölle geschilderten Juden der Hauptstadt und des Landes zu verbannen und erhielt seine Zusage. Der Kaiser Leopold legte zwar die Frage dem Staatsrate vor und hörte von gewichtigen Personen Gegengründe. Einige markierten den Finanzpunkt und den Verlust, den die kaiserliche Schatulle dadurch erleiden würde, andere betonten mehr den Rechtspunkt. Ein besonders geachteter Mann (Graf Jörger, später Minister) sagte gerade heraus, daß die Vertreibung der Juden, denen die Niederlassung durch kaiserliches Wort verbrieft worden wäre, das Recht verletze und das Vertrauen sämtlicher Untertanen erschüttern würde. Allein der Kaiser war nicht mehr frei, auf Vernunftgründe zu hören. Die Verbannung der Juden aus Österreich war eine beschlossene Sache. Unter Trompetenschall wurde daher des Kaisers Befehl in Wien bekannt gemacht (1. März[2]) 1670), daß die Juden binnen einigen Monaten Wien bei Leibes- und Lebensstrafe zu verlassen hätten. Die Juden ließen es an Bemühungen nicht fehlen, den Schlag abzuwenden. Öfter war schon von österreichischen Kaisern ein solcher Beschluß zurückgenommen worden. Sie beriefen sich auf ihre verbrieften Privilegien, auf die Dienste, die sie dem Kaiserhause geleistet, boten große Geldsummen (es gab sehr reiche Hofjuden in Wien), benutzten den Einfluß einiger dem Hofkreise nahestehenden Persönlichkeiten, überreichten nach einer Genesungsfeier des Kaisers beim Heraustreten aus der Kirche ihm einen großen, goldenen Pokal, und der Kaiserin ein schön gearbeitetes silbernes Handbecken nebst Gießkanne. Die Geschenke wurden angenommen, aber der Befehl doch nicht zurückgenommen. Der von glühendem Judenhasse erfüllte Bischof K a l l o w i c z von Neustadt hielt eines Sonntags in Gegenwart des Kaisers eine so fanatisierende

[1]) Das. S. 131, Theatrum Europaeum T. XI, S. 258, eine Supplik der Juden, worin sie angeben, daß der Kaiser von ihnen in zehn Jahren 600 000 Gulden bezogen hat.

[2]) [Vgl. Kaufmann a. a. O., S. 125].

Rede gegen die Juden, daß auch ein weniger bigotter Kaiser, als es Leopold war, gegen sie dadurch hätte eingenommen werden können. Er schilderte die Judengasse am untern Wörth als einen Schlupfwinkel der allerscheußlichsten Laster, wo unschuldige Christen und Jungfrauen verführt würden, wo Diebeshehlereien und Christenmord häufig vorkämen. Er beschuldigte sie des verräterischen Einverständnisses mit dem Reichsfeinde, dem Türken. Selbst einen kurz vorher entstandenen Brand, wobei die kaiserliche Familie in Gefahr geraten war, legte er ihnen zur Last. Zwar sei keines der ihnen zur Last gelegten Verbrechen jemals erwiesen worden, aber das beweise nur die Pfiffigkeit der Juden, daß sie durch Bestechung und Loskauf sich rein zu waschen wüßten.

In Wien und am Hofe war keine Aussicht auf Änderung des Entschlusses, hier hatten die Jesuiten die Oberhand durch die Kaiserin und deren Beichtvater. Da dachte die verzweifelte Wiener Gemeinde auf einem andern Wege oder auf einem weiten Umwege das Unglück von ihrem Haupte abzuwenden. Sämtliche Juden Deutschlands hatten ihr ein aufrichtiges Mitgefühl zugewendet und durch Fasten und Beten den Himmel um Erlösung angefleht. Auf ihren Eifer konnten die Wiener Juden mit Zuverlässigkeit zählen. Daher wandten sie sich in einem tränenreichen Schreiben an den einflußreichsten und vielleicht auch reichsten Juden der damaligen Zeit, an Isaak (Manoel) Texeira (o. S. 208), den geachteten Residenten der Königin Christine, seinen Einfluß auf weltliche und geistliche Fürsten zu ihren Gunsten geltend zu machen, um die Kaiserin Margarete umzustimmen. Texeira hatte bereits vorher wirksame Schritte dafür getan und versprach, sie eifrig fortzusetzen. Er hatte bereits an einige spanische Granden geschrieben, mit denen er in Verbindung gestanden, auf den Beichtvater der Kaiserin einzuwirken. Auch an einen mächtigen und klugen Kardinal in Rom, Azzolino, den Freund der Königin Christine (den sie bald einen Engel, bald einen Teufel nannte) hatte er sich gewendet. Die Königin von Schweden, welche nach ihrem romantischen Übertritt zum Katholizismus große Achtung in der katholischen Welt genoß, hatte Texeira Hoffnung gemacht, daß sie durch Schreiben an den päpstlichen Nuntius, an die Kaiserin und sogar an deren Mutter, die spanische Regentin, die Verbannung der österreichischen Juden hintertreiben zu können glaubte. Auch die römischen Juden taten das ihrige mit Eifer, ihre bedrohten Stammesgenossen zu retten. Aber alle diese vereinten Anstrengungen führten zu nichts. Unglücklicherweise war damals gerade nach dem Tode Clemens IX. eine neue Papstwahl in Rom, so daß das Oberhaupt der Christenheit, welches doch Juden in seinem Staate duldete, nicht gewonnen werden konnte, einen Machtspruch zu tun. Der Kaiser Leopold blieb dieses Mal fest und verfügte bereits, ehe die Juden abgezogen waren, über ihre Häuser; nur war er menschlich genug, bei schwerer Strafe zu verordnen, daß den abziehenden Juden nichts zuleide geschehen sollte.

So mußten sich denn die Juden der eisernen Notwendigkeit fügen und zum Wanderstabe greifen. Als bereits 1400 Seelen ins Elend oder wenigstens in eine sorgenvolle Lage gestoßen und mehrere von ihnen den Strapazen erlegen waren, überreichte der Rest, mehr als 300, noch einmal dem Kaiser eine Bittschrift, hob noch einmal die Verdienste der Juden um das Kaiserhaus hervor, stellte alle die gegen sie erhobenen Anschuldigungen als grundlos, jedenfalls als unerwiesen dar, scheute sich nicht, es auszusprechen, daß „ein Jude zu sein doch kein Laster sein könne" und daß sie eigentlich doch als römische Bürger zu betrachten wären, die nicht so ohne weiteres hinausgejagt werden dürften. Sie baten wenigstens um Aufschub bis zum nächsten Reichstag. Auch diese Bittschrift, welche mit Recht darauf hinwies, wo sie denn eine Zufluchtsstätte finden sollten, wenn der Kaiser, das Oberhaupt von halb Europa, sie verstieße, blieb ohne Wirkung. Auch die letzten mußten abziehen; nur eine Familie, die des Hoffaktors Marcus Schlesinger Jaffa, durfte wegen geleisteter Dienste in Wien bleiben[1]). Die Jesuiten rieben sich die Hände und verkündeten in einem Gradusbüchlein den großen Ruhm Gottes. Das Judenquartier kaufte der Magistrat dem Kaiser um 100 000 Gulden ab und nannte es zu Ehren des Kaisers Leopoldstadt. Der Platz der Synagoge wurde zu einer Kirche verwendet, wozu der Kaiser den ersten Grundstein legte (18. August 1670), zu Ehren seines Schutzpatrons. Eine goldene Tafel sollte die Schandtaten der Juden verewigen: „Nachdem die Juden völlig von hier ausgeschafft worden, hatte der Kaiser diese ihre Synagoge, als eine Mördergrube, zum Hause Gottes aufrichten lassen." Die Tafel beurkundet aber nur die Geistesschwachheit des Kaisers und seines Volkes. Das talmudische Lehrhaus (Bet-ha-Midrasch), welches ein frommer und reicher Mann Zacharia ben Beer Halevi etwa ein Jahrzehnt vorher gegründet hatte, worin 24 Talmudbeflissene sorglos dem frommen Studium obliegen konnten[2]), dieses Gebäude wurde ebenfalls in eine Kirche verwandelt und zu Ehren

[1]) L. A. Frankl, Inschriften des Wiener jüdischen Friedhofs, Nr. 430.
[2]) Grabschrift in den Wiener Epitaphien von L. A. Frankl das. S. 47 (hebr.); Wagenseil, Tela ignea Satanae I, Praef. p. 72.

der Kaiserin und ihrer Schutzpatronin genannt[1]). Damit die Gräber der Vorfahren durch den jesuitischen Fanatismus nicht auch noch entweiht würden, übergaben zwei reiche Juden David Isaak und Israel Frankel (Kopelsche Erben) — die Urahnen würdiger Nachkommen bis auf den heutigen Tag — dem Magistrat 4000 Gulden mit der Bedingung, daß Gräber und Leichensteine unverrückt und der Begräbnisplatz in Rossau stets mit einer Planke umzäunt bleiben sollte, worüber der Magistrat eine Urkunde ausstellen mußte[2]).

Diese Schattenseite hatte aber auch ihre Lichtseite. Ein aufstrebender Staat, welcher bis dahin keine Juden duldete, wurde dadurch eine neue, wenn auch nicht sehr gastliche Heimat für die Verbannten, von der aus die Verjüngung des jüdischen Stammes ihren Anfang nahm. Die aus Österreich Verwiesenen zerstreuten sich nach vielen Seiten hin. Viele von ihnen suchten bei ungarischen Magnaten Schutz und siedelten sich im Ödenburger, Szalader und Eisenburger Komitat an[3]). Andere zogen nach Venedig und bis an die türkische Grenze[4]), noch andere wandten sich nach Fürth[5]) und bevölkerten diese fast

[1]) [Vgl. jedoch Kaufmann a. a. O., S. 157, Anm. 7]. Quellen für die Ausweisung der Juden aus Wien, Bericht des Jesuiten Wagner und des protestantischen Historiographen Rink in Historia Leopoldi magni P. I., p. 330 f. bei (Wertheim), Juden in Österreich S. f.; Theatrum Europaeum XI, p. 256 f., auch bei Schudt I, S. 344. Aus dieser Quelle ist zu ersehen, daß Wagner alle die Übertreibungen referiert hat, welche der Bischof Kallowicz von der Kanzel gedonnert hatte. Jüdische Quellen, Sasportas, Respp. Ende (s. Note 2). Isaak Vita Cantarini פחד יצחק, p. 13b: er setzte die letzte Auswanderung der Juden aus Wien in den Monat Ab. Irrtümlich wird öfter angegeben, daß die Gesamtzahl der Ausgewiesenen nur 1400 betrug. In der Supplik des Restes der Juden an den Kaiser: 300 und darüber (im Theatrum Europ.) ist angegeben, daß 1400 bereits abgezogen waren. [Vgl. Kaufmann a. a. O., S. 113 ff.].

[2]) L. A. Frankl zur Geschichte der Juden in Wien, S. 6, 7. [Kaufmann, S. 148 f.]

[3]) L. A. Frankl, Wiener Grabinschriften a. a. O., S. 18. [S. jedoch Kaufmann, S. 190, Anm. 3.]

[4]) Theatrum Europaeum a. a. O.

[5]) [Kaufmann, S. 191 ff.]. Die Frankels wohnten in Fürth. L. A. Frankl zur Geschichte a. a. O., S. 9 f. Zunz, Synagogale Poesie S. 346. [Kaufmann, S. 88, 191.]. Über die Entstehung der Gemeinde Fürth: Historische Nachrichten von der Judengemeinde in Fürth (anonym von Würfel), Frankfurt und Prag 1754, S. 3. S. Haenle, Geschichte der Juden im ehemaligen Fürstentum Ansbach (1867) teilt eine Urkunde mit (S. 217), daß Georg von Hohenzollern-Onolzbach 1528 zuerst einem Juden Perman die Erlaubnis zur Ansiedelung in Fürth erteilt hat. Derselbe vermutet (das. S. 53, 3), daß Männele und Perman identisch sein dürften.

einzige Gemeinde, welche in diesem Lande nach der Vertreibung der Juden aus Nürnberg von einem einzigen Manne, Männele, Sohn Symelins, gegründet und von dem fürstlichen Hause Hohenzollern-Onolzbach geduldet wurde. Bei ihrem Durchzuge mußten die verbannten Juden in Bayern überall doppelten Judenzoll zahlen. Fünfzig Familien wurden von dem Großen Kurfürsten Friedrich Wilhelm in der Mark Brandenburg aufgenommen. — Dieser große Fürst, welcher den festen Grund zur einstigen Größe der preußischen Monarchie gelegt hat, war zwar nicht duldsamer, als die meisten Fürsten des Jahrhunderts Ludwigs XIV.; aber er war jedenfalls einsichtsvoller als Kaiser Leopold und erkannte, daß gute Finanzen für das Gedeihen eines Staates nicht so ganz unwesentlich sind, und daß die Juden noch immer etwas von ihrem alten Ruhm als gute Finanzkünstler behalten hatten. In der Mark Brandenburg durfte seit einem Jahrhunderte, seit der Ausweisung unter dem Kurfürsten Johann Georg (B. IX_4, S. 441) kein Jude wohnen. Höchstens durften jüdische Hausierer aus dem benachbarten Polen die Jahrmärkte gegen Erlegung von Zoll und Geleitsgeld beziehen und ihre Ware verkaufen; aber auch gegen dieses beschränkte Recht protestierten die Adeligen und zünftigen Stände[1]). Eine gewisse Konsequenz bewog indes Friedrich Wilhelm, der kein Freund von Halbheiten war, die Juden gegen das Vorurteil der unduldsamen protestantischen Bevölkerung in der Kurmark zuzulassen. Im Westfälischen Frieden hatte er die Stadt Halberstadt und Umgegend erworben, wo zwar kaum zehn jüdische Familien wohnten; aber diese konnten doch nicht so ohne weiteres ausgewiesen werden. Der Große Kurfürst erteilte daher dieser winzigen Halberstädtischen Gemeinde ein Privilegium, das nicht besser und nicht schlimmer als die Duldungsakte jener Zeit war[2]). Auch in der Neumark scheinen einige jüdische Familien gewohnt zu haben. Im Cleveschen (Emmerich, Wesel, Duisburg, Minden), das zu Brandenburg gehörte, bestanden ebenfalls seit alter Zeit kleine Gemeinden. In Emmerich hatte Friedrich Wilhelm einen außerordentlich begabten Juden gefunden, Elia Gumperts

Dagegen spricht die Klage der Nürnberger d. d. Juli 1528, daß der Markgraf Georg „einen oder mehr Juden zu Furt zu wohnen vergunstigt hat" (bei Würfel, Urkunde S. 81). Nach Haenle hat in demselben Jahre noch eine jüdische Familie Uriel Wolf aus Schwabach das Niederlassungsrecht erhalten (das.).

[1]) Mylius, Corpus Constitutionum marchicarum V. 5, 3, S. 122; Annalen der Juden in preuß. Staaten (anonym, König), S. 84 f., 91 f.

[2]) König a. a. O., S. 88. Dr. E. H. Auerbach, Geschichte der israelitischen Gemeinde in Halberstadt (Halberstadt 1866), S. 23 f

(Gompertz) oder Elia von Emmerich, welcher ihm wesentliche Dienste in den Kriegen als Lieferant von Waffen, Geschützen und Pulver leistete. Der Kurfürst brauchte ihn als klugen Agenten, den er nach Holland schickte, um diplomatische Unterhandlungen zu leiten und eine Anleihe zu kontrahieren. Elia Gumperts wurde in Amsterdam vom Senate mit großer Ehre behandelt. Vom Kurfürsten erhielt er ein Schutzpatent, ähnlich dem, welches früher die österreichischen Kaiser ihren Hofjuden zu erteilen pflegten[1]). Da nun einmal Juden in seinen zerstückelten Staaten wohnten, warum sollte der auf Hebung seines Landes bedachte Kurfürst nicht noch mehr aufnehmen, namentlich solche, welche Kapitalien mitbringen könnten?

Er tat selbst den für viele so schweren Schritt. Er selbst schrieb (19. April 1670) an seinen Gesandten Andreas Neumann nach Wien, er wäre geneigt, vierzig bis fünfzig jüdische wohlhabende Familien von den aus Wien Ausgewiesenen — versteht sich unter Bedingungen und Beschränkungen — in der Kurmark aufzunehmen. Neumann setzte sich darauf mit reichen Juden Wiens in Verbindung, und zwölf derselben reisten sofort nach Berlin, um mit dem Kurfürsten wegen des Vertrages zu unterhandeln. Drei der jüdischen Unterhändler, deren Nachkommen noch bis auf den heutigen Tag einen guten Namen haben, werden dabei namhaft gemacht: Hirschel Lazarus, Benedikt Veit und Abraham Rieß. Die Bedingungen, unter welchen sie zugelassen wurden — und die erst ein Jahr später (20. Mai 1671)[2]) bekannt gemacht wurden — waren in manchen Punkten hart, sehr hart,

[1]) König, das. S. 85 f., 93 f. Von diesem Elia Gumperts erzählt der hebräische Übersetzer von Manasse Ben-Israels מקוה ישראל (Eliakim ben Jakob 1697), p. 56b: וגם ידוע מהכבוד הגדול שהיה להקצין ר' אליה עמריך בחצר הדוכס הגדול החסיד של ברנדיבורג בעיר קליווא והכבוד שהיה לו בין יועצי הולנדיא. H. J. Koenen, Geschiedenis der Joden in Nederland, p. 224 ff., teilt aus dem Archiv von Geldern die Nachricht mit, daß die Erben des Elia Gumperts von der Landschaftsversammlung von Geldern die Bewilligung erhalten haben, sich in diesem Staate niederzulassen. Sie genossen einen besonderen Schutz und durften Leihämter in Pacht nehmen. Sie müssen demnach aus dem Cleveschen ausgewandert sein. [Vgl. Kaufmanns Vorwort zu מעכבי לב לברי לב, S. VI ff. und Jos. Weißes תולדות יהודה das. S. VIII ff.].

[2]) Das Privilegium, auf welches später öfters rekurriert wurde, ist vollständig mitgeteilt bei Mylius a. a. O., S. 121 f. und auszugsweise bei König a. a. O., S. 95 f. Es ist zwar nicht ausdrücklich dabei bemerkt, daß es für die österreichischen Juden ausgestellt wurde; aber da dabei angegeben ist „Einige von andern Orten sich wegbegebende jüdische Familien", und zwar

aber doch noch günstiger als in andern protestantischen Ländern, namentlich in dem bigotten Hamburg. Fünfzig Familien aus dem Österreichischen wurden aufgenommen; sie durften sich nach Belieben im Brandenburgischen und im Herzogtum Krossen niederlassen und überall ungehindert Handel treiben. Die Bürgermeister wurden angewiesen, ihrer Ansiedelung kein Hindernis in den Weg zu legen und sie nicht zu chikanieren. Jede Familie hatte jährlich acht Taler Schutzgeld zu zahlen und für jede Hochzeit einen Goldgulden, gleich den Halberstädtischen Juden, wohl auch von jeder Leiche eben so viel[1]); dafür waren sie aber im ganzen Lande vom Leibzoll befreit. Häuser durften sie kaufen und bauen; aber unter der Bedingung, sie nach Ablauf einer Frist an Christen zu verkaufen. Synagogen durften sie nicht halten, wohl aber Betstuben, einen Schulmeister und einen Schlächter. Dieser Schutzbrief war zwar nur auf zwanzig Jahre gültig, aber es war ihnen in Aussicht gestellt, daß er vom Kurfürsten oder seinem Nachfolger verlängert werden würde. Von diesen fünfzig österreichischen Familien ließen sich sofort etwa sieben in Berlin[2]) nieder, und diese bildeten den Grundstock der später so angewachsenen und tonangebenden Gemeinde. Ein Schritt zog den andern nach sich. Friedrich Wilhelm nahm auch andere reiche Juden aus Hamburg, Glogau und andern Städten auf; so entstanden Gemeinden in Landsberg, Frankfurt a. O. Unter diesen Gemeinden entspann sich bald ein kleiner Streit. Ein wenig bekannter Mann, R. Chajim, war damals Rabbiner in der Neumark, und seine Freunde wollten ihn mit einem Male zum Oberrabiner für die ganze Mark Brandenburg erheben. Die österreichischen Juden, die ohne Zweifel talmudisch gelehrt und ihm überlegen waren, mochten nicht darauf eingehen. Der Streit kam vor den Kurfürsten, und er bestätigte den Winkelrabbiner als brandenburgischen Landrabbiner. Er allein durfte Ritualien entscheiden, den

50, und außerdem die Agenten Lazarus Veit und Rieß, welche Österreicher waren, dabei genannt werden, so war dieses Privilegium ohne Zweifel für die Österreicher ausgestellt. Königs Angabe, daß die drei genannten Juden damals Vorsteher waren, ist ungenau; sie waren z. B. nur Unterhändler. [S. das Detail jetzt bei Kaufmann, die letzte Vertreibung usw., S. 206 ff.]

[1]) Vgl. damit König a. a. O., S. 87 und Auerbach a. a. O.

[2]) König zählt das. S. 98 vom Jahre 1674 zwölf jüdische Älteste von Berlin auf, welche ein Gesuch an den Kurfürsten richteten. Zwölf Parnassim setzten aber noch mehr Familien voraus, aber das. S. 101 gibt König selbst an, daß 1677 nur 13 Familien in Berlin wohnten. Jene zwölf können daher nicht als Vertreter, sondern als Familienväter angesehen werden.

Bann verhängen und Strafgelder auflegen, von denen zwei Drittel der kurfürstlichen Kasse zufließen sollten[1]).

Man kann nicht verkennen, daß Friedrich Wilhelm die Juden lediglich aus finanziellen Rücksichten zugelassen hat. Aber er zeigte hin und wieder auch uneigennütziges Wohlwollen gegen einige unter ihnen. Als er auf den abenteuerlichen Plan des schwedischen Reichsrates Skytte einging, in der Mark (Tangermünde) eine Universaluniversität für alle Wissenschaften und ein Asyl für verfolgte Gelehrte zu gründen, unterließ er nicht, nach seinem Programm, auch jüdischen Männern der Wissenschaften, wie Arabern und Ungläubigen aller Art, Aufnahme in dem märkischen Athen zu gestatten, jedoch unter der Bedingung, daß sie ihre Irrtümer für sich behalten und nicht verbreiten sollten[2]). Besonders machte es diesem Fürsten Ehre, daß er sich zweier jüdischer Jünglinge, welche von Wissensdurst getrieben waren, eifrig annahm und sie unterstützte. Tobia Kohen Rofe, der später ein medizinischer Schriftsteller wurde (geb. 1. Febr. 1653, st. 1729), war im Jugendalter auf ein mühseliges Wanderleben angewiesen. Sein Vater, der während der kosakischen Judenverfolgung von 1648 von Narol nach Metz verschlagen wurde (o. S. 76), hatte ihn als junge Waise hinterlassen, und er war genötigt, von Metz zurück nach Polen zu gehen. Von Wissensdrang getrieben, verließ Tobia wieder Polen, um in Italien Medizin zu studieren. Auf seiner Durchreise durch die Kurmark wagte er und ein gleichalteriger Freund den Kurfürsten zu ersuchen, ihnen zu gestatten, an der Universität von Frankfurt a. O. zu studieren. Friedrich Wilhelm hatte nichts dagegen; aber die medizinische Fakultät war nicht ohne weiteres geneigt, Juden in die Zahl der Studierenden aufzunehmen — es war etwas Unerhörtes in Deutschland. Der Kurfürst machte aber von seinem despotischen Regimente Gebrauch, befahl der Fakultät, die jüdischen Jünglinge an den Vorlesungen teilnehmen zu lassen und setzte ihnen noch dazu einen Jahrgehalt während ihrer Studienzeit aus[3]). Die Juden waren auch diesem Fürsten außerordentlich dankbar für das verhältnismäßige Wohlwollen, das er ihnen zuwendete. Der reiche Buchdruckereibesitzer

[1]) Bei Mylius das. S. 125, d. d. 20. Febr. 1672. [Vgl. Landshuth תולדות אנשי שם, S. 1.]

[2]) Erman, sur le projet d'une savante ville dans le Brandenbourg. Ende § 11.

[3]) Einleitung zu seinem medizinisch-philosophischen Werke מעשה טוביה. Seine Studienzeit in Frankfurt fällt in das Jahr 1678, s. RÉJ. XVIII, S. 294; 1683 wurde er Doktor der Phil. und Med. in Padua.

Joseph Athias in Amsterdam — dessen Vater Abraham[1]) mit noch einem andern Marranen in Cordova den Märtyrertod auf dem Scheiterhaufen der Inquisition erlitten hatte — war nach Amsterdam gekommen und hatte auf seine Kosten eine jüdisch-deutsche Übersetzung des alten Testamentes anfertigen und ziemlich schön drucken lassen. Die Übersetzung widmete er — sonderbar genug — dem großen Kurfürsten. In der lateinischen Widmung dazu bemerkte Athias, daß er es aus Dankbarkeit tue, weil dieser Fürst den Juden unzählige Wohltaten mit Eifer zugewendet habe, daß sie nirgends größere Wohltaten, einen sichereren Hafen und ungestörtere Ruhe gefunden hätten, unter seinen Flügeln[2]). So rosig war es allerdings nicht, aber einem Fürsten durfte man nicht weniger sagen.

Auch an einem andern Punkte des christlichen Europas zeigte sich für die Juden Schatten mit Licht vermischt. Um dieselbe Zeit, als die Juden aus Wien ausgewiesen wurden, tauchte gegen die Juden einer französisch gewordenen Stadt die alte, lügenhafte Anschuldigung auf, welche weitreichende Folgen hätte haben können. Sie ist wegen einiger Umstände erwähnenswert. In der Stadt Metz war seit einem Jahrhundert aus vier jüdischen Familien eine ansehnliche Gemeinde herangewachsen, und sie hatte seit dem Ende des sechzehnten Jahrhunderts bereits einen eigenen Rabbiner. Die Metzer Juden führten einen so guten Wandel, daß König Ludwig XIV. öffentlich seine Zufriedenheit mit ihnen äußerte und ihre Privilegien erneuerte. Aber da Metz damals noch ein deutsches Bürgertum hatte, so gab es engherzige Zünfte, und diese wollten durchaus die Juden in ihrer Hantierung beschränken. Mit ihrem Gesuche bei den Behörden abgewiesen, fachten einige unter ihnen einen glühenden Haß gegen die Juden an. Ein Bauer hatte ein Kind verloren und rasch wurde die Nachricht verbreitet,

[1]) In der Einleitung zu Witzenhausens jüdisch-deutscher Bibelübersetzung bemerkt der Editor: אמר יוסף בן אברהם עטיאש שנשרף על קדושת השם בעיר קורדובא ה׳ תכ״ז. Das Autodafé in Cordova, von dem Llorente in seiner Geschichte der spanischen Inquisition nichts aufführt, fand also 1667 statt, fälschlich setzt es de Barrios zwei Jahre früher, Govierno popular Judaico, p. 46.

[2]) Ich setze die betreffende Stelle, wegen der Seltenheit dieses Buches, hierher: At non tantum indigenas, Tuique cultus populos, quin et alienigenas ac gentem nostram, quae inter tot ac tantos . . labores . . huc ac illuc vagari cogitur, innumeris beneficiis prosequeris, accumulas atque custodis. Immo palam audeo dicere, eam nostram gentem . . . nullibi terrarum majora beneficia, tutiorem portum, laetiorem pacem, quam sub umbra alarum Celsitudinis Tuae invenisse. Diese Widmung datiert vom Jahre 1687.

die Juden hätten es getötet, um mit dessen Fleisch Zauberei zu treiben. Gegen einen armen Hausierer[1]), Raphael Levi, wurde besonders die Anklage erhoben; er wurde eingezogen, und obwohl das verlorene Kind tot im Walde gefunden wurde, so hob dieser Umstand die Anklage nicht auf, wälzte sie vielmehr auf die ganze Metzer Gemeinde, als wenn sie den Leichnam dahin gebracht und versteckt hätte. Papierstreifen mit hebräischen Buchstaben, welche Raphael Levi während seiner Haft beschrieben hatte, dienten als Beweismittel seiner Schuld. — Ein getaufter Jude Paul du Vallié (Vallier, ehemals Isaak), Sohn eines in der dortigen Gegend berühmten Arztes, übersetzte mit noch einem andern Täufling die beschriebenen Streifen zum Nachteil des Angeklagten.

Du Vallié war geradezu in den Schoß des Christentums gelockt und in einen eifrigen Feind seiner ehemaligen Glaubensgenossen verwandelt worden. Er war ein guter Sohn gewesen und von seinen Eltern angebetet worden. Er war auch ein frommer Jude gewesen und hatte zu zwei Versuchern, die ihn zum Abfall vom Judentum hatten bewegen wollen, geäußert, er würde sich eher verbrennen lassen. Nichtsdestoweniger setzten diese Versucher, zwei Kanoniker, ihre Bemühung so lange fort, bis sie ihn zum Übertritt verlockt hatten. Die Nachricht von seiner Taufe hatte seiner Mutter Antoinette das Herz gebrochen. Ein rührender Brief von ihr an ihren Sohn in französischer Sprache ist noch vorhanden, worin sie ihm zu Herzen redet, zum Judentum zurückzukehren. Du Vallié tat es nicht, zeigte sich vielmehr auch als schlechter Mensch und als Verräter. Er legte gegen den armen Angeklagten falsches Zeugnis ab. Darauf hin wurde Raphael Levi auf die Folter gespannt, und obwohl er seine Unschuld im Ton überzeugender Wahrheit behauptete, wurde er von dem Metzer Parlamente verurteilt und unter Qualen getötet (Januar 1670). Er starb standhaft. Das Parlament gedachte die Verfolgung fortzusetzen, zunächst gegen zwei andere Juden und dann immer weiter. Die Judenfeinde ließen noch dazu eine Schrift darüber drucken und die Anschuldigung gegen die Juden verbreiten, um die rechte Wirkung zu erzielen. Aber die Metzer Gemeinde fand einen Helfer an einem eifrigen Glaubensgenossen Jona Salvador aus Pignerol[2]).

Er war ein vermögender und unternehmender Mann, der in

[1]) S. Beguins, Nachrichten in Revue Orientale II, p. 454 f. Halphen, recueil des lois concernant les Israélites etc., p. 172 f. Archives Israélites 1841, p. 371 f., 417, 483, 607; 1842, p. 14 f.

[2]) Über denselben s. Richard Simon, Lettres choisies II, No. 8, III, No. 2.

Pignerol (einer Stadt im Piemontesischen, die ehemals zu Frankreich gehört hatte) ein großes Tabaksgeschäft angelegt hatte und damals gerade nach Paris gekommen war, um seine Verbindungen mit einigen einflußreichen Personen bei Hofe zu benutzen, um noch andere Monopole zu erlangen. Dieser Verbindungen bediente er sich auch, um für die Rettung seiner leidenden Stammesgenossen in Metz zu wirken. Jona Salvador war talmudkundig und ein Anhänger Sabbataï Zewis. Ihn suchte der lernbegierige Pater Richard Simon auf, um sich unter seiner Leitung im Hebräischen zu vervollkommnen. Es gab damals sonst keinen Juden in Paris, von dem er hätte lernen können. Diesen Pater de l'oratoire wußte Jona Salvador für die Metzer Gemeinde zu interessieren und ihn zu bewegen, eine Schutzschrift für die Unschuld der Juden am Christenkindermord auszuarbeiten. Die Schrift händigte der Tabakshändler von Pignerol Personen bei Hofe ein, welche ein gewichtiges Wort sprechen durften. Sie gab den Ausschlag. Der königliche hohe Rat ließ sich nunmehr die Prozeßakten vom Metzer Parlament zuschicken und fällte das Urteil (Ende 1671), daß an dem armen Raphael Levi ein Justizmord begangen worden war. Ludwig XIV. verordnete infolgedessen, daß fortan peinliche Anklagen gegen Juden stets dem hohen Rat des Königs vorgelegt werden sollten[1]).

Einen Augenblick schien es, als wenn in dieser Zeit die unglücklichsten der unglücklichen Juden, die Marranen, in Portugal wenigstens, aus ihrer grausigen Lage befreit werden sollten, und die fluchwürdige Inquisition, die ewige Schmach für das Christentum, einen Stoß bekommen würde. Mehr als ein Jahrhundert war vorübergegangen, drei oder vier Geschlechter, seitdem das Bluttribunal in Portugal, ohne formell-gesetzliche Bestätigung von Rom, eingeführt worden war. Volk, Adel und auch fürstliche Häuser waren mit marranischem Blute vermischt, Mönchs- und Nonnenklöster waren voll von Marranen und Halbmarranen[2]). Nichtsdestoweniger waren die Neuchristen noch immer Gegenstand des Argwohns, der Auflauerung, des Hasses und der Verfolgung. Erklärlich war die Antipathie, weil die altchristliche Bevölkerung instinktiv fühlte, daß die Marranen mit ihrem christlichen Bekenntnisse nie und nimmer Ernst machten, sondern es nur als Joch

[1]) Über diese Anklage: Richard Simon, Lettres choisies II, No. 8; Revue Orientale II, p. 233 f. Eisenmenger, Entdecktes Judentum II, S. 224. Er erwähnt eine Schrift: Abrégé du procès fait aux juifs de Metz. S. Grégoire, Essais sur la régéneration des juifs ad III, p. 207. Archives israélites 1842, p. 675.

[2]) Orobio de Castro, s. o. S. 160, Anmerk. 1.

ertrugen, bis sie Gelegenheit fanden, es abzuwerfen und offen zu verwünschen. Diese Antipathie wurde von der Inquisition eifrig genährt, weil die Verurteilung der vermögenden Neuchristen zum Feuertode oder zu den Galeeren vermöge der Güterkonfiskation ihr reiche Beute brachte. Der König João IV. aus dem Hause Braganza, welcher Portugal von Spanien wieder losriß, hätte gerne die Inquisitionstribunale aufgehoben, weil von den konfiszierten Gütern wenig in die königliche Kasse floß. Er erließ wenigstens ein Dekret, daß die Enterbung der Nachkommen verurteilter Marranen nicht mehr stattfinden sollte. Indessen wußten sich die Inquisitoren und ihr Anhang ein Breve vom Papste zu verschaffen, welches die Fortdauer der Konfiskation verordnete. Der König mußte nachgeben, befahl aber, da die Gelder von Rechts wegen ihm zukämen, sie den Erben wieder zuzustellen. Deswegen waren ihm die Inquisitoren so sehr gram, daß sie es durchsetzten, seine Leiche vor der Bestattung zu absolvieren, als wenn er ein unbußfertiger Sünder gewesen wäre. Unter dem Regenten Dom Pedro verfuhr das Tribunal nur noch strenger gegen die Marranen, um den Verlust zu decken. Der Zufall bot ihm eine günstige Gelegenheit. Aus einer Kirche in Lissabon wurde unter andern Kirchengefäßen ein Ziborium gestohlen und die darin enthaltenen geweihten Hostien verächtlich weggeworfen (1672). Wer anders konnte diese fürchterliche Entweihung begangen haben als die Neuchristen! Die weltlichen Gerichte hielten in dieser Voraussetzung Haussuchung bei marranischen Familien, sperrten viele ein, und das Volk war so wütend gegen sie, daß sich fast kein Neuchrist öffentlich zeigen konnte, um nicht Mißhandlungen ausgesetzt zu sein[1]).

Diese Strenge der Inquisition und die dadurch herbeigeführte Fanatisierung des Volkes sollte gewissen Intrigen entgegenwirken, welche am Hofe und in Rom von einflußreichen Personen eingefädelt wurden, um die Macht des Bluttribunals zu brechen oder sie in die Hände der Jesuiten zu spielen. Diese Intrigen gingen von dem Jesuitenpater Antonio Vieira aus, dem Schlauesten unter diesen

[1]) Diese Einzelheiten, die auch Schäfer unbekannt gewesen zu sein scheinen, sind entnommen einer anonymen Schrift: Mémoires historiques pour servir à l'histoire des inquisitions, Cöln 1716 (eigentlich Paris, Verf. war Dupin), T. II., p. 5 f. Die Quelle ist daselbst angegeben: tiré du voyage de Mr. Dellon. Der französische Arzt dieses Namens schmachtete 1673—1677 im Inquisitionskerker zu Goa, wurde dann nach Portugal auf die Galeeren geschickt und auf eigentümliche Weise befreit. Der Londoner Rabbiner David Nieto hat in Noticias reconditas y posthumas del procedimiento de las Inquisiciones de España y Portugal, 2 Teile, Dellons Schrift benutzt. —

Schlauen, welcher auffallenderweise eine ganz besondere Zuneigung zu den Juden und Marranen hatte, bei seinem Aufenthalt in Amsterdam die jüdischen Predigten besuchte und mit den Rabbinen verkehrte. Die Juden hielten ihn für einen Marranen. Vieira wurde vom König João IV. zu diplomatischen Geschäften und Reisen verwendet, und unter Dom Pedro stieg sein Einfluß noch höher, weil er dessen Erzieher und Beichtvater gewesen war[1]). Dieser Jesuit wurde einst von dem Inquisitionstribunal zur Haft in ein strenges Profeßhaus gebracht und zum Verluste seines Stimmrechtes und seiner Berechtigung zu predigen verurteilt. Der Grund ist nicht bekannt. Hatte er sich vielleicht den Marranen günstig gezeigt? Vieira schmiedete daher Rachepläne gegen das sogenannte heilige Offizium, und seine Ordensgenossen standen ihm zur Seite. Er mußte nach sechsmonatlicher Haft freigelassen werden; aber das genügte ihm nicht. Er eilte nach Rom, um die Demütigung der Inquisition durchzusetzen, was seiner Schlauheit nicht allzuschwer war. Alle Hebel setzte er, der eine gewichtige Stimme im Jesuitenorden hatte, dazu in Bewegung. Eines Tages erschien der Jesuiten-Provinzial von Malabar Balthasar da Costa am Hofe des Regenten Pedro und gab ihm die Mittel an, wie das für Portugal verlorene Indien wieder zu gewinnen wäre. Das Hauptmittel dazu wäre Geld. Aber wo sollte das verarmte und zerrüttete Portugal Geld hernehmen? Da Costa ließ ein Wort fallen, Geld besäßen die Marranen, und diese würden es gerne für Erleichterung ihrer Pein und eine allgemeine Amnestie hergeben[2]). Dom Pedro ging auf diesen Wink ein und wies seinen Beichtvater Manuel Fernandes an, mit da Costa in Unterhandlung zu treten. Dieser, ebenfalls von der Gesellschaft Jesu, war bereits dafür gewonnen, Milde gegen die Marranen eintreten zu lassen und die Macht der Inquisition zu brechen. Es galt nur noch den Regenten zu bewegen, sich mit einem Gesuche an die päpstliche Kurie zu wenden; dort war bereits durch Vieira und den Jesuitenorden kräftig vorgearbeitet. Ein Sekretär der Inquisition von Portugal hatte sich nach Rom geflüchtet und dort

1) Vgl. über ihn Schäfer, Geschichte von Portugal V., S. 7, 8, Note 1, S. 18. Über sein Verhältnis zu den Juden Wolf, Bibliotheca III, p. 709. Narrabat ille (Judaeus Lusitanus autori): Patrem Vieiram concionatorem quondam inter Pontificios Ullysiponensem (quem Judaei animo Judaeum fuisse forte non praeter rem contendunt), Amstelodami aliquando Menassen (B. Israel) nostrum et Aboabum audivisse etc., s. o. S. 11, Anmerk. 1.

2) Quellen bei Schäfer a. a. O., S. 6 f.

die schauerlichsten Enthüllungen über die von der Inquisition gegen die angeschuldigten und eingekerkerten Marranen begangenen Frevel mit den schwärzesten Farben gemacht. Der Beichtvater Fernandes setzte sich sogar in heimliche Verbindung mit den Marranen, um von ihnen das grausige Verfahren des Tribunals im einzelnen zu erfahren und Anhaltspunkte für eine nachdrückliche Anklage gegen dasselbe beim Papste und Kardinalskollegium zu haben. Schauerliche Geheimnisse kamen dabei ans Licht[1]). Stammte ein Verdächtigter oder Verleumdeter von Juden ab, so galt dieser Umstand schon als Beweis. Zeugen wurden durch Drohung und Verheißung bewogen, gegen Marranen auszusagen. Durch Folter erpreßte Geständnisse wurden als Gewißheit für Straffälligkeit und Grund zur Verurteilung angesehen. Neuchristen wurden nicht als Entlastungszeugen angenommen. Die angeklagten Marranen wurden in dunklen, düstern und ungesunden Kerkerlöchern bis zur Verdammung oder Freisprechung, welche sich öfter mehrere Jahre hinzog, gehalten und unmenschlich behandelt. Waren Angeschuldigte freigesprochen, so hielten sie die Tribunale noch eine Zeitlang im Kerker bis zum nächsten Autodafé und ließen sie auch das Gerüst besteigen, um dadurch eine imposante Zahl und ein größeres Schauspiel bieten zu können. Mit der Güterkonfiskation und Zerstückelung des Vermögens der Angeklagten wurde nicht bis zum Spruch auf schuldig gewartet, sondern sie wurde zugleich mit

[1]) Die ganze Scheußlichkeit des Inquisitionsverfahrens gegen Marranen veranschaulichen die Bestimmungen der Konstitution Clemens X. im Bullarium Romanum T. VIII, No. 106, p. 234 f., welche die Härte mildern wollten. Es sind im ganzen 20 Bestimmungen. Einige mögen hier für die Verstockten ausgezogen sein, welche der Inquisition noch das Wort zu reden wagen. Der Papst dekretiert: § 5. Christiani novi non habentes exceptiones legales admittantur ad deponendum in defensam Reorum. § 7. Nec deveniantur ad carcerationem Inquisiti, nisi praecedentibus legitimis indiciis et prout de jure, neque detineantur carcerati ultra necessitatem, sed quam citius fieri possit expediantur, non expectato actu publico, quem vocant actum fidei (Autodafé). § 12. Prohibeantur autem omnino suggestiones, concussiones, promissiones . . in examinibus testium et reorum, nec ex descendentia sanguinis Hebraei ulla deduci possit prolatio Judaismi contra talem descendentem. § 13. Si autem carcerati non veniant condemnandi, nullo modo compellantur ascendere Palcum (Palco, Gerüst beim Autodafé), et si non fuerint culpabiles, non retardetur eorum expeditio, sed illicio relaxetur. § 14. Tollatur omnino statutum seu consuetudo . . puniendi Christianos novos ex eo, quod deposuerint contra Christianos veteres. § 23. Carcerati charitate tractentur, et redigantur carceres minus rigidi et non tam obscuri.

der Einkerkerung vorgenommen. War ein angeschuldigter Marrane eingezogen, so wurden die Seinigen sofort von Haus und Hof gewiesen die Kinder zum Betteln, die Frau und Töchter nicht selten zum Schandleben gezwungen. Die Kerkermeister wurden zu Vormündern der hinterlassenen Waisen der Verurteilten eingesetzt. Es war öfter vorgekommen, daß Marranen, um sich an ihren Peinigern zu rächen, in ihren Geständnissen „alte Christen" als Mitschuldige des Judaisierens angegeben hatten. Um dem künftig vorzubeugen, hatte ein Inquisitionsstatut festgestellt, jede Aussage von Neuchristen gegen alte mit Strafe zu belegen[1]).

Während die Jesuiten gegen das heilige Offizium heimlich wühlten, hatte dieses das Volk, das ohnehin unter der Regentschaft verwildert und empörungssüchtig war, gegen die Marranen fanatisiert und viele derselben wegen des Diebstahls des Ziboriums eingekerkert. Infolgedessen ließen sich im Staatsrate einige Stimmen vernehmen, um der ewigen Aufregung ein Ende zu machen, die Marranen samt und sonders aus dem Lande zu verbannen. Damit wäre aber den Inquisitoren, diesen Molochspriestern, wenig gedient gewesen. Sie boten alles auf, um diesen Vorschlag zu bekämpfen und machten sogar, sie, die Herzlosen, das Gebot der Barmherzigkeit geltend, man dürfe doch nicht um einiger Schuldigen willen so viele Unschuldige hinausstoßen und ihren schwankenden Glauben der Versuchung aussetzen. Inzwischen war der Hostiendieb in einem alten Christen entdeckt worden, und infolgedessen verwandelte sich der Fanatismus des Volkes in Mitleid für die Marranen. Die Eingekerkerten wurden gewaltsam befreit. Aber die Inquisition wußte ihre Kerker von neuem zu füllen[2]). Diese rücksichtslose Grausamkeit und die Wühlereien der Jesuiten gegen die Inquisition bewogen Dom Pedro auf Anraten seines Beichtvaters, Gutachten von Theologen und gelehrten Körperschaften über den einzuschlagenden Weg einzuholen (1673). Die Jesuiten beantworteten die ihnen aufgegebenen Fragen zugunsten der Marranen, das gegen sie angewandte Verfahren habe bisher wenig Nutzen, vielmehr recht viel Schaden gebracht; statt für den Glauben gewonnen zu werden, seien sie ihm nur noch mehr entfremdet worden. Auch Edelleute und der

[1]) In Dupin oder Dellon, mémoires historiques Vol. II sind schauerlich-ergötzliche Anekdoten mitgeteilt, wie Marranen ihre Feinde de pur sang chrétien in Ketzerprozesse verwickelten und zuweilen sich selbst opferten, um wie Simson mit den Philistern zu sterben. Auch in Noticias reconditas (von David Nieto) I, p. 2, nach der Mitteilung eines Sekretärs der Inquisition. Prologo das.

[2]) Dupin, mémoires historiques a. a. O., p. 16f. Noticias II, p. 47f.

Erzbischof von Lissabon verurteilten mit einem Male die gegen die Neuchristen gebrauchte Gewalt, erblickten darin den Ruin des Landes und rieten dem Regenten zur Milde. Dieser ermächtigte darauf seinen Beichtvater, die Angelegenheit dem Papste vorzulegen, und auch der portugiesische Gesandte in Rom Gaspar de Abreu de Freitas, erhielt die Weisung, die Kurie günstig für die Marranen zu stimmen.

In Rom hatte bereits der Jesuitenorden und besonders der gegen die Inquisition erbitterte Antonio Vieira eine günstige Stimmung hervorgebracht. Papst Clemens X. erließ ein Schreiben nach Portugal, es solle den Neuchristen gestattet werden, Sachwalter nach Rom zu senden, um ihre Beschwerden gegen das Tribunal vorzubringen. Das war es eben, was die Jesuiten und die Marranen gewünscht hatten. Sofort begab sich ein gewandter Marrane Francisco de Azevedo und nicht mit leeren Händen nach Rom[1]) und setzte das empörende Verfahren der Inquisitoren gegen die marranischen Schlachtopfer in ein düsteres Licht; er brauchte dabei nicht zu übertreiben. Infolgedessen suspendierte der Papst (3. Oktober 1674) die Tätigkeit der portugiesischen Tribunale, verbot ihnen über die Marranen Todes- oder Galeerenstrafen, sowie Güterkonfiskation zu verhängen, und befahl, daß die Prozesse der eingekerkerten Marranen nach Rom an das Amt der Generalinquisition geschickt werden sollten[2]). Der päpstliche Nuntius Marcello Durazzo machte diese Bulle in Portugal bekannt. Die Jesuiten hatten gesiegt. Aber die Inquisition hatte auch ihre Anhänger. Ein ansehnlicher Teil der Cortes drang in Dom Pedro, der Anmaßung der Marranen zu steuern. Der Regent war ohnehin empfindlich verletzt, daß der päpstliche Nuntius die Suspension der Tribunale ohne landesherrliche Genehmigung veröffentlicht hatte. Auch das Volk wurde von neuem aufgehetzt. In den Straßen Lissabons erschallten aufrührerische Stimmen: „Tod allen Juden und Verrätern!" Aber in Rom blieb man fest zugunsten der Marranen. Die Jesuiten gingen gar damit um, einen der ihrigen, den Beichtvater Fernandes, zum Generalinquisitor zu erheben[3]). Dieser Plan drang zwar nicht durch, aber auch der neuerwählte Papst Innocenz XI., welcher einen neuen Generalinquisitor in Person des Erzbischofs von Braga, Verissimo da Alemcastro, ernannt hatte (1676),

[1]) Quellen bei Schäfer das. S. 9 f., zum Teil auch Dupin oder Dellon.

[2]) Bullarium Romanum a. a. O. T. VIII, constitt. Clementis X. No. 162, auch bei Schäfer das. S. 10; 8. Oktober das. ist wohl ein Druckfehler, statt 3. Oktober.

[3]) Bei Schäfer das. S. 11.

verbot ihm unter Androhung der Amtsentsetzung und des Bannes gegen die Marranen zu verfahren; die Inquisition sollte vielmehr, bis die Angelegenheit geprüft sein würde, nur leichte Strafen über Überführte, keineswegs den Tod oder Verurteilung zur Galeere oder Güterkonfiskationen verhängen dürfen[1]). Wahrscheinlich auf Eingebung der Jesuiten verlangte derselbe Papst (24. Febr. 1678), daß ihm vier oder fünf abgeschlossene Prozeßakten über die wegen Judaisierens Verurteilten zugeschickt werden sollten, um sich zu überzeugen, welches Verfahren die Inquisition einzuschlagen pflegte, und bedrohte den Großinquisitor Verissimo und sämtliche Unterbeamten mit Amtsentsetzung und kanonischen Strafen, falls nicht innerhalb zehn Tagen die gewünschten Papiere dem päpstlichen Nuntius übergeben würden[2]). Aber der Großinquisitor und seine Kollegen dachten nicht daran, dem päpstlichen Befehle zu gehorchen. Darauf erklärte der Papst durch eine förmliche Bulle die Suspension da Alemcastros und aller ungehorsamen Inquisitoren von ihren Ämtern (27. Mai 1679)[3]). Jetzt zeigten die Inquisitoren offene Auflehnung gegen den Papst; sie legten ihre Stellen nicht nieder, und als der Nuntius befahl, daß die Schlüssel zu den Inquisitionskerkern dem weltlichen Richter übergeben werden sollten, verweigerten sie es. Die Glieder versagten dem Leiter den Gehorsam. Dem Könige wußten sie beizubringen, daß, wenn dem Papste die Einmischung gestattet werden würde, es mit des Königs Unabhängigkeit zu Ende sei. Der päpstliche Hof würde sich auch anmaßen, die Akten des weltlichen Gerichts vor sein Tribunal zu ziehen, angeblich um sie zu prüfen[4]).

In Spanien sahen die Inquisitoren diese Einmischung des Papstes in die innern Angelegenheiten der Tribunale mit vielem Verdruß. Wie, wenn es dem päpstlichen Hofe einfiele, dasselbe Verfahren auch gegen sie einzuschlagen? Sie kamen diesem Beginnen zuvor, sie wollten es dem Papste zeigen, daß er es nicht wagen dürfte, sie anzutasten, da Hof und Volk mit ihnen einverstanden seien, die Ketzer und Juden zu vertilgen. Zu diesem Zwecke bedienten sie, die Klugen, sich des schwachköpfigen, jungen Königs Karl II., der eben, so zu sagen, die Zügel der Regierung ergriffen und eine französische Prinzessin, eine Bourbon-Orleans, eine Nichte Ludwigs XIV., heimgeführt hatte. Sie wußten ihm beizubringen, daß er seiner jungen Gemahlin keine anziehendere

[1]) Bullarium No. 9, constitutt. Innocentis XI.
[2]) Das. Nr. 61.
[3]) Das.
[4]) (Dupin) mémoires historiques II, p. 21 f.

Festlichkeit bieten könne, als wenn in der Hauptstadt ein großes Autodafé gefeiert und recht viele Ketzer verbrannt würden. Mit Freuden griff Karl zu und befahl, daß zu Ehren der jungen Königin ein großes Menschenopfer-Schauspiel in Madrid aufgeführt werden sollte. Der Großinquisitor Diego de Sarmiento erließ darauf ein Rundschreiben an die Tribunale Spaniens, sämtliche verurteilten Ketzer für das große Fest rechtzeitig nach Madrid zu liefern. Vier Wochen vorher (Mai 1680) wurde in der Hauptstadt in feierlicher Weise durch Herolde bekannt gemacht, daß an dem und dem Tage ein großes Autodafé stattfinden würde, damit sich jedermann dazu vorbereite, und sich recht viel Teilnehmer und Schaulustige dazu einfinden möchten. Je mehr, desto besser. Die dichtgedrängten Volksmassen riefen: „Es lebe der Glaube!" (viva la Fé). Es war nicht bloß auf ein Schaugepränge abgesehen, sondern auch auf Einschüchterung des Papstes und der Kardinäle, welche anfingen, menschlich für die Opfer der Inquisition zu fühlen und die Gerechtigkeit nicht länger mit Füßen getreten sehen mochten. Sechzehn Meister mit ihren Gesellen arbeiteten mehrere Wochen daran, um Estraden und Schauplätze für den Hof, den Adel, die Geistlichkeit und das Volk auf einem großen Platze zu errichten.

25.

Endlich erschien der von der Bevölkerung Madrids und von den von auswärts herbeigeströmten Zuschauern sehnsuchtsvoll erwartete Tag (Sonntag, 30. Juni 1680)[1]). Eine so große Zahl Opfer der Inquisition war schon lange nicht vereint gesehen worden. 118 Personen jedes Alters und Geschlechts! Siebzig oder noch mehr Judaisierende hatten die verschiedenen Tribunale geliefert; die übrigen waren sogenannte Hexen, Männer, die mehr als eine Frau hatten, ein verheirateter Priester und ähnliche Verbrecher. Des Morgens früh wurden alle diese Unglücklichen barfuß, in Hemden und Papiermützen, mit Teufeln und Flammen bemalt, mit brennenden Kerzen in den Händen, zur Prozession geführt, begleitet von Geistlichen und Mönchen aller Orden, Rittern und Familiaren der Inquisition mit flatternden Fahnen und Kreuzen. Kohlenbrenner mit Hellebarden eröffneten den Zug nach

[1]) Dieses Autodafé ist ausführlich und mit Behaglichkeit beschrieben von Joseph del Olmo in einem 308 Quartseiten enthaltenden Buche, in demselben Jahre erschienen: Relacion historica del Auto General de Fé, que se celebró en Madrid 30. Junio de 1680. Erwähnt ist es in Mémoire de la Cour d'Espagne par Mad. Aulnay; Lettres de la Marquise de Villars; de Barrios, Govierno popular Judaico p. 45 (bis); Llorente, Histoire de l'Inquisition IV, p. 3 f.; La Fuente, Historia General de España T. XVII, p. 34 f. Eine Monographie darüber von Kayserling, ein Feiertag in Madrid (Berlin 1859).

altem Brauch und Vorrecht. Bilder von verstorbenen und flüchtigen Ketzern, mit Namen bezeichnet, und Särge mit den Gebeinen der Unbußfertigen wurden von Henkersknechten der Inquisition getragen. Der geistesschwache König, die junge Königin Maria Louise d'Orleans, Hofdamen, Großwürdenträger, der hohe und niedere Adel, alle diese waren von morgens an auf dem Schauplatz versammelt und hielten in der drückenden Hitze bis spät abends aus. Wer von bedeutenden Persönlichkeiten, selbst von Damen, ohne Grund fehlte, kam dadurch in den Verdacht der Ketzerei. Die Geistlichkeit bot allen Tand auf, um das Schauspiel imposant und denkwürdig zu machen. Beim Anblick der Schlachtopfer rief das ganze Volk, wie zu erwarten war, abermals: „Es lebe der Glaube!" Plötzlich hörte man die flehentliche Stimme einer kaum siebzehnjährigen Marranin von wunderbarer Schönheit, welche in die Nähe der Königin zu stehen kam, ausrufen: „Großmütige Königin! Erbarmen Sie sich meiner Jugend! Wie kann ich der Religion entsagen, die ich mit der Muttermilch eingesogen?" Maria Louise de Bourbon, selbst nicht viel älter, unterdrückte eine Träne. Der Großinquisitor Diego de Sarmiento ließ die feierliche Gelegenheit nicht unbenutzt vorübergehen, den König beim Evangelium und dem Kreuze an seine Pflicht als allerchristlichste Majestät zu ermahnen, daß er die Ungläubigen und Ketzer verfolgen, sie ohne Ansehen der Person bestrafen, der heiligen Inquisition seinen Arm leihen und sie mit seiner königlichen Macht unterstützen wolle. Laut rief Karl: „Das schwöre ich bei meiner königlichen Würde." Denselben Eid wiederholten die Großwürdenträger, die Ritter und die Bürgerschaft, und die Menge bekräftigte ihn mit einem weithinschallenden Amen. Der König fügte die Tat dem Worte hinzu und zündete zuerst mit einer ihm gereichten Fackel den Scheiterhaufen an, und zu diesem waren achtzehn Marranen verurteilt, welche sich offen zum Judentum bekannt hatten. Darunter war eine sechzigjährige Witwe mit zwei Töchtern und einem 66jährigen Schwiegersohn, welche acht Jahre im Kerker zugebracht hatten. Noch zwei andere Frauen, von denen die eine erst dreißig Jahre alt war, die meisten Männer kräftigen Alters zwischen 27 und 38 Jahren, einfache Leute, Tabakspinner, Goldarbeiter, Handelsleute, sie alle starben mit Standhaftigkeit den Flammentod. Einige stürzten sich in die Glut. „Ich hatte nicht den Mut, dieser entsetzlichen Hinrichtung der Juden beizuwohnen. Es war ein erschreckliches Schauspiel, wie man mir sagte. Man konnte aber nur durch eine Bescheinigung des Arztes von der Anwesenheit dispensiert werden. Was für Grausamkeit man beim Tode dieser Elenden gesehen hat, kann ich Ihnen nicht beschreiben." So berichtet die Marquise de Villars an ihren Gemahl. Eine andere französische Dame berichtete darüber. „Ich ging nicht zur Exekution, ich war schon von Schmerzen ergriffen, als ich die Verurteilten am Tage sah ... Man muß aber nicht glauben, daß ein so strenges Beispiel imstande wäre, die Juden zu bekehren. Sie werden nicht im geringsten davon gerührt, und es gibt selbst in Madrid eine beträchtliche Anzahl, welche als solche bekannt sind, und die man in ihren Stellungen als Finanzbeamte läßt." Die übrigen 54 Marranen wurden teils zu den Galeeren, teils zu mehrjährigem und manche zu ewigem Kerker verurteilt.

Dieses große Autodafé in Madrid muß in Rom einen niederschmetternden Eindruck gemacht haben. Denn der Papst Innocenz XI. gab gleich darauf dem Widerstand der Inquisition in Portugal nach und begnügte sich mit einem Schein von Gehorsam. Der für die Marranen so eifrig tätige, schlaue Vieira war indes gestorben (1680), und dadurch scheint auch der Eifer der Jesuiten erkaltet zu sein. Man stellte dem Papste vor, wie sehr viel Ärgernis es den Portugiesen gäbe, daß man an der Gerechtigkeit des heiligen Offiziums zweifle, und daß man dadurch nur das ketzerische Judaisieren begünstige. Der portugiesische Großinquisitor Verissimo schickte zum Schein zwei Prozeßakten nach Rom; er hatte dazu die am wenigsten verdächtigen ausgesucht, und die Sache war abgemacht. Er und seine Untergebenen wurden infolgedessen vom Interdikt befreit und in ihr Amt wieder eingesetzt (28. August 1681). Der Papst stellte zwar neue Bestimmungen für die Behandlung der Marranen und eine bessere und gerechtere Prozeßordnung auf, aber das war alles nur Schein, die alte Unmenschlichkeit während der Haft und nach Verurteilung war geblieben[1]). In der Tat kaum ein Jahr später (10. Mai 1682) wurden wieder in Lissabon drei jüdische Märtyrer verbrannt, zwei namens Gaspar Lopez Pereyra (der eine Aaron Coen Faya und der andere einfach Abraham zubenannt) und dazu ein Mann der Wissenschaft, Isaak Henriquez de Fonseca)[2]). Die Folge davon war der immer mehr zunehmende Verfall des kleinen Staates. Etwa ein halbes Jahrhundert später sprach sich ein portugiesischer Staatsmann gegen den Thronfolger freimütig aus: „Wenn Eure Hoheit zum Thron gelangt, werden Sie viele schöne Flecken und Dörfer fast unbewohnt finden, die Städte Lamego und Guarda, und die Stadt

[1]) Bullarium Romanum, constit. Innocentis XI, No. 106, p. 230 f. Dupin, Mémoires historiques, das. p. 234 f.

[2]) De Barrios, a. a. O. p. 46 (bis).

Braganza. Wenn Sie fragen, wie diese Plätze in Trümmer gefallen und ihre Manufakturen zerstört worden sind, so möchten wenige es wagen, Ihnen die Wahrheit zu sagen, daß die Inquisition, weil sie viele wegen des Verbrechens des Judaisierens eingekerkert und andere aus Furcht vor Konfiskation und Gefängnis zu flüchten genötigt hat, diese Städte und Flecken verwüstet und die Manufakturen des Landes zerstört hat"[1]).

Außerhalb Spaniens und Portugals hatte die christliche Kaufmannschaft die Rolle der Dominikaner gegen die Juden übernommen. Um die lästige Konkurrenz der Juden loszuwerden, benutzten oder erfanden Kaufleute Gerüchte von Christenkinderkauf oder -mord von seiten der Juden, um deren Vernichtung oder wenigstens Ausweisung durchzusetzen. Es scheint nicht Zufall, sondern Symptom einer krankhaften Erregung gewesen zu sein, daß fast zu gleicher Zeit diese Anschuldigung in Metz (o. S. 248), Berlin und Padua erhoben und ausgebeutet wurde. Es war ein eigner Wahn, daß in Handelsstädten, wo Juden nicht geduldet wurden, wie in Leipzig und Wien, der Handel blühte, dagegen wo sie weilen durften, wie in Prag, Verfall eingetreten sei. In Berlin und im Brandenburgischen überhaupt waren die wenigen dort erst kurz vorher angesiedelten Juden den christlichen Kaufleuten ein Dorn im Auge; aber der stramme Kurfürst Friedrich Wilhelm ließ ein solches Gerücht auf der Stelle untersuchen und unterdrücken[2]).

Eine ernstere Gefahr brachte der Brotneid christlicher Kaufleute über die Gemeinde von Padua, welche sich in ihrem Ghetto behaglich fühlte und fast keinen Armen in ihrer Mitte hatte. Die Tuchmacherzunft in Padua beschuldigte die Juden, daß sie widergesetzlich Tuch ellenweise verkauften und machte deswegen einen schweren Prozeß gegen sie anhängig. Sie konnte aber mit ihren Klagen vor Gericht nicht durchdringen und versuchte es daher, die niedere Bevölkerung gegen sämtliche Juden zu reizen. Sie benutzte schlau die aufgeregte Stimmung, welche in Italien wie in ganz Europa herrschte, wegen des Vordringens türkischer Heere bis vor die Mauern Wiens und der tapferen Gegenwehr, welche die türkische Besatzung in Ofen den vereinten christlichen Heeren entgegensetzte. Wer will es den Juden

[1]) Holliday, the present state of Portugal, zitiert bei Schäfer, Geschichte von Portugal V, S. 454 f.

[2]) Vgl. über eine solche Anklage in Berlin 1682, (König), Annalen S. 102, und die langweilige und giftige Beschwerde der Kaufmannschaft von Frankfurt a. a. O. das. S. 106—117.

verdenken, daß ihre Sympathie auf seiten der Türken war, welche allerdings gegen einzelne Juden, nie aber gegen Gemeinden barbarisch verfuhren, nie Ausweisungen über sie verhängt haben? Diese Sympathien wurden ihnen aber als Verrat am „teuren Vaterlande" angerechnet; neue Märchen wurden erfunden, um ihre Schlechtigkeit zu bekunden. In einer kleinen mährischen Stadt Ungarisch-Brod fiel die Bevölkerung gerade an dem Tage, an dem die Türken Wien umzingelten (20. Tammus = 14. Juli 1683) unter den Augen des österreichischen Heeres die kleine Gemeinde an und tötete vierzig von ihnen[1]).

Eine große Aufregung brachten die Türkenkriege vor Wien und in Ungarn auf die heißblütigen Italiener hervor, besonders auf die Bevölkerung der venetianischen Republik, welche durch die Siege des Halbmondes manchen Verlust erlitten und sich daher Österreich zur Bekämpfung der Türken angeschlossen hatte. So oft eine Post vom Kriegsschauplatze eintraf, stellte sich in den venetianischen Städten eine fieberhafte Spannung ein. Man weiß nicht recht, hat die schlaue Berechnung der Judenfeinde in Padua oder ihre erhitzte Phantasie die Juden in jede Nachricht hineingezogen; von der großen Anzahl der Judengemeinden in Ofen, ihrem erstaunlichen Reichtum und ganz besonders von ihrer Grausamkeit gegen die christlichen Krieger und Gefangenen, die sie mit den Türken um die Wette mißhandelt, geschunden, zerfleischt haben sollen? Damit hetzten die Judenfeinde in Padua die Menge gegen die Juden, als wenn auch sie es heimlich mit den Türken hielten. Als diese am Tage zur Erinnerung an Jerusalems Untergang in den Synagogen zum Trauergottesdienste versammelt waren, hieß es, sie beteten für den Sieg des Halbmondes über das Kreuz. Die Bevölkerung, von den Tuchfabrikanten, Wollenwebern und deren Gesellen unterstützt, machte einen Angriff auf das Ghetto der Paduaner Gemeinde, mit der Miene, klein und groß zu vertilgen. Anfangs schritten die Stadtbeamten ein und trieben die Rotte auseinander. Als aber ein unzüchtiges Frauenzimmer ihr Klagegeschrei mit wilden Gebärden erhob „ihr Kind sei ihr im Ghetto abhanden gekommen, es sei von den Juden bereits geschlachtet", — wie es scheint, laut Verabredung — da war kein Halt mehr. Auch anständige Bürger schlossen sich der aufrührerischen Bande an und

[1]) Vgl. Orient. Litbl. 1843, col. 270, 71, Katalog Bodleiana Nr. 3526. [Die Verheerung von Ung.-Brod fand durch die Kuruzzen unter Tököly statt. 113 Juden kamen dabei ums Leben. Vgl. Kaufmann in der Monatsschrift für Geschichte und Wissenschaft des Judentums, 37. Jahrg., S. 270ff., 319ff.]

gemeinsam machten sie Angriffe auf die Pforten des Ghetto, zerstörten, legten Feuer an, griffen zu den Waffen, und die Miliz war nicht imstande oder nicht gewillt, dem Tumult Einhalt zu tun (10. Ab = 2. August 1684). Bei Anbruch der Nacht schwebte bereits das Leben der Paduaner Juden in der größten Gefahr, als es doch dem Stadthauptmann Tipoli gelang, die Aufwiegler nach und nach vom Judenviertel zu verdrängen. Später kamen auch vom Dogen in Venedig dringende Schreiben an die Paduaner Behörde, sich der Juden tatkräftig anzunehmen. So war für den Augenblick die Gefahr abgewendet, aber ein Groll blieb in der Bevölkerung gegen sie zurück. Mehrere Tage mußten Bewaffnete das Ghetto vor neuen Angriffen bewachen und lange wagten die Juden nicht, sich in den christlichen Teilen der Stadt blicken zu lassen. Auch die Juden in der Umgegend litten unter dieser künstlich erzeugten Aufregung[1]).

Ofen fiel damals nicht in die Hände des österreichischen Heeres, dieses mußte vielmehr die Belagerung aufheben, um sie zwei Jahre später, verstärkt durch brandenburgische und andere deutsche Truppen wieder aufzunehmen. Erst nachdem die Türken Niederlage auf Niederlage erlitten hatten, wurde die starke Donaufestung Ofen erstürmt, und sämtliche Türken in der Stadt von den christlichen Soldaten erschlagen (Sept. 1686). Die Juden hatten die Stadt auf der Wasserseite tapfer verteidigt, noch tapferer als die Türken[2]). Dafür wurde auch die ganze

[1]) Hauptquelle für die Judenrazzia in Padua und Umgegend ist das rhetorische Werk פחד יצחק von Isaak Chajim (Vita) Cantarini, anagrammatisch י'ח'כ'ם d. h. יצחק חיים כהן מהחזנים (Amsterdam 1685). Es ist ein wirres Buch, in dem man vor lauter Schönrednerei den Kern der Erzählung kaum fassen kann. Da es nicht sehr häufig ist, so ziehe ich einige Notizen daraus aus: Das Ghetto in Padua wurde 1603 errichtet (p. 10d): ויהי בשנת ה' שס"ג העיר ה' את רוח היהודים לקבץ קצוי העיר . . בפעם אחת . . ויקרא בשם גיטו גט הוא לאשה. Über den Wohlstand der Paduaner Gemeinde (p. 35b): אנשיה . . . יקרים מסולאים . בפז וצני ואביון לא החזיקה כי מצער, אשר סוחריה סרים לחוסי על דל וכמעט חדל. Über die Mitleidenschaft der Juden in der Umgegend von Padua (p. 39b): והיהודים הפרזים היושבים בכפרים סביבות פאדובה גם עליהם עבר כוס הרעות . . . וההולכים בדרך נרדפו בגאוה ובוז ולא יכלו לצאת ולבא. Besser als das Ganze ist der Schluß des Buches, eine Rekapitulation in Psalmenart: למנצח על נגינות לבני פאדובה שיר מזמור להזכיר. [Vgl. Lattes in der Zeitschrift „Mose", 1879, S. 87 ff.; Brann, Monatsschrift, 30. Jahrg., S. 541 f.] De Barrios hat auf die Aufstände gegen die Juden Italiens ein Gedicht versifiziert: El vulgo de algunas ciudades de Italia se amutinó contra los Hebreos en el tiempo que los Judios . . . de Buda la defienden contra los Turcos . . . 1684.

[2]) (Hosmann) neueröffnete Ottomanische Pforte II, p. 3. [Vgl. Brann, a. a. O., Kaufmann, Die Erstürmung Ofens und ihre Vorgeschichte, Trier, 1895, 8.]

Gemeinde gefangen erklärt und die Mitglieder verlost. Ein Teil fiel den österreichischen und der andere den brandenburgischen Hauptleuten zu. Die deutschen Gemeinden hatten wieder Gelegenheit, die Pflicht der Auslösung zu üben. Jakob, der Flüchtling aus Wilna im polnischen Kosakenkriege, der eifrige Gläubige an Sabbataï Zewi (o. S. 74 f., 218), wurde mit den Seinigen von den brandenburgischen Hilfstruppen nach Berlin geführt und dort von den mitleidigen Stammesgenossen ausgelöst[1]).

Die grausige Behandlung der Juden, Ausweisungen, lügenhafte Anschuldigungen und Gemetzel hörten also in dieser Zeit noch nicht auf, aber ihre Zahl und Ausdehnung verminderte sich doch. Diese Erscheinung war allerdings eine Folge der zunehmenden Gesittung in den europäischen Hauptstädten, aber auch eine Art Vorliebe für Juden und ihre Glanzliteratur hatte Anteil an der milden Behandlung. Gebildete Christen, Katholiken wie Protestanten, und nüchterne von Schwärmerei nicht befangene Männer, die den Ton angaben, fingen an über den Fortbestand dieses Volkes zu erstaunen. Wie, dieses Volk, das seit einem Jahrtausend und darüber so blutig verfolgt und zertreten, das wie giftiges oder räudiges Getier behandelt wurde, das kein Vaterland, keinen Beschützer hat, an das alle Welt Hand anlegt — dieses Volk existiert noch? Es existiert nicht bloß, sondern bildet noch immer eine eigene Körperschaft, unvermischt mit andern Völkern, auch in seiner Niedrigkeit noch zu stolz, sich mit den weitgebietenden Nationen zu vermischen[2])? Immer mehr Schriftsteller traten für sie als Fürsprecher auf, drangen auf ihre milde Behandlung und redeten in Wort und Schrift den Christen zu Herzen, dieses lebendige Wunder doch nicht zu zerstören oder zu entstellen. Manche gingen in ihrer Begeisterung für die Juden sehr weit. Der hugenottische Prediger Pierre Jurieu in Rotterdam schrieb ein Buch (1685) über „Die Erfüllung der Propheten,“ worin er die zukünftige Größe der Juden als sicher

[1]) Juda ben Ephraim Kohen, Vorwort zu Respp. שער אפרים; Jakob Emden, Biographie seiner Vaters Chacham Zewi Aschkanasi, worüber Note 6.

[2]) Basnage, Histoire des Juifs T. I. plan: Cependant par un miracle de la providence, qui doit causer l'étonnement de tous les Chrétiens, cette nation haïe, persécutée en tous lieux depuis un grand nombre de siècles, subsiste encore en tous lieux. Wagenseil, Hoffnung der Erlösung Israels, c. 2: „Das große Wunder für unser Auge, daß Gott gleichwohl die jüdische Volksversammlung nun so viele Hunderte Jahre nach Zerstörung ihrer Polizei (Staats) in so manchen Drangsalen, Verfolgungen und Vertreibungen von einem Lande in das andere, und auch erbärmlichen Massakrierungen bis gegenwärtige Stunde beständig erhalten.“

auseinandersetzte und behauptete, daß Gott sich diese Nation aufbewahrt habe, um noch große Wunder an ihr zu tun. Der wahre Antichrist sei die grausige Verfolgung der Juden[1]). Eine übereifrige Tätigkeit für die Rückkehr des jüdischen Volkes in sein einstiges Vaterland entwickelte der Däne Oliger (Holger) Pauli (geb. 1644, st. nach 1702). Er hatte schon in der Jugend Visionen von der einstigen Größe Israels, wobei er eine Rolle spielen würde. Oliger Pauli war so sehr für den jüdischen Stamm eingenommen, daß er, obwohl von christlichen patrizischen Urahnen abstammend, sich durchaus als von jüdischem Geblüte erzeugt ausgab. Er hatte als Kaufmann Millionen angehäuft und sie für seine Grille, die Rückkehr der Juden nach Palästina zu befördern, verschwendet. Oliger Pauli richtete mystische Sendschreiben an König Wilhelm III. von England und an den Dauphin von Frankreich, um sie geneigt zu machen, die Sammlung und Zurückführung der Juden in ihre Hand zu nehmen. Dem Dauphin sagte der dänische Schwärmer gerade heraus, durch den Eifer für die Juden könnte Frankreich sein blutiges Gemetzel der Bartholomäusnacht und der Dragonaden sühnen[2]). Noch weiter ging in seinem Enthusiasmus für Juden und Judentum der von katholischen Eltern in Wien geborene Johannes Petrus Spaeth (aus Augsburg). Nachdem er zuerst Lutheraner geworden, dann (1683) zur katholischen Kirche zurückgekehrt war und eine Schrift zur Verherrlichung des Katholizismus geschrieben hatte, trat er, wie einige zu berichten wissen, zu den Socinianern und Menoniten über, wurde aber zuletzt Jude in Amsterdam und nahm den Namen Mose Germanus an (gest. 27. April 1701)[3]). Wie er selbst aussprach, hatten gerade die lügenhaften Anschuldigungen gegen die Juden ihm Ekel vor dem Christentum eingeflößt: „Noch heutzutage geschieht viel dergleichen in Polen und Deutschland, da man alle Umstände hervorzählt, auch Lieder auf den Gassen davon singt, wie die Juden abermals ein Kind gemordet und das Blut in Federkielen einander zugesendet, für ihre gebärenden

[1]) Richard Simon, Lettres choisies I, No. 37.

[2]) Eine ausführliche Schrift darüber im Pantheon anabaptisticum; Oliger Paulis Sendschreiben sind datiert vom Jahre 1697. [Vgl. Monatsschrift, 39. Jahrg., S. 279.]

[3]) Jöcher, Gelehrtenlexikon s. v. Wachter, Der Spinozismus im Judentum, an Mose Germanus. Wolf I, p. 811; III, p. 740. Die Verleumdung, als hätten die Juden ihn zuletzt wegen Ketzerei vergiftet, widerlegt der gut unterrichtete Surenhuys in einem Brief an Unger, Wolf III, p. 741. [Vgl. die gründliche und erschöpfende Darstellung von N. Samter in der Monatsschrift, Jahrg. 39, S. 178, 221, 271 ff.]

Frauen zu gebrauchen. Diesen mordteuflischen Betrug habe ich bei Zeiten erkannt und das sogeartete Christentum verlassen, um keinen Teil daran zu haben, noch befunden zu werden bei denen, die das Blut Israels, des ersten und eingebornen Sohnes Gottes, mit Füßen treten und wie Wasser vergießen." Mose Germanus wurde ein umgekehrter Paulus. Dieser wurde als Christ ein eifervoller Verächter des Judentums und jener als Jude ein ebenso fanatischer Gegner des Christentums. Er betrachtete den Ursprung desselben als einen großartigen Betrug. Man darf heute noch nicht alles niederschreiben, was Mose Germanus über die Jesuslehre ausgesprochen hat. Er war übrigens nicht der einzige Christ, der in dieser Zeit „aus Liebe zum Judentum" sich der nicht ungefährlichen Operation und der noch empfindlicheren Schmähung und Verlästerung aussetzte. In einem Jahre traten drei Christen, allerdings in dem freien Amsterdam, zum Judentum über, darunter ein Studierender aus Prag[1]).

[1]) Im Jahre 1681; vgl. Eisenmenger, Entdecktes Judentum II, S. 996.

Neuntes Kapitel.

Schatten und Licht.

(Fortsetzung).

Vorliebe gebildeter Christen für die jüdische Literatur. Richard Simon, Knorr von Rosenroth, Heinrich Morus, die christlichen Kabbalisten; Leibniz. Karl XI. und XII. und die Karäer. Peringer, der Karäer Samuel ben Aaron. Trigland und der Karäer Mardochaï ben Nissan. Wülfer, Wagenseil und Eisenmenger. Neue Ansiedlungen der Juden in Wien: Samuel Oppenheim. Das Eisenmengersche Giftbuch, entdecktes Judentum, und Friedrich I. von Preußen. Das Alenu-Gebet unter polizeilicher Aufsicht. Surenhuys, Basnage, Unger, Wolf und Toland.

(1685—1711.)

Ebenso und fast noch mehr als die geahnte einstige Größe Israels zog das reiche jüdische Schrifttum gelehrte Christen an und flößte ihnen eine Art Sympathie für das Volk ein, aus dessen Fundgrube solche Schätze hervorgegangen sind. Mehr noch als im Anfang des siebzehnten Jahrhunderts wurde in der Mitte und zu Ende desselben von Christen die hebräische Sprache erlernt, die hebräisch-rabbinische Literatur eifrig durchforscht, in die lateinische oder in moderne Sprachen übersetzt, ausgezogen, benutzt und angewendet. Die „jüdische Gelehrsamkeit" war nicht wie früher ein bloßer Schmuck, sondern ein unerläßliches Element der literarischen Gelehrsamkeit geworden. Es galt als eine Schande für katholische und protestantische Theologen, im „Rabbinischen" unwissend zu sein, und die Unwissenden wußten sich nicht anders zu helfen, als daß sie die Hebraisten als „Halbrabbinen" verlästerten[1]). Ein gutmütiger, aber schwachköpfiger christlicher Schriftsteller dieser Zeit (Joh. Georg Wachter) stieß wegen dieser Erscheinung bittere Seufzer aus. „Wenn nur diejenigen, die sich Christen nennen, einmal aufhören wollten, zum höchsten Schaden und Verderbnis ihrer Religion

[1]) Vgl. Spannheim, Lettres à un ami, in Richard Simons Histoire critique du vieux testament, ed. Rotterdam, I., p. 614.

für das Judentum so zu eifern, wie ein Proselyte nimmer tun kann. Denn es ist eine neue ebionitische Art heutzutage aufgestanden, welche alles von Juden herleiten will."[1])

Zur Hochachtung der Juden und ihrer Literatur trug sehr viel der erste katholische Kritiker bei, der Pater Richard Simon von der Kongregation des Oratoire in Paris. Er, der den sichern Grund zu einem wissenschaftlichen, philologisch-exegetischen Studium der Bibel alten und neuen Testamentes legte, hat sich mit großem Eifer in den jüdischen Schriften umgesehen und sie zu seinem Zwecke benutzt. Richard Simon war ein denkender Kopf mit einem durchdringenden Verstande, der unbewußt über die katholische Lehre hinaus gegangen war. Spinozas biblisch-kritische Bemerkungen regten ihn zu gründlichen Forschungen an, und da er weniger philosophischen Qualm im Kopfe, sondern als echter Franzose mehr gesunden Sinn hatte, brachte er es weiter in diesen Forschungen und erhob sie zu einer selbständigen Wissenschaft, die nicht mehr auf Hin- und Herraten angewiesen war. Richard Simon war besonders von der Bibelauslegung der Protestanten in Bausch und Bogen angeekelt, welche alle ihre Weisheit und Dummheit mit Versen der heiligen Schrift zu belegen pflegten. Er unternahm daher, den Nachweis zu führen, daß die ganze Bibelkenntnis und Bibelauslegung der protestantischen Kirche, auf welche sie den Katholiken und Juden gegenüber so stolz tat, eitel Dunst und Irrtum sei, weil sie den richtigen Sinn des Grundtextes vollständig verkennt, von dem geschichtlichen Hintergrund, der Zeit und Ortsfärbung des biblischen Schrifttums keine Ahnung habe und in dieser Unwissenheit abgeschmackte Dogmen häufe. „Ihr Protestanten beruft euch zur Bekämpfung der katholischen Überlieferung auf das reine Gotteswort, ich will euch den festen Boden entziehen und euch gewissermaßen an die Luft setzen." Richard Simon war der Vorläufer von Reimarus und David Strauß. Die Katholiken jauchzten ihm Beifall zu — selbst der süßliche Bischof Bossuet, der sich anfangs nur aus Eitelkeit ihm widersetzt hatte — ohne zu ahnen, daß sie eine Schlange am Busen nährten. In seinem Meisterwerk, kritische Geschichte des alten Testaments[2]) stellte er sich zur Aufgabe, nachzuweisen, wie das Schriftwort für den Glauben keineswegs genüge, indem es unsicher und vieldeutig sei, daher bedürfe er der Stütze der tausendjährigen Tradition, die sich in

[1]) Wachter, Spinozismus im Judentum, S. 221.

[2]) **Histoire critique du vieux testament**, zuerst erschienen Paris 1678, diese erste Auflage wurde verboten und fast vernichtet, die zweite erschien Rotterdam 1685.

der katholischen Kirche erhalten habe. Richard Simon umspannte mit Kennerblick, wie keiner vor ihm, das umfangreiche Gebiet einer neuen Wissenschaft, die Bibelkritik. Obwohl kritisch-freimütig, verfuhr er aber doch apologetisch, sicherte der Bibel ihren Charakter der Heiligkeit und wies dabei Spinozas Angriffe auf die Verläßlichkeit derselben zurück. Spinoza habe nur seine Unwissenheit oder Bosheit gezeigt, indem er die Echtheit des Pentateuchs (der Thora) wegen einiger Änderungen, die man darin finde, verschrieen habe, ohne auf die Eigenschaft derer zu sehen, welche die Urheber dieser Änderungen waren[1]). Prophetische, gottbegeisterte Männer seien es gewesen, durch deren Hände die heilige Schrift gegangen und deren Text uns überliefert worden sei, und es sei doch völlig gleichgültig, ob dieses oder jenes von Mose oder einem andern Propheten herrühre[2]). Bei Beurteilung der Schriften des neuen Testamentes durfte oder konnte er nicht diesen zugleich freien und gläubigen Standpunkt einnehmen; hier sah man ihm mehr auf die Finger, oder er selbst legte sich Fesseln an. Richard Simons Schriften, nicht in lateinischer, sondern in der Landessprache, und noch dazu mit einer gewissen Eleganz geschrieben, machten gerechtes Aufsehen. Sie stechen wohltuend gegen den Wust der erdrückenden Gelehrsamkeit jener Zeit ab und heimeln förmlich an. Sie wurden daher von allen gebildeten Ständen, auch von Damen begierig gelesen. Simon hatte der jüdischen Literatur einen weiten Raum eingeräumt und zum Schluß noch ein Verzeichnis der jüdischen Schriftsteller geliefert[3]). Dadurch war diese rabbinische Literatur noch mehr als durch Reuchlin, Scaliger, die beiden Buxtorfe und die lateinschreibenden Gelehrten Hollands in die gebildete Welt eingeführt.

Um sich die umfangreiche Kenntnis dieser Literatur eigen zu machen, mußte Richard Simon, wie ehemals Reuchlin, Umgang mit Juden aufsuchen, namentlich verkehrte er mit Jona Salvador (o. S. 249), dem italienischen Sabbatianer. Dabei fiel ein Teil seiner Vorurteile gegen Juden, die in Frankreich noch in ihrer ganzen Dichtigkeit bestanden. Noch eine andere Seite zog ihn zu den Juden. Indem er die katholische Überlieferung gegen die Buchstabengläubigkeit der Protestanten betonte, fühlte er sich mit den Talmudisten und Rabbaniten einigermaßen verwandt. Auch sie verteidigten ihre Tradition gegen die Wortklauberei der Karäer. Richard Simon verherrlichte daher das

[1]) Préface p. 3.
[2]) Das. und Chapt. II f.
[3]) Catalogue des auteurs Juifs, qui ont été cités dans l'histoire critique.

rabbinische Judentum in der Einleitung und den Ergänzungen, die er zur Übersetzung von Leon Modenas „Riten" (o. S. 137, Anm. 2) gemacht hat. Wie wenige seiner Zeit und nach ihm mit der ganzen jüdischen Literatur vertraut, war Richard Simon weit entfernt von jener auf Unwissenheit beruhenden Überhebung, daß das Christentum etwas ganz besonderes, vom Judentum Grundverschiedenes und weit Erhabeneres sei. Er erkannte vielmehr die Wahrheit und hatte den Mut, sie auszusprechen, daß das Christentum sich in Inhalt und Form vollständig nach dem Judentum gebildet habe und ihm wieder ähnlich werden müßte. „Da die christliche Religion ihren Ursprung vom Judentum hat, zweifle ich nicht, daß das Lesen dieses kleinen Buches (die Riten) zum Verständnisse des neuen Testamentes beitragen wird, wegen der Gleichförmigkeit und Verbindung, die es mit dem alten hat. Diejenigen, welche es verfaßt haben, waren Juden, so kann man es nur im Verhältnis zum Judentum erklären. Auch stammt ein Teil unserer Zeremonien von den Juden .... Die christliche Religion hat noch das mit der jüdischen gemeinsam, daß jede sich auf die heilige Schrift, auf die Überlieferung der Väter, auf die üblichen Gewohnheiten und Gebräuche stützt .... Man kann nicht genug die Bescheidenheit und die innere Andacht der Juden bewundern, wie sie des Morgens zum Gebete gehen .... Die Juden zeichnen sich nicht bloß in Gebeten aus, sondern auch in Mildtätigkeit, und man glaubt in dem Mitgefühl, das sie für die Armen haben, das Bild der Liebe der ersten Christen zu ihren Brüdern zu sehen. Man befolgte damals das, was die Juden noch heute beibehalten haben, während wir (Christen) kaum die Erinnerung davon behalten haben." — Richard Simon sprach es fast bedauernd aus, daß die Juden, welche ehemals in Frankreich so gelehrt waren, denen Paris als ihr Athen galt, aus diesem Lande verjagt worden sind. Er nahm sie in Schutz gegen die Anschuldigung ihrer angeblichen Gehässigkeit gegen die Christen und hob hervor, daß sie für das Gedeihen des Staates und des Landesfürsten beten. Seine Vorliebe für die Tradition ging so weit, daß er behauptete, das Kardinalskollegium in Rom, die Spitze der Christenheit, sei nach dem Muster des einstigen Synhedrions in Jerusalem gebildet, und der Papst entspreche dem Vorsitzenden desselben, dem Naßi[1]). Indem er die Katholiken mit den Rabbaniten verglich, nannte er die Protestanten geradezu „Karäer" und schrieb auch scherzweise an seine protestantischen

[1]) Les Rites, supplément aux cérémonies des juifs. (Haag 1682), p. 38.

Freunde: „Meine lieben Karäer[1])“. Es ist bereits erwähnt, daß sich Richard Simon sehr eifrig der Juden von Metz angenommen hat, als sie eines Christenkindermordes angeklagt waren (o. S. 250). Auch wo er sonst Gelegenheit hatte, nahm er die Juden gegen falsche Anklagen und Verdächtigungen in Schutz. Ein getaufter Jude, Christian Gerson, der ein protestantischer Pastor geworden war, hatte im Anfang des siebzehnten Jahrhunderts zur Schmähung des Talmuds Auszüge, namentlich lächerliche Legenden, aus demselben mitgeteilt, die vielfach gedruckt und verbreitet wurden[2]). Richard Simon schrieb dagegen an einen Schweizer, welcher diese deutschen Auszüge ins Französische übersetzen wollte, Gerson sei nicht von der Schuld freizusprechen, daß er Wortspiele und rein allegorische Wendungen im Talmud für wahre Geschichten ausgegeben habe. Gerson wälze der gesamten jüdischen Nation gewisse Irrtümer zu, die nur von dem leichtgläubigen Volke angenommen würden, welches Dichtung von Geschichte nicht zu unterscheiden vermöge, und darum verunglimpfe er so sehr den Talmud[3]). Man darf nicht vergessen, daß es ein angesehener Priester und noch dazu ein nüchterner, maßvoller Kopf war, der dem Judentum so viel Gutes nachsagte. Seine in lebhaftem französischen Stile geschriebenen, von der gebildeten Welt viel gelesenen Bücher und Briefe haben dem Judentume viele Freunde erworben oder wenigstens seine Feinde vermindert. Indessen scheint die offizielle katholische Welt diesem Lobredner des Judentums ein wenig auf die Finger geklopft zu haben, und Richard Simon, der die Ruhe liebte, mußte zum Teil widerrufen: „Ich habe zu viel Gutes von dieser elenden Nation gesagt, da ich sie in der Folge durch Umgang mit einigen von ihnen kennen gelernt habe“[4]). Das kann nicht aus seinem Herzen gekommen sein, welches nicht gewohnt war, eine ganze Menschenklasse nach einigen Individuen zu beurteilen und zu verdammen.

Bemerkenswert ist es, daß Richard Simon am richtigsten den unjüdischen Ursprung und die Verwerflichkeit der Kabbala erkannt hat. Viele gelehrte Christen seiner Zeit standen nicht auf dieser Höhe und waren fast ebenso wie die Juden von dieser lügenhaften Lehre geblendet, über die jener sich mit Recht lustig machte. Tonangebend für diese Richtung waren zwei geachtete Schriftsteller, Heinrich

1) Öfter in seinen Lettres choisies.

2) S. über denselben Wolf I, III, IV. Nr. 1896, Steinschneider, C. B. 5140.

3) Richard Simon, Lettres choisies I. No. 7.

4) Das. Nr. 23.

Morus in Canterbury und Knorr von Rosenroth in Sulzbach (Bayern), von denen der erstere so gut wie gar nichts von der Kabbala verstand, weil er keine jüdische Anleitung hatte, der letztere dagegen sie zu verstehen glaubte, weil ihm ein jüdischer Führer, der Rabbiner Meïr Stern aus Frankfurt a. M., den Faden für dieses Labyrinth gereicht hatte[1]). Das, was im Hebräischen und Chaldäischen wie Spielerei einer müßigen Phantasie aussieht, erhielt durch die lateinische Umkleidung einen düstern, fast Grauen erregenden Ernst. Beide christliche Mystiker Morus und von Rosenroth wühlten in diesem mystischen Schutte, den sie für eine metallreiche Fundgrube hielten, um das Christentum damit zu vergolden. Am meisten sagte ihnen der „Urmensch" (Adam Kadmon) zu, dieser hohle Begriff, welcher, ein Teil der Gottheit, alle Wesenheit in der Idee enthalten soll; sie deuteten ihn in den Heiland, Christus, um[2]). Das Christentum sollte durch die Kabbala überzeugend werden[3]) — eine schlechte Empfehlung — nebenher sollte dadurch auch der Stein der Weisen gefunden werden. Knorr von Rosenroth, Sohn eines geadelten Pastors, glaubte durch die Kabbala nicht nur Juden für das Christentum gewinnen, sondern auch der Sektiererei und der Spaltung innerhalb der Christenheit ein Ende machen zu können[4]). In diesen kabbalistischen Strudel wurden noch andere hineingezogen, nicht nur der wirre Mystiker Baron Franz Mercur von Helmont (der Jüngere), sondern auch der Hofphilosoph Leibniz. Dieser deutsche Denker, der lieber französisch

[1]) Knorr von Rosenroth verfaßte (eigentlich anonym) Kabbala denudata, sive doctrina Hebraeorum transcendentalis et metaphysica atque Theologia. Apparatus pars prima et pars secunda in librum Sohar, Sulzbach 1677. Der dritte Teil: liber שער השמים, seu porta Caelorum, autore R. Abraham Cohen Irira (Herrera) Lusitano, und der vierte — recht chaotisch vor dem dritten — und in Zusammenhang mit T. II. und III.: Arbores, sive tabulae cabbalisticae, die kabbalistischen Figuren. Knorr wollte den ganzen Sohar nebst den Tikkunim ins Lateinische übersetzen, die ersten zwei Teile sind bloß Prodromen dazu; T. I. eine kabbalistische Nomenklatur; II. enthält Abhandlungen, meistens eine kabbalistische Korrespondenz mit Heinrich Morus. In Nr. 8 sagt er, er habe sich zum Verständnis der Lurjanischen Kabbala eines Greises bedient, der als Kabbalist seinesgleichen in Deutschland kaum habe, der ihm Lurjanische Manuskripte zugebracht hat. Dieser senex Judaeus war Meïr Stern, wie Unger referiert hat, Wolf III, p. 678. [Über Meïr Stern vgl. Horowitz, Frankfurter Rabb. II. 64 f.]

[2]) Knorr von Rosenroth, Kabbala denudata II, p. 185.

[3]) Das. I, p. 26 und öfter.

[4]) Das. II. p. 75.

schrieb, der gegen Spinoza und sein System sehr vornehm tat, suchte nach philosophischer Wahrheit, ohne sie zu finden; er wollte alle Gegensätze ausgleichen, den Protestantismus mit dem Katholizismus vereinigen und das Christentum mit einem klaren Gottesbegriff versöhnen. Auf einer diplomatischen Reise von Hannover nach Wien hielt er sich einige Zeit bei Knorr von Rosenroth auf (Anfang 1688), um sich von ihm in die Kabbala einweihen zu lassen. Welche Weisheit lernte er von ihm? Nichts anderes als die verworrene und verwirrende Emanationstheorie, die den Messias neben oder gar über Gott stellt. Es ist drollig zu sehen, wie Leibniz mit den hohlen Formeln von den abgestuften Welten spielte, und wie auch ihm der Pomp nichtssagender Wörter der Kabbala, das Klappern aneinander geworfener tauber Nüsse, imponierte[1]).

War das nicht ein eigenartiges Zusammentreffen, daß gebildete Kreise damals in Jakobs Zelten die höchste Weisheit suchten, sogar die Mißgeburten aus dessen Schoße mit respektvoller Scheu behandelten und ihn doch noch immer der entsetzlichsten Verbrechen für schuldig hielten? Was in früherer Zeit Unwissende gegen die Juden vorgebracht und Schlaue später mit geflissentlichem Betruge in Szene gesetzt haben, daß sie Christenkinder mordeten und deren Blut tränken oder als Heilmittel für eigenartige, angeborene Krankheiten gebrauchten, was tausendfach von gewichtigen Stimmen als Erfindung erklärt worden war, wiederholten noch in diesem Jahrhundert Christen aus den gebildeten Ständen. Ein friesischer Protestant, Geistlicher und Arzt, Jakob Geusius, schleuderte zwei Anklageschriften gegen die Juden in die Welt. „Anan und Kaiphas aus der Unterwelt entflohen" und „Menschenopfer", worin er, recht gelehrt, sämtliche Lügenmärchen zusammenstellte, die je gegen Juden aufgetaucht sind, von Apion und Tacitus an bis auf den Franziskaner Bernard von Feltre, welcher das Kind Simon von

[1]) Foucher de Careil: Leibniz, la Philosophie juive et la Cabale, Beilage p. 40. Beispielsweise sei angeführt p. 56: Ainsi le monde Azilutique est du Messie, le Beratique des âmes, le Jeziratique des anges non consommés, et l'Assiatique des hommes revêtus des corps visibles. Es sollen die kabbalistischen Schlagwörter sein: עולם האצילות, הבריאה, היצירה והעשיה. Leibniz hat sich auch mit Maimunis Moré Nebuchim eingehend beschäftigt, wie de Careil aus dessen handschriftlichem Nachlasse das. nachgewiesen hat. Er hatte einen jüdischen Jünger Namens Raphael Levy, der ganz allein seine Leiche zur letzten Ruhe begleitete, 1716, da Leibniz in Hannover in Ungnade gefallen und vernachlässigt war. Vgl. Archives Israél., Jahrg. 1857, p. 500.

Trient als Märtyrer jüdischer Ruchlosigkeit ausposaunte. Aber in diesem Jahrhundert brauchten die Juden nicht mehr als Dulder zu schweigen, sondern durften das Lügengewebe zerfasern. Ein holländischer Jude, redegewandt und ebenfalls gelehrt, verfaßte unter dem Namen Isaak Viva eine geschickte Gegenschrift gegen diese Schmähschrift mit dem Titel „Der Bluträcher"[1]). Zwei Punkte betonte er mit allem Nachdruck, daß nicht ein einziger Fall von Kindermord durch Juden urkundlich über allen Zweifel festgestellt wurde, und daß die Heiden in den ersten Jahrhunderten des Christentums die Christen desselben Verbrechens beschuldigt haben.

Auch Isaak Cardoso in Verona, der nüchterne Bruder des sabbatianischen Schwindelkopfes, widerlegte in derselben Zeit die Anschuldigungen gegen Juden, aber er gab dem Thema eine anziehende Wendung. Die „Vorzüglichkeit der Hebräer[2])" setzte er ins helle Licht, wodurch die ihnen zur Last gelegten Verbrechen und angebliche Verworfenheit in ihrem Nichts hell beleuchtet wurden. „Das Volk Israel, zugleich von Gott geliebt und von den Menschen verfolgt, ist seit zweitausend Jahren, um seine und seiner Väter Sünden zu büßen unter die Nationen zerstreut, von einigen mißhandelt, von andern verwundet und von allen verachtet, und es gibt kein Reich, das nicht gegen dasselbe das Schwert gezückt, sein Blut vergossen und sein Mark verzehrt hätte." Diesen Gegensatz setzte Isaak Cardoso scharf auseinander. Israel sei tatsächlich das von Gott auserwählte

[1]) Vindex Sanguinis contra Jacobum Geusium ... per Isaacum Vivam, gedruckt Amsterdam und beigedruckt bei Wülfer, Theriaca Judaica ad examen revocata, Nürnberg 1681. Wolf vermutete die Identität dieses J. Viva mit Isaak Chajim Cantarini (Bibliotheca III, p. 565). Allein wenn auch Cantarini lateinisch verstanden hat, so war er doch nicht so klassisch gebildet, um lateinische Verse zu machen und das Buch mit klassischen Zitaten zu schmücken. War doch sein hebräischer Stil verworren (o. S. 262, Anm. 1), und er soll gar zierlich und logisch Lateinisch geschrieben haben? Cantarini erwähnt auch nicht diese Schrift als seine eigene in seinen Briefen an Unger. Dagegen nennt der Verf. des Vindex Belgien sein Vaterland (p. 5 unten): An non sacratissimum nostrum Belgium sceleratorum receptaculum ... constituunt (Geusii verba)? Zudem nennt Eisenmenger, welcher gerade während des Druckes dieser Schrift in Amsterdam war, ausdrücklich als Verf. derselben: der Amsterdamer Jude Isaak Viva (Entdecktes Judentum II. S. 222). Möglich, daß Viva gar pseudonym ist, und der Verf. einer der jüdischen klassischen Philologen, etwa Isaak de Pinedo, war. [Vgl. auch de Rossi, Wörterbuch, deutsch von Hamberger, S. 331.]

[2]) Las excelencias de los Hebreos, vollendet März 1678, gedruckt Amsterdam 1679. S. über ihn Note 4.

Volk, zu seinem Dienste berufen, um sein Lob zu verkünden. Es sei darum eins und einig, wie sein Gott. Es sei lebendiger Zeuge der Gotteseinheit und daher von den Völkern durch eigenartige Gesetze getrennt. Drei Eigenschaften seien ihm zur eigenen Natur geworden, Mitgefühl mit anderer Leiden, Wohltätigkeitssinn und Züchtigkeit. Es befolge seine Religionsgesetze treu, als eine ihm von Gott geschenkte, von seinen Vätern überlieferte Offenbarung, nicht vermittelst philosophischer Grübeleien, die für dasselbe überflüssig seien. Die Weisen anderer Nationen bewunderten daher diese Zähigkeit. Das israelitische Volk allein sei der Prophetie gewürdigt, und das heilige Land ihm zum Wohnsitz angewiesen worden. Und dieses von Gott geliebte, auserkorene, mit so vielen vortrefflichen Eigenschaften begabte und besonderer Gnadenmittel gewürdigte Volk werde von jeher mit so viel Verleumdung teils lächerlicher, teils grausiger Natur überhäuft: daß es falsche Götter anbete, daß es einen üblen Geruch an sich trage, daß es an einem eigenen regelmäßigen Blutflusse leide, daß es die anderen Völker in seinen Gebeten verwünsche, daß es hart und gefühllos gegen dieselben sei, daß es die heiligen Schriften aus Feindseligkeit gegen das Christentum gefälscht hätte, daß es Bilder und Hostien schände, und endlich, daß es Christenkinder töte und sich ihres Blutes bediene. Die Erlogenheit aller dieser Anschuldigungen belegte Isaak Cardoso durch geschichtliche Urkunden. — Als Zeichen der Zeit kann auch aufgeführt werden, daß Fürsten, welche den Juden damals mehr uneigennützige Teilnahme zuwendeten als früher und auch ihrer Literatur Beachtung schenkten, immer mehr von der Unschuld der Juden, wenigstens nach dieser Seite hin, überzeugt, den Vorurteilen der geflissentlichen Verleumdungen mit Eifer entgegentraten. Der Fürst Christian August von Pfalz-Sulzbach, welcher sich mit Liebe auf die hebräische Sprache und Literatur verlegte und sich sogar in die Kabbala — wahrscheinlich durch Knorr v. Rosenroth — einweihen ließ, befahl in seinem Lande überall seine Mandate anzuschlagen, als zweimal Gerüchte von Christenkindermord auftauchten (1682, 1692), bei schwerer Strafe „den ausgestreuten, erdichteten und lügenhaften Anschuldigungen gegen die Juden keinen Glauben beizumessen, noch sie weiter zu verbreiten, noch überhaupt davon zu sprechen und viel weniger einen Juden deswegen anzufechten“[1]).

Die Aufmerksamkeit, welche den Juden und ihrer Literatur von seiten christlicher Gelehrten und Fürsten zugewendet wurde, brachte

[1]) Wagenseil, Hoffnung Israels. Anfang.

hin und wieder drollige Erscheinungen zutage. In Schweden, dem bigottesten protestantischen Lande, durfte kein Jude wohnen, allerdings auch kein Katholik. Nichtsdestoweniger interessierte sich König Karl XI. außerordentlich für die Juden und noch mehr für die Sekte der Karäer, welche sich angeblich an das reine Gotteswort der Bibel ohne Überlieferung hielten und mit den Protestanten viel Ähnlichkeit haben sollten. Wäre es nicht leicht, sie, die nicht vom Talmud eingesponnen sind, zum Christentum hinüber zu bringen? Karl XI. sandte daher einen der hebräischen Literatur kundigen Professor zu Upsala, Gustav Peringer von Lilienblad, nach Polen (um 1690) zu dem Zwecke, die Karäer aufzusuchen, sich nach ihrer Lebensweise und ihren Gebräuchen zu erkundigen und besonders ihre Schriften anzukaufen, ohne Kosten zu scheuen[1]). Mit Empfehlungsbriefen an den König von Polen versehen, reiste Peringer zunächst nach Litauen, wo es mehrere karäische Gemeinden gab. Aber die polnischen und litauischen Karäer waren noch mehr verkommen, als ihre Brüder in Konstantinopel, in der Krim und in Ägypten. Durch die kosakische Verfolgung war ihre Zahl noch mehr zusammengeschmolzen und ihre Literatur zerstreut. Es gab nur sehr wenige Kundige unter ihnen, welche von ihrem Ursprunge und dem Verlaufe ihrer Sekte ein Geringes wußten, genau wußte es kein einziger. Gerade um diese Zeit hatte der polnische König Johann Sobieski durch den bei ihm beliebten karäischen Richter Abraham ben Samuel aus Torok, man weiß nicht zu welchem Nutzen, dessen Bekenntnisgenossen auffordern lassen, sich von ihren Hauptsitzen Torok, Luzk, Halicz auch in andern kleinen Städten anzusiedeln[2]); sie leisteten Folge und zerstreuten sich noch mehr bis in die Nordprovinz Samogitien. So von ihrem Mittelpunkte getrennt, vereinzelt, den Umgang mit Rabbinen meidend und auf die polnische Landbevölkerung angewiesen, verbauerten die polnischen Karäer immer mehr und fielen einem tiefgewurzelten Stumpfsinn anheim[3]). Welch einen Gegensatz boten sie gegen die allzu übertriebene geistige Beweglichkeit der rabbinisch-polnischen Juden! Aber jene waren in ihrer Einfalt biederer und rechtlicher geblieben.

Wenn der von Karl XI. ausgesandte Peringer neben theoretischer Kenntnis des Hebräischen auch einen praktischen Blick besessen hat, so konnte es ihm nicht entgangen sein, daß die Karäer ebensowenig wie

[1]) S. Note 5.

[2]) Urkunden bei Neubauer, aus der Petersburger Bibliothek, S. 139, Nr. 26; Datum der Auswanderung 1688.

[3]) Mardochaï in Dod Mardochaï c. 7.

die Rabbaniten den Standpunkt der Bibel rein eingenommen hatten und nicht weniger im Autoritätsglauben befangen waren. Es mußte ihm aufgefallen sein, daß sie einen sehr schwankenden Festkalender hatten, und daß sie an den streng befolgten levitischen Reinheits- und Unreinheitsgesetzen ein noch schwereres Joch trugen als die Verehrer des Talmuds. — Ob Peringer auch nur zum Teil den Wunsch seines Königs erfüllt hat, ist nicht bekannt; wahrscheinlich ist es nicht. Denn einige Jahre später (1696—97) machten abermals zwei schwedische Gelehrte, wahrscheinlich ebenfalls im Auftrage Karls XI., Reisen in Litauen, um karäische Gemeinden zu besuchen und deren Schriften aufzukaufen. Sie forderten zugleich Karäer freundlich auf, nach Schweden zu kommen, um mündliche Auskunft über ihr Bekenntnis zu geben. Die Bekehrungssucht hatte gewiß mehr Anteil daran, als Wißbegierde nach dem Unbekannten. Ein junger Karäer, Samuel ben Aaron, der sich in Poswol in Samogitien niedergelassen hatte und etwas Lateinisch verstand, entschloß sich nach Riga zu einem königlichen Beamten, Johann Pufendorf, zu reisen und mit ihm eine Unterredung zu halten. Bei dem Mangel an literarischen Quellen und bei der Unwissenheit der Karäer über den geschichtlichen Gang und die Entwickelung ihrer Sekte konnte Samuel ben Aaron nur Dürftiges liefern in einer Schrift, deren Titel schon die auch in den karäischen Kreis eingedrungene Spielerei bekundet[1]).

Auch von einer anderen Seite wurden die Karäer Gegenstand eifriger Nachforschung. Ein Professor in Leyden, Jakob Trigland[2]), der in der hebräischen Literatur ziemlich heimisch war, wollte ein Buch über die alten, verschollenen jüdischen Sekten schreiben und wurde auf die noch bestehenden Karäer aufmerksam gemacht. Vom Wunsche beseelt, Auskunft über die polnischen Karäer zu haben und in den Besitz ihrer Schriften zu gelangen, sandte er einen Brief durch bekannte Kaufhäuser aufs Geratewohl an die Karäer (Frühjahr 1689) mit bestimmten Fragen, um deren Beantwortung er bat. Dieser Brief kam zufällig einem Karäer Mardochaï ben Nissan aus Kukisow (drei Meilen nordöstlich von Lemberg) in Luzk in die Hände, und dieser, ein armer Gemeindebeamter, wußte selbst nicht genug, um Bescheid über Anfang und Grund der Spaltung zwischen Rabbaniten und Karäern geben zu können. Aber er betrachtete es als eine Ehrensache, diese Gelegenheit wahrzunehmen, um durch das Organ eines

1) אפריון עשה לו s. Note. 5.

2) Das.

christlichen Schriftstellers die vergessenen Karäer der gebildeten Welt in Erinnerung zu bringen und deren Gegnern, den rabbanitischen Juden, einige Hiebe zu versetzen. Er scheute keine Opfer, um sich die wenigen Bücher zu verschaffen, aus welchen er sich selbst und seinen Korrespondenten Trigland belehren konnte. Mit diesen Schriften war es jedoch nicht weit her, und Mardochaïs Abhandlung für Trigland ist darum auch sehr dürftig ausgefallen. Nichtsdestoweniger hatte sie aus Mangel an einer besseren Arbeit das Glück, fast anderthalb Jahrhundert als einzige Quelle für die Geschichte des Karäertums zu dienen[1]). Einige Jahre später, als der nordische Held Karl XII. im Siegesfluge Polen eroberte und gleich seinem Vater begierig war, Genaueres über die Karäer zu erfahren, zog auch er Erkundigungen an Ort und Stelle über sie ein. Auch diese Gelegenheit benutzte Mardochaï ben Nissan, um eine Schrift für Karl XII. in hebräischer Sprache auszuarbeiten[2]), worin er seinem Haß gegen die Rabbaniten die Zügel schießen ließ und ihre talmudische Literatur angelegentlichst lächerlich machte.

Es konnte nicht fehlen, daß die Aufmerksamkeit, welche christliche Gelehrtenkreise der jüdischen Literatur so eifrig zuwandten, den Juden manche Verdrießlichkeit und Ungelegenheit brachte. Sehr lästig wurden ihnen deutsch-protestantische Gelehrte, welche den Holländern und dem Franzosen Richard Simon nachstrebten und sich zwar eine recht schwerfällige Gelehrsamkeit aneigneten, aber weder die freundlich milde Duldung gegen die Juden, noch die Stileleganz von ihren Vorbildern lernten. Fast zu gleicher Zeit verwerteten drei deutsche Hebraisten Wülfer, Wagenseil[3]) und Eisen-

[1]) דוד מרדכי zuerst mit lateinischer Übersetzung ediert, in Wolfs Notitia Karaeorum, 1714.

[2]) לבוש מלכות s. Note 5.

[3]) Der berühmteste der jüdischen Gelehrten, bei denen Wagenseil sich Rat und Auskunft über jüdisches Leben und Wissen erbat, war Chanoch Levy, welcher mit den Exulanten aus Wien 1670 nach Fürth gekommen war (s. Wagenseil Sota und Kritik in Mantissa p. 1158, 1180, 1199, 1204, 1213, 1219, 1223). Conrad Fronmüller korrespondierte mit ihm (s. Wolf I. p. 382, III. p. 264). Er wird als vir admirandae doctrinae et singularis modestiae geschildert. Er unterzeichnete mit andern das Gesuch der Wiener Juden an Texeira, sich für sie zu verwenden (bei Sasportas Respp. Nr. 77 Ende): חנוך סג"ל מפראג. Chanoch hatte fünf Söhne, von denen Elkan Fränkel, Hofagent des Markgrafen von Ansbach, und Hirsch Fränkel, Rabbiner von Schwabach, die bekanntesten waren. Durch Neid und Denunziation von seiten eines anderen jüdischen Hofagenten wurde Elkan in einen schweren Prozeß verwickelt und durch Feinde ungerecht zu ewiger Haft ver-

menger ihre Kenntnis der hebräischen Literatur, um Anklagen gegen die Juden zu erheben. Alle drei verkehrten viel mit Juden, lernten von ihnen, vertieften sich in die jüdische Literatur und brachten es wirklich zu einer gewissen Meisterschaft. — Johannes Wülfer aus Nürnberg, für das geistliche Amt bestimmt, der bei einem Juden von Fürth und später in Italien neben der biblischen auch die talmudische Literatur gründlich erlernt hatte, suchte nach hebräischen Handschriften und alten jüdischen Gebetbüchern, um eine Anklage gegen die Juden begründen zu können. An einem schönen Gebetstücke, das in einer Zeit und einem Lande entstanden ist, in denen vom Christentum noch wenig die Rede war[1]), nahmen Christen, von getauften Juden mißleitet, argen Anstoß. Einige Juden pflegten nämlich zu diesem Gebete einen Satz hinzuzufügen: „Denn sie (die Heiden) beten zum nichtigen leeren Hauch." In dem Worte „leer" wollten Judenfeinde Jesus gezeichnet sehen und eine Lästerung gegen ihn finden[2]). Gedruckt war dieser Satz in den Gebetbüchern nicht. Aber in manchen Ausgaben war dafür ein leerer Raum gelassen. Diese leere Stelle oder dieses Wort wa-Rik ließ den frommen Protestanten keine Ruhe, und Wülfer suchte darum in Bibliotheken umher, um einen Beleg dafür zu finden, und als er das Wort in Handschriften fand, verfehlte er nicht, es in einem Buche bekannt zu machen[3]). Er lobte den Fürsten Georg von Hessen dafür, daß er seine Juden einen verschärften Eid schwören ließ, daß sie nimmer ein lästerliches Wort gegen Jesus ausstoßen würden, und daß er sie im Übertretungsfalle mit dem Tode zu bestrafen drohte. Allein Wülfer war anderseits auch gerecht genug, einzugestehen, daß die Juden so lange und so grausam um nichts von den Christen verfolgt worden seien, daß die Anschuldigung vom Blut-

urteilt (1713). S. darüber Haenle, Geschichte der Juden im Ansbachischen, S. 73 f.; Schudt, Jüdische Merkwürdigkeiten II, S. 197 f. [und jetzt namentlich Kaufmann, Die letzte Vertreibung usw., S. 68, 88, 191, 196—200, wonach im Text bereits das Wichtigste berichtigt ist].

1) Das Gebet beginnt mit עלינו = Alenu, wahrscheinlich von Rab, d. i. Abba Areka in Babylonien, im III. Jahrh. für das Neujahr verfaßt.

2) שהם מתפללים להבל וריק. Das Wort וָרִיק, wa-Rik hat den Buchstabenzahlenwert 316, und ebensoviel das Wort ישו = Jesus.

3) Es ist das öfter zitierte: Theriaca Judaica, ad examen revocata; Nürnberg 1681. Es enthält die Schmähschrift des Konvertiten Samuel Friedrich Brenz, „Schlangenbalg" (Nürnberg 1614), die Widerlegung derselben von Salomo Zewi Uffenhausen, jüdischer Theriak (in jüdisch-deutscher Schrift, Hanau 1615), von Wülfer ins Lateinische übersetzt, und Animadversiones ad Theriacam. Über Alenu das. 308 ff.

gebrauch gegen sie eine boshafte Erfindung sei, und daß das Zeugnis getaufter Juden gegen Juden wenig Glauben verdiene[1]).

Der Jurist Johann Christoph Wagenseil, Professor in Altorf, ein sehr gutmütiger, von Wohlwollen für Juden erfüllter Mann, machte es noch schlimmer gegen sie, als der oben erwähnte Theologe. Er hatte noch weitere Reisen als Wülfer gemacht, war über Spanien bis nach Afrika vorgedrungen und gab sich die größte Mühe, solche jüdische Schriften aufzutreiben, welche aus der heiligen Schrift oder mit den Waffen der Vernunft gegen das Christentum ankämpften (antichristianische Schriften). Mit diesem Funde füllte er seinen Köcher „mit des Teufels feurigen Geschossen"[2]). Selbst jenes geschmacklose Machwerk über Jesu magische Wundertaten (Toldot Jeschu), womit ein von den Christen gequälter Jude an dem Stifter des Christentums sich hatte Luft machen wollen, suchte Wagenseil auf und ließ sich's viel Geld kosten, diese hebräische Parodie des Evangeliums aufzutreiben, denn es besaßen nur wenige Juden eine Abschrift davon, und die Besitzer hielten es zu ihrer eigenen Sicherheit hinter Schloß und Riegel. Weil nun ein Jude früher einmal solches über Jesus geschrieben, einige andere es in Besitz hatten, noch andere sich gegen Angriffe von christlicher Seite gewehrt hatten, darum stand es bei Wagenseil fest, daß die Juden seiner Zeit noch immer Jesus arg verlästerten. Er beschwor daher die Fürsten und die städtische Obrigkeit, den Juden solche Lästerung aufs strengste zu verbieten. Er richtete eine eigene Schrift „Die christliche Denunziation" an alle hohen Potentaten[3]), den Juden einen förmlichen Eid aufzuerlegen, daß sie kein Wort des Spottes gegen Jesus, Maria, das Kreuz, die Messe und andere christliche Sakramente äußern würden. Außerdem hatte Wagenseil noch zwei fromme Wünsche. Die protestantischen Fürsten möchten wirksame Anstalten zur Bekehrung der Juden treffen. Er hatte sich zwar überzeugt, daß in Rom, wo seit Papst Gregor XIII. alljährlich an bestimmten Sabbaten ein Dominikanermönch vor einer Anzahl Juden schläfrig zu disputieren pflegte (IX_4, S. 447), die Juden ihn angähnten oder zum Besten hatten. Aber er meinte, die protestantischen Fürsten, eifrigere Christen als die katholischen, sollten es besser anfangen[4]). Auch schmerzte es den grundgelehrten Mann, daß die Rabbinatskollegien sich anmaßten, Schriften über jüdische Religion ihrer eigenen Zensur zu unterwerfen und ihre

[1]) Theriaca Judaica, p. 168, 171, 76, 78, 130.
[2]) Tela ignea Satanae, Altdorf 1681.
[3]) Denunciatio Christiana, gedruckt 1703.
[4]) Tela ignea I. p. 90 und Denunciatio Christiana.

Billigung oder Mißbilligung über dieselben auszusprechen; das sei ein frecher Eingriff in die Majestätsrechte der Christen[1]). Dabei war Wagenseil, wie gesagt, den Juden wohlwollend gesinnt. Er bemerkte mit vielem Nachdruck, daß er es dreifach unrecht und unwürdig fände, die Juden zu sengen, zu brennen oder sie aller Güter zu berauben oder mit Weib und Kind aus dem Lande zu verjagen. Es sei höchst grausam, daß man in Deutschland und einigen andern Ländern die Kinder der Juden wider ihren Willen taufe und sie mit Gewalt zur Christuslehre zwinge. Auch die Drangsale und Beschimpfungen, die ihnen vom christlichen Pöbel angetan würden, seien keineswegs zu billigen, wie z. B., „daß man sie zwinge: ‚Christus ist erstanden‘ zu sprechen, sie mit harten Schlägen traktiere, auf den Gassen mit Kot und Steinen bewerfe und sie nicht sicher gehen lasse“[2]). Wagenseil verfaßte eine eigene Schrift, um die entsetzliche Unwahrheit, daß die Juden Christenblut gebrauchten, in das hellste Licht zu setzen. Um dieser so warm für die Juden sprechenden Schrift willen sollte man ihm seine anderweitigen Albernheiten verzeihen. Wagenseil zeigte sich voll Entrüstung gegen die entsetzliche Lüge. „Es möchte noch hingehen“, sagte er, „wenn es bei dem bloßen Geschwätze bliebe, aber daß wegen dieser vermaledeiten Unwahrheit die Juden geplagt, gepeinigt und ihrer viele tausend hingerichtet worden, hätte auch die Steine zum Mitleid bewegen und schreien machen sollen“[3])

Sollte man es für möglich halten, daß bei diesem mit fester Überzeugung ausgesprochenen Urteile von Wülfer und Wagenseil, welche jahrelang mit Juden verkehrt hatten, ihre Literatur wie keiner vor ihnen genau kannten und bis in deren tiefste Geheimnisse eingedrungen waren, daß ihre Zeitgenossen alles Ernstes diese entsetzliche Unwahrheit noch einmal auftischen und mit Aufwand von Gelehrsamkeit rechtfertigen würden? Ein Protestant, der Professor der orientalischen Sprachen Johann Andreas Eisenmenger wiederholte diese tausendfach als lügenhaft gebrandmarkte Anschuldigung und hat dadurch der Nachwelt Anklagestoff gegen die Juden geliefert. Eisenmenger gehörte zu derjenigen Klasse von Kreaturen, die auch aus Blumen Gift saugen. Im vertraulichen Verkehr mit Juden, denen er vorlog, sich zum Judentum bekehren zu wollen[4]), und in der Vertiefung in ihre Literatur, die er von ihnen erlernte, suchte er nur die Schattenseiten von beiden.

[1]) Tela ignea I. p. 26.
[2]) Denunciatio p. 46 f. [3]) Das. p. 131.
[4]) Unger in einem Briefe an Schudt, bei Wolf IV. p. 471.

Er stellte ein giftgeschwollenes Buch von zwei starken Bänden zusammen, dessen Titel bereits für die Christen eine Aufforderung zu Judenmetzeleien war und für die Juden eine Wiederholung früherer Schreckensszenen bedeutete, „Entdecktes Judentum oder gründlicher und wahrhafter Bericht, welchergestalt die verstockten Juden die heilige Dreieinigkeit erschrecklicherweise verlästern und verunehren, die heilige Mutter Christi verschmähen, das neue Testament, die Evangelisten und Apostel, die christliche Religion spöttisch durchziehen und das ganze Christentum auf das äußerste verachten und verfluchen. Dabei noch vieles andere, entweder gar nicht oder wenig bekannte und große Irrtümer der jüdischen Religion und Theologie, wie auch lächerliche und kurzweilige Fabeln an den Tag kommen. Alles aus ihren eignen Büchern erwiesen. Allen Christen zur treuherzigen Nachricht verfertigt.“ Eisenmenger beabsichtigte Wagenseils „Feuergeschosse des Satans“ tödlich auf die Juden zu schleudern. Wenn er bloß abgerissene Sätze aus der talmudischen und späteren rabbinischen Literatur und dazu die antichristianischen Schriften ausgezogen, übersetzt und judenfeindliche Schlüsse daraus gezogen hätte, so hätte dieses nur sein schwaches Denkvermögen bekundet. Aber Eisenmenger hat geradezu die entsetzlichsten Unwahrheiten, wie Wagenseil sie nannte, als unerschütterliche Tatsachen hingestellt. Ein ganzes Kapitel häufte Beweise auf Beweise, daß den Juden nicht gestattet sei, einen Christen aus Lebensgefahr zu retten, daß die rabbinischen Gesetze befehlen, Christen ums Leben zu bringen, und daß man den jüdischen Ärzten kein Vertrauen schenken und ihre Arzneien nicht gebrauchen dürfe. Er wiederholte alle die Lügenmärchen vom Morde der Juden an Christen begangen, von der Brunnenvergiftung durch Juden zur Zeit des schwarzen Todes, von der Vergiftung des brandenburgischen Kurfürsten Joachim II. durch seinen jüdischen Münzmeister[1]), von Raphael Levis Kindermord in Metz (o. S. 249), kurz alles, was nur je von heiliger Einfalt oder von pfäffischem Betruge oder von aufgeregtem Fanatismus erfunden und den Juden aufgebürdet worden war. Die Erlogenheit des Märtyrertodes des kleinen Simon von Trient ist zurzeit durch urkundliche Zeugnisse vom Dogen und dem Senat von Venedig sonnenklar erwiesen worden. Nicht nur die jüdischen Schriftsteller Isaak Viva und Isaak Cardoso, sondern auch christliche, Wülfer und Wagenseil, haben diese Urkunden als echt anerkannt und die Anschuldigung gegen die Juden von Trient als eine himmelschreiende

[1]) B. IX, S. 474.

Ungerechtigkeit dargestellt[1]). Eisenmenger kehrte sich nicht daran, gab sie als gefälscht aus und behauptete den Blutdurst der Juden mit allem Eifer und Nachdruck[2]). Man wäre berechtigt, sein Anklageverfahren gegen die Juden seiner Gemütsroheit oder der einfachen Habsucht zuzuschreiben. Denn obwohl im Hebräischen sehr gelehrt, war er sonst ungebildet[3]). Sein Schweigen über die Juden hat er sich in klingender Münze zahlen lassen wollen. Allein zur Ehre der Menschheit mag man lieber an seine Verblendung glauben; er hat sich lange Zeit in Frankfurt a. M., ehemals dem Hauptsitz des Judenhasses in Deutschland, aufgehalten, und dort mag er ihn eingesogen und anfangs in aufrichtiger Absicht die Juden haben anschwärzen wollen.

Einige Juden hatten Wind von dem Drucke des Eisenmengerschen Werkes in Frankfurt a. M. (1700) erhalten und erschraken nicht wenig über die ihnen so nahe drohende Gefahr. Denn noch bestanden in Deutschland allzu fest die alten Vorurteile gegen die Juden in den Massen und unter den Geistlichen, mehr noch unter den protestantischen, als unter den katholischen, als daß eine in deutscher Sprache verfaßte Brandschrift voraussichtlich unwirksam bleiben sollte. Die Frankfurter Juden setzten sich daher mit den Hofjuden in Wien in Verbindung, um der Gefahr zu begegnen. Derselbe Kaiser Leopold I., welcher durch die Kaiserin und ihren Beichtvater die Juden ausgewiesen hatte, hatte einigen reichen Juden kaum fünfzehn Jahre später aus Geldnot infolge der Türkenkriege gestattet, sich wieder in Wien niederzulassen. Samuel Oppenheim aus Heidelberg[4]), ein Bankier und einer der edelsten Männer der Judenheit, dessen Herz und Hand

[1]) B. VIII, S. 259. Isaak Viva druckte diese Urkunden am Ende seines Vindex sanguinis ab, Js. Cardoso am Ende seiner Excelencias de los Hebreos. Wagenseil bemerkt in seiner Schrift, Unwidersprechliche Widerlegung der entsetzlichen Unwahrheit, S. 192, daß dieses Edikt in Padua im Original vorhanden sei.

[2]) Entdecktes Judentum II, S. 218 f. [3]) Schudt I, S. 436.

[4]) Über denselben Schudt I, S. 351, 428; das kaiserliche Privilegium für ihn und seine Familie im monatlichen Staatsspiegel 1700 Spt. Sein Lob in Salomon Hanaus deutscher Übersetzung des צבח דוד. Vgl. L. A. Frankl, Wiener Epitaphien Nr. 232 und p. XV. Aus dieser Urkunde folgt, daß S. Oppenheim mit noch zwei anderen Juden bereits Mai 1685 in Wien war; aber 1683 wurde das Gesuch der Juden, sich daselbst niederzulassen, abgeschlagen. Folglich fällt die Ansiedlung Oppenheims und einiger anderer Familien 1684. [Über die Niederlassung Samuel Oppenheims in Wien vgl. Kaufmann, Samson Wertheimer, der Oberhoffaktor und Landesrabbiner und seine Kinder (Wien 1888, 8), S. 1 ff., 6 ff. Über die Plünderung des Oppenheimerschen Hauses in Wien am 21. (nicht 17.) Juli 1700; s. das. S. 16ff.]

allen Notleidenden offen stand, hatte wahrscheinlich diese Erlaubnis bewirkt. Wie früher zogen auch damals mit ihm mehrere jüdische Familien angeblich als sein „Gesinde" nach Wien. — Samuel Oppenheim nahm mit Eifer die Sache in die Hand, das Erscheinen von Eisenmengers judenfeindlichem Buche zu verhindern. Er hatte in demselben Jahre erfahren, was der durch Judenhaß aufgestachelte christliche Pöbel zu leisten vermochte. Weil sein Diener einigen christlichen Gesellen gegenüber sich zu lachen erlaubt hatte, entstand ein Auflauf gegen sein Haus, es wurde gewaltsam erbrochen und alles, was sich darin befand, auch die Kasse, geplündert (17. Juli 1700). Zwei Rädelsführer wurden zwar an die Fenstergitter seines Hauses gehängt; der Kaiser sprach sein Mißfallen darüber aus und bedrohte die Wiederholung von Gewaltstreichen gegen die Juden mit der schwersten Strafe[1]). Aber konnte das Wort des Kaisers allein Aufläufe verhindern, wenn das Volk geradezu gegen Juden gehetzt wurde? Aus persönlichem und gemeinnützigem Interesse bemühte sich daher Samuel Oppenheim, die 2000 Exemplare des Eisenmengerschen Werkes nicht das Tageslicht erblicken zu lassen. Er ließ sich's viel Geld kosten, um den Hof und die auf den Hof einwirkenden Jesuiten für die Juden zu gewinnen. Er und die übrigen Juden durften mit Recht behaupten, daß die Veröffentlichung dieses in deutscher Sprache, wenn auch in geschmacklosem Stile gehaltenen Buches zu Mord und Totschlag wider die Juden reizen würde. So erschien denn ein Edikt des Kaisers, welches die Verbreitung desselben verbot. Eisenmenger war dadurch doppelt geprellt, er konnte mit seinem Judenhasse nicht durchdringen und hatte nicht nur sein ganzes Vermögen, das er für die Kosten des Druckes verwendet hatte, eingebüßt, sondern mußte auch noch Schulden machen. Sämtliche Exemplare, bis auf wenige, die er zu entwenden gewußt hatte, lagen in Frankfurt unter Schloß und Riegel. Er trat daher mit Juden in eine Unterhandlung; für 30,000 Taler wollte er sein Werk vernichten. Da die Juden kaum die Hälfte dafür boten, so blieb die Konfiszierung bestehen, und Eisenmenger starb vor Gram, daß er um all seine Hoffnungen betrogen worden war[2]).

[1]) Schudt das. S. 351 und (Wertheimer) Juden in Österreich, S. 133. [Vgl. Kaufmann a. a. O., S. 18, Steinschneider in der „Zeitschrift für Geschichte der Juden in Deutschland" II, S. 151. — Die Konfiszierung des Eisenmengerschen Buches war unmittelbar der Tätigkeit Samson Wertheimers zu verdanken. Doch war auch Samuel Oppenheimer an der Aktion beteiligt (Kaufmann das. S. 13 und S. 15 n. 1).]

[2]) Schudt das. S. 428, 431. [Vgl. G. Wolf in der Monatsschrift XVIII, S. 431.]

Damit hatte aber die Angelegenheit noch keinen Abschluß. Der neugekrönte König von Preußen Friedrich I. nahm sich nämlich des Buches sehr warm an. Die Aufmerksamkeit dieses Fürsten auf die Juden wurde von verschiedenen Seiten rege gemacht. In seinen Ländern wohnten bereits im Anfange des achtzehnten Jahrhunderts über 1000 Juden. Die Gemeinde Berlins war seit der ersten Aufnahme in dreißig Jahren von zwölf Familien auf einige siebzig gewachsen[1]). Dieser für äußeres Gepränge eingenommene König liebte zwar die Juden nicht besonders, aber er schätzte sie nach den Einnahmen von ihnen. Der Hofjuwelier Jost Liebmann galt sehr viel an seinem Hofe, weil er Perlen und Geschmeide auf Kredit lieferte; er erhielt daher eine günstige Ausnahmestellung[2]). Man erzählte sich, Liebmanns Frau sei bei diesem Fürsten wohl gelitten gewesen, und sie erhielt später die Freiheit, unangemeldet in des Königs Kabinett einzutreten[3]). Durch ihre Vermittelung erhielten die Juden in Königsberg die Erlaubnis einen Begräbnisplatz anzulegen[4]); aber das Geld der Juden war in den Augen dieses Königs noch schätzbarer, als seine jüdischen Lieblinge. Friedrich, der noch als Kurfürst die Juden sämtlich auszuweisen gedachte, duldete sie nur wegen des Schutzgeldes, das sie geben mußten — 100 Dukaten jährlich — aber sie waren großen Beschränkungen unterworfen, so, daß sie unter anderem keine Häuser und liegende Gründe besitzen durften. Doch gestattete ihnen Friedrich Synagogen zu halten, zunächst eine eigene dem Hofjuwelier Jost Liebmann und der aus Österreich eingewanderten Familie des David Rieß, und dann, weil es oft Streitigkeiten über Vorrechte gegeben hat, auch eine allgemeine Synagoge[5]).

Böswillige getaufte Juden Christian Kahtz und Franz Wenzel suchten den kirchlichen Sinn des neuen Königs und der Bevölkerung gegen die Juden einzunehmen. „Lästerung gegen Jesus" lautete die lügenhafte Anklage; das Gebet Alenu und noch anderes sollten zum Beweis dafür dienen, daß die Juden den Namen Jesus

[1]) Mylius, Corpus Constitutionum Marchicarum V, 5, 3, S. 135, (König) Annalen der Juden, S. 127, 133 f. [L. Geiger, Geschichte der Juden in Berlin, II. 11 ff.]

[2]) Mylius das. S. 139, 140. [G. Geiger a. a. O. II, 40 ff. Landshuth תולדות אנשי שם, S. 2.]

[3]) (König) Annalen, S. 132. [Geiger das. I, 20; II, 42 ff.]

[4]) Jolowitz, Geschichte der Juden in Königsberg, S. 30.

[5]) S. Mylius das. Nr. 10, 12, die Verordnungen vom 14. Januar und 7. Dezember 1700. [Geiger das. II, 43 f., 45 f. Kaufmann, Letzte Vertreibung, S. 212 f., vgl. 217.]

nur mit Schmähungen nannten und dabei ausspieen. Da die Zünfte ohnehin den Juden nicht wohlgesinnt waren, so benutzten sie diese Aufregung zu fanatischer Hetzerei, und es entstand eine solche Erbitterung in den Städten und Dörfern gegen sie, daß sie (wie sie sich vielleicht wissentlich übertreibend ausdrückten), ihres Lebens nicht mehr sicher waren. Der König Friedrich schlug aber ein Verfahren ein, welches seinem milden Herzen Ehre macht. Er erließ an sämtliche Regierungspräsidenten einen Befehl (Dez. 1702), daß sie die Rabbinen und in Ermangelung derselben die jüdischen Schulmeister und Ältesten an einem bestimmten Tage zusammenberufen und sie eidlich befragen sollten, ob sie ausdrücklich oder stillschweigend das lästerliche Wort wa-Rik gegen Jesus gebrauchten. Überall erklärten die Juden mit einem Eide, daß sie bei diesem Gebete und der in den Gebetbüchern gelassenen Lücke nicht an Jesus dächten. Der Theologe Johann Heinrich Michaelis in Halle, welcher um ein Gutachten angegangen wurde, sprach sie ebenfalls von der angeschuldigten Lästerung frei. Zur Sicherstellung der Juden erließ Friedrich ein Edikt (Januar 1703), gewalttätige Angriffe auf sie strengstens zu verbieten — mit der Erklärung, daß er die Anschuldigung gegen sie von Theologen untersuchen lassen und, wenn wahr befunden, zu ahnden wissen werde. Da er aber noch immer die Juden in Verdacht hatte, sie schmähten in Gedanken Jesus, so erließ er einige ganz charakteristische Verordnungen (28. August 1703)[1]. Es sei allerdings seines Herzens Wunsch, daß das Volk Israel, welches der Herr einst so sehr geliebt und zu seinem Eigentum erkoren habe, zur Glaubensgemeinschaft geführt würde. Indessen maße er sich nicht die Herrschaft über die Gewissen an und wolle die Bekehrung der Juden der Zeit und Gottes Ratschluß überlassen. Auch wolle er ihnen nicht einen Eid auflegen, daß sie die angeschuldeten Worte im Gebet niemals sprechen würden. Aber er befehle bei Strafe, daß sie sich derselben enthalten, das Gebet Alenu laut sprechen und nicht dabei ausspeien sollten. Aufseher wurden ernannt, welche von Zeit zu Zeit in den Synagogen horchen mußten, ob das betreffende Schlußgebet laut oder leise vom Vorbeter vorgetragen würde. Durch die Bemühung eines sehr einflußreichen Juden, Isachar Bärmann in Halberstadt, Hofagenten des Kurfürsten von Sachsen und Königs von Polen, auch in Berlin wohl

[1]) Mylius das. S. 141, Nr. 14, 15. König, Annalen, S. 138, 168; Auerbach, Geschichte der Israeliten-Gemeinde Halberstadt, S. 166. [Geiger das. II, 26 ff.]

gelitten, wurde die polizeiliche Aufsicht über die jüdischen Gebete gemildert[1]).

Eisenmenger vor seinem Tode und nachher seine Erben, welche des preußischen Königs Neigung kannten, der Anklage gegen die Juden einigermaßen Gehör zu geben, hatten sich daher an ihn gewendet, es beim Kaiser Leopold durchzusetzen, daß der Bann und die Haft von dem judenfeindlichen Buch „Entdecktes Judentum" gelöst werde. Friedrich I. nahm sich der Erben sehr warm an und richtete eine Art Bittschrift an den Kaiser (25. April 1705), welche für die Zeitstimmung recht charakteristisch ist. Der König hob hervor, daß Eisenmenger sein ganzes Vermögen in dieses Buch gesteckt und sich durch das kaiserliche Verbot zu Tode gekränkt habe. Es sei einer Verkleinerung des Christentums gleich, wenn die Juden so mächtig sein sollten, ein zur Verteidigung des Christentums und zur Widerlegung der jüdischen Irrtümer verfaßtes Buch unterdrücken zu können. Es sei nicht zu besorgen, wie die Juden vorgeben, daß es das Volk zu Mord und Totschlag gegen sie aufreizen würde, da bereits mehrere ähnliche Schriften jüngstens erschienen seien, die ihnen nicht geschadet hätten. Eisenmengers Buch bezwecke auch weit mehr die Beförderung des Christentums, damit Christen nicht, „wie vor etlichen Jahren vielfältig geschehen ist, zum Abfall davon und zum Anschluß an das Judentum verleitet würden[2])." Aber Kaiser Leopold ließ sich nicht bewegen, das Siegel von Eisenmengers Buch zu lösen. König Friedrich wandte sich nochmals drei Jahre später auf Gesuch der Eisenmengerschen Erben an Kaiser Joseph I. Auch bei diesem fand des Königs Wunsch kein Gehör[3]), und die 2000 Exemplare „Entdecktes Judentum" blieben vierzig Jahre in Frankfurt unter Siegel. Aber mit Friedrichs Genehmigung wurde eine zweite Auflage davon in Königsberg veranstaltet, wo die kaiserliche Zensur keine Gewalt hatte. Es hatte für den Augenblick keine so nachteilige Wirkung, als die einen gehofft und die andern gefürchtet hatten; aber für die Zukunft, als es sich darum handelte, die Juden als Menschen, als Bürger und Staatsbürger anzusehen, erwies es sich als eine Rüstkammer für übelwollende oder gedankenträge Gegner derselben.

König Friedrich I. wurde noch öfter von Judenfeinden behelligt, ihre Gemeinheit mit seiner königlichen Autorität zu decken. Die Licht- und Schattenseiten in der Beurteilung der jüdischen Literatur zeigten

[1]) Auerbach das. S. 165, Beil. Nr. 1. Über Bärmann das. S. 43 f.
[2]) Schudt T. III, Anfang. [G. Wolf a. a. O.]
[3]) Das. S. 46 f. [G. Wolf das. S. 467, 469 f.

sich auch dabei recht anschaulich. In Holland, dem ebenfalls protestantischen Lande, hegte ein christlicher Gelehrter in derselben Zeit eine förmliche Schwärmerei für den Grundstock des talmudischen Judentums, für die Mischna. Der junge Wilhelm Surenhuys aus Amsterdam hat in einer langen Reihe von Jahren die Mischna mit zwei Kommentaren derselben ins Lateinische übersetzt (gedruckt 1698—1703). Er zeigte dabei mehr als holländischen Fleiß und Geistesaufwand. Es gehörte in der Tat Liebe dazu, um ein solches Studium zu unternehmen, dabei zu verharren und das unternommene Werk sauber und ansprechend auszuführen. Keine Sprache und Literatur bietet so viele Schwierigkeiten, wie dieser größtenteils aus dem Leben geschwundene Dialekt, die Gegenstände, die er beschreibt, und die Form, in die alles gegossen ist. Surenhuys saß allerdings zu den Füßen jüdischer Lehrer, deren es so viele in Amsterdam gab, und er war äußerst dankbar dafür. Aber diese Nachhilfe überhob ihn nicht der eigenen Tätigkeit und Hingebung. Er war dabei von der Überzeugung geleitet, daß das mündliche Gesetz, die Mischna, ihrem Hauptinhalte nach ebenso göttlich sei, wie das geschriebene Bibelwort[1]). Er wünschte, daß die christlichen Jünglinge, welche sich zur Theologie und zum geistlichen Stande vorbereiten, sich nicht den Verführungen der klassischen Literatur hingeben, sondern durch die Beschäftigung mit der Mischna gewissermaßen die Vorweihe dazu empfangen möchten. „Wer ein guter und würdiger Jünger Christi sein will, muß vorher Jude werden, oder er muß vorher Sprache und Kultur der Juden aufs innigste kennen und zuerst Moses Jünger werden, ehe er sich den Aposteln anschließt, damit er durch ihn und die Propheten zu überzeugen vermöge, daß Jesus der Messias sei[2])." In diese schwärmerische Vorliebe gerade für denjenigen Stein im Gebäude des Judentums, den die Bauleute der Kultur zu verachten pflegten, schloß Surenhuys auch das Volk, den Träger dieser Gesetze, ein. Er dankte mit vollem Herzen dem Amsterdamer Senat, daß er die Juden wie einen Augapfel schützte. „Um so viel dieses Volk einst alle andern Völker übertraf, bevorzugt ihr es, würdevolle Männer! Der alte Ruhm und die Würde, welche dieses Volk und die Bürger von Jerusalem einst besaßen, alles das ist

[1]) Surenhuys' Mischna T. II. Widmung an Kosmo von Medici Bl. IV a.

[2]) Einl. zu T. I. Außer dem Mischnatexte sind auch die Kommentare Maimunis und de Bertinoros latinisiert. Dazu noch historische, philosophische und antiquarische Noten von Surenhuys selbst, dann von Geusius (zur Ord. זרעים, sehr wertvoll), von Lundius, l'Empereur, Wagenseil, Scheringam und anderen.

euer. — Denn die Juden gehören euch innig an, nicht durch Gewalt und Waffen unterworfen, sondern durch Menschlichkeit und Weisheit gewonnen; — sie kommen zu euch und sind glücklich, eurem republikanischen Regimente zu gehorchen[1])." Surenhuys sprach seinen vollen Unwillen gegen diejenigen aus, welche, nachdem sie Nützliches aus den Schriften der Juden gelernt, sie schmähten und mit Kot bewürfen, „wie Wegelagerer, welche nachdem sie einen ehrlichen Mann aller Kleider beraubt, ihn mit Ruten zu Tode peitschen und mit Hohn fortschicken[2])." Er hatte den Plan, den ganzen Umfang der rabbinischen Literatur durch die lateinische Sprache der gelehrten Welt zugänglich zu machen[3]). — Während Surenhuys in Amsterdam eine solche Begeisterung für diese, nicht gerade glänzende Seite des Judentums hatte und die Förderung des Christentums darin erblickte (und er stand damit nicht vereinzelt da), klagte ein gemeiner polnischer Jude, der aus Gewinnsucht zum Christentum übergetreten war, Aaron Margalita, eine ganz harmlose Partie der jüdischen Literatur — die alte Hagada — beim König Friedrich von Preußen von neuem der Lästerung gegen das Christentum an. Eine in Frankfurt an der Oder veranstaltete Ausgabe derselben (Midrasch Rabba 1705) wurde daher auf des Königs Befehl unter Siegel gelegt, bis die christlichen Theologen sich darüber ausgesprochen haben würden. Die ganze theologische Fakultät von Frankfurt an der Oder gab ein günstiges Gutachten über das angeschuldigte hagadische (homiletische) Buch ab (Oktober 1706). Dagegen wollte ein Kenner der hebräischen Literatur Lichtscheid darin aus Voreingenommenheit, wenn auch nicht offene, doch verdeckte Lästerung finden. Der König gab jedoch, um nicht Gewissensrichter zu sein, den Verkauf des mit Beschlag belegten Werkes frei (März 1707)[4]). Die Judenfeinde hörten aber nicht auf, das neupreußische Königtum gewissermaßen zu einem protestantischen Kirchenstaate und seinen ersten König zum Papste zu machen, welcher berufen sei, alles nach Ketzerei Riechende zu verdammen. Die kleine Gemeinde in Friedeberg (Neumark) hatte eine Talmudschule in kleinerem Maßstabe angelegt, in welcher Jünglinge, wie überall, umsonst Unterricht und noch dazu Subsistenzmittel von den Gemeindegliedern erhielten. Einer derselben, Joseph Jakob, der schon früher getauft gewesen sein soll und sich in die Gemeinde eingeschlichen hatte, meldete sich zur

1) Dedikation T. I. an die Konsuln von Amsterdam.
2) Das.
3) T. VI. Ende der Einl.
4) König, Annalen S. 176—179. [Geiger a. a. O., S. 29.]

Taufe und erhob bei der Regierung verräterisch die oft wiederholte Anklage, der in jenem Lehrhause gebrauchte Talmud enthalte die schmähendsten Lästerungen gegen das Christentum. Die Regierung von Küstrin ließ darauf sämtliche Exemplare konfiszieren (Dezember 1707). Auf die Beschwerde der Juden beim König befahl dieser, ihnen die Bücher zurückzugeben und ihm Bericht darüber zu erstatten. Die Regierung zeigte sich halb widersetzlich und unterstützte des Täuflings gemeine Absichten, so daß der Prozeß zu vielen Weitläufigkeiten führte; doch wurde er zuletzt niedergeschlagen[1]). Die Zeit war eine andere geworden, der König Friedrich, obwohl sehr kirchlich gesinnt, durfte nicht mehr Fanatiker sein.

Die reife Frucht dieser Vorliebe christlicher Gelehrter für die jüdische Literatur und der hierdurch so sehr bereicherten literarischen Arbeit war ein anziehendes Geschichtswerk über Juden und Judentum, welches gewissermaßen die alte Zeit abschließt und eine neue ahnen läßt. Jakob Basnage (geb. 1653, gest. 1723), ein edler Charakter, ein guter protestantischer Theologe und gründlicher Geschichtskenner, ein angenehmer Schriftsteller und überhaupt eine hochgeachtete Persönlichkeit, hat dem Judentum einen unschätzbaren Dienst erwiesen. Er hat die Ergebnisse mühsamer Forschungen der Gelehrten geläutert, volkstümlich umgearbeitet und allen gebildeten Kreisen zugänglich gemacht. Bei seinen emsigen Geschichtsforschungen, namentlich über die Entwickelung der Kirche, stieß Basnage fast bei jedem Schritte auf Juden, und ihn überkam die Ahnung, daß das jüdische Volk doch nicht, wie die Alltagstheologen glaubten, mit dem Untergang seiner staatlichen Selbständigkeit und der Ausbreitung des Christentums ausgespielt hätte, gewissermaßen dem Tode verfallen sei und nur noch als Leiche umherwandle. Das großartige Märtyrertum dieses Volkes und seine so reiche Literatur imponierten ihm. Sein Wahrheitssinn für geschichtliche Vorgänge gestattete ihm nicht, die Tatsachen mit nichtssagenden Phrasen abzuweisen und wegzuklügeln. Basnage unternahm vielmehr die Geschichte der Juden oder der jüdischen Religion, so weit sie ihm bekannt war, seit Jesus bis auf seine Zeit zusammenzustellen, woran er über fünf Jahre im besten Mannesalter arbeitete[2]). Er beabsichtigte damit eine Fortsetzung der Geschichte

[1]) König, Annalen S. 181—219. [Geiger das.]

[2]) Der Titel lautet: L'Histoire et la réligion des Juifs depuis Jésus-Christ jusqu'à présent, pour servir de supplément et de continuation à l'histoire de Joseph, Rotterdam 1707—1711, in 5 Bänden, dann öfter gedruckt.

des jüdischen Geschichtsschreibers Flavius Josephus seit der Zerstreuung des jüdischen Volkes zu geben. Basnage bestrebte sich, so weit damals ein gläubiger Protestant es vermochte, unparteiisch die Vorgänge darzustellen und zu beurteilen. „Der Christ darf es nicht sonderbar finden, daß wir sehr oft die Juden von verschiedenen Verbrechen entlasten, deren sie nicht schuldig sind, da die Gerechtigkeit es so verlangt. Es heißt nicht Partei nehmen, wenn man diejenigen der Ungerechtigkeit und der Gewalt anklagt, die sie geübt haben. Wir haben nicht die Absicht, die Juden zu verletzen, aber auch nicht ihnen zu Gefallen zu sprechen. — Im Verfalle und in der Hefe der Jahrhunderte hat man sich mit einem Geiste der Grausamkeit und Barbarei gegen die Juden bekleidet. Man hat sie angeklagt, die Ursache aller Unglücksfälle zu sein, welche sich ereignet haben, und belastete sie mit einer Unzahl von Verbrechen, an die sie niemals gedacht haben. Man hat unzählige Wunder ausgedacht, um sie davon zu überzeugen, oder vielmehr um desto lauter im Schatten der Religion den Haß zu befriedigen. Wir haben eine Sammlung von Gesetzen angelegt, welche die Konzilien und die Fürsten gegen sie veröffentlicht haben, durch welche man über die Bosheit der einen und die Unterdrückung der anderen sich ein Urteil bilden kann. Man hat sich aber nicht einmal an die Edikte gehalten, sondern überall fanden häufige militärische Hinrichtungen, Volksaufläufe und Gemetzel statt. Indessen durch ein Wunder der Vorsehung, welches das Erstaunen aller Christen erregen muß, besteht diese gehaßte, an allen Orten seit einer großen Zahl von Jahrhunderten verfolgte Nation noch heute überall[1]." — „Die Völker und die Könige, Heiden, Christen und Mohammedaner, in so vielen Punkten entgegengesetzt, haben sich in der Absicht vereinigt, diese Nation zu vertilgen, und es ist ihnen nicht gelungen. Moses Dornbusch, von Flammen umgeben, hat immer gebrannt, ohne sich zu verzehren. Man hat die Juden aus allen Städten der Welt verjagt, und das diente nur dazu, sie über alle Städte zu verbreiten. Sie leben noch trotz Schmach und Haß, die ihnen überallhin folgen, während die größten Monarchien so verfallen sind, daß sie uns nur noch dem Namen nach bekannt sind"[2]. Basnage, welcher durch die katholische Unduldsamkeit Ludwigs XIV. nach der Aufhebung des Edikts von Nantes das Brot der Verbannung in Holland gekostet hat, konnte die Gefühle der Juden in ihrem allge-

[1]) L'Histoire et la réligion des Juifs etc., Einl. T. I. Plane de cette histoire.

[2]) Das. T. III. Einleitung.

meinen und langen Exile einigermaßen würdigen. Er hatte auch so viel Kenntnis von der jüdischen Literatur, um sie bei der Ausarbeitung seines Werkes zu Rate ziehen zu können. Die geschichtlichen Arbeiten Abraham Ibn-Dauds, Gedalja Ibn-Jachjas, Jehuda Ibn-Vergas, David Gans' und anderer waren nicht umsonst geleistet. Sie dienten Basnage als Bausteine, aus denen er das große Gebäude der jüdischen Geschichte in den sechzehn Jahrhunderten seit Entstehung des Christentums aufführte.

Basnage war aber nicht Künstler genug, um die erhabenen und tragischen Szenen aus der jüdischen Geschichte, wenn auch nur in rasch verfliegenden Nebelbildern, mit hellem Farbenschein für das Auge zu schildern. Er hatte auch nicht das Talent, die vermöge des eigenartigen Geschichtsganges dieses Volkes zersplitterten Tatsachen zu einem Ganzen zu sammeln, zu gruppieren und zu gliedern. Man sieht es Basnages Darstellung an, daß er sich unter der Wucht der Einzelheiten gedrückt und überwältigt fühlte. Daher warf er Zeiten und Begebenheiten bunt durcheinander, zerriß die Geschichte in zwei unnatürliche Hälften, in die Geschichte des Morgen- und in die des Abendlandes, und verband wiederum, was gar nicht zusammengehört. Noch weniger kannte er so wie seine Zeit das Gesetz geschichtlichen Wachstums und allmählicher Entwickelung, welches gerade die Geschichte des jüdischen Stammes so augenfällig aufzeigt. Die judäischen Zeloten, welche mit dem römischen Koloß einen Kampf auf Tod und Leben wagten; die Anhänger Bar-Kochbas, welche den römischen Kaiser zittern machten; die arabischen Juden, welche von ihrem Abhube den Söhnen der Wüste eine neue Religion hinwarfen und deren Stifter mit der Lauge ihres Spottes und der Schärfe ihres Schwertes bekämpften; die jüdischen Dichter und Denker in Spanien und der Provence, welche den Christen die Kultur brachten; die Marranen in Spanien und Portugal, welche, in Mönchs- und Jesuitentalare gehüllt, die stille Flamme ihrer Überzeugung nährten und den mächtigen katholischen Staat Philipps II. unterwühlten; die stolzen portugiesischen und die kriechenden deutschen Juden, sie haben für Basnage samt und sonders eine und dieselbe Physiognomie, und sind einander zum Verwechseln ähnlich. Für den tiefen Kern ihres Wesens und ihrer Leistungen hatte er kein Verständnis. Sein protestantisches Bekenntnis hinderte ihn auch daran; er sah die jüdische Geschichte doch nur durch den dichten Nebel der Kirchengeschichte. Er konnte bei aller Anstrengung, unparteiisch und gerecht zu sein, nicht darüber hinweg kommen: „Die Juden sind verworfen, weil sie Jesus verworfen haben." Die ganze jüdische Geschichte erschien ihm eigentlich nur als Sektengeschichte; er behandelte sie daher nicht erzählend und ausmalend, sondern zusammenreihend und disputierend. Kurz, Basnages „Geschichte der Religion der Juden" hat tausend Fehler, ja, es ist kaum ein einziger Satz darin, der, nach allen Seiten hin betrachtet, richtig und genau der Wahrheit entsprechend wäre.

Und dennoch war ihr Erscheinen von großer Tragweite für die Juden. Sie brachte eine große Masse geschichtlichen Stoffes, wenn auch roh oder entstellt, in die Kreise der gebildeten Welt, weil sie in der Mode gewordenen französischen Sprache geschrieben war, und dieser Same ging allmählich wuchernd auf. Ein Volk, das blutig verfolgt, ohne Heimat, auf der ganzen Erde keinen Ort fand, wo es sein Haupt niederlegen oder seinen Fuß hinsetzen konnte, und das dennoch eine Geschichte hat, die noch dazu selbst dem verblendeten Blicke hier und da nicht ohne Glanz erscheint, ein solches Volk gleicht nicht einer Zigeunerhorde und mußte immer mehr Beachtung finden. Ohne es zu wissen und zu wollen, hat Basnage, wenngleich auch er ihm manchen Schandfleck angehängt hat, die Erhebung des jüdischen Stammes aus seiner Niedrigkeit angebahnt und gefördert. Die beiden Bücherwürmer, Christian Theophil Unger[1]), Pastor in Herrenlaurschütz (Schlesien), und Johann Christophorus Wolf, Professor der morgenländischen Sprachen in Hamburg (geb. 1683, gest. 1739), die sich angelegentlich und ernstlich mit jüdischer Literatur und Geschichte beschäftigten, waren Basnages Jünger und hätten ohne seine Arbeiten nicht so viel auf diesem Gebiete leisten können. Diese beiden, besonders Wolf, haben die vielen Lücken, die Basnage gelassen hat, mit vieler Gründlichkeit, ja mit einer gewissen Wärme für die Sache ausgefüllt.

Die Vorliebe oder wenigstens die Teilnahme für die Juden bewog in dieser Zeit den mutigen Kämpfer gegen das verknöcherte Christen-

[1]) Ungers Briefwechsel mit Juden, namentlich mit Jsaak Vita Cantarini ist zum Teil abgedruckt in Ozar Nechmad III, p. 128 f. [und Berliners Magazin IV, Anh. S. 85]; viele historische Nachrichten, von Unger mitgeteilt, hat Wolf in seine Bibliotheca aufgenommen. Diese für ihre Zeit gründlich ausgearbeitete Bibliographie ist in vier Bänden erschienen: I. vol. Hamburg — Leipzig 1715; II. vol. 1721; III. vol. 1727; IV. vol. 1733. Die Oppenheimersche Bibliothek, welche Wolf wiederholentlich in Hannover (s. weiter) benutzte, lieferte ihm reichliche Ausbeute für die Bibliographie. [Vgl. ferner über Unger Steinschneider, Hebr. Bibl. XVII. 88 ff. und über Wolf Steinschneider, C. B. p. 2370, Addit. p. XXXIV.]

tum, John Toland, einen Irländer, das Wort für sie zu erheben, daß sie in England und Irland auf gleichen Fuß mit den Christen gestellt werden müßten — die erste laute Stimme für die Emanzipation. Aber diejenigen, zu deren Gunsten diese merkwürdige Umstimmung der gebildeten Welt eingetreten war, hatten am wenigsten Kunde davon[1]). Sie fühlten die veränderte Windrichtung gar nicht.

[1]) Es ist bemerkenswert, daß, soweit meine Kenntnis reicht, nur der einzige jüdische Zeitgenosse, Mose Chagis, Basnages Geschichte würdigt und zitiert, משנת חכמים Nr. 61. Wahrscheinlich ist er in Hamburg durch Wolf darauf aufmerksam gemacht worden.

Zehntes Kapitel.

Allgemeine Verwilderung in der Judenheit.

Armseligkeit der Zeit; Haltung der Rabbinen; Bachrach, Chiskija da Silva, David Nieto, Leon Brieli. Geisterbeschwörungen. Die Geschichtsschreiber Conforte, de Barrios, Heilperin. Die Dichter Laguna, Luzzatto. Hochmut der Reichen, Niedrigkeit der Armen. Gemeinheit bei dem Druck der jüdisch-deutschen Übersetzung der Bibel; Blitz und Witzenhausen. Mose Chagis, sein Leben, Charakter und seine Verfolgung. Neue Regung der Sabbatianer. Daniel Israel, Mardochaï von Eisenstadt, Jakob Querido, Übertritt vieler Sabbatianer zum Islam in Salonichi, die Donmäh; Berechja, ihr Führer. Abraham Cuenqui. Die sabbatianischen Chaßidäer in Polen; Juda Chaßid und Chajim Malach. Salomon Ayllon, Nehemia Chajon. David Oppenheim und seine Bibliothek. Naphtali Kohen. Löbele Prosnitz, der sabbatianische Schwindler von Mähren. Chajons Ketzereien. Chacham Zewi. Beginnender Streit in Amsterdam wegen Chajons und seines ketzerischen Buches. Zerwürfnisse. Bannstrahlen gegen Chajon. Ausweisung Chajam Zewis und Chagis' aus Amsterdam. Chajons Rückreise nach dem Morgenlande und Rückkehr. Die podolischen Sabbatianer. Mose Meïr Kamenker. Bannspruch gegen die Sabbatianer in Deutschland und Polen. Chajon gerichtet. Sein Sohn als Ankläger gegen die Juden.

(1700—1725.)

Gerade zur Zeit, als die Augen der gebildeten Welt auf den jüdischen Stamm mit einem gewissen Mitgefühl und zum Teil mit Bewunderung gerichtet waren, und als beim Anbruch der Aufklärung in dem sogenannten philosophischen Jahrhundert die kirchlichen Vorurteile allmählich zu schwinden begannen, machten die Glieder dieses Stammes innerlich und äußerlich nicht den vorteilhaftesten Eindruck auf diejenigen, welche mit ihnen in Berührung traten. Als sie gewogen und vollwiegend gewünscht wurden, sind sie gar zu leicht gefunden worden. Die Juden boten zu keiner Zeit eine so klägliche Haltung, wie am Ende des siebzehnten Jahrhunderts. Mehrere Umstände hatten dazu beigetragen, sie förmlich verwildert und verächtlich zu machen. Die ehemaligen Lehrer Europas waren durch den traurigen Gang der Jahrhunderte kindisch oder noch schlimmer, kindische Greise geworden. Alles, was die Gesamtheit Öffentliches, sozusagen Geschichtliches geleistet hat, trägt diesen Charakter der Albernheit, wenn nicht gar der Verächtlichkeit. Nicht eine einzige erfreuliche Erscheinung, kaum eine achtunggebietende Persönlichkeit, die das Judentum würdig vertreten und zur Geltung bringen konnte. Aus der vorhergehenden Zeit ragte noch der geistesstarke, ganze Mann, Isaak Orobio de Castro hinüber (st. 1687), der ehemalige Sträfling der Inquisition, dessen Überzeugungstreue, innere und äußere Haltung und scharfgeschliffene Dialektik, die er gegen das Christentum kehrte, hervorragenden Gegnern des Judentums Achtung geboten hat. Er hat keinen ebenbürtigen Nachfolger in Amsterdam, der gebildetsten Gemeinde, und um so weniger außerhalb derselben gefunden, wo die Bedingungen zu einer selbständigen, von der Kultur getragenen jüdischen Persönlichkeit gänzlich fehlten. Die Führer der Gemeinde waren meistens irre geleitet, wandelten wie im Traume und strauchelten bei jedem Schritte; nur wenige Rabbinen befaßten sich mit anderweitigem Wissen neben dem Talmud oder betraten selbst in diesem Studium eine neue Bahn; die Ausnahmen lassen sich zählen. Es gehörten allenfalls dazu der deutsche Rabbiner Jaïr Chajim Bachrach in Worms und Frankfurt a. M. (geb. 1628 st. 1702)[1]), der Mathematik verstanden und den Talmud nicht schlendrianmäßig behandelt hat. Eine selbständige, die blinde Autorität verachtende Persönlichkeit war ferner der aus Italien nach Jerusalem gewanderte portugiesische Rabbiner Chiskija da Silva (geb. um 1659 st. um 1698)[2]). Ein junger Stürmer, der kaum vierzig Jahre alt wurde, von

[1]) Vgl. über Bachrach: L. Lewysohn, Epitaphien von Worms Nr. 38 [und jetzt D. Kaufmanns Buch „R. Jaïr Chajim Bachrach und seine Ahnen", Trier 1894 (VIII und 139, S. 8).]

[2]) Geburts- und Todesjahr da Silvas sind bisher nicht ermittelt; vgl. seine Biographie von Fränkel, Orient. Ltbl. 1848 col. 492 f. und Berichtigungen von Zipser das. col. 667 ff. Beides ergibt sich aus folgender Kombination. Da Silvas Sohn, David d. S., sagt im Vorwort zur ersten Edition des פרי חדש א"ח (Konstantinopel 1706), daß kurz nach dem Tode seines Vaters auch sein Großvater mütterlicherseits Mardochaï Maleachi gestorben sei. In N. Chajons, des sabbatianischen Ketzers, polemischer Schrift (מורצא רבח) ist ein Schreiben einiger Jerusalemer gegen Mose Chagis abgedruckt (s. Note 6), d. d. ר"ח ניסן ה' תנ"ח = 1698. Darin wird Chiskija da Silva als bereits verstorben, sein Schwiegervater dagegen als noch lebend angeführt: . . אגרת אחת ששלח מכאן הרב הכולל מ' מרדכי מלאכי נרו . . . . . . יצוה שמצוה לקיים דברי המת שכך נצטוה מהרב . . . חתנו המלך חזקיה זלה"ה. Folglich starb Ch. da Silva wohl kurz vor Nissan 1698. In den Nachträgen zu פ"ח א"ח verbunden mit מים חיים (Amsterdam 1708)

erstaunlicher Gelehrsamkeit und großem Scharfsinn, kämpfte er, Salomon Lurja ähnlich, gegen übertriebene, nicht im Talmud begründete Erschwerungen späterer Autoritäten mit vielem Freimut. Er verletzte dadurch die Alltagsrabbinen, welche über den Ursprung des Herkömmlichen lieber gar nicht nachdenken wollten, und seine rabbinischen Schriften wurden in Kairo in den Bann getan und vernichtet. Ein gebildeter Rabbiner war David Nieto in London (geb. Venedig 1654 st. 1728)[1]. Er war auch Arzt, verstand Mathematik, war geschickt

bemerkt sein Sohn David im Vorwort, sein Vater habe nicht das vierzigste Lebensjahr erreicht: בקוצר ימים יגע בתורה .... ולשער הארבעים לא הגיע; folglich war er um 1659 geboren. Nach Asulaï (s. v.) habe er erst im zwanzigsten Jahre Livorno verlassen, d. h. um 1679. Gegen 1689 ging er als Sendbote nach Frankia, d. h. Europa; er hat also in Jerusalem nur etwa ein Jahrzehnt geweilt. — Da Silvas selbständige Art, die Ritualien im Schulchan Aruch auszulegen und zu dezidieren, ist Kundigen bekannt. Er hatte keinen Respekt vor Autoritäten, und zieh sie öfter, und zwar sogar Joseph Karo und Mose Isserles, des Irrtums. Vgl. פרי חדש zu Jore Dea (Nr. 309, § 15): שהמחבר וכל האחרונים טעו בזה. Er stellte den Grundsatz auf, daß die Rabbinen nicht befugt seien, neue Erschwerungen auszuklügeln, wenn sie nicht im Talmud begründet seien: אין לנו לגזור גזירות מדעתינו בדבר שלא נזכר בתלמוד . . . אין לנו לחדש . . אחר שנסתם התלמוד (das. Nr. 87, § 7; Nr. 307, § 1; Nr. 32, § 6; Nr. 58, § 16 und öfter). Sogar eine im Talmud begründete Erschwerung (חלב נכרי) hob er unter Umständen auf (das. Nr. 115, § 6). Deswegen wurde da Silvas Buch in Kairo kurz nach dem Erscheinen desselben (1691) verketzert, auf Anregung zweier fremder (wahrscheinlich palästinensischer) Rabbinen. Vgl. Respp. Abraham Levi (גנת ורדים I, p. 122, Nr. 3): עובדא הוה בצורבא מרבנן דהוה חריף טובא . . . וחבר ספר על טור י"ד . . . . פריו חדש . . וכבא הספר למצרים . . מצאו ששלח רסן לשונו לדבר תועה על גדולי ישראל . . . ועל רבינו בית יוסף . . . וכתב עליו שטעה כדבר איש על תלמיד קטן . . . וקבצו חכמי ישראל וגם גרים (שני רבנים) הנמצאים מארץ אחרת . . . ועלתה הסכמתם . . . לבלתי שלוח יד בחכם המחבר לא בנגידא ולא בשמתה . . . וספריו הנמצאים פה מצרים שיקעו בבנין וגזרו והחרימו . . . שלא יקרא אדם בספר הלז לא קריאת עראי ולא קריאת קבע . . . וכתבו ההסכמה זו וחתמו בה כל חכמי העיר וגם הנמצאים מארץ אחרת . . . . ורבני חברון . . . . אינם מקבלים הסכמה זו עליהם. [Vgl. G. J. Michael, אור החיים, S. 372, Nr. 835.]

[1]) S. über ihn Wolf III, p. 203 f.; III, p. 809 f.; Steinschneider, C. B. Nr. 4834; außer den dort aufgezählten Schriften verfaßte Nieto (nicht Neto) eine sehr scharfe Replik gegen eine Inquisitionspredigt des Erzbischofs von Cranganor, Diego da Assuncião Justiniano (des Sohnes einer Fischhökerin), die jener vor einem Autodafé in Lissabon 6. Sept. 1705 gehalten hat. Diese geschmacklose, gelehrt angelegte Predigt erschien in Lissabon in demselben Jahre. Darauf erschien Turin 1709: Repuesta do Sermon, portugiesisch; angeblich Villa-Franca gedruckt (wohl London), ohne Jahresangabe eine spanische Übersetzung derselben. Im Anfang heißt es: por el author de las noticias reconditas de la inquisición (de Rossi, Biblioth. judaica anti-

genug, das Judentum gegen Verunglimpfungen in Schutz zu nehmen, und schrieb neben vielen Plattheiten auch manches Vernünftige. Eine sehr bedeutende Erscheinung war endlich der italienische Rabbiner Jehuda Leon Brieli in Mantua (geb. um 1643 st. 1722)[1]), ein Mann von sehr gesunden Ansichten und von gediegenen, auch philosophischen Kenntnissen, der sich der Landessprache in gebildeter Form zu bedienen wußte und das Judentum gegen christliche Zudringlichkeit in Schutz nahm. Brieli hatte den Mut, sich über zwei Dinge hinwegzusetzen, welche in den Augen des damaligen Geschlechtes schwerer als Verbrechen wogen; er blieb sein Lebelang unverheiratet und trug, als Rabbiner, keinen Bart. Dem Schriftsteller Isaak Cardoso widmete er beim Erscheinen seiner beredten Verteidigung des Judentums und der Juden ein schönes hebräisches Sonett. Sie war ihm aus der Seele geschrieben. Aber Brielis Einfluß auf seine jüdischen Zeitgenossen war sehr gering. Er hat sehr gut die Schwächen des Christentums erkannt, aber für die Schäden des Judentums und der Judenheit hatte er nicht denselben scharfen Blick. Von der Schädlichkeit des Lügenbuches Sohar und der Kabbala überhaupt war Brieli allerdings tief durchdrungen und wünschte, sie hätten nicht das Tageslicht geschichtlicher Geburt erblickt; aber weiter reichte seine kritische Erkenntnis nicht.

Sonst waren die Rabbiner dieser Zeit im allgemeinen keine Muster, die polnischen und deutschen meistens Jammergestalten, deren Köpfe erfüllt waren von unfruchtbarem Wissen und die sonst unwissend und unbeholfen waren, wie kleine Kinder. Die portugiesischen Rabbinen traten wenigstens äußerlich würdig und imponierend auf, aber innerlich waren auch sie hohl; die italienischen hatten mehr Ähnlichkeit mit den deutschen, besaßen aber nicht deren Gelehrsamkeit. So, ohne des Weges kundige Führer, in Unwissenheit oder Wissensdünkel versunken, von Phantomen umschwärmt, taumelte die Gesamtjudenheit in allen Erdteilen ohne Ausnahme von Torheit zu Torheit und ließ sich von Betrügern und Phantasten am Narrenseil leiten. Eine Albernheit, mochte sie noch so augenfällig sein, wenn sie nur mit scheinreligiösem Ernste geltend gemacht und in verrenkte Schriftverse oder talmudische Sprüche in gekünstelter Auslegung eingefügt oder mit kabbalistischen Floskeln belegt war, wurde zähe geglaubt und verbreitet. „Die Köpfe, dem Leben und wahrer Wissenschaft entfremdet, erschöpften ihre

christiana No. 117). Verf. dieser Schrift war eben Nieto (s. o. S. 251, Anmerkung 1). [Vgl. Kayserling, bibl. españ.-portuga.-judaica, S. 77 f.]

[1]) S. Note 6, 15.

übrigens nicht gemeinen Kräfte in Spitzfindigkeiten und abergläubischen Verirrungen der Kabbala. Die Lehrer sprachen selten oder nur talmudisch zu den Schülern; auf den Vortrag selbst wurde keinerlei Sorgfalt verwendet, da es keine Sprache und keine Beredsamkeit gab"[1]). Der Höhepunkt des Mittelalters stellte sich in der jüdischen Geschichte zur Zeit ein, als er im westlichen Europa größtenteils geschwunden war. Abergläubischen Bräuchen mit religiösem Anstrich war Tür und Tor geöffnet. Für Krankheiten Amulette (**Kamea**) zu schreiben und sie dadurch zu bannen, wurde von jedem Rabbiner verlangt, und sie gaben sich dazu her; manche wollten als Geisterbeschwörer gelten. Ein Rabbiner Simson Baki in Casale (Italien) beklagte sich bei seinem Lehrer, dem Kabbalisten Mose Zacut in Venedig, daß er für eine angeblich besessene Frau in Turin Beschwörungsformeln nach Vorschrift angewendet habe, ohne daß sie angeschlagen hätten. Darauf gab ihm dieser wirksamere Mittel an, nebst Gebetformeln mit Anwendung von Gottesnamen, auch brennenden Schwefel an die Nase der Besessenen zu halten. Je empfindlicher sie dagegen wäre und sich dagegen sträubte, um so mehr könne er überzeugt sein, daß sie von einem bösen Geiste besessen wäre[2]). Allen Ernstes prahlte einst ein unterrichteter Jude aus der Kabbalistenschule von Damaskus vor dem freien Kritiker Richard Simon, er sei imstande, einen höhern Genius herbeizurufen und machte bereits Anstalten dazu. Als der ungläubige Pater aber dessen Bewegungen mit einem satirischen Lächeln folgte, zog sich der Beschwörer mit der Bemerkung aus der Schlinge, der Boden Frankreichs sei für Geistererscheinungen nicht geeignet[3]).

Das Judentum in den Augen der Völker zu heben und achtungswert darzustellen, vermochten die Juden dieser Zeit nicht, wohl aber es zu entwürdigen und verächtlich zu machen. Denkende Christen standen staunend vor diesem Wunderdenkmal der Geschichte, vor diesem Volke mit seiner Lehre und seinem wechselvollen glorreichen und tragischen Geschicke; die eigenen Söhne waren stumpf für die eigene Größe oder suchten sie in albernen Märchen und blödsinnigen Handlungen. Christen durchforschten mit Emsigkeit und einem Gefühle von staunender Bewunderung die dreitausendjährige jüdische Geschichte, die Juden selbst hatten keinen Sinn dafür, auch nicht die gebildeten portugiesischen Juden. Manasse ben Israel hatte allerdings ein Buch

1) S. Zunz, Gottesdienstliche Vorträge, 2. Aufl., S. 458 f.
2) Mose Zacut אגרות הרמ״ז Nr. 2 d. d. 1672.
3) Richard Simon, Lettres choisies II, Nr. 7 d. d. 1683.

für die jüdische Geschichte angelegt[1]) und hat wohl Basnages Arbeit angeregt, aber er brachte sie nicht zustande. Aus dieser Zeit werden zwar drei Geschichtsschreiber genannt, der Wanderrabbiner David Conforte (geb. 1619 st. nach 1671)[2]), ferner Miguel (Daniel) de Barrios, der in Portugal geborene (um 1620 st. 1701)[3]) und zuletzt in Amsterdam zum Judentum zurückgekehrte Marrane, und endlich der polnische Rabbiner Jechiel Heilperin in Minsk (schrieb um 1725)[4]). Aber alle drei gleichen eher den chronikschreibenden Mönchen in der barbarischen Zeit, und ihre Darstellungsweise ist mehr abstoßend als anziehend.

Wenn die Literatur das photographisch treue Abbild der Denkweise und der Bestrebungen einer Zeitepoche ist, so muß das Jahrhundert, welches zwischen Spinoza und Mendelssohn liegt, nach den literarischen Erzeugnissen beurteilt, sehr häßliche Züge getragen haben. Es ist zwar sehr viel geschrieben und veröffentlicht worden; jeder Winkelrabbiner wollte durch einen neuen Beitrag, eine neue Anhäufung des ohnehin schon unübersehbaren rabbinischen Stoffes seinen Namen verewigen, seine Seligkeit sichern und nebenher auch etwas damit verdienen. Spitzfindig-rabbinische Kommentare, abgeschmackte Predigten und Erbauungsbücher, geifervolle Streitschriften, das waren die Ablagerungen des jüdischen Geistes oder der Geistlosigkeit dieser Zeit. Die Blume der Poesie hatte keinen Boden in diesem Sumpf. Nur zwei jüdische Dichter erzeugte diese Zeit und zwar echte Söhne der jüdischen Muse, zonenweit voneinander getrennt, den einen auf der Insel Jamaika und den andern in Italien, Lopez Laguna und Luzzatto, gleichsam als hätte der alte kronen- und laublose, halb

[1]) Historia Judaica o continuación de Flavio Josefo, im Verzeichnis seiner Schriften.

[2]) S. darüber David Cassel, Einleitung zu Confortes bibliographischem Buche: קורא הדורות.

[3]) Unter seinen vielen geschmacklosen Schriften und Dichtungen befindet sich auch eine Historia universal Judaica, die aber nur 22 Quartseiten und nur einige zeitgenössische Vorfälle, Auszeichnung von Juden, enthält. Besser noch ist seine Relación de los Poetas y escritos Españoles de la Nación Judayca Amstelodama. Über de Barrios' Todesjahr s. Katal., Amsterdam p. 200. [Vgl. Kayserling a. a. O., S. 16, 23.]

[4]) Verf. des סדר הדורות. Im Eingange beklagt er sich über die krasse Unwissenheit der Juden in ihrer Geschichte, und er selbst hat nicht einmal das Datum für Abfassung seines Buches gegeben. Auch schweigt er über Vorgänge seiner Zeit, über Sabbataï Zewi und seine Nachfolger vollständig. [Über seinen Lebensgang vgl. jetzt die Einleitung des Veranstalters der neuen Ausgabe Warschau, 1882/83, 8.]

abgestorbene jüdische Stamm das in seinem Innern fortpulsierende Leben und seine Verjüngungsfähigkeit auch in den allerungünstigsten Lagen damit bekunden wollen. Lopez Laguna, als Marrane in Frankreich geboren (um 1660 st. nach 1720), als Jüngling nach Spanien gekommen, lernte daselbst die schauerlichen Inquisitionskerker kennen. In der Nacht des Leidens brachten ihm wie so vielen Schmerzensgenossen die seelenvollen Psalmen Licht und Hoffnung. Aus dem Kerker befreit und nach Jamaika entkommen, schlug Laguna unter dem jüdischen Namen Daniel Israel die Harfe zu den heiligen Liedern, die sein Gemüt erquickt hatten. Um auch andern, namentlich den des Hebräischen unkundigen Marranen die Psalmen zugänglich zu machen, übersetzte er sie treu nach dem Original in wohlklingenden und anziehenden Versen, ganz anders als Abenatar Melo (o. S. 4), der sie gewissermaßen nur als Text für seine elegischen Ergüsse gebraucht hatte. Diesen Psalter, „einen Spiegel des Lebens", in verschiedenen spanischen Versmaßen umgearbeitet, brachte Daniel Israel-Lopez Laguna nach London, wofür ihm mehrere Dichterlinge, auch drei jüdische Dichterinnen, Sara de Fonseca Pinto y Pimentel, Manuela Nuñez de Almeyda und Bienvenida Cohen Belmonte in lateinischen, englischen, portugiesischen und spanischen Versen entgegenjauchzten[1]). — Mose Chajim Luzzatto, in die trübseligen Verirrungen dieser Zeit hineingerissen, hat zwei hebräische Dramen voller Schönheit und Jugendfrische gedichtet. Außer diesen poetischen Blüten zeigt diese lange Zeitepoche nur eine farblose Öde. Daniel de Barrios, den Kapitän, Geschichtsschreiber und Bettler, kann man nicht zu den Dichtern zählen, obwohl er eine erstaunliche Menge spanischer, und auch einige hebräische Verse, sogar mehrere spanische Dramen gereimt und sozusagen jeden jüdischen und christlichen Großen, der eine volle Börse besaß, ohne Schamgefühl angesungen und angebettelt hat[2]).

Nicht bloß der wissenschaftliche und künstlerische Sinn, sondern auch das sittliche Gefühl war in dieser allgemeinen Verwilderung abhanden gekommen oder mindestens abgestumpft. Die Grundtugenden des jüdischen Stammes blieben allerdings auch in dieser Zeit in ihrer ganzen Kraft bestehen, idyllische Familienliebe, brüderliche Teilnahme untereinander und keuscher Sinn. Grobe Laster und Verbrechen kamen auch damals in Jakobs Zelten wenig vor. Grundverdorbene

[1]) Vgl. über ihn de los Rios, Estudios p. 626 f. [und Kayserling a. a. O., S. 55.]

[2]) Über de Barrios ausführlich Kayserling, Sephardim, S. 256 f.

Auswürflinge waren so rücksichtsvoll, sie zu verlassen und mit ihrem unsittlichen Wandel lieber die Kirche oder die Moschee zu beflecken. Aber das Rechts- und Ehrgefühl der Juden war im Durchschnitt geschwächt, jenes zarte Gewissen, welches mit einer gewissen jungfräulichen Schamhaftigkeit auch das meidet, was die Vorschriften der Religion und die Paragraphen des bürgerlichen Gesetzbuches bei Seite lassen. Verdienen, Geld erwerben war eine so gebieterische Notwendigkeit, daß die Art und Weise des Erwerbes gleichgültig und dem Tadel nicht ausgesetzt war. Übervorteilen und überlisten nicht bloß die feindlich gegenüberstehende Bevölkerung, sondern auch die eigenen Religionsgenossen galt meistens nicht als Schande, vielmehr als eine Art Heldentat. Daraus entsprang eine Anbetung des Mammons, nicht bloß Liebe zum Golde, sondern auch Respekt vor ihm, mochte es aus noch so unreiner Quelle geflossen sein. Die bis dahin noch so ziemlich behauptete demokratische Gleichheit unter den Juden, welche den Unterschied des Standes und der Kaste nicht anerkennen mochte, verlor sich bei dem rasenden Tanz um das goldene Kalb. Der Reiche galt auch als ehrenwert, zu dem die minder Begüterten wie zu etwas Höherem hinaufblickten, und dem sie daher vieles nachsahen. Die Reichsten, nicht die Würdigsten, kamen an die Spitze der Gemeindeverwaltung und erhielten dadurch einen Freibrief auf Willkür und Übermut. Eine Satire aus dieser Zeit geißelt recht drastisch die Allmacht des Geldes, der sich alle unterworfen: „Der Gulden bindet und löset, er erhebt Unwissende zu Gemeindebeamten"[1]).

Die zunehmende Verarmung unter den Juden war Mitursache dieser Erscheinung. Nur unter der geringen Zahl der portugiesischen Juden in Amsterdam, Hamburg, Livorno, Florenz und London gab es bedeutende Geldmänner. Isaak (Antonio) Suasso, von Karl II. von Spanien zum Baron Alvernes de Gras ernannt, konnte Wilhelm III. zu seinem halbabenteuerlichen Zuge nach London wegen der englischen Krone zwei Millionen Gulden unverzinsbar mit den einfachen Worten vorschießen: „Sind Sie glücklich, so werden Sie

[1]) Mose Chagis לקט הקמח p. 103: עמי הארץ הן המה פרנסי הקהלה ועל הרוב הם נוהגים שררה על הצבור לסיבת עשרם ולא לסיבת ידיעתם כי הנה עינינו הרואות מה שאמר המליץ:

דינר קוצר, דינר בוצר
דינר מתיר, דינר אוסר
דינר מעמיד פרנס בור
על הצבור.

sie mir zurückerstatten, wo nicht, so will ich auch das verlieren"[1]). Millionäre waren in Amsterdam die Pintos, die Belmontes (Schonenberg), David Bueno de Mesquita und Francisco Melo, welcher mit seinem Vermögen dem holländischen Staate große Dienste geleistet hat[2]). Ein de Pinto hinterließ mehrere Millionen zu edlen Zwecken und bedachte damit die jüdischen Gemeinden, den Staat, christliche Waisenhäuser, Geistliche, Küster und Glöckner[3]). In Hamburg waren es die Texeiras, die mit Suasso verschwägert waren, und Daniel Abensur, welcher der armen polnischen Krone große Vorschüsse machen konnte[4]). Dagegen waren die polnischen, deutschen, auch zum Teil die italienischen und die morgenländischen Juden sehr verarmt. Die Wandelung, welche der Welthandel erfahren hatte, brachte diese Veränderung hervor. Die Juden konnten nicht mehr Wucher treiben, sie hatten keine Kapitalien, oder vielmehr, die christlichen Kapitalisten machten ihnen Konkurrenz. Am meisten verarmt waren die polnischen Juden, sie, welche die europäische Judenheit geistig beherrschten. Von den Wunden, die ihnen die kosakischen Aufstände geschlagen, konnten sie sich nicht mehr erholen, und die darauffolgende Zerrüttung des polnischen Reiches brachte ihnen noch neue bei. Die überhandnehmende Armut der polnischen Juden warf jedes Jahr Scharen von Bettlern nach dem europäischen Westen und Süden, welche ihren Weg zu den großen Gemeinden nahmen, um sich von ihren reichen Brüdern unterbringen und ernähren zu lassen. Meistens gelangten polnische Talmudbeflissene zu den großen Rabbinatssitzen in Prag, Nikolsburg, Frankfurt a. M., Amsterdam und Hamburg (für die deutschen Gemeinden) und selbst in italienischen Gemeinden, weil sie an Talmudkenntnis allen übrigen Juden weit, weit überlegen waren. Aber jeder polnische Auswanderer war Rabbiner oder Prediger, gab sich dafür aus und wurde dafür gehalten. Von diesen schändeten manche das Rabbineramt, zu dem sie keinerlei Beruf und keinen sittlichen Halt hatten[5]). Diese waren es, welche aus Not und Gewohnheit

[1]) Kœnen, Geschiedenis der Joden in Nederland, p. 208 f. aus dem Jahre 1688.

[2]) Das. p. 205 f., 219.

[3]) Schudt, Jüdische Merkwürdigkeiten I, S. 203 f.

[4]) Über Abensur, de Barrios, Epistola harmonica gegen Ende der Sammlung seiner kleinen Schriften. [Kayserling a. a. O., S. 22.]

[5]) Vgl. darüber die Edikte des preußischen Königs, durch dessen Land die auswandernden Polen meistens ihre Route genommen haben, Mylius, Corpus constt. Marchicc. I, 5, 3, Nr. 30, S. 153 unten, Nr. 40, S. 151; Mose Chagis משנת חכמים p. 15, 23; Wagenseil, Tela ignea Satanae I,

den Reichen schmeichelten. Von ihnen stammt die immer mehr zunehmende Verwilderung unter den Juden. Ihrer Erziehung oder vielmehr ihrer Verwahrlosung wurde die jüdische Jugend anvertraut, die, sobald sie nur sprechen konnte, von ihnen in den Talmud eingeführt wurde, und zwar nach der kniffigen, witzelnden Methode. Durch diese Verkehrtheit artete die Sprache der deutschen Juden wie die der polnischen in ein widriges Lallen und Stammeln, und ihr Denken in eine verdrehende, aller Logik spottende Rechthaberei und Disputierlust aus. Auch ihnen ging der Sinn für das Einfache und Wahre verloren, und selbst die portugiesischen Juden, welche sich von dem häßlichen Mauscheln fernhielten, blieben von dem verkehrten Denken, welches die Zeit beherrschte, nicht unangesteckt.

Diesen Charakter der formellen, logischen und sittlichen Verwilderung tragen alle Vorgänge dieser Zeit, welche zur öffentlichen Kenntnis gekommen sind. Uri Febes Levi, Druckereibesitzer in Amsterdam, ein Enkel des Mannes, welcher die erste marranische Kolonie in Amsterdam so kräftig leitete (IX_4 S. 460), ließ eine einfache jüdisch-deutsche Übersetzung der Bibel anfertigen und drucken. Verleger und Übersetzer (Jekutiel Blitz aus Witmund) schlugen ihr Verdienst sehr hoch an, daß sie von der deutschen und polnischen Judenheit die Schmach, in den eigenen heiligen Urkunden unwissend zu sein, abwälzen wollten. Um ihre Arbeit gegen Nachdruck zu schützen, ließ sich Uri Febes von der jüdisch-polnischen Behörde, der Vier-Länder-Synode, das Privilegium erteilen, daß diese oder eine andere ähnliche Übersetzung innerhalb zehn Jahren nicht gedruckt werden dürfe. Die Synode hatte es ihm nicht umsonst erteilt. Infolge dieses Schutzes erhielt der Unternehmer eine Bestätigung desselben vom Rabbinate und Vorstande der portugiesischen und deutschen Gemeinde von Amsterdam und auch von anderen deutschen Rabbinen; darunter auch von Meïr Stern, Rabbiner von Frankfurt a. M., dem Lehrer Knorrs von Rosenroth in der Kabbala (o. S. 271). Stern hatte für Honorarzahlung die Korrektur der Übersetzung übernommen. Sein ganzes Vermögen steckte Levi Febes in diese Unternehmung und mußte, um nicht stecken zu bleiben, zwei christliche Teilnehmer in Amsterdam hinzu ziehen, den Schöppen Wilhelm Blau und den Rechtsgelehrten Laurenz Boll. Beide haben vermöge ihrer Verbindungen vom

p. 72. Haud uspiam magis florent Talmudica studia quam in Polonia, eamque adeunt ex aliis regionibus, qui solidioris eruditionis desiderio flagrant, atque prae caeteris eminere cupiunt; Jonathan Eibeschütz, Predigtsammlung יערות דבש II, p. 44c.

Könige von Polen Johann III. Sobieskÿ ein Privilegium erwirkt, daß diese jüdisch-deutsche Übersetzung innerhalb zwanzig Jahren vor Konkurrenz, in Polen wenigstens, gesichert sein sollte. Aber ehe noch der Druck vollendet war, hatte der Brotneid und die Gemeinheit dem Unternehmer den Lohn seiner Arbeit verkümmert. Ein Setzer Jossel (Joseph) Witzenhausen verfertigte ebenfalls eine solche Übersetzung und gewann einen Teilnehmer für den Druck derselben, den reichen portugiesischen Druckereibesitzer Joseph Athias (o. S. 248), der von den niederländischen Generalstaaten für seine schönen und korrekten hebräischen Druckwerke eine goldene Kette erhalten hatte. Athias konnte die Sache mit größeren Mitteln betreiben. Er ließ sich vor allem von den Staaten von Holland und Seeland ein Privilegium dazu erteilen. Vergebens wurde Witzenhausen von einigen deutschen Rabbinen vorgeladen und vor dem Eingriff in die wohlerworbenen Rechte eines andern gewarnt, vergebens auch mit dem darüber ausgesprochenen Bann bedroht. Auf Athias' Reichtum und Schutz gestützt, fügte er dem Unrecht frechen Hohn hinzu. Das portugiesische Rabbinatskollegium Isaak Aboab, Jakob Sasportas und de Aguilar schwiegen dazu. Der kabbalistische Rabbiner Meïr Stern, welcher inzwischen nach Amsterdam übergesiedelt war, bot sogar die Hand zu dieser Ungerechtigkeit und übernahm für mehr Geld auch die Korrektur der Witzenhausen-Athiasschen Bibelübersetzung. Auf Betrieb eines jüdischen Agenten der polnischen Krone in Holland, Simon de Polonia, erhielt Athias noch dazu von der Synode der Vier-Länder ein noch günstigeres Schutzprivilegium, unterschrieben von sämtlichen Synodalmitgliedern, Laien wie Rabbinen, in zwei offiziellen Sitzungen in Jaroslaw und Lublin ausgestellt. Einer der Rabbinen, welcher den Synodalbeschluß zugunsten des Uri Febes im Namen der Versammlung unterschrieben und den Bann über Konkurrenten ausgesprochen hatte, Hirsch ben Zacharia von Lemberg, scheute sich nicht, dieselben Formeln und Androhungen zum Schutze der Athiasschen Übersetzung zu unterzeichnen[1]). Gewinnsucht und Brotneid

[1]) Über diese häßliche Geschichte s. d. Prolegomena zur jüdisch-deutschen Bibel von Blitz-Uri Febes, Amsterdam 1679 und von Witzenhausen-Athias, das. 1687. Das Privilegium der Vier-Länder-Synode für erstere ist datiert Nissan 1671, und darin heißt es: ... שלא יורם ולא יונה להדפים עד כלות עשר שנים מהיום. Die Approbation Isaak Aboabs sagt noch deutlicher: Zehn Jahre nach Vollendung des Druckes. Das Privileg des Königs von Polen dafür ist datiert Okt. 1677. Witzenhausen ist schon vorher gewarnt worden, Uri Febes' Bibelübersetzung Konkurrenz zu machen, und diese Warnung von drei deutschen Rabbinen ist datiert 6. Marcheschwan 5437

aus Armut förderten solche Erscheinungen zutage und führten weiter zu Gewissenlosigkeit, Schmähsucht, Verunglimpfung, Verketzerung und Verfolgung.

Eine solche aus Brotneid entsprungene gemeine Gehässigkeit heftete sich an den zu seiner Zeit vielgenannten Mose Chagis und an seinen älteren Schwager Chiskija da Silva. Dieser wurde aber nur einfach in Kairo verketzert und seine scharfsinnige, freier sich bewegende Auslegung der Ritualgesetze vernichtet (o. S. 295). Da da Silva zurzeit als Jerusalemitischer Sendbote in Amsterdam, London und Hamburg sich aufhielt (1690 bis 1698) und nicht lange darauf starb, so konnte die Gemeinheit ihm das Leben nicht verkümmern. Mose Chagis dagegen (geb. 1670, gest. um 1744)[1]) litt sehr viel dadurch. Dabei war er selbst nicht frei von den Grundfehlern dieser Zeit. Nach dem Tode seines Vaters, Jakob Chagis, wurde er von seinem Großvater mütterlicherseits Mose Galante im Schlendrian erzogen, im Talmud und Kabbala unterrichtet. Im achtzehnten Jahre verheiratet und um sein Vermögen betrogen, welches seine Mutter nacheinander einem Geschäftsmanne und der Gemeinde von Safet vorgeschossen hatte, war der junge Chagis gezwungen, Palästina zu verlassen. Er begab sich nach Livorno, um dort die ehemaligen Sympathien für seinen Vater auszubeuten. Von dem Jerusalemiter Rabbinat und anderen Freunden empfohlen, sollte er in Livorno daran arbeiten, die seit dem Tode seines Vaters versiegte Quelle zur Unterhaltung einer Klaus wieder flüssig zu machen. Schon glaubte er dem Ziele nahe zu sein, als von Jerusalem aus, von vier unbekannten neidischen Männern, die sich als Rabbinatskollegium gebärdeten, ein Sendschreiben an den Vorstand in Livorno einlief, welches die niedrigsten Anschuldigungen über Mose Chagis, seine Unbescheidenheit, Schmähsucht und Unverträglichkeit enthielt. Durch ihn sei über die Gemeinde in Safet Unheil gebracht worden; seine Überhebung gleiche nur seiner Unwissenheit. Sie klagten ihn an, er wolle Livorno ebenso in Verwirrung

= 13. Okt. 1676. Das Privileg der polnischen Synode für die zweite konkurrierende Übersetzung ist datiert Jaroslaw, 24. Elul = 21. Sept. 1677 und gleichlautend Lublin, 5. Ijar = 27. April 1678, lange noch vor Ablauf des Privilegs für die erste Übersetzung. Der Druck der zweiten begann schon 20. Kislew 5439 = 5. Dez. 1678. Daß Witzenhausen und Athias ein schreiendes Unrecht begangen haben, ergibt sich aus dem פסק דין על ר׳ יוזלין זעצר und aus dem Umstande, daß das Amsterdamer Rabbinat diese Übersetzung nicht approbiert hat. Meïr Stern ist bei beiden Übersetzungen als Korrektor genannt.

[1]) S. Note 6, 10.

bringen, wie er es mit Safet gemacht und legten ihn fast in den Bann. Es war aber nur darauf abgesehen, aus Brotneid das Zustandekommen einer Klaus für ihn zu vereiteln. Obwohl ein Schreiben von andern Männern aus Jerusalem zu Chagis' Gunsten jene vier Männer Lügen strafte, so blieb von der Verleumdung doch etwas hängen, und Chagis erreichte sein Ziel nicht. Ohnehin aufgeblasen, auf Grund seiner Geburt in Jerusalem eine besondere Bevorzugung beanspruchend und von rechthaberischer Natur, wurde er durch das Scheitern seines Planes und die geringe Beachtung, die er in Livorno gefunden, verstimmt und verbittert, überwarf sich mit dem Vorstande und Rabbinate und konnte sich dort nicht länger behaupten. Chagis mußte von neuem ein Wanderleben antreten und seine Hoffnungen herabstimmen. Er fand erst in Amsterdam einen Ruhepunkt, halb als jerusalemischer Sendbote und halb als Lehrer für erwachsene Talmudjünger und als Schützling reicher Wohltäter der portugiesischen Gemeinde. Seine Verbitterung gegen die Livornesen konnte er nicht loswerden und machte sich in einem Werke, neue Zusätze zum Religionskodex in überstrengem Sinne enthaltend, Luft durch halbverdeckte Anspielungen. Seine persönliche Gereiztheit verbarg er hinter der Hülle der Religiosität. Die Livornesen fühlten sich getroffen, beklagten sich über ihn bei dem Amsterdamer Rabbinat und sandten jene Schmähschrift der vier Jerusalemer gegen ihn ein, in der Absicht, ihn, den sie selbst so lange gehegt hatten, zu brandmarken. Das Amsterdamer Rabbinat nahm sich zwar anfangs seiner an, aber ehe ein halbes Jahrzehnt abgelaufen war, geriet es mit Chagis in ein tiefgreifendes Zerwürfnis, welches durch den noch immer spukenden sabbatäisch-messianischen Schwindel eine große Tragweite erhielt und fast die ganze Judenheit ergriff.

Denn die Schlammfluten der sabbatianischen Schwärmerei ergossen sich von neuem, besudelten alle, die damit in Berührung kamen, galten aber nichtsdestoweniger als eine Quelle lautern Wassers aus dem Borne der Gottheit. Sie hatte indes das Gute, den stehenden Sumpf aufzuwühlen und in Bewegung zu setzen oder, um ohne Bild zu sprechen, die dumpfe Alltäglichkeit in jüdischen Kreisen aufzurütteln und die vor lauter unfruchtbarer Gelehrsamkeit stumpf und träge gewordenen Rabbinen in eine gewisse Leidenschaftlichkeit und Rührigkeit zu versetzen. Nach Sabbataïs Tod hatte einer seiner Anhänger, Daniel Israel Bonafoux[1]), ein unwissender Vorbeter in Smyrna, den Glauben an den verstorbenen Messias durch allerlei Blendwerk unterhalten.

[1]) Note 4, III.

Bald wollte er eine sich bewegende Feuerkugel gesehen, bald eine Stimme gehört haben, daß Sabbataï noch am Leben sei und auf ewig regieren werde. Die Smyrnaer Gemeinde setzte zwar beim Kadi für Geld dessen Verbannung aus der Stadt durch; aber Daniel Israel nahm seinen Aufenthalt in der Nähe von Smyrna (in einer kleinen Stadt, Kasaba) und ermutigte die Sekte zum Ausharren in ihrem Glauben. Sein Helfer war Abraham Michael Cardoso aus Tripolis, der auf diesem Schauplatze wieder zum Vorschein kam. Er war wegen seiner Wühlereien aus Tripolis verjagt worden und konnte in Italien, wo er früher gelebt hatte, nicht festen Fuß fassen. Die Vorsteher der Livorner Gemeinde hatten ihn förmlich in Haft gebracht, damit er nicht mit Juden verkehren und sie nicht mit seinem Schwindelgeiste verführen sollte — bis das nächste Schiff nach der Levante abging. Cardoso wurde gezwungen, sich mit den Seinigen einzuschiffen und hatte sich nach Smyrna begeben. Hier fand er einen ganzen Konventikel von sabbatianischen Gesinnungsgenossen, die sich um ihn scharten, weil er, wissenschaftlich geschult, gebildet und redegewandt, ihnen bei weitem überlegen war. Zu seinen Anhängern gehörten nächst Daniel Bonafoux ein Bruder des Abraham Jachini (o. S. 193), namens Eleasar aus Damaskus, ferner Isaak Aschkenasi, Mardochaï Aschkenasi (aus Eisenstadt?) und mehrere andere. Cardoso verkündete ihnen Träume und Gesichte, gab sich als Fortsetzer Sabbataï Zewis, als den Ephraimitischen Messias aus, trieb Schwindeleien unglaublicher Art, besuchte Gräber, um sich durch die abgeschiedenen Geister inspirieren und von ihnen seine Theorie verkünden zu lassen. Diese bestand, wie schon gesagt, in der gotteslästerlichen Annahme, daß es zwei Götter gebe, den einen, die erste Ursache, unbegreiflich, ohne Willen und Einfluß auf das Weltall, und den andern, den Gott Israels, von jenem emaniert, den eigentlichen Weltenschöpfer und Gesetzgeber des israelitischen Volkes, der allein angebetet werden müsse. Indessen steuerten die Rabbiner Smyrnas seinem Unwesen, bedrohten ihn mit dem Tode und zwangen ihn, die Geburtsstadt Sabbataï Zewis zu verlassen. Er begab sich von da nach Konstantinopel und seine Smyrnaer Anhänger mit ihm, wurde dort von dem phantastischen Sohne eines reichen Mannes hinter dem Rücken des Vaters unterhalten, trieb seinen Unfug weiter, veranstaltete sogar auf dem Grabe des mohammedanischen Heiligen Ajub Annazar eine kabbalistische Zeremonie von Gebeten und Totenbeschwörungen (Tikkun) und auch auf dem Grabe des Sultans Ibrahim, damit er seinem Sohne, dem regierenden Großherrn

Mohammed IV. im Traume erscheine und ihm gebiete, Cardoso und seinen Anhang zu beschützen[1]). Indessen konnte er sich in Konstantinopel nicht halten, als sein Spender Samuel, der sich seinetwegen in Schulden gestürzt hatte, den Prophezeiungen zum Trotz gestorben war. So trieb sich Cardoso in Adrianopel, in Rodosto, in Ägypten, auf den griechischen Inseln und in Candia umher, bald als Messias, bald als Arzt, schrieb zahlreiche Abhandlungen über die Nähe des Messiasreiches und seine theosophisch-dualistische Theorie zusammen, machte Schulden, zog Frauen in seinen kabbalistischen Konventikel und soll bis ins Alter unkeusch gelebt haben. Zuletzt wollte er sich in der Kabbalistenstadt Safet in Palästina niederlassen; aber die Führer der jüdischen Gemeinde verboten ihm den Eintritt. Darauf begab er sich zum zweiten Male, bereits hochbetagt, nach Ägypten, fand Gunst bei dem Pascha Kara Mohammed, dessen Leibarzt er wurde, und wurde zuletzt von seinem Neffen, der sich von ihm übervorteilt glaubte, mit einem Messer erstochen (1706). Mit seinem Tode hörte sein Schwindel nicht auf; denn seine Schriften, ein Gemisch von Unsinn und Vernünftigkeit, wurden gierig gelesen und entzündeten die Gemüter. Abraham Michael Cardoso blieb wenigstens dem Judentum treu, verehrte Sabbataï Zewi nicht als Gottmenschen, bekämpfte sogar energisch diese Gotteslästerung und trat nicht zum Mohammedanismus über. Sein Prophet Daniel Israel Bonafoux dagegen nahm, wahrscheinlich wegen erlittener Verfolgung von seiten des Smyrnaer Rabbinats, den Turban[2]).

Weit eingreifender noch war die von einem sabbatianischen Wanderprediger ausgegangene kabbalistische Schwärmerei (1679 bis 1682), die sich nach Polen verpflanzte, wo sie mehr Nahrung fand und zäher festgehalten wurde. Mardochaï aus Eisenstadt (**Mochiach**)[3]) blieb auch nach dem Tode des Renegaten sein treuer Anhänger. Er, ein Jünger Nathans und Parteigänger Cardosos, der aus dem Orient nach seiner Heimat zurückkehrte, war zugleich ein Mann von einnehmen-

[1]) S. darüber Note 4, I. Der Kuriosität wegen setze ich einen Passus aus der genannten polemischen Schrift מריבת קדש hierher: אחר כן אמר
אויב (קרדוסו) לעשות תקון על קבר איוב אנצאר המפורסם בקושטנדינה . . .
ויוציאו ג׳ מאות כסף לתת לשומרי הספרים למען יניחום להתנהל לאטם . . .
וביום המחרת אמר יום רצ מקולל (תלמידו של קרדוסו, על פיו) כי נמצא
כתוב בקיר שיעשו תקון על מצבת שולטאן אבראהים למען יבא לבנו שולטאן
מחמד בחזור דלילא. Das muß vor 1687, noch vor Entthronung des Sultans Mohammed IV., Ibrahims Nachfolger, geschehen sein.

[2]) S. Note das. III.

[3]) Note 4, II.

der Gestalt und Ehrfurcht einflößenden Gesichtszügen, kasteite sich viel, fastete bis elf Tage hintereinander, predigte in Ungarn, Mähren und Böhmen mit vieler Eindringlichkeit von Buße und Zerknirschung, ein jüdischer Vicente Ferrer. Der Beifall, den seine Predigten fanden, erweckte sein Selbstvertrauen, und er gab sich als Propheten aus. In Wort und Schrift behauptete der Prediger von Eisenstadt, daß Sabbataï Zewi der wahre Messias gewesen sei, der aus hoher mystischer Fügung notwendigerweise habe Türke werden müssen. Dieses Stichwort, welches die sabbatianischen Führer Nathan und Cardoso gangbar gemacht hatten, gebrauchte auch er. Sabbataï werde drei Jahre nach seinem angeblichen Tode — denn wirklich gestorben sei er gar nicht — sich offenbaren und die Erlösung vollbringen. Vorzeichen seien die Verfolgungen, welche die Juden kurz nacheinander in Spanien (Oran), dem Kaiserreich und Frankreich erlitten hätten[1]). Auch die damals wütende Seuche in Deutschland stellte Mardochaï als Vorzeichen auf. Die ungarischen, mährischen und böhmischen Juden hörten diesen sabbatianischen Predigten und Prophezeiungen mit vieler Andacht zu. Der kabbalistische Taumel hatte ihr Denkvermögen so sehr abgestumpft, daß sie an einem vom Judentum abgefallenen Messias keinen Anstoß nahmen. Mardochaï ging aber in seiner Narrheit noch weiter, gab sich selbst für den wahren Messias vom Hause Davids aus und behauptete, er sei der auferstandene Sabbataï Zewi. Dieser habe das Erlösungswerk nicht vollbringen können, weil er reich gewesen sei. Der Messias müsse aber arm sein; daher sei er, der Arme und Geplagte, der wahre Erlöser. Alle diese Narrheiten wurden mit gläubiger Andacht aufgenommen. Italienische Juden luden den ungarischen Messias förmlich ein, zu ihnen zu kommen, und er folgte diesem Rufe. Die italienischen Kabbalisten aus der Schule Zacuts, Abraham Rovigo und Benjamin Kohen, Rabbiner in Reggio, schwärmten für ihn. In Modena und Reggio wurde er mit Enthusiasmus empfangen. Er faselte von seiner Aufgabe, nach Rom zu gehen, um in der sündhaften Stadt messianische Vorbereitungen zu treffen. Er deutete auch verschmitzt an, er werde sich vielleicht äußerlich in christliche Vermummung kleiden müssen, wie sich Sabbataï Zewi in türkische Kleidung habe hüllen müssen, d. h. er werde sich im Notfalle zum Scheine der Taufe unterwerfen. Die bedächtigen Juden in Italien wurden indes wegen dieser zugleich das Bekenntnis und die Bekenner des Judentums gefährdenden Phantasterei bedenklich; sie hielten ihn für verrückt,

[1]) S. o. S. 238 ff.

wurden aber von den Gläubigen verhindert, etwas gegen ihn zu unternehmen. Indessen scheinen einige Juden sein Treiben der römischen Inquisition verraten zu haben; daher rieten ihm seine italienischen Anhänger selbst, Italien zu verlassen. So kam er abermals nach Böhmen, konnte sich aber auch da nicht halten und wanderte nach Polen aus. Hier, wohin nur eine sehr dunkle Kunde von Sabbataï und den Sabbatianern gedrungen war, fand er, wie es scheint, zahlreiche Anhänger. Man erzählte sich aber, er sei dort in völligen Wahnsinn verfallen. Dieser Wahnsinn war aber ansteckend in Polen, denn seit dieser Zeit bildete sich dort eine Sekte, welche bis zum Beginn der Mendelssohnschen Epoche und noch darüber hinaus ihr Unwesen immer frecher trieb.

Zu gleicher Zeit brachte derselbe Schwindel in der Türkei neue Erscheinungen zutage. Sabbataï Zewi hatte eine Witwe hinterlassen, die Tochter eines Talmudkundigen, namens Joseph Philosoph aus Salonichi, welcher ein Parteigänger des Schwindelpropheten Nathan Ghazati gewesen war[1]). Diese soll, sei es aus Ehrgeiz oder, wie die Gegner sagten, aus Geilheit, durch Blendwerk die Sabbatianer zu neuer Raserei aufgestachelt haben. Nach Salonichi zurückgekehrt, soll sie ihren Bruder Jakob Querido für ihren eigenen, von Sabbataï Zewi empfangenen Sohn ausgegeben haben. Dieser Knabe, welcher den Namen Jakob Zewi angenommen hat, wurde daher ein Gegenstand andächtiger Verehrung für die Sabbatianer. Sie glaubten, daß in ihm die Seelen zweier Messiasse aus dem Hause Joseph und David vereinigt wiedergeboren seien; er sei daher als der wahre Erlöser, als der echte Fortsetzer Sabbataïs zu betrachten. Diese neue Phantasterei fand in Salonichi um so mehr Anhänger, als der eigene Vater Queridos, Joseph Philosoph, ein Talmudkundiger war, und ein anderer gelehrter Talmudist Salomo Florentin, der bereits als Verfasser eines rabbinischen Buches eine gewisse Autorität erlangt hatte, sich zu den Gläubigen gesellten und ihn auf den Schild erhoben. Die Messiaswitwe und ihr Bruder Querido sollen geradezu geschlechtliche Unzucht als Beförderungsmittel für das Erlösungswerk empfohlen und getrieben haben. Die Sündhaftigkeit der Welt könne nur durch ein Übermaß von Sünde, durch den äußersten Grad unkeuschen Wandels überwunden werden. In diesem Salonicher Kreise soll daher schamlose Unzucht und sogar Blutschande ganz offen getrieben worden sein — so erzählen die Gegner. Sicher ist nur das eine, daß

[1]) S. o. S. 234, vgl. Note 4, III.

die Ehe in diesem Kreise nicht als heilig geachtet war. Nach der lurjanisch-kabbalistischen Verirrung sollten Ehefrauen, an denen ihre Gatten keinen Gefallen fanden, als das Hindernis einer harmonisch-mystischen Ehe ohne weiteres entlassen und anderen, die sich zu ihnen hingezogen fühlten, überlassen werden. Diese Vorschrift wurde in diesem mystischen Kreise nur zu eifrig befolgt; es war eine eigene Art Wahlverwandtschaft. Mehrere hundert Salonicher gehörten dieser sabbatianischen Sekte an, meistens junge Leute. Unter ihnen bewegte sich ein junger Mann, Salomo Ayllon, der später Rabbiner von London und Amsterdam wurde; er machte ebenfalls die geschlechtlichen Verirrungen mit. Er führte eine Frau, als eine ihm vom Himmel bestimmte, heim, die ein anderer ohne förmliche Scheidung verlassen hatte, und diese entführte ihm wieder ein Dritter[1]). Die Salonicher Sabbatianer standen mit dem Rest derselben in Adrianopel und Smyrna in Verbindung. Die Rabbinen durften diesen Unfug nicht gleichgültig mit ansehen und denunzierten sie bei der türkischen Behörde. Diese stellte Untersuchungen an und verhängte strenge Strafen über sie. Die Sabbatianer hatten aber von ihrem Urmeister ein Mittel gelernt, den Zorn der türkischen Machthaber zu beschwichtigen. Sie nahmen sämtlich — man sagt bis auf vierhundert — den weißen Turban (um 1687). Sie machten aber mehr Ernst mit ihrem neuangenommenen, mohammedanischen Bekenntnisse. Ihr Messias Jakob Zewi Querido machte mit vielen seiner Anhänger eine Wallfahrt nach Mekka, um am Grabe des Propheten Mohammed zu beten. Auf der Rückkehr starb er in Alexandrien. Die Führerschaft über die jüdisch-türkische Sekte in Salonichi übernahm später sein Sohn Berechja oder Barochja (um 1695—1740). Auch er galt ihnen als Fortsetzer Sabbataï Zewis, als Verkörperung der Urseele des Messias, als Fleisch gewordene Gottheit[2]). Seine Anhänger lebten unter dem Namen Dolmäh (richtig Donmäh) d. h. vom Judentum Abtrünnige für sich, von Juden und Türken getrennt, heirateten nur untereinander, besuchten zwar hin und wieder die Moschee, kamen aber öfter zu ihrem eigenen mystischen Gottesdienst heimlich zusammen, um ihren Erlöser und Gottmenschen anzubeten. Noch heute gibt es Nachkommen der Sekte Sabbataï-Querido-Barochjas, welche ein

[1]) S. Note 6, Nr. 11.

[2]) S. Note 4, III. Frankel-Graetz, Monatsschrift, Jahrgang 1877, S. 130 f. Herr Dr. Behrnauer in Dresden, ein gründlicher Kenner des Türkischen, machte mich aufmerksam, daß das Wort Dolmäh bei Niebuhr falsch sei; es muß Donmäh lauten: דונמא, Apostata im Türkischen.

Gemisch von kabbalistischen und türkischen Gebräuchen haben. Vom Judentum behielten sie nur die Beschneidung am achten Tage und das hohe Lied bei, dessen Liebesdialoge und Monologe ihnen freien Spielraum für mystische und unzüchtige Deutungen ließen. Vor einigen Jahrzehnten ist den Donmäh, welche gegenwärtig nicht viel mehr als 4000 Mitglieder zählen sollen, vom Sultan die Freiheit ihres eigenen Bekenntnisses gestattet worden.

Trotz dieses dem Judenthum und der Sittlichkeit in gleicher Weise hohnsprechenden Unwesens der Salonicher Sabbatianer oder gerade deswegen fanden sie stets neue Anhänger, die mit zäher Beharrlichkeit an dem Wahne festhielten, sich und andere betörten und Betrügern Gelegenheit gaben, diese schwärmerische Stimmung auszubeuten. Vom Orient und Polen aus kreuzten sich miteinander geheime Sabbatianer, von hier als wandernde Prediger und von dort als angebliche Sendboten des heiligen Landes und regten immer neue Verirrungen an. Der Sendbote Abraham Cuenqui aus Hebron, der in Polen und Deutschland die Mildtätigkeit für die Armen dieser Stadt in Anspruch nahm, lieferte auf Ansuchen eines Mystikers (um 1689), eine fast vergötternde Lebensbeschreibung Sabbataïs, den er in seiner Jugend gesehen und bewundert hatte. Diese Biographie, eine Art sabbatianisches Evangelium, gibt die beste Anleitung, wie sich auf religiösem Gebiete Geschichte in Fabel und diese wieder in Geschichte umbildet. In Polen entstand, wahrscheinlich von dem wahnwitzigen Mardochaï aus Eisenstadt angeregt, eine sabbatianische Sekte, die durch strenge Buße das Herannahen des Himmelreiches zu befördern vermeinte. An ihrer Spitze standen zwei Männer, Juda Chaßid (der Fromme) aus Dubno, eine beschränkte Einfalt, und Chajim Malach[1]), ein verschmitzter Talmudist. Beide wühlten durch aufregende Predigten und fanden eine zujauchzende Zuhörerschaft, die sich ihnen zur Buße und zu kabbalistischen Extravaganzen anschloß. Diese Verbindung nannte sich Chaßidäer (Chassidim). In Polen war aber die Unwissenheit so groß, daß die Rabbinen selbst die Tragweite und Schädlichkeit dieser sabbatianischen Schwärmerei nicht erkannten. Saul, Rabbiner von Krakau, mußte erst Erkundigungen bei Zewi Aschkenasi, Klausrabbiner in Altona (später als Rabbiner von Amsterdam Chacham Zewi genannt) über das Wesen der Sabbatianer einziehen. Als dieser, welcher einen großen Teil von Europa durchwandert hatte und ihr Treiben gut kannte, dem Rabbiner von Krakau die Augen

[1]) S. Note 4, VI.

öffnete und ganz besonders vor Chajim Malach warnte, stellte das Rabbinat gegen die Chaßidäer Verfolgungen an. Infolgedessen wanderten etwa 1300 bis 1500 Personen dieser Sekte unter Juda Chaßid aus Polen aus (Anf. 1700), mit dem Entschlusse nach dem heiligen Lande zu reisen, um dort die Erlösung zu erwarten. Wie ehemals die christlichen Geißlerbrüder, so zeichneten sich diese sogenannten Frommen durch vieltägiges Fasten und durch Kasteiungen aller Art aus. Ihre Anführer trugen am Sonnabend weiße Kleider von Atlas oder Zeug, womit sie die Gnadenzeit andeuten wollten. Überall wo sie durch Deutschland zogen, predigten sie und ermahnten zu strenger Buße. Juda Chaßid riß durch seine gewaltige Stimme, seine Gebärden und heißen Tränen die Zuhörer zur Wehmut hin. Namentlich wirkte er auf die weichen Frauengemüter, für die er — ein ganz ungewöhnlicher Vorgang — mit einer Thorarolle im Arme in ihrer Abteilung im Synagogenraume zu predigen pflegte. Während sich der größte Teil dieser Sekte in Mähren und Ungarn sammelte, durchstreifte Juda Chaßid mit etwa 150 Personen Deutschland von Altona bis Frankfurt a. M. und Wien, überall predigend, jammernd und ermahnend. Die Sekte wurde überall und namentlich in den größeren Gemeinden reichlich unterstützt. Wegen des Zulaufes, den diese Sektierer von Männern und Frauen erhielten, wagten die Rabbiner nicht, deren Treiben entgegenzutreten. Samuel Oppenheim, der reiche Hofjude in Wien (o. S. 282), unterstützte die Chaßidäer reichlich, verschaffte ihnen Pässe nach dem Morgenlande und stellte ihnen zwei Schiffe, die sie auf der Donau zunächst nach Konstantinopel bringen sollten. Indessen begab sich nur ein kleiner Teil derselben unter Chajim Malach auf diesem Wege dahin. Die meisten dagegen unter Juda Chaßid traten den Weg zu Lande über Venedig nach Jerusalem an; 500 von ihnen kamen unterwegs um.

Die Schwärmerei dieser Sekte hatte bald ein Ende. Am ersten Tage nach ihrer Ankunft in Jerusalem starb ihr Hauptführer Juda Chaßid (Okt. 1700); seine Anhänger wurden ratlos, fanden statt baldiger Erlösung nur entsetzliches Elend. Ein Teil dieser Chaßidäer ging daher wegen der plötzlichen Enttäuschung aus Verzweiflung zum Islam über. Die Reste derselben zerstreuten sich überallhin, und viele nahmen die Taufe, darunter Juda Chaßids Neffe, Wolf Levi aus Lublin, der den Namen Franz Lothar Philippi annahm und Chirurg wurde; ein anderer Neffe Jesaja Chaßid aus Zbaraz hat später neue sabbatianische Wirren veranlaßt. Chajim Malach aber, welcher noch mit dem greisen Samuel Primo, Sabbataï Zewis

Geheimschreiber und Geheimrat, Bekanntschaft machte, blieb mehrere Jahre in Jerusalem und stand einer kleinen sabbatianischen Sekte vor. Auch er lehrte das Zwei- oder Dreigöttertum und die Fleischwerdung Gottes, zollte Sabbataï Zewi göttliche Verehrung und soll dessen Abbild, in Holz geschnitzt, in der Synagoge seiner Sekte zur Anbetung herumgetragen haben, das seine Anhänger umtanzt haben sollen. Auf die Zertrümmerung des rabbinischen Judentums oder des Judentums überhaupt hat Chajim Malach entschieden hingearbeitet. Unverständlich bleibt es, wie die Jerusalemer Gemeinde sein Treiben mehrere Jahre (1701—1705) mit ansah, ohne ihm zu steuern; es müßte denn sein, daß die dortigen Rabbinen ebenfalls dem sabbatianischen Götzendienste huldigten oder ihn ausbeuteten. Nur einige deutsche Juden daselbst richteten schüchtern ein Schreiben an die Vier-Länder-Synode in Polen (April 1705) mit der flehentlichen Bitte — verkehrt genug — von dort aus Malachs Unfug ein Ende zu machen — vielleicht ihm und den Seinigen die Unterstützungen zu entziehen. Wer weiß, ob dieses Schreiben den polnischen Gemeinden zugekommen ist; und wenn es ihnen zugekommen ist, waren sie nicht imstande, etwas zu unternehmen. Polen war damals durch den Kriegsgott, in der Gestalt des Schwedenkönigs Karl XII., in ein großes Schlachtfeld verwandelt, und jedermann dachte nur an sich. Indessen scheint Chajim Malach doch endlich aus Jerusalem ausgewiesen worden zu sein. Er begab sich darauf zu den mohammedanischen Sabbatianern nach Salonichi, den Donmäh, machte ihre ausschweifenden Tollheiten mit, zog dann in mehreren türkischen Gemeinden predigend umher und lehrte offen den sabbatianischen Schwindel. In Konstantinopel wurde er jedoch in den Bann getan und bei seinem zweiten Aufenthalt in dieser Gemeinde vom Chacham Baschi ausgewiesen (um 1709). Er kehrte darauf über Deutschland nach Polen zurück und streute dort den Samen sabbatianischer Ketzerei aus, die das Judentum später tief unterwühlen sollte. Er soll in Trunksucht seinen Tod gefunden haben.

In derselben Zeit, als Malach Keimkörner zu einem Auflösungsprozesse in Polen auswarf, wurde durch zwei versteckte Sabbatianer die Fackel der Zwietracht in das jüdische Lager geschleudert, durch Chajon und Ayllon, von dem einen durch Schwindeleien und von dem andern durch Eigensinn und Rechthaberei. Sie erzeugten eine nicht sehr erfreuliche Bewegung. Salomon Ayllon (geb. um 1664, st. 1728)[1]) in Safet von spanischen Eltern geboren, hatte

[1]) S. Note 6, 13.

das Gehirn vom Nebel der Kabbala erfüllt. In seiner Jugend war er in den Kreis der Salonicher Sabbatianer geraten und hatte ihren Unfug zum Teil wenigstens mitgemacht (o. S. 311). Später war er nach Livorno gekommen und nach dem Tode des würdigen und gebildeten Rabbiners Jakob Abendana an dessen Stelle nach London berufen worden (1696—1701). Ayllon hatte in London Gegner, welche, als sie von seiner nicht ganz fleckenlosen Jugend vernommen hatten, sich an diesen oder jenen Rabbinen wandten, um seine Amtsentsetzung zu erwirken. Aber aus Scheu vor einem öffentlichen Ärgernis, daß ein ehemaliger Anhänger der verrufenen Salonicher als Rabbiner fungieren sollte, rieten die Befragten, die häßliche Geschichte der Vergessenheit zu übergeben. Bedeutend war Ayllon in keinem Fache, nicht einmal in der Talmudkunde, gebärdete sich aber gerne als edler Beschützer dürftiger Rabbinen, die nicht verfehlten, dafür seinen Namen hochtönend zu verherrlichen. Von allzugroßer Gewissenhaftigkeit muß er auch nicht gewesen sein. Als er wegen Übernahme einer Rabbinerstelle im Amsterdamer Kollegium unterhandelte, und die Londoner Gemeinde ihn nicht verlieren mochte, schwor er einen feierlichen Eid, die ihm angetragene Stelle nicht annehmen zu wollen, während er bereits dem Amsterdamer Vorstande Zusage gemacht hatte und das Amt auch übernahm. Er beschönigte sein Verfahren auf eine, gelinde gesagt, sophistisch-jesuitische Weise. Seine Jugendliebe zu den sabbatianischen Verirrungen, die er auch als Rabbiner von Amsterdam nicht ganz aufgegeben zu haben scheint, hat Ayllon dahin gebracht, einem abgefeimtem Schwindler die Hand zu bieten und dadurch eine tiefgehende Zerwürfnis in der Judenheit erzeugen zu helfen.

Dieser Erzbetrüger, welcher an Schlauheit, Heuchelei, Frechheit und Gewissenlosigkeit nur wenige seinesgleichen in dem an Betrügern reichen achtzehnten Jahrhundert hatte, war Nehemia Chija Chajon (geb. um 1650, st. nach 1726)[1]. Er hatte eine besondere Freude an Mystifikationen und Schwindeleien und führte von seiner Jugend bis in sein Greisenalter ein abenteuerliches, lustiges, verstellungsreiches Leben. Der Lebensgang dieses kabbalistischen Abenteurers, der die Verwilderung der Zeit nach vielen Seiten hin charakterisiert, darf nicht übergangen werden. Seine Eltern waren von sefardischer Abkunft und wohnten in der türkisch-bosnischen Stadt Bosna-Seraï (Serajewo), wo Chajon wahrscheinlich geboren

[1] S. Note 6.

wurde; er fand es aber später für seine Zwecke dienlicher, seine Geburtsstadt zu verleugnen und sich als Safetaner auszugeben oder zu behaupten, daß er auf der Reise seiner Eltern nach dem heiligen Lande in Alexandrien das Licht der Welt erblickt habe. Chajon erhielt seine talmudische Ausbildung in Hebron, wo der sabbatianische Taumelgeist viele Anhänger hatte. Sein Verstand hatte eine bedeutende logische Schärfe, um Widersprüche und Ungereimtheit mit Leichtigkeit aufzudecken; aber sein Schwindelkopf, sein kaltes Herz und sein auf Befriedigung niedriger Begierden gerichteter Sinn bewogen ihn, einen verderblichen Gebrauch davon zu machen. Vom Talmud und der rabbinischen Literatur verstand er nur so viel, um sich darin heimisch zeigen zu können, hatte aber keinen innern Beruf dazu, wie er denn überhaupt keine Religiosität besaß. Er machte alles nur aus Heuchelei mit; unbewacht hingegen setzte er sich über alles, Religion und Sittlichkeit, hinweg. Als achtzehnjähriger Jüngling kehrte er nach Bosna-Seraï zurück, heiratete, wurde Rabbiner in Uskupia (fünf Tagereisen von Salonichi) auf besondere Empfehlung des Rabbiners Aaron Perachia von Salonichi, muß sich aber so anstößig betragen haben, daß er nur kurze Zeit das Rabbinat behielt. Von dieser Zeit an begann Chajons Abenteurerleben; er war bald wieder in Bosna-Seraï, bald in Belgrad, bald in Adrianopel, bald in Livorno und Salonichi, als Hauslehrer, Prediger, Kaufmann. Überall erzählte man sich von seinen schlechten Streichen. Dabei konnte er ernste, Ehrfurcht einflößende Mienen annehmen und fesselte durch seine einnehmende Gestalt, seine kabbalistischen Floskeln und sein mysteriöses Wesen. Er spielte meistens den Heiligen, sang aber dabei Liebeslieder und lief Frauenzimmern nach. Einmal soll Chajon eine Sklavin aus der Familie, bei der er Hauslehrer war, entführt haben und zwar am Sabbat, wozu er zwei Pferde in Bereitschaft hatte. Er soll aber eingeholt und durchgebläut worden sein. Mit den Sabbatianern in Salonichi hatte er, wie er selbst eingestand, nähere Bekanntschaft, er hatte sich Mühe gegeben, ihrer Schriften habhaft zu werden. Auch mit dem Haupte derselben, mit Samuel Primo, hatte er öfter Unterredung über kabbalistische Schwindeleien. Schon damals wollte er jenem gegenüber eine neue Dreieinigkeit aufgestellt haben.

Indes scheint Chajon seinen Vorteil in Europa nicht gefunden zu haben; denn er begab sich wieder nach Palästina, wohnte in Nablus (Sichem), machte Abstecher nach Ägypten (zwischen 1702—1707), wurde aber dort als Schwindler oder als Zauberer gemieden. Da ihm bisher kein Unternehmen gelungen war, verlegte er sich auf kabbalistische Gaukeleien, um die Welt zu betrügen. Er arbeitete eine Schrift aus, worin er die Behauptung durchführte, daß das Judentum (allerdings das Judentum mit kabbalistischem Vorder- und Hintergrunde) einen dreieinigen Gott zum Bekenntnis habe. Mit dieser Schrift im leeren Sacke kam er nach Smyrna (Frühjahr 1708) in der Absicht, entweder bei den Sabbatianern oder bei deren Gegnern sein Glück zu versuchen. Es gelang ihm in der Tat, einige reiche Smyrnaer zu bezaubern. Seine Gönner verpflichteten sich untereinander und gegen Chajon, ihn kräftig zu unterstützen, damit er in den Stand gesetzt sei, jene grundketzerische Schrift zu veröffentlichen und in einer pälastinensischen Stadt eine Art Lehrhaus oder Klaus zu gründen und dazu auch einige Genossen hinzuzuziehen. Nur einer der Smyrnaer Rabbiner, Benjamin Levi, erkannte Chajons Schwindeleien und die Schädlichkeit seiner Schrift, wollte sie auch, noch ehe sie das Tageslicht erblickte, durch eine Gegenschrift brandmarken, unterließ es aber aus Trägheit und trat überhaupt dem Heuchler nicht mutig und offen entgegen, sondern lud auf sich den Schein, als suchte er aus hämischem Neide den Kabbalisten von Palästina zu verkleinern. Daher kam es, daß der Erzschelm in Smyrna wie ein heiliger Prophet behandelt und von fast der ganzen Gemeinde zu Schiff geleitet wurde, das ihn nach Palästina zurückführen sollte. Seine Schwindeleien waren für den Augenblick von Erfolg gekrönt. Aber Benjamin Levi und seine Freunde hatten mit demselben Schiff einen Eilboten an das Rabbinat von Jerusalem abgehen lassen, um auf den Mann und dessen gefährliche Ketzerei aufmerksam zu machen. Die Seele des Jerusalemer Rabbinatskollegiums war damals Abraham Jizchaki, ein Talmudist mittlern Schlages, wie fast sämtliche Rabbinen in dieser Zeit, von der Kabbala eingenommen, aber ein heftiger Gegner der Sabbatianer. Aus diesem Grunde und vielleicht auch aus Eigennutz, um nicht einen begünstigten Nebenbuhler in Palästina zu haben, der den Jerusalemern die Spenden der auswärtigen Gemeinden leicht hätte wegschnappen können, war Jizchaki gleich bereit, den ihm von Smyrna aus zugekommenen Wink zu benutzen. Ehe sich noch Chajon ansiedeln konnte, schleuderte das Rabbinat von Jerusalem den Bannstrahl gegen ihn und verurteilte seine Schrift, die es doch nicht durch den Augenschein kannte, ohne den Verfasser verhört zu haben, zum Feuer (Juni 1708). Dieser grobe Formfehler hat sich später gerächt. Für den Augenblick unterlag Chajon allerdings. Als ein von dem Hauptkollegium in Palästina Gebannter konnte er sich nirgends festsetzen. Der Enthusiasmus seiner Smyrnaer Gönner verrauchte eben so schnell, wie er aufgelodert war. Menschengunst ist so wandelbar.

So war Chajon nach wenigen glücklichen Tagen abermals auf Bettelfahrten angewiesen. In Italien, wohin er von Ägypten aus gekommen war und einige Jahre weilte (1709—1711), fanden seine Schwindeleien wenig Anklang. Manche erinnerten sich noch seiner Streiche aus seinem früheren Aufenthalte in diesem Lande. Ein Kabbalist, Joseph Ergas in Livorno, der, obwohl ein Schwager des Erzsabbatianers Mose Pinheiro[1]), doch wenigstens in diesem Punkte dessen Gesinnung nicht teilte, erkannte die Schrift, die ihm Chajon vorgelegt hatte, sofort als eine sabbatianische, die verdammenswert sei. Chajon war darüber betroffen; er hatte in Ergas einen Anhänger des Lügenmessias vermutet, verließ eilig Livorno und bettelte in Ancona, Rom und anderen italienischen Städten. Nur in Venedig fand er bei Rabbinen und Laien einige Beachtung. Hier ließ er ein kleines Schriftchen, einen Auszug aus seiner größern Schrift drucken, worin er ganz offen die Dreieinigkeit als Glaubensartikel des Judentums aufstellte, allerdings nicht die christliche Dreieinigkeit, sondern drei Personen (Parzufim) in der Gottheit, den heiligen Uralten oder die Seele aller Seelen, den heiligen König, oder die Verkörperung Gottes und eine dazu gehörige weibliche Person (die Schechina). Diesen, das Judentum und seinen Gottesbegriff fälschenden Qualm wiederholte Chajon in schlechten Versen, welche er als Erbauungsgebete für besonders Fromme empfahl. Keck und mit der Gefahr spielend, verwebte er in die Anfangsverse Worte eines zotigen italienischen Liedes „Die schöne Margarete". Und dieses lästerliche Schriftchen (Geheimnis der Dreieinigkeit, Raza di-Jichuda) billigte und empfahl das Venetianer Rabbinat, entweder weil es gar nicht vor dem Drucke Einsicht davon genommen hatte, oder weil es in kabbalistischem Stumpfsinn die Tragweite desselben nicht erkannte. Indessen hielt sich Chajon nicht lange in Venedig auf, sondern begab sich bald darauf nach Prag, anfangs mit dem Vorgeben, nur kurze Zeit weilen zu wollen. Als er aber dort unerwartet viele Gönner und Bewunderer fand und sich in diesem Pfuhl wohlfühlte, dehnte er seinen Aufenthalt auf ein ganzes Jahr aus (1711—12). In Prag fand Chajon einen Wunderglauben, wie er ihn für sein Blendwerk nicht günstiger zu wünschen brauchte. Die Führer der Gemeinde, ältere und jüngere Rabbiner und Talmudjünger, alle waren davon erfüllt.

[1]) S. oben S. 192.

David Oppenheim, Oberrabbiner[1]) von Prag (geb. 1664 st. 1736), mehr berühmt wegen seiner reichen Büchersammlung, als wegen seiner Taten und seiner literarischen Leistungen, war ein eingefleischter Kabbalist und von ihrem Dusel benebelt. Er hatte zwar keine Zeit, sich mit dem Wanderprediger Chajon zu beschäftigen, noch überhaupt

[1]) Die Oppenheimersche Bibliothek ist nicht bloß wegen ihrer Reichhaltigkeit, sondern auch wegen ihrer Entstehung und Schicksale interessant und bildet selbst ein Stück jüdischer Geschichte. Der Grundstock derselben stammte von seinem Oheim, dem reichen Hofjuden Samuel Oppenheim in Wien, und zwar durch Vermittelung des Helden Prinz Eugen. „Er wußte den Hoffaktor für Geldoperationen zur Kriegsführung nicht besser zu stimmen, als wenn er ihm einige der hebräischen Schätze als Prämie in Aussicht stellte." (L. Aug. Frankl, Wiener Epitaphien S. XVI.) Diese seltenen Handschriften hat Prinz Eugen wohl in den türkischen Kriegen erbeutet. David Oppenheim war auf Vergrößerung der ererbten Bibliothek so versessen, daß er ein Verzeichnis der vermißten Schriften anlegte und überallhin Auftrag erteilte, solche zu beschaffen. Die auf diese Weise zusammengebrachte Sammlung enthielt ungefähr 7000 Bände Druckwerke und 1000 Handschriften. Wegen der Zensur durfte der Besitzer sie nicht in Prag aufstellen. Der Bischof und seine Akolyten ließen öfter bei Juden Haussuchung halten und unzensierte, besonders antichristliche Schriften konfiszieren. Er stellte sie daher in Hannover unter dem Schutz seines Schwiegervaters Lipmann Kohen auf, welcher Hoffaktor und einflußreich war (vgl. über ihn Zusätze zur hebräischen Übersetzung von Manasse Ben-Jsraels Esperança = מקוה ישראל: הכבוד הגדול של הקצין והחסיד זקן ר' ליפמן שיש לו אצל דוכסי ושרי הנובר . . . (p. 97) S. Auerbach, Geschichte der Gemeinde Halberstadt, S. 45 [und Kaufmann, Samson Wertheimer, S. 86, n. 1]). Geschäfte führten D. Oppenheim öfter nach Hannover. Nach seinem Tode fiel die Bibliothek seinem Sohne [s. weiter unten den Zusatz am Ende dieser Anm.] Hirschel Jsaak Oppenheim, Rabbiner von Hildesheim, zu (st. um 1770). Sie wurde dann an einen Hamburger Senator um 50000 Mark verpfändet und von diesem kam sie in den Besitz eines Jsaak Kohen in Hamburg. Sie sollte, weil der Gläubiger auf Zahlung drang, verauktioniert werden und wurde auf 40000—50000 Taler abgeschätzt. Prof. J. Michaelis, um ein Gutachten angegangen, legte es dem Gerichte ans Herz, sie nicht zu parzellieren und ermahnte jüdische Kapitalisten und wissenschaftliebende Fürsten, sie käuflich an sich zu bringen. Weder das eine noch das andere erfolgte. Daniel Chalfan in Berlin machte den Versuch dazu; Mendelssohn wurde zu Rate gezogen (1780) und schätzte sie auf 50000—60000 Taler. 1782 riet ein Professor dem Herzog von Mecklenburg-Schwerin sie zu kaufen. 1786 feilschte der Herzog von Württemberg um sie und bot 18000 Gulden. Inzwischen brach die französische Revolution aus, die großen Kriege folgten und mit ihnen begann „die Aufklärung" der deutschen Juden, welche ihnen eine Art Dégoût gegen die rabbinische Literatur einflößte. So blieb die Oppenheimersche Bibliothek bis 1826 in Kisten verpackt. David Friedländer schlug vor, sie auf Aktien à 50 Taler anzukaufen; auch das unterblieb. So kaufte sie 1829 die Oxforder Bibliothek, die Bod-

sich um Gemeindeangelegenheiten und Interessen des Judentums viel zu kümmern. Er brauchte seine Zeit für großartige Geldgeschäfte mit den Summen, welche ihm sein reicher Wiener Oheim, Samuel Oppenheim, nebst einer bedeutenden Bibliothek hinterlassen hatte. Wenn etwas Wichtiges in Prag vorging, war David Oppenheim in der Regel abwesend, um sein Vermögen oder seinen Bücherschatz zu vermehren. Er spendete von seinem Reichtum mit offenen Händen, den zehnten Teil seines Vermögens — über 150,000 Mark — verteilte er an Hilfsbedürftige, aber das Rabbinat vernachlässigte er. David Oppenheim kam daher wenig mit Chajon zusammen, desto mehr sein Sohn Joseph, der von dessen kabbalistischer Aufschneiderei bezaubert war und ihn ins Haus nahm[1]). Ebenso viel Wesen machte mit ihm der in Prag damals lebende kabbalistische Rabbiner Naphtali Kohen, dem seine Wundertuerei teuer zu stehen gekommen war. Dieser aus Polen eingewanderte, zuerst in Posen und dann in Frankfurt a. M. fungierende Rabbiner (geb. um 1660 st. 1719) war ganz besonders in die Kabbala vernarrt und trieb sie auch praktisch, d. h. die Beschwörungskabbala. Er glaubte einen Talisman gegen Feuersgefahr gefunden zu haben, womit er den der Menschenkunst spottenden Feuergeist bannen könne. Aber gerade in seinem Hause in Frankfurt brach ein Brand aus, welcher die ganze Judengasse in Asche legte, man sagte, bei einer Probe, die er mit seinen Beschwörungsversuchen angestellt hatte. Er wurde als Brandstifter eingezogen und längere Zeit in Haft gehalten. Von diesem Verbrechen freigesprochen, mußte Naphtali Kohen die Mainstadt verlassen und begab sich nach Prag (1711) unter den Schutz David Oppenheims. Auch ihm imponierte Chajon außerordentlich und wurde von ihm auf den Schild gehoben. Wer sollte sich nicht um den angeblichen Prediger oder Sendboten Palästinas (wofür sich Chajon ausgab) bewerben, wenn das Oppenheimsche Haus und Naphtali Kohen ihm huldigten? Kein Wunder, wenn die talmudbeflissene Jugend, die wißbegierigen Söhne des Lehrhauses sich um Chajon drängten. Unter diesen befand sich auch der

leyana, deren Zierde sie jetzt bildet, um den Spottpreis von 9000 Talern. [Über David Oppenheim und seine Familie vgl. Kaufmann a. a. O., S. 96 ff. David Oppenheim hatte nur einen einzigen Sohn, den nachher im Text erwähnten Joseph. Dieser wurde nach dem Tode des Vaters Erbe der Bibliothek (M. Wiener in Berliners „Magazin" I, 27) und vererbte sie an seinen Neffen Isaak ben Seligmann ha-Kohen in Hamburg (Kaufmann a. a. O., S. 98 f.)]

1) [Vgl. Kaufmann a. a. O., S. 97, n. 1.]

wegen seines Scharfsinnes später so berühmt und berüchtigt gewordene Jonathan Eibeschütz, welcher zur selben Zeit in Prag weilte. Chajon hielt in Prag Predigten, bezauberte die Zuhörer mit seiner sophistisch witzelnden Manier, welche das Ungereimteste zusammenreimte. Hin und wieder ließ er die Irrlehren der Salonicher Sabbatianer durchschimmern, daß die Sünde nur durch das Übermaß der Sündhaftigkeit, durch die Befriedigung aller, auch der häßlichsten Begierden, durch die Übertretung der Thora überwunden werden könne. Er band den Pragern auf, oder ließ es durch seinen Begleiter aus Venedig verbreiten, daß er mit dem Propheten Elia verkehre, daß er die Gottheit zwingen könne, sich ihm zu offenbaren, daß er Tote zu erwecken, neue Welten zu schaffen vermöge — das alles fand Glauben. Er schrieb Amulette, um die man sich riß, führte aber dabei heimlich ein Lotterleben. Das Geld, das ihm der heilige Schwindel einbrachte, verbrauchte er im Kartenspiel. Endlich wagte er es, seine ketzerische Schrift, sein sabbatianisches Glaubensbekenntnis von der Dreieinigkeit Naphtali Kohen zur Begutachtung vorzulegen und zeigte ihm gefälschte Leumundszeugnisse von italienischen Rabbinen vor. Vor lauter Bewunderung für Chajons Person erteilte ihm, ohne auch nur die Schrift einer genauen Prüfung unterzogen zu haben, Naphtali Kohen nicht nur eine einfache Billigung, sondern eine glutvolle Empfehlung derselben, — eine leichtsinnige Art, welche den damaligen Rabbinen durchschnittlich eigen war, sich aber dieses Mal bitter rächen sollte. Nach und nach erfuhr Naphtali Kohen zu seinem Schrecken, daß der von ihm so sehr bewunderte und ausgezeichnete Jerusalemer ein Erzschelm war, dessen Trachten nur auf Betrügereien ausging. Er wollte ihm daher das ihm erteilte Empfehlungsschreiben entziehen, aber Chajon ließ sich nicht leicht etwas entreißen. Er saß bereits in Prag so fest, daß er Naphtali Kohens Feindschaft verachten konnte

Mit gefälschten und erschlichenen Empfehlungen versehen, berückte Chajon noch andere Gemeinden, Wien, Nikolsburg, Proßnitz, Breslau, Glogau und Berlin; es gelang ihm, sich den dummgläubigen deutschen Juden gegenüber als Prophet zu gebärden und sich von ihnen ernähren zu lassen. Heimlich war er aber mit einem sabbatianischen Schwärmer oder Betrüger Löbele Proßnitz[1]) in Verbindung getreten, wahrscheinlich einem Parteigänger des Mardochaï von Eisenstadt, der vor den geblendeten Augen Leichtgläubiger den Gottesnamen, vier hebräische Buchstaben aus Rauschgold ausgeschnitten und auf seine

[1]) S. Note 4, Ende.

Brust geklebt, vermittelst Alkohol und Terpentinflammen erglänzen machte. Wie die Wilden staunten damals mährische Juden Löbele Proßnitz' Spirituswunder an. In Berlin, wo Chajon mehrere Monate (1713) weilte, hatte er die beste Gelegenheit im Trüben zu fischen. Die bereits auf mehr denn hundert Familien angewachsene Berliner Gemeinde, welche aus Schutzjuden und aus den auf Kündigung Geduldeten bestand[1]), war in Spaltung geraten, wie es scheint durch zwei mit dem Hofe verkehrende, einander feindliche Familien. Die Witwe des Hofjuweliers Liebmann, welche bei König Friedrich I. eine wohlgelittene Person war (o. S. 284), wurde gerade deswegen vom Kronprinzen (später Friedrich Wilhelm I.) verabscheut. Dieser hatte seinen eignen Leibjuden Marcus Magnus, welcher nicht bloß aus Gefälligkeit gegen den Thronfolger Todfeind des Liebmannschen Hauses war. Die Feindschaft der zwei Häuser des Berliner Israels teilte sich der ganzen Gemeinde mit, spaltete sie in zwei Parteien und berührte auch die Synagoge. Marcus Magnus wollte das Liebmannsche Bethaus zum Schließen bringen und warb abwechselnd durch süße Worte und Drohung Gemeindemitglieder, sein Gesuch zu unterstützen, eine große gemeinschaftliche Synagoge zu bauen und die zwei bestehenden Bethäuser zu verbieten. Die Minister und Behörden waren für den Neubau, der König selbst aber aus Rücksicht für die Witwe Liebmann dagegen, wenigstens gegen das Schließen der Liebmannschen Synagoge[2]). Persönliche Erbitterung und Gemeinheiten versteckten sich hinter dem Synagogenbau. Gerade als die Parteileidenschaft am heftigsten entbrannt war, kam Chajon nach Berlin und wußte aus der Spaltung Nutzen zu ziehen. Er hielt sich an die zwar schwächere, aber reiche und um so opferwilligere Liebmannsche Partei. Der damalige Rabbiner von Berlin Aaron Benjamin Wolf, Schwiegersohn der Hofjüdin Liebmann, ein Schwachkopf, behandelte ihn mit verehrungsvoller Auszeichnung. Naphtali Kohen, der damals nach Berlin gekommen war, hätte zwar Chajon entlarven können, scheute sich aber, wie er sagte, die Zwietracht in Berlin noch mehr zu entzünden. So konnte der Schelm unangefochten seine ketzerische Schrift, womit er sein Unwesen fünf Jahre vorher in Smyrna begonnen hatte, in Berlin drucken lassen. „Der Glaube des All" (Mehemenuta de Cola), so lautet der verfängliche Titel. Der Haupttext, die Ausgeburt eines Sabbatianers (einige meinten des Sabbataï Zewi selbst),

[1]) König, Annalen S. 127.

[2]) Das. S. 234 f. [Vgl. Landshuth, תולדות אנשי שם, S. 6 ff.]

empfiehlt den „heiligen König", den Messias, die in Fleisch eingegangene Gottheit ganz allein als Gott Israels der Verehrung und Anbetung (o. S. 211). Dazu lieferte Chajon zwei sophistische Kommentare, worin er in vielfachen Wendungen durchführte, daß der Gott des Judentums die Dreifaltigkeit sei. Beim Gebete „Höre Israel, der Ewige, unser Gott, Gott ist einzig" müsse jeder Jude an diese Dreieinigkeit denken; sonst könne er die Seligkeit nicht erlangen, selbst wenn er sämtliche religiöse und sittliche Pflichten erfülle. Dieser Glaube allein mache selig. Belegt war diese neue Ketzerei mit Stellen aus dem Sohar und anderen kabbalistischen Schriften in empörend sophistischer Deutelei. Schlau wie Chajon war, verwahrte er sich vor einer etwaigen Entlarvung mit der Bemerkung, man dürfe auch von verworfenen Menschen solche Lehren annehmen, die sich auf die Theologie, den Gottesbegriff, bezögen. — So weit war das Judentum gesunken, daß eine solche Lästerung unter den Augen und mit Zustimmung eines Rabbiners, des Aaron Benjamin Wolf in Berlin (und wohl mit dem Gelde der Liebmannschen Partei), gedruckt werden durfte! Chajon hatte die Frechheit, gefälschte Zeugnisse von Rabbinen vordrucken zu lassen, als wenn sie das Buch gelesen und als hochheilig empfohlen hätten. Mit diesem Werke eilte er über Hamburg nach Amsterdam, um in diesem jüdischen Eldorado sein Glück zu machen. Damit begann eine zerrüttende Spaltung in der Judenheit.

Die Gemeinde von Amsterdam war vor den Umtrieben der Sabbatianer genügend gewarnt worden. Der Jerusalemer Rabbiner Abraham Jizchaki (o. S. 317), welcher als Sendbote für Spendensammlung abgeordnet war, benahm sich wie ein päpstlicher Legat, dem die Oberhoheit über alles Religiöse zukäme, und wie ein Großinquisitor, um die eingerissene Ketzerei zu vertilgen. In Smyrna gab es noch in den Händen einzelner geheimer Sabbatianer ketzerische Schriften des Schwärmers Abraham Michael Cardoso. Auf Jizchakis Veranlassung mußten sie unter Androhung des Bannes und weltlicher schwerer Strafen von den Besitzern ausgeliefert werden und wurden verbrannt. Die Smyrnaer Gemeinde fühlte sich dadurch wie von einem Alpdrucke befreit und war dem Anreger dafür dankbar. Jizchaki war auch nach Amsterdam gekommen und hatte die Rabbinen und Vorstände vor sabbatianischen Sendlingen gewarnt und auf den Wink des Smyrnaer Rabbinats hingewiesen, daß ein heimlicher Sabbatianer unterwegs sei, um Cardosos Schriften drucken zu lassen. In der Tat kam ein sabbatianischer Sendling in Amsterdam an und suchte die Druckerlaubnis nach. Der portugiesische Vorstand übergab vorher diese

Schriften dem Rabbiner Salomo Ayllon zur Prüfung, und dieser, verblendet oder aus alter Liebe zu kabbalistischer Schwärmerei, erklärte sie für unverfänglich, gegen das Judentum nicht verstoßend und zum Drucke zulässig. Der portugiesische Vorstand aber begnügte sich mit dem Gutachten seines Rabbiners nicht, sondern ließ weitere Prüfungen anstellen, und das Urteil der unparteiischen Sachverständigen lautete, Cardosos Schriften verdienten verbrannt zu werden, was auch in Amsterdam geschehen ist. Kurz darauf traf Chajon dort ein. Er hielt sich anfangs bescheiden zu den Portugiesen und überreichte dem Vorstande ein Exemplar seiner in Berlin gedruckten Schrift vom dreieinigen Glauben, um von ihm die Erlaubnis zum Absatz zu erwirken. Er scheint sich als palästinensischer Sendbote ausgegeben zu haben. Dadurch entstanden sofort Reibungen, die mit persönlicher Empfindlichkeit begannen und mit einem weittragenden Zerwürfnis endeten.

Der Rabbiner der deutschen Gemeinde, Zewi Aschkenasi, Chacham Zewi genannt, geriet nämlich bei der Nachricht von Chajons Anwesenheit in Amsterdam in große Aufregung. Dieser Mann, dessen Vater zu den eifrigsten Sabbatianern gehört hatte (o. S. 218), während es ihm selbst und seinem Sohne Jakob Emden beschieden war, dieselben mit allzueifriger Heftigkeit zu bekämpfen, hatte einen eigenartigen Lebensgang. Zewi Aschkenasi (geb. 1656, st. 1718) war der Sohn jenes Jakob Aschkenasi, welcher fast durch ein Wunder beim Kosakenaufstande gegen die Juden dem Tode entgangen war und seine junge Frau in Mähren wiedergefunden hatte (o. S. 75). Schön von Gestalt, mit einem hellen Kopf begabt und in Salonichi in der sefardisch-talmudischen Lehrmethode geschult, verband er im Talmudfache Gründlichkeit und Scharfsinn. In seinem achtzehnten Jahre wurde er als reifer Talmudkenner zu Rate gezogen. Verhätschelt, gesucht, mit der Tochter eines reichen Mannes in Ofen jung verheiratet und dadurch unabhängig, entwickelte sich in ihm ein Unabhängigkeitsgefühl, ein stolzes Bewußtsein und auch eine gewisse Eitelkeit auf sein talmudisches Wissen. Infolge der Belagerung von Ofen, die ihm seine junge Frau und ein Töchterchen geraubt hatte, war er genötigt, eine Rabbinerstelle in Bosna-Seraï anzunehmen. Aber er konnte sich daselbst nicht lange behaupten; sein stolzer Sinn vertrug sich nicht mit einer abhängigen Stellung. Ein gewisser Chajon (mit dem Beinamen der Lange) soll ihn aus Bosna-Seraï ausgewiesen haben. Chacham Zewi mußte daher nach Europa wandern; seine Eltern und Verwandten waren indes in Gefangenschaft geraten. Aber sein Stolz konnte sich nicht dazu herbeilassen, auch in der größten Verlegenheit eine Unterstützung anzunehmen. So kam er nach Altona, verheiratete sich zum zweiten Male mit der Tochter des Rabbiners der Drei-Gemeinden (Hamburg, Altona, Wandsbeck), wurde Vorsteher einer Klaus, zog aber seinen Lebensunterhalt aus Geschäften. Nach dem Tode seines Schwiegervaters wählte ihn eine Partei zu dessen Nachfolger, eine andere klammerte sich an einen anderen. Es entstanden kleinliche Streitigkeiten, wie fast in jeder Gemeinde damals bei der Wahl eines neuen Rabbiners. Tief gekränkt zog sich Chacham Zewi in seine Klaus zurück und verdüsterte sich. Wegen seiner Gelehrsamkeit und seines, insofern er nicht von Hochmut geblendet war, lauteren Charakters genoß er, wenn auch nicht Liebe, so doch hohe Achtung, selbst bei den Portugiesen, die ihn, den deutschen Rabbinen (was sonst selten geschah), zum Schiedsrichter nahmen. In London waren nämlich in einer Gemeindegruppe — denn auch hier bestanden mehrere — infolge einer Predigt ihres Rabbiners David Nieto Streitigkeiten ausgebrochen. Dieser Prediger hatte auseinandergesetzt, daß Gott und das, was man die allgemeine Natur nenne (natura naturans), ein und dasselbe sei. Daran hatten einige Gemeindeglieder — es ist zweifelhaft, ob aus ehrlicher Überzeugung, oder nur in der Absicht, Nieto Kränkungen zuzufügen — Anstoß genommen, weil es nach der Spinozistischen Lehre klang. Diese hatten den Vorstand gedrängt, einen Rabbinen von Autorität um ein Gutachten anzugehen, ob diese Ansicht rechtgläubig sei. Der Vorstand dieser Gemeinde hatte dazu Chacham Zewi auserkoren, mit Übergehung der ihm näher stehenden portugiesischen Rabbinen von Hamburg und Amsterdam. Chacham Zewis Bescheid (1705) fiel zugunsten Nietos aus[1]). Sein Gutachten ist verständig gehalten, wenn auch ohne Spur von philosophischer Kenntnis, welche bei der Beantwortung einer solchen Frage am Platze gewesen wäre. Vermöge seiner Autorität wurde Zewi Aschkenasi nach Amsterdam zum ersten Rabbinen der deutschen Gemeinde berufen (1710); er wollte sich aber lieber Chacham genannt wissen. Hier sah er mit einer großen Verachtung auf seine portugiesischen Kollegen, namentlich auf Salomo Ayllon herab und mochte diesen nie als einen Ebenbürtigen ansehen. Und dieser tadelte dessen Stolz: „Chacham Zewi will fast noch mehr als Prophet Mose gelten", urteilte er von ihm.

[1]) Diese Streitsache und Chacham Zewis Gutachten sind mitgeteilt in einer Schrift von David Nieto: de la divina providencia, o sea naturaleza universal o natura naturante (London 1704, 4), auch in Ch. Z. Respp. Nr. 18.

Sobald der Name Chajon an das Ohr des deutschen Chacham schlug, hielt er ihn für seinen ehemaligen Feind aus Bosna-Seraï und bedeutete sofort den portugiesischen Vorstand, dem Fremden keinerlei Gunst zu erweisen, da er übelberüchtigt sei. Nehemia Chajon konnte aber die Verwechselung der Person durch die Namensgleichheit berichtigen, und stellte sich überhaupt sehr demütig Chacham Zewi gegenüber, so daß dieser dem Vorstande bald darauf erklärte, er habe nun nichts mehr gegen den von ihm verkannten Fremden. Schon schien Chajon freie Bahn in Amsterdam gefunden zu haben, als der noch immer in Amsterdam weilende Mose Chagis Lärm gegen ihn schlug, vielleicht aus Berechnung, um an ihm nicht einen jerusalemischen Nebenbuhler zu haben. Ihm war nämlich die in Berlin gedruckte ketzerische Schrift zur Prüfung vorgelegt worden, weil einige Vorstandsmitglieder ihrem Chacham Ayllon nicht trauten. Kaum hatte er Einblick davon genommen, als er über Ketzerei schrie; er berief sich dabei auf die von Abraham Jizchaki an den Amsterdamer Vorstand gerichtete Warnung. In der Tat brauchte man nicht lange in der Schrift zu suchen, um eine plumpe Dreieinigkeitslehre darin zu finden. Der deutsche Chacham, von Mose Chagis auf die verdächtige Lehre Chajons aufmerksam gemacht, bedeutete abermals den portugiesischen Vorstand, ja dekretierte ihm beinahe, den Fremden nicht zu begünstigen, ihn vielmehr auszuweisen. Dieser mochte sich aber nicht so ohne weiteres Vorschriften machen lassen und stellte an Chacham Zewi das Verlangen, entweder ihm die ketzerisch klingenden Stellen in Chajons Buch genau zu bezeichnen oder mit einigen vom Vorstande ernannten Mitgliedern zu einer Prüfungskommission zusammenzutreten. Beides schlug Chacham Zewi auf Chagis' Rat rundweg ab, als Rabbiner habe er nicht die Pflicht, Beweise zu führen, sondern lediglich ein endgültiges Urteil auszusprechen. Mit Ayllon zusammenberaten mochte er noch weniger, um ihn nicht als ebenbürtigen Talmudisten anzuerkennen. Dieses hochmütige Benehmen Chacham Zewis auf der einen Seite, und Ayllons Empfindlichkeit auf der anderen haben einen Funken zu einer hellen Flamme angefacht.

Der portugiesische Chacham hatte nämlich Grund, sich verletzt zu fühlen und zu beklagen. Sein eigener Vorstand hatte ihn bei dieser Sache übergangen, Mißtrauen gegen ihn gezeigt und seinen Gegner gewissermaßen als höhere Instanz über ihn gesetzt. Außerdem scheint er den schlangenklugen Abenteurer gefürchtet zu haben, wenn er zu dessen Verfolgung die Hand böte, weil dieser von Ayllons Vergangenheit und Beziehungen zu den Salonicher Donmäh mehr gewußt haben mag, als ihm lieb war. Er hatte demnach ein Interesse, dem Ketzer zur Seite zu stehen und ihn vor der ihm drohenden Ausweisung aus Amsterdam zu schützen. Nicht gar schwer wurde es ihm, ein Mitglied des portugiesischen Vorstandes, den entschiedenen, unbeugsamen, harten, für innere Fragen gleichgültigen Ahron de Pinto gegen den deutschen Chacham einzunehmen, ihm beizubringen, daß es sich darum handle, die Unabhängigkeit der alten, angesehenen, überlegenen, portugiesischen Gemeinde gegenüber der Anmaßung der bisher untergeordneten deutschen zu wahren, mit einem Worte, die wichtige Frage über Rechtgläubigkeit und Ketzerei in eine Rangfrage zwischen den verschiedenen Gemeindegruppen umzukehren. Fußfällig soll der Chacham Ayllon diesen Vorsteher angefleht haben, ihm gegen die ihm und mit ihm zugleich seiner Gemeinde zugefügte Schmach beizustehen. De Pinto behandelte diese Angelegenheit auch in diesem Sinne, und die übrigen Vorstandsmitglieder fügten sich seinem entschiedenen Willen. Fest und stramm wies er sofort jede Einmischung des deutschen Chacham in diese scheinbar portugiesische Gemeindeangelegenheit ab, brach jede Unterhandlung mit ihm ab und beauftragte Ayllon, eine Prüfungskommisson aus Portugiesen zusammen zu setzen, die über Chajons Schrift ein offizielles Gutachten abzugeben habe. Ayllon zog zu dem Rabbinatskollegium (nächst ihm selbst der greise David Aben-Atar Melo und Samuel Zarfati) noch vier Personen hinzu, David Israel Athias, Salomo Abrabanel Sousa, Salomo de Mesa, einen talmudkundigen Arzt, und David Mendes da Silva. Nur ein einziger von diesen zugezogenen Mitgliedern (de Mesa?) verstand etwas von dieser Frage und überhaupt von der Kabbala, und dieser weigerte sich anfangs beizutreten und mußte förmlich dazu gezwungen werden. Die übrigen dagegen waren in der Theologie vollständig unwissend und demgemäß von Ayllons Urteil abhängig. Der Vorstand, d. h. de Pinto, vereidete gemeinschaftlich mit Ayllon die Kommissionsmitglieder, die ihnen zur Prüfung übergebenen Exemplare der Chajonschen Schrift niemandem sehen zu lassen und überhaupt bis zum Schlußurteil alles geheim zu halten. Die kleinliche Streitfrage über Zulassung oder Ausweisung eines abenteuernden Bettlers erhielt dadurch eine große Wichtigkeit[1]).

Während die portugiesische Kommission scheinbar noch dem Prüfungsgeschäft oblag, beeilte sich Chacham Zewi im Verein mit Mose

[1]) S. über alles Note 6.

Chagis (Ende Tammus = 23. Juli 1713) den Bann über Chajon und sein ketzerisches Buch auszusprechen, „weil er Israel von seinem Gotte abzuziehen und fremde Götter (Dreieinigkeit) einzuführen versuche". Niemand dürfe mit dem Verfasser verkehren, bis er seine Irrlehre widerrufen habe; seine Schrift sollte jedenfalls dem Feuer übergeben werden. Dieses Verdammungsurteil ließen sie in hebräischer und portugiesischer Sprache drucken und als Flugblatt verbreiten. Vieles, was diese beiden Eiferer an Chajons Schriften auszusetzen hatten, ließ sich eben so gut gegen den Sohar und andere kabbalistische Schriften geltend machen; aber kurzsichtig, wie sie waren, sahen sie nur die bösen Folgen der kabbalistischen Afterlehre, aber nicht ihre erste Ursache.

Groß war die Aufregung der Amsterdamer Judenheit infolge dieses Schrittes. Chacham Zewi und Mose Chagis wurden auf den Straßen von Portugiesen beleidigt und beschimpft — man behauptete, Ayllon habe ehrlose Leute dazu bestellt. In der Tat hat dieser gleich darauf in einer Predigt verdeckte, beleidigende Anspielungen gegen Chagis vorgebracht, die ihm dieser an demselben Tage in einer Nachmittagspredigt heimzahlte. Die Erbitterung wurde dadurch nur noch größer. Die Menge rief einander bei Chagis' Anblick zu: „Steinigen wir ihn, töten wir ihn." Versöhnungsversuche scheiterten teils an Ayllons Rechthaberei, der nicht fehlbar erscheinen mochte, teils an de Pintos Härte, der einzig und allein das Ansehen der portugiesischen Gemeinde im Auge hatte. Flugblätter steigerten die Erbitterung. Auch nach außen machte die Streitigkeit innerhalb der Amsterdamer Judenheit viel Aufsehen und veranlaßte Parteinahme für und wider. Ayllon und de Pinto verboten daher ihren Gemeindegliedern unter Androhung der Ausschließung aus der Gemeinschaft, Flugblätter zu lesen und überhaupt sich mündlich oder schriftlich darüber zu äußern. Sie betrieben auch den Abschluß des Urteils, das aber von Ayllon allein ausgearbeitet war. Es lautete im geraden Gegensatze zu Chacham Zewis und Chagis' Entscheidung, in Chajons Schrift fände sich nichts Anstößiges oder Verfängliches gegen das Judentum; es seien darin nur dieselben Lehren enthalten, die auch in anderen kabbalistischen Schriften vorkämen. Vergebens hatte ein greises Mitglied der portugiesischen Gemeinde den Vorstand beschworen, dieses falsche Urteil nicht anzunehmen, weil Chajons Schrift tatsächlich von den sabbatianischen Ketzereien Cardosos voll sei, welche in fast der ganzen Judenheit und auch in derselben Gemeinde verdammt worden wären. Vergebens hatte sein Sohn, ein Mitglied der Prüfungskommission, seine

Unterschrift unter dieses ungerechte Urteil zu setzen verweigert. Er wurde dazu gezwungen und hatte nicht den Mut des Widerstandes. So wurde denn offiziell in den Synagogen bekannt gemacht (7. August 1713), daß Chajon von der angeschuldigten Ketzerei freizusprechen, und er ein unschuldig Verfolgter sei. Tages darauf wurde der Urheber dieses Zerwürfnisses im Triumph in die portugiesische Hauptsynagoge geführt, und dort wurde mit ihm zur Kränkung der Gegner wahre Abgötterei getrieben. Der falsche Prophet, welcher offen ausgesprochen hatte: „Kommt, lasset uns fremden Göttern dienen,“ er wurde von den Portugiesen, welche für die Einheit Gottes Gut und Leben eingesetzt hatten, mit Huldigungen überhäuft. Sie riefen in der Synagoge Chajon ein „Lebehoch“ und den Gegnern ein „Untergang“ zu. Chajon mochte im Stillen über die Mystifikationen, die er angestiftet, und die Leichtgläubigkeit der Menge am meisten gelacht haben. De Pinto sorgte dafür, daß Chacham Zewi von seiner eigenen deutschen Gemeinde nicht unterstützt, ja der Mißhandlung seiner Gegner schutzlos überlassen wurde. Er befand sich wie ein Vereinsamter, fast wie ein Gebannter.

Aber von auswärts traf Hilfe für Chacham Zewi ein. Diejenigen Rabbinen, deren angebliche Empfehlungsschreiben Chajon seiner Schrift vorgedruckt hatte, erklärten dieselben geradezu als gefälscht. Das Nikolsburger Rabbinat (Mähren) legte ihn in den Bann. Naphtali Kohen setzte in einem Sendschreiben Chajons Schliche, Spiegelfechtereien, Gemeinheiten und Unsittlichkeiten auseinander. Den tiefsten Eindruck machten die Sendschreiben des allverehrten greisen Rabbiners von Mantua, Leon Brieli (o. S. 297), der die häßliche Vergangenheit des Schwindlers nur zu gut kannte, ihn unumwunden entlarvte und dem Verdammungsurteil über dessen ketzerische Schrift beitrat. Innig und dringend schrieb Brieli an den Amsterdamer Vorstand und an Ayllon (italienisch und hebräisch) und beschwor sie, einer so schlechten Sache nicht ihre Autorität zu leihen. Diese blieben aber bei ihrem Trotze, antworteten ihm höflich, aber ablehnend. Indessen wuchs der Streit in der Amsterdamer Gemeinde mit jedem Tage mehr, jedermann nahm Partei für und wider und verteidigte seine Ansicht mit Erbitterung, Leidenschaftlichkeit und nicht selten Tätlichkeit. Der Friede war aus dieser musterhaften Gemeinde gewichen, und die Zwietracht pflanzte sich in das Familienleben fort. Es war so weit gekommen, daß die Hauptgegner gar nicht mehr nachgeben konnten. Ayllon und de Pinto gingen aber in ihrer Halsstarrigkeit immer weiter. Auf ihre Veranlassung lud der portugiesische Vorstand

Chacham Zewi, den Rabbiner der deutschen Gemeinde, über den ihm gar keine Befugnis zustand, vor seine Schranken, in der Absicht, ihn zu beschämen oder zum Widerruf zu bewegen. Er hatte nichts weniger im Sinne, als ihn zu zwingen, Chajon Abbitte zu tun und ihm für dessen Weiterreise warme Empfehlungsbriefe an Gemeinden und Rabbinate einzuhändigen. Chacham Zewi hatte aber Wind von diesem Anschlag gegen ihn und lehnte daher jede Zusammenkunft ab. Die portugiesischen Vorsteher luden ihn daher nochmals durch einen christlichen Anwalt offiziell vor (9. Nov. 1713), und als er auch darauf nicht erschien, legten sie ihn und Mose Chagis förmlich in den Bann (Anf. Dez.), d. h. sie verboten den Gemeindegliedern aufs strengste, mit ihnen zu verkehren, sie in Schutz zu nehmen oder für sie bei den städtischen Behörden ein günstiges Wort einzulegen.

Als wenn Vorstand und Rabbinat von Chajons niedriger Gesinnung angesteckt worden wären, begingen sie Gemeinheit über Gemeinheit. In einer Rechtfertigung ihres Schrittes vor der Öffentlichkeit verdrehten sie den Sachverhalt und bedienten sich geradezu offenkundiger Lügen. Sie ermunterten Chajon oder ließen es wenigstens zu, daß er seine Gegner mit den gröbsten, empörendsten Schmähungen begeiferte, nicht bloß Chacham Zewi, Chagis und Naphtali Kohen, sondern auch den ehrwürdigen weisen und greisen Rabbiner Leon Brieli. Alle seine Frechheiten unterstützten sie. Ayllon lieferte ihm geheime Schriftstücke aus, welche mehrere Jahre vorher von Jerusalem und Livorno aus gegen Mose Chagis erlassen worden waren[1]), und deren grundlose Anklagen Ayllon selbst anerkannt und besiegelt hatte. Alle diese Schriftstücke wurden zu Chagis' Verunglimpfung veröffentlicht. In einer vom Rabbinate und vom Vorstande gutgeheißenen Schmähschrift beschimpfte Chajon Brieli wie einen gemeinen Buben, rückte ihm vor, daß er dem Unglauben verfallen sei, weil er sich mit Philosophie beschäftigt und das Lügenbuch Sohar als böse Quelle aller Wirren bezeichnet habe, daß er keinen Bart trüge, und daß er unverehelicht geblieben sei. Aber dabei blieb es noch lange nicht. Der portugiesische Vorstand und das Rabbinat — oder richtiger de Pinto und Ayllon; denn ihre Kollegen waren nur zunickende Figuranten — verfolgten Chajons Gegner, als wenn ihnen alles Gefühl für Recht abhanden gekommen wäre. Gegen Moses Chagis hatten sie leichtes Spiel. Er lebte von der Unterstützung der portugiesischen Gemeinde; sie entzogen ihm die Nahrungsquelle, und er war ge-

[1]) S. oben S. 305.

zwungen, mit seiner hilflosen Familie Amsterdam zu verlassen und nach Altona zu wandern. Aber auch Chacham Zewi setzten sie sehr arg zu, belangten ihn bei den Behörden und verhinderten jedermann, ihm beizustehen. Die Portugiesen, auch diejenigen, welche das Verfahren tadelnswert fanden, waren durch den Bann gehindert, sich seiner anzunehmen, und auch die deutsche Gemeinde verließ feigerweise ihren bis dahin verehrten Rabbinen. So kam es, daß auch er Amsterdam den Rücken kehrte, sei es, daß de Pinto seine Verbannung bei dem Magistrat durchgesetzt hatte, oder daß Chacham Zewi, um einer skandalösen Ausweisung zuvorzukommen, sich selbst verbannte (Anf. 1714). Er begab sich zuerst nach London, dann über Breslau nach Polen und wurde überall ehrenvoll empfangen und behandelt.

Indessen konnten seine Gegner, Chajon, Ayllon und de Pinto ihres Sieges nicht froh werden. Der geringfügig scheinende Streit hatte eine große Ausdehnung genommen. Fast sämtliche deutsche, italienische, polnische und auch einige afrikanische Gemeinden mit ihren Rabbinen nahmen für den verfolgten Chacham Zewi Partei und schleuderten Bannstrahlen gegen den gewissenlosen Ketzer. Alle diese Bannbullen wurden nach und nach veröffentlicht und verbreitet. Für Chajon und seine Gönner erklärte sich nur ein einziger deutscher Rabbiner, Löb ben Simon Frankfurter in Mainz, ein närrischer Mensch, der sich ruhmredig anheischig machte, mit dem Gewichte seiner Autorität die deutsche Judenheit günstig für ihn zu stimmen. Nicht sehr würdig benahm sich bei dieser Gelegenheit David Oppenheim. Er strafte allerdings Chajon Lügen, als ob er dessen ketzerische Schrift gebilligt hätte; aber aus Familienrücksichten tadelte er auch Chacham Zewi, was die Chajonisten in Amsterdam gierig ausbeuteten und zu ihren Gunsten übertrieben; er war für sie der Strohhalm, an den sie sich mit ihrer verlorenen Sache anklammerten. Denn es liefen mit der Zeit Sendschreiben mit Bannbullen aus dem Morgenland, Smyrna, Konstantinopel, Aleppo, gegen Chajon ein, welche seine Verworfenheit schonungslos aufdeckten und den mehrere Jahre vorher über ihn in Jerusalem verhängten Bann in frische Erinnerung brachten. Seine Entlarvung durch Zeugen aus den Ländern, wo seine Vergangenheit nur zu gut bekannt war, trug am meisten dazu bei, den betrügerischen Propheten einer neuen Dreieinigkeit vollends zu richten.

Aber die Amsterdamer Portugiesen, wenigstens ihre Führer, ließen ihn noch immer nicht fallen, entweder weil sie seinen frechen Lügen Glauben schenkten, daß alle diese Verdammungsurteile gegen ihn von mehr denn hundert Rabbinen nur auf Verleumdung seiner wenigen

Feinde beruhten, oder aus Schamgefühl und Rechthaberei, weil sie sich einmal mit ihm so eng verbunden hatten. Sie sahen indes wohl ein, daß Chajon etwas unternehmen müsse, um den gegen ihn sich erhebenden Sturm zu beschwören. Sie begünstigten daher seine Abreise nach dem Morgenlande und versahen ihn mit Geld und Empfehlungen an einflußreiche Juden und Christen, die ihn unterstützen sollten, den über ihn in der türkischen Hauptstadt verhängten Bann zu lösen. Die Reise war aber für Chajon dornenvoll; kein Jude ließ ihn in sein Haus oder reichte ihm eine Labung. Wie Kain mußte er fluchbeladen von Ort zu Ort durch Europa flüchten. Im Toskanischen wollten ihm einige Anhänger (Sabbatianer?) einen freundlichen Empfang bereiten. Aber der Vorstand der Livorner Gemeinde setzte es beim Herzog durch, daß er das Land nicht betreten durfte (Juli 1714). So mußte er sich eiligst nach Konstantinopel einschiffen. Ihm folgten neue Verketzerungsschriften nach, nicht nur von Chagis und Naphtali Kohen, sondern auch von dem geachteten Kabbalisten Joseph Ergas und von dem Londoner Prediger David Nieto, der in hebräischer und spanischer Sprache in ruhigem Tone die Ketzerei, Verlogenheit und Verworfenheit dieses heuchlerischen Sabbatianers auseinandersetzte.

In Konstantinopel wurde Chajon, sobald er sich blicken ließ, von den Juden gemieden und wie ein Ausgestoßener behandelt; aber die Amsterdamer Empfehlungsbriefe bahnten ihm den Weg zu einem der Wesire, der seinen jüdischen Agenten befahl, ihm Unterstützung zukommen zu lassen. Aber trotz seiner Ränke mochte das Rabbinat von Konstantinopel nicht den Bann von seinem Haupt lösen, sondern wies ihn an das Jerusalemer Kollegium, von dem seine Ächtung zuerst ausgegangen war. Hier, wo sein Feind Abraham Jizchaki eine gewichtige Stimme hatte, konnte er die Lösung des Bannes noch weniger durchsetzen. Es scheint ihm aber gelungen zu sein, von einigen Winkelrabbinen in Hebron, wo der Sabbatianer Abraham Cuenqui Einfluß hatte, seinen Wunsch erfüllt zu sehen (Okt. 1715). Damit hatte er aber noch wenig gewonnen, wanderte abermals abenteuernd umher, wollte sich den Salonicher sabbatianischen Donmäh anschließen und buhlte, von diesen abgewiesen, wieder um die Gunst der Rabbinen. Endlich kam er wieder nach Konstantinopel, und hier fand er diesesmal eine kräftigere Unterstützung bei dem Großwesir, welcher dem Chacham Baschi den Befehl zugehen ließ, Chajon vom Banne zu lösen. Sogar einer der Rabbiner, welcher den Bann mit unterzeichnet hatte, Chajim Alfandari, gab sich viele Mühe für ihn und wollte ihn noch dazu mit Naphtali Kohen aussöhnen, der nach Vereitlung seiner Hoffnung, das Rabbinat von Posen wieder zu erlangen, über Polen nach Palästina gehen wollte und eine Zeitlang in Konstantinopel weilte. Aber dieser konnte es nicht über sich gewinnen, in die Hand des Schelmen und Ketzers einzuschlagen. Auch das Konstantinopler Rabbinat war nicht so leicht dazu zu bewegen, ihn wieder in die Gemeinschaft aufzunehmen. Es vergingen mehrere Jahre, bis sich drei, wahrscheinlich durch den Wesir eingeschüchterte Rabbinen bereit finden ließen, Chajon vom Banne zu befreien. Diese drei — darunter auch die letzte rabbinische Autorität im Morgenlande, Jehuda Rosanes[1]) — knüpften aber ausdrücklich die Bedingung daran, daß er sich nimmermehr über kabbalistische Punkte lehrend, predigend oder veröffentlichend auslassen dürfe, und Chajon verpflichtete sich dazu mit einem feierlichen Eide (Aug. 1724) — freilich um ihn gelegentlich zu brechen. Mit einem Schreiben, welches seine Wiederaufnahme in die jüdische Gemeinschaft bezeugte, eilte er nach Europa zu neuen Abenteuern und Schwindeleien.

Inzwischen war der sabbatianische Taumelgeist in Polen erwacht. In Podolien und in der Umgegend von Lemberg, in Zolkiew, Zloczow, Rohatyn, Podhayce, Horodenka und andern Städtchen war die Giftsaat aufgeschossen, welche der polnische Abenteurer Chajim Malach seit seiner Rückkehr aus der Türkei ausgestreut hatte. Die Führer der polnischen oder podolischen Sabbatianer waren zum Teil ehemalige Genossen des Wanderpredigers Juda Chaßid (o. S. 312), wie Mose Woydaslaw, der gleich seinem Meister das Himmelreich noch immer durch strenge Kasteiung fördern zu können meinte. Andere folgten einer ganz entgegengesetzten Lehre; nicht durch Fasten und Askese könne die Erlösung eintreten, sondern gerade durch Aufhebung sämtlicher Gesetze des Judentums und auch der Sittlichkeit, mit einem Worte durch die äußerste Zügellosigkeit und Befreiung von jeder religiösen und moralischen Schranke. Unter diesen sabbatianischen oder Malachschen Lehrern der Zuchtlosigkeit waren geschulte Talmudkundige Feischel Zloczow, ein verwegener Mann, der äußerlich den Strengfrommen spielte, Stunden lang im Gebet zubrachte, heimlich aber an der Auflösung des Judentums arbeitete. Von seinen Gesinnungsgenossen sind nur noch bekannt geworden sein Schwager Mose Meïr Kamenker aus Zolkiew, Isaak Kaidaner und Elisa Rohatin Schor, Nachkomme

1) Verf. des scharfsinnigen rabbinischen Kommentars Mischne la-Melech, st. um 1727 (Asulaï s. v.)

einer polnisch-rabbinischen Autorität, der später mit seiner ganzen Familie offen und erbittert das Judentum bekämpfte. Es liegen haarsträubende Zeugnisse von dem Treiben dieser podolischen Sabbatianer vor, die sich im Pfuhl schamloser Lüsternheit, und zwar mit frommer welterlösender Miene, gewälzt haben sollen. Ihre Übertretung und Verachtung des talmudischen Judentums und der Sittlichkeit betrieben sie lange Zeit heimlich, warben aber um Anhänger, predigten und legten zur Deckung ihrer zuchtlosen Theorien den Sohar aus. Als ihre Sekte sich vergrößerte, lüfteten sie ein wenig ihre fromme Maske, traten kecker auf und wurden vom Lemberger Rabbinat feierlich in der Synagoge bei ausgelöschten Kerzen in den Bann getan (2. Juli 1722)[1]). Die beim sabbatianischen Unfug und bei Übertretung von Geboten des Judentums Ertappten mußten ein öffentliches Bekenntnis ablegen, sich Bußen unterwerfen und eine Zeitlang Trauerkleider anlegen. Die Unbußfertigen wurden der Züchtigung roher Edelleute überwiesen. Dasselbe Verfahren wurde auch in anderen Gemeinden gegen die Sabbatianer eingeschlagen. Aber durch solche Mittel konnte diese Sekte nicht unterdrückt werden. Ihre Glieder waren von einer fanatischen Begeisterung getrieben, den Talmud, gewissermaßen den Lebensodem der polnischen Juden, zu verhöhnen und die Kabbala mit ihrer eigenen Bibel, dem Sohar, an dessen Stelle zu setzen; sie arbeiteten daran, diesen Plan in Vollzug zu setzen.

Heimlich schickten ihre Führer (1725) als Sendling Mose Meïr Kamenker nach Mähren, Böhmen und Deutschland, um sich mit den geheimen Sabbatianern dieser Länder in Verbindung zu setzen, vielleicht auch um Geld für ihr Unternehmen zusammen zu betteln. Unentdeckt durchreiste er viele Gemeinden. Wer konnte es diesem polnischen Bettelrabbinen ansehen, der talmudisch zu disputieren verstand und überfromm scheinheilig die Augen verdrehte, welche Gesinnung er im Innern hegte? In Proßnitz kam Mose Meïr mit Löbele zusammen, jenem plumpen Schwindler, welcher die eigene Theorie hatte, Gott habe seine Weltregierung dem Frömmsten, d. h. dem in die Kabbala am tiefsten Eingeweihten, vollständig überlassen. Ein solcher sei Gottes Stellvertreter auf Erden[2]). Zuerst sei es Sabbataï Zewi gewesen, dann sei dessen Seele in andere Fromme eingezogen, in Jonathan Eibeschütz und auch in ihn selbst. Mose Meïr trat auch

[1]) Emden, Torat ha Kenaot p. 33b f. Edut be Jakob p. 50b f.; über Elisa Schor s. Graetz, Frank und die Frankisten.

[2]) S. Note 4.

in Verbindung mit Jonathan Eibeschütz in Prag, der, obwohl noch jung, als der gründlichste und scharfsinnigste Talmudist galt, aber auch von der sabbatianischen Kabbala umgarnt war[1]). Mose Meïr drang unerkannt bis Mannheim vor, wo ein heimlicher Sabbatianer von Juda Chaßids Gesindel, sein Schwager Jesaia Chaßid aus Zbaraž, hauste, der zwar seinen sabbatianischen Glauben öffentlich abgeschworen hatte, aber nichtsdestoweniger sich unter seinen Genossen für den wiedergeborenen Messias ausgab. Von Mannheim aus warfen diese beiden polnischen Sabbatianer ihre Netze aus und betörten die Einfältigen mit soharistischem Phrasengeklingel. Ihre Hauptlehre bestand darin, die an dem Talmud hangenden Juden hätten nicht den rechten Glauben, der lediglich in der Kabbala wurzele. Von Prag aus wurde in derselben Zeit eine scheinbar kabbalistische Schrift verbreitet, welche an Blödsinn, Verkehrtheit und Gotteslästerung kaum ihresgleichen haben dürfte; die allerunflätigsten Dinge werden darin in talmudischen und soharistischen Redewendungen mit der Gottheit in Verbindung gebracht. Auch diese Schrift entwickelt die Lehre von den Personen in der Gottheit, dem Uralten und dem Gotte Israels und deutet darauf hin, daß auf einem höheren Standpunkte die Thora und die Gesetze keine Bedeutung hätten. Es verlautete damals, daß Jonathan Eibeschütz Verfasser dieser eben so empörenden wie abgeschmackten Schrift gewesen sei[2]).

Der Zufall brachte dieses unsaubere, geheime Treiben an den Tag. Mose Meïr, der polnische Sendling, hatte sich in Mannheim einem anderen Bettelrabbiner anvertraut und seine geheime Gesinnung offenbart. Dieser verrieth ihn einem Vorsteher und einem Rabbinatsbeisitzer aus Frankfurt a. M., die zurzeit in Mannheim waren. Mose Meïr wurde darauf durch Versprechungen nach Frankfurt gelockt und im Hause des Rabbiners Jakob ha-Cohen Popers entlarvt. Man fand bei ihm viele ketzerische Schriften und Briefe der Sabbatianer untereinander, darunter auch solche von und an Eibeschütz. Darauf wurde von drei Rabbinen ein Zeugenverhör[3]) aufgenommen (10. und 11. Tammus = 20. und 21. Juli 1725). Mehrere Zeugen gaben Mose Meïr, Jesaia Chaßid und Löbele Proßnitz als engverbündete

[1]) S. Note 7.

[2]) Das.

[3]) Dieses Zeugenverhör ist abgedruckt in בית יהונתן הסופר p. 4 und findet sich handschriftlich bei H. Carmoly. [Vgl. M. Horovitz, Frankfurter Rabbinen, II, S. 86 ff.]

fanatische Sabbatianer an, zu deren Bunde auch Eibeschütz gehört habe. Ihn gerade hätten diese drei für Sabbataïs Nachfolger, für den echten Messias gehalten. Die Zeugen beteuerten, kabbalistisch-ketzerische Schriften über das Hohelied und andere, welche Eibeschütz und Löbele verfaßt hätten, von Mose Meïr empfangen zu haben. Sie wollten auch so viele Lästerungen vernommen haben, daß sie dieselben nicht über ihre Lippen zu bringen vermöchten. Auf Grund der bei Mose Meïr Kamenker gefundenen Schriften und der Zeugenaussage sprach das Rabbinat von Frankfurt den allerschärfsten Bann über denselben, seine Genossen und sämtliche Sabbatianer aus, daß niemand mit ihnen unter irgendwelcher Form verkehren dürfe, und daß jeder Jude verpflichtet sei, die geheimen Sabbatianer bei den Rabbinen anzugeben und ihr Unwesen ohne Rücksichtnahme aufzudecken. Diesem Banne schlossen sich die Rabbinen der deutschen Gemeinden von Altona-Hamburg und Amsterdam an; sie ließen die Bannformel zu jedermanns Kunde in den Synagogen verlesen und durch den Druck verbreiten[1]). Dasselbe geschah in Frankfurt a. O. zur Meßzeit in Beisein vieler fremder Juden. Mehrere polnische Rabbinen taten dasselbe. Sie hatten endlich eingesehen, daß sie nur mit vereinten Kräften ohne Schlaffheit dem heimlichen Unwesen der Sabbatianer ein Ende machen könnten. Einige deutsche und polnische Rabbinen hatten es damals darauf abgesehen, Jonathan Eibeschütz, dessen Verbindung mit Löbele Proßnitz und Mose Meïr erwiesen war, in den Bann hineinzuziehen. Es gehörte aber ein gewisser Mut dazu, weil dieser junge Talmudist bereits einen ausgebreiteten Ruf genoß und durch zahlreiche Jünger einen Anhang hatte. Und eben aus Rücksicht auf seinen Anhang und seine geachtete Familie in Polen unterblieb seine Ächtung. Jonathan Eibeschütz, um jeden Verdacht abzuwälzen, sprach selbst in der Synagoge am Vorabend des Versöhnungstages (16. Sept. 1725) den Bann über die Sabbatianer im Verein mit mehreren Rabbinen und Vorstehern Prags aus. Nur David Oppenheim, Oberrabbiner von Böhmen, dem die erste Stimme dabei gebührt hätte, mochte sich nicht dabei beteiligen, vielleicht weil er mit Eibeschütz in Feindschaft lebte und von der Überzeugung durchdrungen war, daß dieser nur aus Heuchelei über die Sabbatianer, deren verderblichen Grundsätzen er vielmehr huldigte, den Stab gebrochen habe[2]).

[1]) Unter dem Titel חוריא דרבנן, ein Flugblatt, s. Emden, Torat Kenaot p. 35b f.

[2]) S. Note 7.

Gerade in dieser Zeit war Chajon wieder in Europa eingetroffen und hatte den Schwindel noch vermehrt. Er scheint anfangs den Plan verfolgt zu haben, die Sabbatianer um sich zu sammeln und ihr Oberhaupt zu werden. Er trat daher mit Löbele Proßnitz und auch mit Eibeschütz in Verbindung. Um sich vor Verfolgungen zu sichern, näherte er sich heimlich den Christen, erlangte Zutritt in die Hofburg in Wien, sagte sich halb von den Juden los, verlästerte sie als Verblendete, die den rechten Glauben verschmähten, gab zu verstehen, daß auch er die Dreieinigkeit lehre, und daß er die Juden dazu herüberzuziehen vermöge. Mit einem Schutzbriefe vom Hofe versehen, trat er von Wien seine Weiterreise an, spielte abermals sein Doppelspiel heimlich als Sabbatianer und öffentlich als rechtgläubiger Jude, der von dem Bann gelöst sei. Es ist kaum glaublich, was Zeitgenossen von Chajon erzählen, daß er, der beinahe Achtzigjährige noch eine öffentliche Buhlerin, die er in Ungarn angetroffen, mit sich als seine Frau herumgeführt habe. Indessen fand er dieses Mal nicht mehr eine so gute Aufnahme. Das Mißtrauen gegen geheime Sabbatianer war erregt und gegen ihn ganz besonders. In Prag ließ man ihn nicht in die Stadt, nur Eibeschützens Frau und Schwiegermutter brachten ihm Speisen vor das Tor, um ihn nicht dem Verhungern auszusetzen. Eibeschütz selbst, von dem er verlangt hatte, seine Aussöhnung mit der Judenheit, von dem Konstantinopler Rabbinat bescheinigt, seinerseits zu bekräftigen, riet ihm, als Greis sein Wanderleben einzustellen. In Berlin schrieb Chajon an einen ehemaligen Bekannten, wenn ihm nicht ein Zehrpfennig zugeschickt würde, sei er entschlossen, zur Schande der Juden sich taufen zu lassen. In Hannover wurden ihm seine Papiere abgenommen, welche ihn noch mehr entlarvten. So schleppte sich der arme Schelm bis Amsterdam in der Hoffnung, dort seine enthusiastischen Freunde von ehemals wiederzufinden, aber er hatte sich getäuscht. Ayllon, der noch lebte, mochte nichts mehr von ihm wissen; er soll es bereut haben, diesen Schwindler je begünstigt und Chacham Zewi so leidenschaftlich verfolgt zu haben. Chajon konnte sich nur so lange in Amsterdam behaupten, bis er neue Lügen drucken lassen konnte, als ob viele Rabbinen Hebrons, Salonichis und Konstantinopels seine Unschuld anerkannt, den Bann von ihm genommen und ihm ein gutes Leumundszeugnis ausgestellt hätten. Aber alle seine Schwindeleien kamen an den Tag; er wurde in die Ächtung gegen Mose Meïr und seine Genossen mit einbegriffen und in Frankfurt und Hamburg-Altona neuerdings in den Bann getan (April 1726). Mose Chagis, der früher von ihm

Verfolgte, welcher in Altona in einer geachteten Stellung lebte und gewissermaßen als Oberketzerrichter galt, gab ihm noch den letzten Stoß. Chajon konnte sich in Europa nicht mehr behaupten, im Morgenlande war er ebenfalls geächtet; darum begab er sich nach Nordafrika und starb daselbst. Sein Sohn[1]) trat später als sein Rächer auf; er war zum Christentum übergetreten und zog in Rom die altjüdische Literatur, als feindselig gegen das Christentum, vor das Tribunal der Inquisition, mit erlogenen und halbwahren Anschuldigungen, eine trübselige Zeit der Selbstzerfleischung.

[1]) S. über alles Note 6 Ende.

Elftes Kapitel.

Allgemeine Verwilderung in der Judenheit.

(Fortsetzung.)

Luzzatto, Eibeschütz, Frank.

Luzzattos Lebensgang und dichterische Begabung. Seine Jugenderzeugnisse. Seine Gestaltungskraft führt ihn auf die Abwege der Phantasterei, er dichtet einen neuen Sohar und träumt sich als Messias. Chagis gegen Luzzatto. Gebannt wandert er nach Amsterdam. Sein kunstvolles Drama. Seine Auswanderung nach Palästina und sein Tod. Jonathan Eibeschütz, sein Charakter und Lebensgang. Ist als Vorsteher eines Lehrhauses in Prag der sabbatianischen Ketzerei verdächtig. Seine Verbindung mit den Jesuiten. Seine Berufung nach Metz. Seine Verbindung mit den Franzosen gibt Anlaß zum Verdacht des Landesverrates im schlesischen Kriege. Baron de Aguilar und Berusch Eskeles. Ausweisung der Juden aus Böhmen und Mähren durch Maria Theresia. Rücknahme des Ediktes. Eibeschütz in Altona. Jakob Emden und sein Charakter. Beginn und Verlauf der Streitigkeiten wegen der sabbatianischen Amulette. Parteinahme für und wider Eibeschütz. Wirren und Zerwürfnisse in der Judenheit. Jakob Frank Lejbowicz und die Frankisten oder Kontratalmudisten. Entlarvende Überraschung in Laskorun. Bannflüche und Verfolgung gegen sie. Sie erklären sich als Trinitarier und erlangen den Schutz des Bischofs Dembowski von Kamieniec. Anschuldigungen gegen den Talmud und die talmudischen Juden als Christenkindermörder. Neuer Scheiterhaufen für den Talmud. Die Frankisten unterliegen durch Dembowskis Tod. Neue Wirren durch die Frankisten. Sie lassen sich zum Scheine taufen. Frank als Schwindler entlarvt und nach Czenstochau abgeführt.

(1727—1760).

Alle diese Enttäuschungen und Beschämungen durch Träumer und Betrüger fast ein ganzes Jahrhundert hindurch, alle diese jämmerlichen Vorgänge durch Sabbataï Zewi und seine Prophetenschar, durch Cardoso, Mardochaï von Eisenstadt, Querido, Juda Chaßid, Chajim Malach, Chajon und mehrere andere waren nicht imstande, die kabbalistisch-messianischen Schwärmereien ein für allemal zu unterdrücken. Es erstanden vielmehr immer von neuem Nachfolger dieser Schwärmer, welche dann wieder einen leichtgläubigen Kreis fanden, der ihnen vertraute. So wurden neue Wirren erzeugt. Die ungesunden Säfte, welche dem Organismus des Judentumes im Laufe der Zeiten zugeführt worden waren, traten jetzt als häßlicher Ausschlag an die Oberfläche, was freilich auch als Vorzeichen beginnender Genesung angesehen werden konnte. Die Verderbnis hatte auch schon edle Teile ergriffen. Ein begabter Jüngling, dem die Natur herrliche Gaben verliehen hatte, der bei normalen Verhältnissen eine Zierde des Judentums geworden wäre, hat, von der allgemeinen Verwilderung ergriffen, seine schönen Anlagen durch Phantasterei mißbraucht und so seinerseits der Verkehrtheit Vorschub geleistet. Man kann sich eines wehmütigen Gefühles nicht erwehren, diesen liebenswürdigen Jüngling mit einem idealen Zuge in Verirrungen geraten zu sehen, die ihn fast auf eine Linie mit den unsauberen Geistern Chajon, Löbele Proßnitz und anderen dieses Gelichters stellten. Ein farbenreicher Sonnenstrahl, der in einem Sumpfe erlischt! Wenn man die Kabbala, die so unsägliches Unheil im Judentume angerichtet hat, verwünscht und ihren Erzeugern wie Pflegern, auch den ehrlichen (Abraham ben David aus Posquières, Nachmani und Isaak Lurja) mit Recht grollt, so fühlt man sich am meisten dazu gestimmt, wenn man zwei edle Jünglinge von hoher Begabung und Sittenlauterkeit, wie Salomon Molcho und M. Ch. Luzzatto, deren Schattenbildern nachjagen und sich dadurch in den Abgrund stürzen sieht. Beide haben ihr Leben im buchstäblichen Sinne für Träume geopfert, deren wirre Bilder das betäubende Gemisch der Kabbala in ihnen erregt hatte. Obwohl Luzzatto nicht wie sein portugiesisch-marranischer Gesinnungsgenosse auf dem Scheiterhaufen tragisch endete, so verblutete er doch auch, und zwar an Wunden, die er sich selbst in aufgeregtem Zustande beigebracht hat.

Mose Chajim Luzzatto (geb. 1707, st. 1747)[1]) stammte von sehr wohlhabenden Eltern in Padua. Sein Vater, welcher ein ausgedehntes Seidengeschäft führte, scheute keine Kosten, obwohl selbst wenig gebildet, seinen Sohn mit Kenntnissen erfüllen zu lassen.

[1]) Seine ausführliche, mit Liebe und doch Unparteilichkeit ausgearbeitete Biographie hat der am 7. März 1860 verstorbene Privatgelehrte Joseph Almanzi aus Padua 1838 geliefert, in Kerem Chemed III, p. 113 f. Sie hat die unvollkommene und einseitige Vorarbeit von Ghirondi 1836 das. II, p. 55 f., die Monographie von Delitzsch und Letteris, lateinisch und hebräisch als Einleitung zum Drama מגדל עוז 1837, ergänzt und berichtigt. Eine kurze Biographie gab auch Freistadt als Einleitung zu Luzzattos חוקר ומקובל 1840. Delitzsch hat die poetische Seite an Luzzatto besser hervorgehoben, als die übrigen Biographen. [Vgl. ferner A. S. Isaacs, a modern hebraic poet. The ife and writings of Moses Chaim Luzzatto. New-York, 1878].

Die zwei alten Sprachen, hebräisch und lateinisch, welche in Italien gewissermaßen ein literarisches Bedürfnis waren, die eine unter den Juden, die andere unter den Christen, erlernte auch Luzzatto in zarter Jugend; aber sie hatten auf seinen Geist eine ganz andere Wirkung als auf seine Altersgenossen. Beide befruchteten seine natürlichen Anlagen und förderten sie zu schöner Entfaltung. Die lateinische Sprache öffnete ihm das Reich des Schönen und die hebräische die Pforten des Erhabenen. Luzzatto besaß eine zartbesaitete Dichterseele, eine Äolsharfe, die jeder Lufthauch in harmonisch wohltönende Schwingungen versetzte. Seine poetische Begabung zeigte zugleich Kraft und Lieblichkeit, Fülle der Phantasie und Bilderreichtum, gepaart mit Ebenmaß. Wer an Seelenwanderung glaubte, könnte ungescheut sagen, die Seele Jehuda Halevis, des kastilianisch-hebräischen Sängers, sei in Luzzatto wiedergeboren worden, nur noch vollendeter, reifer und zarter, mit noch feinerem Sinn für Wohlklang, weil er von der gewissermaßen musikalischen Atmosphäre seines Vaterlandes Italien umflossen war. Schon in zartem Knabenalter[1]) gestaltete sich ihm jeder Vorfall freudiger oder trauriger Art zu einem abgerundeten Bilde, einem kleinen Kunstwerke, worin sich zugleich Schmelz und Wohllaut offenbarten. Den geheimen Zauber der Sprache, die Gesetze der Harmonie, welche in der höheren Beredsamkeit ebenso gut wie in der Poesie liegen, die Anmut des Rhythmus und Tonfalls erkannte der siebzehnjährige Jüngling in so durchsichtiger Klarheit, daß er eine Schrift darüber ausarbeitete und schöne Beispiele aus der heiligen Poesie zur Beleuchtung dafür auswählte. Er dachte daran, in die neuhebräische Poesie ein neues Versmaß einzuführen, um einen reicheren Wechsel von Längen und Kürzen und damit einen musikalischen Tonfall zu erzielen. Man legt gewöhnlich die hebräische Sprache zu den Toten. In Luzzatto war sie lebensvoll, frisch, jugendlich rein und wohlklingend. Er behandelte sie wie ein gefügiges Instrument und entlockte ihr süße Töne und einschmeichelnde Weisen; er verjüngte sie, verlieh ihr eine seltene Lieblichkeit, kurz er webte in ihr, als hätte sein Ohr die vollen Töne der jesaianischen Beredsamkeit mit vollen Zügen eingesogen. Unvergleichlich begabter als Joseph Penso de la Vega (o. S. 182) dichtete Luzzatto ebenfalls im siebzehnten

[1]) 1721, also im vierzehnten Lebensjahre, dichtete er eine schöne Elegie auf den Tod des Isaak Vita Kohen Cantarini (o. S. 262, Anmerk. 1). [Isaak Cantarini starb vielmehr am 5. Siwan 1723 (Berliners Magazin VI, 181) oder vielleicht gar erst am 5. Siwan 1738 (Monatsschrift XXX, 542). Damals war also Luzzatto 16 oder 31 Jahre alt].

Lebensjahre ein Drama aus der biblischen Welt „Simson und die Philister". Diese Jugendarbeit läßt bereits den vollendeten Meister ahnen; der Versbau ist tadellos, die Gedanken sind neu und die Sprache frei von Schwulst und Überladung[1]). Auch seine hebräische Prosa stach wohltuend ab von dem geschmacklosen, verschnörkelten, witzelnden Stil seiner jüdischen Zeitgenossen; sie hat vieles von der Einfachheit, Glätte und Lebendigkeit der biblischen Darstellung. Ehe Luzzatto noch das zwanzigste Jahr erreicht hatte, dichtete er hundert und fünfzig Psalmen, die allerdings nur Nachbildung des alten Psalters sind, aber Reinheit und Innigkeit der Sprache atmen. In derselben Zeit hat er vielleicht sein zweites hebräisches Drama geschaffen (der hohe Turm oder die Harmlosigkeit der Tugendhaften) in vier Aufzügen, in schönem Versbau, wohllautender Sprache und anmutigen Bildern, aber arm an Gedanken. Der jugendliche Dichter hatte noch nicht den Blick ins volle Leben getan, hatte noch keine scharfe Beobachtung für die Gegensätze und Kämpfe. Er kannte weiter nichts als das idyllische Familienleben und das friedliche Lehrhaus. Selbst Tugend und Laster, Liebe und Selbstsucht, die er in diesem Drama darstellen wollte, waren ihm nur vom Hörensagen bekannt. Seine Muse zeigte sich nur beredt, wenn sie von Gottes Erhabenheit singt. Einzelne Verse sind untadelhaft, aber das Ganze nimmt sich noch schülerhaft aus. Er war damals noch zu sehr von italienischen Mustern abhängig, er schritt noch auf Stelzen.

Diese Leichtigkeit und Gewandtheit, ureigene und überkommene Gedanken in eigene und fremde Formen zu kleiden, sein Gestaltungstrieb, das Überströmen seiner halbreifen Gedanken, die, wenn er diesen Drang hätte zur Vollendung bringen können, ihm und dem Judentum hätte zum Segen gereichen können, verwandelten sich in einen Fluch. Eines Tages (Siwan 1727) überkam ihn die Lust, auch die dunkele Sprache des Sohar nachzubilden, und es gelang ihm dabei eben so gut, wie bei den Psalmen, Sätze und Wendungen dem Soharstile täuschend ähnlich zu machen, eben so volltönend, scheinbar tief und dennoch hohl. Dieses Gelingen erfüllte ihn mit Schwindel und führte ihn auf Abwege. Anstatt sich zu sagen, wenn die soharistisch-kabbalistische Darstellungsweise nachgeahmt werden kann, so hat sie einen gewandten menschlichen Urheber gehabt, folgerte Luzzatto umgekehrt, auch sein eigenes Gestaltungsvermögen stamme nicht aus seiner Begabung, sondern sei, dem Sohar gleich, das Erzeugnis einer

[1]) Proben davon hat Almanzi mitgeteilt in Kerem Chemed III, p. 139.

höheren Eingebung. Er teilte nämlich die Verkennung seiner Zeit über Ursprung und Wert der Kabbala. Sein Jugendlehrer, Jesaia Bassan in Padua, war ein hohlköpfiger Kabbalist, Jünger und Schwiegersohn des halbsabbatianischen Rabbiners Benjamin Kohen in Reggio (o. S. 309). Bassan hat ihm mystisches Gift in sein gesundes Blut eingeimpft. Indessen hätte ihn wohl auch jeder andere Lehrer in die Irrgänge der Kabbala, aus denen kein Ausweg war, eingeführt. Die Luft, welche in den Ghettos wehte, war mit kabbalistischen Stoffen geschwängert. Täglich hörte Luzzatto von Jugend auf, daß große Adepten der Mystik einen eigenen Schutzgeist (Maggid) gehabt hätten, der ihnen täglich Offenbarungen von oben gebracht hätte, in jüngster Zeit Mose Zacut eben so gut, wie früher Joseph Karo und Isaak Lurja. Warum sollte nicht auch er dieser göttlichen Gnadengabe gewürdigt sein? Lurjanisch-mystische Schriften, damals noch eine Seltenheit, waren ihm in die Hände geraten; er lernte sie auswendig, vertiefte sich in sie, und diese vollendeten seine Verirrung. Dabei begegnete Luzzatto eine eigene Täuschung. Sein von Natur klarer, auf geordnetes Denken eingerichteter Verstand, sein feiner Sinn für die Einfachheit und Schönheit der biblischen Poesie und sein ästhetisches Verständnis für die italienische und lateinische Literatur drängten ihn dazu, auch in dem Chaos der Kabbala, deren Göttlichkeit ihm feststand, nach Klarheit und Gemeinverständlichkeit zu ringen. Er glich in keinem Punkte den wirren Schwärmern Mose Zacut oder Mardochaï von Eisenstadt, er begnügte sich nicht mit hohlen Formeln und Floskeln, sondern suchte nach Inhalt und Gehalt. Diesen fand er aber mehr in seinem eigenen Geiste, als im Sohar oder in den lurjanischen Schriften. Er aber lebte in der Täuschung, daß ein göttlicher Geist ihm den tiefen Einblick in die Kabbala erschlossen, die Rätsel gelöst, den Knäuel entwirrt hätte. Selbstbetrug verschuldete Luzzattos Verirrung. Seine religiöse Innigkeit, statt ihn zu schützen, brachte ihn nur noch tiefer hinein. Sie war von der Überzeugung bevormundet, daß das bestehende Judentum mit seinen Auswüchsen ohne die Kabbala unverständlich bleibe, daß nur durch ihre Theorie die Erscheinungen, Kämpfe und Gegensätze in der Welt, sowie die tragische Geschichte des jüdischen Volkes erklärt werden könne. Israel, das Volk Gottes, der edelste Teil der Schöpfung, stehe geschwächt und gedemütigt auf der untersten Stufe der Völkerleiter, seine Lehre werde verkannt, sein Streben geächtet. Woher diese Erscheinung? Um sie zu erklären, baute Luzzatto ein System aus Spinngewebfäden auf, das sich in folgender Gedankenreihe zusammenfassen läßt.

Die niedere Welt sei von Gott so geschaffen und eingerichtet, daß sie das Abbild der höheren Welt (**Olam ha-Azilut**) abspiegele, und sei auch mit ihr so verbunden, wie die Tasten mit einem Saiteninstrument. Ein Druck auf die Tasten setze einen Teil oder das Ganze in Schwingungen und erzeuge eine harmonische oder disharmonische Klangweise. Eine Tat oder auch nur ein Gedanke des Menschen setze die höhere Welt in Bewegung, errege Gottes Vorsehung und erzeuge Segenspende von oben oder hemme sie. Die Gebote und Verbote des jüdischen Gesetzes seien die wirksamsten Mittel, die Gottheit zum Ausströmen ihres Lichtes zu bewegen und die Israeliten empfänglich dafür zu machen. Die Einsicht in Bau, Gliederung und Zusammenhang der höheren und niederen Welt gewähre lediglich die Kabbala; die heilige Schrift in ihrem einfachen Wortsinn, die trockenen Vorschriften der schriftlichen und mündlichen Lehre gäben nicht den rechten Begriff von Gott, seinem Schöpfungsakte, seiner Vorsehung und seinem Willen. Die höchste Erkenntnis für diese dem Menschen so notwendige Wahrheit gewähre nur die Kabbala; der Sohar sei der wichtigste Teil der heiligen Schriften. Nur wer diese Erkenntnis habe, vermöge das ganze Weltall in Bewegung zu setzen, Vergangenes und Zukünftiges zu begreifen und auch einzusehen, warum die Welt scheinbar so voll Verkehrtheit sei, und warum das israelitische Volk in der Gegenwart eine so niedrige Stellung einnehme[1]). Es schmeichelte dem kaum zwanzigjährigen Jüngling, diese Einsicht in den Zusammenklang der höheren und niederen Welt erlangt zu haben, sie in der mystischen Soharsprache auseinandersetzen zu können und solchergestalt ein wichtiges Glied in der Reihe der Geschöpfe zu sein. Von diesem Hauptgedanken der Kabbala fest überzeugt, nahm er alle ihre Auswüchse, die Seelenwanderung, die Buchstabenversetzung und Geisterbeschwörung mit in den Kauf. Ganze Papierstöße schrieb er mit kabbalistischen Träumereien voll, arbeitete einen zweiten Sohar (**Sohar Tinjana**) aus, mit den dazu gehörigen Einleitungen (**Tikkunim**) und Anhängseln. Je leichter ihm dieses von statten ging, desto mehr geriet er in den Wahn, daß auch er von einem höheren Geiste getrieben, daß er ein zweiter, wo nicht gar vollendeterer R. Simon ben Jochaï sei. Auch um ihn scharten sich höhere Wesen, Patriarchen und Heilige, um seinen Worten zu lauschen. Auch er kam sich als der treue Hirte (**Raaja Mehemna**) vor. Allmählich beschlich ihn in seiner

[1]) Diese Auseinandersetzung findet sich in Luzzattos חוקר ומקובל, ferner in פתחי חכמה, gedruckt Korzec 1785, und in באמר העקרים, zum Teil auch in מאמר החכמה, erste Edition Amsterdam 1783.

Einsamkeit die eitle Regung, daß er der vorausbestimmte Messias sei, berufen, vermittelst des zweiten Sohar Israel, die Seelen und die ganze Welt zu erlösen[1]).

Luzzatto hielt es auch nicht lange aus, sein Licht so ganz und gar unter den Scheffel zu stellen, und eröffnete anfangs schüchtern zwei gleichgesinnten Jünglingen Isaak Marini[2]) und Israel Treves, daß er von seinem Schutzgeiste den Wink erhalten habe, ihnen einen Einblick in seinen neuen Sohar zu gewähren. Geblendet und entzückt von dieser Meisterschaft wurden diese seine Jünger in der Kabbala. Sie konnten auch ihrerseits das Geheimnis nicht bewahren. Während seiner Abwesenheit zeigten sie einem durch Padua reisenden palästinensischen Almosensammler ein Stück des Luzzattoschen Sohar, und dieser erzählte in Venedig von dem kabbalistischen Wunderjüngling (Frühjahr 1729). Die Folge davon war, daß einige venetianische Kabbalisten den jungen Wundermann in Padua, der noch dazu reich war, aufsuchten. Das bestärkte ihn noch mehr in seiner Schwärmerei. Zu diesen Luzzattisten gesellte sich ein lebhafter, rühriger, ungestümer Pole Jekutiel (Kussiel) Gordon aus Wilna[3]), welcher nach Padua gekommen war, um Medizin zu studieren. Von Luzzatto hören, sich ihm anschließen, seine bisherigen Studien fahren lassen und sich der Mystik hingeben, war für diesen Polen ein leichter Entschluß. Schwerer war es für ihn, das Geheimnis zu bewahren. Kaum war er von Luzzatto eingeweiht worden, als er diese neue Wundererscheinung ausposaunte und Sendschreiben (Ab und Elul 1729) nach Wien an den dortigen angesehenen, reichen Kabbalisten Mardochaï Jafa Schlesinger (st. 1754)[4]) und an den Wilnaer Rabbiner Josua Heschel (st. 1759)[5]) abschickte. Jekutiel nahm den Mund voll, erzählte, wie

[1]) Almanzi hat das Faktum unwiderleglich bewiesen, daß Luzzatto sich als Messias geträumt hat, Kerem Chemed III, p. 115, 135 f., Note 28. Er läßt den Propheten Elia sprechen: אנת הוית סמכא לשכינתא בגלותא, והשתא אנת כורסי יקרא לגבה וכד תפוק (שכינתא) מגלותא אנת תהא מנהל לה.

[2]) Luzzatto dichtete ein Epithalamium auf dessen Hochzeit mit Judith Italia (Chaluz II, 106 f.). Den Grundgedanken bildet der Wettstreit zwischen dem Meere (Anspielung auf Marini-mare) und dem Festlande Italia (Anspielung auf die Braut). Sie feiern ihre harmonische Versöhnung im Brautpaare.

[3]) S. über denselben Finn קריה נאמנה, Geschichte der Juden von Wilna, p. 113 f. [und Kaufmann in RÉJ. XXIII, 256 ff.].

[4]) S. über denselben L. Aug. Frankl, Wiener Epitaphien Nr. 430. Jakob Emden verdächtigte ihn und sein erworbenes Gut. עדות ביעקב, p. 27 b, p. 40 b. Anmerkung.

[5]) S. über ihn Finn a. a. O., p. 109 ff. [und Dembitzer, כלילת יופי, II, p. 75 b f.

der kaum dreiundzwanzigjährige Luzzatto täglich geheime Offenbarungen von einem Engel und öfter Besuche von hohen Abgeschiedenen erhalte, von Adam, Abraham, Mose; wie er alle Seelenwanderungen kenne und jedem seinen Ursprung und Seelenzusammenhang anzugeben wisse, und endlich, wie er auf wunderbare Weise einen neuen Sohar verfaßt habe, wovon er Heschel geheimnisvoll eine Probe einschickte. Jekutiel war indes vorsichtig zu bemerken, daß Luzzatto nicht mit den Schwindlern Chajon, Löbele Proßnitz, Mose Meïr und andern auf eine Stufe gestellt werden dürfe; er habe sich entschieden gegen Sabbataï Zewi und dessen Anhänger ausgesprochen. Diese Sendschreiben wurden verbreitet und kamen Mose Chagis in Altona zu Händen. Er, welcher so eifrig gegen Chajon und die übrigen sabbatianischen Schwärmer gekämpft und das letzte Wort gegen sie behalten hatte, galt gewissermaßen als der offizielle Eiferer, dessen Stimme in Glaubenssachen Entscheidung hatte. Der Rabbiner der Drei-Gemeinden (Altona, Hamburg, Wandsbeck), derselbe, welcher auch Mose Meïr Kamenker und seine Genossen in den Bann getan hatte (o. S. 336), Ezechiel Katzenellenbogen, war ihm, der stillschweigend noch immer als Jerusalemer Sendbote galt, sehr gefügig. Chagis richtete daher (November 1729) an die Venetianer Gemeinde die Aufforderung, die neuerstandene Ketzerbrut, ehe ihr Gift sich weiter verbreite, tatkräftig zu unterdrücken.

Das Venetianer Rabbinat war aber nicht sobald bereit, Luzzatto zu verketzern, verfuhr vielmehr sehr schonend mit ihm, gewiß aus Rücksicht auf seine Jugend und Begabtheit und die Wohlhabenheit seiner Familie; es forderte ihn nur einfach auf, sich zu rechtfertigen (1. Dez.). Der noch ungebeugte Phantast bäumte sich förmlich auf bei dieser Zumutung und gab Chagis zu verstehen, daß er dessen Autorität nicht anerkenne, wies den Verdacht sabbatianischer Irrlehre von sich und blieb im übrigen dabei stehen, daß er vom Himmel tiefer Offenbarungen gewürdigt werde. Er berief sich auf seinen Lehrer Bassan, der ihm das Zeugnis unverdächtiger Rechtgläubigkeit nimmer versagen werde. Darin hatte Luzzatto vollkommen Recht. Bassan war in seinen Jünger so sehr vernarrt, daß er auch dessen anstößigste Vergehen beschönigt haben würde, und daher dessen Schwärmerei eher begünstigte, als hemmte. Auch der greise Hohlkopf Benjamin Kohen von Reggio, derselbe, welcher Nathan Ghazatis und Mardochaïs von Eisenstadt Schwindeleien Gehör gegeben hatte, förderte Luzzattos Wahn. Was soll man von einem ergrauten Rabbinen denken, der den Jüngling Luzzatto ernstlich anging, seinen Schutzgeist zu befragen, an welcher Krankheit er litte? Von dieser Seite wurde Luzzatto nur noch mehr in seiner Phantasterei bestärkt. Vergebens bedrohten Chagis und Katzenellenbogen ihn und die Paduaner Gemeinde mit dem schwersten Banne, wenn er seine Geisterseherei und sein mystisches Treiben nicht einstellen würde. Luzzatto blieb dabei, Gott habe ihn, so wie viele vor ihm, auserkoren, ihm seine Geheimnisse zu verkünden. Aber nicht bloß das Paduaner und Venetianer Rabbinat, sondern auch andere italienische Rabbinen benahmen sich aus Rücksichten sehr lau in dieser Sache. Mose Chagis hatte drei Rabbinen aufgefordert, sich als Tribunal zu konstituieren, Joseph Ergas aus Livorno, welcher Chajon bekämpft hatte, Simson Morpurgo von Ancona und Abraham Segre von Casale. Sie sollten sich nach Padua begeben, Luzzatto vorladen und ihn vor die Wahl stellen, entweder seinem mystischen Unwesen zu entsagen oder nach Palästina auszuwandern, wo allein göttliche Offenbarungen möglich, glaublich und gesetzlich gestattet wären. Aber alle drei lehnten jede Einmischung ab. Chagis entwickelte aber eine so eifrige Tätigkeit, daß er mehrere deutsche Rabbinen dafür gewann (Juni 1730), wenigstens den Bann in der Fassung auszusprechen, es sollten ihm alle diejenigen unterliegen, welche Schriften in der Soharsprache im Namen von Engeln oder Heiligen verfaßten. Diese Drohung wirkte. Jesaia Bassan mußte sich nach Padua begeben und seinem Lieblingsjünger das Versprechen abnehmen, seine mystische Schriftstellerei und Lehrmeisterei für junge Kabbalisten einzustellen, es sei denn, daß er sich entschlösse, nach dem heiligen Lande auszuwandern. Auch das Venetianer Rabbinat wurde endlich zum Einschreiten angeregt. Es schickte drei Vertreter nach Padua, Jakob Belillos, Mose Menahem Merari und Nehemia Vital Kohen, und in ihrer Gegenwart mußte Luzzatto seine bündige Erklärung wiederholen und bekräftigen (3. Ab = 17. Juli 1730). Seine kabbalistischen Hefte mußte er seinem Lehrer Bassan ausliefern, und sie wurden unter Siegel gelegt. Damit war für den Augenblick der gegen ihn aufgewirbelte Sturm beschworen.

Luzzatto schien durch diese Vorgänge ernüchtert zu sein. Er ging seinen Geschäften nach, dichtete wieder und entschloß sich sogar zu heiraten (die Tochter des Rabbiners David Finzi aus Mantua). Er wurde glücklicher Vater, lebte in Eintracht mit Eltern und Geschwistern und genoß hohe Achtung. Aber der böse Geist, dem er sich verschrieben hatte, ließ ihn nicht los und führte ihn abermals zu seiner Jugendverirrung zurück. Ein Zerwürfnis in der Familie und schlechte Geschäfte im Hause seines Vaters, an dem er teilnahm, scheinen die

Veranlassung dazu gewesen zu sein. Verstimmt und gedrückt in der Gegenwart wollte er durch kabbalistische Mittel die Zukunft erfahren[1]). Er begann wieder seine mystischen Träumereien niederzuschreiben, allerdings nicht mehr in der pomphaften Soharsprache, wagte sie gar Bassan vorzulegen und erhielt dessen Erlaubnis, sie zu veröffentlichen. Man flüsterte, daß Luzzatto magische Beschwörungen treibe, und daß sein Lehrer ihm aus dem versiegelten Verschluß Schriften für den Druck ausgeliefert habe. Durch ein Gerücht wurde das Venetianer Rabbinat besonders aufgeregt und gegen ihn eingenommen. Luzzatto hatte eine scharfe Entgegnung gegen Leon Modenas niederschmetternde Schrift gegen die Kabbala (o. S. 142) verfaßt, und es hieß, er ginge damit um, seine Schutzschrift für die Mystik mit Bassans Erlaubnis der Öffentlichkeit zu übergeben. Da Leon Modena Rabbiner von Venedig, wenn auch ein zweideutiger gewesen war, so betrachteten die damaligen Inhaber des Venetianischen Rabbinats, Samuel Aboab und seine fünf Kollegen (oder eigentlich der zweite Rabbiner, Isaak Pacifico, ein nicht sehr gewissenhafter Mann) einen Angriff auf denselben als eine Beleidigung ihrer Ehre. Dieser Zunftgeist stachelte sie mehr zur Tätigkeit auf, als der Eifer für den scheinbar gefährdeten Glauben. Als echte Venetianer unterhielten sie einen Spion in ihrem Dienste, einen Polen Salman aus Lemberg, welcher Luzzatto auf Schritt und Tritt beobachtete und ihnen darüber Bericht erstattete. So lange er noch in Wohlstand lebte und von Freunden umgeben war, hatten die venetianischen Rabbiner seinem Treiben gegenüber eine außerordentliche Nachsicht gezeigt, es beschönigt und ihm einen Ehrentitel verliehen. Nachdem aber seine Familie, ins Unglück geraten, der Verarmung nahe war und er nicht mehr Freunde und Schmeichler hatte, ließen sie die Rücksichten fallen und konnten nicht genug Steine auf ihn werfen[2]). Sie schenkten einem der Ihrigen, dem falschen Belillos[3]), vollen Glauben, daß er bei Luzzatto Zauberinstrumente gefunden habe, obwohl seine Aussage schon dadurch

[1]) Folgt aus dem Schreiben des Venetianer Rabbinats in Emdens Torat ha-Kenaot (p. 51a): רצה (לוצאטו) כי הוא . . . . נאבד הון ועושר בביתו לעשות חלוקה עם דודיו ולהפרד מעמם. וישנאו אותו ואוהביו נהפכו לו לזרים.

[2]) Jakob Emden, der in seiner derben Ehrlichkeit kein Blatt vor den Mund zu nehmen pflegte, hebt diesen niedrigen Zug des Venetianer Rabbinats hervor, daß es Luzzatto nur aus Rücksicht auf seinen Reichtum geschont haben mag (das. p. 54b): ושמא יש לומר שבתחלתו לפי שהיה (לוצאטו) עתיר נכסין ובני משפחתו בעלי כיסין נפלה אימתו עליהם (על רבני וויניציא).

[3]) Über Belillos' und Pacificos Charakter vgl. Bassans Brief in Kerem Chemed II, p. 63.

verdächtig war, daß er erst vier Jahre später davon Anzeige machte, und sein Mitvertreter Merari ihm zum Teil widersprach[1]). Lächerlich genug machten die Venetianer Luzzatto schließlich auch zum Vorwurf, daß er die lateinische Sprache erlernt habe; einem solchen, der sich mit dieser Satanssprache befaßt habe, könne kein Engel erscheinen. Die Mitglieder des Venetianer Rabbinats glaubten, oder stellten sich so, als wenn Luzzatto sich gerühmt hätte, seine Psalmen würden in der eintretenden messianischen Zeit den Davidischen Psalter verdrängen. So saumselig sie früher waren, so rührig zeigten sie sich jetzt in der Verfolgung des Unglücklichen. Sie sandten drei Inquisitoren nach Padua, ihn zu vernehmen, gewissermaßen Haussuchung bei ihm nach seinen Schriften zu halten und ihm den Eid abzunehmen, daß er nichts veröffentlichen werde, was er nicht vorher dem Venetianer Rabbinat zur Zensur vorgelegt hätte. Stolz wies der tiefgekränkte Dichter diese Zumutung mit der Bemerkung zurück, daß diesem Rabbinate keine Machtbefugnis über ihn, ein Mitglied der Paduaner Gemeinde, zustünde. Darauf sprachen die sechs Venetianer Rabbinen den Bann über ihn aus und verurteilten seine Schriften zum Feuer (Mitte Novbr. 1734). Sie sorgten auch dafür, namentlich tat es Isaak Pacifico, sämtlichen Gemeinden Deutschlands und besonders der großen Trommel Chagis Kunde davon zu geben. Auch die Paduaner Gemeinde ließ den unglücklichen Luzzatto fallen. Um so mehr machte es seinem Lehrer Jesaia Bassan Ehre, daß er ihm im Unglück eben so kräftig zur Seite stand, wie früher im Glücke. Der Rabbiner Katzenellenbogen, oder vielmehr sein Einbläser Chagis, hatte bei dieser Gelegenheit einen vernünftigen Vorschlag, die Beschäftigung mit der Kabbala der Jugend ganz und gar zu verbieten, damit sie nicht, wie bisher, in solche traurige Verirrungen gerate. Doch fand dieser Vorschlag bei andern Rabbinen keinen Beifall[2]). Zwei Jahrzehnte später wurden die Verirrungen der Kabbala so handgreiflich, daß die jüdisch-polnische Synode, ohne Widerspruch zu finden, einen solchen Beschluß durchsetzte.

Der unglückliche, gebannte Phantast mußte zum Wanderstab greifen, Eltern, Frau und Kinder verlassen. Mehr noch als dieses schmerzte ihn die Trennung von seinen kabbalistischen Genossen und seinem mystischen Konventikel. Auf seiner Reise ermahnte er jene

1) Torat ha-Kenaot, p. 53b.

2) Bei Emden das. p. 54b unten: והנה האב״ד דג׳ קהלות בצירוף הר׳ משה חאגיז . . שנהגו סלסול בעצמן לגזור גם בענין למוד חכמת הקבלה וכו׳.

noch einmal brieflich, das Studium der Kabbala nicht aufzugeben. Er hatte Sorge um die Existenz; denn er war so heruntergekommen, daß er eine Stellung als Korrespondent in Amsterdam zu suchen gedachte. Und doch beschäftigte ihn die Mystik noch immer; er trug sich mit der Hoffnung, in Amsterdam seine kabbalistischen Schriften drucken zu können. Der Unerfahrene! Wer sollte ihm jetzt beistehen, nachdem ihm das Glück den Rücken gekehrt hatte? Schon in Frankfurt a. M. wurde er aus seinem süßen Traum gerissen. Sobald der Rabbiner Jakob Kohen Popers von seiner Anwesenheit Kunde erhielt, setzte er ihm so sehr zu, daß er eidlich versprechen mußte, seine kabbalistischen Wahngebilde nicht mehr zu hegen, nichts zu schreiben und niemanden im Sohar zu unterrichten (11. Januar 1735). Eine Freiheit behielt sich indes Luzzatto vor, daß er im heiligen Lande im Alter von 40 Jahren seinen Lieblingsstudien nachhängen dürfe. Viele Rabbinen Deutschlands, Polens, Hollands und Dänemarks, denen das Geständnis Luzzattos bekannt gemacht wurde, traten im voraus dem Banne bei, sobald er sein Wort brechen sollte. Chagis' Name fehlte dabei nicht. Auch befand sich unter ihnen Jakob Aschkenasi oder Jakob Emden, Sohn des Chacham Zewi, ein Eiferer wie sein Vater oder noch mehr als dieser. Er war von Luzzattos Schuld nicht überzeugt; denn er war selbst ein Kabbalist und schwärmte ebenfalls für den Sohar. Aber es schmeichelte ihm, daß auf seine Unterschrift, obwohl er noch jung war, Gewicht gelegt wurde; so schloß er sich ohne weiteres an[1]).

Tief gedemütigt und um seine Hoffnung betrogen, begab sich Luzzatto nach Amsterdam. Hier lächelte ihm wieder ein Sonnenblick. Die portugiesische Gemeinde nahm ihn freundlich auf, als wollte sie ihn für die Unbilden von seiten der Deutschen und Polen entschädigen. Sie setzte ihm einen Gehalt aus. Im Hause eines portugiesischen Reichen Mose de Chaves fand er gastfreundliche Aufnahme und unterrichtete dessen Sohn. Um aber unabhängig zu sein, verlegte er sich auf das Schleifen von optischen Gläsern, gleich Spinoza, um seine Existenz zu sichern. Das führte ihn dahin, auch Physik und Mathematik zu treiben. Er fühlte sich so behaglich, daß er nicht nur seine Frau, sondern auch seine Eltern bewog, nach Amsterdam zu kommen; auch sie wurden von der portugiesischen Gemeinde mit Zuvorkommenheit behandelt. Aber diese günstige Wendung seines Geschickes ermutigte ihn wieder, seine Phantasterei fortzusetzen. Seine

[1]) Bei Emden, Torat ha-Kenaot, p. 55b.

Jünger in Padua ermahnte er wiederholentlich, ihren kabbalistischen Studien treu zu bleiben und das Zimmer im Hause seines Vaters wie bisher dazu zu benutzen. Sein greiser Lehrer wußte von Luzzattos Wortbruche, billigte ihn stillschweigend und blieb in lebhaftem Briefwechsel mit ihm. Darauf ließ das Rabbinat von Venedig, welches Kunde von diesem Treiben hatte, einen Bannspruch in den Synagogen und im Ghetto bekannt machen gegen alle diejenigen, welche im Besitze von Luzzattos Schriften kabbalistischen Inhalts oder Psalmen waren und sie nicht dem Rabbinate auslieferten[1]). Es hatte nämlich Bassan im Verdacht, daß er die unter seiner Obhut versiegelten Schriften Luzzattos wortbrüchig in Umlauf setzte. Bassan verwahrte sich zwar dagegen, nichtsdestoweniger wurde die ganze Sammlung durch einen von Luzzattos Jüngern ihm zugeschickt (1736)[2]). Mit dem kleinen Konventikel blieb Luzzatto in fortwährender Verbindung und ermutigte sie, sonder Menschenfurcht, den Weg des Lichtes (oder der Finsternis?) zu wandeln.

Neben seiner vielseitigen Beschäftigung mit der Kabbala für seinen Geist und mit Gläserschleifen für seine leibliche Existenz, lieferte Luzzatto (1743) der neuhebräischen Poesie ein Kunstwerk, wie sie kein zweites aufzuweisen hat, ein in Form, Sprache und Gedanken vollendetes Drama, ein Denkmal seiner reichen Begabung, ihn und die Zunge, in der es gedichtet ist, zu verewigen geeignet. Unter der bescheidenen Form eines Gelegenheitsgedichtes zur Hochzeitsfeier seines Jüngers Jakob de Chaves mit der edlen Jungfrau Rahel de Vega Enriques veröffentlichte er seine dramatische Schöpfung „Ruhm den Tugendhaften" (**La-Jescharim Tehilla**). Sie unterscheidet sich wesentlich von seinen früheren Arbeiten. Der Dichter hatte inzwischen Gelegenheit genug gehabt, angenehme und unangenehme Erfahrungen zu sammeln und seine Geistesfähigkeiten zu bereichern. Seine Muse, reifer geworden, hatte einen Blick in das vielfach verschlungene Leben in der Wirklichkeit getan. Luzzatto hatte die große Menge sattsam kennen gelernt, wie sie gleich einem Rohr im

[1]) Almanzi setzte irrtümlich den Bannspruch des Venetianer Rabbinats d. d. 5. Marcheschwan תצ"ו = 1735 (**Kerem Chemed III, p. 156—159**) vor den d. d. 8. Kislew תצ"ה = 1734 (bei Emden p. 50—52). Der letztere ist noch während Luzzattos Anwesenheit in Italien erlassen, der erstere dagegen ist erst nach seiner Abreise (etwa 8. Kislew 1734), fast ein Jahr später erlassen. Er enthält die früher gegen ihn erlassenen Bannsprüche vieler Rabbinen.

[2]) Das. S. 123, 165, Note 117. [Vgl. Kaufmann a. a. O., S. 258 ff.].

Wasser schwankend und in den Banden des Betruges gefangen ist, gegen deren Unbelehrbarkeit und Schwächen die Weisheit selbst nichts vermag. Er hatte erfahren, wie die Torheit, mit Unwissenheit gepaart, sich über die Söhne des Geistes lustig macht und über deren Beschäftigung lacht; daß sie die Sternenbahnen messen, das Pflanzenleben beobachten, Gottes Wunderwerke anstaunen und den Mammon hintansetzen — eine bejammernswerte Tätigkeit! Die Oberflächlichkeit sieht in allen Ereignissen des Lebens und der Natur, wie erschütternd sie auch auftreten, nur das Spiel des Zufalls oder starrer Gesetze einer herzlosen Notwendigkeit. Luzzatto hatte es selbst erkannt, daß List und Hochmut in engster Verbindung dem Verdienste seine Krone rauben und sie sich selbst aufsetzen. Nichtsdestoweniger lebte er der Überzeugung, daß das verkannte und geschmähte Verdienst zuletzt den Sieg davon tragen, und die Anerkennung (der Ruhm) ihm als Braut zuteil werden wird, wenn es sich nur von der Vernunft und ihrer Dienerin, der Geduld, leiten läßt, seinen Blick von dem eitlen Treiben abwendet und sich in die Wunder der Schöpfung vertieft. „Könnten wir nur ein einziges Mal die Welt, vom Schein entkleidet, ungetrübten Blickes sehen, wie sie ist, so würden wir den Hochmut und die Torheit, die so verächtlich von der Tugend und dem Wissen sprechen, tief gedemütigt erblicken"[1]). Durch ein außerordentliches Ereignis, eine Art Wunder, kommt die Wahrheit ans Licht, der Trug wird entlarvt, der Hochmut wird zum Gespötte, und die wankelmütige Menge wird dahin gebracht, dem wahren Verdienste seine Anerkennung zu zollen.

Diese Gedankenreihe kleidete Luzzatto in seine dramatische Parabel und verlebendigte sie, ließ sie durch den Mund der handelnden oder richtiger redenden Personen in Ein- und Zwiegesprächen verkünden. Freilich ein Drama im strengen Sinn ist Luzzattos Kunstwerk nicht. Die auftretenden Personen haben nicht Fleisch und Blut, sondern sind kalte Begriffe; die Vernunft und die Torheit, das Verdienst und der Betrug sind in Szene gesetzt. Die dramatische Handlung ist gering; es ist eigentlich nur ein schöner Kranz duftender poetischer Blüten, eine Reihe lieblicher Monologe und Dialoge. In sie hat er tiefe Gedanken gelegt, welche sich sonst schwer dichterisch färben und verlebendigen lassen; aber ihm ist es gelungen. Die wunderbare Entwickelung der Pflanzenwelt, die überraschenden Erscheinungen der Optik veranschaulichte Luzzatto in dramatischen Versen mit derselben Leichtigkeit,

[1]) לישרים תהלה Akt II: לו נחזה עולם ברור אך פעם אחת.

wie die gefügigsten Stoffe der Poesie — und dieses alles in der für neue Gedankenformen steifen hebräischen Sprache, in der selbst aufgelegten Fessel eines streng innegehaltenen Versmaßes. Seine Darstellung ist maßvoll; er benutzte auch nicht einen einzigen Bibelvers, so nahe er ihm auch lag, um neue Gedanken in eine alte Hülle zu kleiden. Luzzatto schuf sich vielmehr eine eigene dichterische Sprache mit bezaubernder Jugendfrische, Schönheit und Wohllaut. Er hat damit die Anregung für die Folgezeit gegeben. Als die Nebel der Verirrungen wichen, die Verwilderung sich sänftigte und eine bessere Zeit anbrach, erglühten dichterische Jünglinge[1]) an den milden und wärmenden Strahlen, die Luzzatto ausströmen ließ. Ein neuhebräischer Dichter, welcher den Übergang der alten Zeit in die neue mit vermitteln half (David Franco Mendes), ist von ihm angeregt worden. — Was hätte Luzzatto leisten können, wenn er sich von der Phantasterei der Kabbala hätte loswinden können! Aber sie hielt seinen Geist in engen Banden gefangen und zog ihn, nicht lange nach Vollendung seines Dramas (um 1744), nach Palästina. Hier gedachte er ungehindert den Eingebungen seiner aufgeregten Phantasie lauschen oder seine messianische Rolle spielen zu können. Auch von dort aus (von Safet) unterhielt er die Verbindung mit seinem Jüngerkreise. Aber ehe er sich Bahn brechen konnte, raffte ihn die Pest im vierzigsten Lebensjahre dahin (26. Ijar = 6. Mai 1747). Seine Leiche wurde in Tiberias beigesetzt. Die beiden größten neuhebräischen Dichter Jehuda Halevi und Luzzatto sollten in hebräischer Erde ruhen. Selbst die verleumderischen Zungen der palästinensischen Juden, denen Luzzatto mit seiner Eigentümlichkeit als ein Rätsel erscheinen mußte, haben ihm nur Gutes nachgerühmt. Aber er hat doch eine böse Saat ausgestreut. Seine italienischen Jünger haben der Kabbala in Italien von neuem eine Stätte gegründet. Sein polnischer Jünger Jekutiel aus Wilna, der durch seine Marktschreierei ihm die Händel zugezogen hatte, soll abenteuernd in Polen und Holland unter dem Deckmantel der Mystik schamlose Streiche ausgeführt haben[2]). Auch ein anderer Pole, Elia Olianow, der zu Luzzattos Kreis gehörte, ihn als Messias und sich als seinen Elias verkündet hat, genoß nicht des besten Rufes[3]). Dieser war auch bei den häßlichen Wirren beteiligt, welche drei Jahre nach Luzzattos Tod in Altona ausbrachen und die europäische

[1]) S. Mendel Breslauer, Einleitung zum Drama ילדות ובחרות.

[2]) Jakob Emden, Torat ha-Kenaot, p. 57 b, 58.

[3]) Das. p. 58 b, 63 a.

Judenheit in zwei Lager spalteten, eine neue Kreiselung der sabbatianischen Schlammflut.

Der Pfuhl, welcher sich in der Judenheit seit Jahrhunderten, seit der Ächtung der Forschung und dem Siege ihrer Feindin, der Kabbala, angesammelt hatte, wurde immer mehr mit einer Art Stumpfheit aufgewühlt und besudelte Reine und Unreine. Jener Taumelgeist des eitel lügnerischen Messias von Smyrna war mit der Ächtung Chajons und der polnischen Sabbatianer noch immer nicht gebannt, richtete sich vielmehr in noch häßlicherer Gestalt auf und drang auch in Kreise ein, die bis dahin ihm unzugänglich schienen. Das Rabbinertum, auf die praktische und dialektische Auslegung des Talmuds angewiesen, hatte bisher der Kabbala keinen ebenbürtigen Zutritt eingeräumt, nur hier und da wie verstohlen etwas von ihr angenommen. Der sabbatianischen Ketzerei hatten sich die Rabbinen zuletzt entgegengestemmt und sie verwünscht. Aber ein tonangebender Rabbiner ließ sich mit ihr ein, legte ihre Wichtigkeit bei und beschwor solchergestalt einen Kampf herauf, wodurch Zucht und Ordnung aufgelöst, der Sinn für Anstand und Selbstachtung, für Wahrheit und Recht noch mehr abgestumpft wurden, und die Besonnenen selbst allen Halt verloren haben. Scheinbar war die Veranlassung zu diesem Kampfe die Eifersüchtelei zweier Rabbinen aufeinander. Aber der Grund lag tiefer in der verkehrten Richtung der Köpfe und in dem dunkeln Unbehagen einerseits an dem Übermaß der rituellen Gebundenheit und anderseits an den Ausschweifungen der Kabbala. Die Urheber dieser tiefgehenden Zwietracht, zwei polnische Rabbiner in Altona, hatten, ein jeder nach einer andern Richtung, ohne es selbst zu ahnen, einen Fuß über die Schwelle gesetzt, welche aus dem Kreise des Hergebrachten hinausführte. Diese beiden, grundverschieden an Fähigkeiten und Charakteranlagen, waren geschaffen, einander abzustoßen. Beide, Jonathan Eibeschütz und Jakob Emden, waren bereits an den vorangegangenen Kämpfen einigermaßen beteiligt und haben ihnen zuletzt eine ausgedehntere Tragweite gegeben.

Jonathan Eibeschütz oder Eibeschützer (geb. in Krakau 1690 st. 1764)[1]) stammte aus einer polnischen Kabbalistenfamilie. Sein Vater Nathan Nata war kurze Zeit Rabbiner in einem mährischen Städtchen Eibenschitz, von dem der Sohn seinen Beinamen erhielt. Mit einem außergewöhnlich scharfsinnigen,

[1]) S. Note 7. Da Karl Antons Biographika von Eibeschütz von diesem selbst diktiert sind, wie das. erwiesen ist, so können sie als Leitfaden dienen. [Vgl. auch Dembitzer, כלילת יופי, I, fol. 117 ff.]

haarscharfen Verstand und einem glänzenden Gedächtnisse begabt, fiel der junge Jonathan, früh verwaist, der regellosen Erziehung oder vielmehr der Verwilderung der Zeit anheim, die ihm nur zwei Stoffe für seine Gehirnarbeit zuführte, das weitausgedehnte Gebiet des Talmuds mit seinen labyrinthischen Irrgängen und die berückende Kabbala mit ihren klippenreichen Untiefen. Das eine bot seinem nüchternen Verstande und das andere seiner ungeregelten Phantasie reiche Nahrung. Mit seiner haarspaltenden Urteilskraft hätte er einen gewandten rabulistischen Sachwalter abgeben können, der imstande gewesen wäre, die Rechtfertigung der schlechtesten Sache glänzend und überwältigend durchzuführen; oder er hätte auch, wenn ihm die höhere Mathematik Leibniz' und Newtons zugänglich gewesen wäre, auf diesem Felde erfinderisch manches leisten können. Eibeschütz hatte einige Neigung für Wissensfächer außerhalb des Talmuds und auch eine gewisse Eitelkeit davon zu kosten. Aber er konnte sie nicht befriedigen; die verkehrte Richtung der polnischen und deutschen Juden verschloß damals noch jedem strebsamen Jüngling die Pforten zum Tempel der auf Wahrheit und scharfer Beobachtung beruhenden Wissenschaften und drängte ihn in die verschlungenen Wege der rabbinisch-talmudischen Literatur. Aus Mangel an gesunder Nahrung für seinen geschäftigen Geist nahm der junge Eibeschütz schädliche Elemente in seinen Kopf auf, und aus Mangel an regelnder Methode geriet er in Klügelei. Er glaubte zwar, oder wollte glauben machen, daß er im Besitze aller Weisheit wäre[1]), aber seine außertalmudischen Schriften, soweit sie

[1]) Karl Anton läßt Eibeschütz von sich rühmen (S. 51, Note e. e.): „Er (Eibeschütz) war so weit gekommen, daß er nicht allein die talmudische Wissenschaft ... inne hatte, sondern auch in ihrer Theologie, geistlichen und weltlichen Rechten, in allen Teilen der Kabbala und in der Philosophie, Historie usw. eine große Einsicht hatte." Ebenso prahlerisch ist Eibeschütz' Schreiben an Jak. Jos. Falk, das er wohlweislich nicht abgeschickt hat (Kerem Chemed III, p. 32—38). Nehemia Reischer teilt einen Passus aus einem Briefe Eibeschützens an ihn mit, damit er ihn für das Metzer Rabbinat empfehlen sollte, der seine Eingebildetheit auf sein Wissen charakterisiert: ואין אחד מכל רבני זמני אשר יאמר כי הוא כדאי להרבי׳ן תורה .. כמוני ... תהלה לאל יש תורה בישראל לברר דבר קשה מש״ס ופוסקים ... נגלה ונסתר חיצוניות למודיות מושכלות תורניות תוכניות טבעיות פלוסופיא הנדיסיה הגיונית למודית צחות הלצות .. ומי הוא זה אשר תדמיוני ואשוה. Mitgeteilt in der anonymen polemischen Briefsammlung שפת אמת ולשון של זהורית (Bogna 5, f. 2a). Auch in dem handschriftlichen Werke seines Jüngers Simon Buchhalter (Note 7) tut sich Eibeschütz viel auf seine philosophischen Kenntnisse zugute; Bl. 30 nennt er כת קארטיזיוס. Aber es steckt gar wenig dahinter, man braucht nur seine Auffassung von den sieben Wissenschaften oder Künsten

sich übersehen lassen, seine Predigten, kabbalistischen Auseinandersetzungen und seine der Aufwallung entströmten Gelegenheitsschriften verraten nichts von dem, was man Weisheit oder gediegenes Wissen nennt. Nicht einmal mit den jüdischen Philosophen in hebräischer Sprache war Eibeschütz vertraut, heimisch war er nur im Talmud. Diesen verstand er auch wie einen weichen Teig zu behandeln, jedes Beliebige daraus zu gestalten, jede Dunkelheit und jeden Widerspruch herauszufinden, das Entfernteste zu verknüpfen und zusammenzureimen, einen vielfach verschlungenen Knäuel zu entwirren. Er überflügelte alle seine Zeitgenossen und Vorgänger nicht nur an Kenntnis der talmudischen Literatur, sondern auch an Schlagfertigkeit.

Aber Eibeschütz fand nicht vollständiges Genüge in dieser Gelehrsamkeit; sie diente ihm nur dazu, seinen Witz daran zu schärfen, ein unterhaltendes Geistesspiel damit zu treiben, gewissermaßen damit zu glänzen. Sein unruhiges Wesen und sein feuriges Temperament waren nicht davon befriedigt; er strebte über dieses Ziel hinaus. Aber dieses Ziel war ihm selbst unbekannt oder schwebte ihm nur dämmerhaft vor. Darum erscheint sein Leben und Treiben rätselhaft und mit Widersprüchen behaftet. Lebte Eibeschütz in der Zeit des Ringens nach Reform, nach Lösung der Autoritätsfesseln, so wäre er unter Umständen ein Stürmer geworden und hätte seine talmudische Gelehrsamkeit und seinen schlagfertigen Witz als Hebel gebraucht, um das Gebäude des rabbinischen Judentums zu erschüttern und mit den Waffen des Talmuds den Talmud zu bekämpfen. Denn er war leichtlebig, liebte nicht die düstere Überfrömmigkeit der deutschen und polnischen Juden, fühlte sich ein wenig davon beengt[1]), er hatte aber

zu lesen, die er in einer Predigt, Metz 1749, auseinandersetzte (יערות דבש II, p. 44c f.), um zu erkennen, daß sein außertalmudisches Wissen rein kindisch war. Sein geringes profanes Wissen scheint er aus Delmedigos Elim geschöpft zu haben, den er — charakteristisch genug — über alle Philosophen seit Maimuni — also auch über Cartesius — stellte (Ms. Bl. 34b, 46a): אין חכם גדול מימי הרמב"ם כמו הרב ר' יוסף קנדיאה. Ob Eibeschütz wirklich einige kabbalistisch-philosophische Schriften verfaßt hat, wie er von sich rühmt? אוצר החכמה nennt er (Kerem Chemed das. p. 35), מירב אחות יהונתן zitiert er öfters im Ms. In demselben tut er auch, als ob er Anatomie, Farbenlehre und alles mögliche verstände. Auf Prahlerei ist auch zurückzuführen, was er sich in כרתי ופלתי auf anatomische und physiologische Kenntnisse zugute tut.

1) Nicht bloß Jakob Emden, dem man Parteilichkeit zutrauen könnte, sondern auch sein ehemaliger Bewunderer, Nehem. Reischer, bezeugt, daß Eibeschütz in rituellen Dingen nicht allzu skrupulös, vielmehr lax war (שפת אמת a. a. O.). Dagegen spricht nicht, daß er rigorose Strafpredigten wegen

nicht den nötigen Ernst, diesem Zuge nachzugeben. Zum Nachdenken über die Berechtigung dieser oder jener Satzung oder des ganzen Gebäudes, wie Leon Modena, kam Eibeschütz nicht; dazu war er zu wenig gebildet und zu unselbständig in seinem Denken. Darum fand er an der Mystik, wie sie Sabbataïs Nachfolger auslegten, viel Behagen; das Gesetz sei durch den Eintritt der messianischen Zeit aufgehoben oder könne unter Umständen aufgehoben werden, oder der in der Kabbala webende Geist brauche sich nicht Gewissensbisse zu machen, dieses und jenes gering zu achten. Nehemia Chajon scheint auf den jungen Eibeschütz bei seiner Anwesenheit in Prag oder Hamburg einen tiefen Eindruck gemacht zu haben. Mit dem Sabbatianer Löbele Proßnitz stand Eibeschütz in lebhaftem, wenn auch heimlichem Verkehr. In Abraham Michael Cardosos Schriften vertiefte er sich, obwohl sie öffentlich verketzert und gebrandmarkt worden waren. Den lästerlichen Hauptgedanken dieser und anderer Sabbatianer hat Eibeschütz in sich aufgenommen, daß der höchste Gott, die erste Ursache, mit dem Weltall in keinerlei Verbindung stehe, sondern eine zweite Person in der Gottheit, der Gott Israels genannt, das Abbild derselben, die Welt erschaffen, das Gesetz gegeben, Israel erwählt, kurz sich mit dem Endlichen befaßt habe[1]). Er scheint aber auch den Konsequenzen dieser ketzerischen Theorien gehuldigt zu haben, daß Sabbataï Zewi der wahre Messias gewesen sei, die zweite Person der Gottheit in sich verkörpert habe, und daß durch dessen Erscheinen die Bedeutung der Thora aufgehört habe.

Eibeschütz hatte aber keinen so festen Charakter und keine so entschiedene Gesinnung, um sein inneres Denken mit seinem Tun in Einklang zu setzen. Mit dem rabbinischen Judentum offen zu brechen, sich als ein Kontratalmudist, wie mehrere polnische Sabbatianer es getan haben, mit der Gesamtjudenheit zu überwerfen, das lag nicht in seinem Wesen. Er war zu praktisch klug und zu bequem, um sich den Unannehmlichkeiten eines solchen Bruches auszusetzen. Sollte er gleich Chajon wie ein Gehetzter von Asien nach Europa hin und zurück abenteuern? Auch liebte er den Talmud und die rabbinische Literatur als Nahrung für seinen Witz, er konnte sie nicht missen. Der Widerspruch in seinem Leben und die Wirren, die Eibeschütz veranlaßt hat, sind auf diesen Mißklang zwischen seinem Kopfe und seinem Tem-

ritueller Vergehungen hielt und sogar das Trinken von Kaffee und Tee und Tabakrauchen verpönte (Predigtsammlung יערות דבש I, p. 39 und and. St.). Das lag in seinem Charakter.

1) S. Note 7.

peramente zurückzuführen. Das rabbinische Judentum war ihm nicht recht bequem; aber die Quellen, aus denen es floß, waren ihm unentbehrlich; er hätte sie geschaffen, wären sie nicht vorhanden gewesen. In diesen Widerspruch eingeengt, täuschte er nicht bloß die Welt, sondern mehr noch sich selbst; es kam nicht zur Klarheit in seinem Innern. Er war ein Heuchler, ohne es zu wollen.

Im einundzwanzigsten Lebensjahre (1711) stand Eibeschütz bereits in Prag einem Lehrhause vor, und eine Schar von Scharfsinn liebenden Talmudjüngern sammelte sich um ihn, hing an seinen Lippen, bewunderte seine anregende, gewissermaßen mit den Schwierigkeiten spielende Lehrweise. David Oppenheim, Oberrabbiner von Böhmen, hatte wegen seiner ausgebreiteten Geldgeschäfte und anderweitiger Tätigkeit keine Muße, sich mit der Ausbildung von Jüngern zu beschäftigen. So wurde Eibeschütz allmählich, wenn auch nicht offiziell, der erste und angesehenste Rabbiner Prags. Seine Zuhörer fesselte und begeisterte er durch sein freundliches, man möchte sagen, s t u d e n t i s c h e s Wesen, durch seinen sprudelnden Witz, seine treffenden Ausfälle, die sich nicht immer in den Schranken des Schicklichen hielten. Er war für sie ganz anders geartet, als die Rabbiner gewöhnlichen Schlages; er schlich nicht finster, büßermäßig und gekrümmt einher und legte auch seinen Jüngern nicht einen solchen Zwang auf; sie durften sich freier bewegen. Geselligkeit, lebhaftes, zündendes Zwiegespräch war ihm ein Bedürfnis. Daher mehrte sich mit jedem Jahre die Zahl von Eibeschützens Zuhörern und belief sich auf Tausende, die ab- und zugingen. Er galt infolgedessen als Dreißigjähriger nicht bloß in Prag, sondern weit und breit als eine so unbestrittene Autorität, daß er über David Oppenheim gestellt wurde oder sich stellte. Eine bittere Gehässigkeit bestand daher zwischen dem fast greisen Landrabbinen von Böhmen und dem jungen Privatrabbinen; dieser soll jenem viel Kränkung zugefügt haben. Es ist bereits erzählt, daß sichere Beweise dem Rabbinate von Frankfurt a. M. von Eibeschützens Verbindung mit Löbele Proßnitz und den podolischen Sabbatianern vorlagen. Nur seine verbreitete Autorität und seine große Jüngerzahl schützten ihn davor, daß der Bannspruch gegen jene nicht auch gegen ihn gekehrt wurde (o. S. 336). Er hatte die Kühnheit, dem Verdachte dadurch zu begegnen, daß er selbst den Bann über die Sabbatianer verhängte (1725). Mose Chagis, der Mann ohne Rücksicht, der Zionswächter jener Zeit, prophezeite damals, daß die Schonung gegen ihn zum Unheil ausschlagen werde. In der Tat war Eibeschütz damals tief in die sabbatianische Irrlehre verstrickt, gestand es auch seinem Jugendlehrer Meïr Eisenstadt, der viel davon wußte, scheinbar beschämt und reuig ein und versprach Besserung. Durch diese Schonung behauptete sich Eibeschütz in seinem Ansehen und erhöhte es noch durch seine Gelehrsamkeit, seine immer mehr zunehmende Jüngerschar und seine Tätigkeit. Der Verdacht der Ketzerei wurde allmählich vergessen, und die Gemeinde von Prag stellte ihn, um sein Verdienst zu belohnen, als Prediger an (1728).

Auch nach einer anderen Seite verließ Eibeschütz die ausgetretene Bahn und stellte sich in ein zweideutiges Licht. Er knüpfte einen stetigen Verkehr mit den Jesuiten in Prag an, sei es aus Eitelkeit oder Berechnung. Er disputierte mit ihnen und kehrte ihnen gegenüber einen gewissen Freisinn heraus, als ob er die Befangenheit der Juden nicht teile. Namentlich ging er mit dem jesuitischen Bischof Hasselbauer in Prag um, jenem Geisteshenker, der öfter Haussuchungen bei den Juden veranlaßte, um auf unzensierte hebräische Bücher zu fahnden und sie zu konfiszieren. Durch diese Bekanntschaft setzte es Eibeschütz durch, daß ihm vom Bischof das Privilegium erteilt wurde, den von der Kirche so oft geächteten Talmud drucken zu dürfen. Ob er es aus Eigennutz getan haben soll, um den böhmischen Juden den Zwang aufzulegen, nur die von ihm gedruckten Talmudexemplare benutzen zu dürfen, und solchergestalt ein gutes Geschäft zu machen, dessen Gewinn er mit den Jesuiten zu teilen versprach? In manchen jüdischen Kreisen behauptete man es mit aller Bestimmtheit. Die Druckerlaubnis erhielt Eibeschütz von der bischöflichen Zensurbehörde, jedoch nur unter der Bedingung, daß jede Redewendung und jedes Wort im Talmud, welche nur einen matten Schein zuließen, daß sie gegen das Christentum gerichtet wären, vollständig ausgemerzt werden sollten. Er selbst gab sich zu dieser Verstümmelungsoperation her (1728 bis 1739). Diese wedelnde Gefügigkeit gegen die Jesuiten erregte den Unwillen mancher Juden. Die Gemeinde von Frankfurt a. M. ließ es sich viel Geld kosten — Mose Chagis und vielleicht auch David Oppenheim steckten dahinter — um den Prager Druck des Talmuds durch den Kaiser verbieten zu lassen[1]). — Eibeschütz hat übrigens seine Bekanntschaft

[1]) Dieses Faktum, welches kein günstiges Licht auf Eibeschütz wirft, ist noch wenig bekannt. Er selbst rühmt sich (Einleitung zu כרתי ופלתי) des Verdienstes, den Druck des Talmuds durchgesetzt zu haben: שהרשני להדפיס ספרי תלמוד. Den Kommentar dazu liefert Emden in התאבקות p. 3b): אז התקשר (ר' יונתן) עם הבישוף דפראג להדפיס סדור תפלות וגם ש"ס ולהטיל המשא על אנשי פיהם ופראג להכריחם שיקחו כל איש מבני מדינות קיסר תפלות וש"ס במקח אשר הושת עליהם... ולחלק הרוחים בין שניהם

mit christlichen Kreisen auch benutzt, um drohende Gefahren von der böhmischen Judenheit abzuwenden[1]).

So ganz und gar vergessen war indessen Eibeschützens frühere ketzerische Haltung doch nicht. Als die Rabbinatsstelle in Metz besetzt werden sollte, bewarb er sich um dieselbe und bat einen seiner Bewunderer, Nehemia Reischer, Enkel des damals (1733) verstorbenen Metzer Rabbiners Jakob Backofen[2]), ihn warm zu empfehlen. Als der Vorstand mit der Wahl beschäftigt war, erschien die greise verwitwete Rabbinerin in der Sitzung und warnte, ihrem entschlafenen Gatten und anderen frommen Rabbinen, seinen Vorgängern, nicht im Grabe diese Schande anzutun, ihnen einen Ketzer oder noch Schlimmeres (Mumar) zum Nachfolger zu bestimmen. Diese feierliche Warnung einer ehrwürdigen Matrone, die mit Eibe-

... וכן החסיר וגרע מלשונות הש"ס ככל חפץ הכומר . . . ועל זה היתה צעקה גדולה בפיהם ובארץ אשכנז והוצרכו ק' פ"פ דמיין להוציא על עסק ביש זה סך רב מאוד ר"א מאה אלפים זהובים להשתדל אצל הקיסר עד שבטלו מחשבת המין צורר היהודים הלז. Ähnlich klagte Chagis ihn bereits im Jahre 1728 an (Emden, Respp. שאילת יעבץ, No. 23, p. 53b): בשעה שהייתי כותב דבר זה היתה שעת חירום מעסק אותו שטן שקם למשחית בק"ק פראג בעסק הגהת הדפוס מהש"ס ותפלות בהנהות שונות ומשונות . . . מלבד שאר שמועותיו . . . שנתבררו בכח ב"ד יפה בק"ק פ"פ ליסא ומנהיים. Über die Verstümmelung dieser Prager Talmudausgabe unter Teilnahme der Geistlichen s. Wolf, Bibliotheca III, p. 45: De editione Talmudis Babyl. nova, sed decurtata, quam Pontificii Pragae tentarunt, scripsi supra. Vgl. Rabinowicz, Einleitung zu דקדוקי סופרים (München 1867), p. 73, der von Eibeschützens Beteiligung an dieser Edition nichts zu wissen scheint. [S. jedoch desselben מאמר על הדפסת התלמוד, München 1877, S. 99 f.] Über Eibeschützens Verkehr mit den Jesuiten und Hasselbauer öfter in Emdens Schriften (besonders עדות ביעקב, p. 41d, Note): וראו את ר' יונתן משכים לפתחו של הבישוף האזילפויער בכל יום; s. Beer in Frankels Monatsschr. 1858, S. 391. Über die Prager Zensur des Bischofs in Prag s. Wolf in Maskir, VIII, S. 58. Es ist aus Aufschneiderei von Karl Anton oder Eibeschütz angegeben, daß „die königl. Appellation ihn zum Oberzensor ernannt habe . . ., daher durfte kein jüdisches Buch ohne die Erlaubnis des R. Jonathan im Druck erscheinen" (Anton, Kurze Nachrichten, S. 53). Oberzensor war damals nur der Erzbischof von Prag. Eibeschütz hat nur dabei Hilfe geleistet. Die Apologie für Eibeschützens Beteiligung an der Edition des zensierten Talmuds von Prag (Hamaggid, Jahrg. 1877, S. 170 f., 180, 188, 199) ist durchaus nicht geeignet, ihn von der Anschuldigung seiner Gegner reinzuwaschen.

[1]) Im genannten Ms. (p. 69b) אז נתחדשו גזירות המלך . . . ונשתלח מורי הרב (ר' יונתן) לטובת הצבור לקריית מלך רב ווינא בהשתדלות חריצות כולי האי ואולי להשיב חמת המלך.

[2]) Jakob Backofen, Verfasser des Werkes חק יעקב und anderer ähnlicher Schriften.

schützens Frau verwandt war, machte einen solchen Eindruck auf den Vorstand, daß seine Wahl fallen gelassen wurde. Berufen wurde damals nach Metz der aus Polen stammende Jakob Joscha Falk (Pene Jehoschua, geb. um 1680, st. 1756)[1], seit einigen Jahren Rabbiner der zwar noch immer nicht bedeutenden, aber bereits stolzen Judenheit der Mark Brandenburg, welche die damals aus Salzburg ausgewiesenen Protestanten mit den Christen um die Wette reichlich unterstützte und auf die allgemeine Verwunderung über eine solche Hochherzigkeit von seiten der Juden entgegnete: „Es sind Fremdlinge wie wir, und wir sind Bürger wie ihr"[2]). Falk blieb indes nur wenige Jahre in Metz und wurde nach Frankfurt a. M. berufen. An seiner Stelle wurde durch Reischers Tätigkeit Eibeschütz diesmal gewählt (1744)[3]). Ehe er indes die Stelle antrat, entbrannte der österreichische Erbfolgekrieg oder der Kampf zwischen dem jugendlich aufstrebenden Preußen unter Friedrich dem Großen und dem bereits gealterten Österreich unter Maria Theresia. Ein französisches Heer im Bunde mit Preußen und dem Gegenkaiser Karl VII. hielt Prag besetzt. Die systematisch verdummte Bevölkerung in Böhmen und Mähren hegte den Wahn, als ob die Juden es verräterisch mit dem Feinde hielten, vielleicht weil sie bei demselben Schutz gegen Pöbelaufläufe fanden, oder weil sie, auf Schonung wenig rechnend, die ihnen aufgelegten Brandschatzungsgelder rascher zusammenbrachten und ablieferten, oder endlich, weil die streng disziplinierten preußischen Soldaten sie wegen ihres leidlichen Verhaltens milder behandelten. Es hieß, Friedrich der Große, der protestantische Ketzer, sei ein besonderer Gönner der Juden. In Mähren entstanden daher in der Gegend, wohin die Preußen noch nicht gedrungen waren, leidenschaftliche Wutausbrüche gegen die Juden. Ein österreichischer Feldmarschall in Mähren, von demselben Wahn befangen oder ihn heuchelnd, erließ ein hartes Dekret (14. März 1742), daß die wenig zahlreichen Gemeinden innerhalb sechs Tagen 50 000 Gulden Rheinisch bar nach Brünn abliefern sollten, „widrigenfalls sie sämtlich geplündert und niedergemacht werden würden". Durch die aufopfernde Bemühung zweier Männer der Wiener Gemeinde, Baron de Aguilar und des reichen Rabbinen Issachar Berusch Eskeles, hob die

[1]) S. über ihn die Bibliographien, auch weiter unten. [Vgl. Horowitz, M. Frankfurter Rabbiner III, S. 5—59.]

[2]) König, Annalen der Juden in den preußischen Staaten, S. 272.

[3]) [Über Jonathan Eibeschütz' Tätigkeit in Metz vgl. Cahen in RÉJ XII. 283—289.]

Kaiserin Maria Theresia dieses Dekret auf (21. März)[1]. — Mose Lopez Pereyra, mehr bekannt unter dem Namen Diego de Aguilar (geb. um 1700, st. in London 1765)[2], ein Marrane oder von marranischer Abkunft, war über Amsterdam und London nach Wien gekommen, hatte durch Ausnutzung der Tabaksregie dem Staat unter Karl VI. wesentliche Dienste geleistet und war deswegen in den Adelsstand erhoben worden. Eine edle Natur, betrachtete Diego de Aguilar die Sache seiner Religions- und Stammesgenossen als seine eigene. Er hat zuerst den Grund zur portugiesischen oder türkischen Gemeinde in Wien gelegt, aus sefardischen Juden, die aus ungarischen Städten sich in Wien niedergelassen hatten. Er durfte sich herausnehmen, vor der Kaiserin ein entschiedenes Wort zu sprechen. Der Rabbiner Berusch (st. 1759)[3], Stammvater der freiherrlichen Familie Eskeles in Wien, Sohn und Enkel polnischer Rabbinen, hatte ebenfalls wegen seines großen Vermögens, von dem er letztwillig einen großen Teil für Ausbildung von Rabbinen hinterließ, Einfluß auf einige dem Hofe nahestehende Personen. Beide hatten abermals Gelegenheit, einen vernichtenden Schlag von ihren Stammesgenossen abzuwenden.

Jonathan Eibeschütz, zum Rabbiner von Metz erwählt, hatte sich unbesonnen an die in Prag eingezogenen Franzosen angeschmiegt, entweder aus Eitelkeit, oder um sich das lothringisch-französische Rabbinat zu sichern. Er erhielt von dem französischen Kommandanten einen Geleitsbrief, ungefährdet nach Frankreich zu reisen, erregte aber bei der böhmischen Bevölkerung den Verdacht verräterischen Einverständnisses mit dem Feinde. Er war allein abgereist (Frühjahr 1742) und hatte seine Familie zurückgelassen. Nach Abzug der Franzosen (Ende 1742) wurde von der österreichischen Behörde eine Untersuchung

[1] Abr. Trebitsch, קורות העתים p. 9—18.

[2] Vgl. über ihn L. A. Frankl, Zeitung des Judentums, Jahrg. 1854, S. 657 f. Das daselbst Nr. 50 Berichtete klingt zu romantisch, um geschichtlich zu sein. In der Broschüre Pintos: Reflexions critiques . . . à Mr. de Voltaire heißt es schon in der ersten Ausgabe 1762 (p. 19): Le Baron d'Aguilar, trésorier de la reine de Hongrie est encore regretté à Vienne. S. Lettre d'un Milord sur la nation hebraique (1767, p. 57), wo es heißt: où (à Londres) il (Aguilar) mourut, il y a deux ans. Vgl. Anekdoten von guten Juden S. 34, Nr. 20 über d'Aguilars Benehmen. [Vgl. Kaufmann im Jahrbuch אוצר הספרות II, S. 118. Kaufmann, Aus Heinrich Heines Ahnensaal, S. 83, n. 1 und מגלת סדרים, ed. M. Baumgarten (Berlin 1895), S. 10, 53.]

[3] S. über ihn Wiener Grabinschriften von L. A. Frankl, Nr. 424 und S. XX. [Vgl. Kaufmann, Samson Wertheimer, S. 88 ff.]

über Eibeschützens Verhalten eingeleitet und sein Vermögen, soweit es nicht von den Panduren geplündert war, mit Beschlag belegt. In den Verdacht der Verräterei gegen den Staat wurden später sämtliche böhmische und mährische Juden hineingezogen. Die erzkatholische Kaiserin, welche zugleich gemütreich und hartherzig war, erließ plötzlich ein Dekret (18. Dezember 1744 für Böhmen, 2. Januar 1745 für Mähren), daß sämtliche Juden dieser beiden Kronländer binnen kurzem „aus mehrerlei tristigen Ursachen" ausgewiesen, und wer nach dieser Frist betroffen würde, mit „militärischer Hand ausgeschafft" werden sollte. Mit diesem Dekret wurde auch grausiger Ernst gemacht. Die Prager Juden, mehr als 20 630 Seelen, mußten in kurzer Zeit im rauhen Winter die Stadt verlassen und sich in den Dörfern herumplagen; die königlichen Städte hatten aber die Weisung, keinen von ihnen auch nur vorübergehend aufzunehmen. Die Lage der böhmischen und mährischen Juden war traurig. Wohin sollten sie sich wenden? Im achtzehnten Jahrhundert wurden die Juden nicht mehr wie früher ihrer Kapitalien wegen gesucht und aufgenommen. Und solche hatten sie auch nicht; ihre Habseligkeiten waren durch den Krieg größtenteils vernichtet. Eibeschütz gab sich, im Gefühle, daß er einige Schuld an ihrem Unglücke hatte, Mühe, ihnen Erleichterung zu verschaffen Er predigte für sie in Metz, richtete Schreiben an die wenigen kleinen Gemeinden in Südfrankreich, Bayonne und Bordeaux, ihnen Unterstützung zukommen zu lassen, und an die römische Gemeinde, sich für ihre unglücklichen Brüder beim Papste zu verwenden[1]). Das alles war aber nicht von großer Bedeutung. Wirksamer scheint die Verwendung de Aguilars, Berusch Eskeles' und anderer Wiener Hofjuden beim Hofkreise gewesen zu sein. Auch Geistliche redeten ihnen das Wort, und die Gesandten von Holland[2]) und England verwendeten sich sehr warm und eindringlich für sie. Die Anschuldigung verräterischen Einverständnisses mit dem Feinde während des Krieges konnte bei einigem guten Willen leicht widerlegt werden. Genug, die Kaiserin nahm ihr strenges Edikt zurück und gestattete den Juden der beiden Kronländer auf unbestimmte Zeit zu bleiben (15. Mai 1745)[3]). Nur

[1]) Handschriftliche Urkunden Frankel, Monatsschrift 1867, S. 426.

[2]) [Vgl. Kaufmanns Abhandlung: „Barthold Dowe Burmania und die Vertreibung der Juden aus Böhmen und Mähren" in der Jubelschrift zum 70. Geburtstag des Prof. Graetz (Breslau 1887), S. 279—313.]

[3]) S. darüber Note 7 [und ein noch unbenutztes handschriftliches Fragment, das sich gegenwärtig im Besitz der Bibliothek des jüdisch-theologischen Seminars in Breslau befindet].

für die Prager Gemeinde, welche am meisten angeschuldigt war, blieb die Strenge fortbestehen. Erst einige Jahre später wurde allen Juden auf Antrag der Stände, „daß durch Abzug derselben dem Lande ein Verlust von vielen Millionen drohte", der Aufenthalt auf vorläufig zehn Jahre verlängert, aber unter entsittlichenden Bedingungen. Sie sollten eher vermindert als vermehrt werden; ihre Zahl wurde festgesetzt. Nur der älteste Sohn durfte eine Familie bilden, in Böhmen wurden etwa 20 000 und in Mähren 5100 Familianten (wie sie genannt wurden) geduldet. Jene mußten jährlich etwa 200 000 Gulden an die kaiserliche Kasse liefern. Diese Beschränkungen haben sich fast bis zur Umwälzung von 1848 erhalten. — Jonathan Eibeschütz wurde, ob mit Recht oder Unrecht, als Landesverräter erklärt, und es war ihm untersagt, je den österreichischen Boden zu betreten[1]).

Wenn er in den ersten Jahren so beliebt in Metz war, daß die Gemeinde nicht zugab, das ihm angetragene Rabbinat von Fürth (1746) anzunehmen, so muß er sich später so mißliebig gemacht haben, daß er während seiner Verlegenheit dort keinen Annehmer, keinen Zeugen seiner Unschuld fand. Wenn er dort auch nur einen kleinen Teil der Gemeinheiten begangen haben sollte, die ihm vorgeworfen wurden[2]), so muß sein Leben mit seinen Predigten, die er mit der Zeit niederschrieb[3]), in einem schreienden Widerspruch gestanden haben. Außerordentlich feindselig trat gegen ihn sein Kollege im Rabbinat auf, Nehemia Reischer, Rabbiner von Lothringen, der früher am eifrigsten seine Wahl für Metz betrieben hatte. Man sprach laut davon, daß sich Eibeschütz ihm und einer Waise gegenüber, die Reischer zum Vormunde hatte, eigennützig und betrügerisch benommen habe. Eibeschütz fühlte sich daher in Metz nicht sehr behaglich; ihm fehlte dort überhaupt die lärmende und disputierende Schar junger Bewunderer, ein großer Schauplatz, um seinen Talmudwitz leuchten zu lassen. In Frankreich wurden nicht so viel Talmudjünger aus Polen und Deutschland zugelassen. Seine Mißliebigkeit[4]) in der Gemeinde zwang ihn ohnehin Metz zu verlassen. Es war daher

[1]) Note 7.

[2]) Emden in Bet Jonathan ha-Sofer und התאבקות; auch Reischer in שפת אמת, p. 36.

[3]) Die meisten Predigten in der Predigtsammlung יערות דבש (2 B.) sind in Metz gehalten.

[4]) Supplik Ezech. Landaus an Maria Theresia (Monatsschr. 1877, p. 20). „Da aber oben benannten Supplikanten (Eibeschütz) wegen seines üblen Lebenslaufes die Judenschaft zu Metz nicht gedulden wollte."

verzeihlich, daß er sich um das Rabbinat der Drei-Gemeinden (Altona, Hamburg und Wandsbeck) eifrig bewarb. Durch die Bemühungen seiner Verwandten und durch seinen Ruf als der bedeutendste Talmudist und Wundertäter fiel die streitige Wahl auf ihn. Da die Juden dieser Städte noch die eigene Zivilgerichtsbarkeit hatten, welche auf dem rabbinischen Gesetze basierte, so suchten sie einen scharfsinnig juristischen Rabbiner und konnten nach dieser Seite hin keine bessere Wahl treffen.

Aber mit seinem Einzuge in Altona (18. Elul = Anfang September 1750) zog ein böser Geist ein, der nicht bloß diese Drei-Gemeinden, sondern die deutsche und polnische Judenheit zerrüttete. Indessen ist Eibeschütz, wenn auch der Hauptschuldige, doch nicht allein dafür verantwortlich zu machen; die ganze Zeitrichtung war seine Mitschuldige, ganz besonders aber der Privatrabbiner Jakob Emden, der Hauptanreger des Streites. Er wollte die Heuchelei entlarven und hat damit die Blöße seiner jüdischen Zeitgenossen aufgedeckt.

Jakob Emden Aschkenasi (abgekürzt Jabez, geb. 1698, gest. 1776)[1]) war seinem Vater Chacham Zewi so ähnlich, wie nur ein Schößling seinem Mutterstamme ähneln kann, oder vielmehr, er nahm sich seinen, von ihm übermäßig bewunderten Vater in allem zum Muster. Mit ihm bei der teilweisen Verbannung aus Amsterdam nach Polen geworfen, später in Mähren (Ungarisch-Brod) lebend, hat sich Jakob Emden doch von dem Unwesen der Juden dieser Gegend so ziemlich freigehalten. Er war nicht ganz abgestumpft für das Wahre und Einfache, haßte die in Klügelei ausgeartete rabbinische Gelehrsamkeit, war nicht unempfänglich für allgemeines Wissen; aber die verkehrte religiöse Richtung der Zeit hinderte auch ihn, sich dem ihm angeborenen Trieb nach Forschung hinzugeben. Als echter

[1]) Seine Biographika sind in seinen polemischen Schriften, namentlich in עדות ביעקב am Anfang gegeben. Amtlich wurde er Jakob Hirschel genannt; nach einer Krankheit hat er den Namen Israel dazu angenommen. Eine gründliche und unparteiische Biographie Emdens, dessen Leben bis Luzzatto hinauf und bis Mendelssohn hinunter reicht, ist noch ein Desideratum. Nach dem Erscheinen der ersten Ausgabe ist zwar eine Biographie erschienen: תולדות יעב״ץ. Jakob Hirschels (Emdens) Leben und Schriften von H. A. Wagenaar, mit Beiträgen von Gabriel Polak, Amsterdam 1868. Aber sie enthält nur das dürre Gerippe und ist so eisig unparteiisch gehalten, daß sie den von Emden so schonungslos verketzerten Eibeschütz bezeichnet als איש טהור רכב ישראל ופרשיו! Emden würde einem solchen Biographen keineswegs Dank gewußt haben.

Sohn des Talmuds glaubte er ganz ernstlich, ein Jude dürfe sich mit anderweitigem Wissen nur in der Dämmerstunde beschäftigen. Zeitunglesen am Sabbat hielt er nicht für erlaubt [1]). Auch er wurde im Talmud heimisch; da er aber nicht genug Scharfsinn besaß, so behandelte er eigentlich nur die Abfälle desselben mehr nach altjüdisch-deutscher, als nach polnischer Art. Auch die Kabbala und den Sohar schätzte Emden hoch und kannte anfangs ihre gefährlichen Auswüchse gar nicht. Die Philosophie war ihm ein Greuel, obwohl er sie nicht kannte. In seiner Querköpfigkeit behauptete er, das philosophische Buch „Der Führer" könne nicht Maimuni, den rechtgläubigen Rabbinen, zum Verfasser haben [2]). Von Charakter war er bieder, wahrheitsliebend, gesinnungstüchtig und bildete nach dieser Seite einen scharfen Gegensatz zu Jonathan Eibeschütz. Was Emden für wahr oder falsch erkannt hatte, scheute er sich nicht geradezu auszusprechen, mit Eifer und beißender Schärfe zu verteidigen oder zu verwerfen. Klug etwas verheimlichen, hinter dem Berge halten, heucheln war seine Art nicht. Auch nach einer anderen Seite war er von Eibeschütz verschieden. Dieser war freundlich, schmiegsam, sorglos, leichtlebig, gesellig; Emden dagegen unverträglich, rücksichtslos, ernst, trüb gestimmt, die Einsamkeit liebend. Wohlhabend und von Geschäften lebend, war Emden stets abgeneigt, ein Rabbinat anzunehmen. Er kannte sich, seinen Unabhängigkeitstrieb, seine Eckigkeit und seinen Ungestüm zu gut. Nur einmal hatte er sich bewegen lassen, eine Rabbinerstelle in Emden anzunehmen (davon hatte er seinen Beinamen); aber er gab sie aus Unbehagen und Kränklichkeit nach wenigen Jahren wieder auf, siedelte sich (um 1730) als Privatmann in Altona an, ließ sich vom König von Dänemark das Privilegium zu einer Druckerei erteilen, baute ein Haus mit einer eigenen Synagoge (was ihm ebenfalls willig eingeräumt worden war), bildete mit seiner Familie und wenigen Freunden gewissermaßen eine Gemeinde innerhalb der Gemeinde, besuchte zwar die Börse, lebte aber eingesponnen in seine eigene Traumwelt. Ganz ohne Ehrgeiz war Emden nicht gerade. Er wies mehrere ihm angebotene Rabbinate ab; aber es schmeichelte ihn, gewählt worden zu sein. Er strebte gewissermaßen danach, durch die Ablehnung jeder ehrenvollen Wahl seine Bescheidenheit und Uneigennützigkeit offenkundig zu machen.

Bei der Besetzung des Rabbinats der Drei-Gemeinden stand

1) In seinen Respp. שאלת יעבץ [I, No. 162].
2) In מטפחת הספרים.

Emden ebenfalls auf der Wahlliste. Seine wenigen Freunde (viele konnte er vermöge seines eckigen, herben Wesens nicht haben) arbeiteten für ihn und drängten ihn, sich ein wenig darum zu bewerben. Er schlug aber jede Bewerbung aus, erklärte vielmehr entschieden, er werde die auf ihn fallende Wahl nicht annehmen, war aber nichtsdestoweniger empfindlich, als er nur wenig Stimmen hatte, und wurde Eibeschütz gram, weil dieser den Vorzug erhalten hatte. Es hätte ihm wohlgetan, gewählt zu werden, um bescheiden Nein sagen zu können. — Noch eine Eigenheit gehörte zu Emdens Charakterzügen: Ketzerriecherei. — Sein Vater Chacham Zewi hatte so unerschrocken den Schwindler Nehemia Chajon und andere Sabbatianer verfolgt und sich dadurch in peinliche Lagen gebracht. Jakob Emden wünschte nichts sehnlicher, als seinem Vater auch darin gleich zu kommen; er würde das Märtyrertum dafür nicht gescheut haben. Seit Mose Chagis' Rückkehr nach Palästina betrachtete er sich daher als Wächter für die Rechtgläubigkeit unter seinen Glaubensgenossen und als jüdischen Großinquisitor; er hielt den Bannstrahl stets bereit, ihn dahin zu schleudern, wo sich Ketzerei, namentlich sabbatianische, regen sollte. Diese Gelegenheit, sein unbesoldetes Ketzerrichteramt auszuüben, seinen Eifer für die Rechtgläubigkeit zu betätigen und sogar dafür zu leiden, bot ihm Jonathan Eibeschütz.

Man muß es Eibeschütz einräumen, daß er, obwohl seine hochfliegenden Wünsche durch das größte Rabbinat in Deutschland über die Altonaer, Hamburger und Wandsbecker Gemeinde (wozu noch die Mecklenburgische Judenschaft gehörte) vollständig verwirklicht waren, sich fern von Überhebung hielt. Auch gegen Jakob Emden zeigte er eine sehr weitgehende Freundlichkeit und jene Süßigkeit, die man damals die mährische nannte. In seinen ersten Vorträgen auf der Kanzel sprach er von Emden mit großer Lobeserhebung, gab sich Mühe, ihn für sich zu gewinnen und bot ihm seine Hilfe an, den Absatz des von Emden gedruckten, originell sein sollenden, aber komischen Gebetbuches innerhalb der Elbgemeinden gewissermaßen zu erzwingen. Er hatte keine makellose Vergangenheit hinter sich und kannte Emdens zelotischen Charakter und Unverträglichkeit; darum legte er es förmlich darauf an, ihn zu bezaubern, ihn an sich zu fesseln und dadurch unschädlich zu machen. Emden machte aber eine sauersüße Miene zu dieser Zuvorkommenheit und hielt sich von dem neuen Oberrabbiner fern, als ahnte er, daß es über kurz oder lang zu einem Zusammenstoß zwischen ihnen kommen müßte. Er stellte sich nur zu bald ein. Zur Zeit, als Eibeschütz das Rabbinat übernahm, herrschte unter den

Juden dieser Gemeinde eine peinliche Aufregung. Es waren innerhalb eines Jahres mehrere (18) junge Frauen in Kindesnöten gestorben. Jede Frau im Zustande der Mutterschaft sah mit zunehmender Angst der herannahenden Stunde entgegen. Mit Sehnsucht wurde daher der neue Rabbiner erwartet, den Würgengel, der sich junge Frauen zu seinem Opfer ausersehen hatte, zu bannen. Galt damals jeder Rabbiner als ein Beschützer gegen allerhand Übel (**Megîn**), als eine Art Magier, so erwarteten die Hamburger und Altonaer Frauen noch viel mehr von Jonathan Eibeschütz, den seine Bewunderer als den vollkommensten Rabbinen und als Wundertäter ausposaunt hatten. Wie sollte er diesen gespannten Erwartungen entsprechen? Selbst wenn er gesinnungstüchtig gewesen wäre, hätte Eibeschütz zu einer Mystifikation greifen müssen, um sein Ansehen in seinem neuen Amte zu behaupten. Er schrieb daher gleich bei seiner Ankunft Talismane, Geisterbannungszettel (Kameen, Kamioth) für die zitternden Frauen und ließ noch anderen Hokuspokus veranstalten. Solche Amulette hatte er schon früher in Metz, Frankfurt a. M. und anderswohin verteilt. Von der Mainstadt war aber bereits ein Gerücht nach Altona gedrungen, daß seine Talismane ganz anderer Art wären, als sie sonst zu sein pflegten, daß sie einen ketzerischen Anstrich hätten. Aus Neugierde wurde ein vom Oberrabbiner Jonathan Eibeschütz erteiltes Amulett in Altona geöffnet, und was fand man darin? „O Gott Israels, der du in der Zierde deiner Macht wohnst (kabbalistische Anspielung), sende durch das Verdienst deines Knechtes Sabbataï Zewi Heilung für diese Frau, damit dein Name und der Name des Messias Sabbataï Zewi in der Welt geheiligt werde"[1]). Man weiß nicht, was größer war, Eibeschützens Dummgläubigkeit und Anhänglichkeit an den vom Judentum abgefallenen Schwindler von Smyrna oder seine Frechheit oder sein sorgloser Leichtsinn, sich so bloß zu stellen. Allerdings hatte er die Wörter ein wenig entstellt, gewisse Buchstaben mit anderen vertauscht; aber er mußte doch wissen, daß der Schlüssel zu diesem Rätsel leicht zu finden war. Diese Mystifikation blieb natürlich nicht verschwiegen; die Amulette gelangten in Emdens Hände, dem kein Zweifel blieb, daß Eibeschütz noch immer der sabbataïschen Ketzerei anhing. Aber so sehr er sich auch freuen mochte, Gelegenheit gefunden zu haben, sein Ketzerrichteramt auszuüben, so stutzte er doch anfangs

[1]) S. Note 7.

vor den Folgen. Wie sollte er den Kampf mit einem Manne aufnehmen, der einen ausgebreiteten Ruf als der gelehrteste Talmudist, als orthodoxer Rabbiner hatte, dessen zahlreiche Jünger — man sagte mehr als 20 000 — bereits Rabbinate, Gemeindeämter und einflußreiche Stellungen einnahmen, an ihm mit Bewunderung hingen, bereit, eine Phalanx um ihn zu bilden? Aber die Sache konnte auch nicht unterdrückt werden, es wurde in der Judengasse und auf der Börse davon gesprochen. Die Vorsteher mußten Eibeschütz darüber befragen, und er machte elende Ausflüchte, gab sich aber Mühe, das Gerede verstummen zu machen. Der Vorstand mußte, ob er Eibeschützens Worten Glauben schenkte oder nicht, die Hand dazu bieten, die Sache tot zu machen. Welche Schande für die geachteten Drei-Gemeinden, welche ein Vierteljahrhundert vorher die Sabbatianer verketzert und verdammt hatten, wenn sie selbst einen sabbatianischen Oberrabbinen gewählt haben sollten?! Jakob Emden, dessen Eifer am meisten zu fürchten war, wurde daher bald durch Schmeicheleien umgarnt, bald durch Drohungen eingeschüchtert, die Sache nicht an die große Glocke zu hängen. Aber gerade die Drohungen gegen ihn haben die Veröffentlichung herbeigeführt. Emden erklärte in seiner Synagoge in feierlicher Weise den Sachverhalt, daß er den Schreiber der Amulette für einen sabbatianischen Ketzer halte, der den Bannfluch verdiene, daß er zwar nicht damit den Oberrabbiner als Verfasser beschuldigen wolle, daß dieser aber verpflichtet sei, sich von dem Verdachte zu reinigen (Donnerstag 9. Schewat = 4. Febr. 1751)[1]). Diese Erklärung machte in den Drei-Gemeinden Aufsehen, erzeugte eine rasende Erbitterung; sie wurde dahin ausgelegt, als wäre Eibeschütz, der Oberrabbiner, von einem Privatmanne in den Bann getan worden. Der Vorstand und die meisten Gemeindeglieder betrachteten es als eine große Anmaßung, als einen Eingriff in ihre Befugnis. Eibeschützens Freunde und besonders seine Jüngerschaft schürten das Feuer. Der Autoritätsglaube überwucherte bereits so sehr, daß einige Jünger geradezu erklärten, wenn ihr Rabbiner an Sabbataï Zewi glaubte, so würden auch sie

[1]) Der ganze Hergang ist mitgeteilt in Emdens עדות ביעקב, p. 4 f., und התאבקות Anfang. Das Monatsdatum für Emdens feierliche Erklärung am Donnerstag ist daselbst nicht gegeben. Aus einem handschriftlichen Briefe eines Jüngers von Eibeschütz, Nathan Arolsen (im Besitze des H. Kirchheim) ist das Datum angegeben 9. Schebat. Demnach muß das Datum in עדות ביעקב, p. 30: Freitag ג׳ שבט, das ohnehin falsch ist, in י׳ שבט emendiert werden. Falsch auch bei Klemperer: R. Jonath. Eibeschütz, S. 73, Note ר״א שבט.

diesen Glauben teilen[1]). Ohne Emden zu einem Verhör zu berufen, dekretierte der Vorstand eigenmächtig tags darauf — wie früher der Amsterdamer Vorstand gegen Chacham Zewi und Chagis — daß niemand bei Strafe des Bannes die Emdensche Privatsynagoge besuchen dürfe, daß diese geschlossen werden, und daß er in seiner Druckerei nichts veröffentlichen solle. Damit war der Kampf ausgebrochen, der zuerst unheilvoll, aber zuletzt doch reinigend gewirkt hat. Jonathan Eibeschütz machte den Vorfall überall bei seinen zahlreichen Freunden und Jüngern, namentlich in Böhmen, Mähren und Polen bekannt, schilderte sich als einen unschuldig Angeklagten und Jakob Emden als einen frechen Menschen, der es gewagt habe, ihn zum Ketzer zu stempeln. Er wurde von einer Lüge zur andern, von Gewalttat zu Gewalttat hingerissen. Nichtsdestoweniger hatte er viele Helfer, die ihm zur Seite standen. Jakob Emden dagegen stand so ziemlich allein. Denn die wenigen, die zu ihm hielten, wagten nicht offen hervorzutreten. Doch gab er noch an demselben Tage seinem Schwager, Rabbiner von Amsterdam, Arje Leb Heschels, ferner Samuel Heilmann, Rabbiner von Metz, und Joscha Falk, Rabbiner von Frankfurt a. M., von denen er voraussetzte, daß sie sämtlich Eibeschütz nicht sehr freundlich gesinnt waren, Kunde von den Vorgängen. Der Amulettenblödsinn erhielt dadurch eine große Tragweite und eine Öffentlichkeit, die nicht mehr zu unterdrücken war. Jeder nur einigermaßen willensfähige Jude nahm für oder wider Partei; die meisten hielten zu Eibeschütz. Viele konnten sich nämlich nicht denken, daß ein so ausgezeichneter Talmudist, der größte seiner Zeit, zu den Sabbatianern gehören sollte. Die Anschuldigung gegen ihn galt daher als eine niedrige Verleumdung des gallsüchtigen, giftigen Emden. Über den Charakter und die Geschichte der Sabbatianer (oder Schäbs, wie man sie nannte) herrschte eine große Unwissenheit; ein Vierteljahrhundert war vorübergegangen, seitdem sie überall in den Bann getan worden waren. Darum war die öffentliche Meinung anfangs Eibeschütz günstig.

Er verstand es auch ganz vortrefflich, sie immer mehr für sich einzunehmen und in Täuschung zu wiegen. Er hielt in der Synagoge einen Vortrag (26. Schewat = 21. Febr.)[2]) und legte vor der ganzen Gemeinde einen feierlichen Eid ab, daß er keine Spur vom sabbatianischen Glauben hege, „sonst möge Feuer und Schwefel auf ihn

[1]) התאבקות, p. 21a heißt es: ברחובות . . . השמיעו קולם . . . תלמידים אב הוא (ר' יונתן) מאמין בשבתי צבי גם הם יאמינו.

[2]) Eibeschütz, לוחות עדות, p. 72.

vom Himmel herniederfahren." Er verwünschte noch obendrein diese Sekte mit allerhand Flüchen und belegte seine Gegner, die ihn verleumdeten und solche Wirrnisse veranlaßten, mit dem Banne. Klug deutete er zugleich in diesem Vortrag an, daß eine gegen ihn gerichtete Verfolgung die heimlichen Sabbatianer aufmuntern würde, sich wieder zu regen und sich an ihn anzuklammern. Diese feierliche Erklärung machte einen tiefen Eindruck. Wer sollte noch an der Unschuld eines so hochstehenden Rabbiners zweifeln, wenn er Gott zum Zeugen derselben angerufen hatte? Der Vorstand der Drei-Gemeinden glaubte in vollem Rechte zu sein, wenn er Emden, dem angeblich gemeinen Verleumder, den er für einen Ausbund aller Schlechtigkeit hielt, die Weisung zukommen ließ, Altona zu verlassen. Da dieser nicht darauf eingehen mochte und sich auf das königliche Privilegium berief, vereinsamte, schikanierte und verfolgte man ihn rücksichtslos. Dieses Verfahren reizte Emden nur zu noch größerem Eifer. Inzwischen liefen Schreiben von Metz mit anderen Amuletten ein (Adar 1751), die Eibeschütz dort ausgeteilt und deren Echtheit er selbst anerkannt hatte, welche sonnenklar bekundeten, daß er tatsächlich Sabbataï Zewi als Messias und Heiland verehrt habe. Die Rabbiner Samuel Heilmann (aus Krotoschin, nach Eibeschütz in Metz gewählt) und Nehemia Reischer waren schon früher auf Eibeschützens Amulette aufmerksam gemacht worden, und sie beeilten sich sofort in Altona Kenntnis davon zu geben. Die Metzer Amulette lauteten in der Hauptsache übereinstimmend: „Im Namen des Gottes Israels . . . . des Gottes seines Gesalbten Sabbataï Zewi, durch dessen Wunde uns Heilung geworden, der mit dem Hauche seines Mundes den Bösen tötet, beschwöre ich alle Geister und Dämonen, den Träger dieses Amulettes nicht zu schädigen." Über diese Metzer Talismane war vom Rabbinate und Vorstande ein Verhör aufgenommen worden — alle, welche im Besitze derselben waren, wurden bei Strafe des Bannes aufgefordert, sie auszuliefern. Ein königlicher Prokurator bestätigte ihre Echtheit, d. h. daß sie nach der eidlichen Aussage der Zeugen von Eibeschütz herrührten. Er fand in Metz nicht einen einzigen Ehrenretter von Belang. Heilmann und Reischer teilten noch dazu alle die leichtsinnigen und schlechten Streiche mit, welche sich Eibeschütz während seiner Rabbinatsverwaltung in Metz hätte zu Schulden kommen lassen. Sie drangen in Jakob Emden, nicht zu rasten, bis dieser Heuchler und Meineidige vollends entlarvt wäre. Es war eine kleine Genugtuung für Jakob Emden zu wissen, daß er in seinem Kampfe nicht allein stand. Aber viel nützte ihm dieser Beitritt nicht. Heilmanns und Reischers

Bundesgenossenschaft war von geringem Belange, weil ihre Stimmen nicht besonders zählten und sie als persönliche Feinde von Eibeschütz galten. Der Rabbiner der Deutsch-Amsterdamer Gemeinde, Arje Leb Heschels, Emdens Schwager, war ihm auch nicht von besonderem Nutzen. Anfangs warnte ihn dieser, da er seine zelotische Kampflust kannte, sich in Streitigkeiten einzulassen. Später gab er ihm zwar Recht und unterstützte seine Sache kräftig; aber seine Vetterschaft schadete mehr, als sie nützte. Alle Augen waren daher auf Falk, Rabbiner von Frankfurt a. M. gerichtet, der Jonathan an talmudischem Wissen so ziemlich ebenbürtig war. An ihn hatten sich beide Parteien gewendet, Emden mit seiner Anklage und Eibeschütz samt dem Vorstand der Drei-Gemeinden mit seiner Gegenklage. Dieser Rabbiner war aber darum nicht gut auf Eibeschütz zu sprechen, weil er sich von ihm in seiner talmudischen Gelehrsamkeit verletzt glaubte. Er nahm daher gegen ihn Partei; aber er war vorsichtig und wollte anfangs dem Streit nicht eine große Tragweite geben. Ohnehin war er durch Zwistigkeiten in Frankfurt gelähmt; es gab auch in dieser Gemeinde zwei Parteien, von denen die eine ihrem Rabbiner gründlich zusetzte. Von einem schlauen Parteigänger Eibeschützens in Frankfurt (Jochanan Pinczow) geschmeichelt, scheint Falk mehr gewünscht zu haben, seinen rabbinischen Nebenbuhler gedemütigt zu sehen, als ihn öffentlich zu brandmarken.

Eibeschütz triumphierte. Emdens so energisch eingeleitete Verfolgung gegen ihn, von der er das Schlimmste zu fürchten Grund hatte, lief ohne Schädigung für ihn ab. Die Mitglieder der Drei-Gemeinden hielten, bis auf einen kleinen Bruchteil, fest zu ihm und machten seine Sache zu der ihrigen. Es wurde jedermann verboten, ein ehrenrühriges Wort gegen den Oberrabbiner zu sprechen. Auswärts hatten seine Feinde wohl die Köpfe zusammengesteckt — er hatte von allem Kunde, was gegen ihn geplant wurde — aber sie hatten keinen festen Plan; Falk zog geflissentlich die Sache in die Länge, und noch dazu galt ihre Gegnerschaft als persönliche Feindschaft. Dagegen waren seine Jünger zu Tausenden außerordentlich eifrig für ihn tätig. Einer derselben, Chajim in Lublin — dem sein Vater Abraham Chajim das Rabbinat gekauft hatte — von einigen Gesinnungsgenossen unterstützt, hatte den Mut unter Vergötterung Eibeschützens und Verlästerung seiner Gegner, in der Synagoge drei derselben, Jakob Emden, Nehemia Reischer und einen Vorsteher von Metz Mose May in den Bann zu tun (29. Nißan = 24. April 1751), weil sie es gewagt, „den vollkommensten Menschen,

Jonathan, dessen Gott sich rühmt," zu verleumden[1]). Diese Bannbulle wurde in ganz Polen zur Nachachtung und Nachahmung verbreitet. Die übrigen polnischen Rabbiner waren entweder als Eibeschützens Anhänger damit einverstanden oder durch Geld bestochen oder gleichgültig in der Sache. Über Königsberg und Breslau wurden nämlich große Summen nach Polen befördert, um Eibeschützens Sache unter den dortigen Rabbinern beliebt zu machen[2]). Es blieb aber nicht bei Bann und Flüchen. In Altona kam es (25. Ijar = 21. Mai) in der Synagoge zu einem Krawall. Einige freche Jünger Eibeschützens wollten einen ihrem Abgott mißliebigen Vorbeter vom Pulte gewaltsam fortreißen. Es entstand eine Schlägerei, die Polizei mußte herbeigeholt werden. Infolgedessen hielt Jakob Emden sein Leben unter der wütenden Rotte der Eibeschützer für gefährdet, entfloh tags darauf nach Amsterdam und wurde dort freundlich aufgenommen. So hatte der heftigste Gegner den Platz räumen müssen. Emdens Frau wurde vom Vorstand bedeutet, nichts vom Vermögen ihres Mannes zu veräußern, da eine Injurienklage gegen ihn anhängig gemacht werden würde[3]).

Indessen war Eibeschütz klug genug einzusehen, daß der Aufenthalt seines eifervollen Gegners in Amsterdam ihm gefährlich werden könnte, da er dort Spielraum hatte, mit seiner spitzigen Feder durch die Presse Eibeschützens Vergangenheit aufzudecken. Um ihm zu begegnen, erließ Eibeschütz an seine Jünger in Deutschland, Polen und Italien ein Rundschreiben (Brief des Eifers 3. Siwan 1751)[4]), worin er unter dem Scheine einer Ermahnung Zeugnis für seine Rechtgläubigkeit abzulegen, sie aufforderte, seine Sache zu der ihrigen zu machen. Er fanatisierte sie, seine Gegner mit aller Tatkraft und mit allen Mitteln zu verfolgen, das werde ihnen als besonderes Verdienst bei Gott angerechnet werden. Es war so ziemlich die Aufforderung eines bewunderten Feldherren an Tausende von Lands-

[1]) Eibeschütz, Zeugensammlung zu seinen Gunsten לוחות עדות, p. 20; die Namen der Gebannten hat er daselbst ausgelassen, sie können aus שפת אמת, p. 46, ergänzt werden.

[2]) עדות ביעקב, p. 59 b, vgl. 60 b, aus einem Briefe von Eibeschütz' Sohn an Chajim Lublin und תורת הקנאות p. 65a.

[3]) Folgt aus dem königlichen Dekret zugunsten Emdens in עדות ביעקב p. 63a.

[4]) לוחות עדות, p. 43—44. Daselbst ohne Datum, in einer Handschrift datiert ג׳ סיון א׳ש׳ר׳י = 27. Mai 1751. In demselben kommt der Satz zur Verfolgung seiner Gegner vor: רדפוהו, תפסוהו . . . בקטן כגדול בענקים תאסרהו בזיקים.

knechten, über Wehrlose herzufallen und sie ohne Schonung zu mißhandeln. Am meisten verbreitet waren die Eibeschützer in Mähren, und seine Jünger in diesem Lande säumten nicht, auf den Wink ihres Meisters sich zusammenzutun, ihn als das lauterste, sündenfreieste Wesen zu verherrlichen, den Bann auszusprechen über alle diejenigen, welche etwas gegen ihn schreiben, das Geschriebene drucken, das Gedruckte lesen, verbreiten oder im Hause behalten sollten. Voran gingen die beiden großen Gemeinden Nikolsburg und Proßnitz, und jede noch so kleine mährische Gemeinde und jeder Winkelrabbiner folgte nach und stieß in das Horn des Fluches zu Eibeschützens Ehren. Auch einige ungarische und polnische Gemeinden (Preßburg, Krakau) mit eibeschützischen Rabbinen folgten diesem Beispiele. Um die Täuschung zu vollenden, ließ sich Eibeschütz von zwei, der Mystik im höchsten Grade, der Wahrhaftigkeit aber nur im geringsten Maße ergebenen Männern, Elia Olianow und Samuel Essingen, bezeugen, daß seine Amulette nichts Verfängliches und Ketzerisches, vielmehr tiefe orthodoxe Mystik enthielten, die aber nicht jedermann zugänglich sei. Es waren zwei käufliche Menschen, die für Geld alles Gewünschte bezeugten. Olianow war ein Abenteurer, der sich durch Europa und Asien durchgebettelt hat, ein Anhänger Mose Chajim Luzzattos (o. S. 353). Samuel Essingen hatte Samuel Heilmann gegenüber die angeschuldigten Amulette wunderlich und verdächtig gefunden, nichtsdestoweniger hatte er zu Eibeschützens Gunsten ausgesagt, daß sie harmloser Natur wären[1]).

Indessen hatte Eibeschütz noch keinen Grund endgültig zu triumphieren. Gerade das Übermaß der Frechheit des kaum flügge gewordenen Rabbinerleins von Lublin, ergraute Rabbiner in den Bann zu tun, rüttelte die Gemeindeführer auf. Ein Schrei der Entrüstung erklang von Lothringen bis Podolien über diese Anmaßung, hinter welcher man nicht mit Unrecht Eibeschützens Einfluß witterte. Drei Rabbiner taten sich endlich zusammen, Joschua Falk, Löb Heschels und Samuel Heilmann. Andere schlossen sich an. Der erstere forderte Eibeschütz auf, sich über die ihm zugeschriebenen Amulette, die unzweifelhaft ketzerisch lauteten, vor mehreren Rabbinen zu rechtfertigen. Wie zu erwarten war, wich Eibeschütz jeder Rechtfertigung aus, und so berieten die Verbündeten, welche Schritte ferner

[1]) Das. p. 12a verglichen mit שפת אמת p. 39a. Es gab noch einen dritten Mantelträger, der die Kamiot bald so, bald so deutete: Salom Busaglo, Herausgeber des Sohar, s. שפת אמת p. 59, 60; עדות ביעקב p. 57a; שבירת לוחות האון p. 45b.

gegen ihn einzuschlagen seien. Der Skandal wurde immer größer. Die Zeitungen berichteten über den Streit der Juden wegen des Rabbiners von Altona. Die Tragweite verstand das christliche Publikum natürlich nicht. Es hieß, es sei unter den Juden ein heftiger Streit ausgebrochen, ob der Messias bereits erschienen sei oder nicht. Die Juden wurden verhöhnt, daß sie an den Betrüger Sabbataï Zewi lieber als an Jesus glauben wollten. Das wirkte auf die Judenheit zurück, die Parteien schoben einander die Schuld dieses Skandals, dieser „Entweihung des Gottesnamens" zu. Ein tatkräftiger Mann, Baruch Jawan aus Polen, verpflanzte die Zerklüftung auch nach diesem Lande. Er war ein Jünger Falks, Faktor bei dem berüchtigten sächsischen Minister Brühl und genoß ein gewisses Ansehen in Polen. Durch seine Machinationen entsetzte ein polnischer Magnat Chajim Lublin seines Amtes als Rabbiner und ließ ihn und seinen Vater ins Gefängnis werfen (Elul = September 1751)[1]). In Polen nahmen die Streitigkeiten überhaupt einen noch häßlicheren Charakter an, dort spielten Bestechungen, Denunziationen, Gewalttätigkeiten, Verrat eine große Rolle. Überläufer verrieten die Geheimnisse der einen Partei an die andere. Jede Messe, jede Synodalversammlung war ein Kampfplatz gegeneinander wütender Eibeschützer und Falkianer (der Rabbiner von Frankfurt, in Polen sehr bekannt, galt dort als Fahne). Noch toller als auf den polnischen Reichstagen ging es auf den Synoden zu. Je nachdem die eine oder die andere Partei zahlreicher oder von energischeren Parteigängern vertreten war, wurde die schwächere in den Bann getan. Die Eibeschützer waren meistens rühriger. Graf Brühl machte ihnen ebensogut leere Versprechungen seines Schutzes wie ihren Gegnern durch Baruch Jawan[2]).

In Deutschland ging es natürlich gemessener zu. Das rabbinische Triumvirat erließ eine Entscheidung, daß derjenige, welcher die sabbataischen Amulette geschrieben habe, gebannt und abgesondert von Israels Gemeinschaft sei. Jeder fromme Jude müsse ihn aufs kräftigste verfolgen. Niemand dürfe von ihm Talmud lernen. Auch alle, die einem solchen zur Seite ständen, seien in den Bann eingeschlossen. Eibeschützens Name wurde nicht dabei genannt. Dieser milden Entscheidung traten viele Rabbinen Deutschlands bei, und ebenso diejenigen venetianischen Rabbiner, die Luzzatto gebannt hatten[3]). Sie wurde

[1]) תורת הקנאות p. 62b; שפת אמת p. 60a; צדות בריצקב p. 60b.

[2]) Vgl. צדות בריצקב p. 59a.

[3]) Vgl. Ezech. Landaus Supplik an die Kaiserin M. Theresia, Monatsschrift 1877, p. 20 f.

Eibeschütz und dem Vorstand der Drei-Gemeinden eingehändigt (Febr. 1752)[1]) mit dem Bemerken, daß jener sich innerhalb zweier Monate vor einem rabbinischen Schiedsgerichte von dem Verdachte der Urheberschaft der ketzerischen Amulette reinigen sollte, sonst würde sein Name öffentlich gebrandmarkt werden. Dieser Bannspruch sollte von dem Rabbinat von Venedig durch den Druck überallhin nach dem Orient und Afrika verbreitet werden. Eibeschütz wußte aber schlau diesem Schlag zu begegnen. Er wußte den Venetianern beizubringen, daß er, weit entfernt, ein Sabbatianer zu sein, diese Sekte, welche sich in Polen wieder zu regen begann, mit aller Kraft zu verfolgen unternommen habe. Die italienischen Rabbiner scheuten es überhaupt, sich in diesem hitzigen Streit die Finger zu verbrennen, und wichen jeder ernsten Beteiligung aus. Das Rabbinat von Livorno und namentlich Maleachi Kohen, der letzte der rabbinischen Autoritäten Italiens, neigten sich mehr noch auf Eibeschützens Seite[2]). Die Portugiesen in Amsterdam und London hielten sich geflissentlich von diesem häßlichen häuslichen Zwist der Deutschen und Polen untereinander fern[3]). Nur ein Amsterdamer Geldmann, David Pinto, nahm für Eibeschütz Partei und bedrohte Emden mit seinem Zorn, wenn er in seiner Anfeindung fortfahren sollte[4]). Das Konstantinopler Rabbinat, geblendet von Eibeschützens klangvollem Namen oder sonst wie getäuscht, nahm entschieden Partei für ihn, mochte aber nicht geradezu den Bann über seine Gegner aussprechen. Was dieses unterließ, das tat ein sogenannter Jerusalemer Sendbote, Abraham Israel, ein anmaßender Bettler, er verfluchte und verwünschte, gewissermaßen als Vertreter des heiligen Landes und Gesamtisraels alle diejenigen, die auch nur ein ehrenrühriges Wort über Eibeschütz äußern würden[5]). So war denn so ziemlich ganz Israel in den Bann getan, von der einen

1) Diese Entscheidung, פסק דין genannt, ist abgedruckt in שפת אמת p. 30. Die Unterschrift des Venetianer Rabbinats datiert vom 9. Tischri = 28. September 1751. Aus dem Schreiben des Amsterdamer Rabbiners daselbst d. d. 23. Schebat 1752 ergibt sich, daß sie damals noch nicht übermittelt war. Aber in einem Schreiben d. d. 29. Adar (= 15. März) beruft sich schon J. Falk darauf in לוחות ע' p. 6a.

2) Über Maleachi Kohen, Verf. des יד מלאכי, s. Steinschneider C. B. Nr. 6202. Sein Schreiben an Emden תורת הקנאות, p. 65b, auch עדות ביעקב, p. 56b f. und im Verein mit dem Livorneser Rabbinat an Eibeschütz לוחות ע' p. 22.

3) Busaglos Schreiben in שפת אמת, p. 60: הספרדים עכבו ידם שלא להכניס ראשם בסלע המחלוקת של האשכנזים.

4) עדות ביעקב, p. 65a (bis). 5) לוחות עדות, p. 41.

Seite diejenigen, welche den hochangesehenen Oberrabbiner der Drei-Gemeinden anfeindeten, und von der andern jene, welche den Ketzer unterstützt haben. Damit hörte die Wirkung des Bannes überhaupt auf, oder vielmehr er wurde lächerlich und ein Stück rabbinisches Judentum fiel damit zu Boden [1]).

Eine neue Wendung nahm dieser widrige Streit, als er von dem Herde der Entstehung vor das Forum der christlichen Behörden verpflanzt wurde. Daran hatte der Fanatismus der Eibeschützer mehr als der ihrer Gegner Schuld. Einer der Altonaer Vorsteher (Mardochaï Heckscher), der bis dahin treu zu den Verfolgern gehalten, hatte sich aber in einem Briefe an seinen Bruder zweifelnd an der Gerechtigkeit der Sache geäußert, zumal kein einziger der rein deutschen Rabbinen Eibeschütz zur Seite stünde. Dieser Brief wurde von den Eibeschützern erbrochen, und der Schreiber als Verräter angesehen, aus dem Vorstande gestoßen, mißhandelt und mit Ausweisung aus Altona bedroht. Es blieb ihm nichts übrig, als sich an die holsteinischen Behörden, d. h. an den König von Dänemark Friedrich V. zu wenden und alle Gesetzwidrigkeiten, Gemeinheiten und Gewalttätigkeiten, welche sich Eibeschütz und sein Anhang hatten zuschulden kommen lassen — wovon Heckscher die beste Kunde hatte — schonungslos aufzudecken. Dabei kam auch das ungerechte Verfahren des Gemeindevorstandes gegen Jakob Emden und seine Frau zur Sprache. Eine beglaubigte Abschrift der verdächtigten Amulette in deutscher Übersetzung wurde eingereicht. Der Prozeß wurde mit Leidenschaftlichkeit geführt; beide Parteien scheuten kein Geld. Der gereizte Kläger mit seinem Anhange hielt sich nicht an das Notwendige, sondern stempelte auch angeberisch manches an Eibeschütz zum Anklagepunkt, was harmloser Natur war. Der edle König Friedrich, der Beschützer Klopstocks, welcher Gerechtigkeit liebte, und sein Minister Bernstorff entschieden zum Nachteile der Eibeschützer (30. Juni 1752). Der Altonaer Vorstand wurde wegen ungerechten und harten Verfahrens gegen Jakob Emden scharf getadelt und mit einer Geldbuße von 100 Talern bestraft. Emden wurde gestattet, nicht nur nach Altona zurückzukehren, sondern auch von seiner Synagoge und seiner Druckerei wie früher Gebrauch zu machen [2]). Eibeschütz wurde die

[1]) Vgl. über die Erfolglosigkeit des Bannes durch den häufigen Gebrauch Wessely דברי שלום ואמת, zweites Sendschreiben p. 34.

[2]) עדות ביעקב, p. 10a, p. 63a Reskript des Königs. Vgl. die Affäre Heckschers, Acta histor. eccles., gesammelte Nachrichten über Kirchengeschichte B. XVIII, S. 754, 889.

rabbinische Befugnis über die Hamburger Gemeinde entzogen, und von der dänischen Regierung wurde er aufgefordert, sich über die angeschuldigten Amulette zu rechtfertigen und sich über fünfzehn ihm vorgelegte Fragen auszusprechen. Der Verlauf nahm allmählich eine schlechte Wendung für ihn. Selbst ein wohlwollendes Schreiben, das ihm von Polen aus, von einem Parteigänger, zugegangen war, zeigte, wie verzweifelt seine Sache stand. Jecheskel Landau (geb. um 1720, gest. 1793), erweckte bereits in der Jugend die Hoffnung, ein zweiter Jonathan Eibeschütz an rabbinischer Gelehrsamkeit und Scharfsinn zu werden. Sein Wort hatte bereits als Rabbiner von Jampol (Podolien) großes Gewicht gehabt. Landau schrieb in jugendlicher Einfalt geradezu an Eibeschütz, die Amulette, die er zu Gesicht bekommen, seien unzweifelhaft sabbatianisch-ketzerisch. Er könne daher nicht glauben, daß der so gefeierte fromme Rabbiner von Altona solche geschrieben haben sollte; darum sei er eben so sehr dafür, die Zettel zu verdammen, wie Jonathan Eibeschütz hoch zu halten und dessen Gegnern den Krieg zu erklären. Nur möge auch er öffentlich die Amulette als ketzerisch verurteilen und bei Gelegenheit auch die Beschuldigung, als sei er der Verfasser jener Lästerschrift voll unwürdiger Ausdrücke von Gott (o. S. 335), von sich abwälzen und sie Blatt für Blatt zu verdammen[1]). Das war aber für Eibeschütz ein Schlag ins Gesicht von einem Freunde. Er hatte einmal die Amulette als echt anerkannt, nur die Ketzereien sophistisch weggedeutelt. Er war in einer schlimmen Lage. Außerdem hatte ein Anhänger Emdens den Briefwechsel und die Entscheidung seiner Gegner, die Eibeschützens ganzes Tun und Lassen brandmarkten, samt den Amuletten in ihrer richtigen Deutung durch den Druck veröffentlicht (Sprache der Wahrheit[2]), um August 1752 gedruckt). Emden selbst ließ in Amsterdam die Geschichte des Schwindelmessias Sabbataï Zewi und seiner phantastischen und betrügerischen Nachfolger bis Chajon und Luzzatto drucken und führte das Unwesen und die Wirrnisse der Sabbatianer lebhaft vor die Augen des damaligen Geschlechtes, welches, unbekümmert um geschichtliche Vorgänge, keine oder nur geringe, jedenfalls nur verworrene Kunde davon hatte. Dadurch wurde vielen klar gemacht, daß die sabbataïsche Ketzerei nichts weniger bezweckte, als den Gott

[1]) S. Note 7.

[2]) Das bereits genannte שפת אמת, Emden leugnete seine Autorschaft. Ein Auszug daraus in „Gelehrte Nachrichten", Jahrg. 1752 (Rostock und Wismar), S. 410 f., 418 f.

Israels durch ein Hirngespinst zu entthronen und das Judentum vermittelst des kabbalistischen Wahnes aufzulösen. Wiewohl Emden in dieser Schrift sich weniger mit Eibeschütz beschäftigte, so überging er doch nicht manche Spuren, welche, wenigstens in früherer Zeit, dessen Verbindung mit den gesinnungslosen Sabbatianern verrieten. Das Schlimmste für Eibeschütz war noch, daß Emden selbst nach Altona unangefochten zurückkehrte und Aussicht hatte, daß der ihm zugefügte Schaden ersetzt werden würde.

Die schlimme Lage, in der sich Eibeschütz befand, sich von der Behörde und in der öffentlichen Meinung als Ketzer entlarvt zu sehen, bewog ihn zu einem Schritte, den ein Rabbiner alten Schlages mit ehrlicher Frömmigkeit auch in Todesgefahr nie getan haben würde. Er verband sich mit einem abtrünnigen getauften Juden, seinem ehemaligen Jünger, um sich von ihm eine Unterstützung seiner Sache zu verschaffen. Mose Gerson Kohen[1]) aus Mitau, welcher von mütterlicher Seite von Chajim Vital Calabrese abstammen wollte, hatte sieben Jahre in Prag unter Eibeschütz Talmud getrieben, dann Reisen nach dem Orient gemacht, und, nach Europa zurückgekehrt, in Wolfenbüttel die Taufe als Karl Anton empfangen. Er wurde von seinem Gönner, dem Herzoge von Braunschweig, zum Lektor der hebräischen Sprache in Helmstädt ernannt. Hinterher erwies es sich, daß Karl Anton nur aus schmutzigem Eigennutz zum Christentum übergetreten war.

Zu ihm begab sich der Oberrabbiner der Drei-Gemeinden heimlich, um von ihm eine Schutzschrift, noch mehr eine Lobrede ausarbeiten zu lassen[2]). Man sieht es ihr noch heute an, daß sie eine bestellte Arbeit war, und es kam auch an den Tag, daß Eibeschütz sie Karl Anton in die Feder diktiert hat. Er wird darin außerordentlich gehoben, als der vernünftigste und aufrichtigste Jude seiner Zeit, als Kenner der Philo-

[1]) Über diesen s. Vorwort zu Karl Antons „Kurzer Entwurf der Erklärung jüdischer Gebräuche."

[2]) Der langatmige Titel dieser Schrift lautet „Kurze Nachricht von dem falschen Messias Sabb. Zebhi und den neulich seinetwegen in Hamburg und Altona entstandenen Bewegungen, zu besserer Beurteilung derer bisher in den Zeitungen und anderen Schriften davon bekandt gewordenen Erzählungen von Karl Anton (Wolfenbüttel 1752) Widmung an den König 26. September 1752." Der Panegyrikus für Eibeschütz beginnt S. 48, vgl. darüber Note 7. Gegen Karl Antons Schrift erschien in „Hamburger freie Urteile" 1752, Nr. 84, S. 662 eine Gegenschrift. Rezensionen darüber das. 1753, Nr. 30, S. 713, ferner „Hamburger Berichte von gelehrten Sachen" 1752, Nr. 30. Schleswig-Holstein. Nachrichten 1752, Nr. 41, Leipziger „Zeit" 1753, Nr. 14.

sophie, der Geschichte und Mathematik, und als ein verfolgtes Opferlamm. Jakob Emden dagegen wird als ein Wicht und Neidhart dargestellt. Die Hauptrechtfertigung für Eibeschütz in diesem Machwerk setzt weitläufig auseinander, daß in jener Zeit kein Jude mehr an den falschen Messias Sabbataï glaube und am wenigsten der so gescheite Jonathan. Die Deutung der Amulette beweise nichts gegen ihn, weil man mit dieser Deutungsmethode alles Mögliche herausschrauben könnte, daß vielmehr Eibeschützens Beschwörungszettel ganz harmloser Natur seien. So plump auch diese Beweisführung ist, so war sie doch richtig für die dänische Behörde berechnet, welche weder befähigt, noch aufgelegt war, die Sache tiefer zu untersuchen und überhaupt hinter der scheinbar unparteiischen Schutzschrift eines Christen für einen Rabbinen etwas zu suchen. Karl Anton widmete sie dem Könige von Dänemark und legte ihm die Sache des angeblich unschuldig Verfolgten ans Herz. Sie wirkte, verbunden mit einem andern schlau gewählten Mittel, günstig für Eibeschütz. Er hatte sich nämlich eben so wie hinter einen Täufling, so auch hinter eine Fürstin gesteckt. König Friedrich V. hatte (Sommer 1752) eine braunschweigische Prinzessin, Maria Juliane, in zweiter Ehe geheiratet. Am Braunschweigischen Hofe verkehrte ein jüdischer Faktor, welcher zu Eibeschützens Anhängern zählte. Dieser machte seinen Einfluß mittelbar oder unmittelbar auf die junge dänische Königin geltend, und sie legte ein günstiges Wort für den verketzerten Oberrabbiner ein[1]). So kam es, daß der Amulettenprozeß vom Hofe aus mit der Bemerkung niedergeschlagen wurde, daß die meisten Rabbinen bis auf einige Streitsüchtige und Böswillige auf Eibeschützens Seite ständen, was für die Gerechtigkeit seiner Sache spreche. Ein königlicher Erlaß, welcher diese Streitigkeit fortzusetzen verbot, wurde in der Altonaer Synagoge (7. Febr. 1735) verlesen. Auf Antrag der Regierung wurde von neuem eine Abstimmung der Gemeinde über Eibeschütz vorgenommen, die günstig für ihn ausfiel. Darauf leistete er dem Könige den Eid der Treue[2]), und seine Stellung

[1]) התאבקות p. 27b: נתגלגל הדבר שמתה המלכה ונשא המלך (של דאנימרק) אשה שניה דוכסית מברונשוויג ושם סא"ב (?) תקיף בבית הדוכס ודעתו מעורבת עם המלכה החדשה . . . והוא היה אוהב לרשע כמוהו . . . ויתחכם להשתדל עם המלכה ויתן בידה אגרות לה למזכרת ולרוצץ מכירו ויודעו מלפנים הקרוב אל המלך להמליץ בעד אייבשיצר ולהגין עליו נגד שונאיו ועלתה בידו להפיק זממו. Auch עדות ביעקב, p. 12b.

[2]) Mecklenburgische Gelehrten Nachrichten, Jahrg. 1753, S. 53. Auch in der Schlesischen Zeitung, Jahrg. 1752, Nachtrag Nr. 156, S. 190, ist ein langer Bericht über den Prozeß gegen Eibeschütz und das königliche Dekret zu seinen Gunsten mitgeteilt. S. auch Emden a. a. O.

war nun noch mehr befestigt. Seine Klugheit hatte zum zweiten Male den Sieg davon getragen.

Es war aber ein flüchtiger Sieg. Die Zahl seiner Feinde hatte selbst in Altona durch das tiefe Zerwürfnis und die bessere Kenntnis, die sie von seinem Charakter nach und nach erlangten, bedeutend zugenommen. Diese Gegner ließen sich nicht so ohne weiteres durch den Machtspruch des Königs beschwichtigen, und sie wurden noch dazu von dem rabbinischen Triumvirat fanatisiert, ein Gesuch um Revision des Ketzerprozesses gegen Eibeschütz einzulegen und den König besonders zu überzeugen, daß seine Behauptung, hinter ihm ständen die meisten Rabbinen, auf Vorspiegelung beruhe, daß vielmehr nur seine Verwandten und Jünger zu ihm hielten. Die drei Rabbinen und auch der Rabbiner von Hannover stellten an den Vorstand der Altonaer Gemeinde geradezu das Verlangen, daß er Eibeschütz so lange als Gebannten betrachten und ihm jede rabbinische Funktion verbieten solle, bis er Reue über seine Ketzerei gezeigt und Besserung versprochen hätte [1]). Feindliche Schriften von Emden und anderen schürten noch dazu die Glut der Zwietracht; sie waren in derber, schonungsloser Sprache geschrieben und mit häßlichem Klatsch angefüllt. Um die Gemüter zu beruhigen, bewog der Altonaer Vorstand mit vieler Mühe Eibeschütz, eine behördlich bindende Erklärung abzugeben, daß er sich freiwillig vor einem unparteiischen rabbinischen Schiedsgericht zu rechtfertigen und dessen Schlußurteil zu unterwerfen bereit sei (Anf. 1753). Aber dadurch wurde der Streit nur noch mehr angefacht. Eibeschütz schlug zu seinen Richtern zwei Winkelrabbinen in L i s s a und G l o g a u vor, welche einen dritten hinzuziehen sollten. Er rechnete darauf, daß diese Kleinstädter, aus staunendem Respekt vor seiner Größe und seiner Stellung, seiner Rechtgläubigkeit ein glänzendes Zeugnis ausstellen würden. Aber eben deswegen bestand die Gegenpartei darauf, daß das Schiedsrichteramt Joscha Falk und seinen Genossen übertragen werden sollte. Das reizte Eibeschütz; er verlor die bis dahin behauptete Gemütsruhe und richtete ein gemeines, schmähsüchtiges Schreiben an die Wormser Gemeinde gegen Falk, gewissermaßen eine Aufforderung, ihn für vogelfrei zu erklären. Er hatte aber bald Veranlassung, diese Gemeinheit zu bereuen, und mußte seinen Gegner anflehen, sich freiwillig vom Kollegium des Schiedsgerichtes auszuschließen [2]). Es war

[1]) Inhalt der Briefe in der Schrift אספקלריא המאירה, s. Ende der Noten.

[2]) Über das sogenannte Kompromiß לוחות עדות Einleitung und p. 48 f. התאבקות p. 32 f. In der Einleitung sagt Eibeschütz: וכתבתי לקהל פר"מ

ihm überhaupt darum zu tun, das Zustandekommen eines solchen zu vereiteln; denn er konnte dabei eher verlieren als gewinnen. Daher schob er den Zusammentritt desselben immer weiter hinaus. Bald wollte er sich nur dem Rabbinate von Konstantinopel unterwerfen, bald schlug er dafür die Synode der polnischen Vier-Länder vor, welche im Spätsommer (1753) in Jaroslaw zusammentreten sollte. Auf diese Versammlung von vielen Rabbinern und einflußreichen Personen scheint er viel gerechnet und gehofft zu haben, daß von ihr ein günstiger Spruch für ihn ausgehen würde. Wahrscheinlich hatten seine zahlreichen Jünger in Polen und seine durch allerlei Mittel geworbenen Anhänger die Weisung erhalten, sich massenhaft dabei einzufinden. Er hatte sich nicht verrechnet. Es ging recht tumultuarisch auf dieser Synode zu; die Eibeschütz-Partei erlangte das Übergewicht; und sämtliche Schmähschriften gegen ihn wurden feierlich verbrannt (2. Marcheschwan = 30. Okt. 1753)[1]. Auch das Krakauer Rabbinat und eine daselbst veranstaltete Zusammenkunft verurteilten später die gegen Eibeschütz gerichteten Schriften zum Scheiterhaufen (Juni — Juli 1754)[2]. Noch von andern Seiten erhielt er Verstärkung. Darauf gestützt, glaubte er den ihm aufgezwungenen Pakt, sich einem Schiedsgericht zu unterwerfen, einfach loswerden zu können. Er soll diesen Erfolg durch Angeberei beim Hofe durchgesetzt haben, als sei es ein Eingriff in die Majestätsrechte, vom Urteil des Königs an das von Rabbinen zu appellieren. Beide Parteien sind daher von der Behörde mit Geldstrafe belegt worden[3]. Das machte ihm aber nur noch mehr Feinde. Mehrere seiner warmen Anhänger, ehemalige Vorsteher, sagten sich von ihm los und brandmarkten ihn ihrerseits nicht bloß als Ketzer, sondern als Ränkeschmied[4]. Diese Gegner klagten von neuem beim König über die seinetwegen eingerissene Zwietracht in der Gemeinde; sie könnten in ihren Prozessen kein unparteiisches Urteil von ihm erhalten, da er sich bei seinem Rechtsspruch von Haß und Leidenschaft leiten ließe[5]. Auf diese Klage ging der gerechte König ein. Er wollte

דק"ק וורמז מצות ומרורים על הרב הגאון ר' יושע. Dieses gemeine Schreiben ist aus einer Handschrift abgedruckt in Frankels Monatsschr. 1867, S. 462 f. Der demütige Abbittebrief an Falk d. d. 1. Schebat 1754 ist abgedruckt לוחות ע', p. 49a.

1) לוחות עדות, p. 50b, עדות ביעקב, p. 56b.

2) לוחות ע' das. p. 52a.

3) Emden עדות ביעקב, p. 64. התאבקות, p. 32b.

4) Vgl. die Anklagen gegen Eibeschütz von sieben Vorstehern d. d. Marcheschwan 5515, beginnend אמת מארץ תצמח in עדות ביעקב, p. 62b—63b.

5) התאבקות, p. 32b.

sich endlich völlige Gewißheit über den Stand der Sache verschaffen, ob Eibeschütz wirklich ein arger Ketzer sei, wie seine Gegner behaupteten, oder eine verfolgte Unschuld, wofür er sich selbst ausgab.

Zu diesem Zwecke forderte der König ein Gutachten über die Amulette von des Hebräischen kundigen christlichen Professoren und Theologen ein (Anf. 1755). Diese Wendung machte Eibeschütz unruhig, er fürchtete, daß die Sache schlimm für ihn ausfallen könnte. Um sich in ein günstiges Licht zu stellen, entschloß er sich zu einem Schritte, den er bis dahin gescheut hatte, durch eine Druckschrift die öffentliche Meinung günstig für sich zu stimmen. Bei dem damaligen Stand der Angelegenheit blieb ihm nichts anderes übrig. Er arbeitete daher eine Schutzschrift für sich aus (Tafel der Zeugnisse, vollendet 18. Tammus = 27. Juni 1755), das erste Erzeugnis seiner Feder. Sie ist sehr geschickt gehalten, wie es von seiner Klugheit zu erwarten war. Er verbreitete über seine Sache eine günstige Beleuchtung. Diese Schutzschrift ist auch sehr gemäßigt und leidenschaftslos gehalten — nur gegen Emden konnte er seinen Unmut nicht bezähmen — sie war auf seine christlichen Richter berechnet. Sie betonte sehr scharf drei Punkte, daß das Zerwürfnis nicht von ihm, sondern von seinen Feinden, besonders von dem ehrgeizigen, neidischen, ihm mißgünstigen Jakob Emden verschuldet worden sei, daß so und so viel Rabbinen und Gemeindevorsteher, deutsche, mährische, böhmische, polnische, italienische und sogar türkische, die Gerechtigkeit seiner Sache anerkannt, sich entschieden für ihn ausgesprochen und seine Gegner verwünscht hätten, und endlich daß die verdächtigen Amulette nicht Ketzereien enthielten, sondern von seinen Feinden verdreht, mißdeutet und zum Teil gefälscht worden wären. Eibeschütz hat aber damit weder seine unparteiischen Zeitgenossen, noch die Nachwelt von seiner Unschuld überzeugen können. Im Gegenteil verraten seine Rechtfertigung und manche von ihm angeführten Zeugnisse geradezu seine Schuld. Ein gesinnungsvoller Rabbiner, der in seiner Jugend bereits eine Art Verehrung genoß und sie auch verdiente, der später berühmt gewordene Elia Wilna (geb. 1720, st. 17[illegible]), von Eibeschütz um Teilnahme angegangen, lehnte sie höflich ab[1]). Emden und sein Jünger (David Gans) verfehlten daher nicht, Gegenschriften zu veröffentlichen, um die schwachen Seiten aufzudecken und die für Eibeschütz günstigen Zeugnisse zu verdächtigen. Nur ließ sich Emden dabei zu sehr von seiner heftigen Natur hinreißen, wütete und keifte nicht bloß

[1]) Eibeschütz לוחות צדות, p. 72b.

gegen den von ihm gebrandmarkten Ketzer und seine Anhänger, sondern auch gegen Unparteiische, welche den Streit beizulegen versucht hatten, namentlich gegen Jecheskel Landau, überschüttete alle gleich mit der Lauge seines Spottes und dem Unrate niedrigen Klatsches. Er hat seinem Feinde dadurch einen großen Dienst geleistet. Man schenkte seinen leidenschaftlichen in Schimpfreden sich ergehenden Worten keinen rechten Glauben. Freilich war Emden vielfach dazu gereizt worden. Er war durch den Streit halb verarmt, und während er an einer Gegenschrift arbeitete, drang eine Rotte Eibeschützer in einer stillen Stunde in sein Haus, um seine Flugschriften aufzusuchen, bedrohte ihn mit dem Tode, zerstörte seine Pressen und konfiszierte einen Teil seiner Schriften (Juli 1755)[1]).

Eine neue Wendung brachte die Schrift eines Professors und Pastors David Friedrich Megerlin (Anf. 1756)[2]) scheinbar zu Eibeschütz' Gunsten in dieser Streitsache. Dieser halbnärrische Schwätzer und Proselytenmacher war durch die Aufforderung des dänischen Königs veranlaßt worden, sich darüber auszusprechen, und er glaubte den Schlüssel zu den rätselhaften Eibeschützischen Amuletten gefunden zu haben, die angefochtenen Buchstaben, welche die Gegner auf Sabbataï Zewi deuteten, seien nichts anderes als eine mystische Anspielung auf Jesus Christus. Der Oberrabbiner von Altona und Hamburg sei im Herzen dem christlichen Glauben zugetan, so behauptete Megerlin, er wagte nur nicht aus Furcht vor den Juden offen damit hervorzutreten. Zwar hätten dieser selbst und sein Jünger Karl Anton die Amulette ganz anders, und gar nicht im christlichen Sinne ausgelegt; aber der letztere habe den tiefen Sinn nicht erfaßt, und Eibeschütz habe seine Schutzschrift (o. S. 383) nur für polnische Juden ausgearbeitet, von denen er sich nicht habe ins Herz blicken lassen wollen. In seinem tiefsten Innern sei der Oberrabbiner vollkommen christgläubig. Megerlin forderte infolgedessen den König von Dänemark auf, Eibeschütz gegen die Verfolgungen seitens der Juden zu schützen und ganz besonders ihm zum Schilde gegen Jakob Emdens Verleumdungen zu dienen, der in ihm den Christen haßte und verfolgte, wie es sein Vater mit dem heimlichen Christen Chajon getan habe. In

1) צרות בריעקב, p. 17b f.

2) Der Titel dieser närrischen Schrift lautet „Geheime Zeugnisse für die Wahrheit der christlichen Religion, aus 24 neuen und seltenen jüdischen Amuletten oder Anhängezetteln gezogen", Frankfurt und Leipzig 1756. Ich habe diese seltene Schrift nicht einsehen können und kenne sie nur aus einem Auszuge.

seiner Narrheit ermahnte Megerlin mit ernsten Worten Eibeschütz, die Maske fallen zu lassen, das Rabbinat der Drei-Gemeinden aufzugeben und sich taufen zu lassen. Er richtete auch ein Sendschreiben an die Juden, eine allgemeine Rabbinerversammlung zu veranstalten und dem Christentum die Ehre zu geben[1]). Hätte Eibeschütz einen Funken Ehrgefühl in seinem Charakter gehabt, so hätte er diese ihm angedichtete Gesinnung, heimlich zum Christentum zu halten, zurückweisen müssen, selbst auf die Gefahr hin, die Gunst des Königs zu verlieren. Aber nicht das Geringste tat er gegen diese ihm aufgebürdete Heuchelei, er zog nur den Nutzen davon. Denn Megerlins Beweisführung, so närrisch sie auch ist, überzeugte den König Friedrich. Er hob die über Eibeschütz schwebende Suspension vom Amte auf und dekretierte, daß die Juden der Altonaer Gemeinde ihm Gehorsam zu leisten hätten. Auch der Hamburger Senat erkannte ihn wieder als Rabbinen der deutschen Gemeinde an. Eibeschütz jubelte. Seine Bewunderer bereiteten ihm einen feierlichen Triumph (Chanuka — Mitte Dez. 1756). Im Reiterkostüm zogen seine Jünger lärmend durch die Straßen bis vor des Rabbiners Haus, bezeugten ihm auf eine mehr die Gegner zu kränken geeignete als geziemende Weise ihre Huldigung und veranstalteten in seinem Hause ein Tanzvergnügen[2]). Behaglich sah Eibeschütz diesem wüsten Treiben zu, obwohl er nach rabbinischer Praxis die Berührung der Geschlechter beim Tanze hätte anstößig finden müssen. Der sechsjährige Streit, welcher alle häßlichen Leidenschaften unter den Juden von Lothringen bis Podolien und von der Elbe bis zum Po aufgeregt hatte, endete scheinbar mit einem Tanze. Aber in derselben Zeit erlitt Eibeschütz auf einer anderen Seite eine Niederlage; sie brandmarkte ihn in den Augen derer, welche ihm noch das Wort geredet hatten und für ihn eingetreten waren.

Als hätten die Tatsachen seine Behauptung Lügen strafen wollen, die er durch sein Mundstück Karl Anton aufstellen ließ, es gäbe keine Sabbatianer mehr, erhoben solche gerade in derselben Zeit ihr Schlangenhaupt und züngelten mit ihrem giftigen Rachen. Die Saat, welche Chajim Malach in Polen ausgestreut hatte (o. S. 314), war durch die Bannflüche der Rabbinen noch lange nicht unterdrückt. Sie hatten nur die Wirkung, daß die Sabbatianer sich mehr maskierten, sich tot stellten, dabei aber im Stillen ihr Wesen trieben und Anhänger

[1]) Neue Erweckung der zerstreuten Judenschaft durch eine allgemeine Rabbinerversammlung 1756; Christlicher Zuruf an die Rabbinen 1757.

[2]) Emden התאבקות, 33a, ס' שמוש, 19b.

warben. Einige Städte in Podolien und Pakotien waren voll von Talmudisten, die nach sabbatianischer Theorie den Talmud verhöhnten, die Satzungen des Judentums verwarfen und unter der Maske strengfrommer Übungen unkeuschen Wandel trieben. Die Wirrnisse, welche die Eibeschützische Zwistigkeit auch nach Polen verpflanzte, als eine Partei die andere angab und verfolgte, ermutigte die polnischen Sabbatianer sich aus ihrem Versteck hervorzuwagen und ihre Maske ein wenig zu lüften. Die Zeit schien ihnen für einen Versuch günstig, die ihnen verhaßten religiösen Riten bei Seite zu werfen und offen als Kontratalmudisten aufzutreten. Doch fehlte es ihnen an einem mutigen Führer, der die Zerstreuten sammeln, ihnen Halt geben und eine Richtung vorzeichnen sollte. Auch dieser Führer fand sich, und mit seinem Auftreten begann eine neue Bewegung von widerwärtigem Charakter, welche die ganze polnische Judenschaft in große Aufregung und Verzweiflung versetzte. Dieser Führer war der berüchtigte Jakob Frank.

Jankiew Lejbowicz (d. h. Jakob Sohn Löbs) aus Galizien (Buczacz oder Korolowka, geb. um 1720, st. 1791)[1]) war einer der schlimmsten, verschmitztesten und betrügerischsten Menschen des achtzehnten Jahrhunderts, viel schlauer und abenteuerlicher als Chajon, der die Klügsten zu täuschen und seine Betrügereien so gut zu verhüllen wußte, daß viele ihn noch nach seinem Tode als einen trefflichen Mann betrachteten, der wichtige Geheimnisse mit sich herumgetragen und mit ins Grab genommen habe. Er soll der Sohn eines Rabbiners gewesen sein und von Jugend an mehr Neigung für den Dunst der Kabbala als für die verstandesscharfen talmudischen Erörterungen gehabt haben. Betrügen verstand er schon in der Jugend. Er selbst rühmte sich später, wie er seinen Vater beschwindelt habe, um neue Kleider zu bekommen. Lediglich auf äußeren Glanz war sein Sinn früh gerichtet. In seiner Jugend hatte er im Dienste eines jüdischen Herrn Reisen in die Türkei gemacht und war in Salonichi mit den dortigen Sabbatianern oder jüdischen Moslems, den Donmäh (o. S. 311), in Verbindung getreten. Wenn er auch nicht von ihnen Blendwerke und mystifizierende Wundertäterei gelernt hat, so doch jedenfalls Gleichgültigkeit gegen jede religiöse Form. Er wurde Türke,

[1]) S. über ihn die ausführliche Monographie Graetz, Frank und die Frankisten. [Vgl. **Kraushar, Alex. Frank i Frankisci Polscy (1726 bis 1816).** Krakau 1895, 8. Nach diesen neuen gründlichen Untersuchungen ist die vorliegende Darstellung in vielen wesentlichen Punkten zu ergänzen und zu berichtigen. S. auch Porges in **REJ, XXIX, 283** ff.].

wie er später Katholik wurde, äußerlich, so lange es seinem Zwecke diente; er wechselte die Religion, wie man ein Kleid wechselt. Von seinem längern Aufenthalte in der Türkei erhielt er den Namen Frank oder Frenk. Obwohl er in der talmudischen Literatur unwissend war, wie er selbst gestand, so war er doch in die soharistische Kabbala eingeweiht, legte sie sich zurecht und hatte ein besonderes Gefallen an der Seelenwanderungslehre, vermöge welcher die aufeinanderfolgenden Messiasse nicht Schwärmer oder Betrüger gewesen wären, sondern die Verkörperung einer und derselben Messiasseele. Der König David, Elia, Jesus, Mohammed, Sabbataï Zewi und seine Nachfolger bis auf Berechja (o. S. 311) seien lediglich eine und dieselbe innerliche Persönlichkeit, die nur verschiedene Leibeshüllen angenommen habe. Warum nicht auch er selbst? Obwohl Jakob Frank oder Lejbowicz das Geld sehr liebte, so betrachtete er es doch nur als eine Unterlage, um sich darauf zu einer Größe zu erheben; er wollte eine glänzende Rolle spielen und sich mit einem mysteriösen Glorienschein umgeben. Und die Umstände waren ihm außerordentlich günstig. Er kam in den Besitz einer sehr schönen Frau aus Nikopolis (Türkei), deren er sich zur Anlockung von Anhängern bedient haben soll. Er sammelte nach und nach ein kleines Gefolge von türkischen und walachischen Juden um sich, die seine lockeren Grundsätze teilten, ihn für ein höheres Wesen, für die jüngste Verkörperung des Messias, hielten. Indessen konnte er sein Unwesen in der Türkei nicht treiben, er wurde verfolgt, selbst Frauen warfen Steine nach ihm.

Frank scheint Kunde von der Spaltung erhalten zu haben, welche infolge der Eibeschützischen Wirren in Polen entstanden, und er glaubte den günstigen Zeitpunkt benutzen zu müssen, um die podolischen Sabbatianer um sich zu sammeln und unter ihnen und durch sie eine Rolle zu spielen. Er kam plötzlich nach Polen (Nov. 1755) und bereiste viele Städte in Podolien und im Lemberger Kreise, Rohatyn, Laskorun, Busk, Nadworna, wo heimliche Sabbatianer wohnten, mit denen er wohl schon früher in Verbindung gestanden haben mochte. Sie fielen gewissermaßen einander in die Arme. Frank brauchte eine Gefolgschaft, und sie suchten einen Führer, und nun fanden sie einen solchen, der noch dazu mit gefülltem Beutel gekommen war und mit seinen Mitteln nicht geizte. Im Nu hatte er die podolischen Sabbatianer gewonnen. Diesen offenbarte sich Frank als Sabbataïs Nachfolger, oder, was dasselbe bedeutet, als wiedergeborene Seele des sabbatianischen Hauptes Berechja. Was diese Offenbarung sagen wollte, war den Kundigen unter ihnen bekannt. Sie verstanden darunter jene zugleich lästerliche und abgeschmackte Theorie von einer Art Dreifaltigkeit, dem heiligen Uralten, dem heiligen König und einer weiblichen Person in der Gottheit. Das Hauptgewicht legte natürlich Frank, wie sein Vorgänger, auf den heiligen König, der eben zugleich Messias und die verkörperte Gottheit sei, und alle Macht auf Erden und im Himmel besitze. Frank ließ sich von seinen Anhängern „der heilige Herr" nennen (bei den Salonicher Sabbatianern von jüdisch-spanischer Abkunft Santo Señor)[1]). Infolge seiner Teilhaftigkeit an Gott vermöge der Messias alles, auch Wunder zu tun. Frank tat auch Wunder, wie seine Anhänger behaupteten. Ein Licht strahlte über seinem Haupte, er verkündete in Verzückung oder durch Träume die Zukunft und zeigte noch anderes Blendwerk; er behauptete z. B. daß ihm der Prophet Elia erschienen wäre und ein Engel ihn nach Polen geleitet habe. Seine Anhänger, die er in seinem Gefolge mit sich führte, und die er in Polen um sich scharte, glaubten so fest an seine göttliche Natur, daß sie mystische Gebete in der Soharsprache an ihn richteten, mit denselben Formeln, welche die Salonicher Donmäh an Jakob Querido und Berechja zu richten pflegten. Kurz Frank bildete aus den podolischen Sabbatianern eine eigene Sekte, die man mit seinem Namen Frankisten nannte. Es war eine eigentümliche Sekte. Ihr Stifter lehrte seine Adepten, sich Reichtümer selbst auf betrügerischen und krummen Wegen zu erwerben. Betrug sei weiter nichts als ein geschickter Kunstgriff. Ihre Hauptaufgabe ging zunächst dahin, das rabbinische Judentum aufzulösen, den Talmud zu bekämpfen und zu vernichten. Diese Aufgabe erfüllten sie mit einer Leidenschaftlichkeit, die vielleicht in dem Zwange ihren Grund hatte, unter dem sie aus Furcht vor Verfolgung hatten leben müssen. Sie setzten den Sohar dem Talmud und Simon ben Jochaï (dessen angeblichen Verfasser) den Trägern des Talmuds entgegen, als wenn jener diese schon vor alter Zeit bekämpft und sie als Fälscher des Judentums angeklagt hätte. Im Sohar allein, der in der Tat das ganze talmudisch-rabbinische Judentum als eine sehr niedrige Stufe bezeichnete[2]), sei die wahre Lehre Moses enthalten, was die plumpen Kabbalisten so lange übersehen hätten. Die Frankisten hatten somit das halbverhüllte Geheimnis des Lügenbuches Sohar richtiger erkannt. Sie nannten sich mit Recht eben so gut Soharíten wie Kontratalmudisten. Mit einem gewissen kindischen

[1]) Auch hebräisch abgekürzt: ס"ט, d. h. סנטו סיניור = Santo Señor, s. Frank und die Frankisten, hebräische Beilage VI.

[2]) S. B. VII_4, Note 12, S. 447 f.

Trotz taten sie gerade dasjenige, was das rabbinische Judentum streng verpönt, und unterließen dasjenige, was dieses vorschreibt, nicht bloß in rituellen Punkten, sondern auch in betreff der Ehe und der Keuschheitsgesetze. Unter diesen kontratalmudistischen Frankisten befanden sich auch Rabbinen und sogenannte Prediger (**Darschanim, Maggidim**), Jehuda Löb Krysa, Rabbiner von Nadworna, und der Rabbiner Nachman ben Samuel Levi von Busk. Von besonderem Ansehen unter den polnischen Sabbatianern oder Frankisten war Elisa Schor von Rohatyn, ein bereits bejahrter Mann, der ein Abkömmling von bedeutenden polnischen Rabbinen war. Er, seine Söhne, seine Tochter Chaja (welche den Sohar auswendig gekannt, sich herausfordernd benommen haben soll und als Prophetin galt), seine Enkel und seine Schwiegersöhne, sie alle waren von früher her eingefleischte Sabbatianer und fanden eine besondere Befriedigung darin, die rabbinischen Vorschriften zu verhöhnen.

Indessen hielt Frank in den ersten Monaten nach seiner Rückkehr nach Polen nur geheime Zusammenkünfte mit den podolischen Kontratalmudisten; ein offenes Auftreten war mit Gefahr verbunden. Eines Tages wurde er indes mit etwa zwanzig Anhängern in Laskorun bei einem Konventikel überrascht. Sie hatten sich mit Lejbowicz-Frank während einer Jahrmarktszeit bei einem gesinnungsgenössischen Wirt in einem Wirtshause eingeschlossen und sogar das Eingangstor verrammelt, um ungestört und unbelauscht ihr Wesen zu treiben. Was hatten sie zu verheimlichen? Die Frankisten sagten aus, sie hätten weiter nichts als gewisse Lieder in der Sohar-Sprache gesungen. Ihre Gegner behaupteten aber, sie hätten um ein halbnacktes Frauenzimmer einen orgiastischen Tanz aufgeführt und es geküßt — vielleicht um die Verbindung der männlichen und weiblichen Person in der Gottheit symbolisch darzustellen[1]). Aber gerade diese Heimlichkeit, mit der sich die Sohariten umgaben, lenkte die Aufmerksamkeit der Juden von Laskorun und der Fremden, welche zum Jahrmarkt anwesend waren, auf sie und bestärkte den Verdacht, den man gegen sie gehegt hatte. Es versammelten sich viele um das Wirtshaus, um einzudringen, andere liefen zur Polizei, um Anzeige zu machen, daß ein Türke sich in Podolien eingeschlichen habe, um die Juden zur mohammedanischen Religion und zur Auswanderung nach der Türkei zu verleiten, und daß diejenigen, welche sich ihm angeschlossen hätten, eine adamitische

[1]) Der mystische Ausdruck dafür war זיווג שכינתא עם בעלה oder זיווג מלכא קדישא עם מטרוניתא.

d. h. unzüchtige Lebensweise führten. Die Polizei schritt sofort ein, ließ die verrammelten Türen einschlagen und hob das frankistische Nest aus. Frank wurde zwar tags darauf als Ausländer entlassen, und begab sich nach dem benachbarten türkischen Gebiete, aber die podolischen Frankisten wurden in Gewahrsam behalten. Der Vorfall machte Aufsehen, wurde vielleicht geflissentlich übertrieben. Wie ein Lauffeuer verbreitete sich die Nachricht von der frechen Verhöhnung der Religion und Sittlichkeit durch die Sabbatianer; Entsetzen ergriff die Frommen. Man muß sich vergegenwärtigen, was diese Verhöhnung des rabbinischen Judentums damals und noch dazu in Polen zu bedeuten hatte, wo die geringfügigsten religiösen Bräuche mit Peinlichkeit beobachtet wurden, und jeder Übertreter derselben als ein gottloser Verbrecher galt. Nun zeigte es sich, daß inmitten der polnischen Überfrömmigkeit eine Anzahl von Personen, noch dazu talmudisch geschulte, das ganze rabbinische Judentum verhöhnte. Die Rabbinen und Vorsteher wendeten sofort die gewöhnlichen Mittel gegen die Übertreter an, Bannflüche und Verfolgung. Auf die verkappten Ketzer wurde Jagd gemacht. Durch große Summen gewonnen, standen die polnischen Behörden den Verfolgern kräftig bei. Diejenigen, welche in schlimmer Lage waren, zeigten Reue und legten offene Geständnisse ihrer Untaten ab, die, mögen sie genau oder übertrieben gewesen sein, ein trauriges Bild von der Gesunkenheit der Juden in Polen geben. Vor dem Rabbinate in Satanow in öffentlicher Sitzung sagten mehrere Männer und Frauen von sich und ihren Genossen aus (13. Siwan = 11. Juni 1756), daß sie sich nicht bloß über die Riten des Judentums hinweggesetzt, sondern Unzucht, Ehebruch, Blutschande und andere Frechheiten getrieben hätten, und das alles nach mystisch-kabbalistischer Theorie. Etwas Wahres muß an diesen Geständnissen gewesen sein, so unglaublich sie auch klingen; denn Ehefrauen von Frankisten mochten nicht länger mit ihren Männern leben und unterzogen sich lieber den härtesten Strafen, um nicht unzüchtigen Anfechtungen ausgesetzt zu sein. Die Reuigen sagten auch aus, daß Frank seine Anhänger zur Verhöhnung der Keuschheit verführt habe.

Infolge dieser Zeugnisse wurde in Brody (20. Siwan) ein feierlicher Bann mit Auslöschen brennender Kerzen über die geheimen Frankisten ausgesprochen, daß sich niemand mit ihnen verschwägern dürfe, daß ihre Söhne und Töchter als im Ehebruch erzeugte Bastarde zu behandeln seien, und daß auch die nur Verdächtigen nicht zum Rabbinat, zu einem religiösen Amte oder zum Lehrfache zugelassen werden sollten. Jedermann sei verpflichtet, heimliche Sabbatianer anzugeben und zu entlarven. Dieser Bannspruch wurde in mehreren Gemeinden wiederholt und zuletzt von einer großen Synode in Konstantinow am jüdischen Neujahr (25. Sept. 1756) bestätigt. Die Formel wurde gedruckt, verbreitet und sollte jeden Monat in den Synagogen zur Nachachtung verlesen werden. In diesem Bannspruch war ein Punkt von großer Wichtigkeit. Es sollte niemand unter dreißig Jahren sich mit der Kabbala beschäftigen und den Sohar oder eine andere mystische Schrift lesen dürfen. So hatte endlich die Not den Rabbinen die Augen geöffnet, zu erkennen, welche unreine Quelle seit der Lurjanischen Zeit die Säfte des jüdischen Stammes vergiftet hat. Diese Erfahrung war teuer erkauft. Mehr als vier Jahrhunderte waren vergangen, seitdem spanische und provenzalische Rabbinen mit der jungen Kabbala schön getan und die wissenschaftlichen Forschungen innerhalb des Judentums verdammt hatten. Die Verblendeten! Sie hatten geglaubt, das Judentum dadurch zu stützen, daß sie an die Stelle der Weisheit die Torheit setzten. Diese von den Rabbinen gehätschelte Torheit schuf das Lügenbuch Sohar, das sich frech über die heilige Schrift und über den Talmud setzte. Endlich erklärte der kabbalistische Wahn dem rabbinischen Judentum den Krieg auf Tod und Leben. Das war die Frucht der Verblendung. Die Rabbinen in Brody, welche der Jugend die Kabbala entzogen wissen wollten, sahen allerdings nicht die ganze Tiefe des Übels. Sie betrachteten die Ausschreitungen der Frankisten lediglich als Mißbrauch, während sie doch in der Natur der kabbalistischen Theorie lagen. Die Not zeitigte noch eine andere Erkenntnis. Die Mitglieder der Konstantinower Synode wandten sich in ihrer Verlegenheit um Rat an Jakob Emden, welcher seit seiner Fehde mit Eibeschütz als Vertreter der reinen Rechtgläubigkeit, als Säule des Judentums galt. Das war für ihn ein ganz anderer Triumph als der, welchen sein Gegner zur selben Zeit in der Mitte seiner taumelnden Bewunderer feierte (o. S. 385). Die polnischen Juden sahen endlich ein, daß weltliche Kenntnisse und gebildete Beredsamkeit doch nicht so ganz und gar verwerflich seien, daß sie vielmehr dem Judentum Dienste leisten könnten. Sie wünschten, daß ein gebildeter Portugiese nach Polen käme und mit seinem allgemeinen Wissen und seiner Redegewandtheit ihnen vor den polnischen Behörden und Geistlichen zur Unterdrückung der gefährlichen frankistischen Sekte zur Seite stünde[1]).

[1]) Baruch Jawan schrieb an Emden (ספר שמוש I, p. 4b): מה מאוד היה טוב הדבר אילו בא אחד מן הפורטוגיזים המכיר לשון אספניא ולשון איטליע שיעמוד נגד הפושעים (כת פרנק) למשפט.

Jakob Emden, dem der Notschrei seiner polnischen Brüder zu Herzen ging, kam ebenfalls auf eine richtige Einsicht, welche für die Folgezeit von großer Wichtigkeit war. Die Sabbatianer aller Art beriefen sich, so wie die Kontratalmudisten in Polen, stets auf den Sohar, als auf ein heiliges Grundbuch, die Bibel einer neuen Offenbarung. Mit Belegen aus dem Sohar beschönigten sie alle ihre Lästerlichkeiten und Frechheiten. Wie, wenn nun der Sohar unecht, eine untergeschobene Schrift wäre? Darauf kam Emden. Die widerwärtigen Vorfälle in Polen führten ihn auf diese Untersuchung, und es wurde ihm klar, daß mindestens ein Teil des Sohar die Ausgeburt eines Betrügers sei, und auch das Ganze könne nicht Simon ben Jochaï, die talmudische Autorität, zum Vater haben[1]). Vor dem frechen Auftreten der Frankisten in Podolien hätte Emden jeden, der an der Echtheit und Heiligkeit des ganzen Sohar zweifelte, als einen verdammungswerten Ketzer gebrandmarkt. Jetzt sprach er selbst diesen ketzerischen Gedanken freimütig, freilich mit vielen Vorbehalten und unter tausend Entschuldigungen aus. Es war eine Neuerung und bildet einen Bruch mit dem Jahrhunderte lang gehegten Wahne.

Auf die Anfrage, ob es gestattet sei, die Frankisten zu verfolgen, antwortete Jakob Emden mit einem entschiedenen Ja. Er hielt sie, wie sie ihm von Polen aus geschildert wurden, für freche Übertreter der heiligsten Gesetze, der Zucht und Keuschheit, welche vermittelst mystischer Spiegelfechterei aus dem Laster eine Tugend machten[2]). Indessen bedurfte es des Stachels von seiner Seite nicht; wo es in Polen zu verfolgen galt, fehlte es nicht an Lust dazu. Die Frankisten wurden bei den Behörden und Geistlichen als eine neue Sekte angegeben und der katholischen Inquisition überliefert. Der Bischof Nikolaus Dembowski von Kamieniec Podolski, in dessen Sprengel sie auf ihren Abwegen ertappt worden waren, hatte nicht übel Lust, Scheiterhaufen für sie zu errichten. Franks Schlauheit wußte aber das gegen die Seinigen abgedrückte Geschoß von ihnen abzuwenden und auf die Gegner zurückzuschleudern. Von Chocim aus, wohin er sich nach kurzer Haft in Sicherheit gebracht hatte, riet er ihnen zu ihrer Verteidigung zwei Punkte zu betonen, daß sie an eine Drei-

[1]) Die kritischen Zweifel an der Echtheit des Sohar, welche Emden in seiner Schrift מטפחת הספרים, Altona 1762, entwickelt hat, sprach er schon 1757 in seiner Schrift ס' שמוש p. 37a f. zur Widerlegung des frankistischen Glaubensbekenntnisses aus.

[2]) S. Jakob Emden, Anhang zu dessen Edition d. סדר עולם רבה, zum Schluß unter dem Titel: מקרה זר שאירע בשנה זו.

einigkeit glaubten, und daß sie den Talmud als eine Schrift voller Irrtümer und Lästerung verwürfen. Da die Frankisten aber anfangs Bedenken getragen haben mögen, stracks mit ihrer Vergangenheit zu brechen, so kam er heimlich in einem polnischen Städtchen mit einigen Anhängern zusammen, wiederholte seine Ratschläge und fügte hinzu, es müßten sich zwanzig oder dreißig von ihnen schnell taufen lassen, um ihrer Behauptung von ihrem Bekenntnis der Dreieinigkeit und der Verwerflichkeit des Talmuds mehr Nachdruck zu geben. Frank war es eine Kleinigkeit die Religion zu wechseln. Die talmudisch gesinnten Juden der Umgegend hatten aber Wind von Franks geheimer Zusammenkunft mit den Seinigen erhalten, rotteten sich zusammen, überfielen sie und führten sie unter Mißhandlungen ins Gefängnis. Dieses Verfahren reizte die Kontratalmudisten zur Rache an ihren Feinden. Die Taufe mochten sie zwar nicht annehmen, aber sie erklärten vor dem Tribunal des Bischofs Dembowski, daß sie beinahe Christen wären, daß sie an eine göttliche Dreieinigkeit glaubten, daß die übrigen Juden, welche diese verwerfen, nicht den rechten Glauben hätten, und daß sie selbst wegen ihres besseren Glaubens von ihnen verfolgt würden. Um ihren Bruch mit dem Judentume recht augenfällig zu machen, oder um sich an ihren Gegnern recht blutig zu rächen, bedienten sie sich erlogener Anschuldigungen als Mittel. Sie behaupteten, daß die Anhänger des Talmuds Blut von Christen gebrauchten, und daß der Talmud den Mord an Christen als religiöse Vorschrift einpräge. Wie leicht war es, diese Anschuldigung zu beweisen! Ein christliches Kind brauchte nur vermißt zu werden. Etwas dergleichen muß damals in Jampol (in Podolien) vorgekommen sein, und sofort wurden die angesehensten Juden dieses podolischen Städtchens in Fesseln geschlagen. Der Bischof Dembowski und sein Kapitel, glücklich einen solchen Fang zu machen, begünstigten die Frankisten infolge ihrer Aussage auf jede Weise, befreiten sie aus den Kerkern, schützten sie vor Verfolgungen, ließen sie in der Diözese Kamieniec sich ansiedeln, gestatteten ihnen nach ihrer Weise zu leben und nährten mit Wohlgefallen deren Haß gegen die talmudischen Juden. Der Bischof schmeichelte sich durch die Frankisten, unter denen mehrere Rabbinen waren, viele polnische Juden zum Katholizismus hinüberziehen zu können. Die neue Sekte trat in das Stadium, aus einer verfolgten eine Verfolgerin zu werden.

Um ihre Gegner zur Verzweiflung zu treiben, stellten die Frankisten (1757) das Gesuch an den Bischof Dembowski, eine Disputation zwischen ihnen und den Talmudisten zu veranstalten, und machten sich anheischig, ihre Glaubenslehre von der Dreieinigkeit aus Schrift und Sohar einerseits und die Verwerflichkeit des Talmuds anderseits zu beweisen. Darauf ging der Bischof sehr gern ein. Zu diesem Zwecke arbeitete einer der frankistischen Rabbinen — vielleicht der alte Elisa Schor aus Rohatyn — (Frank selbst hatte damals Polen verlassen und war nach Nikopolis und Giurgewo zurückgekehrt) ein Glaubensbekenntnis aus, das an Frechheit und Verlogenheit wenig seinesgleichen hat und geschickt darauf angelegt war, zugleich durch die Entwickelung der sabbatianisch-kabbalistischen Lehre den Bischof in die Täuschung zu wiegen, daß diese dem christkatholischen Glauben verwandt sei und ihre Gegner in die Enge zu treiben. Dieses frankistische Glaubensbekenntnis enthielt neun Punkte. Der Glaube, den Gott offenbart habe, enthalte so viele tiefe Geheimnisse, daß er erforscht und ergründet werden müsse, ja, ohne höhere Eingebung gar nicht erkannt werden könne. Eines dieser Geheimnisse sei, daß die Gottheit aus drei einander gleichen Personen bestehe, die zugleich eine Dreiheit und Einheit bildeten. Ein anderes Mysterium sei, daß die Gottheit Menschengestalt annehme, um sich allen sichtbar zu zeigen. Diese Gottmenschen vermittelten für die Menschheit die Erlösung und das Heil, nicht der Messias, der die Juden allein wieder sammeln und nach Jerusalem zurückführen solle; das sei ein Wahnglaube. Jerusalem und der Tempel würden nimmermehr erbaut werden. Zwar lege der Talmud den geoffenbarten Glauben anders aus, aber dieser sei eben grundverderblich und habe seine Anhänger, die Talmudisten, in Irrtum und Unglauben geführt. Der Talmud enthalte überhaupt die abscheulichsten Dinge, daß Juden Christen betrügen und totschlagen dürften, ja müßten. Die richtige und wahre Auslegung der heiligen Schrift biete einzig und allein der Sohar, der eben dem Talmud entgegengesetzt sei. Alle diese Verkehrtheiten belegte die frankistische Bekenntnisschrift mit Stellen aus der Bibel und dem Sohar, und zur Anschwärzung des Talmuds verdrehten sie geflissentlich Aussprüche desselben. Sie wurde in polnischer und hebräischer Sprache gedruckt und verbreitet. Die Szenen sollten sich in Polen wiederholen, welche im Anfang des fünfzehnten Jahrhunderts in Spanien von dem Papste durch den Täufling Josua Lorqui oder Geronimo da Santa-Fé stattfanden (**VIII$_4$**, 113 f.), wo ein abgefallener Jude ebenfalls gegen seine Stammesgenossen und den Talmud Gift spie. Aber dort trat ein Laie als Ankläger auf; hier waren es Rabbinen mit Bärten und Kaftan, mit rabbinisch-kabbalistischen Floskeln und mit der ganz widerlichen Erscheinung eines verwahrlosten Wesens, welche aus Rachegefühl die

Maske des katholischen Glaubens annahmen, um ihre Feinde desto nachdrücklicher verfolgen zu können. Schmerzlich empfanden die Vertreter der polnischen Gemeinden, die Vier-Länder-Synode, in der verzweifelten Lage den Mangel an Bildung in ihrer Mitte. Sie konnten nicht einen einzigen Mann stellen, welcher imstande gewesen wäre, in gewandter oder nur anhörbarer Sprache die Spiegelfechtereien der Frankisten und die Hohlheit ihres Bekenntnisses aufzudecken. Die stolzen Häupter der Synode benahmen sich daher in ihrer Angst wie die Kinder. Sie waren ratlos, heckten phantastische Pläne aus, wollten an den Papst appellieren, die Portugiesen in Amsterdam und die römische Gemeinde in Aufregung setzen, sie vor den Ränken ihrer rachsüchtigen Feinde zu schützen.

Der Bischof Dembowski, welcher damals auch das Erzbistum Lemberg verwaltete und auf den Vorschlag der Frankisten einging, erließ einen Befehl, daß die Talmudisten Deputierte zu einer Disputation nach Kamieniec entsenden sollten, widrigenfalls er sie in Strafe nehmen und den Talmud, als ein christenfeindliches Buch, verbrennen lassen würde (20. Juni 1757). Vergebens beriefen sich die Juden Polens auf ihre alten Privilegien oder steckten sich hinter Edelleute und spendeten Summen; es half ihnen nichts. Sie mußten die Disputationen beschicken und ihren so verachteten Todfeinden Rede stehen. Es stellten sich aber nur wenige Rabbiner ein, von denen nur noch ein einziger bekannt ist, Beer, Rabbiner von Jaźlowiec, Vertreter der podolischen Gemeinden und Schwager des Baruch Jawan, der eben so tätig gegen die Frankisten, wie gegen die Eibeschützer wirkte. Es waren auch erschienen Mendel (Menahem), Rabbiner von Satanow, welcher das Zeugenverhör gegen die Untaten der Frankisten aufgenommen hatte; ferner Löb, Rabbiner von Miedzibož und Joseph Krzemieniec aus Mohilew. Aber keiner von ihnen hatte einen rechten Plan. Was vermochten auch die Vertreter des Talmuds mit ihrer gründlichen Unwissenheit in weltlichen Dingen und ihrer stotternden Sprache gegen die frechen Anklagen der Frankisten vorzubringen, zumal auch sie den Sohar als heiliges Buch anerkannten, und dieser tatsächlich eine Art Dreieinigkeit aufstellt?[1]) Was bei der Kamieniecer Disputation vorgefallen sein mag, ist nicht bekannt geworden. Die Talmudisten galten als besiegt und überführt. Der Bischof Dembowski ließ öffentlich bekannt machen (14. Okt. 1757), da die Kontratalmudisten die Hauptpunkte ihres Glaubensbekenntnisses

[1]) S. B. VII$_4$, S. 214, Anm. 5.

niedergeschrieben und bewiesen hätten, so sei ihnen gestattet, überall mit den talmudischen Juden zu disputieren. Diese sollten jenen 5000 polnische Gulden Schadenersatz leisten und außerdem 154 Goldgulden zur Ausbesserung der Kathedrale von Kamieniec zahlen. Die Talmudexemplare sollten konfisziert, nach Kamieniec gebracht und dort öffentlich durch die Hand des Scharfrichters verbrannt werden. Dembowski durfte nach eigenem Gutdünken die einen begünstigen, die andern verurteilen. Der König August III. von Polen oder vielmehr sein Minister Graf Brühl kümmerte sich wenig um innere Angelegenheiten und noch weniger um die Juden. Sie hatten Sorge genug um politische Vorgänge im Beginn des siebenjährigen Krieges, welcher diesen König aus seinem Erblande Sachsen vertrieben hatte. So durfte Dembowski, welcher damals auch Erzbischof von Lemberg geworden war, in den Städten seiner Bistümer mit Hilfe der Geistlichen, der Polizei und der Frankisten Talmudexemplare und andere rabbinische Schriften aufsuchen und nach Kamieniec zusammenbringen lassen. Zum Hohne wurden die Bücher an Pferdeschweifen geschleift. Nur die Bibel und der Sohar sollten verschont werden, wie zur Zeit der Talmudverfolgung unter den Päpsten Julius III., Paulus IV. und Pius V.[1]). An tausend zusammengeschleppte Exemplare wurden in Kamieniec in eine große Grube geworfen und durch Henkershand verbrannt. Die Talmudisten vermochten nichts dagegen zu tun, sie konnten nur seufzen, weinen, und einen strengen Fasttag wegen des „Brandes der Thora" veranstalten. Die Kabbala hatte diesmal die Fackeln zum Scheiterhaufen für den Talmud angezündet. Täglich machten Geistliche in Verbindung mit den Kontratalmudisten Überfälle in jüdischen Häusern, um Talmudexemplare zu konfiszieren. Die Verfolgung des Talmuds erstreckte sich auch auf die Städte im Erzbistum Lemberg. Es war eine Drangsalszeit für die Juden Polens, es häuften sich die Angriffe auf das Innerste ihrer Überzeugung, es wiederholte sich die Anschuldigung wegen des Gebrauchs von Christenblut. In dieser Not schüttete der Faktor des Grafen Brühl, Baruch Jawan, sein gepreßtes Herz vor ihm aus, um diesen in Egoismus verhärteten Staatsmann zu rühren und um Hilfe anzuflehen. Der Minister machte ihm schöne Versprechungen und gab ihm einen weitläufigen Weg durch den päpstlichen Nuntius an.

Plötzlich starb der Bischof Dembowski (17. Nov. 1757) eines nicht natürlichen Todes, und dieser Tod führte eine andere Wendung herbei.

[1]) S. B. IX$_4$, S. 321, 343, 345.

Die Verfolgungen des Talmuds hörten sogleich auf und kehrten sich gegen die Frankisten. Wodurch dieser Umschwung herbeigeführt wurde, ist nicht ermittelt. Jakob Emden ließ sich allerlei Märchen darüber erzählen und teilte sie sehr weitläufig mit, wie der Bischof in der Todesstunde von den verbrannten Talmudexemplaren, als drohenden Gespenstern, erschreckt und zur Reue wegen seiner Untaten gebracht worden wäre. Tatsache ist es, daß die Frankisten seit der Zeit verfolgt, eingekerkert und für vogelfrei erklärt wurden. Die Bärte wurden ihnen abgeschoren, um sie zu beschimpfen und kenntlich zu machen. Die meisten derselben, die sich nicht mehr in der Diözese Kamieniec behaupten konnten, flohen nach dem benachbarten Bessarabien, in die Gegend von Chocim. Der alte Sabbatianer Elisa Schor von Rohatyn fand bei dieser Verfolgung den Tod. Aber auf türkischem Gebiete fanden die Frankisten noch weniger Ruhe. Ihre Verfolger machten den jüdischen Gemeinden von dem Aufenthalt der Kontratalmudisten in jener Gegend, von ihrer Verworfenheit und Schädlichkeit für das Judentum Anzeige, und diese brauchten nur dem Pascha und dem Kadi anzuzeigen, daß diese äußerlich polnischen Juden nicht unter dem Schutz des Chacham Baschi (Oberrabbiners) von Konstantinopel ständen, um die Türken herauszufordern, über die Ankömmlinge herzufallen und sie vollständig zu berauben und zu mißhandeln. So irrten die Frankisten unstät an der Grenze von Podolien und Bessarabien umher, ratlos und verzweifelt, was aus ihnen werden sollte. Darauf wandten sie sich an den König von Polen und flehten ihn an, das ihnen vom Bischof Dembowski erteilte Privilegium, mit ihrem eigenen Bekenntnis geduldet zu werden, zu bestätigen. August III., der Schwächling und Märtyrer des siebenjährigen Krieges, erteilte hierauf den Befehl (11. Juni 1758), daß die Frankisten unangefochten in ihre Heimat zurückkehren und überall in Polen wohnen dürften. Es waren noch immer einige Hundert, welche sich in der Gegend von Kamieniec niederließen, arme Teufel, die von den Almosen der geheimen Sabbatianer lebten. Doch dieser Befehl erhielt nicht Nachdruck genug, und so wurden die Frankisten immer noch von ihren Gegnern mit Hilfe der Edelleute verfolgt. In ihrer Not schickten sie einige aus ihrer Mitte an Frank, der sie so lange im Stiche gelassen hatte und während der Zeit wieder in der Türkei lebte, ihn angehend, ihnen mit seinen Ratschlägen beizustehen. Widerstreben heuchelnd folgte er ihrem Rufe gern und begab sich wieder nach Podolien (Januar 1759).

Mit seinem Erscheinen begann das alte Intrigenspiel von neuem.

Frank wurde seit der Zeit die Seele seiner Anhänger, ohne dessen Befehl oder Wink sie nichts unternahmen. Sie waren auch kopflos geworden. Er sah wohl ein, daß die Erklärung, die Kontratalmudisten glaubten auch an die Dreieinigkeit, allein nicht viel helfen werde, und war bereit, dem Christentum weitere Zugeständnisse zu machen. Auf seinen Rat begaben sich sechs Frankisten, meistens Ausländer, zum Erzbischof Wratislaw Lubienski von Lemberg mit der Erklärung (20. Februar 1759) „im Namen aller", daß sie sämtlich unter gewissen Bedingungen geneigt wären, sich der Taufe zu unterziehen. Sie brachten in ihrer Bittschrift widerliche, mönchisch-katholische Faseleien vor und schnaubten Rache gegen ihre ehemaligen Glaubensgenossen. Sie wünschten, „daß ihnen ein Feld angewiesen würde, auf dem sie eine entscheidende Schlacht gegen die Feinde der Wahrheit schlagen könnten," d. h. sie wünschten eine neue Disputation gegen die Talmudisten und machten sich anheischig, zu beweisen, „daß die Talmudisten noch mehr als die Heiden unschuldiges Christenblut vergössen, danach gelüsteten und davon Gebrauch machten." Lubienski ließ zwar dieses Gesuch der Soharíten drucken, um einerseits den Sieg der Kirche zu verkünden und anderseits die Anhänger dieser Sekte beim Wort zu nehmen, tat aber nichts für sie und dachte auch nicht daran, ein Religionsgespräch einzuleiten. Obwohl sie in ihrer katholischen und kabbalistischen Redeweise angaben, daß sie nach der Taufe, „wie das Reh nach Wasserbächen lechzten," dachten sie noch gar nicht daran, sich ihr zu unterziehen. Frank, ihr Leiter, dem sie blindlings folgten, hielt es noch nicht an der Zeit, damit vorzugehen. Er wollte durch diesen letzten Schuß günstige Bedingungen erzielen. Diese Bedingungen ließ er durch zwei Deputierte, die sich wenigstens blicken lassen konnten, verkünden, durch Jehuda (Löb) ben Nathan (Noßen) Krysa, ehemaligen Rabbinen von Nadworna, und Salomo Schor, Sohn Elisas von Rohatyn. Beide richteten gleichzeitig eine Bittschrift an den König und den Erzbischof Lubienski, welcher inzwischen Primas des Reiches und Erzbischof von Gnesen geworden war. Darin sprachen sie ihre und Franks Wünsche aus (16. Mai 1759). Sie bestanden vor allem auf einer Diskussion mit ihren Gegnern. Sie führten als Gründe dafür an, daß sie der Welt dadurch zeigen wollten, sie seien nicht aus Not und Armut, sondern aus innerer Überzeugung zum Christentum geführt worden. Sie wollten ferner dadurch ihren heimlichen Genossen Gelegenheit geben, sich ebenfalls offen zum christlichen Glauben zu bekennen, was sie unfehlbar tun würden, wenn ihre gerechte Sache den Sieg davon tragen sollte. Endlich gedachten sie damit ihren verblendeten Gegnern die Augen zu öffnen. Bestimmter verlangten die beiden Deputierten Krysa und Schor, der König möge einen Aufruf ergehen lassen, daß sämtliche Soharíten, die sich aus Furcht vor Verfolgung zu den Talmudisten hielten, sich offen bekennen dürften und auf den königlichen Schutz rechnen könnten. Ferner sollten ihnen ihre Frauen und Kinder, die ihnen entrissen worden (d. h., die sich von ihnen losgesagt hatten und bei Verwandten und Freunden lebten) zurückgegeben werden, damit sie dem Religionsgespräche beiwohnen und davon überzeugt werden könnten. Endlich verlangten sie, daß den Frankisten Wohnplätze in der Gegend von Busk und Gliniany (östlich von Lemberg) angewiesen werden sollten, um von ihrer Hände Werk leben zu können, da „wo die talmudischen Branntweinpächter die Trunkenheit nährten, das Blut der armen Christen aussaugten und mit doppelter Kreide zeichneten.“ Auf dieses schlau angelegte und gegen ihre Feinde hämische Gesuch antwortete der König gar nichts und Lubienski ausweichend, „er könnte ihnen nur das ewige Heil versprechen, wenn sie sich taufen lassen wollten; alles übrige werde sich finden.“ Er zeigte keinerlei Eifer für die Bekehrung dieser zerlumpten Teufel, die er für Heuchler hielt, welche das Christentum mit den Lippen bekannten, aber sich darunter allerlei mystischen Schwindel denken mochten. Auch der päpstliche Nuntius in Warschau, Nikolaus Serra, war nicht für die Bekehrung der Kontratalmudisten eingenommen. Sollte Graf Brühl seinem Faktor Baruch Jawan Wort gehalten und den König doch, wie den Nuntius, gegen sie eingenommen haben?

Die Sachlage änderte sich aber mit einem Male, als Lubienski nach seinem erzbischöflichen Sitze Gnesen zog, und der Administrator des Erzbistums Lemberg, der Kanonikus de Mikulicz Mikulski, mehr Eifer für die Bekehrung zeigte. Er sagte sofort den Frankisten zu, ein Religionsgespräch zwischen ihnen und den Talmudisten herbeizuführen, wenn sie aufrichtige Neigung für die Taufe zeigen würden. Hierauf legten (25. Mai) dieselben Deputierten Löb Krysa und Salomon von Rohatyn im Namen aller ein katholisches Bekenntnis ab, das noch immer einen kabbalistischen Beigeschmack hatte, das Kreuz sei das Symbol der heiligen Dreifaltigkeit und das Siegel des Messias. Es schloß mit dem Refrain, der Talmud lehre das Blut der Christen zu gebrauchen und wer an ihn glaube, sei verpflichtet es zu gebrauchen. Darauf traf Mikulski hinter dem Rücken des päpstlichen Nuntius Serra Vorkehrungen zu einer zweiten Disputation in Lemberg (Juni 1759). Die Rabbinen dieser Diözese wurden aufgefordert, bei einer Geldstrafe von 1000 Talern, sich am 16. Juli einzufinden. Der Adel und die Geistlichkeit wurde angegangen, sie dazu nötigenfalls durch Zwang zu bewegen. Der Nuntius Serra, an den sich die Talmudisten klagend wendeten, war in hohem Grade mit der Disputation unzufrieden, mochte sie aber nicht hintertreiben, um sich daraus die Gewißheit zu verschaffen, ob die Juden wirklich Christenblut gebrauchten. Dieser Punkt schien ihm der wichtigste von allen. Gerade in dieser Zeit hatte der Papst Clemens XIII. einem polnischen Juden Jakob Jelek einen günstigen Bescheid in dieser Frage zukommen lassen. Jelek hatte die beschwerliche Reise nach Rom unternommen, um vom päpstlichen Stuhle ein gewichtiges Wort gegen diese ewige Anschuldigung zu erwirken, und es war ihm gelungen. Clemens XIII. erklärte für alle, daß der heilige Stuhl die Gründe, worauf sich die Meinung vom Gebrauche menschlichen Blutes für das Passahfest und von Mord an Christenkindern seitens der Juden stützt, geprüft und gefunden habe, daß man sie darauf hin nicht als Verbrecher verurteilen dürfe, vielmehr bei ähnlichen Vorkommnissen die gesetzlichen Formen für die Beweisführung anzuwenden habe[1]). Und dennoch schenkte, durch die Gemeinheit der Frankisten getäuscht, um dieselbe Zeit der päpstliche Nuntius diesen Lügen halb und halb Glauben und berichtete darüber an die Kurie.

Das Religionsgespräch, das zur Bekehrung so vieler Juden führen sollte, anfangs mit gleichgültigen Augen angesehen, fing an Interesse zu erregen. Der polnische Adel, Herren und Damen, lösten um einen hohen Preis Eintrittskarten, deren Erlös den ärmlichen Täuflingen zugute kommen sollte. An dem anberaumten Tage wurden die Talmudisten und Soharisten in die Kathedrale von Lemberg geführt; der Administrator Mikulski präsidierte, Geistliche, Edelleute und Bürgerliche drängten sich dazu, dem Schauspiele beizuwohnen, wie Juden scheinbar von derselben Richtung gegeneinander Anklagen wegen der scheußlichsten Laster schleuderten. Im Grunde waren es Talmud und Kabbala, früher ein engverbundenes Geschwisterpaar, die einander in den Haaren lagen. Die Disputation fiel erbärmlich aus. Von den Frankisten, welche ruhmredig viele Hunderte der ihrigen in Aussicht gestellt hatten, waren nur etwa zehn erschienen; die übrigen

[1]) Es existiert eine gedruckte Schrift darüber, mitgeteilt von J. B. Levinsohn in אפס דמים p. 107 f. [Der Abgesandte der polnischen Judenschaft hieß Eljakim ben Ascher Selig oder Jakob Selek (nicht Jelek), vgl. Berliner, Gutachten Ganganellis — Clemens XIV. — in der Angelegenheit der Blutbeschuldigung, Berlin 1888, S. 42].

waren zu arm, um die weite Reise machen und sich anständig kleiden zu können. Als ihre Sprecher traten auf Löb Krysa, Salomon Schor und ein dritter, wahrscheinlich Nachman, sogenannter Rabbiner von Busk. Von den Talmudisten fanden sich zwar aus Furcht vor der angedrohten Geldstrafe vierzig ein, und als ihre Vertreter Chajim Cohen Rapaport, Rabbiner von Lemberg, ferner jener Rabbiner und Beglaubigter Beer von Jazlowiec, der sich bereits früher bei der Kamieniecer Disputation bloßgestellt hatte (o. S. 395), und ein dritter Rabbiner Israel Miedziboz, ein angeblicher Wundertäter (**Baal Schem**)[1]). Welche Rückschritte hatte die Judenheit im Jahrhundert der Aufklärung gegen das dreizehnte Jahrhundert gemacht! Damals trat bei einem ähnlichen Falle am Hofe von Barcelona der Sprecher der Juden, Mose Nachmani, stolz seinen Gegnern gegenüber und machte sie durch sein Wissen und seine Haltung fast erzittern. In Lemberg standen die Vertreter des talmudischen Judentums linkisch und betreten und wußten kein Wort hervorzubringen. Sie verstanden nicht einmal die Landessprache — allerdings ihre Gegner ebensowenig — Dolmetscher mußten herbeigezogen werden. Aber die katholische Geistlichkeit in Polen und der Gelehrtenstand verrieten bei dieser Gelegenheit ebenfalls eine grelle Unwissenheit. Nicht ein einziger Pole verstand Hebräisch oder Rabbinisch, um unparteiischer Zeuge des Streites sein zu können, während in Deutschland und Holland die christlichen Kenner des Hebräischen nach Hunderten zählten. Die Talmudisten hatten bei diesem Religionsgespräche allerdings den schwersten Stand. Das Hauptthema der Frankisten war, daß der Sohar die Dreieinigkeit lehre, und daß eine Person in der Gottheit Fleisch geworden sei. Durften sie dieses Dogma so entschieden in Abrede stellen, ohne die Christen, ihre Herren, zu verletzen? Und daß sich solch Anklänge finden, konnten sie auch nicht leugnen. Freilich die erlogene Behauptung vom Gebrauche des Christenkinderblutes und vom Blutdurst des Talmuds hätten sie mit aller Entschiedenheit zurückweisen und sich auf Zeugnisse von Christen und sogar auf Aussprüche von Päpsten berufen können. Aber sie waren in der eigenen Leidensgeschichte unwissend, und ihre Unwissenheit hat sich an ihnen gerächt. Es ist wohl glaublich, daß die talmudischen Wortführer nach dreitägigem Gespräche beschämt und verwirrt heimgekehrt sind. Sogar die Blutbeschuldigung blieb an ihrem Bekenntnis haften.

Die Soharisten, welche ihren Wunsch erreicht hatten, wurden darauf

[1]) Vielleicht der בעש"ט, Stifter der Sekte der modernen Chaßidim.

von den Geistlichen gedrängt, endlich ihr Versprechen zu erfüllen und sich taufen zu lassen. Aber sie sträubten sich immer wieder dagegen, als wenn es ihnen große Überwindung gekostet hätte, und taten es erst auf ausdrücklichen Befehl ihres Oberhauptes Frank und in seinem Beisein. Dieser war bei der Disputation nicht anwesend, sondern erschien erst in Lemberg, als sich der Sieg seinen Anhängern zuzuneigen schien. Er trat mit großem Pomp auf, in prachtvoller türkischer Kleidung mit einem Sechsgespann und umgeben von 30 bis 50 Gardisten in türkischer Kleidung. Er wollte den Polen imponieren. Er war auch der starke Wille, der die Frankisten leitete, und dem sie blindlings folgten. Im ganzen nahmen damals etwa tausend Sohariten die Taufe. Unter ihnen waren zwei Söhne des alten Elisa von Rohatyn, Salomo Schor, welcher seinen Namen in Lucas Franciscek Wolowski verwandelte, und sein Bruder Nathan, der sich Michael Wolowski nannte, beide Nachkommen berühmter Rabbinen. Frank allein ließ sich nicht in Lemberg taufen, sondern erschien plötzlich mit blendendem Schaugepränge in Warschau (Okt. 1759), machte die Neugierde der polnischen Hauptstadt rege und bat sich die Gnade aus, der König möge sein Taufpate werden. Auch dieser Umstand sollte seiner Marktschreierei dienen, in den Augen seiner Genossen einen Vorzug zu haben. Er setzte diesen Wunsch durch, wurde getauft und nahm den Namen Joseph an (Nov. 1759). Die Spalten der Zeitungen der polnischen Hauptstadt waren voll von Berichten über die täglich erfolgten Taufen so vieler Juden und von den hohen Edelleuten und Edelfrauen, die ihre Taufpaten waren. Aber erfreuen konnten sie sich des Sieges der Kirche nicht. Frank wurde vielmehr von der Geistlichkeit mit argwöhnischen Blicken umlauert. Sie traute ihm nicht und ahnte in ihm einen Schwindler, der unter der Maske des Christentums, wie früher unter der des Islams, als Haupt einer Sekte eine Rolle spielen wollte. Je mehr Frank darauf zurückkam, daß ihm ein eigener Landstrich angewiesen werden solle, wo er namentlich mit seinen ausländischen Genossen aus Ungarn, der Walachei und Siebenbürgen, welche die Landessprache nicht verstanden, zusammenleben könnte, desto mehr erregte er den Verdacht, daß er eigene selbstsüchtige Zwecke verfolgte, und die Taufe ihm nur als Mittel dienen sollte. Die talmudischen Juden unterließen nichts, Beweise von seinen Schwindeleien zu liefern. Seine polnischen Anhänger wurden heimlich von den Geistlichen über sein Tun und Treiben, seine Vergangenheit und seine Ziele ausgeforscht. Endlich wurde er entlarvt und von einigen seiner polnischen Anhänger, die sich von ihm gegen die ausländischen

Frankisten zurückgesetzt fühlten, verraten, daß ihm der Christusglaube nur ein Spiel sei, und daß er sich vielmehr von den Seinigen als Messias und verkörperter Gott, als heiliger Herr, anbeten lasse. Er wurde von dem Offizial der polnischen Inquisition als Betrüger und Glaubensschänder verhaftet und verhört. Die Zeugenaussagen bestätigten immer mehr seine Schwindeleien. Darum wurde er nach der Festung Czenstochow abgeführt und in ein Kloster eingesperrt (März 1760), wie sich denken läßt, nicht ohne Betrieb der Gegner. Vom Feuertod als Ketzer und Abtrünniger rettete Frank nur die Patenschaft des Königs. Seine hervorragenden Anhänger, wie Salomo Schor-Francischek Wolowski, wurden ebenfalls verhaftet und in Ketten gelegt. Der Troß wurde zum Teil zur Schanzenarbeit an der Festung Czenstochow angehalten oder in die Heimat verwiesen. Viele Frankisten mußten an den Kirchentüren betteln und waren bei der polnischen Bevölkerung verachtet. Sie blieben aber ihrem Messias oder heiligem Herrn treu. Alle widerwärtigen Vorgänge legten sie sich kabbalistisch zurecht, es habe alles so kommen müssen. Das Kloster von Czenstochow nannten sie mystisch die Pforte Roms. Äußerlich hingen sie dem Katholizismus an, machten alle Sakramente mit, hielten sich aber doch nur zueinander, und wie ihre türkischen Genossen, die Donmäh, verheirateten sie sich nur untereinander. Noch heutigen Tages sind die von ihnen abstammenden Familien in Polen, Wolowski, Dembowski, Dzalinski und andere als Frenks oder Schäbs kenntlich. Frank wurde nach dreizehnjähriger Haft in der Festung von den Russen in Freiheit gesetzt, spielte auf anderen Schauplätzen in Wien, Brünn und zuletzt in Offenbach über zwanzig Jahre eine Betrügerrolle, stellte seine schöne Tochter Eva als verleiblichte Gottheit auf und täuschte bis an sein Lebensende und über sein Grab hinaus die Welt; aber mit diesem Teil seines Lebensganges hat die jüdische Geschichte nichts zu tun.

An allen diesen trübseligen Ereignissen hatte Jonathan Eibeschütz einige Schuld. Die Frankisten zählten ihn, den großen Gaon, zu den ihrigen und er tat nichts, um diesen brandmarkenden Verdacht von sich abzuwälzen. Er wurde angefleht, der Not der polnischen Juden beizuspringen, seinen Einfluß geltend zu machen, der Anschuldigung vom Gebrauch des Christenblutes entgegenzutreten. Er blieb stumm[1]), als fürchtete er, die Frankisten gegen sich zu reizen

[1]) התאבקות p. 35a f. [Die Darstellung im Text bedarf einer grundsätzlichen Berichtigung. Die Bibliothek des jüdisch-theologischen Seminars besitzt jetzt (seit 1892) eine aus dem Nachlaß des sel. Dr. B. Zuckermann

Sein jüngster Sohn Wolf stand in Verbindung mit dem giftigen Frankisten Salomo Schor-Wolowski[1]). Dieser junge Eibeschütz trieb ebenfalls mystische Schwindeleien, bald als Kabbalist, bald als Goldmacher, lebte auf großem Fuße, erschwindelte sich den Titel Baron von Adlersthal, weil er dem österreichischen Hofe die Aussicht eröffnete, sich taufen zu lassen, betrog alle Welt und vielleicht am meisten seinen eigenen Vater, machte Schulden und wurde von Gläubigern und Gläubigen verfolgt[2]). Bis in sein Mannesalter, als er mit dem Titel Baron von Eibeschütz in Dresden lebte, blieb er mit dem Hofe Franks in Offenbach und mit der berüchtigten sogenannten Gräfin

stammende Handschrift, welche drei Gutachten in deutscher Sprache gegen die Blutbeschuldigung enthält. Das erste derselben ist von R. Jonathan Eibeschütz verfaßt und trägt seine eigenhändige Unterschrift d. d. Altona 22. Dezember 1759. Die Eingangsworte des umfangreichen Aktenstückes, das ich in meinem Jahrbuch für 1897, S. 50—65, veröffentlicht habe, treten erst im Zusammenhang mit den im Text dargestellten Ereignissen in das rechte Licht. Sie lauten wie folgt: „Ich habe nicht allein mit dem größesten Verdruße sondern auch mit der größesten Wehmuth vernehmen müssen, wie daß sich einige Gottlose, Ehrvergessene Leute, so längstens aus der Jüdischen Synagoge verdammet worden, zusammen gerottet, und um ihre Laster zu Bedecken, die jüdische Nation Bey der Christlichen, Hohen Obrigkeit zu verkleinern und mit grundlosen, ja gantz falschen Sätzen aus jüdischen Büchern zu Behaupten gesucht, als wenn die jüdische Nation zu ihren haupt Ceremonien Christen-Blut von nöthen hätte. Es ist diese Beschuldigung so gottloß, daß man sich billig zu verwundern hat, wie der Erd Boden solche Leüte tragen Kan." Darauf folgt dann in 36 weiteren Absätzen eine grundgelehrte Widerlegung der Beschuldigung. Sie endigt mit folgenden, in eigenhändiger deutscher Schrift hinzugefügten Worten: „Ich zweifle nicht, daß die Hochlöbl. Ober-Keit Dieses gnädig in Erwegung Zihen und auff das Falsche anbringen im geringsten nicht Reflectiren werde. Altona, 22. Dec. 1759. Jonas Nahen Eybschütz, Ober Rabiner der Juden-gemeine Altona nebst alle Juden, die im Königreich Denimarck siezhafft sind, auch der Juden gemeinde Hamburg et Wadesbeck." Dem Gutachten Eibeschützens schlossen sich Christian Benedikt Michaelis (s. über ihn A. D. B. Bd. 21, S. 676) und Johann Salomo Semmler (s. über ihn A. D. B. Bd. 33, S. 606), beide Professoren der Theologie in Halle, am 21. Februar 1760 an. Die letzteren beiden Gutachten habe ich in meinem Jahrbuch für 1893 S. 83—109 mitgeteilt. Über die Geschichte der Handschrift hat sich weiteres bisher nicht ermitteln lassen].

[1]) Schreiben des Abraham Zamosć an Emden d. d. 4. Nissan 1760 (שמוש p. 84a): בן אלישע אחר (אלי״שע שור מרהטין) המיר דתו והוא אסור באזיקים בכ״ר מלוכה ווארשויא והוא אשר הראה אגרת מבן אייבשי״ץ. ואולי הוא . . . שהיה מתגורר במדינת מעהרין וצוה הרב דק״ק ניקולשפורג והמדינה רחבם שלא לתת לו לינת לילה בכל מדינה. S. auch das. 84b.

[2]) התאבקות, Abteilung שחוק הכסיל, Dr. Beer in Bondis כתבי שפת קדש (Prag 1857) p. 78 f.

v. Frank in Verbindung[1]). Um seine Schulden zu decken, ließ der unglückliche Vater in aller Eile sein erstes rabbinisches Werk drucken[2]). Durch die leichtsinnigen Streiche seines Sohnes geriet Jonathan Eibeschütz in vieler Augen immer mehr in Mißkredit[3]). Einige seiner Anhänger, die ihm früher warm das Wort geredet hatten, faßten Mißtrauen gegen ihn. Eibeschütz fühlte sich zuletzt in allem so unbehaglich in seinen Gemeinden, daß er Altona zu verlassen und nach Prag überzusiedeln gedachte. Zu diesem Zwecke richtete er ein Gnadengesuch an Maria Theresia, ihn von der Anklage des Landesverrates freizusprechen und ihm den Aufenthalt in der böhmischen Hauptstadt zu gestatten. Aber Ezechiel Landau, damals hochgeachteter Oberrabbiner von Prag, welcher von Eibeschützens Schuld zuletzt völlig überzeugt war, bemühte sich, ihm entgegen zu arbeiten. Er richtete (um 1760) ein Gegengesuch an die Kaiserin, den ketzerischen Anhänger von Sabbataï Zewi, der von deutschen und italienischen Rabbinen in den großen Bann gelegt worden war, die Erlaubnis zur Übersiedelung nach Prag zu versagen. Landau erinnerte die Kaiserin an die Dienste, die er ihr während des siebenjährigen Krieges geleistet, und drohte sein Amt aufzugeben und Prag zu verlassen, falls Eibeschütz da seinen Wohnsitz nehmen sollte, weil er mit einem so schwer Gebannten nicht an einem Orte wohnen dürfe, und es ohnehin zu Reibungen in der Gemeinde kommen würde[4]). Jakob Emden hatte gewonnenes Spiel, er konnte noch mehr die Geißel seines Spottes über Eibeschütz schwingen; aber er verfolgte ihn auch über das Grab hinaus, als den verworfensten Menschen, der je das Judentum geschändet habe. Das Rabbinertum hat sich selbst an den Pranger gestellt und seine eigene Autorität untergraben. Damit hat es den Boden gelockert, auf dem eine bessere Saat aufgehen konnte. Während sich Eibeschütz und seine Gegner wegen Amuletten und sabbatianischer Ketzerei herumbalgten und Jakob Frank Lejbowicz seine soharitischen Schwindeleien trieb, schlossen Mendels-

1) Frank und die Frankisten.

2) Über den eilfertigen Druck des כרתי ופלתי 1757 s. Beer das.

3) הראבקות, p. 52 p. spricht sich Landau sehr entrüstet über Wolf Eibeschütz aus und bemerkt, er werde den alten Eibeschütz auffordern, diesem tollen Treiben seines Sohnes zu steuern, wo nicht, werde er ihn selbst nicht schonen. Einen solchen Brief richtete Landau tatsächlich an J. Eibeschütz; der 1867 verstorbene Rapoport hat ihn handschriftlich gesehen; s. Klemperer a. a. O. S. 134, Note 2.

4) Vgl. dazu Ezech. Landaus Supplik an Maria Theresia. Monatsschr. Jahrg. 1877, S. 20 f.

sohn[1]) und Lessing einen Freundschaftsbund, Portugal löschte seine Scheiterhaufen gegen die Marranen aus, und in England wurde die bürgerliche Gleichstellung der Juden im Parlamente ernstlich verhandelt.

[1]) Es scheint wenig bekannt zu sein, daß sich auch Mendelssohn gegen die Sabbatianer und Frankisten in sehr verdammenden Ausdrücken ausgesprochen und ein schmeichelhaftes Schreiben darüber an Jakob Emden, d. d. 27. Tischri = 1. Oktober 1766, gerichtet hat, התאבקות p. 163. In Mendelsohns Briefsammlung ist dieses Schreiben nicht aufgenommen. Eibeschützens süßliches Schreiben an Mendelssohn (Kerem Chemed III, p. 224 f.) d. d. Jjar Mai 1761, als dieser sich in Hamburg verlobte, scheint eine captatio benevolentiae gewesen zu sein. Mendelssohn war in dieser Zeit nicht mehr der homo obscurus und verkehrte in Hamburg mit gelehrten Christen freundschaftlich. Es mag Eibeschütz daran gelegen haben, nachdem er durch die Apostasie der Frankisten diskreditiert war, Mendelssohn für sich einzunehmen oder wenigstens ihn nicht gegen sich zu haben.

Noten.

1.

Uriel da Costa, Spinoza, Isaak Orobio und ihre schriftstellerischen Zeitgenossen in Amsterdam.

I. Uriel da Costa (Acosta)[1].

Über die Daten seiner Biographie herrscht noch einige Ungewißheit, so oft sie auch schon behandelt wurden; darum seien sie hier kurz berührt und berichtigt. Die einzige zuverlässige Quelle dafür ist da Costas Selbstbiographie: Exemplar humanae vitae, worin auch einige Data angegeben sind. Aber zwei derselben bleiben unbestimmt, solange sein Todesjahr nicht sicher ist. Fast sämtliche neuere Biographen setzen seinen Selbstmord 1647, nach Fabricius' Vorgange (Historia Bibliothecae Fabricianae III, 400). An diesem Datum und an dem Faktum des Selbstmordes zweifelte mit Recht der unglückliche Hermann Jellinek, der Herausgeber von Uriel Acostas Selbstbiographie (Leipzig 1847), der sich ihm so verwandt fühlte, weil „es sich aus keiner glaubwürdigen Quelle beweisen läßt, auf welche Weise er gestorben, ob durch Selbstmord oder eines natürlichen Todes". Die einzige Quelle dafür, meint er, sei Limborch, welcher das Exemplar 1687 ediert hat, und dieser möge das Geklatsche von des Freigeistes Ende als bare Münze genommen haben. Auch ein anderes Moment hat die Biographen irregeführt, und darum haben sie sein Geburtsjahr zu früh angesetzt. Die Schrift des Arztes Samuel da Silva gegen da Costa: Tratado da immortalidade da alma erschien 1623. Dagegen schrieb da Costa sein: Examen das tra

[1]) Der richtige Name ist da Costa, den viele marranische und christliche Schriftsteller führten nach einem Städtchen Costa. Da aber Uriel sich in seiner Selbstbiographie latinisiert a Costa unterzeichnet hat, ist ihm der Name Acosta beigelegt worden. [Eine neue Ausgabe des „Exemplar humanae vitae" hat W. Volkmann in der „Festschrift zur 250jährigen Jubelfeier des Gymnasiums zu St. Maria Magdalena zu Breslau am 30. April 1893" S. 71 bis 90 besorgt. Im Vorwort dazu (S. 64 ff.) versucht er Graetz' Urteil über Uriels Charakter zu berichtigen. In den Noten zum Texte des Exemplar schöpft der neue Herausgeber sein Wissen über jüdische Dinge hauptsächlich aus Basnage und Schudt].

diçoens Phariseas ... com reposta a hum Samuel da Silva, seu falso Calumniador. Genau das Datum, wann diese Gegenschrift erschienen ist, weiß man nicht, da sie selten geworden ist und keiner der Bibliographen sie auch nur gesehen zu haben scheint, ebenso selten wie da Silvas Tratado; man nimmt daher an, daß die Gegenschrift 1623 oder ein Jahr darauf veröffentlicht wurde. Man nimmt ferner an, daß diese da Costasche Schrift identisch sei mit dem Buche, wovon er selbst im Exemplar sagt: Deliberavi librum scribere, in quo justitiam causae meae ostenderem, et aperte praeberem ex ipsa lege vanitatem eorum, quae Pharisaei tradunt et observant. Dieses Buch, so folgerte man weiter, verfaßte da Costa nicht lange nach seiner Ankunft in Amsterdam, da ihm bald nach seinem Eintreffen daselbst Zweifel an der Richtigkeit des rabbinischen Judentums aufstießen; denn er sagt selbst: Transactis paucis diebus expertus sum, mores et ordinationes Judaeorum minime convenire cum iis, quae a Mose praecepta sunt. Darauf folgt nun seine Angabe, daß er über diesen Widerspruch ein Buch zu schreiben sich entschlossen habe. Da nicht viel Zeit dazu gehörte, dieses Pamphlet auszuarbeiten, so sei es ungefähr 1623 geschrieben worden, und um diese Zeit sei er auch nach Amsterdam gekommen. Nun gibt er selbst an, daß er im 25. Lebensjahre noch in Spanien gewesen sei, also ist er ungefähr im 26. nach Amsterdam gekommen, folglich um 1597—1595 oder 1594 geboren. Eine dieser Zahlen für da Costas Geburtsjahr findet man daher bei seinen Biographen. Aber das ganze Räsonnement ist falsch.

Wir haben nämlich eine ganz bestimmte Nachricht über sein Todesjahr und seine Todesart von einem Zeitgenossen, der darüber gut unterrichtet sein konnte. Der judenfeindliche Hamburger Pastor Johannes Müller berichtet darüber in einem Buche, das 1644 erschienen ist, nämlich in seinem Judaismus. Daselbst erzählt er (S. 71): „Uriel Jurista, ein Sadduzäer, ... ist von der Synagoge exkommuniziert worden, ... daß er bei sieben Jahren unter die anderen Juden nicht hat kommen dürfen. Endlich ist er auf Bitte wieder aufgenommen und öffentlich in der Synagoge gegeißelt worden, darüber er in solche Traurigkeit geraten, daß er anno 1640 Monat April sich selber entleibt hat." Dadurch ist Jellineks Zweifel an da Costas Selbstmord beseitigt und dessen Todesjahr fixiert. Dieses Datum 1640 ist auch von Schudt (Jüdische Merkwürdigkeiten I, S. 290) und von Rodriguez da Castro (Bibliotheca Española I, p. 281) festgehalten worden. Aber die meisten Biographen folgten ihrem Führer Fabricius oder Wolf: der letztere, sonst ein so zuverlässiger Bibliograph, hat sich geradezu in diesen Irrtum hineingeredet, er sagt nämlich (I, p. 131), nachdem er den Passus von Müller zitiert: Sibi vitam ademit (Acosta) anno 1640, mense Apr. vel potius anno 1647, vide Clericum. Aber Le Clerc, auf den sich Wolf beruft, gibt gar kein bestimmtes Datum an, sondern sagt in der Rezension des Limborchschen Werkes vom Jahre 1687 (Bibliothèque universelle p. 327): C'est l'ouvrage d'un Déiste (Acosta) qui se tua ... il y a environ quarante ans. „Ungefähr 40 Jahre", von 1687 zurückgerechnet, das ist die zweite Quelle für das falsche Datum 1647 des Todesjahres.

Durch diese Ermittlung des Todesjahres ändert sich natürlich die ganze Berechnung. Verfolgen wir die Data rückwärts von seinem Tode an. Sieben Jahre war er zuletzt im Bann, als er sich entschloß, sich mit der Synagoge auszusöhnen und die von ihm geschilderte Demütigung erfuhr: duravit item pugna ista per annos septem. Nach der erlittenen Demütigung ging er nach Hause ... domum me contuli, schrieb sein Testament, das Exemplar, aus dem man das Zähneknirschen und die Verzweiflung herauserkennt, und entleibte sich gleich darauf, da man diese Schrift neben seiner Leiche fand, wie nicht bloß Limborch, sondern auch Müller angibt. Er ist also um 1633 zum zweiten Male in den Bann getan worden. Zwischen dem ersten und dem zweiten Banne scheint kein langer Zwischenraum gelegen zu haben, denn er gibt selbst an, daß er wenige Tage nach der ersten Aussöhnung mit dem Rabbinate von seinen Verwandten als Relapsus angegeben worden wäre: Transactis diebus aliquot delatus fui ... super cibis modo paravi et aliis, ex quibus apparebat me Judaeum non esse. Daraufhin und weil er zwei Christen von der Annahme des Judentums abgeraten, sei er zum zweiten Male gebannt worden. Das alles kann im Verlaufe des Jahres 1633 stattgefunden haben. Im ersten Bann blieb er 15 Jahre: annis quindecim jam transactis, quibus ab illis separatus egeram. Folglich ist er 1618 oder gar 1617 zum ersten Male in den Bann getan worden: Itaque excommunicatus sum, und zwar, wenn man den Zusammenhang beachtet, nicht lange nach seiner Ankunft in Amsterdam. Wenn er auch damals sein Buch gegen den Rabbinismus zu schreiben anfing, so dauerte es doch mindestens fünf Jahre, bis es gedruckt wurde (1623 oder 1624). Dadurch fällt die allgemein angenommene, oben angegebene Berechnung.

Als er in Amsterdam eintraf, war er mindestens 25 Jahre alt, denn in diesem Lebensalter war er noch in Oporto und bekam das Schatzmeisteramt an einer Kollegialkirche: Cum annum agerem vicesimum quintum ... impetravi beneficium. Aber er gibt nicht an, wie lange er dieses Amt inne hatte, als er sich entschloß, nach Amsterdam auszuwandern. Mindestens lag ein Jahr zwischen beiden Vorgängen. Ziehen wir von 1617, dem Jahre seiner Ankunft in Amsterdam, 26 Jahre ab, die Jahre seines Alters bei seiner Auswanderung, so ergibt sich 1591. Er wäre demnach um 1591, vielleicht noch früher, geboren und ungefähr 49 Jahre alt geworden. Denn wenn er im 22. Lebensjahre am Katholizismus zu zweifeln anfing: in dubium vocavi (accidit hoc mihi circa vicesimum secundum aetatis annum) und doch drei Jahre später ein halb und halb geistliches Amt annahm, so kann er auch nach der Übernahme des Amtes mehrere Jahre gekämpft haben, bis er sich entschlossen hat, dieses aufzugeben und die gefahrvolle Auswanderung — wie er selbst schildert — anzutreten.

Aus dieser, wie ich glaube, unerschütterlichen biographisch-chronologischen Berechnung ergibt sich auch, welche Amsterdamer Chachamim bei da Costas Bannung beteiligt waren. Der erste Bann fiel 1617—1618, damals war noch Joseph Pardo Hauptchacham, der erst am 10. Oktober 1619 starb. Neben ihm fungierte Isaak Usiël. Zweifelhaft ist aber, wer ihn zum zweiten Male 1633 in den Bann getan hat, da damals die Amsterdamer Gemeinde in drei Gruppen gespalten war, und ein Gesamtrabbinatskollegium sich erst 1639 bildete. Die drei Chachamim waren damals 1633: Saul Morteira, Manasse Ben-Israel und David Pardo. Da man nicht weiß, zu welcher Gemeindegruppe da Costa gehört hat, so ist der Autor des zweiten Bannes gegen ihn zweifelhaft.

Noch ein Punkt ist zu erledigen, der an sich gleichgültiger Natur ist, aber, weil die dramatische Poesie ihn benutzt hat, besprochen zu werden verdient. Da Costa gibt an, sein delatorischer Neffe habe ihn am Heiraten gehindert, indem er ihm den zweiten Bann zugezogen hat: Iste impedivit nuptias, quas jamjam eram contracturus, hoc enim tempus orbatus eram uxore. Heißt das, er sei überhaupt damals noch ledig gewesen, oder er sei Witwer gewesen? Erinnern wir uns, daß dieses ins Jahr 1633 fällt, als er bereits ein Vierziger war. Sollte da Costa so lange Junggeselle geblieben sein? Ob Witwer oder Junggeselle, keinesfalls ist ein Mann in den vierziger Jahren eine passende Figur für eine tragische Liebesrolle. — Aus seinem Exemplar humanae vitae und seiner älteren Schrift macht er nicht den Eindruck, daß er ein klarer Denker oder ein Mann von festem Willen gewesen wäre.

II. Spinoza.

Das Leben Spinozas, des früher geächteten, seit Jakobi und Lessing bewunderten Vaters des modernen Pantheismus und Naturalismus, ist von vielen Seiten so sehr Gegenstand hingebender Untersuchung geworden, daß sich wenig Neues dazu nachtragen läßt. Zu den früher bekannten Nachrichten durch Bayle, Colerus, Lucas und Boullainvilliers (in den Ausgaben der spinozistischen Schriften von Paulus und Gfrörer) fügte van Vloten vor einigen Jahren einige Notizen hinzu, die er in einem handschriftlichen Nachlaß gefunden hat: Ad Benedicti de Spinoza opera, quae supersunt omnia supplementum Amst. 1862. Aus diesen Notizen läßt sich indessen manches berichtigen, was in frühere biographische Darstellungen irrtümlich aufgenommen wurde. Für den Zweck der jüdischen Geschichte ist der von van Vloten zum ersten Male mitgeteilte Wortlaut des Bannes über Spinoza von einiger Wichtigkeit.

1. Colerus (S. 4) nennt Spinozas Geburtsort Amsterdam: Il naquit à Amsterdam le 24. Nov. 1632. Indessen scheint es, daß er noch 1644 in Spanien einem Autodafé beigewohnt hat. In der geharnischten Antwort an seinen ehemaligen Freund, den katholisch gewordenen Albert Burgh, welcher unter den Beweisen für die Wahrheit des Katholizismus auch die große Zahl der Märtyrer anführte, weist Spinoza auf die noch größere Zahl jüdischer Märtyrer hin, die noch täglich wächst und die mit besonderer Standhaftigkeit den Tod erleidet, und fügt hinzu: Neque hoc mendacio. Ipse enim inter alios quendam Judam, quem fidum appellant, novi, qui in mediis flammis, quum jam mortuus crederetur, hymnum, qui incipit: „Tibi Deus animam meam offero“, canere incepit, et in medio cantu exspiravit. (Spinoza, Briefsammlung No. 74, Ende.) Er hat also unter anderen auch einen Märtyrer Juda gekannt, der mit einer gottvertrauenden Hymne auf den Lippen den Geist ausgehaucht. Das bezieht sich auf ein bestimmtes Faktum, von dem auch das Datum bekannt geworden ist. Am 25. Juli 1644 wurde Don Lope de Vera y Alarcon, von christlichen Eltern, in Valladolid auf dem Scheiterhaufen verbrannt, weil er unerschrocken sich zur jüdischen Religion bekannte und sich Juda den Gläubigen nannte. Erste Quelle dafür Manasse ben Israel, Esperança de Israel (p. 98): Martirio de Don Lope de Vera y Alarcon ... prendenle en Valladolid anno 1644 ... circumcidasse dentro a si mismo ... llamasse Jehuda creyente. Das Andenken an diesen und an andere Märtyrer wurde in der 1675 neuerbauten Synagoge von Amsterdam aufbewahrt (de Barrios,

(Governo popular Judayco, p. 44). Legt man Gewicht auf das Wörtchen ipse ... novi ... quendam Judam fidum in Spinozas Darstellung — und das muß man wohl bei diesem mathematisch-exakten Schriftsteller —, so würde sich daraus ergeben, daß er dem Autodafé von 1644 in Valladolid selbst beigewohnt, gesehen und gehört hat, wie dieser Märtyrer, Juda der Gläubige oder Lope de Vera y Alarcon, in den Flammen jenen Vers בידך אפקיד רוחי ausgerufen hat. Er wäre demnach in diesem Jahre, im Alter von 14 Jahren, noch in Spanien gewesen. Colerus kann also nicht als klassischer Zeuge für Spinozas Geburtsland angesehen werden.

2. Daß Colerus nicht von allen Lebensumständen Spinozas gut unterrichtet war, ergibt sich aus seiner Angabe von Spinozas Roman. Dieser Biograph erzählt nämlich mit vieler Ausführlichkeit von Spinozas Liebesverhältnis zu van der Endens Tochter, Klara Maria, und von der Rivalität zwischen ihm und dem glücklicheren Kerkering. Van Vloten weist aber tatsächlich nach, wie diese Erzählung eine romanhafte Fiktion sei (a. a. O. p. 290). Er teilt die Ehepakten von Kerkering (richtiger Kerckrinck) und Klara Maria d. d. 1671 mit. Damals war diese 27 Jahre alt; sie war demnach im Jahre, als Spinoza Amsterdam für immer verließ (nämlich 1656, wovon weiter), erst zwölf Jahre alt, und der philosophisch-ernste Jüngling von 24 Jahren sollte mit dem Kinde ein Liebesverhältnis angeknüpft haben? Mit Recht nennt van Vloten diese Erzählung ein Geschichtchen (historiola) und bemerkt: Difficile igitur Kerckrinckii rivalem Spinozam habere possumus, qui puellam illam, si unquam conjugem ducere cupierit, dudum antea eum hoc sibi proposuisse necesse est, quam cum Rhenoburgi, vel Voorburgi, Hagaeve Comitum degens de matrimonio ineundo cogitare omnino non potuit. Man erwäge wohl, daß van der Enden mit seiner Tochter stets in Amsterdam gewohnt hat, und daß Spinoza nach seiner ersten Entfernung aus dieser Stadt nur gelegentlich und auf kurze Zeit dahin kam.

Colerus' Angabe von Spinozas Liebe zu Klara Maria ist demnach durchweg ungeschichtlich, und darum ist seine Relation nicht à toute épreuve. Dieselbe Unzuverlässigkeit zeigt sich auch bei ihm in den Daten und in der Aufeinanderfolge der Aufenthaltsorte Spinozas.

3. Die chronologischen Momente in Spinozas Biographie lassen sich am sichersten durch das Datum des Bannes prüfen. Da dieser auch sachlich interessant ist, so gebe ich ihn hier in extenso wieder, wie ihn van Vloten (das. p. 290 f.) aus dem Gemeindearchiv mitteilt:

Herem que se publicou da Theba em 6 de Ab contra Baruch de Espinoza.	**Der Cherem (Bann), welcher von der Theba veröffentlicht wurde am 6. des Monats Ab gegen Baruch de Espinoza.**
Os Senhores do Mahamad fazem saber a Ums, como ha diaz que tendo noticia das mas opinioens e obras de Baruch de Espinoza, procurarao por differentes caminhas é promessas retiralo de seus maos caminhos, e nao podendo remedialo, antes, pelo contrario, tendo cada dia mayores no-	Die Herren des Maamad tun euch zu wissen, daß sie schon vor einiger Zeit Nachricht von den schlimmen Meinungen und Handlungen des Baruch de Espinoza hatten und sich durch verschiedene Wege und Versprechungen bemühten, ihn von seinen schlimmen Wegen abzuziehen. Da sie dem nicht abhelfen konnten, im Gegenteil er-

ticias, das horrendas heregias que praticava e ensinava, e ynormes obras que obrava, tendo disto muitas testimunhas fidedignas, que depuzerao e testemunherao tudo em prezença de ditto Espinoza, de que ficou convencido: o qual tudo examinado en prezença dos Senhores Hahamim, deliberareo com seu parecer que ditto Espinoza seja enhermado e apartado da naçao de Israël, como actualmente o poin em Herem, com o Herem sequinto:

Com sentença dos Anjos, com ditto dos Santos, nos enhermamos, apartamos e maldisoamos e praguejamos a Baruch de Espinoza, com consentiminto del D. B. e consentiminto de todo este Kahal Kados diante dos santos Sepharim estes, com os seis centos e trece preceitos, que estao escritos nelles, com o Herem que enhermou Jeosuah a Jericho, com a maldissao que maldixe Elisah a os mossos, e com todas a maldisois que estao escrittas na ley; malditto seja de dia e malditto seja de noite, malditto seja em seu deytar e malditto seja em seu levantar, malditto elle em seu sayr e malditta elle em seu entrar; nao querera Adonai perdoar a elle, que entonces fumeara o furor de Ad. e seu zelo neste homem, e yazera nelle todas as maldisois, as escritas no Libro desta Ley, e arematara A. seu nome debaixo dos Ceos, e apartalo-a A. para mal, de todos os tribus de Israël, com todos as maldisois do firmamento[1]), as escritas no Libro da Ley esta, e vos os apogados com A. vosso Dios, vivos todas vos oye. Advirtindo que ninguem lhe pode fallar bo-

hielten sie täglich mehr Nachrichten von den entsetzlichen Ketzereien, die er übte und lehrte, und von den ungeheuerlichen Handlungen, die er beging, und sie hatten davon viele glaubwürdige Zeugen, welche sie ablegten und bezeugten alles in Gegenwart des besagten Espinoza, dessen er überführt wurde. Da dieses alles in Gegenwart der Herren Chachamim geprüft wurde, beschlossen sie mit deren Zustimmung, daß besagter Espinoza sei gebannt und von Israels Nation getrennt, wie sie ihn gegenwärtig in Cherem legen mit folgendem Cherem:

Mit dem Beschlusse der Engel und dem Spruch der Heiligen bannen, trennen, verfluchen und verwünschen wir Baruch de Espinoza mit Zustimmung des gebenedeiten Gottes und dieser heiligen Gemeinde vor den heiligen Büchern der Thora mit ihren 613 Vorschriften, die darin geschrieben sind, mit dem Banne, mit dem Josua Jericho gebannt, mit dem Fluche, mit dem Elisa die Knaben verflucht hat, und mit allen Verwünschungen, welche im Gesetze geschrieben sind. Verflucht sei er am Tage und bei Nacht, verflucht beim Niederlegen und Aufstehen, beim Ausgehen und Einkehren. Adonaï wolle ihm nicht verzeihen, es wird seine Wut und sein Eifer gegen diesen Menschen entbrennen, und auf ihm liegen alle die Flüche, welche im Buche dieses Gesetzes geschrieben sind. Adonaï wird seinen Namen unter dem Himmel auslöschen und ihn trennen zum Übel von allen Stämmen Israels, mit allen Flüchen des Firmaments[1]), die im Gesetzbuche geschrieben sind. Und ihr, die ihr festhaltet an Adonaï, eurem Gotte, ihr seid heute alle lebend. — Wir warnen, daß niemand mit ihm mündlich oder schriftlich verkehren,

[1]) [maldisois do firmamento ist ohne Zweifel die Übersetzung von אלות הברית = Flüche des Bundes].

calmente, nem por escrito, nem dar lhe nemhum favor, nem debaixo de techo estar com elle, nem junto de quatro covados, n e m leer papel algum feito ou escrito por elle.	noch ihm eine Gunst erweisen, noch unter einem Dache, noch innerhalb vier Ellen mit ihm weilen, noch eine Schrift lesen darf, die von ihm gemacht oder geschrieben wäre.

Das Jahresdatum hat van Vloten bei dieser Bannformel gefunden, nämlich 5416 aera mundi = 1656. Berthold Auerbach hatte auch Kunde von dieser Urkunde (Spinozas Biographie I, p. XLIV), aber ungenau, nämlich 1655. Das Tagesdatum 6. Ab ist bei van Vloten korrumpiert, aber in der dabei gegebenen lateinischen Übersetzung erhalten; der 6. Ab entsprach dem 27. Juli. Ungenau daher bei Kuno Fischer (B. Spinozas Leben und Charakter, S. 28): der 6. August. Der 6. Ab = 27. Juli fiel auf einen Donnerstag, einen Tag, an dem aus dem Pentateuch vorgelesen wird; daher heißt es diante dos santos Sepharim estes. — Durch diese Urkunde läßt sich auch berichtigen, wer den Bannfluch über Spinoza verhängt hat. Eigentlich figurieren hier nur die Vorsteher: os Senhores do Mahamad; aber diese geben an, daß die Herren Chachamim die Sache untersucht haben und mit ihrer Zustimmung: com seu parecer, wird der Bann über ihn ausgesprochen. Die Chachamim jener Zeit waren sowohl Saul Morteira, als auch Isaak Aboab. Wer an Stelle des Manasse Ben-Israel damals fungierte, da dieser zurzeit in London weilte, ist nicht bekannt. Die beiden früher Genannten haben also Spinoza verurteilt. Ungenau ist Colerus' Angabe (S. 20 f.), daß J. Aboab es allein gewesen sei: Des Juifs d'Amsterdam, qui ont très bien connu Spinoza ... ajoutant que c'étoit le vieux Chacham Abuabh ... qui avoit prononcé publiquement la sentence d'excommunication[1]). Aber ebenso unrichtig ist die Angabe Boullainvilliers, daß es Morteira allein gewesen sei: d'autres prétendent qu'elle fut prononcée par Morteira même. Widersinnig ist noch der Zusatz, daß Morteira den Bann mit großer Leidenschaftlichkeit ausgesprochen habe. Wahrscheinlich ging die Belastung Morteiras von Aboabs Söhnen aus, welche sich später geschämt haben mögen, als Spinozas Namen einen weiten Klang hatte, daß ihr Vater bei dessen Bann beteiligt gewesen war. Das geht aus Colerus' Relation hervor: J'ai sollicité inutilement les fils de ce vieux Rabin (Aboab) de me communiquer cette sentence, ils s'en sont excusés sur ce qu'ils ne l'avoient pas trouvée parmi les papiers de leur père quoiqu'il me fût aisé de voir qu'ils n'avoient pas envie de s'en dessaisir, ni de la communiquer à personne. — Die Wahrheit ist, daß beide Chachamim und noch ein dritter, also ein Kollegium, den Bann über Spinoza verhängt haben und der Vorstand ihn formell ausgesprochen hat. — Der mitgeteilte Bann ist der schwere (חרם), ihm muß der leichtere (נדוי) vorangegangen sein. Die Formel sagt auch, daß vorher verschiedene Mittel versucht wurden, ihn von seinem Wandel abzubringen, und zwar strenge und milde, einfacher Bann und promessas, Versprechungen, Offerten einer Pension, wie die

[1]) [Colerus spricht offenbar nicht sowohl von der Verhängung als vielmehr von der Verkündigung des Bannes, der jedenfalls nur durch einen Rabbiner geschah].

Biographen erzählen. Wie aus der Bannformel hervorgeht, war Spinoza vorher zum Verhör gezogen worden, und Zeugen haben in seiner Gegenwart Aussagen gemacht. Von einem plötzlichen impetus gegen ihn kann also nicht die Rede sein, sondern es scheint durchaus nach Brauch und Herkommen verfahren zu sein. Rabbiner und Vorstand waren auch nicht so rigoros gegen ihn. Van Vloten fand in einem Manuskript noch bestätigt, daß Spinoza zur Zeit des Bannes, also 1656, nicht mehr in Amsterdam war, sondern es schon nach dem Mordversuch auf ihn verlassen hatte.

4. Pierre Bayle und nach ihm Colerus berichten, daß Spinoza seinen Austritt aus der Synagoge durch eine apologetische Schrift in spanischer Sprache gerechtfertigt hat. Boullainvilliers teilt mit, daß Morteira und ein anderer Rabbiner Spinoza beim Magistrat der Blasphemie angeklagt hätten. In der widerlichen Manier dieses Schriftstellers heißt es: Il (Morteira) se fait escorter par un Rabin de même caractère et va trouver les magistrats d'Amsterdam auxquels il représente que, si l'on avait excommunié Spinosa, ce n'était pas pour raisons communes, mais pour des blasphémies exécrables contre Moyse et contre Dieu. Il exagéra le crime par toutes les raisons qu'une sainte haine suggère à une âme dévote . . . et demande pour conclusion que l'accusé fut banni d'Amsterdam . . . Aussi les Juges de cette ville . . . renvoyèrent (les plaintes) aux ministres réformés . . . les magistrats condamnèrent l'accusé à un exil de quelques mois. Boullainvilliers knüpft daran das Faktum von Spinozas Weichen aus Amsterdam. Wie dieser die Sache darstellt, klingt sie unglaublich. Die reformierten Geistlichen waren sicherlich nicht weniger empfindlich gegen solche Blasphemien als Morteira. Aber im Zusammenhange mit Bayles Nachricht von Spinozas Apologie erhält diese Erzählung eine historische Basis. Warum sollen Vorstand und Rabbinat ihn nicht ebenso beim Magistrat angeklagt haben, wie sie gegen da Costa getan hatten? Spinoza hat aber sein Verfahren durch eine Apologie ruhig beleuchtet. Diese Apologie hat den Tractatus theologico-politicus veranlaßt. Sagt er doch im Vorworte, daß der Hauptzweck seines Buches eben der sei, nachzuweisen, daß Denkfreiheit mit dem Wohle des Staates verträglich sei: Atque hoc praecipuum est, quod in hoc tractatu demonstrare constitui. Spinozas Apologie, um sich gegen die Anklage von seiten des Mahamad, d. h. des Vorstandes und Rabbinats, beim Magistrat zu rechtfertigen, ist zu einem Buche angewachsen.

5. Wenig bekannt dürfte es sein, daß nicht lange nach Spinozas Bann der Magistrat von Amsterdam dem Vorstand und den Rabbinern untersagt hat, den Bann gegen heimische oder fremde Juden auszusprechen, und zwar, damit es keinem Juden verwehrt sei, sich in Amsterdam aufzuhalten. Jakob Sasportas teilt dieses Faktum mit (Resp. No. 76): אנשי השררה . . . בחרם ונדוי לא יתפוצו . ובימים שעברו מהדורי מילי בין יחידי קהילתנו גזרו עלינו שלא לנדות ולהחרים לשום בר נש במדינתם כי בזה יתרבה ישובה. Dieses Resp. ist datiert 1683, folglich fällt das Verbot, zu bannen, zwischen 1656 und 1683.

III. Orobio de Castro.

Unter der großen Menge gebildeter und produktiver Juden in Spinozas Zeitalter zeichnet sich Orobio de Castro aus durch seine Besonnenheit, sein normales Wesen, seine, wenn auch nicht auf philosophischen Prinzipien, so doch auf einer klaren Erkenntnis beruhende Frömmigkeit, oder sagen wir lieber Anhänglichkeit an das Judentum. Noch ist keine Monographie über sein Leben und seine literarische Tätigkeit geschrieben, obwohl er sie weit eher verdiente als so viele andere, die weiter nichts als viel Papier und Tinte verbraucht haben. Franko Mendes hat nur die allgemeinen Umrisse seiner Biographie gegeben (מאסף, Jahrg. 1788, p. 219) aus Sekundärquellen. Die Hauptquelle dafür ist nur das, was Orobio seinem Freunde und Antagonisten Philipp v. Limborch mitgeteilt hat, der das wenige in seiner Historia inquisitionis (p. 323) und in Le Clerc, Bibliothèque universelle et historique T. VII (p. 289) wiedergegeben hat. Feste Data sind aber aus seinem Leben gar nicht bekannt, nur daß er drei Jahre im Inquisitionskerker zu Sevilla zugebracht, 70 Tage an den Wunden gelitten hat, welche ihm die Tortur geschlagen, und zwei Jahre das Büßergewand hat tragen müssen, bis er aus Spanien exiliert wurde. Man ist daher für sein Geburtsjahr, die Zeit seiner Verbannung aus Spanien, seiner Einwanderung nach Toulouse und endlich seiner Bekehrung oder Rückkehr zum Judentume auf vage Kombinationen angewiesen. Als Ausgangspunkte dafür können drei Momente genommen werden. Sein Todesjahr fiel 1687, wie Le Clerc angibt. Im Jahre 1665 scheint Orobio noch äußerlich in Frankreich Christ gewesen zu sein. Denn in diesem Jahre[1]) druckte der unverdrossene Versifikator de Barrios die ersten Produkte seiner Muse, Flor de Apolo (Brüssel). In dieser Sammlung hat er auch ein Sonett an Don Baltazar Orobio, medico y poeta insigne (No. 82). Orobio führte also damals noch seinen christlichen Vornamen Balthasar und noch nicht den jüdischen, Isaak. Anfangs 1670 war er bereits Mitglied des Amsterdamer Mahamad, d. h. des Kollegiums der Parnassim, und approbierte mit seinen sechs Kollegen die Psalmenübersetzung des Jakob Jehuda Leon (קדש הלולים, Alabanças de Santitad, gedruckt 1671, die Approbation vom 27. Thebet 5430 = 19. Januar 1670). Er muß also, da er bereits im Jahre 1669 als Parnaß gewählt wurde, in diesem Jahre mindestens schon Jude gewesen sein. Sein Eintritt ins Judentum würde demnach fallen zwischen 1665 und 1669.

Orobio stand in einem konfidentiellen Verhältnis zu Spinoza. Das hat de Mur glücklich herausgebracht (Annotationes ad B. de Spinozae Tractatum theol.-polit. Haag 1802, p. 23). Das Schreiben in Spinozas Briefsammlung, Nr. 48, L. d. V. M. Dr. an J. O., hat de Mur richtig enträtselt: Lambertus von Velthuysen, med. Dr., an Isaak Orobio. Das Datum dieses Briefes setzt Bruder 24. Juni 1671. Aus demselben geht hervor, daß Orobio von seinem Utrechter Freunde von Velthuysen ein Urteil über Spinozas Traktat verlangt hat, das dieser ihm auch in tadelndem Sinne gibt. In der darauf folgenden Nummer (49) schreibt Spinoza an J. O., d. h. Isaak Orobio: Miraris sine dubio, quod te tamdiu exspectare feci; sed ego vix animum inducere possum, ut ad libellum illius viri, quem mihi communicare voluisti, respondeam, nec ulla alia de causa jam hoc facio, quam quia promisi. Orobio hat demnach das schriftliche Urteil von Velthuysens Spinoza übermittelt. Er muß also vorher mit ihm bekannt gewesen sein. Bemerkenswert ist es, daß Orobio sich nicht ein selbständiges

[1]) [Nach Kayserling, Bibliot. españ.-portugueza-jud., S. 17, erschien das Buch bereits 1663].

Urteil über Spinozas Traktat gebildet hat, sondern die Meinung seines christlichen Freundes hören wollte. Sollte er damals, nachdem er solange praktisch die Arzneikunde getrieben hat, mit philosophischen und theologischen Fragen nicht vertraut gewesen sein?

Später hat er viel über theologische und auch philosophische Themata geschrieben. Das Verzeichnis seiner meistens handschriftlich vorhandenen Abhandlungen in spanischer Sprache bei Wolf, Bibliotheca III, p. 552, Rodriguez de Castro, Bibliotheca Española I, p. 606, und de Rossi, Bibliotheca antichristiana, p. 84 f. Nur eine Nummer dieser Orobioschen Schriften sei hier in Betracht gezogen, weil sich scheinbar daraus entnehmen ließe, als habe er direkt gegen Spinoza polemisiert. Die Frage ist nämlich noch nicht einmal aufgeworfen worden, wie haben sich Spinozas gebildete jüdische Zeitgenossen, meistens in Amsterdam, zu seinem antijüdischen Systeme verhalten? Es scheint nämlich, daß nur wenige derselben Notiz davon genommen haben, wenn man von Thomas de Pinedo absieht, der nur hin und wieder Spinozas Ansicht bekämpft, ferner von dem Wirrkopf de Barrios, der nicht wußte, was er schmierte, und endlich von Jakob de Andrade Velozino, der zwar einen Theologo religioso contra el Theologo Politico de ... Espinoza geschrieben hat, aber erst lange nach Spinozas Tod. Velozinos Geburt fällt 1657 (Maskir III, S. 58). Es wäre daher interessant, zu erfahren, wie sich Orobio dazu verhalten hat; Wolf zitiert (a. a. O.) eine kleine Schrift in Briefform von ihm: Una epistola invectiva contra un Judio Philosopho medico, que negava la Ley de Mosey siendo Atheista affectava la Ley de naturaleza. Nach dieser Lesart wäre der Atheist, gegen welchen Orobio diese Epistel gerichtet hat, ein Jude gewesen. Basnage, welcher diese Epistel in der ersten Edition seiner Histoire des Juifs zitiert meinte, sie wäre geradezu gegen Spinoza gerichtet gewesen. Dagegen wirft Wolf ein, der von Orobio Kritisierte werde in der Überschrift doch medico genannt, so könne nicht Spinoza darunter verstanden werden, da er doch nicht Arzt war. Indessen ist dieser Einwurf nicht schlagend. Leibniz' Brief an Spinoza (Briefsammlung Nr. 51) trägt im Original die Adresse: A Mr. Spinoza, médecin très-célèbre et philosophe très-profond à Amsterdam (bei van Vloten, Supplementum, p. 306). Medicus muß also damals die Bedeutung Naturforscher gehabt haben. Insofern könnte allerdings Orobios Epistola invectiva gegen Spinoza gerichtet gewesen sein. Allein der spanische Kodex bei R. de Castro hat eine andere Lesart: Epistola invectiva contra Prado un Philosopho medico, que dubitaua o no creya la verdad de la divina Escritura, also nicht contra un Judio. Auch hätte schwerlich Orobio, der mit Spinoza bekannt war, gegen ihn den Ausdruck gebraucht „gegen einen Juden, welcher die Wahrheit der göttlichen Schrift leugnete". Dieser Prado scheint identisch zu sein mit Juan de Prado, einem Arzt aus der Pikardie, in Amsterdam, welcher weder Religion noch Gewissen hatte (de Barrios, Coro de la musas, bei Kayserling, Sephardim, S. 260 ff. [und Bibl. españ. etc., S. 83]). Soviel wir jetzt wissen, hat Orobio nur indirekt gegen Spinozas System polemisiert und zwar nur gegen dessen Ethik, nicht gegen den Traktat. Seine Schrift ist gegen Bredenburg gerichtet: Certamen philosophicum propugnatae veritatis divinae ac naturalis adversus Bredenburg. Diese Schrift Orobios, erschienen 1684, ist aber selten geworden; verbreiteter ist die zweite Edition, welche der

Mönch Langlet veranstaltete und sie der Sammlung einverleibte: Refutation des erreurs de B. de Spinosa par de Fénélon etc. avec la vie de Spinosa par J. Colerus. Diese vie bildet den Anfang, und S. 387 folgt Orobios Certamen philosophicum. Der Herausgeber Langlet bemerkt im Eingange: Nemo est inter Eruditos, cui non sit cognita et perspecta doctissimi inter Hodiernos Amstelodamenses Hebraeos Ishak Orobio doctrina. Pauci tamen in Belgio, et multo pauciores in Gallia qui ejus scripta legerint.

In der Einleitung zum Certamen sagt Orobio: Ab aliquibus annis mali hominis Spinosae scripta perlegi et non solum Atheismo vias sternere cognovi, sed in ipsis jam constitutum latere, facile deprehendi. Putabam nullis vel paucis considerabile damnum illatura, quia indocti non intelligerent, neque improbas, quae inde educuntur consequentias, perciperent: docti ad libitum decipi paterentur etc. Sed nunc novi, quod mea me fefellit opinio, cum non soli aliqui ex vulgo, omnis literaturae expertes, qui Spinosae dogmata, ut scientifici videantur, intelligere affectant, et in Atheismum, quem jam antea diligebant, praecipites ruant, sed docti etiam eadem detestabili lue misere afficiantur.

Das ist übrigens die einzige Piece, die von Orobio selbst ediert wurde. Denn die drei Unterredungen mit Philipp von Limborch über den Wert des Christentums: de veritate Religionis Christianae amica collatio cum erudito Judaeo, Amsterdam 1687, welche, wie le Clerc bezeugt, kurz vor Orobios Tod erschien, hat er selbst nicht veröffentlicht, sondern Limborch schickte die drei Scripta Judaei voraus, um daran seine Entgegnung anzubringen. Die dritte gedruckte Schrift Orobios, Israel vengé, ist lange nach seinem Tode veröffentlicht worden. (London 1770). Der Herausgeber bemerkt dazu: Cet ouvrage a pour auteur un Juif espagnol nommé Isaak Orobio, qui le composa dans sa langue; il a été depuis traduit en françois par un Juif appellé Henriquez sur le manuscrit de l'auteur, qui n'a jamais été publié ... celui-ci paraît avoir retouché ou corrigé la traduction. [Vgl. Kayserling, a. a. O. S. 82.]

IV. Andere literarische Zeitgenossen Spinozas in Amsterdam.

Es ist nur wenigen bekannt, daß es zu Spinozas Zeit in Amsterdam sehr viele, wenn auch nicht literarische Größen, so doch Schriftsteller unter den Juden gegeben hat, welche allgemeine Bildung genug besaßen, seine Schriften zu lesen. Namentlich war die Poesie durch viele Pfleger vertreten. Die große Zahl derselben läßt sich an einem Poeten nachweisen, an Joseph Penso.[1]) Über diesen und seine spanischen Poesien hat de los Rios mehreres mitgeteilt (Estudios sobre los Judios de España, p. 633 ff.); er kennt ihn aber nur unter dem Namen Joseph de la Vega und weiß nicht, was Wolf konstatiert hat, daß er diesen Namen mütterlicherseits angenommen hat, sein väterlicher Familienname dagegen war Penso (Wolf, Bibliotheca

[1]) Delitzsch orthographiert diesen Namen unrichtig Penço (Zur Geschichte der jüdischen Poesie, S. 77), weil der Name in der Aprobaçao einmal so geschrieben wird. Allein die Spanier und Portugiesen gaben damals das S in Majuskeln öfter mit Ç wieder. [Vgl. über ihn auch Kayserling, Bibl. Espan. etc., S. 85 ff.].

III, p. 623). Das erste Kind von J. Pensos Muse war ein hebräisches Drama unter dem Titel אסירי התקוה (auch פרדס שושנים). Die seltene Erscheinung eines hebräischen Dramas von einem sehr jungen Dichter hat seine jüdischen Zeitgenossen und Amsterdamer Kompatrioten in eine förmliche Ekstase versetzt, und 20 Dichter haben ihre Bewunderung in hebräischen, spanischen und lateinischen Versen ausgedrückt. Sie sind der ersten Ausgabe vorgedruckt. Es waren: 1. der Rabbiner Isaak Aboab; 2. Mose Raphael de Aguilar, beide bekannte Persönlichkeiten; 3. Abraham Kohen Pimentel; 4. Mose ben Gideon Abudiente und 5. Gideon ben Mose Abudiente, sein Sohn; 6. Salomo de Oliveyra, ebenfalls bekannt; 7. Samuel Pinto; 8. Daniel Belillos; 9. Isaak Saruk; 10. Elia Leon; 11. Mose Mocato; 12. Isaak Nieto; 13. David ben Aaron Zarphati; 14. Isaak Velosinos und zwei Anonyme — alle diese machten hebräische Verse; 17. Jakob de Pina; 18. der Vielschreiber und Versifikator Daniel de Barrios, diese in spanischen Versen; 19. Daniel Jehuda, ein spanisches und lateinisches Gedicht; 20. Isaak Gomez de Sossa, zwei lateinische Gedichte, ein aus drei Distichen bestehendes und eines von asklepiadäischem Versmaß. Einige von diesen waren Marranen, wie Joseph Penso selbst, und es fragt sich, seit wann sie in Amsterdam als Juden lebten. Dabei können uns einige Momente aus Pensos Biographie dienen.

Daß Joseph Penso ein Marrane war, folgt daraus, daß sein Vater Isaak, dem de Barrios wegen seiner Wohltätigkeit ein Denkmal gesetzt hat (Corona de Ley, p. 8), es gewesen ist. In einem Gedicht sagt er von ihm: im grausigen Kerker hat Isaak Penso mit einem scharfen Knochen wie der große Lope de Vera sich selbst beschnitten und kam, durch die strenge Inquisition gequält, zum Judentum. De los Rios (a. a. O. p. 636) sagt, Joseph de la Vega scheint in Espejo geboren zu sein: J. de la Vega parece que fué natural y oriundo de la villa de Espejo, en el reino de Cordoba. Wenn das richtig ist, so kann es vom Vater zugleich gelten; denn Joseph muß sehr jung nach Amsterdam gekommen sein. Das ergibt sich aus folgenden Momenten. Sein Drama, zwar 1673 gedruckt, war bereits 1667 vollendet; denn das Zensurimprimatur vom Amsterdamer Rabbinat ist datiert 21 do mes do Sebat An. 5428 = 3. Februar 1668. J. Penso war, als er dichtete, noch jung, das heben fast seine sämtlichen Panegyriker hervor; einer derselben, ein Anonymus, sagt, er sei erst 17 Jahre alt gewesen:

מבן שבע עשרה שני חייך
חדש אלי עולם בזיו הופעה.

Nebenher sei erwähnt, daß er auch den Namen Feliz geführt haben muß, wahrscheinlich als Christ; denn viele der genannten Dichter spielten auf diesen seinen Namen an; derselbe Anonymus sagt: יבכל דרכיך תהי מצליח, ein anderer: מצלח, auch lautet das Chronostich auf dem Titelblatt der 1. Aufl.: ויהי ה' את יוסף ויהי איש מצליח; ebenso sagt Daniel Jehuda im lateinischen Distichon:

Foelicis Patris Foelix natus.

War der hebräische Dramatiker jung und Marrane, so muß er sehr jung nach Amsterdam gekommen sein; denn er zeigt sich in diesem Drama als Meister der hebräischen Sprache und bedient sich auch talmudischer Phrasen. Die Rabbiner Isaak Aboab und Sal. Raphael de Aguilar nennen ihn ihren

Schüler: בראות . . . ר׳ יצחק אבוהב . . . יפי המלאכה . . . שחבר . . . תלמידו כהר"ר משה רפאל די אגילאר . . . und von dem letzteren: כה"ר יוסף פינסו לריוסף תלמידו. Er hat wohl die nebenklassige jüdische Schule in Amsterdam besucht, in welcher die beiden Genannten Lehrer für die reifen Klassen waren. Man kann also annehmen, daß Joseph Penso als zehnjähriger Knabe mit seinem Vater nach Amsterdam gekommen ist. Da er bei der Vollendung des Dramas 1667/68, wie gesagt, 17 Jahre alt war, so ist er um 1650 geboren und um 1660 nach Amsterdam gekommen. Wenn de los Rios ihn nach Antwerpen versetzt: J. de la Vega, **rico mercante de Amberes**, so kann er nur später, wohl nach dem Tode des Vaters (1683), dort gewohnt haben. Sein bestes spanisches Poem war: **Rumbos peligrosos**, eine Art versifizierter Novelletten, gedruckt Antwerpen 1684, das ebenfalls im Eingange Enkomien von Freunden und Bewunderern enthält: von Orobio de Castro, dem unvermeidlichen Daniel de Barrios und seinem Sohne Simon de Barrios, aber auch von Antonio del Castillo, Duarte Lopez Rosa, Don Alvaro Diaz und Antonio Fernandez, sämtlich Exchristen, wie de las Rios bemerkt (das. p. 634, N. 3): **todos judaizantes y poetas castellanos.**

Alle diese Dichter, die gewissermaßen um den jüngeren Joseph Penso gravitieren, haben nur ephemere Poesien zutage gefördert, und es lohnt sich nicht, ihre Biographika aus de Barrios' Angaben und den Katalogen zusammenzutragen. — Nur die Latinisten verdienen noch einige Notizen:

1. Isaak Gomez de Sossa. De Barrios nennt ihn in seinem Poetenkatalog (Ende) **famoso poeta latino**, den der jüdische Hofbeamte Manuel de Belmonte zugleich mit dem ehemaligen Mönch und Beichtvater J. de Rocamora zu Preisrichtern für seine Academia poetica ernannt hat. Indessen zeugen seine lateinischen Verse zum Lobe Pensos nicht allzusehr von Eleganz und richtiger Metrizität, allenfalls von Leichtigkeit der Behandlung. Das eine Distichon lautet:

Insigni Poetae Joseph Penso, novae comediae auctori
inter Hebraeos:

Tandem Hebraeae gravi procedit Musa cothurno,
  Primaque Foeliciter pede pandit iter:
Auctor Captivâ Joseph de gente, refulget
  Spes nova, dum sacro carmine scena patet.
Sed qui te celebrem? celebrat sua vena Poetam,
  Et laudes domini concinit ipsa sui.

Das Adverbium **Foeliciter**, welches Delitzsch mißverstanden hat, ist eine Anspielung auf J. Pensos Vornamen **Feliz** und **captiva . . . de gente . . . spes** auf den hebräischen Titel אסירי התקוה. — Das zweite Gedicht lautet:

Eidem: Hebraeum nitido novus poeta
Doctis carmine Drama dat legendum;
Cujus sit petis? ipse rex bicollis
Parnassi incola, jurat esse Pensi.

Applaudit J. G. Sossa.

Auch hier bekundet Sossa die Sucht nach Anspielungen. **Pensi** als Eigenname des hebräischen Dramatikers und **pensum, pensi** Wert.

Derselbe hat übrigens auch ein lateinisches Epigramm zum Lobe der spanischen Psalmenübersetzung von Jakob Jehuda Leon gedichtet, dessen Anfang lautet:

Vaticini tandem divina Poemata Regis,
Arcanumque potes discere, Ibere, melos.

2. Daniel Jehuda, der als Christ hieß: Nicolas de Oliver y Fullana cavallero Mallorquin, Sargento Mayor en Cataluña, y circuncidado Colonel de Infanteria en Hollanda contra Francia (de Barrios, Poetenkatalog, p. 58. [Vgl. Kayserling a. a. O. S. 79]). Weiter sagt derselbe von ihm: „Er ist heute (d. h. um 1683) Kosmograph der katholischen Majestät, Autor der ausgezeichneten Bücher über Kosmographie und Gatte der schönen und gebildeten Isabel (Rebekka) Correa (in zweiter Ehe).“ Über diese teilte auch de los Rios manches mit. — Sein lateinisches Epigramm: Praeclaro adolescenti J. P., comicorum Hebraeorum antesignano, ist übrigens ziemlich schlecht. Es spielt ebenfalls viel mit dem Worte Penso. — Diesen Kolonel und Dichter Daniel und seinen Leutnant Don Joseph Samech Arias (den Übersetzer von Josephus, Contra Apionem, wovon Auszüge bei Rodriguez de Castro a. a. O. p. 548 [vgl. Kayserling a. a. O. S. 13]), diese beiden hat Penso in seinem Drama namhaft gemacht, neben J. Aboab und de Aguilar (2. Akt, Ende):

תדבק ברב יצחק משוש לבנו
מורי אבואב כל נבוני דעת
. . . .
תדבק ברב משה יקר צשרנו
מלאך רפאל היא להדריכנו
. . . .
לרב כדניאל לבבו סלה
תרא בצמח הצמח בישב

Daniel de Oliver y Fullana und Samech waren wohl seine intimeren Freunde; beide waren um diese Zeit, 1667, bereits in Amsterdam. Von J. S. Arias findet sich übrigens auch eine Dezima in de Barrios' Flor de Apolo, gedruckt 1665.

Zu den genannten neuhebräischen Dichtern lassen sich noch einige hinzuzählen. Zu Leons Psalmenübersetzung hebräische Enkomien von: Josia Pardo [vgl. Kayserling das. 85] und Elia Leon [das. 57] und zerstreut in de Barrios' Schriften von Abraham Lopez Arias [Barrios, Insigne yes. de los Pintos, p. 56], Joseph Franco Serrano [das. 100], David Nuñez. Es sind, wie die Gedichte von Oliveyra in שרשות גבלות, durchweg Gelegenheitsgedichte ohne poetischen Wert. Sie sind meistens nach spanischen Mustern versifiziert, entweder in Sextinen oder Ottave rime oder in Dezimas (Zehnversen) oder endlich in Sonettform. Pensos Drama nimmt sich neben diesen Pfuschereien wirklich wie ein Meisterwerk aus. — Zum Schlusse sei noch erwähnt, daß Pensos letzte Schrift: Ideas posibles de que se compone un curioso ramillete de fragrantes flores, Antwerpen 1692 erschien. Er mag demnach jung gestorben sein. In Italien war er wohl nicht dauernd, sondern nur einmal nach dem Ableben seiner Mutter 1679, die wohl zufällig in Livorno war und dort starb.

2.

Jakob Sasportas und die Texeiras.

Jakob Sasportas war zwar keine glänzende Persönlichkeit, aber da er in einer Zeit der Schwächlinge ein Mann und in mehrere geschichtliche Vorgänge verflochten war, seine Biographie bisher nichts weniger als richtig dargestellt wurde, so verdient er eine monographische Untersuchung.[1] Wolf (Biblioth. III, p. 531) gibt zwar an, Sasportas habe mehreres aus seinem Leben im Vorworte zum Bibelindex für den Jerusalemer Talmud (תולדות יעקב) und in der Approbation zur zweiten Amsterdamer Edition von Isaak Levis פענח רזא von 1697 gegeben. Dem ist aber nicht so, sondern das erste enthält nur allgemeines über Leiden und das letztere fast gar nichts. Die Hauptquellen für Sasportas' Biographie sind seine eigenen Schriften, namentlich seine Responsen אהל יעקב, ferner seine Korrespondenz gegen Sabbataï Zewi (ציצת נובל צבי, Antisabbatiana) und einzelne Notizen von Daniel de Barrios in seinen verschiedenen Schriftchen. — Zunächst etwas über den Namen Sasportas. Er stammt von einem Städtchen, das Seisportas gelautet haben muß. Daher nennt er sich öfter הנודע בשם שערים (Respp. No. 21, 63, Antisabbatiana p. 31 a). Im Verlaufe wurde der Name Seisportas in Sasportas verändert und auch in Saportas und Saporta gekürzt. De Barrios sagt es deutlich (in Historia universal Judayca, p. 17): Alcanzaron los Sasportas que el algunos llaman Saportas. In einem Gedichte J. Sasportas' zur kabbalistischen Schrift היכל קדש lautet das Akrostichon שפורטא.. Daher stammen die Namen Samuel Saporta, Chanoch Saporta, Scaligerana II, p. 548: La famille Saporta de Montpellier, originaire d'Espagne. On les soupçonna de Marranisme.

Die Sasportas waren in Nordafrika sehr angesehen. Jakob Sasportas gibt selbst an, er stamme von Nachmani im elften Gliede ab (Respp. No. 24

[1] [In dem der Bibliothek des jüdisch-theologischen Seminars zu Breslau gehörenden Exemplar der ש"ות אהל יעקב, welches der selige Verfasser bei der Abfassung seiner Geschichte benutzt hat, fehlen, wie D. Simonsen in der Festschrift zum 80. Geburtstag M. Steinschneiders, S. 168, richtig hervorhebt, vier unpaginierte Blätter der Einleitung, auf welchen Aharon, der Sohn Jakob Sasportas', einen Abriß des Lebens seines Vaters gibt. Nach den Mitteilungen, die Sam. Wiener aus diesem Vorwort (in der Zeitschrift המליץ, Jahrg. 1894, Nr. 203 und 245) gemacht hat, gebe ich hier in Kürze die erforderlichen Berichtigungen und Ergänzungen zu dem obigen Texte: Jakob Sasportas wurde 1610 in Oran geboren. Im Alter von 24 Jahren wurde er in Tlemsen, Marokko und Salé Rabbiner. Wegen ihm angedichteter Missetaten ins Gefängnis geworfen, entfloh er und entkam nach Amsterdam, wo er sich 1652 bereits befand. 1659 berief ihn der maurische Fürst Benbuquer nach Afrika zurück, damit er in Spanien Hilfstruppen für ihn erbitte. 1664 wurde er in London Rabbiner und flüchtete von dort 1665 vor der Pest nach Hamburg. Hier blieb er bis 1673 und folgte in diesem Jahre einem Rufe als Rosch-Jeschibah der von den Gebrüdern Pinto gestifteten Lehranstalt Kether-Thora. Von hier ging er 1675 als Dajjan und Rosch-Jeschibah nach Livorno und kehrte 1680 als Rosch-Jeschibah an der Lehranstalt Ez Chajjim nach Amsterdam zurück. Nach dem Tode Isaak Aboabs (27 Adar II 1693) wurde er dann Rabbiner und Moreh Zedek der portugiesischen Gemeinde und starb am 15. April 1698].

gegen Ende): אדוני זקני הרמב"ן ז"ל אשר אני לו י"א דור. Er selbst war aus Oran, wie er sich im Index nennt: יעקב ששפורטש בן אהרון מתושבי עיר אוראן. Sein Geburtsjahr ist weniger bekannt als sein Todesjahr. Das letztere gibt sein Verwandter Salomo Sasportas in einer der Hymnen seines Werkes שש שערים an, nämlich 4. Ijar ד' לחדש זיו שנת בנות, d. h. 1698 [vgl. M. S., XXX, 552]. Sein Geburtsjahr läßt sich nur annäherungsweise aus einigen Momenten seiner Biographie eruieren. Es ist möglich, daß er identisch ist mit dem Jahó Çaportas oder Saportas, welcher mit der Familie Cansino um das Dolmetschamt für die spanische Krone konkurriert hat. Oran gehörte nämlich zu Spanien, und eine Familie Cansino wurde daselbst seit Karl V. vom Vater auf Sohn und Enkel als Dolmetsch für die Mauren besoldet. Im Vorworte zu Mose Almosninos Extremos y Grandezas de Constantinople (mit spanischen Lettern von Jakob Cansino, Madrid 1638 ediert) wird ein Brief des Königs Philipp IV. vom Jahre 1636 mitgeteilt, worin es heißt: die Cansinos haben über 100 Jahre das Dolmetscheramt innegehabt. Nach dem Tode der Aaron Cansino (st. 1633) habe der König Jahó Çaportas damit betraut. Da aber Jakob Cansino, Aarons Bruder, nach Madrid an den Hof gekommen. die Verdienste seiner Vorfahren um die spanische Krone nachgewiesen und petitioniert habe, ihm dieses Amt zu übertragen, habe der König ihn zum Dolmetsch mit 25 Skudos (Taler) monatlichem Gehalt ernannt. Der betreffende Passus lautet: El Rey. Por quando por fallecimiento de Aron Cansino, lingue y interprete, que fu en las plaças de Oran, hizé merced á Jahó Çaportas deste oficio paraque le sirviesse con el sueldo que tenia, y porque Jacob Cansino, hermano del dicho Aron, que con orden mio vieno á este Corte á cosas de mi servicio, me ha representado el derecho que tiene á este oficio por averse continuado en su familia de mas de cien años a este parte successivamente de padres á hijos. Darauf nahm der König Jahó Saportas dieses Amt und übertrug es 1636 auf Jakob Cansino. Gegen die Identität von Çaportas und Sasportas und von Jahó = Jago und Jakob wird man nichts auszusetzen haben. Wenn diese Amtsentsetzung Jakob Sasportas' richtig wäre, ließe sich daraus sein Abgehen von Oran und seine Klage über Unbilden von seiten seiner Stammesgenossen erklären. Im Vorwort zu תולדות יעקב ergießt er sich in Klagen, deren Quintessenz ist: אך כאשר נפלתי לפני בני עולה בעלי בחירה.

Von dem spanischen Oran kam er nämlich nach dem maurischen Tlemsen und war dort Rabbiner, später kam er nach Salé (Antisabbatiana, p. 16 b): החותם . . . וכבר הרים דגלו לרב בקהלות תלמסאן . . . וסאלי; vgl. Respp. No. 1, 8; die Zeit läßt sich nicht bestimmen, wann er das Rabbinat von Tlemsen antrat.

In einem Sendschreiben d. d. Marcheschwan 1668 sagt er, daß er vor 22 Jahren Tlemsen verlassen habe (Antisabbatiana p. 44 b unten): קהלות תלמסאן . . . כי אם יצאתי משם קרוב לכ"ב שנים. Das hieße 1646 oder 1645. Vgl. dagegen Respp. No. 41. [Dort (fol. 45 a) ist vermutlich י"ח שנים . . . יותר מ"ט (statt מ"ט) zu lesen, was, von 1671 an rückwärts gerechnet, richtig an das Jahr 1634 führt].

Von dem Jahre seiner Ordination zum Rabbiner hängt nämlich die Bestimmung seines Geburtsjahres ab. Denn in Respp. No. 24 in der Zurechtweisung gegen den Altonaer Rabbiner Meïr bemerkt er, er sei als

24jähriger zum Rabbinen über eine große Gemeinde ernannt worden, worunter sicher Tlemsen zu verstehen ist: כי אמנם אנכי בן נ"ד (l. כ"ד) שנים שקלית רשותא מראשי גלותא לומר יורה יורה וכו׳ ובי הוינא זוטרא הוינא קשישא ומומחה לרבים ומורה צדק לששה קהלות בעיר גדולה של חכמים וסופרים וכל גלילותיה נכספים לי והייתי מלך במחוז מערב. (Man muß nämlich statt der übertriebenen Zahl 54 lesen: 24. Vgl. auch Nr. 71). Wenn er demnach um 1642 zuerst fungiert hat, so wäre er um 1618 geboren und also ungefähr 80 Jahre alt geworden. Diese Zahl dürfte auch der Wahrheit am nächsten kommen. — 1649 war er bereits in Salé. Denn in diesem Jahre wurde er als Gesandter des maurischen Fürsten Benbuquer nach Spanien geschickt, um Hilfstruppen zu erbitten gegen die ihren Fürsten belagernden aufständischen Mauren. Dieses Faktum berichtet de Barrios (a. a. O. p. 15): Jacob Saportas, Cabeça Rabinica de los Judios de Reyno de Tremcen, passó en el año de 1659 por Embiado del Santon Benbuquer que estava cercado en el Castillo de Salé por los de la Ciudad y los Arabes, a pedir socorro a la Reyna Regente de España que se lo concedio por via del duque de Medina Celi. Das Jahr 1659 ist jedenfalls ein Druckfehler, wovon de Barrios' Schriften wimmeln. Denn in diesem Jahre war Sasportas seit mehreren Jahren in Europa, wie sich weiter zeigen wird. Man muß also dafür lesen 1649. Er verließ Salé wegen Kriegsunruhen und Hungersnot (Antisabbatiana p. 27 a): בהיותי בעיר סאלי . . . ובאתי אני לאמשטרדם עם כל בני ביתי מחמת המלחמות והרעב.

In einem Responsum an die Vorsteher der Kether-Thora-Akademie von Amsterdam d. d. Januar 1672 (Nr. 70 תזכה לפק) wegen des Nachhalls des sabbatäischen Schwindels sagte er, er sei vor ungefähr 17 Jahren in ihre Nähe gekommen. בעת בואי למחניכם הקדוש היום כמו ט"ז שנה שנתקבלתי בישיבתכם. Das war 1655. Aber er war schon 1652 in Amsterdam, da er in diesem Jahre den Index תולדות יעקב, verbunden mit A. Pesaros תולדות אהרון druckte, und auch eine Leichenrede auf den Tod des Samuel Mercado, zugleich mit Saul Morteira und anderen, hielt; diese Reden sind 1652 im August gedruckt (Codex Bodl. No. 7100, 2). Auch ein Jahr vorher muß er daselbst gewesen sein. Denn Manasse Ben-Israel vollendete sein נשמת חיים im Kislew 5412 = November-Dezember 1651, Sasportas war Korrektor desselben und hat zum Schluß ein Nachwort geschrieben[1]). Da er noch August 1650 in Salé war (Respp. No. 3: ש׳ ה׳ק׳ד׳ו׳ש ליצירה פה סאלי), so fällt seine Übersiedlung nach Amsterdam zwischen 1650—1651. David Franco Mendes tradiert eine sonst nicht bekannte interessante Notiz[2]) in der hebräischen

[1]) Aus diesem Nachworte erfahren wir etwas mehr von seinen Leiden, als aus der stilistischen Verschwommenheit in der Einleitung zu ת׳ יעקב. Er sagt darin: אי לזאת כאשר רוח סערתו נשאתני בציצת ראשי מארץ מולדתי (אוראן) ותשליכני באחת הגאיות לעיר תלמסאן ומרוב הרפתקי דעדו עלי גליתי מבלי דעת מכל גלילות ערב ועברתי מעברה מעבר לים ובאתי לעיר המהוללה עיר אמשטירדם וכו׳ . . .

[2]) Derselbe Schriftsteller hat noch eine andere Notiz, daß ein Zwist zwischen Manasse Ben-Israel und Saul Morteira ausgebrochen ist (das. p. 168): בשנת ת"ב בערה בינו (בין מ׳ ב׳ ישר׳) ובין חברו . . . שאול לוי מורטירה . . . אש המחלוקת ופרנסי הקהל שמו שלום ביניהם. Auch gegen Sasportas war Morteira unfreundlich und, wie es scheint, hochfahrend, s. dessen Respp. No. 10 und 17.

Biographie Manasse Ben-Israels, Sasportas habe Manasse Ben-Israel nach London begleitet, als dieser wegen Zulassung der Juden unterhandelte (Measef, Jahrg. 1788, p. 169): וילך (מנשה בן ישראל) אליו עם החכם הכולל חברו כמהר"ר יעקב סספורטאס נ"ע. Daraus ließe es sich erklären, daß Sasportas später in London von der neu angesiedelten Gemeinde zum Rabbiner berufen wurde. Denn das Faktum steht fest und läßt einen Rückschluß machen auf die Zeit, wann sich eine Gemeinde in London zusammengefunden hat. Bekanntlich konnte Cromwell 1657 nicht die Zulassung der Juden durchsetzen, und man hat nur eine vage Nachricht, daß Karl II. Juden den Aufenthalt gestattete. Aus biographischen Momenten Sasportas' läßt sich das Jahr fixieren. Denn dieser war 1664 bereits in London. Respp. No. 4 (bis) ist unterzeichnet: החותם בסדר וכתב לה ס' כריתות . . . ובשנת' כ'ד'ת . . . פה לונדריס . . . יעקב ששפורטאש, d. h. Abschnitt כי תצא zwischen 3. bis 8. Elul = Ende August 1664. Die folgenden zwei Respp. an Isaak Nahar sind ebenfalls aus London datiert, aber ohne Jahresangabe. Daß er aber wirklich zum Rabbinen in London erwählt worden ist, teilt er selbst mit (Antisabbatiana p. 4 b). Er beklagt sich nämlich über die Perfidie Isaak Nahars, der ihm abgeraten, das ihm angetragene Livorner Rabbinat anzunehmen, weil er selbst darauf aspiriert habe. Ihm, Sasportas, sei es aber gleichgültig gewesen, da er das Londoner Rabbinat vorgezogen habe: שידע (יצחק נהר) ששלחו אחרי (ק"ק ליוורנו) והוא . . . מיעצני שלא ללכת לשם . . . ובאמת בלתי עצתו לא היה לי חפץ ללכת לשם ואדרבא ישרה בעיני הליכתי ללונדריס שנתקבלתי עליהם לרב עד בא המגפה אשר הוצרכתי לצאת משם וברוך ה' . . . הציל אותי ואת ביתי מתוך ההפכה. (Auch das. 16 b.) Also im Sommer 1664 war er bereits in London und blieb daselbst bis zum Ausbruche der Pest. Diese Seuche, welche 7000 Einwohner hinwegraffte, brach gegen Ende 1665 aus. Um diese Zeit verließ Sasportas mit seiner Familie London. Er war also mindestens einen Teil von 1664 und einen Teil von 1665 dort Rabbiner. Denn beim Eintreffen der ersten Nachrichten von den sabbataischen Bewegungen in Smyrna (Monat Kislew = November 1665) war er bereits in Hamburg (Antisabbatiana, Anfang und p. 7 b).

In Hamburg war Sasportas während der mehrjährigen Wirren des Sabbataïsmus. Rabbiner war er aber daselbst nicht, weil er, wie er selbst sagt, kein Joch tragen mochte, Respp. No. 21 d. d. 1668 gegen den dortigen deutschen Rabbiner: ולא בכבוד דלאו מרי אתרא אני . . . מטעם שלא קניתי אדון לעצמי (auch das. Nr. 41, 70). Aber er hatte so viel Autorität, daß seine von Hamburg aus gesandten fulminanten Briefe gegen Sabb. Zewi mit besonderem Respekt geachtet wurden. In Hamburg vollendete er auch, wie es scheint, seine ausführliche Relation über Entstehung und Verlauf der sabbatianischen Bewegung, die Antisabbatiana ציצת נובל צבי, und zwar im Laufe des Jahres 1673. Ende desselben heißt es von Cardoso: וחשו לדבריו שהבטיחם לסוף שנה זו על כל פנים ושל ראש השנה שנת ה'ת'ל'ד.

Anfangs Winter 1673 war Sasportas bereits wieder in Amsterdam, von wo aus er das Responsum No. 66 an Josua de Silva Rabbiner von London, richtete und sich herb gegen Isaak Aboab, Mose Raphael de Aguilar und noch mehr gegen Benjamin Musaphia ausließ. Von dem letzteren sagte er: כי בבית המדרש נמצא שם הרופא כמוה"רר בנימין מוספיא ובלבל את הכל . . . כאשר זה דרכו ובמשניות חסרי פשט וגרסאות משובשות הנה את לבבם בדברים אשר כל שומעם ימלא שחוק פיו . . ולאיש

אשר קצרה ידיעתו בספרי הפוסקים ... מי יחוש לדבריו ... וגלה חסרון ידיעתו אפילו בפשט ובפירוש המלה ... עד הנשבעתי מחיוב ההוא והלאה שלא אצטריך עצמי בדבר הלכה ... לשאת ולתת עמו ... וזה בזיון אצלי להתוועד עם מי שלא קדמה לו ידיעה בפוסקים. Ende 1674 war er auch noch in Amsterdam und approbierte die jüdisch-deutsche Bibelübersetzung von Jekutiel Blitz. In dieser Zeit war er wohl Vorsteher der Klaus und Prediger in der Akademie der Pintos und der Hermandad תפארת בחורים, wie de Barrios bei der Jesiba de los Pintos bemerkt. Von 1674 bis 1678 findet sich keine Spur von Sasportas. Im letztgenannten Jahre war er bereits in Livorno; Resp. No. 47 ist gerichtet an seinen Jünger David Israel Meldola in Florenz: פה ליוורנו בשנת ה'ל'ח'ת כ"ג אדר. Daselbst war er auch noch 1680 (Nr. 54). Im Jahre 1681 wurde er wieder nach Amsterdam berufen als erster Rabbiner. De Barrios, Arbol de las vidas, p. 65: dexóla (la Presidencia del septimo Medras) en el año de 5441 el sabio Jacob Sasportas; auch an anderen Stellen. Das Resp. No. 55 d. d. שנת א'מ'ת = 1681 ist ausgestellt פה עיר אמשטרדם. Seine Responsen von 1682 bis 1687 sind sämtlich von Amsterdam aus datiert: 1682 (Nr. 57); 1683 (Nr. 75): 1684 (Nr. 65, 67); 1685 (Nr. 76); 1687 (Nr. 64). — In seine Respp. sind zwei aufgenommen, die mit ihnen in gar keiner Verbindung stehen. Nr. 77 ist eine Bittschrift des Restes der Wiener Gemeinde an Isaak Senhor Texeira, seinen Einfluß bei den Großen zu verwenden, um die Ausweisung der Juden aus Wien rückgängig zu machen. כתב שכתבו ק"ק ווינא לכהר' יצחק סיניור טיגירה על גזרת גירוש שנגזרה עליהם מהקיסר על ידי הקסרית אשתו שהקונפיסור שלה פתה והסית אותה על כך ובאמה בתה. כמו שעשתה אמה המלכה של ספרד שגרשה ק"ק אוראן אשר הנם היום בממשלת סאבוייה בניסא ובבילא פראנקה מחלים פניו של הגביר הנז' שיכתוב כתבים לגדולי המלכות לפריס בעדם בתוך זה הזמן של ג' חדשים שנקצב להם מהקיסר. Diese Bittschrift ist datiert 2. Nisan 1670. Nr. 78 ist das Antwortschreiben Texeiras an die Wiener Gemeinde, datiert 12. Ijar d. J. Stilisiert hat es Sasportas, wie auch die Überschrift lautet: זאת תשובתו של הגביר הנ"ל על ידי הרב המחבר. Es scheint demnach, daß Sasportas in Hamburg von Texeira subventioniert wurde. Dafür spricht auch seine Angabe in Antisabbatiana p. 4 a: והלכתי לישיבה בבית הגביר כהר' יצחק שיניאור טיגירה, woraus hervorgeht, daß er zu der von Texeira unterhaltenen Talmud-Thora-Klaus gehörte. — Dieses führt uns zu einer Untersuchung über Texeira.

Abraham Diego Texeira und Manuel Isaak Texeira.

Es wird gewöhnlich angenommen, daß ein Jude portugiesisch-marranischer Abkunft namens Texeira in Hamburg eine große Rolle spielte und Resident der Königin Christine von Schweden war. Hauptquelle dafür ist Mémoires concernant Christine, reine de Suède (anonym, aber von J. Arkenholz). Kayserling hat eine Biographie Texeiras geschrieben (in J. Wertheimers Jahrbuch für 1860—1861), aber es ist manches daran zu berichtigen und zu ergänzen. Vor allem muß man zwei dieses Namens auseinanderhalten, Vater und Sohn. Der Vater, Diego Texeira de Mattos, hat für die Juden von Friedrich III. von Dänemark Freiheiten erwirkt, Urkunde d. d. 19. Januar 1657 (bei Kœnen, Geschiedenis der Joden in Nederland, p. 430)

Er stand ferner in Beziehung zur Königin Christine und erhielt ein Privilegium von Kaiser Ferdinand III. Die Königin von Schweden schrieb über ihn an den Kaiser Leopold I. 1660 (bei Arkenholz III, p. 228): E degno di tal riflessione il buon servizio, che mi rende da molti anni Diego Theixera ed Emanuel suo figliuolo nelle occorrenze di mei interessi. Il sudetto Diego, come vestra majestà potrà . . . vedere nell' anesso memoriale, vien disturbato per gli atti della Cancellaria Imperiale dal possesso della grazia fattagli già nell' expressa causa dalla felice memoria dell' Imperatore Padre di v. m. procuratogli dal conte Montecuculi. Von diesem Diego Texeira schreibt J. Wolf im Nachtrage zu Wertheims Jahrbuch S. 13: „Die Familie Texeira hatte ursprünglich das Prädikat Sampayo und Dom, und zwar war es ein portugiesischer Adelstitel. Philipp IV. von Spanien bestimmte, daß das Wappen der Sampayo auch in das Wappenregister von Spanien aufgenommen werde (3. März 1643), und galt diese Begünstigung dem Vater des Don Manuel, Don Diego, königlichem Residenten in Flandern." Es war ohne Zweifel Diego, von dem Schuppius erzählt, er sei in Hamburg in einem fürstlichen Wagen mit Livreebedienten gefahren, woran dieser Fromme soviel Ärgernis genommen (Schudt, Merkw. I, S. 275): „Vermutlich dieses Manuel Texeira Vater" (der alte Texeira). Diego Texeira muß demnach zwischen 1643 und 1660 zum Judentume zurückgekehrt sein. Es geschah im Alter von 70 Jahren, wie Schudt (das. S. 144) berichtet: „Wie sich denn des reichen hamburgischen Juden Texeira Vater, ein Mann von 70 Jahren, noch erst beschneiden ließ und darüber fast gestorben wäre." Wie aus dem zitierten Schreiben Christinens an den Kaiser hervorgeht, hatte die kaiserliche Kanzlei Diego und seinem Sohne einen Paß versagt, wahrscheinlich weil sie, oberflächlich betrachtet, Relapsi waren. Die schwedische Königin bat daher, daß der Kaiser ihnen gestatten möge, überallhin zu reisen: e sia loro lecito di caminare liberamente ove gli occorrerà per tutto l'Imperio. Wenn berichtet wird, daß Christine nach ihrer Abdankung in Hamburg in Texeiras Haus eingekehrt ist, und daß der spanische Gesandte Pimentel, derselbe, der sie zum Katholizismus gebracht hat, ihn derselben empfohlen hat, so gilt das von Diego Texeira (Arkenholz I, p. 450, IV, p. 264): qu'elle (la reine) s'y logea chez le riche juif Texeira.

Erst vom Jahre 1661 tritt Manuel Texeira, der Sohn, mit ihr in Verbindung; das. (II, p. 61 f.) ist der Vertrag mitgeteilt, den er mit ihr geschlossen hat, um ihr Vorschüsse auf ihre von Schweden zu beziehende Apanage zu machen. Das. p. 87 f. beklagt sie sich 1663 über den Senat in Hamburg, daß er es an schuldigem Respekt gegen M. Texeira fehlen lasse. Hier nennt sie ihn ihren Residenten. J'ai été fort surprise d'apprendre le procédé dont vous avez usé envers mon Résident le Don Manoel Texeira. Il est mon Ministre. Je n'exige de vous que le respect qui m'est dû en la personne de mon ministre. Der Senat hatte ihm nämlich das Ehrenwort abgenommen, Hamburg nicht ohne seine Einwilligung zu verlassen. Diese Streitsache hängt wahrscheinlich mit dem Synagogenbau in Hamburg zusammen, den die Geistlichkeit verhindern wollte. Texeira mag nun gedroht haben, im Falle, daß dem Bau Hindernisse in den Weg gelegt würden, die Stadt zu verlassen und seine Reichtümer anders wohin zu tragen (s. Reils, Zeitschrift des Vereins für Hamburgische Geschichte II, S. 410 f.). So oft also von einem

Residenten Texeira die Rede ist, so kann kein anderer darunter verstanden werden, als Manuel Texeira. Aber diesen Namen führte er nur bei Christen, es war sein aus Spanien oder Portugal mitgebrachter Name. Als Jude hieß er Isaak Texeira, auch Isaak Senjor Texeira. Wir haben diesen Namen in dem Sendschreiben der Wiener Gemeinde an ihn gefunden. Der hebräische Übersetzer von Manasse Ben-Israels מקוה ישראל bemerkt über ihn (p. 56 b): וגם ידוע מהכבוד הגדול אשר היה להשר ואדון יצחק טישיירא ז"ל בק"ק האמבורג שכל פיו יצאו כל עסקי המלך שווידא (soll wohl heißen: המלכה שווידא). De Barrios nennt ihn bald Manuel Teyxeyra, Residente de la inclita Reyna de Suecia en Hamburg, bald á la muy noble señora Doña Hester Senior Teixeyra, dignissima consorte del señor Ishak Senjor Teixeyra, Residente de la Reyna de Suecia. Bei der Feier der Verbindung seiner Tochter Sara mit Abr. Suasso nennt er ihn ebenfalls Ishac Senior Texeira. [Auch auf seinem Grabstein heißt er Yshack Haim Çeñor Teixeira. Vgl. Kaufmann, Die letzte Vertreibung der Juden aus Wien und Nieder-Österreich, S. 129 f., 133 f.]. Jehuda Leon dedizierte seine Psalmenübersetzung All illustr. Señor Ishac Senior Teixeyra, Residente ... de la Reyna de Suecia. In dieser Dedikation nennt er: Abraham Senior Teixeyra su dignissimo padre. Diego hat demnach den jüdischen Namen Abraham angenommen. Man hat gar keinen Anhaltspunkt dafür, zwei Residenten der Königin Christine in Hamburg anzunehmen, sondern Manuel oder Isaak Texeira war es allein, sein Vater war nicht Resident.

Die Beziehungen M. Texeiras zu Christine waren vielerlei Art. Er war ihr Bankier, Ratgeber und Vertrauter. Sie wechselte Briefe mit ihm über die europäische haute politique, weil sie ihn für klug und zuverlässig hielt. Das alles ist bei Arkenholz nachzulesen. Bei ihrer zweiten Rückkehr aus Rom, als sie wieder auf die schwedische Krone spekulierte, wohnte sie im Hause ihres Residenten vom August 1666 bis April 1667, worüber die protestantischen Zionswächter ein Zetergeschrei erhoben. (Schudt I, d. 374). Auch die Kurfürstin von Sachsen hat in seinem Hause gewohnt. (Respp. Sasportas Nr. 78, Texeiras Schreiben): גם כתבתי לדוכסית של . . . סאקסוניא אשר לי ידידת צמח ונתאכסנה בביתי (Schudt das.). — Was er für seine Stammesgenossen getan, ist nicht besonders bekannt. Eine talmudische Jesiba hat er unterhalten und wohl Sasportas dabei angestellt. Bei dem Hilferuf der Wiener Gemeinde wendete er sich an seine einflußreichen christlichen Bekannten, die Ausweisung zu hintertreiben, an spanische Granden (לגדולי ספרד) — merkwürdig, ein abtrünniger Marrane, ein Jude gewordener Edelmann, stand noch mit dem hohen spanischen Adel in Verbindung! — an den Grafen Montecuculi — קונדי מונטיקוקולי — österreichischen Gesandten in Schweden, bei Christine in Gunst, der den Texeiras Gunst erwiesen hat — und endlich an den Kardinal Azzolino (קרדינאל אזולינו), einen Intimus Christinens. Daß er sich bei der schwedischen Exkönigin für die Juden Wiens verwendet hat, versteht sich von selbst. Nebenher sei noch bemerkt, daß Christine Manuel Texeiras Sohn, ebenfalls Diego genannt, zu ihrem Edelmann, Gentil-hombre, gemacht hat (de Barrios). Sein zweiter Sohn hieß Benjamin, und beide haben Hamburg mit Holland vertauscht (Arkenholz II, p. 230, Note).

3.

Sabbataï Zewi, sein Anhang und seine Lehre.

Unter den vielen Pseudomessiassen, welche seit der Römerherrschaft bis ins 17. Jahrhundert aufgetreten sind, hat keiner so viele authentische Quellenschriften über sein Leben und die durch ihn hervorgerufene Bewegung veranlaßt, als der letzte derselben aus Smyrna. Kein Wunder. Sabbataï Zewi trat am hellen Tage der Geschichte auf, als durch die entwickelte Verbindung zwischen den verschiedenen Erdteilen die Vorgänge nicht in ihrer Geburtsstätte isoliert blieben, sondern weithin schallten. Es gab bereits eine geschäftige Presse, welche Kuriositäten schnell verbreitete. Nicht bloß christliche, sondern auch türkische Geschichtsschreiber haben Sabbataï Zewi in ihren Annalen einen Platz angewiesen (bei von Hammer IV, p. 184, Note). Trotz der Überfülle von Quellen ist indes vieles an seiner Erscheinung noch dunkel oder noch gar nicht ans Tageslicht gebracht worden. Ja selbst sein Geburtsjahr und sein Lebensalter sind von manchen irrtümlich aufgestellt worden, und überhaupt hat sich eine ernste Kritik noch nicht an diese Erscheinung gemacht. Was Peter Beer und Jost über diese Bewegung geschrieben haben, ist gar nicht zu gebrauchen. In seiner großen Geschichte hat Jost wenigstens das Geburtsjahr von Sabbataï Zewi, 1626, richtig angegeben. Unglücklicherweise fiel ihm später ein Machwerk in die Hände כפיר מאורעות צבי oder חלומות (zuerst 1804 in Lemberg gedruckt), welches S. Zewis Geburtsjahr 1641 ansetzt. Daran hielt sich Jost in seiner dreibändigen Geschichte des Judentums und hat mit diesem Irrtum auch andere irre geführt. Horschetzkys biographische Skizze von Sabb. Zewi (Zeit. des Judentums, Jahrgang 1838, Nr. 129 f.) hat kaum die Umrisse gezeichnet, und zwar nur nach einer einzigen Quelle. Durch kritische Vergleichung aller vorhandenen Quellen kann erst der wahre Sachverhalt konstatiert werden, was bei mystischen Bewegungen um so unerläßlicher wird, als gerade hier Visionen und Schwindeleien häufiger als Tatsachen auftreten.

Um eine gewisse Ordnung in die Sichtung der Quellen zu bringen und ihren Wert zu beurteilen, führe ich sie in drei Rubriken auf:

1. Christliche Nachrichten,
2. Jüdische Quellen, von Sabbataïs Anhängern,
3. Gegnerische, antisabbatianische Quellen.

I. Christliche Quellen.

Die ausführlichste und authentischste ist die des englischen Gesandtschaftssekretärs und Konsuls John Ricaut, welcher gerade in dieser Zeit in der Türkei und in Smyrna, dem Hauptschauplatz S. Zewis, lebte. Er hat über diese Bewegung nach England berichtet und später in seiner History of the empire ottoman (London 1677) ihr ein ganzes Kapitel gewidmet. Das englische Original ist selten geworden, es gibt aber davon eine treue französische Übersetzung: Histoire de l'emp. Ottoman (Haag 1709), auch deutsch in (Hosmans) neu eröffneter ottomanischer Pforte II, S. 104. In der französischen Übersetzung Ricauts findet sich das hierher Gehörige B. II, S. 169 unter einer eigenen Überschrift: „Histoire de Sabatai Sevi pour Messie des Juifs."

Ricaut sagt im Eingange: Comme la vie de Sabatai Sevi a fait de bruit dans le monde et que les choses qu'elle contient se sont passées principalement en Turquie, ce ne sera pas nous éloigner trop de notre sujet que de dire quelque chose de cet imposteur. Je sçay bien que son histoire est déjà publique. · Mais puis qu'elle vient de ma plume, on ne trouvera pas mauvais, que je la reclame icy pour la joindre à la histoire générale. A ce que l'on sçait déjà je joindray des choses particulières et qui ne sont pas encore connues. Enfin je pousseray cette relation jusqu'à la mort de celuy qui en fait le sujet.

Das Plagiat, worauf Ricaut hier anspielt, betrifft ein Werk, welches bis jetzt als die einzige christliche Originalquelle angesehen wurde. Ricauts Berichte nach England über die Aufregung der Juden hatte nämlich ein Geistlicher namens Evelin benutzt und in derselben Redaktion wiedergegeben in einer Schrift The history of the three impostors (1669), auch in deutscher Sprache in demselben Jahre erschienen: Historia de tribus impostoribus (auch aufgenommen in Pantheon Anabaptisticum, und als besonderer Abdruck in Folio, Die Historie von Sabbataï Zevi, Frankfurt a. M. 1707). Auch was in dem Buche Two Journeys to Jerusalem (London 1680) von the counterfeit messiah at Smyrna erzählt wird, stammt aus dieser Quelle. Aus ihr sind auch die Notizen in der witzig sein sollenden Schrift entnommen: Kurieuse Nachrichten aus dem Reich der Beschnittenen, I. T., ein Dialog zwischen S. Zewi und dem Württemberger Hofagenten Joseph Süß Oppenheimer (Frankfurt und Leipzig, 1738). Ferner, was Carl Anton mitgeteilt hat als Prodromus zu Jonathan Eibeschütz' Apologie: Kurze Nachrichten von Sab. Zebhi (Wolfenbüttel 1752), ferner was Marquis d'Argent über ihn berichtet hat in Lettres Juives (T. II. B., No. 52) und endlich was Niebuhr kurz erwähnt (Deutsches Museum, 1784, 2. B., S. 11 f.).

2. Graf Gautier de Leslie, österreichischer Gesandter an der Pforte, war gerade in dieser Zeit (Mai 1665 bis März 1666) auf seiner Reise nach der Türkei und berichtet manches, wenn auch nicht viel von diesen Aufsehen erregenden Vorgängen, abgedruckt in Briot, histoire de l'état présent de l'empire ottoman, partie seconde: l'embassade à la porte, p. 163 f.

3. Bericht eines holländischen Kaufmanns aus Smyrna an einen Freund in Amsterdam, mitgeteilt in Theatrum Europaeum, T. X., p. 438 f. Dieser Bericht ist datiert vom 2. April 1666, also noch vor der Katastrophe seines Übertritts. Dem ist daselbst eine andere Erzählung angehängt, wohl des Herausgebers (Wolfgang Jakob Geiger) aus anderweitig zusammengetragenen Nachrichten, die mehr die Wirkungen betreffen, welche die sabbatianische Bewegung unter den Juden und Christen Europas hervorgerufen hat.

4. Langer Bericht eines holländischen Geistlichen der protestantischen Kirche in Smyrna, Thomas Coenen, d. d. 25. Mai 1667. Er hat ihn auf Verlangen von Freunden der Gelehrsamkeit und namentlich des auf Bekehrung der Juden lüsternen Hoornbeek geschrieben, gedruckt Amsterdam 1669 unter einem langen Titel: Idele Verwachting der Joden, getoont in der Persoon van Sabbathai Zevi ... ofte historisch Verhael ... 140 Duodezseiten. Das Buch ist selten und ist mit der folgenden Nummer verwechselt worden. Coenen lebte, wie gesagt, in Smyrna, beobachtete alle Vorgänge und hatte eine Unterredung mit Sabbataïs Brüdern, welche Sensale eines holländischen Hauses waren (p. 78) und auch mit Nathan Ghazati (p. 139). Indessen ist

er nur für die Vorfälle in Smyrna klassisch, was außerhalb vorging, hatte er nur vom Hörensagen. Auch sein Bericht ist vielfach benutzt worden.

5. Anonymer Bericht einer gelehrten Person, überschickt aus Galata, ins Holländische übersetzt unter dem Titel: Beschrivinge van Leven en Bedryf mitsgaders het Turck worden van den gepretendeerten Joodsen Messias, Harlem 1667, 24 Oktavseiten. Dieser Bericht hat nur Wichtigkeit für die Vorgänge in Konstantinopel während Sabbataïs Gefangenschaft daselbst und im Dardanellenschloß, was er auch ausführlicher als alle übrigen Quellen gibt.

6. Der französische Gesandtschaftssekretär de la Croix widmete die letzte Partie seines Mémoire... contenant diverses Relations très curieuses de l'Empire Ottoman (2 Bände, Paris 1684) der Geschichte S. Zewis: Lettre cinquième, histoire de Sabbathai Zevi, prétendu Messie des Juifs (im zweiten Bande). De la Croix kann nur zum Teil als Augenzeuge gelten; denn er kam 1670 nach der Türkei; aber er hat Sabbataï noch predigen gehört (II, p. 259 f.): Je l'ai vu et j'ay assisté à quelques unes de ses prédications. Den größten Teil seiner Relation hatte er aus dem Munde eines apostasierten Sabbatianers (p. 384): Voilà une longue lettre ... que je vous débite partie comme témoin, partie comme les ayant tirés d'un Juif fort habile, qui étoit un de ces sectateurs, lequel l'abandonna au moment qu'il se fit Turc. So ist diese Quelle zum Teil den jüdischen zuzuzählen.

7. Hottinger, Sendbrief I. Das Alles, was von dem neueren Propheten Nathan Sewi und dem aufgeworfenen König der Juden zeithero schargiert worden, ungegründet sei. II. Gleichwohl die Juden Anlaß haben, aus ihren eigenen Schriften sich unterrichten zu lassen. 1666. 4 Thesaurus Hotting. XXX. (29) S. 287—361.

Da diese Relation oder Widerlegung noch Handschrift ist, so kann sie selbstverständlich nur der Vollständigkeit halber hier aufgeführt werden. Tatsächlich neues wird sie wohl nicht viel enthalten, da Hottinger in der Schweiz lebte und wohl nur das berichtet hat, was er von anderen vernommen hatte. Die Schrift gibt indes noch einen Beweis mehr von dem großen Aufsehen, das die sabbatianische Bewegung auch in der Christenheit gemacht hatte.

Alle anderen Bücher, die mehr oder weniger von dem sabbatianischen Schwindel erzählen, haben gar keinen originalen Wert. Die kleine Schrift: Ausführliche Relation von dem neu entstandenen Propheten Nathan Levi, gedruckt 1666, enthält gar nichts von S. Zevi, sondern nur die Aufschneidereien des Pseudopropheten Nathan. Bemerkenswert ist der Schluß des christlichen Autors oder Referenten: „Was nun hiervon zu halten, ist Gott am Besten bewußt." — Was Ragstatt de Weile in seiner kleinen antijüdischen Schrift Theatrum lucidum, Amsterdam 1671, referiert, ist entlehnt, mit Ausnahme des Wenigen, was er über Sabbataïs polnische Frau erzählt. Aus dieser Sekundärquelle ist wiederum entlehnt, was v. Lent im Schediasma de Pseudomessiis berichtet. Der Bericht des preußischen Historiographen Jean Baptiste de Roccoles: Les imposteurs insignes (Amsterdam 1683, auch in deutscher Übersetzung) ist ebensowenig Original. Der Verfasser sagt im Eingange: Deux Relations assez différentes, l'une flamande, qui m'a paru la plus curieuse et une française beaucoup plus ample, m'ont appris les actions ... de ce faux Messie, desquelles j'emprunterai cette narration. Seine holländische Quelle war Coenen. Die italienische Schrift

C. Alfano, R. Sabatai overo il finto Messia degli Hebrei, Viterbo 1666, welche Imbonato und Wolf zitieren, muß so wenig enthalten haben, daß sie Bartolocci (Bibliotheca magna Rabbinica IV, p. 48—50) bei der langen Erzählung von S. Z. nicht einmal erwähnt, sich vielmehr auf eine Sekundärquelle, auf v. Lents Schediasma verlassen hat[1]).

II. Sabbatianische Quellen.

Ausführliche und beglaubigte Berichte von sabbatianischer Seite gibt es fast gar nicht. Die Sabbatianer scheinen nicht genug Talent für die Komposition eines Evangeliums besessen zu haben. Es gibt nur Surrogate dafür.

1. Abraham Cuenqui, ein gefeierter Kabbalist und Sendbote aus Hebron, welcher Reisen in Deutschland und Polen gemacht hat, Verfasser von drei Schriften kabbalistischer Schriftdeutung: אבק דרכים, ferner אבק סופרים und מנחת קנאות (Asulaï II, s. v.)[2]) war ein Kryptosabbatianer. Auf Verlangen eines Gesinnungsgenossen in Frankfurt a. M. zeichnete er um 1689 seine Jugenderinnerungen über S. Zewi, den er in Hebron gesehen, auf. Jakob Emden hat diese Relation in seinen תורת הקנאות unter dem Titel טופס שלישי oder נוסח שלישי, p. 16—21 aufgenommen. Durch Unvorsichtigkeit sind aber in der Hschr. dieser Denkwürdigkeiten einige Blätter teilweise verbrannt, so daß der Zusammenhang öfter unterbrochen ist. Diese Relation ist voll von Abenteuerlichkeiten und Wundern.

2. Baruch d'Arezzo. Eine fließend geschriebene Geschichte des Sabbatianismus unter dem Titel זכרון לבני ישראל von geringem Umfange, handschriftlich in der Michaelschen Sammlung Nr. 836: זכרון וכו' מעשה שבתי צבי וירוסה בן צ״ר, in der Günzburgschen Handschriftensammlung (defekt) und in der Almanzischen Bibliothek Nr. 204. In dieser Handschrift allein ist der Name des Autors genannt: לר' ברוך מארצו, Baruch d'Arezzo. Allzu zuverlässig ist diese Quelle keineswegs; der Verfasser erweist sich als ein eifriger Anhänger des Pseudomessias, glaubte an alle Wundermären und stand dem Schauplatze fern. Nur wo sie mit anderen Quellen übereinstimmt, oder wo sie Nachteiliges von ihrem Heros tradiert, ist sie zu gebrauchen.

3. Sendschreiben eines anonymen Sabbatianers an einen Samuel de Pagas, erst jüngst aus einer Wiener Handschrift ediert von N. Brüll (in der hebräischen Zeitschrift von Weiße בית המדרש, Jahrg. 1865, p. 64 ff. und p. 100) unter dem Titel: הכתב, oder מכתב בענין סוד האלהות. Der Herausgeber hat den Inhalt verkannt und ihn als eine Polemik gegen die Sabbatianer betrachtet, während er eine Apologie für S. Zewi ist. Dieses Sendschreiben hat Abraham Michael Cardoso zum Verfasser, wie weiter unten (Note 4) nachgewiesen ist. Es enthält zwar nicht viel Geschichtliches, aber es ist von großer Wichtigkeit für die Erkenntnis der sabbatianischen Theorie, von der man bisher keine Ahnung hatte. Auch das Treiben seiner Jünger und Anhänger wird durch diese Schrift erst recht klar.

[1]) Die Schrift von Buchenröden, Michael (Superintendent zu Heidelberg), Weiland Messiaspost oder Widerlegung des Gedichtes vom neuesten Messia der Juden und seinem Propheten, Nürnberg 1666, ist mir nicht zu Händen gekommen.

[2]) Asulaï II, s. v. אבק דרכים erzählt, er habe Cuenquis Bericht über dessen zwei Reisen als Sendbote handschriftlich gesehen.

4. Einige handschriftliche Piecen, die ich der Güte des gründlichen Kenners der jüdischen Literatur S. J. Halberstamm in Bielitz verdanke, der sie mir mit seltener Freundlichkeit offeriert und zur Benutzung überlassen hat. Ich bezeichne diesen Kodex durch Ms. Halberstamm A. (zum Unterschiede von einem zweiten über Chajon und andere sabbatianische Sektierer, Ms. Halberstamm B.). Dieser Kodex (128 Bl., kl. Quart) enthält: a) Sendschreiben an das Smyrnaer Rabbinat vom Jahre 1668; es ist ebenfalls von Abraham Michael Cardoso, einem eingefleischten Sabbatianer (s. Note 4). b) Sabbatianische Apokalypsen von Mardochaï Eisenstadt (s. Note 4). c) רזא דמהימנותא לאמיר"ה, d. h. לאדנינו מלכנו ירום הודו = d. h. S. Zewi, eine wichtige Bekenntnisschrift der Sabbatianer (Bl. 21—24 und wiederholt Bl. 95—99; siehe darüber Note 6). d) Sendschreiben des Pseudopropheten Nathan Ghazati an Raphael Joseph, den jüdischen Finanzminister in Kairo (Bl. 32). e) Fünf mystische Zeugnisse über Sabbataï Zewi כחדותא דמהימנותא vom Jahre 1668 (Bl. 71—74). In der Überschrift heißt es: זה הכתב שבא מארץ רחוקה ולא נודע מי כתבו. Es ist in der Umgebung Sabbataïs geschmiedet worden. Dazu noch ein mystischer Kommentar. f) Eine wichtige untergeschobene Apokalypse über Sabbataïs Messianität (Bl. 78—79), welche Jakob Sasportas zum Teil mitgeteilt hat. g) דרוש התנינים von Nathan Ghazati. h) Ein schlechtes hebräisches kabbalistisches Gedicht von S. Zewi (Bl. 109 b—110); es heißt in der Überschrift: נשלחה מאדונינו לקוסטנטינא ומשם לחלפא ונמצאת מכוונת כאותה שהיה אומר הרב נתן הנביא שלא הראה אותה לשום אדם. i) Ein Sendschreiben des kabbalistischen Rabbiners Benjamin Kohen von Reggio an E. Heschel in Wilna d. d. 1691 mit einer Anfrage, ob die Zeit S. Zewis für die Erlösungszeit zu halten sei (Bl. 110—112). k) Ein tadelndes Schreiben über den Kabbalisten Mose Zacut (Bl. 112—113). l) Ein wichtiges Schreiben Cardosos über S. Zewi (Bl. 113—119). Außerdem finden sich noch darin wertlose kabbalistische Träumereien.

5. Die Günzburgsche Sammlung enthält ebenfalls viele Piecen, teils von Nathan Ghazati, teils von Chajim (Vita) Segre aus Casale, einem der drei Sendboten aus Italien nach Smyrna, die sich von S. Zewis Messianität vergewissern sollten. Obwohl sie unverrichteter Sache und beschämt zurückkehrten, da sie gerade zur Zeit seiner Apostasie in Smyrna angekommen waren, so blieb Ch. Segre (Abbrev. ח"ס = חיים סיגרי) doch heimlich diesem Wahne zugetan. Indessen enthält diese Sammlung, soweit ich sie übersehen konnte, und wie mir der Günzburgische Bibliothekar Senior Sachs versichert, nur wenig Faktisches, meistens nur lurjanisch-sabbatianische Kabbala. Das wenige Faktische gehört der Sabbatianischen Apostelgeschichte an.

III. Gegnerische Schriften.

1. An die Spitze verdient Jakob Sasportas' Bericht gestellt zu werden. Er stand inmitten der Bewegung, nahm aktiv und passiv teil daran, kannte die handelnden Persönlichkeiten und erhielt Originalschreiben von vielen Seiten. Seine Schrift darüber ציצת נובל צבי war ursprünglich sehr weitläufig angelegt und hatte auch die Bewegung nach Sabbataï, die Apostelgeschichte, ausführlich geschildert; aber der erste Herausgeber seiner Responsen, Meldola, der diesen Bericht zum Schluß anhängte, hat ihn, vielfach gekürzt,

unter dem Titel קיצור ציצת נובל צבי 1737 ediert. Dieses Kompendium hat dann Jakob Emden um 1752 zum zweiten Male mit kleinen Notizen ediert. Ich nenne diese Quelle Antisabbatiana. Sasportas' Bericht läßt, was Wahrhaftigkeit und Authentizität betrifft, nichts zu wünschen übrig. Er leidet nur an einem Hauptfehler, an chaotischem Durcheinander.

2. Emanuel Frances in Mantua und Livorno (geb. um 1625, st. nach 1703; s. über ihn Almanzis Biographien p. 291 f. [und die Einleitung zu מתק שפתים, ed. H. Brody, Krakau 1892]) hat eine poetische Satire über Sabbataïs und Nathans Schwindeleien gedichtet unter dem Titel צבי מודח. Diese Satire ist in der Almanzischen Bibliothek und in der Günzburgschen Sammlung handschriftlich enthalten [jetzt nach vier Hdschr. herausgegeben von M. Mortara in קובץ על יד, B. I (1883), S. 101—128. Verff. sind Immanuel und sein Bruder Jakob Frances]. Diese versifizierte Relation enthält aber nur das Allbekannte; einige wenige charakteristische Züge sind in Prosa zu Ende der längeren Gedichte angefügt [das. (S. 133—136) unter dem Titel ספור מעשה שבתי צבי ונתן העזתי בקיצור abgedruckt].

3. Eine Art Zeugenaussage ehemaliger Sabbatianer טופס קבלת עדות בירושלים, abgedruckt in Emdens תורת הקנאות, p. 25a—26, ed. Lemberg 1878, p. 55 f.

4. Kurzer Bericht des Tobia Kohen Rofe in seinem Werke מעשה טוביה I, 6. Derselbe war zwar bei Sabbataïs Auftreten noch jung, aber er hat später in Italien und der Türkei mit vielen Personen verkehrt, die unmittelbare Zeitgenossen waren, und war ein nüchterner und wahrheitsliebender Berichterstatter.

5. Kurzer Bericht eines Italieners, Salomo Korfu, mit den Anfangsworten ואלה תולדות פריץ. Dieser Bericht enthält manches, was in der anderen Quelle nicht erwähnt ist. Rabbiner Dr. N. Brüll in Frankfurt a. M. hat diesen Bericht aus einer Handschrift ediert unter dem Titel תולדות שבתי צבי (Wilna 1879) und mit Anmerkungen versehen. Er hat auch den Namen des Verfs. ermittelt (das. S. 12). Der Bericht scheint erst zur Zeit der Chajonschen Wirren entstanden zu sein, um 1714—1715. Dieser Bericht enthält a) Sabbataïs Biographie (p. 13 f.); b) Schreiben eines Polen, Salomo aus Lublin, eines fanatischen Anhängers Sabbataïs (p. 18 f.); c) Huldigungsschreiben, welches die drei italienischen Gesandten für Sabbataï mitnahmen (p. 20 f.): d) Schreiben an Nathan Ghazati (p. 22 f.)

6. Die beiden ausführlichen Relationen, die Emden an die Spitze seines תורת הקנאות gestellt hat: ספור צידת צבי מודח und נוסח שני, können nicht als Originalberichte gelten, sondern sind aus dem holländischen Bericht von Thomas Coenen (o. S. 429 f.) entlehnt. Die zweite hebräische Relation gibt sich ausdrücklich als Auszug aus הועתק מספר לועז; nur sind die Details, die Coenen gab, weggelassen und die Färbung ist verwischt. Die erste Relation gibt sich zwar als selbständige Arbeit eines Amsterdamers aus, der verschiedene Nachrichten zusammengetragen und auch Partien von Exsabbatianern aufgenommen haben will; allein der Inhalt ist ebenfalls größtenteils Coenen entlehnt.

7. Die Schrift ספור קין חלומות oder מאורעות צבי zähle ich nicht zu den Quellen. Es ist ein erbärmliches Machwerk und enthält lauter Ungereimtheiten, romanhaft zugestutzt. Jost hat sich von diesem Machwerke in der Geschichte des Judentums geradezu narren lassen und dadurch die Leser irregeführt. Auch das Lied von Jakob Tausk, Prag 1666, „vom Maschiach"

in jüdisch-deutschem Jargon ist ganz wertlos. Man sollte doch endlich einmal aufhören, diese und andere Libelle, wie die ausführliche Relation von dem neu entstandenen Propheten (o. S. 430), oder einzelne Flugblätter als wichtige Quellen aufzuführen und Novizen oder Bibliomanen zu mystifizieren.

Aus der kritischen Vergleichung der Angaben in den authentischen Quellen lassen sich die Züge dieser so überraschend um sich greifenden und nachhaltigen sabbatianischen Bewegung und besonders ihr allmähliches Wachstum treu zusammenstellen.

1. Sabbataï Zewis Geburtsjahr. Die meisten der genannten Quellen setzen sein Geburtsjahr ה' שפ"ו = 1626. Die Apokalypse (II, 4 und Sasportas p. 11a) läßt dieses Jahr geradezu verkünden: הנה בן נולד למרדכי צבי בשנת השפ"ו ויקרא שמו שבתאי צבי. Nur hin und wieder hat eine Quelle 1625. Ich bemerke dieses nur, weil Jost sich von dem genannten Machwerke verleiten ließ, dessen Geburtsjahr 1641 anzusetzen. — Der 9. Ab, der Fasttag, galt als sein Geburtstag, bei d'Arezzo und de la Croix: S. S. est né le 9 Juillet 1626. Über seine Jugend, seine Beschäftigung und seinen Hang zum Extravaganten ist Coenen die Hauptquelle, zum Teil auch bei Cuenqui und d'Arezzo.

2. Bedeutung Smyrnas zu seiner Zeit und Stellung seines Vaters. Dafür ist de la Croix' Bericht interessant (II, p. 261): Sultan Ibrahim fut installé au trône, il s'éleva une grande guerre entre cet empereur et la république de Venise, laquelle interrompit le commerce de Constantinople et obligea plusieurs marchands francs de se retirer à Smyrne et d'y transférer leur négoce. Les Juifs, qui estoient alors en petit nombre dans cette ville et fort misérables, s'enrichirent avec ces marchands, entr'autres Mardechai Sevi, lequel attribuant sa fortune et celle des autres Juifs aux mérites et aux prières de son fils (Sabbathai), lui acquit une si grande réputation parmi sa nation, que dès lors tous les Juifs conçurent une singulière vénération pour lui; (das. p. 315): Les Juifs sont l'âme du commerce de cette ville, ils ont entre leurs mains toutes les facultés des Turcs et des étrangers. Wichtig ist auch, was Ricaut von seinem Vater schreibt. Sabbathai Sevi estoit fils d'un Smirnois goutteux et infirme, qui n'avoit point d'autre profession que d'un courtier d'un Marchand anglais de la ville. Ebenso die anonyme Quelle aus Galata (I, 5, p. 462). Er stammte aus Morea, war ursprünglich Federviehverkäufer und später in Smyrna Sensal englischer Kaufleute. Im Hause der Engländer scheinen Vater und Sohn von der Schwärmerei angesteckt zu sein, daß das sogenannte apokalyptische Jahr 1666 ein messianisches Jahr für die Juden werden würde. Ricaut im Anfang der Erzählung: L'année 1666 devoit selon les prédictions de plusieurs Auteurs chrétiens surtout de ceux, qui se mêlent d'expliquer l'Apocalypse, estre une année de miracles et d'étranges révolutions. Elle devoit en particulier estre une année de bénédictions pour les Juifs, dont elle promettoit ou la conversion en la foy chrétienne ou le rétablissement dans la Palestine. Sehr richtig spielt derselbe darauf an, daß dieser Wahn der Christen einen messianischen Enthusiasmus entzündet hat. Des Fanatiques et Enthousiastes, qui ne parloient que d'une cinquième monarchie, de la grandeur prochaine du peuple d'Israel, en furent infatués, que selon les apparences leur entestement donna lieu au mouvement des Juifs.

3. Diese phantastisch-messianische Hoffnung ist niedergelegt in der Schrift: **Rappel des Juifs 1643**, anonym, aber wie Richard Simon bezeugt, von Isaak La-Peyrère; in Heinrich Jesses' **De Herrlichkeit en Heyl van Jehuda en Israel 1653** und in Paul Felgenhauers **Bonum nuntium Israel 1655**. Manasse Ben-Israel schreibt darüber (in einem Briefe an Felgenhauer, zu Ende des Bonum nuntium): Quin et praedicatorum istorum haud contemnendus numerus mihi ipsi per litteras innotuit, quae e diversis mundi partibus ad consolandam Sionem prodierint. Inter alios viros nobilitate et doctrina insignes ... ex Silesia Abraham a Frankenberg, ex Borussia Joh. Mochinger; ex Gallia autorem libelli ... du Rappel des Juifs. Ex Anglia quis non? Nuper auctoritate publica Nathanael Homesius librum ... edidit ... de hac ipsa materia et Dr. H. Jesse belgico idiomate de Gloria Jehuda de Israelis publice dedicavit. — In der Erklärung an Cromwell und das Parlament bemerkte Manasse Ben-Israel ganz ohne Scheu: My second motive is, because the opinion of many Christians and mine do concur herein, that we both believe, that the restoring time of our Nation into their native country is very near at hand. Dieser Punkt muß ins Auge gefaßt werden, wenn man den messianischen Taumel erklärlich finden will, der fast die ganze Judenheit und auch Christen ergriffen hat. Die Juden wußten allerdings nichts von dem Apokalypsenjahre 1666, sie hielten sich vielmehr an das messianische Jahr im Sohar 1648 (I, p. 139 b): דבאלף שתיתאי לזמן ארבע מאות ותנריא שנין ... יהיו קימין כל דיירי עפרון בקיומהון ... והיינו דכתיב בשנת היובל הזא״ת תשובו איש וכו׳ כשישתלם הזא״ת שהוא ה׳ אלפים ות״ח תשובו איש אל אחוזתו ... אל נשמתך. Die Stelle ist wahrscheinlich im Sohar interpoliert; denn Mose de Leon gab eine seiner Zeit näher liegende messianische Zahl an (s. B. VII_4, S. 445); allein sie wurde von den Kabbalisten, d. h. von allen, als echt angesehen, und darum ist das Jahr 1648 mit Spannung erwartet worden. Das messianische Jahr 1666 dagegen ist ohne Zweifel erst aus christlichen Kreisen zu den Juden — oder richtiger zu Sabbataï gedrungen.

4. Sabbataï Zewi hat sich zuerst seinem Kreise 1648 als Messias offenbart, und zwar durch das Aussprechen des Tetragrammaton. Coenen berichtet (p. 14), daß er sich zum zweiten Male in Smyrna 6. Tebet = 14. Dezember 1665, 17 Jahre nach seiner ersten Offenbarung, als Messias erklärt hat, d. h. 1648. Ebenso bemerkt Joseph Levi von Livorno (bei Sasportas, p. 38 a) d. d. 1667, daß es 18 Jahre her sind, seitdem Sabbataï Zewi in Smyrna wegen seiner messianischen Phantasterei zum ersten Male verfolgt worden sei: זה לו י״ח שנה כאשר רדפוהו באזמיר; s. Sasportas p. 2a: והיום כמו עשרים שנה בקירוב שפתח פיו לומר משיחא אנא והגה את ה׳ באותיותיו. Diese 20 Jahre sind von 1668 oder 1669 zurückzurechnen. Auch in Quelle III, 5, S. 13.

5. Seine Anziehungskraft bestand 1. in seiner schönen Gestalt, worin die Quellen übereinstimmen, und auch das vom Editor des Coenenschen Werkes beigefügte Porträt veranschaulicht sie (das zu den verschiedenen Ausgaben der Schrift Liber de tribus impostoribus beigefügte Bildnis ist eine Karikatur); 2. in seinem mystischen Wesen und 3. in seiner angenehmen Singstimme. Er pflegte, was noch nicht bekannt ist, sogenannte mystische Lieder auch in nichthebräischer, d. h. spanischer Sprache zu singen. Nathan Ghazati erzählt

von ihm in דרוש התנינים (Ms. Halberst. A, Bl. 80 v.): ויצל ענינים אלו (סודות) . . . היה משורר אמיר״ה שיר קדש קדשים בלבו. Coenen erzählt noch etwas Frappanteres, daß Sabbataï Zewi ein spanisches Liebeslied zu singen und es auf das Hohelied in mystischer Deutung anzupassen pflegte; p. 37 ist das Lied mitgeteilt: songh hy een Spaensch Liedeken . . .

Opklimmende op een bergh,
En nederdalende in een Valey,
Ontmoette ick Melisselde,
De Dochter van den Keyser,
Dwelque quam uyt de banye,
Van haer de wasschen.
Haer aengesichte was blinkende,
Als een deegen,
Haer oogh-leden als stolen boge,
Haer lippen als coraelen,
Haer Vleesch als Melck etc.

Übersetzung:

„Aufsteigend auf einen Berg und herabsteigend in ein Tal, begegnete ich Melisselde, der Tochter des Kaisers, welche aus dem Bade kam, um ihr Haar zu waschen. Ihr Antlitz war glänzend wie ein Degen, ihr Augenlid wie ein Bogen von Stahl, ihre Lippen wie Korallen und ihr Fleisch wie Milch."

Nicht seine Geistesüberlegenheit, wie gewöhnlich angenommen wird, hat ihm so viele Anhänger verschafft, sondern eine gewisse Grazie seines Wesens, verbunden mit Mystik und Ernst in seiner Jugend. Die holländische Quelle (l. c.) berichtet (p. 6) en de gratie, die hy hadde, om de harten te winnen (und die Grazie, die er hatte, um die Herzen zu gewinnen). Man macht zu viel Wesens mit seinen Anlagen und seinen Kenntnissen. Tatsächlich zeigt sich keine Spur davon; es gibt keine Schrift, deren Autorschaft ihm unbedingt vindiziert werden könnte (vgl. weiter). Auch daß er sich in der Jugend der zwei nacheinander geheirateten Frauen enthalten hat, wie die meisten Quellen berichten, kam ihm zu statten. Seine Anhänger erzählten noch, sein Körper habe einen angenehmen Geruch verbreitet (bei Sasportas und Coenen).

7. Seine ersten Jünger, denen er sich 1648 zuerst offenbarte, waren Mose Pinheiro, Isaak Silveyra und Mose Calmari(?). Cardosos Sendschreiben an Samuel de Pagas (Quelle II. 3, Anf.): חכם . . . משה פיניירו קבל שנת הת״ר בעיר אזמיר מרבו וחביריו סוד האלהות . . . וכמוהו ועמו קבלו משה קאלמארי והחכם שילוירה. Über M. Pinheiro (Sasportas 2b): והגיד לי הזקן כה׳ ידידיה גבאי . . . כי הרב (יוסף איסקפא) החרים אותו (שבתי צבי) ונידה לחביריו ואחד מהם היה החכם כמהור״ר משה פיניירו ואביו שהיו נוטים אחריו . . . ומשה פיניירו בא ללירורנו כמגורש והוא למד אצל שבתאי; (das. p. 38a): איש פתי וסכל שמו משה פיניירו והוא היה מחבירי שבתאי צבי (nebenher sei bemerkt, daß Pinheiro in Livorno Schwager des orthodoxen Kabbalisten Joseph Ergas geworden ist, Einl. zu Respp. דברי יוסף). Silveyra mit dem Vornamen Isaak wird bei Coenen p. 45 als erster Anhänger angeführt unter denen, an welche S. Zewi Kronen verteilt hat. — Diesen und anderen Jüngern, die zu ihm, wie zu einem höheren Wesen hinaufblickten, offenbarte er sich zuerst 1648 als Messias und sprach das Tetragrammaton aus, wie es die Quelle

bei J. Emden, p. 2a richtig angibt. Coenen berichtet, er hätte noch dazu den Vers: אעלה על במתי עב אדמה לעליון; im Munde geführt. Anderen blieb seine Offenbarung geheim. Aus der oben zitierten Angabe von Cardoso ergibt sich, daß er noch mit Pinheiro 1650 in Smyrna war. Erst später ist sein Treiben mehreren und auch dem Rabbiner Joseph Escafa zu Ohren gekommen, und damit begann seine Verfolgung. Worin diese bestand, ist nicht ganz klar. Coenen berichtet, Escafa habe geraten ihn zu töten, niemand habe aber gewagt, Hand an ihn zu legen; darauf sei er verbannt worden und habe die Reise nach Salonichi angetreten (p. 8). De la Croix ein wenig verschieden: il osa prononcer le nom de Dieu ... cette témérité étonna si fort tous les Rabbins, que l'on lui fit commander de se transporter à Constantinople pour rendre raison de ses actions au tribunal supérieur et recevoir la punition de son crime. Sevi résolut ... de se retirer à Salonique. Cuenqui und d'Arezzo, die Sabbatianer, wollen nichts von Sabbataïs Verbannung aus Smyrna wissen, sondern stellen es so dar, als habe er sich freiwillig direkt aus Smyrna nach Jerusalem begeben, was aber falsch ist. Denn die meisten Quellen lassen ihn von Smyrna nach Salonichi gehen, die holländische Quelle (I. 5, p. 462) fixiert das Datum auf 1654, die Quelle im Theatrum Europaeum dagegen: ungefähr vor 15 Jahren von hier (Smyrna) verjagt worden; das wäre 1666 — 15 = um 1651.

7. Von seinem Aufenthalt in Salonichi erzählt de la Croix (p. 267) eine schnurrige Geschichte: Il fit assembler tous les principaux Rabbins ... auxquels il fit un festin magnifique; au milieu du repas il demanda les livres de l'écriture sainte et fit venir des prestres ... il leur commanda de faire la cérémonie du mariage ... Sevi leur dit, que la sainte écriture est l'épouse de ceux, qui aiment la vérité, et que c'étoit pour solemniser les épousailles, qu'il les avoit conviés. Diese Schnurre paßt sehr gut zu seinen mystischen Torheiten. Wie lange er sich in Salonichi aufgehalten, und wohin er sich von da begeben hat, darüber differieren die Quellen. Ricaut (p. 172): Il passa (de Salonique) d'abord en Morée, de là à Tripolis de Syrie, ensuite à Gaza et enfin à Jerusalem; Coenen (p. 10, 11): von Salonichi nach Athen, nach Morea, von Griechenland verjagt, nach Alexandrien, nach Gaza ... Eine andere Route geben de la Croix und der holländische Bericht aus Galata an. Der erstere (p. 268): von Salonichi Rückkehr nach Smyrna, von da nach Konstantinopel, wo er einen Humbug mit einem Fische getrieben hatte, den er wie ein Kind in eine Wiege gelegt mit der Angabe, Israel werde unter dem Zodiakalzeichen der Fische erlöst werden; dort von den Rabbinern gezüchtigt, habe er sich mit einem Rabbiner Elia Carcadchioné und einem jerusalemischen Sendboten David Capio verbunden. Zuletzt aus Konstantinopel gewiesen, sei er vor 1659 (nämlich vor dem Brande) zum zweiten Male nach Smyrna zurückgekehrt und bis 1662 daselbst geblieben, bis er sich freiwillig nach Jerusalem begeben, wo er drei Jahre geweilt habe. Ähnlich die zweite Quelle (p. 7): von Thessalonica habe er die vornehmsten Städte Griechenlands besucht, dann sich nach Konstantinopel 1658 begeben, darauf Rückkehr nach Smyrna, von da nach Kairo, wo er zwei Jahre geweilt. Ganz anders die deutsche Quelle (im Theatr. Europ.): von Smyrna nach Konstantinopel, von da nach Salonichi; wie er sich da aber nicht sicher gefunden, sei er weiter nach Kairo entflohen, daselbst seien der Sultan und der Oberzöllner beide seine guten Freunde gewesen, bei denen er sich

aufgehalten, bis er endlich über Gaza nach Jerusalem gekommen sei. Die Verschiedenheit liegt in dem Wirrwarr der späteren Nachrichten über seine Wanderungen. Sicher ist wohl, daß er sich zuerst nach Salonichi, der Kabbalistenstadt par excellence, dann nach Konstantinopel und endlich über Athen, Morea nach Alexandrien und Kairo begeben hat. Daß er nach Smyrna zurückgekehrt sei (und gar zweimal) ist unwahrscheinlich, da er dort unter dem Bann lag. Falls es geschehen ist, kann es nur heimlich gewesen sein.

8. Wichtig ist nur sein Aufenthalt in Konstantinopel und Kairo. In der ersteren Stadt machte er Bekanntschaft mit einem Manne, der seine Mystifikationen sehr förderte, mit Abraham Hajachini oder Jachini. In dem Katalog seiner Anhänger bei Coenen (p. 45 und auch in einigen Sekundärquellen) ist nächst Silveyra aufgeführt, Abraham Ajakhimi (l. Ajakhini), den er zum König Salomo erkoren hat. Wie Sasportas als ganz bestimmt referiert, war dieser der Verfasser jener Apokalypse (Qu. II, 4 f.), die mit unverschämter Genauigkeit S. Zewis Geburt und Messianität prophetisch verkündete: ואני אברהם אחר שהייתי סגור מ׳ שנה ואני משתאה על התנין הגדול ... מתי יהיה קץ הפלאות והנה קול דודי דופק הנה בן נולד למרדכי צבי בשנת השפ״ו ויקרא שמו שבתאי צבי ... והוא המשיח האמתי וכו׳. Dazu bemerkt Sasportas (p. 12a): ... אחר ימים נודע שאברהם הנ״ל הוא החכם ... אברהם היכיני מחכמי קושטאנטינא הוא שהיה בקשר עם ש״צ ונתן ולא נודע מה עלה בדעתו של החכם הנ״ל שכולם מעידים עליו ועל חכמתו ודרשן עצום אשר אין כמוהו בקושטאנטינא ועל זה היו נגררים אחריו כל המון העם שבקושטאנטינא ולא היה יכולת ביד החכמים להכניש. Später soll S. Zewi ausgesagt haben, Jachini habe ihn zum Schwindel verführt, das. p. 35 b: והחכם יכיני יעשה אברים שהוא גרם לי כל הדברים האלה בכזביו ושקריו. Wenn diese Selbstanklage auch unecht ist (s. weiter), so bezeugt doch damit das Rabbinat von Adrianopel (welches diese Mystifikation der angeblichen Selbstanklage veranlaßt hat), daß Jachini in Konstantinopel sein Verführer oder wenigstens sein Mitschuldiger war. Von diesem Jachini berichtet Asulaï (I, p. 6 a, Nr. 58): אברהם יכיני תלמיד מ׳ יוסף מטראני חבר ק״נ מזמורים — הוד מלכות — אשל בברהם, וס׳ תוספת מרובה באור על התוספתא. In der Leydener Bibliothek sind einige Originalschreiben von ihm vorhanden, die er an den Patrizier Warner, den Sammler hebräischer Manuskripte, gesandt hat (Katalog Leyden, p. 290 f.): wahrscheinlich hat er für Warner Manuskripte angekauft. Diese Originalschreiben zeigen eine sehr schöne hebräische Schrift. Jachini war demnach Prediger und Kalligraph, und so spricht alles dafür, daß er die erwähnte Apokalypse von dem Einsiedler Abraham fabriziert und S. Zewi in die Hand gespielt hat. Es wird sich später zeigen, daß sie einen antiken Duktus und Charakter hatte. — S. Zewi war demnach gewiß in Konstantinopel und zwar um 1658.

9. S. Zewis Aufenthalt in Kairo ist von besonderer Bedeutung. Einige Quellen sagen es ausdrücklich, daß er zweimal in Kairo gewesen, und die Differenzen der übrigen lassen sich dadurch ausgleichen. Hier lernte er den „Oberzöllner" kennen, der sein Freund wurde, wie die deutsche Relation im Theatr. Europ. berichtet. Es war der Zaraf Baschi[1]) Raphael Joseph,

[1]) Vor ihm war Abraham Alhula oder Alhuli (אלבולי) in diesem Amte. Manasse Ben-Israel schrieb über ihn in Esperança und in seiner Deklaration 1656: Der Vizekönig von Ägypten hat bei sich stets einen Juden mit dem

oder, wie ihn de la Croix noch nennt, **Chelebi**, und d'Arezzo: השר המרומם רפאל יוסף צלבי במצרים גזבר המלך (d. h. aus Haleb gebürtig). Auch dieser war ein wichtiges Glied in dem messianischen Schwindel. Wir besitzen nähere Nachrichten über ihn. Er war, obwohl sehr reich, ein Asket und in die Kabbala vernarrt. Er unterhielt 50 Kabbalisten an seiner Tafel, und an ihrer Spitze stand einer der Söhne des berüchtigten Chajim Vital Calabrese (s. Asulaï I, p. 29 a). Über Raphael Joseph berichtet **Raphael Sosino** von Livorno (bei Sasportas, p. 17b): והשר רפאל יוסף העומד היום לצראף באשר במצרים אוכלים על שולחנו חמשים בעלי הוראה עוסקים בתורה יומם ולילה ובסודות. ועליהם בן הרב חיים ויטאל. והוא על תקוני תשובה מתהלך בצום וטבילה ותענית בהפסקות ומלקות. Der Verf. des מאורעות עולם oder ספור דברים, der von ihm unterstützt wurde, berichtet über ihn bei Erwähnung seines Todes (p. 27b): נהרג שר השרים . . . החכם רפאל בר יוסף . . . אשר נשא עול מצות על שכמו והיה מחזיק בישיבות ארץ ישראל וארץ מצרים ות"ח תמיד אוכלים על שולחנו וביתו פתוח לכל עובר ושב . . . והיה כל ימיו בתענית. אנשי ביתו אוכלים למעדנים והוא אוכל זרעונים. ובחצי הלילה היה קם ועוסק בתורה כי היה טובל ומלקין אותו והיה שק על בשרו . . . ושלח המלך אחריו נכנס בשלום ויצא בשלום בלבוש מלכות וחזר לאיתנו וממשלתו. ומרוב גדולתו . . . קנאו בו ושמו עליו אורבים והרגוהו ביום ו' לחודש מנחם ה' אלפים תכ"ט . . . ואני הצעיר הייתי אחד ממשמשיו . . . תחת צלו הייתי מסתופף. Sasportas hat sich die lügenhafte Nachricht über Raphael Joseph, daß er ein industrieller Betrüger gewesen und später zum Islam übergetreten sei, aufbinden lassen (p. 3 a). — Wenn wir die von mehreren Quellen angegebene Zahl annehmen, daß S. Zewi zwei bis drei Jahre in Jerusalem (d. h. 1662—1665) und zwei Jahre in Kairo weilte (I, 5, p. 462), so geschah dieses um 1660—1662, ungefähr zwei Jahre nach seiner Abreise von Konstantinopel.

10. Von Kairo kam er nach Jerusalem, ob über Gaza oder, wie wahrscheinlicher, zu Schiff über Jaffa, ist gleichgültig. Über sein Treiben in Jerusalem Sasportas (2a unten): . . . הלך לעיר הקדש ושם היה מתעסק בעמות הקדש ושמות הטומאה . . . ובבית הקברות ובנצורים ילין . . . ושמואל פרימו העיד שהוא שמע את הקול יוצא מקברו של ר' אליעזר הגדול; vgl. das Zeugenverhör p. 25b. Die holländische Quelle aus Galata (I, 5, p. 462) erzählt: S. Zewi pflegte den Kindern auf der Straße Näschereien zu reichen, wurde daher von ihnen oft verfolgt und „**Heiliger Vater**" genannt. Dieselbe Quelle gibt auch richtig an, daß er von Jerusalem aus eine zweite Reise nach Kairo machte, um Almosen zu sammeln. De la Croix erzählt ungefähr dasselbe mit einigen Nebenumständen (p. 273 f.): Sevi fut destiné pour l'Egypte pour recueillir des aumônes . . . Nathan voulut devancer son arrivée en Egypte par une lettre, qu'il écrivit à **Raphael Chelebi**, chef des autres Juifs. De la Croix teilt sogar diesen Brief mit. Dann müßte S. Zewi mit Nathan Ghazati vorher bekannt gewesen sein, was anderen Angaben widerspricht. Abraham Cuenqui, der damals S. Zewi zum ersten Male bei seiner Reise nach Kairo in Hebron kennen lernte, ist der beste Zeuge für dieses Faktum.

Titel Zaraf-Pascha (Xaraf Bachi) oder Schatzmeister, die Steuern des Landes zu erheben. Gegenwärtig besitzt diesen Posten Abraham Alhula (auch Verf. des מאורעות עולם). 1656 war also dieser noch Zaraf Bascha; Raphael Joseph ist also erst nach 1656 dazu ernannt worden.

Durch den Brand ist zwar gerade diese Partie defekt (p. 17a Lücke); aber der Zusammenhang ergibt, daß die Jerusalemer Gemeinde abermals durch Gelderpressung heimgesucht wurde, Raphael Chelebi in Kairo um Hilfe anflehen wollte und für den geeignetsten zu dieser Sendung S. Zewi hielt, weil er bei ihm beliebt war: לא ידעו אנה יפנו לעזרה . והיה השר יוסף רפאל שהוא שר גדול בארץ מצרים . אמרו את מי נשלח ומי ילך לנו? . . . ענה אחד מהחברה אם היה באפשר ששבתי צבי ילך בשליחותנו כי הוא אהוב בעיני השר . . . והשיב להם הנני מוכן ומזומן . . . נכנס לעזה ומיד נסע למצרים ונתארח אצל השר יוסף רפאל וכו'. Zum Behufe dieser Sendung reiste er nach Kairo; darauf bezieht sich das auf ihn gemünzte Sprichwort: er reiste als Sendbote ab und kehrte als Messias zurück: זה השוטה שהלך שליח ובא משיח (bei Emden 17b, Note von Moses Chagis). In Kairo erhielt seine Messianität das rechte Relief.

11. Cuenqui und de la Croix, oder richtiger dessen sabbatianischer Gewährsmann, berichten übereinstimmend, daß er auf seiner Gesandtschaftsreise nach Kairo seine messianische Frau Sara geheiratet hat, die durch ihre Exzentrizität ihm selbst Vertrauen zu sich und Selbstbewußtsein eingeflößt hat. An diese aus Polen stammende Frau haben sich manche Sagen geknüpft. Sasportas und die hebräische Quelle bei Emden (III, 6, p. 3) haben Tatsächliches zusammengetragen: von ihrer Verwaisung infolge der Kosakengemetzel, ihrer Erziehung in einem Kloster von ungefähr dem 7. bis zum 16. Jahre, ihrer Flucht aus dem Kloster nach dem Begräbnisplatz, dem angeblichen Zeichen vom abgeschiedenen Geiste ihres Vaters an ihrem Leibe, ihrer Beförderung nach Amsterdam und ihrer Schönheit. Daß sie sich unzüchtig benommen hat, berichtet Sasportas (p. 2b): ואני . . . מכיר אותה לשעבר בעיר אמשטרדם . . . היום כמו י"ד שנה נערה חסרת לב שהיתה אומרת בטירוף דעת שהיא תנשא למלך המשיח . . . והלכה לה לעיר ליוורנו ושם היתה מופקרת לכל כאשר כתב לי החכם כמהור"ר ר' יוסף הלוי . . . והיתה נראית יפה. Auch die holländische Quelle aus Galata (I, 5, p. 462) nennt sie: een publycque Vrouwe, Lighte-Koy (Lustdirne); (p. 8) ongebonden Vrouw, zügellose Frau; Coenen etwas milder (p. 11): er heiratete eine polnische Frau aus Mantua, von der man sagt, daß sie nicht unbefleckt war. Die erstgenannte holländische Quelle fügt noch manches hinzu, daß sie behauptet habe, weil sie für den Messias bestimmt sei, dürfe sie nicht heiraten, und es sei ihr ausnahmsweise gestattet gewesen, inzwischen ihren Geschlechtstrieb außerehelich zu befriedigen. S. Zewi habe sich auf das Beispiel des Propheten Hosea berufen, dem ausdrücklich befohlen war, ein buhlerisches Weib zu heiraten. Ebenso Ragat de Weile (Theatrum lucidum lat., p. 49 f., deutsch p. 54), der sie gesehen hat. Quandoquidem ego ... ab aliquo annorum spatio personam hanc supra Francofurtum in urbe Hanoviensi oculis conspexerim . . . reginam hanc imaginariam scortam . . . sordidam fuisse, habitasse Francofurti, Hanoviae, Mantuae, peragrasse loca plurima. Nur hat er die Variante, daß sie ein polnischer Edelmann nach dem Tode ihrer Eltern erzogen und adoptiert, und daß sie ein Geist nach Persien entführt habe. De la Croix nennt sie Maria statt Sara. Sie hat demnach die Reise von Amsterdam über Frankfurt, Mantua und Livorno gemacht. Sachgemäß erzählt Sasportas, daß S. Zewi von ihr und ihrem exzentrischen Wesen in Kairo erfahren und sie von dort habe kommen lassen. Es ist denkbar, daß Mose Pinheiro, welcher sich in Livorno

aufgehalten hat (v. S. 436), ihr Kunde von ihm und ihm von ihr gegeben hat. Dieses exzentrische, laszive Weib hat seine messianischen Phantastereien bestätigt und durch ihr Wesen ihm Anhänger geworben. Vgl. das Zeugenverhör bei Emden, p. 25 b. Durch diese Frau in den Augen Raphael Josephs und seines Kreises als Messias anerkannt, kehrte er aufgeblasen nach Jerusalem zurück.

12. Im Widerspruch mit den meisten Quellen berichtet Cuenqui, daß S. Zewi erst auf seiner Rückkehr von Kairo nach Jerusalem in Gaza die Bekanntschaft mit seinem Elia, Nathan Ghazati, gemacht habe (p. 18a): ויהי היום וש"צ חזר ממצרים עם אשתו ויהי כאשר נכנס לעזה ויקרא נתן הנביא בקול גדול זהו מושיען של ישראל. Da Cuenqui in dieser Zeit und in dieser Gegend gelebt hat, so verdient seine Relation den Vorzug; sie wird von d'Arezzo unterstützt, der ihn ebenfalls erst nach der Rückkehr nach Gaza mit Nathan bekannt werden läßt: בחזרתו לעזה. Cuenqui gibt aber an, Nathan habe S. Zewi jene Abrahamische oder Jachinische Apokalypse, die er in altertümlicher Schrift auf halbvermodertem Material gefunden, gezeigt und dadurch ihn in seiner Messianität bestätigt (p. 18 b): אמר לו (נתן) אליה הנביא נתן לי ספר אחר המתחיל ממך.. הנה בן נולד למרדכי צבי בשנת השפ"ו כתיבה קדמונית מאד ונייר בלוי מרוב הימים. Eideshalber soll S. Zewi vor dem Rabbinate von Adrianopel ausgesagt haben, daß ihn Nathan durch die angeblich alte Schrift verführt habe (Sasportas p. 35b): נתן העזתי עם ספר קטן שיש לו שאמר שמצא אותו טמון מזמן רב יותר מת"ק שנה שהיה כתוב בו הנה בן נולד למרדכי צבי... ומחק שם מה שהיה כתוב וכתב שמי... ונתפתיתי ממנו. Diese Schrift muß also eine Rolle bei der Bekanntschaft zwischen S. Zewi und Nathan gespielt haben. Nur läßt es sich nicht denken, daß Nathan ihn damit betört hat, einmal weil Jachini der Verfasser derselben war und S. Zewi sie aus Konstantinopel mitgebracht hat (v. S. 438), und dann war Nathan bei ihrer Bekanntschaft etwa 20 Jahre alt. Denn Coenen, der ihn in Smyrna gesprochen hat, schrieb über ihn 1667 (Ende): **Nathan ... welcke is een Jongelinck van twee en twintingh Jaren**, also um 1665 erst 20 Jahre, während S. Zewi damals noch einmal so alt war. Sollte sich der bereits geriebene Mann von dem Jüngling haben verleiten lassen? Das Richtige ist wohl, daß S. Zewi, welcher in Nathan einen exzentrisch kabbalistischen Jüngling kennen gelernt hatte, ihm jene angeblich antike Apokalypse in die Hände gespielt und seine Phantasie erhitzt hat. Nathan verkündete ihn seit der Zeit als den wahren Erlöser. — Nathans Porträt schildert die holländische Quelle aus Galata (p. 4) gar nicht vorteilhaft: „Er war blaß, mager, streng, triefäugig, kahl, mißgestaltet und unansehnlich."

13. Da nach seiner Rückkehr nach Jerusalem der messianische Taumel und die Reibungen mit dem Rabbinate begannen, so kann diese nur im Laufe des Jahres 1665 erfolgt sein. So wird auch im Zeugenverhör angegeben (p. 25 b): גם שמעתי שבשנת תכ"ה גילה ש"צ על עצמו (בירושלם) שהוא משיח בן דוד. Das. בשנת תכ"ה כשבאו ש"צ ונתן ובלבלו את ירושלים. Auch Nathan prophezeite in diesem Jahre, daß S. Zewi in einem Jahre und einigen Monaten den Sultan entthronen werde. Es ist indes zweifelhaft, in welchem Monate er diese angebliche Prophezeiung zuerst ausgesprochen hat. Ricaut nennt den Monat Kislew (p. 173): **Nathan eut la hardiesse de prophétiser, que dans un an, à compter du dix-septième du mois de**

Kislev (qui répond à notre mois de Juin [Janvier?]) on verroit le Messie paraître devant le grand seigneur, le priver de sa couronne et le mener en triomphe et chargé de chaînes. Cardoso referiert, die erste Offenbarung sei am Pfingstfeste 1665 erfolgt (Ms. Halbst. A, p. 113 v.): וכן היה שנגלה בחג השבועות בשנת התכ"ה: ebenso d'Arezzo mit dem Zusatz, Nathan habe seine erste Prophezeiung wie ein Rasender, mit schäumendem Munde, beinahe entseelt hervorgestoßen. Dagegen hat Nathan später, allerdings als er öfter dementiert worden war, in Venedig ausgesagt, er habe am 25. Elul 1665 die erste Offenbarung gehabt (Resp. Samuel Aboab דבר שמואל nach einem Flugblatt): בכ"ה באלול של שנה תכ"ה שמצתי כרוז מכרזת מכאן לשנה וקצת ירחין תתגלה מלכות בן דוד (s. Sasportas p. 3a). Diese Angabe ist um so verdächtiger, als S. Zewi in diesem Monate wahrscheinlich bereits nach Smyrna zurückgekehrt war. Es bleibt aber ungewiß, in welchem Monat er von Kairo nach Jerusalem zurückgekehrt ist. De la Croix und Cuenqui lassen ihn — durch Nathans Lärmschlagen hervorgerufen — im Triumphe in Jerusalem einziehen. Mit dem Rabbinat geriet er in Konflikt. Sehr gut fügt sich das hier ein, was die Quelle im Theatr. Europ. referiert. S. Zewi habe aus Ägypten (Kairo) 4000 Taler mitgebracht; weil er diese auf seiner Reise verteilt habe, habe er die Rabbiner so sehr in Harnisch gebracht, daß sie ihn steinigen wollten und ihn der Gotteslästerung beschuldigten; deshalb habe er Jerusalem verlassen. In der Tat muß es die Rabbiner gekränkt haben, welche bis dahin die Distributeure der Almosen waren, daß ein Laie sich diese Befugnis angemaßt und die Gelder unter seine Anhänger verteilt hat. Nun kam hinzu, daß er sich in Jerusalem als Messias ausgab und sich als solchen von Nathan verkündigen ließ, auch sonst Alfanzereien getrieben haben mag. Kurz, er wurde in den Bann getan, wie Coenen (p. 11) und Mose Galante erzählen. Daß er, wie Coenen und Ricaut referieren, den Fasttag des 17. Tammus schon in Jerusalem abgeschafft habe oder, mit de la Croix, daß er im Gebete für sich den Segensspruch (מי שברך) habe anbringen lassen (p. 287), ist sehr unwahrscheinlich, da er erst später mit diesen messianischen Reformen aufgetreten ist. Die holländische Quelle aus Galata (Anfang) erzählt eine lange Geschichte, daß ein verzücktes Mädchen von 16 bis 18 Jahren mit Erlaubnis ihres Vaters nach Jerusalem zu S. Zewi eilte, um seine Messianität zu verkünden. In den Bann legte ihn Jakob Chagis mit seinem Kollegium (Mose Chagis' Annotation zu Cuenquis Biographie das. 18b): . . . אדוני אבי וב"ד שלחו לו פיתקא בחרם חמור שיזהר מלצשות שום דבר שטות דאם יעשה . . . וכך שמעתי מפי . . . זקני . . מוהר"מ גאלאנטי שהיה אומר אדוני אבי ז"ל בדרך הלצה ראו מה משיח הוא זה שהוא נשמר ומתירא מחרם שלי.

Jakob Chagis war allerdings damals die angesehenste Autorität in Jerusalem. Das Zeugenverhör (a. a. O.) gibt zwar zu verstehen, als wenn seine Hauptgegner die Kabbalisten Jakob Zemach, Abraham Amigo (l. אמיגו st. אמיגא) und Samuel Ibn-Zahan gewesen; aber diese hatten keine rabbinische Autorität. Sie haben, wie die Quelle eigentlich angibt, sich's viel kosten lassen, um ihn aus der Stadt zu weisen: פזרו ממון רב עד שגרשו אותם (ש"צ ונתן) מירושלים. Was damals in Jerusalem vorging, ist nicht bekannt geworden. Der Bann scheint keine Wirkung hervorgebracht zu haben: denn S. Zewi hatte dort viele Anhänger. Selbst Mose Galante, Chagis' Schwiegersohn, gehörte zu seinen Anhängern (Zeugenverhör das.). שמעתי

מחכם... אברהם יצחקי... ששמע מרבו הגדול... משה גלאנטי אומר מתחילה לא הייתי מבזה לש"צ אע"פ שלא הייתי מאמין בו. Coenen berichtet (p. 13), es seien nach Smyrna vier Gesandte gekommen, nämlich Chacham Moses Galante, Chacham Daniel Pinto mit zwei anderen von Aleppo, um dem Messias ihre Ehrerbietung zu beweisen. Jene zwei, Galante und Pinto, figurieren auch im Katalog der sabbatianischen Könige (Coenen, p. 5, und andere Quellen). Merkwürdig ist aber, daß der eine Name bei Sasportas (p. 15 b) und in der Relation bei Emden (p. 3 b) in משה גאלנטו umgewandelt erscheint. Hat der Herausgeber dieser beiden Schriften, Jakob Emden, den Namen vielleicht geflissentlich verwandelt, um nicht die rabbinische Autorität, Galante, Mose Chagis' Großvater, als Schleppenträger des Pseudomessias figurieren zu lassen? Einer seiner tätigsten Anhänger, die er in Jerusalem an sich gezogen hatte, war Samuel Primo, welcher sein Sekretär wurde, alle Erlasse stilisierte oder auch selbständig fabrizierte (Sasportas 2a): תלמיד חכם אחד שבא מעיר הקודש שמו שמואל פרימו שהיה לו לסופר והיה כותב ומזהיר לעם על אמונתו וכותב בשם המלך אדונינו. Das. p. 15a: והר' שמואל פרימו כותב וחותם בחותמו של מלכו לכל גלילותינו כפירות שאסור לשומעם וראוי לקרוע עליהם. Primo war es, der die Sendschreiben überallhin mit der Unterschrift: אני ה' אלהיכם שבתי צבי versah (vgl. weiter): er predigte ein mystisches messianisches System, welches das Judentum unterwühlte (weiter unten). Von Jerusalem aus gingen zwei Propheten nach Ägypten und Europa, um S. Zewis Messianität zu verkünden: Sabbataï Raphael (wovon weiter unten) und ein Deutscher, Matthatia Bloch (Sasportas p. 11a unten): בא פה (מצרימה) נביא אחד... מתתיה אשכנזי בלאך... אשר מקדם היה עם אדונינו יר"ה ונתן מהודו עליו (s. auch das. p. 30b, p. 34b). Im Katalog der Könige und der Hauptgläubigen figuriert auch Matthatia Askenasi als König Assa (bei Coenen u. a.). — Die holländische Quelle aus Galata (p. 9) erzählt, die Sabbatianer hätten sich durch das Wachsenlassen langer Locken an beiden Seiten des Kopfes ausgezeichnet. Coenen berichtet auch (p. 12), daß das Jerusalemer Rabbinat dem Konstantinopolitaner Anzeige von S. Zewis Treiben gemacht, und dieses hätte — 25 Mitglieder, und an der Spitze der Chacham Baschi Jontof ben Jaser (l. יום טוב בן הנגיד ר' יקר) — nach Smyrna notifiziert, S. Zewi bei seiner Ankunft dem Tode zu weihen.

14. Wann er Jerusalem verlassen, ist schwer zu bestimmen; es hängt von der Zeit seiner Ankunft in Smyrna ab, und diese ist eben ungewiß. De la Croix berichtet, er sei vor Neujahr = ר"ה 1665 in Smyrna eingetroffen und habe sich an diesem Feste durch Hörnerklang als Messias huldigen lassen. Dagegen Coenen (p. 13): 4. Tebet — ruym twee maenden uan zyn wederkeeren; mehr als zwei Monate von Anfang Tebet gerechnet, wäre im Monate Tischri. Nach der Quelle III, 5 (p. 14) sei S. Zewi im Monat Elul in Smyrna eingetroffen, habe sich aber bis zum Lichtweihfest stille verhalten: אחר שהלך לירושלם ועשה שם דברים עד כי הוכרח לצאת משם ובא לו לאזמיר בחדש אלול שנת ה' תכ"ה ועמד שם בשתיקה עד חנוכה התכ"ו. Nach d'Arezzo dagegen sei er Anfang Kislew nach Smyrna gekommen: בחודש כסלו ה' תכ"ו הגיע לאזמיר. Wie de la Croix berichtet, sei er über Aleppo gereist und von dieser Gemeinde, die bereits durch Nathans Sendschreiben enthusiasmiert war, im Triumph empfangen worden. Seine

Brüder haben ihm in Smyrna durch Austeilung von Geld an die Armen in seiner Heimat einen triumphierenden Empfang bereitet (Bericht im Theatr. Eur. und hebräische Quelle bei Emden, p. 3a). Der Vulgus, Fischer, Arbeiter, Hühner- und Eierverkäufer bildeten fortan seine schwärmerischen Anhänger in seiner Vaterstadt (Coenen p. 35).

Dieselbe Quelle läßt ihn sich erst am 6. Tebet als Messias erklären (p. 14). Der 6. Tebet fiel auf den 14. Dezember 1665. Aber schon am 8. Dezember schrieb Heinrich Oldenburg an Spinoza (Spinozae Epistl., No. 16 Ende): In omnium ore hic est rumor de Israelitarum per plus quam bis mille annos dispersorum reditu in patriam. Pauci id hoc loco credunt, et multi optant ... Scire aveo, quid Judaei Amstelodamenses ea de re inaudiverint, et quomodo tanto nuntio afficiantur, qui verus si fuerit, rerum omnium in mundo catastrophen indicaturus sane videatur. Daß hier von der sabbatianischen Bewegung die Rede ist, kann nicht übersehen werden, wenn auch der Name nicht genannt ist. Sasportas erzählt, daß schon am 22. Kislew = 30. November in Hamburg Nachrichten eingetroffen waren (Anfang). Die Bewegung muß also schon mehrere Wochen gespielt haben, ehe sie die Schiffe aus der Levante nach London und Hamburg gebracht haben. Aber diese Nachrichten kamen, wie der letztere andeutet, über Ägypten und Palästina, und zwar aus Jerusalem oder Gaza durch Nathan Ghazati, welcher durch Sendschreiben Rumor machte. — Demgemäß spielte das tolle Treiben in Smyrna nur 16 Tage — 6. bis 22. Tebet. — Coenen gibt auch Tag für Tag die Vorfälle an; indes ganz zuverlässig ist seine Angabe nicht; denn am 8. Tebet sollte ein Sabbat sein, fiel aber damals auf Mittwoch.[1])

15. Die Reihenfolge der Ereignisse bei Coenen ist folgende: Am 6. Tebet Offenbarung als Messias. Am 7. Erklärung, der Geist der Offenbarung sei über ihn gekommen und habe ihm befohlen, sich seiner Frau zu nähern; Zug in Prozession nach der Synagoge, Personen mit Konfitüren, andere mit Blumenvasen, Sabbataï Zewi selbst zwischen zwei Chachamim mit einem silbernen Fächer als Aronsstab, mit dem er den und jenen berührte, als Zeichen, daß sie würdig wären, ins Himmelreich einzugehen. Darauf Segenssprüche für S. Zewi in der Synagoge (מי שברך) mit großen Spenden (p. 14 bis 17). Er schlug mit einem Stock siebenmal auf das Tabernakel mit der Thora und sprach das Tetragrammaton aus (p. 17—26). 8. Tebet: Beratung der Rabbinen Aaron Lapapa, Benveniste und Algazi gegen ihn wegen seiner Überhebung. Benveniste zeigte einen Brief des Konstantinopler Rab-

[1]) Am richtigsten sind wohl die Data in Quelle III, 5 angegeben (p. 14 f.): ביום ג׳ של חנוכה בא (ש״צ) לבית הכנסת מלובש בגדי מלכות והתחיל לומר בקשות ופזמונים הרבה ועשה שמחה גדולה ביום ההוא ביום ששי בא לשם החכם גאלנטי אשר היה מחזיק בידו, ומתחיל להעיד עליו באמת שהוא משיח ודאי עד כי ביום שבת בבית הכנסת שלו הנקרא בה״כ גאלנטי אשר היה שם האריך בבקשות . . . הלך לו לביה״כ של פורטוגיסי וילכו אחריו . . . אנשים רקים ופוחזים ובני ק״ק פורטוגיסי לא היו מאמינים בו . . . והוא בזעם גדול שלח להביא גרזן . . . והתחיל לשבור הדלת בשבת . . . Diese Angaben stimmen. Der dritte Tag Chanuka (27. Kislew) war Sonnabend (5. Dezember 1665). Acht Tage später, wiederum am Sabbat, Zug zur portugiesischen Synagoge und Einbrechen der Pforte, am 4. Tebet = 12. Dezember.

biners, man beschloß ihn zu töten; aber es fand sich keine Hand dafür. S. Zewi verklagte seine Gegner beim Kadi, daß sie ehrenrührig gegen den König gesprochen (meint zweideutig sich), kam mit Frauen zusammen und auch mit seinen früher geschiedenen Frauen, saß an ihrer Seite (was rabbinisch verboten ist), bemühte sich überhaupt um die Gunst der Frauen, sang aus Psalm 45: בנות מלכים ביקרותיך, redete sie bedauernd an, daß sie durch Adams Sünde Schmerzen und Unterwürfigkeit unter das männliche Geschlecht erdulden müßten, er sei gekommen, diese Sünden zu tilgen und die Frauen zu befreien (p. 26—39). Auf denselben Tag, auf Freitag, setzt Coenen S. Zewis Gewaltstreiche gegen den reichen Khaim Pegna, der sein Widersacher war, was fast alle Quellen berichten. Er rief seine Anhänger unter dem Gesindel auf, jenen zu verfolgen, ließ Steine auf ihn werfen und, da jener sich in die Synagoge gerettet hatte, forderte er den Vorstand auf, ihn hinauszujagen. Den Widerstand will er durch 500 Begleiter, die mit Beilen bewaffnet, und durch Erbrechen der Synagogenpforte beim Eintritt des Sabbatabends besiegen. Er steigt auf die Kanzel, kanzelt die Juden wegen ihrer Halsstarrigkeit ab, auch wegen dessen, was sie an Jesus getan haben. „Was hat Jesus, der Nazarener, getan, daß eure Vorfahren ihn so mißhandelt haben? Ich denke daran, ihn unter die Propheten zu stellen.“ Er donnerte gegen vier Rabbiner nach dem Text der vier namhaft gemachten unreinen Tiere im Pentateuch mit Anwendung des vieldeutigen hebräischen Wortes גמל (was in der hebräischen Quelle bei Emden p. 4b deutlicher gegeben ist) und sang das spanische Liebeslied (o. S. 436). Das alles am 8. Tebet, als am Freitag Abend (das. p. 33—37). Tags darauf, am 9. Tebet, entsetzte er Lapapa des Rabbinats und wählte dafür den ihn anerkennenden Benveniste. Prophetisches Entzücken der Kinder, und auch die Töchter seines Hauptgegners Khaim Pegna prophezeien, wodurch sich auch ihr Vater zu ihm bekehrt (p. 37—40). Alle diese Züge haben auch Sasportas, Ricaut und de la Croix, aber nicht in dieser Ausführlichkeit und in dieser Reihenfolge; nur schade, daß das chronologische Moment unzuverlässig ist. D'Arezzo setzt das gewaltsame Erbrechen der Synagogentür, abweichend von Korfus Angabe, auf den vierten Tag Chanuka, den 28. Kislew.

16. Den zuerst feindlichen und dann mit S. Zewi versöhnten Smyrnaer nennt nur Coenen ziemlich richtig, Khaim Pegna, die übrigen aber meist entstellt; die hebräischen Quellen bei Emden חיים פיבינא oder פגנא; Ricaut (p. 181) Samuel Pennia, de la Croix Joseph Pynas. Sein wahrer Name lautet Chajim Peña (Penja). Er war ein sehr reicher und angesehener Mann in Smyrna und unterstützte die Herausgabe des ersten Teiles von Chajim Benvenistes כנסת הגדולה (gedruckt Livorno 1657). Das Titelblatt sagt: הגבירים המצולים יוסף ושלמה פיניירא ... השתדלו ... להביא אל הדפוס ... לבקשת הרב המחבר והגביר המרומם כהר' חיים פיניירא מתושבי אזמיר יצ"ו (Joseph Peña starb wenige Tage vor Vollendung des Druckes). Im Vorwort (fol. 4a) sagt der Verf.: גם ברכות יצטה הגביר מאוד נעלה תהלה חפץ חסד כהר' חיים פיניירא מתושבי אזמיר יצ"א אשר נתן לכסף מוצא והלוה ממנו הלואת חן שני מאות ריאלים להדפסת הספר הלז. Daraus folgt, daß Peña in Smyrna wohnte, wenigstens bereits seit 1657, und daß de la Croix' Erzählung, er sei zufällig damals von Livorno nach Smyrna gekommen, um Außenstände einzuziehen, und sei dabei in Konflickt mit Sabbataï geraten, eine Fabel ist (p. 309). — Aaron Lapapa

(falsch Leppa), Chajim Benveniste und Salomo Algazi, zurzeit Rabbiner in Smyrna, sind als Verfasser rabbinischer Werke durch die Bibliographien bekannt. — Von dem Kontagium prophetischer Verzückung berichten auch die übrigen Augenzeugen. Ricaut (p. 181): Il y eut plus de 400 hommes ou femmes, qui prophétisoient de l'empire naissant de Sabbathai. Les enfants mêmes, qui à peine pouvoient prononcer un seul mot en bégayant répétoient et prononçoient clairement le nom de Sabbathai, du Messie et du fils de Dieu ... Ceux qui étoient plus avancés en âge tomboient d'abord évanouis, ensuite ils jetoient de l'écume par la bouche, parloient de la délivrance et de la prospérité future des Israélites et des visions, qu'ils avoient eus du Sion de Juda et des triomphes de Sabbathai. Ce sont des vérités certaines[1]). Auch der Augenzeuge im Theatrum Eur.: „Eben zu dieser Zeit thaten sich hervor, etliche sagen durch des Teufels List, mehr denn 200 Propheten, Männer und Weiber, welche Anfangs heftig zitterte und sich folgend also expremsten, bis sie dahin fielen und als in Ohnmacht lagen und da sagten sie dann, daß dieser der rechte Messias und König der Juden wäre, der das jüdische Volk sicherlich ins gelobte Land führen würde, item daß hier Schiffe aus Tarsis (wird verstanden niederländische Convoy) erscheinen würden, sie nach Jerusalem überzuführen: Wann sie nun dieses gesagt, kamen sie wieder zu sich selber und wußten nicht, was sie gesagt hatten, zu großer Verwunderung unserer Christen, die solches täglich sahen und anhörten. Ja selbst Kinder von vier und weniger Jahren konnten die Psalmen in hebräischer Sprache herbeten." Die Quelle aus Galata (p. 13) berichtet, daß in dieser Stadt selbst 17—1800 Frauen und Kinder prophezeit haben. Diese Prophezeiung, von drei christlichen Augenzeugen bestätigt, muß also als eine Tatsache angesehen werden. Die Quelle III, 5 (p. 17) führt diese Tatsache indes auf Schwindel und auf moralischen Zwang zurück: הרבה מיני כפייה היו באים לאנשים ונשים מקלי הדעת. והיו אומרים בתידוה. שאפילו דבר אחד לא נתקיים מכולם וכלם אומרים ש"צ מלך ישראל וכיוצא. ואחר עבור הכפיה לא היו דוברים שום דבר ממה שאמרו.

17. Da sich S. Zewi zuerst im Monat Kislew oder anfangs Tebet in Smyrna als Messias huldigen ließ, so hat er wohl erst in diesem Jahre 1665 den Fasttag (10. Tebet) abrogiert. So berichtet auch Sasportas, und es ist falsch, was Coenen und de la Croix referieren, daß er bereits in Jerusalem einen Fasttag aufgehoben hätte. Hier dürfte der Ort sein, das Verhalten des kabbalistischen Messias von Smyrna zum Judentume kritisch zu untersuchen, ein Punkt, der um so wichtiger erscheint, als erst dadurch die Theorie der späteren Sabbatianer, Cardosos, Chajons, Franks und selbst des Jonathan Eibeschütz, verständlich wird.

18. Sab. Zewis kabbalistische Theorie. Es ist eigen, daß von Religions- oder Sektenstiftern, Messiassen oder Propheten selten eine Schrift vorhanden ist, welche deren oppositionelles System ohne allen Zweifel darstellt. In der Regel sind es die Jünger oder Anhänger, welche ihrem Meister eine Schrift oder eine zusammenhängende Theorie oder einschneidende Tendenzen vindizieren, deren Zeugnis natürlich verdächtig ist. So verhält es sich auch mit S. Zewi. Man weiß nicht mit Bestimmtheit, was er gelehrt

[1]) [Vgl. auch die von Kaufmann herausgegebenen Memoiren der Glückel von Hameln (Frankfurt a. M. 1896), S. 80 f.].

hat. Ihm wird zwar eine kleine kabbalistische Schrift vindiziert, die handschriftlich und in einem gedruckten Buche versteckt vorhanden und daher den Darstellern seines Lebens unbekannt geblieben ist. Sie trägt die Überschrift: רזא דמהימנותא לאמיר"ה (Ms. Halbst., s. o. S. 432, 4c), auch in der Michaelschen Sammlung Nr. 773, zusammen mit einem Kommentar von Isaak Lurja zu ספרא דצניעותא und Cardosos בקר אברהם [jetzt Cod. Oxf. 1737. Vgl. das. Cod. 1441, 2 und 2211 b]). Aber es ist mehr als zweifelhaft, ob Sabbataï Verfasser derselben ist. Sie stimmt nämlich wörtlich mit dem von dem Schwindler Chajon in Berlin gedruckten Texte מהימנותא דכלא überein. Freilich Joseph Ergas, der die Identität erkannt hat, hielt diese Piece für ein Werk Sabbataïs (הצד נחש p. 32): ... כשפתחתי הספר ראיתי הפנים שלו מהימנותא דכלא והכרתי אותו שהוא הדרוש אשר חבר ש"צ אחרי שנעשה תוגר בהיותו באלקנס' בשם רזא דמהימנותא ונמצא בעיר הזאת ימים ושנים. Aber damit ist noch nichts erwiesen. Chajon hat drei einander widersprechende Angaben über die Verfasserschaft derselben gemacht, wovon zwei entschieden erlogen sind. Nathanael, Rabbiner von Pesaro, bezeugt, daß Chajon ihm gegenüber behauptet habe, ein himmlisches Wesen habe deren Inhalt (unbekannt wem?) inspiriert: מגיד אני עלי שמים וארץ כי בארץ לוגו עבר זה האיש (חיון) והראה לי זה הספר בכתב ושאלתי לו מי הוא אשר חבר את מהימנותא דכלא. ואמר לי שהוא דבר פלא על ידי מגיד (in der Briefsammlung gegen Chajon מלחמה לה'). Später sagte Chajon, niemand könne behaupten, daß sie von S. Zewi stamme, er allein sei der Verbreiter dieser Schrift im Morgenlande gewesen; in Prag habe er zwar ein zweites Exemplar bei R. Jona Landsʒofer angetroffen, dieser habe es aber indirekt durch seinen Jünger Sabbataï Nagara erhalten, und dieser eben wiederum von ihm: מודעת זאת בכל הארץ טורקייא ... שנתפזר הפנים הזה שאין שום אחד יכול להעיד שזה משבתי צבי וכל מי שיש בידו זה מהימנותא דכלא הוא דוקא שקבלו ממני או מתלמידי תלמידי עד שמצאתיהו בפראג ביד ר' יונה סופר נ"ע (לאנדסופר) ... ישאלתי להם מנין בא לכם ואמרו לי שר' משה חסיד קבל מרבי שבתי נאגרא נכדו של תלמידי האר"י שקבלו ממני (in הצד צבי p. 32a); eine Seite vorher gibt er an, er habe sie in einem Sohar gefunden: אני הוא הראשון שהעתקתי אותו מכתיבת ישנה והיה פסקי פסקי בתוך זוהר אחד מצפת בבית חמי ... יוסף ביואש. Später fand man bei Chajon, als seine Schriften in Hannover untersucht worden waren, einen Brief an einen anonymen Korrespondenten, worin er zu verstehen gab, daß das betreffende Buch von einem Sabbatianer, vielleicht gar von Samuel Primo, dem Sekretär Sabbataï Zewis, verfaßt worden sei. Dieser Passus (mitgeteilt von Chagis in לחישת שרף, p. 3b, und von J. Emden a. a. O. p. 40b) lautet: שלא ירדתי לסוף דעתם על ענין מהימנותא דכלא במה חושדין אותי. אם חושבין שמלבי בדיתי אותו? חי ה' שאינו שלי א"כ לא על תלונותיכם כ"א על הרב המחברו. וכי תאמרו ח"ו מעולם לא חשדנוהו בזה וידענו כי פה קדוש אמרו א"כ קשיא מאי שנא דברי רש"פ[1]) מחזיקין אתם כל כך בדבריו. והלא בני רש"ק יגביהו עוף ופורחות באויר כאשר אראה לכם. Weiterhin polemisiert er gegen Primo, weil dieser anfangs seine Trinitätstheorie nicht annehmen mochte: והקב"ה ימחול לכם על מה שעבר כי אתם עמוסים מני רש"ק ונשואים מני רח"מ (ר' חיים מלאך) וגם הרש"פ אחר

[1]) J. Emden hat diese Abbreviatur richtig erraten, es ist ר' שמואל פרימו (das.).

שדברתי כמו פה אל פה הדר ביה ... וזה היה אחר שנמצא עם הר' חיים מלאך ג' שנים. — Aus der ganzen Haltung dieses bei Chajon gefundenen Briefes geht hervor, daß der Adressat wie diejenigen, von denen er spricht, zum Kreise der Sabbatianer gehört haben; er machte ihnen Vorwürfe, daß sie sich so streng an Samuel Primo und Ch. Malach halten und von seiner Theorie der Trinität nicht so sehr erbaut waren; er behauptete, daß Samuel Primo selbst dieselbe anerkannt habe. Das mag nun dahingestellt sein — Chajon war nicht der Mann, dem man aufs Wort glauben darf. Aber soviel ist doch aus diesem Briefe sicher zu entnehmen: 1. daß die Sabbatianer den Verfasser des מהימנותא דכלא als einen der ihrigen, als einen ihrer Heiligen (פה קדיש) anerkannt haben; 2. daß das fragliche Buch zwar aus dem sabbatäischen Kreise stammt, aber nicht S. Zewi selbst zum Autor hatte. Wer der Verfasser war, läßt sich nicht mehr ermitteln, ist auch gleichgültig. Für die Theorie der Sabbatianer ist dieses רזא דמהימנותא äußerst wichtig.

Der Rabbiner David Nuñes Torres vom Haag hat ein Exposé desselben für einen Freund, Mitarbeiter an der in Amsterdam erschienenen Bibliothèque raisonnée des ouvrages des Savants de l'Europe, gegeben (wahrscheinlich spanisch), und dieser Freund hat es nach Torres' Tod (1728) in dieser Gelehrtenzeitschrift mitgeteilt (T. I, p. 335 ff.) unter folgender Aufschrift: Concernant un nouveau Livre Hébreu imprimé à Berlin en Caractères Rabiniques ... dont le titre est Mehem(n)uta de Cola; c'est-à-dire la croyance de tous. Nuñes Torres oder sein Freund hat aber den Inhalt des Textes מהימנותא mit Chajons Theorie in den Kommentaren als durchaus identisch zusammengewürfelt, was durchweg falsch ist. Diese Theorie akzentuiert die Trinität (vgl. Note 6), der Text dagegen pointiert durchaus nicht die Trinität, sonderst will ein neues Dogma vom „heiligen König" demonstrieren. Der erste Teil dieser Schrift, das, was in der Bibliothèque raisonnée von p. 347 an auseinandergesetzt ist, vom En-Sof und „dem heiligen Alten" עתיקא קדישא, von der Emanation, dem Eindringen der göttlichen Fülle in die stoffliche Welt und dem Bersten oder der Verschlechterung derselben — alles das ist nicht neu, sondern gehört der kabbalistischen Theorie Isaak Lurjas an. Die neue Theorie beginnt erst mit der Emanation eines neuen Prosopon, des heiligen Königs: מלכא קדישא (ע״ו לאלהי׳ p. 54 ff. Text). Ich fasse das blasphemierende Exposé in folgenden Sätzen zusammen: וכשיצא מא״י (מאלהי ישראל) זה הפרצוף הקדוש מיד האציל עתיקא קדישא ... נשמתו כלולא מזכר ונקבה ... ובמה אתכלילו? בדיוקנא עילאה דאקרי אדם ... והא דיוקנא דאדם הוא הנקרא מלכא קדישא ושכינתיה קדוש בריך הוא ושכינתיה ... ונקרא זעיר אנפין לעומת אריך אנפין שהוא עתיקא קדישא ... וזהו ששנינו כלהון באדם אתכלילן דהיינו זה הפרצוף הקדוש שהוא מק״ו (מלכא קדישא ושכינתיה) שע״ז זווגם חדשי העולמות ובלתי זה לא היה אפשר וזה הפרצוף הקדוש נקרא אדם עילאה ... ולפיכך כל התוארים והכנויים והשנויים השייכים אל האדם התחתון הם שייכים אליו יתברך שהוא האדם העליון בסוד ומבשרי אחזה אלוה ... ויש כמה אלפים ורבבות עולמות אשר אין להם חקר ... וכלם מושל בהם מלכא קדישא ושכינתיה לפי שהוא עצמו עתיקא קדישא וכלם מיחלים אליו ... וצריכים אליו וכ״ש שאר העולמות שמהם ולמטה ... ולפיכך הוא גדול מאריך (מעתיקא קדישא) ומאו״א (= מאבא ומאמא = חכמה בינה) ... לפי שהוא וע״ק ... חד הוא.

Der Schluß lautet: והוא לבדו (מ״ק) האציל ברא ויצר ועשה הכל כדי

שיכירו בוראיו את גדלו שהוא ושכינת עוזו וע"ק סתימאה דכלא . . . הכל אחד הוא אלהינו ואין עוד אחר.

Nuñes Torres und sein Freund haben diese ganze Theorie mißverstanden, indem sie sie bloß als Blödsinn darstellten: Après cela il conclut, qu'il n'y a que (la personne) du roi saint, qui soit le roi d'Israel qu'il estime seul adorable etc. Das geflissentlich angebrachte Kauderwelsch verhüllt aber geradezu eine Blasphemie, die auch anderweitig oft genug ausgesprochen wurde. Jakob Emden, den der Haß gegen die Sabbatianer scharfsichtig gemacht hat, hat die Tragweite dieser Theorie wohl verstanden, daß unter dem „heiligen König" Sabbataï Zewi gemeint sei (das. p. 39a): והוי יודע כי מה שמכנה אותו נבל מלכא קדישא וא"ר (ואלהי ישראל) כוונתו לשבתי צבי . . . שהוא ודאי אלוה של הארורים . . . קארדוזו חיון וכל כת יהודאין שנמשכו אחריהם . . . זה נגלה עכשיו בלי שום ספק וזה לא ידעו הש֗רים הראשונים . . . הנלחמים עם אותו נחש (חיון). Die Quintessenz dieser blasphemierenden Theorie ist demnach: Die Weltschöpfung durch den En-Sof vermittelst des heiligen Alten war eine verunglückte, verdorbene. Weder die Welt noch Gott konnten ihre Idealität verwirklichen; erst mit der Inkarnation Sabbataï Zewis, des Messias-Christus, des heiligen Königs, ist die Welt erneuert, erlangt sie ihre Vollendung, und auch der Gott, der „unbekannte, verhüllte heilige Alte" wird erst erkannt, kommt zu seiner Entfaltung, wird verwirklicht. Der Messias, der höhere Mensch, ist eins mit Gott, er ist der wahre Schöpfer und Bildner, weil er die verrenkte Welt in Ordnung bringt. Mit einem Worte, der Messias Sabbataï Zewi ist die Inkarnation Gottes. — Noch ist ein Punkt in dieser wüsten Theorie aufzuklären: der höhere Mensch oder der heilige König wird als vereint von männlichem und weiblichem Prinzip dargestellt oder מלכא קדישא ושכינתיה (so lautet in diesem Literaturkreise die Abbreviatur מק"ו). Was soll das bedeuten? Chagis gibt Aufschluß darüber; er teilt nämlich einen Passus aus Cardosos handschriftlichem בקר לאברהם mit, worin eine Theorie entwickelt wird, daß der Gott Israels nicht der verhüllte, willenlose En-Sof oder die erste Ursache, sondern das von Menschen begriffene und begreifliche, menschlich begrenzte Wesen sei, zugleich männlich und weiblich (שבר פושעים signatur 3a): . . . לפי דעת התועב מיכל קארדוזו בכ"י נקרא בקר לאברהם להאמין שאל ישראל אינו עילת על כל העילות הנקרא אין סוף וסבה ראשונה אלא צריך שיהיה סבה שניה שהיה לו קץ וגבול ושיש לו מהות המושג מבשר ודם ושהאלוה הוא זכר ונקבה כדי שיצדק קרא דכת' בצלמינו כדמותנו ושישראל עכשיו בלא אלהי אמת כדי שיצדק פסוק שכחו אל מושיעם וכו'.

Diese ganze sabbatianische Theorie läuft daher auf Inkarnation und Anthropolatrie hinaus. Die Sabbatianer nannten diese Theorie סוד אלהות, „das Mysterium Gottes".

Die Frage entsteht nun, ist diese Theorie von S. Zewi selbst aufgestellt worden? Hat er die Vermessenheit gehabt, sich selbst als Gott, als den verwirklichten Gott auszugeben? Das ist eben der Inhalt des Sendschreibens Cardosos an Samuel de Pagas (o. S. 431 und Note 4, I). Der Verfasser wollte eben nachweisen, daß der Messias nicht identisch mit Gott sei, daß S. Zewi, weit entfernt, sich zum Gott Israels aufgeworfen zu haben, sich ihm im Gegenteil streng untergeordnet, daß er sich nicht mit Bibel und Talmud in Widerspruch gesetzt habe. Der Verfasser gibt zwar zu, daß einige

Sabbatianer behauptet haben, S. Zewi habe es ausgesprochen, daß die Juden im Exile nicht den rechten Gott anbeten, sondern Metatoron — das behauptete namentlich Jakob Israel Duchan — oder Gott habe sich in die Höhe zurückgezogen, S. Zewi sei an dessen Stelle getreten und Chajim Alfa(?) sei Stellvertreter des Messias (das. p. 65): במה ששמעו אזניך מפי הארור יעקב ישראל דוחאן שאמר לכם היות מט"ט (מטטרון) בגלות האלוה, כי כן קבל מאמיר"ה וכיון (l. וכבר) שלחתי אליך דרוש חרב פיפיות לבטל הכפירה הזאת ועוד גדולה ממנה שנתפשטה ברבים: שהקב"ה נסתלק לעיל ושבתי צבי עלה במקומו לאלוה וחיים אלפא (אבולאפיא?) נכנס תחתיו להיות משיח בן דוד והאיש המשוגע הזה שמע ממנו ומן התלמידים ולמד סוד האלהות ממנו ומדרושינו. Auch im Zeugenverhör bei J. Emden (p. 26a) wird dasselbe von seinen Jüngern bezeugt: שש"צ אמר על עצמו שהוא אלהים שהקב"ה נתעלה בעולמו והניח כל הנהגת העולמות בידו. Cardoso gibt ferner zu, daß S. Zewi selbst am Schluß eines Vortrages, den er als Mohammedaner vor seinen Jüngern gehalten, und dem auch der Sultan beigewohnt haben soll, erklärt habe, Gott sei ein Jüngling und gleiche ihm (das.) והשאר החכמים הגדולים ישבו עם אמי"רה ומלך תוגר שומע ולבסוף אמר להם שהקב"ה הוא בחור אחד מפואר דומה לו. (Der Verfasser deutet dabei den Vers an, womit diese blasphemierende Spielerei belegt wurde: דימה דודי לצבי). Er referiert ferner, daß der erste Jünger S. Zewis, Mose Pinheiro (s. o. 436) und mehrere andere, welche von ihm das „Geheimnis der Gottheit" empfangen hätten, angegeben haben, S. Zewi entspreche der Sefira Tiféret (Anfang): כבר ראיתי בעומדי אצלך המחלוקת שהיה לי עם החכם משה פינירו שהוא קבל שנת הת"י בעיר אזמיר מרבו וחביריו סוד האלהות שפירש אמר שהוא מדת הת"ת (התפארת) הספירה הו' היינו מדת הרחמים והוייה שמו.

Was dieser Schwindel zu bedeuten hat, erhellt aus der kabbalistischen Spielerei[1]). Chajon bekämpft weitläufig diese Ansicht, daß die Sefira Tiféret angebetet werden müßte, והנה כפי קצת מקובלים משמע שהעבודה היא בתפארת (עוז לאלהים p. 29b) שתפארת נקרא הויה וקרא אמר ואותו רזא דמהימנותא תעבוד ש"מ שהעבודה היא בתפארת. Zum Teil wird auch in Tiféret in die Genesis des heiligen Königs = Gottmenschen hineingezogen. Genug, Cardoso mußte zugeben, daß unmittelbare Jünger S. Zewis aus seinem Munde die Identifikation seiner selbst mit der Gottheit oder eines Ausflusses derselben vernommen haben. Er wollte aber diese Meinung bekämpfen, und das ist die Tendenz seines Sendschreibens an de Pagas. Er zitiert dagegen Aussprüche von Meïr (ben Chija), dem Arzt, und anderen, welche ebenfalls mit S. Zewi in Adrianopel verkehrt haben, diese hätten nie von ihm gehört, daß sein Glaube dem der Bibel, des Talmuds und des Sohar widersprochen habe, אמנם צריך שתזכור את אשר השיב החכם מאיר רופא

[1]) In der kabbalistischen Theorie bedeutet תפארת die sechste Sefira von den zehn, als der Leib des menschlichen Organismus, welcher die oberen Emanationen mit den unteren verbindet. Die Kabbala trieb dabei ein Spiel mit dem Gottesnamen; י' bedeutet die erste Sefira, das erste ה' die zwei darauf folgenden, ו' die folgenden sechs und das letzte ה' die letzte Sefira, Tiféret allein werde durch das ו' bezeichnet, daher ו' דהוויה. S. Zewi habe sich demnach als die Verkörperung derjenigen Sefira betrachtet, welche die oberen Emanationen mit den unteren vereinige, von oben empfangend und nach unten spendend.

... כי הוא והחכמים אשר באינדרלי ... אשר קבלו ממני אמונת אלהות (p. 67); לא הרגישו שהאמונה הזאת מנגדת מקרא ומשנה הלמוד וס׳ הזוהר והם אומרים כי האיש ההוא (ש״צ) היה צדיק וחסיד וקדוש מנעוריו והעידו תלמידיו ואחיו שתמיד היה נושק התלמוד והמדרשים ואומר שהתנאים והאמוראים הם היו אבותיו ורבותיו בחכמת סוד האלהות. Er entschuldigt S. Zewi, wenn er einmal eine andere Definition von der Gottheit gegeben hat, damit, daß es in noch nicht reifem Alter geschehen sei (das. p. 67): ואז אמיר״ה היה נער והתחיל להכנס בסוד האלהות . . תפס במדת התפארת וזהו מה שגלה לתלמידים שנת הת״ך. Mit einem Worte, die Sabbatianer selbst waren über diesen Punkt nicht einig. Daraus folgt, daß die Schrift רזא דמהימנותא nicht unbedingt als ein Werk Sabbataïs angesehen wurde, denn darin ist die Inkarnationstheorie deutlich ausgesprochen. — Daß sich S. Zewi in offiziellen Sendschreiben als einen Gottmenschen betrachtete, bezeugt zwar Mose Galante (Zeugenverhör, p. 25b): רק אחר שראיתי כתב יד של ש״צ . . . שכתב לכאן לאחד שהיה מאמין בו וחתם את עצמו אני ה׳ אלהיכם שבתי צבי . . . אני מתריס אותו. Man muß aber bedenken, daß solche Sendschreiben nie von ihm selbst, sondern von Salomo Primo ausgegangen sind.

Über sein Verhältnis zum rabbinischen Judentum sind wir weniger unterrichtet. Als aufgehoben mag er es jedenfalls erklärt haben, sei es, daß er sich als Messias oder als Gottmensch gefühlt hat. Hat doch der Sohar, an dessen Brüsten er sich genährt hat, oft genug verächtlich von Mischna und Talmud gesprochen und deren Beseitigung in der messianisch-kabbalistischen Ära verheißen! Authentische Zeugnisse fehlen aber darüber. In dem Zeugenverhör wird allerdings vage mitgeteilt, er habe, als er das Passahlamm in Konstantinopel geopfert, auch das Unschlitt verzehrt und durch eine komische Art von Eulogie zu verstehen gegeben, daß die bisherigen Verbote aufgehoben seien ששבתי צבי . . . קודם שהמיר דתו האכיל חלב כליות . . . גם עשה ברכה . . . ברוך א״ה מתיר אסורים. Der Sabbatianer Baruch d'Arezzo (Quelle II, 2, Anfang) gibt zu, S. Zewi habe sich von vornherein über vieles im Judentume hinweggesetzt und seine Anhänger gezwungen, dasselbe zu tun: היה הוגה את השם באותיותיו אכל חלב ועשה דברים אחרים נגד ה׳ ותורתו והפציר ג״כ לאחרים לעשות כמעשיו הרעים. Das alles sei in der Mystik und in der hohen Bedeutung seiner Mission begründet gewesen. Ferner, er habe sich für heiliger als die Thora gehalten: והוציא חומש אחד מאמתחותיו ואמר שהוא קדוש יותר מספר תורה. In Italien wurde die von ihm ausgegangene messianische Bewegung als antitalmudisch und antirabbinisch aufgefaßt und darum gefördert: Joseph Levi von Livorno (bei Sasportas 28a) ויעיזו פניהם לדבר סרה נגד חכמי המשנה והגמרא; (das. 31b) קמו . . . כל העם מקצה עד שפשטו יד לשונם בקדושים . . . התנאים והאמוראים. Hingegen sind die vagen Nachrichten, daß Sabbataï Zewi Päderastie getrieben, und zwar mit den תפלין um Haupt und Arm, wenn auch von einem reuigen Anhänger oder gerade weil von einem solchen bezeugt (Zeugenverhör bei Emden a. a. O.), sicherlich erfunden, sowie auch die Nachricht, er habe seiner Frau befohlen, sich ehebrecherischen Umarmungen zu überlassen (das. 25 b).

18. Ehe S. Zewi sich zu der Reise nach Konstantinopel anschickte, also zwischen 10. und 22. Tebet, verteilte er Kronen und Königreiche an seine intimsten Anhänger. Aus dem darüber aufgezeichneten Katalog bei Coenen

und Ricaut erfahren wir die Namen seiner Hauptgläubigen; sie sind aber in diesen Quellen vielfach entstellt. Es waren außer seinen zwei Brüdern 23. Von Isaak Silveyra, Abraham Hajachini, Mose Galante, Daniel Pinto, Matthatia Aschkenasi (Bloch), Chajim Pegna (d. h. Peña), Joseph del Kairo (d. h. Raphael Joseph Chelebi in Kairo) war schon die Rede. Außerdem werden noch genannt Salomo Lañado (bei Ricaut zwei dieses Namens, der ältere und jüngere); Mose Cohen (auch in Cardosos Sendschreiben); Abraham Khandali (חנדלי); Abraham Leon; Ephraim Arditi; Salom Carmona (der den Propheten Elias gesehen haben wollte, Coenen p. 66); Meïr Abdeire (vielleicht Meïr ben Chija Rose, der viel mit ihm verkehrte, o. S. 450); Jakob Loxas (vielleicht identisch ר׳יעקב לודריך [das.]); Mardochaï Jesurun; Joseph Carillo (falsch bei Ricauts Sekundärquellen): Scorillo, vielleicht identisch mit קארילריון oder קארילריו in Cardosos Sendschreiben an de Pagas: ובמוה מצאתי בעיר קוסט׳ מבני ישיבה של קאריילריון אשר לבש המצנפת לפני מלך תוגר; ferner Conorte(?); Nehemias; Eljakim Khaver (חבר); Abraham Rubio (ein armer Schlucker, der sein imaginäres Königreich nicht um Schätze verkaufen mochte, Coenen p. 44); Elia Asor und endlich Joseph Pernick (bei Ricaut Invernuch). In Cardosos Sendschreiben kommen noch mehrere Namen vor, von denen drei hervorzuheben sind, Jakob Israel Duchan, welcher geradezu S. Zewi zum Gotte gestempelt hat (o. S. 450), und sein Gesinnungsgenosse Fallachi (p. 66): כי דוחאן ופלייגי דברו שקר; auch bei Sasportas p. 34b: נתן ומתתיה נביאי השקר והשלישי . . . יעקב פאלאג המומר משו יהי לאלה und in einer Polemik gegen Cardoso: יעקב פאלאגי (Note 4, I); ferner David Jizchaki: והחכם השלם דוד יצחקי ושאר הרבנים אשר קבלו ממנו אמונת האלהות, auch bei Sasportas (p. 31b): אחד מגדולי המאמינים שמו דוד יצחקי שכתב לק״ק ליוורנו יע״א שמחוייב להאמין במשיחו כיחוד ה׳ ותורתו. Ob dieser der Vater des Abraham Jizchaki war, der später die Sabbatianer so sehr verfolgt hat? (Vgl. Note 6).

19. Daß die messianische Raserei, die in Smyrna mindestens drei Monate dauerte, von den türkischen Behörden ruhig geduldet wurde, schreiben die christlichen Quellen den Geldsummen zu. De la Croix fügt hinzu (p. 327), daß sich der Kadi den Türken gegenüber entschuldigt habe: que les Juifs étoient en plus grand nombre que les Turcs, qu'il apprendoit que, si l'on entreprenoit quelque chose contre eux, cela ne causât une sédition dans la ville, que son autorité ne pouvoit point appaiser. Die Quelle im Theatr. Europ. dagegen referiert, der Kadi habe S. Zewi drei Tage Frist gegeben, sich nach Konstantinopel zu stellen. Die späteren Vorfälle sprechen dafür, daß das Treiben den Spitzen der türkischen Regierung zu Ohren gekommen und mißfällig angesehen war. Seine Abreise nach Konstantinopel setzt Coenen 22. Tebet = 30. Dezember 1665, Ricaut 1. Januar 1666. Kann man dieses Datum nicht als Berechnung ansehen, um seine chimärische Unternehmung mit dem apokalyptischen Jahre 65 zu beginnen? — Über seine Fahrt berichtet am ausführlichsten de la Croix (p. 343—350). Häscher waren vom Kaimakam ausgesandt, ihn gefesselt nach Konstantinopel zu bringen. Da sein Schiff durch Sturm an der Dardanellenküste zu landen gezwungen war, holten sie ihn ein und setzten die Reise zu Pferde bis Chekmese Kutschuk (unweit Konstantinopel) fort, wo sie ihn des eintretenden Sabbats willen bis Sonntag Halt machen ließen. Durch einen Boten von

seiner Detention benachrichtigt, eilten viele Anhänger der Hauptstadt zu ihm und erleichterten durch Bestechung seine Haft. Sonntags darauf wurde er zu Schiffe nach Konstantinopel gebracht (nach 39 oder 40tägiger Fahrt); das war 7. Februar = 2. Adar I. Unrichtig daher bei Coenen und der anderen holländischen Quelle: 6. Februar (weil es ein Sonnabend war). Seine schimpfliche Behandlung vom Kaimakam bei seiner Ankunft und sein feiges Verleugnen seiner messianischen Rolle konstatieren fast sämtliche Quellen. Nach de la Croix wurde er in ein Gefängnis für Schuldner gebracht. Der Berichterstatter aus Galata, welcher für die Vorgänge in Konstantinopel und was später erfolgte als Augenzeuge oder, dem Schauplatze näher, besser unterrichtet war, referiert, die Juden wären von den Gassenbuben verhöhnt worden mit dem Rufe: Gheldi mi. Gheldi mi (kommt er?) und hätten sich wegen eines Steinregens auf sie einige Tage nicht auf den Straßen blicken lassen. — Durch Bestechung des Gefängniswärters wurde Sabbataï später besser behandelt, und diese Milderung seiner Haft erhöhte den Taumel. Nach Coenen (p. 48) blieb er bis zum 3. Nissan in Konstantinopel und wurde an diesem Tage nach dem Dardanellenschloß abgeführt. Sasportas dagegen, er sei am Rüsttag des Passahfestes = 14. Nissan dahin gekommen. Da die Fahrt nicht elf Tage dauerte, so mag bei Coenen ein Druckfehler stecken: 13 statt 3. Als Grund seiner Entfernung gibt Sasportas an, die bei Hofe angesehenen Juden hätten es vermittelt, um nicht Gefahren über die Juden heraufbeschwören zu lassen (Anfang und p. 2): וכפי מה שנתאמת אחר כך ע"י הגבירים ראשי הקהל יצ"ו הקרובים למלכות הם שהיו אמצעיים על כך (להוליכו לגאליפול) . . . חששו שמא יגרום להם שום סכנה . . . ובבואו קרוב למבצר היה ערב פסח ושחט כבש לשם קרבן פסח וצלאו בחלבו והאכיל את בני חבורתו. Dagegen Ricaut, der Wesir Köprili, der zum kandiotischen Kriege ausziehen wollte, fürchtete für die Sicherheit der Stadt wegen der Unruhe unter den Juden und ließ ihn bringen à un des châteaux des Dardanelles appelé Abydos, qui est du côté de l'Europe. Ebenso de la Croix Château neuf (unrichtig bei Sasportas: Gallipol). Dieses Schloß nannten seine Anhänger mystisch מגדל עוז (Sasportas 2a). Die Aufhebung der Fasttage 17. Tammus und 9. Ab und die Einführung eines außerordentlichen Sabbats am Montag, 23. Tammus, gingen von hier aus (Sasportas p. 26a; Coenen p. 49 f.).

20. Von den Wirkungen dieser tollen Messianität auf die Gesamtjudenheit sind alle Quellen voll. Sie äußerten sich a) in fast ungaublichen Almosenspenden und Kasteiungen, am auffallendsten in der Kabbalistengemeinde Salonichi (Coenen p. 59—62); b) in Hüpfen und Springen in den Synagogen mit den Thorarollen (הרקוד שיהיה בתקון ובסדר Sasportas p. 7b); c) in Einstellen der Geschäfte; d) in Verheiratung von jungen Kindern, Mädchen unter zehn Jahren, in Salonichi allein 700—800 Paare (Coenen p. 62). Ricaut p. 177 f.: De peur qu'il (Sabb.) ne les accusât d'avoir négligé la loy . . . ils marièrent ensemble plusieurs enfants de dix ans et au-dessous . . . Jusqu'au nombre de 600 ou 700 couples. Den eigentlichen kabbalistischen Grund gibt die hebräische Quelle (bei Emden 14b) richtig an: וזווגו ילדים בני עשר עם ילדות פחותים מזה . . . כדי שיכלו נשמות שבגוף. — e) In fanatischer Zwistigkeit zwischen כופרים und מאמינים (vgl. Sasportas p. 26a). Chajon, allerdings kein sehr zuverlässiger Zeuge, erzählt, der Vater und Großvater der beiden Verfolger der Sabbatianer, Jakob

Aschkenasi, habe über einen Ungläubigen Todesstrafe verhängt (הצר צבי מר צבי (חכם צבי) בן יעקב, הוא בן (יעקב) המאמין Vorwort, fol. 3b unten) הגדול בששבתי צבי אשר היה בעיר בודין ... והוא אשר מסר נפש מישראל להריגה על שלא עשה מי שבירך בב"ה לחיי שבתי צבי ופסק דין שמורד במלכות בית דוד היה והתיר דמו של אותו יהודי. Die bedeutendsten Rabbiner von Asien, Afrika, Deutschland, Polen, Italien und Holland waren alle bis auf sehr wenige Ausnahmen gläubig. Vgl. Zeitschrift בית המדרש, p. 92, von dem Rabbiner Jaïr Chajim Bachrach, damals in Mainz, der doch einen Anflug von Wissenschaftlichkeit hatte; auch sein greiser Vater Simson Bachrach; ferner sämtliche literarisch gebildete Rabbiner Amsterdams, wie Sasportas berichtet. [Vgl. Kaufmann, R. Jaïr Chajim Bachrach und seine Ahnen (Trier 1894), S. 103, 129.] Die italienischen Gemeinden schickten drei namhafte Männer, Talmudisten und Kabbalisten, nach der Türkei, Erkundigungen einzuziehen: Simson Baki, Vita Segre und Jorino(?) von Mantua (Coenen p. 126). Über die außerordentliche Frequenz auf der Dardanellenstraße und die Wallfahrten zu Sabbataï berichtet ausführlich die holländische Quelle aus Galata. — Aber auch Christen waren von dem Taumel ergriffen, vgl. die Quelle bei Emden p. 4a: אפילו כל הערלים היו מאמינים ואומרים גם אנו נלך עמכם לארץ הקדושה, vgl. auch Schudt, Jüdische Merkwürdigkeiten (II, 2. Abt., p. 47). Coenen erzählt (p. 130): dat veele Christenen dese Raseruye voor Waerheydt oenamen. (Viele Christen nahmen diese Raserei für Wahrheit). Darum konnte sich später Sabbataï rühmen, daß er viele Nichtjuden zum Judentume herübergezogen habe (Zeugnisse Ms. Halbst. A, Bl. 71r.): והרי מאותו היום אספתי כמה עמרים אשר אין להם מספר מהנפשות אשר עשיתי והוספתי מהאומות על ישראל. Für mystische Christen war das apokalyptische Jahr 1666 entscheidend. Auch Türken wurden gläubig (Cardoso Ms. das., Bl. 116r.) בעבור כי גם מן התוגרמים היו מאמינים בדבר הזה. Vgl. weiter die Nachricht von Tobia Rofe. Auch ein Derwisch, in Weiß gekleidet, predigte und prophezeite von ihm in Konstantinopel (de la Croix p. 365). Über den jüdischen Propheten in derselben Stadt: Moyse Suriel, jeune homme sçavant dans la Cabale (das. p. 357, Coenen p. 57). Daher war in Europa die Neugierde außerordentlich gespannt; es ergingen Anfragen über diese scheinbar außerordentliche Erscheinung an Korrespondenten und Legationen in Konstantinopel und Smyrna. Diesem Umstand verdanken wir so ausführliche Nachrichten über ihn.

21. Die Katastrophe wurde durch eine Gesandtschaft aus Polen (Lemberg) herbeigeführt. Der Rabbiner Jesaia, Sohn David Levis (Verfs. des טורי זהב und מגן דוד) und sein Stiefbruder Leb, beide Enkel von Joël Serkes (Verf. des בית חדש), wurden an ihn abgeordnet. Am 23. Tammus waren sie bereits dort. Auch sie wurden durch Spiegelfechtereien von seiten Jachinis und Primos geblendet. Sie müssen von dem Kabbalisten Nehemia Kohen in Polen viel Wesens gemacht haben. Darauf erließ S. Zewi an den greisen David Levi ein Sendschreiben mit einem Geschenke, diesen Nehemia eiligst zu ihm kommen zu lassen (Sasportas p. 19a f.; Quelle bei Emden p. 8b f.). Das Schreiben beginnt: מהרה אני אנקום נקמתכם (d. h. wegen der Gemetzel durch die Kosaken) und schließt: הנביא ר' נחמיה ימהר לפני בצהלה ורנה. Von diesem Nehemia, seinem Judas Ischariot, berichten fast sämtliche Quellen (Sasportas p. 29a): זה החכם ... נחמיה ... לא היה נביא אלא בפולין היה כמשוגע ואומר דברי שגעונות. Nach demselben traf

Nehemia Kohen schon am 4. Elul im Dardanellenschloß ein (p. 28 b) und hatte eine dreitägige Unterredung mit ihm; nach Coenen (p. 82) nahm Nehemia bereits am 5. Elul den Turban. Die Unterredung scheint sich um die Vorläuferschaft des Messias von Ephraim gedreht zu haben. Nehemia, obwohl oder weil selbst Phantast, mochte nicht an S. Zewi glauben. Darauf wurde er Türke und denunzierte das Treiben. Er soll nachher nach Polen und zum Judentume zurückgekehrt und unter einem falschen Namen 1690 in Amsterdam im Elend gestorben sein (Sasportas p. 28a, bei Emden p. 13a). — De la Croix berichtet, der Sultan selbst soll durch das Freudenfest der Juden am 9. Ab auf das Treiben aufmerksam geworden sein (p. 372). S. Zewi wurde nach Adrianopel gebracht 12. Elul (Coenen p. 83) oder 13. Elul (Sasportas p. 28b: כ״ג לאלול = l. ר״ג); ebenso de la Croix p. 372: S. Sevi arriva à Adrianople le 14. Sept. = 13.[1]) Elul. Bei der Verhaftung wurden die antichambrierenden Sabbatianer auseinandergejagt (Saspartos das.). Nach de la Croix' Bericht (p. 373) ließ der Kaimakam ihn zuerst mit dem jüdischen Renegaten, dem Leibarzte des Sultans, zusammenkommen, der ihn durch Androhung grausiger und schimpflicher Strafen dahin gebracht hat, aus eigenem Antriebe den Turban zu nehmen. Die Szene vor dem Sultan war nur noch Komödie. L'Ekim Bachi fit donner avis au grand Seigneur, de ce qui s'étoit passé, que Sevi avoit changé de sentiment et que reconnaissant son erreur, il vouloit abandonner sa Loy et embrasser celle de Mohamet; la Hautesse, zélée pour sa religion, ordonna, que l'on le fit entrer.

Le prétendu Messie en abordant le seuil de la porte de l'appartement impériale, jetta à terre le bonnet juif, qu'il foula aux pieds, en même temps un page du grand Seigneur lui mit un turban sur la tête et le dépouilla de la vête juive de drap noir, le revêtit d'une autre, dont la Hautesse luit fit présent, avec laquelle l'on l'instruisit en la présence; elle le nomma Aga Mehemet Effendi (l'estimé docteur Mehemet), le fit Capigi Bachi et lui donna cinquante écus de pension pour mois. Gautier de Leslie (a. a. O.) erzählt: On en consulta le Moufti, et il répondit, que la réputation de cet homme n'étoit pas sans danger. Übereinstimmend damit sind die Nachrichten von Cardoso und Tobia Rofe, daß der türkischen Regierung viel daran lag, die Sache still abzumachen, um S. Zewi nicht zum Märtyrer zu machen und dadurch eine neue Sekte zu stiften (Ms. Halbst. A, 167): ויועצו יחדיו המופתים וחכמיו שלא להרגו בעבור ששם משיח יצא בכל העולם ואם יהרגו אותו יתן מכשול לרחוקים ויורשו לעשות כת אחרת בעבור כי גם מן התוגרמים היו מרננים בדבר הזה ויותר טוב להלבישו בגדי תוגר או ברצונו או בעל כרחו וכך עשה התוגר ... והמלך התוגר לא בקש אלא כפי העצה להלבישו בגדי בש״ת. Tobia fast ebenso: וכראות המלך שלא לבד יאודים רבים ... כי אם קצת ישמעאלים התחילו להאמין בו חשב בלבו פן יחלק לב העם ... ומרידה תהיה באחרונה לכן צוה להופשו ולהביאו לפניו. — Den renegatischen Leibarzt Hakim Baschi nennt Coenen (p. 84) Guidon (falsch in der hebräischen Überarbeitung דידון oder גירדאם). Tobia Rofe nennt ihn: מאיאנ זאדי, die Quelle bei Emden p. 15a: משה בן רפאל ממשפחת אברבנ״ל. — S. Zewi erhielt den Namen Mehmed und den Titel Effendi, Capigi Otorak (Türhüter); nach der holländischen Quelle (p. 17) Azi Mehmet Aga und seine Frau,

[1]) [Der 14. September war vielmehr der 14. Elul].

die sich auch bekehrte, Fauma Cadin. Er soll, nach derselben Quelle, noch dazu eine Sklavin geheiratet haben.

22. Die Folgen: Die Apostasie scheint ihm keine Skrupel gemacht zu haben; denn neun Tage darauf schrieb er einige unverschämte Zeilen an seine Brüder, die Coenen erhalten hat (p. 86, auch bei Emden p. 10a): עתה הניחו לי כי הש"י עשני ישמעאל ... אני אחיכם מחמד קאפיגי באשי אוטראק. כי הוא אמר ויהי הוא צוה ויעמוד ד"ך אנ"י לדוד"י ודוד"י ל"י יום ט' לחדוש"י כרצונו (= כ"ד אלול) (am 16. Elul ist er demnach Türke geworden = 16. September). Auch seine enthusiastischen Anhänger fanden sich darein und erklärten aus dem Sohar, daß es so kommen mußte; der Messias müsse äußerlich schlecht (Apostat) werden: טב מלגאו וביש מלבר (Sasportas p. 42a und öfter auch in späteren Quellen). Diese Akkommodation oder dieses Stichwort ging nicht von Nathan aus, denn er selbst war anfangs wegen der Apostasie verblüfft. — Andere erklärten die Apostasie als Doketismus (Coenen p. 90). — Der Sultan hat zur Strafe für die Verirrung der Juden und ihre rebellischen Velleitäten befohlen, 50 Rabbiner hinzurichten (Sendschreiben des Konstantinopeler Rabbinats, bei Emden p. 10b, auch das. a, Coenen p. 87, 110). Die Sultanin-Mutter soll sich aber für Amnestie energisch verwendet haben. De la Croix (p. 373): Le Kaimakam demanda au grand Seigneur ce que l'on feroit de ceux de sa suite, sa Hautesse répondit, qu'il suffit, que leur chef leur eût montré le chemin, qu'ils devoient suivre. Die Juden sind mit dem Schrecken und dem Spott davongekommen; die Türken riefen ihnen nach: Pouste, Pouste! was Coenen selbst nicht genügend zu erklären weiß (dasselbe auch bei Ricaut). — Das Konstantinopeler Rabbinat gab sich alle Mühe, teils die Aufregung zu besänftigen und den Frieden in den türkischen Gemeinden wiederherzustellen, teils vor Nathan Ghazatis Schwindeleien zu warnen und teils die zähen Sabbatianer in den Bann zu tun. Drei Sendschreiben sind bisher darüber bekannt: 1. bei Emden, p. 10 b, ohne Datum, aber wahrscheinlich nicht lange vor der Apostasie erlassen; das. 11a und bei Coenen, p. 113, d. d. 12. Kislew = 9. Dezember 1666; 3. bei Coenen, p. 118, d. d. 5. Schebat = 30. Januar 1667; auch bei Ricaut.

23. S. Zewis weiteres Verhalten. Das Rabbinat von Adrianopel erließ ein Sendschreiben, worin eine Art Reuebekenntnis von ihm niedergelegt ist, als wenn er von Nathan und Jachini getäuscht worden wäre (Sasportas p. 35 b, s. o. S. 438). Dieses Bekenntnis scheint eine Fiktion zu sein, hervorgegangen aus einer pia fraus des Rabbinats, das die Abrogation des Fasttages 17. Tammus (1667), von seinen Anhängern in Adrianopel festgehalten, durch seinen eigenen Mund als wieder aufgehoben darstellen wollte. In dem ersten Jahre nach seinem Übertritt, von dem Mufti Vanni oder Vanly beobachtet, hat er wohl nicht mit Juden verkehrt. Erst Ostern 1668 scheint er seine Mystifikationen für die Juden wieder aufgenommen zu haben. In dieser Zeit sind die fünf Zeugnisse (סהדותא o. S. 432, 4e) entstanden, verrückte, gotteslästerliche Apokalypsen, wohl schwerlich von ihm selbst verfaßt. Sie lassen ihn mit Gott auf dem Fuße der Gleichheit verkehren. Das erste Zeugnis beginnt: הא לכם אנשי קדש אנשי אמת המתמלאים רחמים על ישראל. דעו לכם כי בליל פסח שנת התכ"ח רצה הקב"ה ... להשרות שכינתו רוח קדשו על הגואל האמתי אדונינו מלך המשיח שבתי צבי ... להושיע ולגאול את ישראל. Im zweiten Zeugnis heißt es: בליל שביעי של פסח הזמין

הקב"ה לאדונינו ש"צ. Seit dieser Zeit spielte er eine doppelte Scheinrolle, bald als frommer Jude, um die Juden wieder an sich zu fesseln, bald als Mohammedaner, um den Sultan und Mufti glauben zu machen, er werde die Juden zum Islam hinüberziehen. Kurz charakterisiert sein Treiben Tobia Rofe: והוא נהג את עצמו כבראשונה פעם התפלל ועשה כמנהג היהודים ועשה מעשים משונים. Zu diesen exzentrischen, auffallenden Handlungen gehört auch, daß er am Sabbat zur Vorlesung aus dem Pentateuch sieben Mädchen habe aufrufen lassen, wie Mose Chagis erzählt (bei Emden p. 20a, Note): ובשבת היה מעלה שבע בתולות לספר תורה. — Zum Schlusse sei noch mitgeteilt, was Ricaut und de la Croix von ihm bis zu seinem Ende erzählen; sie ergänzen einander.

Der erstere (p. 206): Depuis ce tems-là S. Sevi a vécu dans une dévotion particulière, estant élevé aux pieds du grand Gamaliel de la cour Turque — Vanni Effendi — l'oracle de la religion Mahometane. Ce fut sous ce grand maistre, que Sab. receut les teintures de la loy de Mahomet ... En échange Vanni ne dédaigna pas d'apprendre de lui plusieurs choses, qui regardoient le culte et les rites des Juifs ... comme Moyse à la cour d'Egypte ... Il les assura constamment, qu'il étoit effectivement leur Messie. Il ajoutoit, qu'il ne conduiroit sa nation à Jerusalem, à moins qu'elle ne devienne semblable à lui. On vit arriver de Jerusalem, de Babylone et d'autres lieux éloignés un assez grand nombre de Juifs, qui jetant leurs bonnets en terre, se faisoient Turcs en présence du G. Seig. ... Par les Prosélytes, qu'il faisoit, ils lui permirent d'aller voir ses frères aussi souvent qu'il le souhaitoit. Il employa ce temps à circoncire leurs enfants au huitième jour ... et à prêcher la nouvelle doctrine ... il mourut en l'an 1676. — De la Croix berichtet (p. 376): Il contrefit pendant quelque temps le Turc zélé ... le G. S. le fit venir, lui fit de grands reproches et ordonna à Vanni Eff. ... de l'instruire dans la pratique de la loy Mahometane. Le converti s'attacha aussi fortement à lui qu'un écolier à son maistre. Il mena longtemps cette façon de vivre, durant laquelle il ne laissa pas de pratiquer avec ses sectateurs, qu'il entretint toujours de belles espérances. L'empereur en fut informé une seconde fois et résolut de le punir. Er erzählt weiter, S. Zewi entschuldige sein Verfahren damit, weil es seine Absicht sei, die Zahl der Mohammedaner durch angesehene Juden zu vermehren. Er lud seine Anhänger ein, und diese entsagten vor dem versammelten Diwan dem Judentume (p. 381). Mehemet Effendi se fit en peu de temps un cortège nombreux de Juifs mussulmanisés, lesquels l'accompagnoient partout et dans toutes les synagogues, où il prêchoit hautement le mahometisme ... pendant cinq années ou environ (p. 382). Le nouveau Turc se moqua de leur remontrance, y répondit par une blasphème contre la loy Judaique. Il avoit recours aux fausses accusations de blasphème contre la loy mahometane, dont il portoit ses plaintes au grand divan, où ces misérables étoient contraints, pour éviter la mort, de professer de bouche une religion qu'ils détestoient dans l'âme ... Sa hautesse ayant reconnu sa mauvaise foi, se contenta de lui retirer sa pension ... il vint à Constantinople ... Enfin la mesure étoit comble ... il étoit une nuit assemblé avec plusieurs Juifs dans un village au canal de al mer noir Courou Chesmé, ou ils se divertissoient en chantant les

Psaumes, le Bostangi Bachi ... ayant rendu compte à la Porte, le grand vesir envoya un ordre au Kaimakam de se saisir de la personne de cet apostate et de le faire conduire au château de D u l c i g n e ... dans une prison continuelle. Die Quelle bei Emden (p. 13a) berichtet, die Juden hätten es sich zwölf Beutel Löwentaler = 15 000 holländische G. kosten lassen, um den Wesir zu bewegen, S. Zewi zu verbannen. — De la Croix erzählt weiter: seine Frau erhielt die Erlaubnis, ihn in seiner Verbannung zu besuchen. — Hier ist von seiner zweiten Frau die Rede (bei Emden das.): גם שנשא ש"צ בת יוסף פילוסוף אשתו וגם חמיו יוסף פילוסוף; p. 21a, Note: אחר שמתה אשתו הנ"ל (שרה). De la Croix: ils finirent ainsi leurs jours après p l u s i e u r e s années de prison. Sévi mourut 10 Sept. 1676 agé de 50 ans. Bei Emden das. fol. 13a: מת בחולי קוליק ונקבר ביום הכפורים אצל המים . . . חל"ו. Auch C u e n q u i (bei Emden, p. 21a) nur glorifizierend ausgedrückt: 10. Tischri = 30. September¹): falsch daher in allen christlichen Quellen 10. September. Von der Mystifikation seiner ihn überlebenden zweiten Frau später.

II. Nathan Ghazati und Sabbataï Raphael.

Diese Wanderpropheten haben den Taumel auch nach S. Zewis Apostasie gefördert.

Nathan hielt sich während der Vorgänge in Smyrna, Konstantinopel und im Dardanellenschloß immer noch in Gaza auf und erließ von da aus seine tollen prophetischen Sendschreiben. Auf seine Veranlassung wurde im Gebet an Feiertagen eingefügt: ויקוים בו מקרא שכתוב ונחה עליו רוח ה׳, nämlich für S. Zewi; später ist diese Formel בו in בנו verwandelt worden. (Auerbach, Geschichte der Gemeinde Halberstadt, S. 181). Bei der Nachricht von der Apostasie begab er sich nach Damaskus; von hier aus richtete er ein Sendschreiben d. d. 22. Marcheschwan 5427 = 20. November 1666 (שנת מ׳ש׳ר׳ח ב׳ך ׳ד׳ו׳ד ב׳א׳) [vgl. Neubauer in der Monatsschrift, Jahrg. 1887, S. 206], scheinbar an S. Zewi, eigentlich an die Gemeinden, daß man sich durch die Apostasie nicht irre machen lassen sollte: אין להרהר אחר מדותיו נפלאים מעשיו, und daß er den Auftrag erhalten habe, nach S c a n d r o n e zu gehen (hebräisch bei Emden p. 99, bei Ricaut übersetzt). Aus derselben Zeit ist auch das kleinere Schreiben an die Gemeinde von Aleppo (Coenen p. 101 und bei Ricaut). Er ritt auf einem Rosse, hatte einen Säbel an der Seite und 36 Personen in seinem Gefolge, worunter sein Schwiegervater und einige Türken (Coenen p. 122). Das Rabbinat von Konstantinopel warnte die Gemeinden vor seinen Schwindeleien in einem Schreiben (d. d. 12. Kislew) und berichtet von ihm וילך למסעיו בדרך אסקנדרונה לבא דרך ים לאיזמיר או לקוסט׳ (Emden 11a). Er begab sich nach Salonichi (wo sein Schwiegervater starb) und dann nach Brussa (Sasportas p. 35a). Den 1. Schebat = 26. Januar 1667 kam er nach Brussa (Coenen p. 122). Dort zerstreuten sich seine Begleiter, und er kam mit sechs Personen in Smyrna an, 1. Adar (das. p. 124). Aber dort verfolgt, begab er sich in die Nähe nach B o n a r B a g i,

¹) [Der 10. Tischri 436 war allerdings am 30. September 1675. Im Jahre 437 aber — und so scheint bei Emden fol. 13a gelesen werden zu müssen — war der 10. Tischri am 17. September 1676, welches Jahr die christlichen Quellen übereinstimmend als das Todesjahr bezeichnen].

7. Adar = 3. März (das. p. 134, Ricaut 203). Er kam aber zum zweiten Male nach Smyrna, 4. Jjar (in dieser Zeit hatte Coenen eine Unterredung mit ihm), konnte sich aber nur zwei Tage dort halten (das. p. 137—140, Sasportas p. 35a). Im selben Monat kam er dann nach Ipsola (in der Nähe von Adrianopel). Hier begaben sich zu ihm Delegierte von Adrianopel und Konstantinopel, um ihm das Wort abzunehmen, nicht innerhalb zwölf Tagereisen von Adrianopel zu weilen, 8. Siwan (Respp. Samuel Aboab Ende und bei Emden). Nathan partit ensuite pour Chio, accompagné de deux disciples, d'un valet, et de trois Turcs (Ricaut p. 203). Auch in Korfu war er (Sasportas p. 39b); von da richtete er Sendschreiben nach Zante (Bet ha-midrasch Zeitschrift, p. 92): העתק כתב מנתן הנביא מק״ק קורפיו לק״ק אלזנטא ומשם לק״ק יאס. Von Korfu begab er sich nach Venedig, und zwar in den Mittelfeiertagen des Passahfestes 1668 (Respp. Samuel Aboab דבר שמואל, fol. 96b). Dort wurde ihm sein Handwerk gelegt und er nach Livorno befördert, er entkam aber nach Rom, ging doch nach Livorno (das. Sasportas p. 39b, 40b) und zuletzt gegen sein eidliches Versprechen doch wieder in die Gegend von Adrianopel (das.). Aus Cuenquis allerdings sagenhafter Angabe scheint hervorzugehen, daß er in Sofia sein Leben beendet habe (bei Emden p. 26b). Sein Todesjahr erfahren wir aus einer jüngst entdeckten Handschrift. In einer Sammlung von Sprüchen und Memorabilien des ketzerischen Schwindlers Frank in polnischer Sprache (mitgeteilt von Skimborowicz, Leben, Ende und Lehren Franks, Warschau 1866) heißt es p. 47, No. IX in wörtlicher Übersetzung: „Frank wanderte auf Nathans Grab und sah sein Denkmal, auf welchem auf hebräisch das Jahr 440 stand" d. h. ת״ם = 1680, und der Denkvers dazu: ת״ם עונך בת ציון.

2. Über Sabbataï Raphael sind die einzigen Quellen Sasportas (in Antisabbatiana und Respp. אהל יעקב) und Ricaut. Der erstere p. 40b: נביא אחד . . . שמו שבתאי רפאל . . . מעיר מוריאה שבא לקוסט׳ בהיותו רך בשנים . . . ובהיותו שם שמע משבתי צבי שהוא בארץ הקדש׳ . . . הלך אצלו לשם והיה מאנשי חברתו . . . והוא היה עמהם (עם ש״צ ונתן) בקשר רשעים ויצא עם חבר אחד לחוצה לארץ להטעות את העם . . . והרבה טעו אחריו והלך לרומי . . . ובא לעיר ויניציא . . . חזר לו ובא דרך אשכנז עד לפראנקפורט . . . ובא מפראנקפורט לאמשטרדם (auch das. 45b aus den Respp.). Daselbst heißt es, daß er am Rüsttage des Versöhnungstages dort angekommen sei und in den Mittelfeiertagen הת״ך = Anfang Oktober 1667 aus Amsterdam verjagt wurde, nach Hamburg kam, viele Schwindeleien machte: גזל גנב נאף אשת איש וגוית ורצח הרבה ברפואותיו, wurde auch aus Hamburg verjagt und entfloh nach Polen (das. ברח והלך לו דרך פולין ולא נודע מקומו . . .). Er tauchte aber wieder in Smyrna auf, und zwar anfangs 1672, wie Ricaut berichtet (p. 208), der ihn zwar nicht nennt, aber durch die Bezeichnung imposteur de la Morée kenntlich macht: Cela n'empêche pas, qu'au mois de Janvier 1672 on ne vist paraistre à Smyrne un autre imposteur, que l'on disoit estre de la Morée, quoique son origine ne fût pas connu. Er konnte wegen der herrschenden Antipathie gegen Sabbataï Zewi und wegen Opposition des Rabbinats nicht viel Anhänger werben. Die Juden klagten ihn, um Aufsehen zu vermeiden, nicht als einen Pseudomessias, sondern als Ehebrecher an, et à force d'argent obtinrent une sentence du cadi qui le condamnoit aux galères. On le tint par forme un peu de temps en prison, et ce temps lui servit à se

justifier en montrant les faussetés visibles dans l'accusation, il alloit sortir de prison. Mais l'argent et le pouvoir de la synagogue eurent plus de force que les amis et les disciples de l'imposteur qui demeure en prison.

4.

Das apostolische Zeitalter nach Sabbataï Zewi.

In dem Jahrhundert, welches zwischen Sabbataïs Apostasie und Franks Mystifikation liegt, trat eine ganze Reihe sabbatianischer Schildträger auf, die sich bald als seine Apostel, bald als selbständige, aber jedenfalls von ihm ressortierende Messiasse ausgaben. Einige derselben sind bisher nur dem Namen nach bekannt geworden, andere sind ganz unbekannt geblieben. Es ist mir gelungen, durch Einsicht in selten gewordene gedruckte Quellen und in handschriftliche Nachrichten ein Bild von diesem unsauberen Treiben, von dem man bisher keine Ahnung hatte, zu erhalten. Hier will ich quellenmäßige Rechenschaft davon geben. Die Hauptträger des apostolischen Zeitalters sind Cardoso, Mardochaï Mochiach, Daniel Israel, Jakob Querido, Chajim Malach, Chajon und Löbele Proßnitz.

I. Abraham Miguel Cardoso.

Sasportas hat auch über Cardoso eine authentische Relation hinterlassen; die Editoren des ציצת נובל צבי haben jedoch das darauf Bezügliche weggelassen (vgl. Antisabbat., p. 40 b, 47 a). So ist in den gedruckten Quellen nur wenig über ihn enthalten. Cardoso ist aber ein sehr wichtiges Mittelglied zwischen Sabbataï und den Späteren, seine kabbalistische oder theosophische Theorie hat bei den offenen und verkappten Sabbatianern Glück gemacht. Selbst Eibeschütz hat sie gekannt und benutzt (s. weiter Note 7). Cardosos Schriften geben erst das rechte Verständnis für das Treiben der Sabbatianer. Ich war so glücklich, durch Gefälligkeit literarischer Freunde in den Besitz von Schriften zu gelangen, die von Cardoso stammen oder gegen ihn gerichtet sind, wodurch sich — mit Hilfe einiger Kombinationen — seine Biographie und seine Theorie zusammenstellen lassen. Cardoso hat sehr viel zusammengeschrieben, und ich werde weiter unten ein Verzeichnis seiner Schriften geben; aber es sind fast alle, soviel ich ihrer gesehen, Wiederholungen eines und desselben Themas und daher von geringem Interesse. Die für seine Biographie wichtigen Schriften sind:

1. Cardosos Sendschreiben (in Ms. Halberst. A., Bl. 113—119, s. o. S. 432, 4); es ist unterschrieben: אגרת מכמהר' אברם קארדוזו מכריפולר זלה"ה. Wie sich weiter zeigen wird, ist es an seinen Bruder Isaak (Fernando) Cardoso, Arzt und Philosoph in Verona gerichtet.

2. Sein Sendschreiben an das Rabbinat von Smyrna im Jahre 1668, Perikope בהעלותך = zwischen 10.—15. Siwan, an הרב ר' חיים בנבנשתי ר' שלמה אלגאזי, ר' שלמה ן' אברהם הכהן und ר' יצחק די אלבה gerichtet. (Ms. Halberst. Anfang). Es ist zwar daselbst anonym (nämlich am Ende defekt), aber es hat denselben Gedankengang wie das vorige und ist in der folgenden Quelle ausdrücklich als von Cardoso stammend erwähnt.

3. Eine gegen Cardoso gerichtete polemische Schrift unter dem Titel ספר מריבת קדש (Ms. Halberst. B., Bl. 67—69 defekt am Ende, vollständig in der Günzburgischen Sammlung). Diese Schrift enthält sehr viel Biographisches, das Titelblatt sieht aus, als wenn sie gedruckt wäre. Es lautet: ס׳ מריבת קדש והוא פרסום לחנפים מפני חלול השם והאנשים אנשי חוח באהליהם מעשה ידי . . . בקושאנטינה קרית מלך רב אדונינו המלך שלטן אחמד שנת ועב״די ד״וד נש״יא עליהם = d. h. gedruckt in Konstantinopel 1707, ein Jahr nach Cardosos Tod. Der Verfasser war Elia Kohen; darauf machte mich H. Senior Sachs in Paris aufmerksam, daß nämlich der wiederholt verschlungene Name auf dem Titelblatt unter den Worten מעשה ידי zu lesen sei: אליה הכהן. Verfasser war vielleicht der Smyrnaer Prediger dieses Namens (Elia ben Abraham Salomo ha-Cohen), Verfasser vieler Schriften, auch des populären שבט מוסר, st. 1729 (vgl. Asulaï I, p. 22). Redigiert ist diese Polemik von Jom-Tob Roman, Sohn des Isaak Roman, der auch ein kurzes Vorwort dazu gegeben . . . תוספות יום טוב על כל דברי הספר יום טוב רומאן בכמה״ר יצחק רומאן ן׳ בקודי זלה״ה. Dieser Herausgeber erwähnt, daß er mit Cardoso oder seiner Sekte in enger Berührung gewesen sei, und dankt Gott, daß er ihn vor dieser Ketzerei geschützt habe. Er will eine polemische Schrift gegen Cardoso unter dem Titel קנאת ה׳ geschrieben haben.

4. הכתב, die Schrift oder Sendschreiben an Samuel de Pagas; es ist das von N. Brüll edierte Ms. aus der k. k. Wiener Hofbibliothek (oben S. 431, 3). Verfasser ist Cardoso, und man ist imstande, Ort und Zeit seiner Abfassung genau anzusetzen. In der Schrift מריבת קדש, Bl. 15 b heißt es nämlich, nachdem das abenteuerliche Leben Cardosos Schritt für Schritt verfolgt worden ist, בהיותו (קרדוזו) בעיר שיאו נשאל מאיש אשר אחרי שבתי צבי היה כרוך ובאמונת האחדות היה נבוך. וזאת השובת השאלה מלה במלה . . . אתה נבוך בסוד אלהות אשר מסר אמיר״ה כי שמעת אותי בחלוק רב זה אומר בכה וזה אומר בכה. האחד הר״די אשר הלביש אותו מצנפת וברח מפניו שאמר שקבל מפיו הויות מדת הת״ת (תפארת). והב׳ ר׳ משה הכהן ששמע מפיו הויות ו׳ דהויה שהוא הכל ובו הכל. הג׳ שאמר לפני אנשים רבים הקב״ה בחור אחד דומה לו. הד׳ דוכן הארור שאמר שקבל שבגלות העבודה היא למט״ט (מטטרון). הה׳ שנתפשטה ברבים שהקב״ה נתעלה וש״ץ עלה למקומו ומשוגע אחד נכנס למשיח בן דוד תחתיו . . . אך זה תשיב אל לבך שאין ראוי להאמין שמפיו של אמיר״ה יצא שום כפירות ח״ו כי דוכן ופאלאגי דברו על צדיק עתק.

Man vergleiche damit die ersten drei Seiten der Schrift הכתב in der Zeitschrift בית המדרש (p. 64—67), und man wird die Identität derselben mit dem hier angegebenen Auszug bestätigt finden. Diese Schrift hat die Tendenz, der Ansicht der Ultrasabbatianer entgegen zu wirken, welche ihn zum Gottmenschen gestempelt hat (s. o. S. 450). Diese Identität wird noch durch ein Moment konstatiert. In der gedruckten Schrift heißt es, der Verf. habe eine besondere Abhandlung gegen die Blasphemie Duchans geschrieben (p. 65 וכבר שלחתי אליך דרוש חרב פיפיות לבטל הכפירה הזאת כפירת של רוחאן).

Nun zitiert das מריבת קדש unter zehn Schriften Cardosos דרוש·סולם יעקב und דרוש חרב פיפיות (Bl. 13b); auch דרוש שמא קדישא. Und auf diese beruft sich das Ms. der Wiener Bibliothek (s. ב״ה das. p. 141): בס׳ דרוש שמא קדישא . . . אשר רמזתי עליו בהקדמתי. Kurz es ist kein Zweifel, daß das polemisch-apologetische Sendschreiben an Samuel de Pagas von Cardoso stammt, und zwar hat er es auf der Insel Chio im hohen Alter, als Siebziger, um 1700 verfaßt, als sich bereits die sabbatianisch-türkische Sekte der Donmähs gebildet hatte (s. weiter unten), gegen welche die Schrift eben am heftigsten polemisiert.

Ehe an das biographische Detail Cardosos gegangen wird, muß ein Punkt festgestellt werden, daß er nämlich Bruder des berühmten Arztes und Philosophen Isaak (Fernando) Cardoso war. Dieser Umstand wird aus der Angabe des Zeitgenossen de Barrios bestätigt (Relacion de los poetas, p. 55, 56): El doctor il poeta Ishac Cardoso que en Madrid se llamó Fernando Cardoso ... Su hermano Abraham Cardoso, medico del Rey de Tripol, formó el libro de Escala de Jacob y otras obras que le acreditan de gran poeta, Jaxam y Cabalista. Wir haben bereits erfahren, daß der Sabbatianer Cardoso diese „Leiter Jakobs", סולם יעקב, verfaßt hat; es scheint seine erste Schrift gewesen zu sein: sie war noch vor 1686, vor de Barrios' Ende, bekannt geworden. — Ferner erzählt das Werkchen מריבת קדש, sein Bruder habe diesen Sabbatianer Cardoso nicht leiden können (Bl. 14a): שאחיו הרב הגדול הפילוסוף האלהי כמהר' יצחק קארדושו מעולם לא אהבו ולא יכול דברו לשלום. In der Tat bildeten die beiden Brüder einen vollen Kontrast in ihren Anschauungen. Abr. Miguel Cardoso war durchaus Schwärmer, wenn wir seine Narrheiten nicht als Mystifikationen annehmen wollen, Isaak dagegen ein nüchterner Forscher. Als solchen erweisen ihn seine Schriften Las excelencias y calunias de los Hebreos und das voluminöse lateinische Werk Philosophia libera über Kosmogonie, Physik, Medizin, Naturwissenschaften, Philosophie und Theologie. In diesem Werke sprach J. Cardoso seine Antipathie gegen die Kabbala entschieden aus (p. 176): Tria sunt fatuorum et insipientium genera, quos nescio an magis risu, an commiseratione digni sint: Alchimistae, Astrologi et Cabalistae, quolibet in suo mundo delirante ... Cabalistae in Angelico, seu intellectuali ... insaniunt ... Neque illam sugillamus Cabbalam, quae ex majorum traditionibus ora, divinorum praeceptorum observationem investigat, sed quae mundi intellectualis arcana et sacras divinitatis ideas aut influxus intelligere aut patefacere praesumit. Das. p. 102 macht sich Isaak Cardoso über die kabbalistisch-pythagoräische Seelenwanderung lustig. Kurz, er war ein entschiedener Gegner der Kabbala und daher auch seines mystischen Bruders.

Von diesen zwei Brüdern Cardoso gilt, was Sasportas (Antisabbatiana, p. 40 b) erzählt, daß während Nathan Ghazatis Aufenthalt in Livorno (1668) eine Schrift von einem Arzt in Tripolis an seinen Bruder, Arzt in Verona, über Sabbataï eingelaufen sei, obwohl die Namen nicht genannt sind: בא כתב אחד מאיש רופא אליל שדר בטריפולי והוא בא מספרד גדול בשנים ... הורתו ולידתו שלא בקדושה ... ואח"כ בא ליהדות והיה שם בליוורנו והלך לו למצרים ומשם נע ונד עד שבנה לו בית בטריפולי . ובזמן השמועות עשה עצמו נביא ... וקיים נבואת נתן ומשיחו. ואחיו שבווירונא ג"ב רופא והוא היה מהבלתי מאמינים. ובשמעו תעתועי אחיו שבטריפולי כתב לו כתב במתלוצץ עליו ועל חלומותיו ... והיה מזכיר לו ימים קדמונים בחיותם בספרד שהיה זה המתנבא משולח לרסן התאוה ובכנור ונבל בחוצות עיר מאדרי"ד בלילות עם משולחים כמוהו ... ובכלל דבריו שישלח לו קיום השמועות ההם ומה אות כי הם אמת. וזאת היתה תשובתו בדברי

בפירות שאסור לשמעם. Der Bruder in Tripolis war Ab. M. Cardoso, der andere in Verona J. Cardoso. In dieser Partie besitzen wir einen Teil der Biographie des ersteren. Das Sendschreiben, von welchem Sasportas erwähnt, daß es zur Zeit von Nathans Anwesenheit in Livorno eingetroffen sei, ist eben das Nr. 1 erwähnte. Es ist also, wie oben angegeben, an seinen Bruder, an Js. Cardoso gerichtet. Es beginnt: קבלתי האגרת שלך ויען אשר (לא) האמנה שמה ששלחתי אליך על ענין משיחנו אמת, אמלא חפצך ואגיד לך כל מה ששאלת ממני . גם מהיום תשעה שנים בהיותי בעיר ליוורנו מחורף ומגודף גם ביסורין קשין נגלה אור בביתי כמו ט"ו פעמים ולא יכולתי להבין . . . אח"כ באתי לעיר הזאת. ובשנת ה' תכ"ד הוגד לי מן השמים שבע' עתיד להתגלות מלך המשיח . . . תכ"ה. — Hiermit sind wir in Cardosos Biographie eingetreten. Nehmen wir noch dazu den Anfang derselben aus der Schrift מריבת קדש (Bl. 4a); mit der Vorbemerkung, daß der Verf. derselben ihn meistens mit אמד „Dorn" (auch חוח, כוב und קימוש) = Cardoso bezeichnet, איש היה במלכות פורתוגאל מהנוצרים החדשים מזרע היהודים הענושים (האנוסים?) ממשפחת כובין ואטדין . . . ולעיר ויניציא נצטיר ושם נתגייר וירא ראשית לו זנות יין ותירוש . . . ולחבר שירי עגבים . . . אף ללמוד גם כן בחכמות נטפל . . . ובחכמת הרפואה לו שם על פני חוץ ובעיר ליבורנו מצא ישיבה. Ehe wir indes weiter gehen, müssen wir die chronologischen Anhaltspunkte für seine Biographie feststellen. Gestorben oder vielmehr ermordet worden ist Cardoso 1706. Das deutet die polemische Schrift öfter an (Bl. 16 a), Cardoso habe zuletzt das Erlösungsjahr auf 1706 geschoben, ohne zu ahnen, daß dieses Jahr ihm den Tod bringen werde, ויעד הגאולה ;ובנה אצלו ציון שם ר'ת'כ'ו (תס"ו) ולא ידע כי בנפשו הוא; das. b: לשנת ועושה ח'ס'ד 'ל'מ'ש'ר'ת'ו (תס"ו) ויקם ה' רעה מתוך ביתו (vgl. weiter unten). Damals stand er bereits in hohem Greisenalter und war über 70 Jahre. Bl. 14a heißt es, הרי היא כבן שבעים שנה und 16a: ואברהם כבד מאוד משיבו. Nehmen wir an, er sei 76 Jahre alt geworden, so ist er um 1630 geboren. Damit stimmen die übrigen Data. In seinem Sendschreiben an seinen Bruder gibt er selbst an, daß er 9 Jahre vorher noch in Livorno war, d. h. von 1668 zurückgerechnet, also um 1659. Einige Zeit vorher war er bereits aus Spanien ausgewandert und in Venedig zum Judentum zurückgekehrt, d. h. zwischen 1650—1659. Denn wir müssen ihm einige Zeit als Jüngling in Madrid lassen, um unter den Balkonen den Damen Serenaden zu bringen.

Wie dieser den Liebeleien oder, wie seine Polemiker sagten, den Lüsten ergebene junge Mann zur Kabbala und zur Schwärmerei gekommen ist, ist ein psychologisches Rätsel, das nicht leicht gelöst werden kann. Der Verfasser der polemischen Schrift meint, er habe erst in Tripolis die Lurjanischen Schriften gefunden, sich darin vertieft und sie sogar als seine eigenen ausgegeben (מריבה קדש Bl. 4b): ושם (בטריפולי) באו לידו מקצת מכתבי הרב האר"י והתחיל ליחסם על שמו ולהתפאר בם. Indessen gibt Cardoso selbst an, er habe bereits in Livorno vor seiner Übersiedelung nach Tripolis Visionen gehabt. Viel wahrscheinlicher ist es daher, daß ihn Mose Pinheiro in Livorno in die Kabbala eingeweiht hat. Dieser erste Jünger Sabbataïs war nach dieser Stadt geflüchtet (o. S. 436). Hier hatte Cardoso Unterredungen mit ihm (Sendschreiben an de Pagas a. a. O. Anf.), כבר ראית בעמדי אצלך המחלוקת שהיה לי עם החכם השלם משה פינירו שהוא קבל שנת הת"ו. Diese Unterredung kann nicht während Cardosos zweiten Aufenthaltes in Livorno stattgefunden haben; denn in dieser Zeit wurde er von den Vorstehern der Livorner Gemeinde förmlich in Gewahrsam gehalten, und niemand wurde zu ihm gelassen (w. u. S. 465). — Jedenfalls ist die Elastizität von Cardosos Geist bemerkenswert. Er, der Dandy, der Lüstling, hatte sich so sehr in die Kabbala hineingelesen, daß er ihre Formeln meisterhaft zu gebrauchen wußte. Sein hebräischer Stil ist klar und gefällig. Er schrieb besser hebräisch als mancher Rabbiner jener Zeit.

Fahren wir in der Skizzierung seiner Biographie fort. Vom Herzog von Toskana wurde er dem Bey Othmann von Tripolis als Leibarzt empfohlen (Polemik Bl. 4a): דוכס הע״ר הסיע אותו לע״ר טריפול לרפואות עצמאן פאשא שר הע״ר. Daselbst ist auch angegeben, daß er nebenher auch Geldgeschäfte gemacht habe. Wie er in seinem Sendschreiben Nr. 1 angibt, habe er bereits 1664 eine Offenbarung gehabt, daß der Messias bald erscheinen werde. Solche Offenbarungen hätten mit Sabbataïs Auftreten bei ihm und seinen Hausleuten zugenommen. Sabbataïs Apostasie machte ihn nicht wankend, ja er hielt diesen Abfall gerade für ein bewährendes Zeichen der Messianität, wie er in dem Schreiben an seinen Bruder, an das Rabbinat von Smyrna und andere sophistisch auseinandersetzte (Polemik Bl. 4b): ובימים ההם כתב ג״כ (א״מ״ק) אגרות פלסתר לחכמי ע״ר אזמיר ודי בכל אתר ואתר לחזק האמונה האמונה בש״צ אחר אשר תורת משה הרס וסתר. Mit Nathan Ghazati stand er in Korrespondenz (das.): באגרת אשר כתב לנתן העזתי על יד איש עתי וז״ל: וימים שידעתי לאלהי אמת והודעתי ברבים סוד האלהות והעבודה כי אלהי ש״צ אמיר״ה הוא אלהי אברהם מיכאל. Seine Haupttheorie läßt sich in nuce zusammenfassen; die Gottheit bestehe aus zwei Personen, der ersten Ursache סבה ראשונה (ס״ר) und dem von ihr emanierten Prinzip alles Lebens und aller Tätigkeit, einer Art Inkarnation der Gottheit; dieses sei der Gott Israels. Alle Völker und Philosophen hätten in Verblendung die erste Ursache angebetet, obwohl sie in reiner Geistigkeit unbegreiflich, ohne Willen und Tätigkeit sei. Der Patriarch Abraham habe zuerst die zweite Person in der Gottheit, das erste causatum der prima causa, העלול הראשון, erkannt, und diese sei die eigentliche Weltschöpferin und Erlöserin Israels, sie habe die sinaitischen Gesetze gegeben. Die Sündhaftigkeit Israels habe darin bestanden, daß es von dieser Wahrheit wieder abgefallen sei, entweder mit den Philosophen die erste Ursache oder mit den Polytheisten die niederen Kräfte angebetet habe. Cardoso pflegte dafür den Vers II. Chronik 15, 3 וימים רבים לישראל ללא אלהי אמת וגו׳ anzuführen. Um diese Sünde zu büßen, müßte ganz Israel dem Götzendienst verfallen und von Gott ganz abfallen. Allein Gott habe es so veranstaltet, daß der Messias S. Zewi diese Buße für ganz Israel übernommen habe; daher habe er zum Islam apostasieren müssen. Darauf bezieht sich das 53. Jesaianische Kapitel, das nur christologisch oder messianologisch zu deuten sei. Es weise auf S. Zewi. — Soweit der Hauptinhalt seines Sendschreibens an seinen Bruder und an das Smyrnaer Rabbinat. Seine Theorie vom Dualismus bildet den Inhalt seiner zahlreichen kleineren und größeren Schriften. In Cardosos Dualismus steckte aber auch eine Art Trinität.

Sein Verhältnis zur Messianologie scheint sich allmählich entwickelt zu haben. Zuerst warb er für Sabbataï als den Davidischen Messias, sich selbst nannte er den Ephraimitischen; er unterzeichnete אמ״ק מב״א d. h. אברהם מיכאל קרדוזו משיח בן אפרים Messias sei derjenige, welcher den wahren Gottesbegriff lehre und verbreite, und da er ihn als den tätigen Gott Israels zum Unterschiede von der von aller Welt angebeteten aber passiven prima causa gefunden zu haben glaubte, so sei er der Fortsetzer Sabbataïs. Er gab vor, zwei Male an seinem Körper zu haben, welche Zeichen des Messias seien (Polemik Bl. 14a): הוא מתפאר ששני סמנים בגופו . . . קרן חזות אחרי אזני ויבלת בשר על ראש ערלתו והם הם סמני משיח. Außerdem will er allerlei Visionen gehabt haben, und der Gottesname habe vor seiner Stirne gestrahlt (Bl. 16a) ויצא שם הוי"ה במצחו כנודע לרבים. Von Jahr zu Jahr prophezeite er die baldige Erlösung Israels und ganz bestimmt auf Neujahr = 11. September des Jahres 1673. Sasportas berichtet darüber 1673 (Antisabbatiana 47a): עדין יש מצפים ומחכים לתשובתו של זה המומר (ש"צ) וכפי מה שנתעורר מחדש הרופא אליל קרדוזו שבטריפולי נביא השקר שעושים (בערי אפריקא) עקר מדבריו יותר מדברי נתן . . . וחשו לדבריו שהבטיחם לסוף שנה זו על כל פנים ושל ר"ה של שנת ה' תל"ד תהיה גלויה ומפורסמת. Cardoso hatte Anhänger, aber auch Gegner. Er selbst berichtet in seinem Schreiben an seinen Bruder, daß ein gewisser Abraham Nuñes ihn beim Bey so sehr angeschwärzt hätte, daß sein Leben in Gefahr gewesen sei (Nr. 1, Ms. Halberst. A., Bl. 114b): ויצא משכלו איש כופר רשע שוטה שמו אברהם נוניאס . . . ובקול רם אמר לתוגרמים ליהודים ולערלים דברים עלי ועל ביתי . . . והייתי בסכנה . . . והביי רצה להרוג אותי . . . ואני נשארתי בכבוד גדול יותר ויותר. Durch den Eifer eines gewissen Isaak Lambroso wurde er endlich aus Tripolis verbannt (Polemik, Bl. 4b, auf diese Quelle sind wir von jetzt an allein angewiesen), עד אשר אחד מגדולי העיר (טריפולי) . . . יצחק למברוזו . . . כראותו מעשיו הרעים הוציא מכיסו וממונו הון רב ויגרשהו מעירו ומשער מקומו.

Wahrscheinlich geschah dies nach Sabbataïs Tod 1676, als sich Cardoso immer mehr als Messias fühlte und sich offenbarte. Hiermit beginnen seine Abenteuer, die erst mit seinem Tode endeten. In Livorno, wohin er von Tripolis über Tunis mit seiner zahlreichen Familie gekommen war, hielten ihn die Vorsteher in Gewahrsam, damit er die Schwachen nicht mit seiner Wahntheorie verführe, bis ein Schiff nach dem Orient absegelte (Polemik מריבת קדש, p. 4b): אך פרנסי העיר (ליבורנו) . . . נתנו לו בית מושב גבוה ג' אמה והדלת סגרו אחריו למען לא יצדקו אמריו באזני חלושי השכל . . . עד אשר נזדמנה ספינה . . . לחוף עיר אזמיר. — Von da aus begab er sich nach Smyrna, in der Hoffnung, unter den dortigen Sabbatianern eine Rolle spielen zu können, und fand in der Tat einen zahlreichen Anhang (das.): ושם (באזמיר) מצא החו"ח לכף רגלו מנוח . . . אשר בה פליטת שארית מאמיני ש"צ. Unter anderen fand er einen fanatischen Anhänger an einem Sabbatianer Daniel Bonafoux (das.): ושם נביא עשה לו . . . הוא דניאל בונאפוס. Dieser scheint identisch zu sein mit Daniel Israel, dem Chasan von Smyrna (w. u. S. 473). Indessen scheint er sein Treiben nicht lange in Smyrna fortgesetzt zu haben; das Rabbinat verfolgte ihn durch die Behörden, und er entging mit Not der Todesstrafe: ויקומו עליו (על קרדוזו) רבני העיר וגדוליה . . . מסרו אותו למלכות ויתנהו על בית המהפכת ובמעט שדניהו לחנוק . . . עד אשר גרשוהו מהסתפח. Von da begab er sich mit einem Teile seiner Anhänger nach Konstantinopel. Hier lebten noch die ehemaligen Helfershelfer Sabbataïs, besonders ein Bruder des Abraham Jachini aus Damaskus, mit dem er vertraut verkehrte (das. 6a): אח הרב הרבני למגיד ולבן משק; außer diesen hatte er noch Apostel oder Maggidim (inspirierte Prediger): Isaak Aschkenasi und einen, den die Quelle stets י'ום ר'ע מ'קולל oder abbr. י'ר'ם nennt, vielleicht יום טוב ברוך. Unterhalten wurde Cardoso und sein Anhang von dem Sohne eines reichen Hauses namens שמואל מאגריסו oder גאלימידי, der sich ihretwegen in Schulden stürzte. Eine Mystifikation Cardosos gegen denselben ist interessant. Er ließ einen Geist für diesen Samuel sprechen: וישלח לי מעות הרבה שאני צריך לעשות תיקון על מצבת ר' יעקב בעל הטורים באי כיאו ואל תאמר שאתה חייב ר'ו אלף ריאליס כי מי שחייב ר"ו יכול להיות חייב בעבורו ר"ז ובע"ה אפשר או ודבי אפדך מן החובות. Nachdem sein Geldspender Samuel gestorben war, trieb er sich noch in Adrianopel und in einem Orte מגדול umher und begab sich zuletzt nach Kairo. Hier weihte er auch Weiber in seine Kabbala ein (das. 11a): והתחיל (במצרים) להביא אל אמונתו נשים ללמדם תורה. Die Gemeindeführer wollten ihn auch von da verbannen: Cardoso steckte sich aber hinter christliche Konsuln (שרי הקארבוסה?), bis einer derselben דון פראנסיסקו seine Schwindeleien erkannte und ihm den Schutz entzog. Darauf begab er sich mit den Seinigen nach Rodosto, dann wieder nach Adrianopel, wo er drei Monate weilte. Von da vertrieb ihn das Rabbinat, darunter Samuel Primo (13b): ברשיון הרב ר' שמואל פרימו מרביץ תורה (verschieden von dem sabbatianischen Sekretär Primo)[1], nachdem das Rabbinat seine Schriften einer strengen Zensur unterworfen hatte. Dann trieb er sich auf den griechischen Inseln umher. Während seines Aufenthaltes in Chio wurde er von Samuel de Pagas befragt, und von hier aus richtete er sein Sendschreiben an ihn (o. S. 462). Auch auf Kandia war er, wollte wieder nach Konstantinopel reisen und begab sich endlich nach Palästina. Aus Safet wurde er ebenfalls verbannt (16a): וגם יושבי צפת גרשו (אותו) מהסתפח בנחלתם, so kam er zum zweiten Male nach Ägypten, drei Jahre vor seinem Tode, unter dem Schutze des Pascha Kara Mohammed: ירד מצרים . . . כבד מאוד משיבו . . . וישב ללחום את מושל ושלטניה הוא קארא מחמד פאשא וימצא חן בעיניו . . . ויהי האט"ד גא מאוד כשלש שנים. Also um 1703 ist er zum zweiten Male nach Ägypten gekommen; 1706 wurde er von seinem Neffen (nicht Schwiegersohn, wie Emden angibt תורת הקנאות, p. 26b) namens Schalom ermordet. Der Hauptschluß dieser Quelle über Cardosos Biographie lautet: ויקם ה' רעה מתוך ביתו להוריד את שיבתו בשלום שאולה. גואלו הקרוב אליו ממשפחתו ובן אחותו. ויהי מדי צאתם לרפאות איש מצרי שר ושופט . . . ויתן להם כף פרחי זהב . . . ויתן (אט"ד, קרדוזו) לשלום בצע כסף מעט מזער ולכפה (תלמידו והותנו) יתן מנה אחת אפים כי תתן דמים הוא לו . . . וישלח (שלום) ידו אל המאכלה ויתקעהו בבטנו וינוס ויצא החוצה . . . ויהי ביום השלישי ואט"ד מת.

Der polemische Verfasser des מריבת קדש beschuldigt Cardoso nicht bloß der Phantasterei und der Mystifikation, sondern auch betrügerischer Schwindeleien und eines unzüchtigen Wandels (Bl. 14a): הוא מכר את כל ספרי חכם בנבנשתי במעט כסף . . . אשר נפלו לירושה לפני אשתו המטרונה ותתנם לו במתנה באמרו אני המשיח ואין עוד הוויות דאביי ורבא; das. auch: הוא בא על בת אחותו . . . הוא בא על בת אשתו הראשונה אסתר ויאמר לה שהיה בהיתר. Indessen ist es möglich, daß Parteieifer diese Anklage diktiert

[1]) Von dem Rabbiner Samuel Primo in Adrianopel berichtet Asulaï I, p. 177, Nr. 135.

hat: denn derselbe beschuldigt ihn auch der Ketzerei des Jakob Faliachi, welcher zum Islam übertrat (Bl. 4b): ... ויחדש שם את האמונה הרעועה מיוסדת צל כפירת האלהות ... כאשר המומר יעקב פאלאגי תשורה לו הביא. Aber in seinem Sendschreiben an de Pagas kann Cardoso die Apostasie Faliachis sowie Duchans nicht genug rügen (vgl. o. S. 461). Gegen Duchans Häresie hat er eine eigene Schrift חרב פיפיות geschrieben. Die Salonicher Apostaten brandmarkte Cardoso vielfach (כתב p. 65): קליפה שהסיתה והדיחה כמה חכמים בסאלוניקי. Das. (p. 67) nennt er Querido: החכם משה פראנקו אשר היום הוא שב עמך, בברחו מהקירידו; es war der Fahnenträger der Salonicher (w. u. S. 472). Kurz, Cardoso gehörte nicht zu den Ultrasabbatianern, er hielt S. Zewi nicht für die Inkarnation der Gottheit, sondern nur für einen einfachen Messias, er predigte nicht den Umsturz des Judentums und die mystische Notwendigkeit, den Turban zu nehmen. Seine Ketzerei bestand nur in einem eigenartigen Dualismus. Seine Gegner haben ihn demnach zu viel beschuldigt.

Cardosos Schriften. Mose Chagis zählt (Einl., Bl. 2b, zu שבר פושעים) sechs Schriften desselben auf. 1. זה אלי; 2. חכמת אברהם אבינו; 3. ס' המאור; 4. אור צח ומצוחצח; 5. בקר לאברהם (zwei Teile); 6. ובית בכלל. Der Verf. des מריבת קדש erzählt, das Rabbinat von Adrianopel habe bei ihm zehn ketzerische Schriften gefunden, die er verfaßt hat (Bl. 13b), und zwar außer Nr. 1 und 2 noch: 7. סולם יעקב (Escala de Jacob, o. S. 462); 8. חרב פיפיות gegen Duchans Häresie; 9. אלהי אבי; 10. שמא קדישא; 11. טוב ה' לכל; 12. דרוש אמן; 13. ארץ ישראל; 14. כוד חי עלמין. — Nach den Angaben des Herausgebers des כתב findet sich in dem Konvolut der k. k. Wiener Bibliothek eben diese Nr. 10 שמא קדישא; in demselben spricht Cardoso von 20 Broschüren: עשרים דרושים, die er geschrieben hat, außerdem noch speziell genannt: 15. das schon besprochene כתב; 16. דרוש הכתב auch תלת רזין; 17. סלת נקיה und 18. רזא דרזין. Cardoso hat demnach viel geschrieben. Nr. 2, das חכמת אברהם אבינו, schrieb er in Ägypten (מריבת קדש, Bl. 10a); der Polemiker fügt zur Beurteilung desselben hinzu (13b): ובחכמתו של אברהם אבינו דרך בעקבות לוטירו וקאלוינו. Ein Pseudomessias, der das Luthertum und den Kalvinismus predigte! Sein Hauptwerk scheint das zweiteilige בקר לאברהם zu sein; es ist noch vorhanden im Katalog Michael Ms. Nr. 117, 118 [vgl. Neubauer, Katalog Oxf., Nr. 1441, 2 und 1537, 5]. Ein Auszug daraus ist am Ende des כור מצרף האמונות וכו' von Isaak Lopez abgedruckt. Senior Sachs hat mich darauf aufmerksam gemacht. Mose Chagis teilt auch in שבר פושעים Zitate daraus mit. Viele Schriften Cardosos sind 1712 in Smyrna verbrannt worden (s. Note 6). Zum Schluß sei noch bemerkt, daß de Barrios mitteilt: Soneto del doctor Abraham Michael Cardoso (in Tora Hor, p. 19) über die Herrlichkeit des Gesetzes, worunter kein anderer als eben der sabbatianische Apostel zu verstehen ist.

II. Mardochaï Mochiach aus Eisenstadt.

Dieser Pseudomessias war Peter Beer und Jost so gut wie unbekannt. Tobia Kohen, der Arzt, berichtet über ihn (im Kapitel über die Pseudomessiasse): ובענין זה כשהיותי בארץ איטליא בא לשם החכם ר' מרדכי מפראגה שעשה את עצמו משיח בן אפרים ולא הניח שום אדם לקרב אליו באמרו כי איש קדוש הוא ורוב ימיו היה בתענית משבת לשבת ושמעתי מפי

מגידי אמת ה״ה החסיד והעניו החכם כמוה״ר אברהם רוויגו ואחיו הגבירים ה״ר שזה הנזכר לך בתענית י״א ימים ועשה באותן הימים כמה אלפים טבילות . . . וסופו הוכיח על תחילתו שנשתגע ואח״כ הלך לעולמו Näheres berichtet über ihn Johannes v. Lent, laut Nachrichten von Wagenseil (in Schediasma historico-philologicum de Pseudomessiis, c. 7, p. 102 f., gedruckt zuerst 1683): Superest proximae memoriae nostrae, anni 1682, propudium ac dedecus Rabbi Mardochaï, Judaeus natione Germanus, ex urbe Eysenstadt, ab eruditione et vita austera inter suos inclytus, imprimis vero a vaticinationibus sacris, quas ante annos quinque Pragae, Nicolaiburgi aliisque in locis, non sine populi Judaici acclamationibus, palam jactavit, caeterum acerrimus vitiorum fuit reprehensor; unde ei et cognomen Mokiah (מוכיח). Itaque elatior factus, se Messiam esse dixit, nec jam salutari, sed quasi adorari se jussit. Crediderunt ei Judaei quotquot fere sunt in Italia ... Plurimi quoque in Germania ... Inventi tamen etiam sunt, qui graviter et libere recusaverunt. Ex Italia in Germaniam novus Messias reversus, iter Polonicum suscepit. Interim ex Rabbino intelligo, illum Pragae haerere. — Dann teilt v. Lent einige Züge desselben aus einem Briefe von Wagenseil an ihn mit, der ihn aus Neugierde aus weiter Ferne aufsuchen wollte und dessen Nachrichten also zuverlässig sind: Qui eum (Mardochaï) intuiti sunt, referunt: esse virum forma egregia, ingentem severitatem vultu prae se ferentem, simulantemque cum Deo familiaritatem et colloquia. Wagenseil erzählt ferner, was ihm ein befreundeter Jude über ihn geschrieben hat, auf dessen Aufforderung Mardochaï nach Italien gereist ist, und meint, daß dieser nur aus Furcht vor der Inquisition Italien verlassen und nach Deutschland zurückgekehrt sei: credo inquisitionis Ecclesiasticae metus illud solum vertere planum hunc coegit.

Das Schreiben eben dieses Juden an Wagenseil (das.) lautet der Hauptsache nach: כי היה יהודי אחד באשכנז ושמו ר׳ מרדכי מעיר אייזן שטאט עשה את עצמו לנביא ואח״כ אמר שהוא משיח והאמינו בו האשכנזים וזה שנה אחת כתבתי לזה ר׳ מרדכי שיבא לאיטליא כי כך צוו עלי היהודים שם שגם הם היו רוצים לראותו וכאשר בא . . . לאיטליא האמינו בו כלם שהוא משיח ועשו לו כבוד גדול. וכאשר בא לעיר מאדינה (מודינא) שאני עמדתי (שם) קבלוהו כל היהודים שם . . . והיו קורין אותו משיח. הלכתי גם אני שם לראותו וראיתי שהוא איש משוגע ובדקתיו והכרתי בו מעשה טומאה ומעשה כישוף. מיד הלכתי ממנו לחוץ והזהרתי לכל היהודים שלא יאמינו בו כי הוא שוטה . . . והטילו שנאה עלי . . . אמרתי לילך משם ושלא אדבר עוד על משיח. בין כך שלחוני לשלום . . . אמנם עשו תנאי . . . שאם ישמעו עוד שאני מדבר רע על משיחם . . . יתנו עדות עלי שאני עשיתי כל הרעות מה שדברתי על משיחם. וכיון שהלכתי משם חזרתי ודברתי רע על משיחם . . . וכן עשיתי עד כי באתי לעיר שוואבך (אנשבך?). ביני וביני נשתגע משיח זה וברח מאיטליא עד פירד ומפירד לפולוניא. Der Schluß lautet, daß die Juden Italiens dem Schreiber schuld an der Verrücktheit des Messias gegeben hätten, weil er ihm Pein verursacht, daß sie nach Ansbach (אנשבאך) an die Gemeinde geschrieben hätten, ihn von da zu verjagen und sich keine Gewissensbisse daraus zu machen, falsches Zeugnis gegen ihn abzulegen oder ihn zu berauben, weil er dem Messias Unglück gebracht habe: בשביל ששחתי את משיחם. Im Jahre 1683, zur Zeit, als v. Lents Buch gedruckt wurde, muß dieser Schwindel schon ausgespielt haben. 1682 ist also der Terminus ad quem. Der Beginn folgt aus anderen Nachrichten. Unter den Anhängern Cardosos wird ein מרדכי אשכנזי genannt (in der Schrift מריבת קדש). Ob es derselbe ist?

Mehreres erfahren wir über diesen Mardochaï aus Eisenstadt aus den Piecen des Halberstammschen Kodex A (Nr. 2, 3, 4, Bl. 7—15 und wiederholt Bl. 100—128), besonders, daß er mit dem Sabbatianismus in Verbindung gestanden hat. Dieser wertvolle Kodex enthält nämlich verrückte Apokalypsen dieses hirnverbrannten Pseudomessias. Fangen wir mit Nr. 4 an, weil der Name und die näheren Umstände darin unzweifelhaft verdeutlicht sind. Die Piece beginnt mit den Worten: השתא אית לך לאשלמא מילין עילאין דמלכא משיחא. דעו כי הנה שבתי דקבל עליו אמונת ישמעאלים כבר היה מוכרח לזה כדי לראות כל עניני הקליפה ולגבור עליה בסוף . . . וגם משה שהיה בתחלה אצל פרעה והיה משנה שם מעשיו אף הכי שבתי היה משנה מעשיו.

Weiter heißt es, im Sohar (wenigstens in den תקונים) sei schon auf Sabbataï Zewi hingewiesen. Er vermochte aber die Erlösung nicht zu vollbringen, weil er reich gewesen: ein anderer, der arm ist, müsse seine Sendung ergänzen. Dieser Arme, der viel Schmach erduldet, sei Mardochaï ובשביל מזה השבתי היה עשיר לכן לא יש בו גאולה . . . שנשמת משיח בן יוסף התגלגל במשיח בן דוד בסוד תוספת נשמה דאיהו עני וחכים דתמן צדיק איהו מ׳ס׳כ׳ן׳ (ר״ל מרדכי סובל כל נבלות) וחכם ומלט את העיר . . . דא ירושלים. והואיל משיח בן דוד לא ימות כאשר מת משיח בן יוסף . . . בגין דהוא עני וחשוב כמת ולכן בימי משיח בן דוד יהיה דלות . . . מזמן שיולד לו נער אחד . . . Dieser arme Messias B. David Mardochaï wird genötigt sein, nach Italien bis Reggio zu gehen: יצטרך לילך למקום אחר. ואיך נקראת המקום ההוא? מצער . . . הלא מצער היא . . . דאינון ר״ת (ראשי תבות) הוכן לילך איטליא מרדכי צדיק עד ריגייו. ר״ל הזמן שהם יעכבו עוד בזאת המדינה יתיישב בני ביתו בריגייו עד שילך לו ושם יתלבש ברוח הקדש. Geflissentlich sei allen und selbst dem Messias verborgen gewesen, ob er der Davidische oder der Ephraimitische Messias sei; das gehöre mit zum Plane. Die Piece schließt mit den Worten: ומצד זה ג״כ טעה בדבר זה כי לפי המראה שראה היה חושב שהיא נראית לו בעבור שבתי ולא היה אמת כי היה מראה לו עתידות דמשיח בן דוד ומה שראה ר״ן (נתן עזתי) שילך ר׳ שבתי לנהר סבטיון כך הוא וכך יהיה ולא עבר על שום דבר אלא שלא נתגלה עדיין לנו באיזה מקום שהוא.

In diesem Mardochaï wird niemand den von Tobias Rofe und v. Lent beschriebenen Messias von Eisenstadt verkennen, und wir wissen nun, daß er Sabbatianer war, Sabbataï Zewi als Messias und Nathan Ghazati als Propheten anerkannt und sich mit seiner Familie in Reggio aufgehalten hat. Diese Piece scheint in Italien geschrieben zu sein.

Die vorangehende (mit Nr. 3 bezeichnete) ist entschieden von demselben. Sie beginnt: אתכנישו מארי דעינין רחימין דלבא אסתמרו מכלבא חציפא. Es heißt dann, Sabbataï Zewi sei nicht tot; weil er vom Stamme Ephraim, also von Jerobeam ben Nebat, abstamme, habe er sich mit den Türken vermischen müssen, um Jerobeams Sünde zu sühnen, deren Reich bis 1676 dauern würde, von da an beginne die messianische Zeit: ולכן דעו כי שבתי צבי לא מת אך כולם חושבים עליו שהוא מת ואינו כן . . . והשתא מתחיל לגלות עצמו ובגין דאיהו משבט אפרים מזרעיה דירבעם בן נבט יתחלל הוא וזרעיה בין עכו״ם . . . לתקן ההוא זוהמא דנפיק מאברהם ישמעאל, אצטריך

להוליד ההוא ברא דאתקרי ישמעאל ... ל"ו ישמעאל יחיה לפניך והיינו ל"ו מתל"ג כי עד תל"ו מתפשט זכותו של ישמעאל.

Eine Verfolgung von drei Königen über Israel werde der messianischen Zeit vorangehen, nämlich von Spanien, Frankreich und dem Kaiser, der anfangs freundlich gegen die Juden sein werde: ... תלת מלכין יתערון ר"ל ההיא גזירה דתלת מלכין מה שגזרו על עמא קדישא והם אשפניא צרפת קיסר שר"ת שלהם קץ אחרון ... הקיסר שהיה לו פום רך על ישראל והיו לו יהודים תחתיו גם הוא יגזר גרושין על עמא קדישא. Dieser Passus spielt offenbar auf die Vertreibung der Juden aus Oran durch Spanien (1669) und auf die Vertreibung aus Wien durch den Kaiser Leopold 1670 (o. S. 242 f.) an. Wo eine Verfolgung in Frankreich damals stattgefunden hat, ist mir nicht recht klar. Sollte damit die Verfolgung in Metz unter Ludwig XIV. gemeint sein? (o. S. 249). — Drei Jahre nach Sabbataï Zewis Tod (1679), heißt es dann, beginne die Erlösung und Sabbataï Zewi werde sich wieder offenbaren, und zwar in Mardochaï, der in der Christenheit das sein werde, was jener in der Türkei gewesen. Das alles gibt die Deutung einer Soharstelle: אמר בירחא תליתאי כל ירח הוא שנה והוא ג' שנים אחר מיתת שבתי ... היינו תל"ט וחצי ת"ם יתבון כל בני מתיבתא לגו קבריה דרעיא מהימנא ... דבההוא זמנא יתזור שבתי צבי לגלות עצמו ... ואז יתקיים על הר גבוה עלי לך מ' ב' ש' ר' ת' מרדכי באדום שבתו ראש תוגרמה ר"ל זה בא מאדום זוה שהיה ראש בתוגרמה חוזר לגלות עצמו. Weiter heißt es, Mardochaïs, des Davidsohnes, Verkündigungen würden nicht Lügen gestraft werden wie Sabbataïs: אם לדוד אכזב לא אעשה בו נסיון שחשבו עליו בשביל זה שדבריו הם כזבים כמו שחשבו אצל המבשר שהוא היה מבני בניה של רחל ר"ת שלהם מבשר שהם אותיות למפרע ראשון שבתי באחרונה מרדכי. Von seinem Verhältnis zu Sabbataï heißt es: ולזה שבתי היה מוכרח לדרוש לישמעאלים בבתי תועבותיהם כדי להתלבש עצמו בההוא כהן און ... ובשביל ששבתי צבי יכנע ההוא כהן און ... ויאמר אפרים אך עשרתי מצאתי הון ... ולפיכך לא תמצא שיהיה עני אלא עשיר ... אבל משיח בן דוד הוא עני ורוכב על חמור. Sabbataï Zewi mußte seine Religion äußerlich wechseln, aber auch der Davidische Messias wird Esaus Kleider anziehen müssen, d. h. wird sich der Taufe unterwerfen müssen, was vielen sonderbar vorkommen wird (zum Teil nach Cardosos Theorie, o. S. 464): וה' הפגיע בו את עון כלנו כל תעונות שלנו יפגיעו בו (במשיח ב"י = שבתי צבי) שהוא יחזור ויעשה כל עונות שהיו לנו מימי קדם ועד עתה וע"י מי יהיה זה? ע"י אלו הכופרים שימסרוהו למלכות ... ואז יהיה נבזה ... כי יאמרו עליו שהוא משומד וכופר ובאמת צריך להיות כך ... טב מלגאו ולבושיה דיליה ביש ... וגם משיח בן דוד יתחלף מלבושו וילבש בגדי עשו כי מה שהיה צריך להתלבש לבן ... יתלבש עתה בלבוש אדום ויהיה זה תמיהא גדולה בעיני הבריות ולזה יאמרו עליו מי הוא זה בא מאדום חמוץ בגדים. Diese Piece schließt mit den Worten: ובגין דין אתמר עד כי יבא שילה = אשה דאיהו מו"שה דאינון ר"ת ר'מרדכי ו'ר' שבתי המשיחים ההוא מורשה יקבל לתורא ... עד וזרוע ה' על מי נגלתה.

Auch die Piece 2 ist als Produkt Mardochaïs von Eisenstadt zu erkennen. Sie beginnt: רדפי צדק דדרא מוחין דאגוזיא und bemüht sich anfangs nachzuweisen, daß R. Akiba nicht gemeint haben könnte, die zehn Stämme würden ganz verschollen sein. Sie würden im Gegenteil sich bald in ihrer Massenhaftigkeit und Glorie zeigen, und zwar im Jahre 1680: וזה יתחיל בשנת

ת"ם. Dann werden Verse auf die messianische Zeit gedeutet, einige auf Mardochaï ... ובשביל שזה ר"מ (ר' מרדכי) מרוב הצער הוא נבהל מלילך ... ובשביל שר"מ צריך לילך לקרתא חיובתא (רומי) לעשות תקונים ... ובשביל שזה ר"מ סובל הכל ושותק ... ובשביל שקצת מתלוצצים על ר"מ ואומרים עליו זה רוצה להיות משיח הלא עני ונבזה הוא! Zum Schlusse deutet die Piece an, daß Mardochaï wegen der Pest in Deutschland verhindert war, nach einer gewissen Gegend zu kommen: ובשביל שכל העכוב הלז הוא עתה בשביל הדבר שבאשכנז שמתים כל כך הרבה והוא מבקש שהב"ה יעשה לו נס בשביל מתים אלו שיוכל לבא לכאן לזה הראה לו הלמתים תעשה פלא. Die Pest wütete in Deutschland im Jahre 1678 und 1679 (vgl. die Einleitung zu Respp. שער אפרים Anfang: ימים של צער בשנת תל"ח בזמן המגפה). In einem dieser beiden Jahre ist die ungarische Apokalypse geschrieben.

Danach läßt sich beurteilen, daß auch Piece 5, eine nichtssagende, zu diesen Apokalypsen gehört, Anfang: תשובה. הנה שרשן של דברים הוא זה. Sie spricht von der Pest ויִרבה הדבר בעולם und vom Jahre 1680 als Erlösungszeit. והנה עתה הוא זמן אלֹהַ ותרי"ב לחרבן ... שנת ת"ם. Sie scheint auch in Italien geschrieben zu sein; denn sie spricht von Juden, die gleich den Christen sprechen, sich kleiden und den Bart abnehmen: דארכנן בני נשא אתערבו בגוים בלשונם ובמלבושיהם ומגלחים זקנם כמו הם.

Ziehen wir die Summe aus diesen langweiligen Zitaten, so ergibt sich, daß Mardochaï 1678 sich bereits als Messias geriert hat, daß er ein armer Teufel war, und daß er sich um 1680 in Italien und besonders in Reggio aufhielt. Er gedachte auch nach Rom zu gehen und, wenn gezwungen, sich taufen zu lassen. Aber wie Wagenseil berichtet, verließ er Italien aus Furcht vor der Inquisition. Seine Schwindeleien fallen daher in die Jahre 1678—1682; daher bei v. Lent ante annos quinque, von 1682 oder 1683 zurückdatiert.

Tobias Kohen Rose (מעשה טוביה a. a. O.) bemerkt, daß viele bedeutende Rabbinen an Sabbataï auch nach dessen Apostasie und Tod geglaubt haben; er wolle sie aber nicht namhaft machen. ואפילו רבים מחכמי הארץ ורבנים הגדולים הנקובים בשם אשר לא רציתי לפרסם גם הם קבלו ליה (לשבתי צבי) לרב ומלכא עליהו. Wir sehen es an dieser Erscheinung. Der Prediger Mardochaï von Eisenstadt durchzieht Mähren, Böhmen, Deutschland und Italien, predigt von S. Zewi und findet Zulauf. In Reggio hatte er sein Hauptquartier; dort war damals Benjamin Kohen Rabbiner, Jünger des Kabbalisten Mose Zacut; dieser muß ihn gut aufgenommen haben. Noch mehr: in Ms. Halberst. A findet sich ein Sendschreiben dieses Benjamin Kohen von Reggio (d. d. 1691) an den Rabbiner Heschel in Wilna, worin er den Pseudopropheten Nathan Ghazati (den sein Lehrer Zacut mit verdammt hat) als eine Autorität zitiert und die Zeit als eine bereits messianische bezeichnet (Bl. 111): הוגד לנו מפה קדוש מהר' נתן שאין לכוון בהם (בתקוני האר"י) יען כי כבר קמה שכינתא מעפרא ... ובעבור זה אין לבכות על החרבן ולומר קינות.

III. Die Salonicher Apostaten: Jakob Querido, Berachja und ihre Helfershelfer.

Tobia Kohen Rose, eine Hauptquelle für die Verirrungen dieser Zeit, berichtet, daß Sabbataïs Schwager, Jakob Querido, Sohn des Joseph Philosoph, nach des Pseudomessias Tode in Salonichi auftrat, mit dem Vorgeben, S. Zewis Seele sei auf ihn übergegangen: ואחר מיתת שבתי צבי

קם גיסו הבחור יעקב בן החכם ... יוסף פילוסוף בעיר שאלוניקי והיו קוראים אותו מנעוריו בשם קירידו ואח"כ חלפו שמו בשם יעקב צבי ברצונם לומר שש"צ נתגלגל בו ... והאמינו שהוא משיח אמתי וכל זה עבור אביו חכם יוסף פילוסוף ובסיבת המסייע לעברה והוא חכם פלורינטין ובסבתם השמידו כמה מאות מהאומה הישראלית. Jakob Querido oder Jakob Zewi mit seinen Anhängern Joseph Philosoph und Florentin, beide als חכמים bezeichnet, d. h. Talmudkundige, stiftete demnach die radikalste Sekte der Sabbatianer, die sich vollständig vom Judentum losgesagt hat. Tobia Kohen erzählt weiter, daß Querido nach Mekka gewallfahrtet und auf der Rückreise in Alexandrien gestorben ist. Zur Ergänzung dieser Nachricht dient die Notiz in der hebräischen Relation über S. Zewi (bei Emden תורת הקנאות, p. 12b), daß S. Zewi nach dem Tode seiner polnischen Frau Sara die Tochter des Joseph Philosoph geheiratet hat: וש"צ ... מתה לו אשתו אשר היתה ממדינת פולין ויקח אשה אחרת בת ר' יוסף פילוסוף לאשה וחכמים החרימו לר' יוסף ... ויכפור גם הוא באלקי ישראל והדיח ג"כ כמה אנשים (s. o. S. 310).

Dazu gehört auch das Zeugnis des Mose Chabib, daß S. Zewis letzte Frau vermittelst ihres Bruders viele Schwindeleien getrieben und diesen als reif und erwachsen von ihrem Gatten gezeugten Sohn ausgegeben habe, was sich eben auf Querido bezieht. Von ihm, seinem Vater und einem anderen Talmudkundigen sei die apostatische Sekte der Salonicher gestiftet worden, welche vielen Unfug und Weiberkommunismus getrieben habe (bei Emden das. p. 25b): גם מגיד אני שצ"ר אמונה זו ... יצא מכשול גדול בסאלוניקי שבאת אשתו של ש"צ לאחר מיתתו ... ואחר ו' הדשים לקחה אחיה בן כ"ו שנים והסגירה עצמה עמו בחדר מיוחד ... וילדה להנער והניחה אותו ... ולכך הוא משיח בן יוסף ... ונמשכו אחריו שני רבנים אביו ורב אחד שחיבר ספר ... ונמשכו אחריהם כמו ב' או ג' או ד' מאות בעלי בתים והאמינו בו ... והמיר דתו הוא ואביו לפני המלך וכשבאו (fol. 26a) לסאלוניקי אמרו שכל המאמינים בו ימירו דתו וזהו תקון גדול ... וגם הרב המחבר המיר דתו ... ואלו שני רבנים התירו כמה אשת איש ... והם חבל נביאים הנמצאים עכשו בסאלוניקי. Diese drei Nachrichten ergänzen einander. Jakob Querido, seine Schwester, Frau S. Zewis, Joseph Philosoph, ihr Vater, und Florentin, Verfasser eines rabbinischen Werkes, welcher sich der Apostasie angeschlossen hat, bilden demnach die Stifter der Salonicher Judentürken, von welchen Niebuhr im Deutschen Museum, Jahrg. 1774, S. 17, berichtet: „Nach seiner (S. Zewis) Flucht (richtiger nach seinem Tode) war sein Schwager Jakob und nach dessen Tode Barochja, Jakobs Sohn, das Oberhaupt der neuen Sektierer, und von diesen soll letzterer eine ganz neue Religion gestiftet haben. Ihr vornehmster Aufenthalt ist Salonik, Jakobs Geburtsstadt. Daselbst findet man wohl (damals 1784) 600 Familien, genannt Donmäh, d. h. Abtrünnige, die sich untereinander verheiraten."

Von Jakob Querido teilt auch einiges ein Schreiben des Smyrnaer Rabbiners Benjamin Levi mit, allerdings erst vom Jahre 1714, aber aus selbsterlebten Erinnerungen (Ms. Halberst. B, Bl. 66), und nennt dabei einige Miturheber dieser Sekte: ושלשה פושעי ישראל הראשון ... אויל הנביא דניאל איש חמורות חמור שעסקיו רעים, וחבירו חבר הוא לאיש משחית המקולל יעקב מארגאן והמחובר לטמא הותנו ותלמידו של אותו האיש (ש"צ) שלשה אלה בני המותה דננו אותם לגירושין והנשארים נמקו בעונם ימהבל ימעבו. Unter der Bezeichnung „Schwager und Jünger S. Zewis" ist hier Jakob Querido deutlich genug genannt. Der zuerst Genannte, namens Daniel, ist ohne Zweifel Daniel Israel, ein Pseudoprophet, wovon später. Der dritte ist sonst nicht bekannt: Jakob Targan. Es würde aus dieser Notiz folgen, daß diese drei zuerst in Smyrna aufgetreten sind und von da verwiesen wurden, was auch das Zeugnis des Mose Chabib andeutet, daß S. Zewis letzte Frau und ihr Bruder sich von Smyrna nach Salonichi begeben haben. Von Daniel Israel, einem sabbatianischen Pseudopropheten, tradiert Jakob Emden (a. a. O. p. 26a), daß er einige Jahre nach S. Zewis Tod aufgetreten sei: ארזה שנים אחר שהומת ש"צ קם מתעה אחד . . דניאל ישראל . . . וזה הטמא לא היה למדן רק חזן באזמיר . . . הרבה אנשים . . . עמדו נגד הרשע . . . והלכו אל שופט הישמעאלים . . . גרש את הרמאי מאזמיר וילך לדור בעיר קטנה . . . קאסאבא . . . המקולל דניאל נעשה תוגרמי. Jakob Emden scheint nicht gewußt zu haben, daß Daniel Israel zu dem Salonicher Apostatenkreise, zu den Donmäh, gehört hat. Laut Benjamin Levis Sendschreiben müssen wir ihn aber dazu zählen. Er ist identisch mit Daniel Bonafoux, Cardosos Parteigänger (o. S. 465). — Über Florentin und Joseph Philosoph, Queridos Vater, gibt ein Ms. (in der Günzburgischen Sammlung) von Chajim (Vital) Segre einige Auskunft. Beide waren Jünger des Pseudopropheten Nathan, und der erstere, Salomo Florentin, stand bei den Sabbatianern in solchem Ansehen, daß sie ihn für den wiedergeborenen Chajim Vital und seinen Meister Nathan für den wiedergeborenen Isaak Lurja hielten: מעלת הרב (נתן) גלגול האר"י, ר' שלמה פלורינטינו גלגול של הר' חיים ויטאל. עשרה תלמידי הר' נתן ואלו הן שמותם; מעלת החכם פלורינטין והחכם ר' יוסף פילוסוף . . .

Die Chronologie für die Entstehung und Verbreitung dieser Sekte ist nirgends genau angegeben. Im allgemeinen kann man nur annehmen, daß die Apostasie zwischen 1676, S. Zewis Todesjahr, und 1696, dem Todesjahre Mose Chabibs, welcher Zeugnis darüber abgelegt hatte, fiel. Man muß sogar diese Zeit noch einschränken: denn Mose Chabib spricht noch von Jakob Queridos Tod und der Nachfolgerschaft Berachjas. Diesen Berachja oder Barochja nennt Niebuhr einen Sohn Jakobs. Aus einer Angabe Mose Chagis' läßt sich indes das Jahr der Apostasie dieser Sekte genau fixieren. Er bestimmt das Jahr 1687, das ihm denkwürdig war, weil die Nachricht von dieser Apostasie gerade an seinem Hochzeitstage eintraf (שבר פושעים gegen Ende des Hauptteils): ואשר שמעתי בשנת תמ"ז בהיותי נכנס לחופה . . . מהשמד שאירע בעיר ואם בישראל (שאלוניקי) מכת יוסף פילוסוף וחבירו פלורינטין. Auch an anderen Stellen datiert Mose Chagis vom Jahre 1714 an 27 Jahre zurück bis zum Beginne der Wirren in Salonichi. Im Eingange zur selben Schrift bemerkt er: והנחשים השרפים המכונים קירידו פלורינטין ופילוסוף נשכו את העם והמיתו עם רב מישראל . . . בעיר ואם בישראל שאלוניקי ואנדרינופול . . . כמה מאות נפשות. Man muß demnach annehmen, daß die prophetischen Spiegelfechtereien Daniel Israels und die Schwindeleien der letzten Frau S. Zewis wenige Jahre nach dem Tode des Pseudomessias in Smyrna stattgefunden haben, um 1680. Darauf sind sie durch Bestechung des Kadi aus Smyrna ausgewiesen worden und begaben sich nach Salonichi, wo Joseph Philosoph wohnte. Dort trieben sie noch einige Jahre als Juden ihren Spuk, bis sie den Behörden denunziert worden sind. Um der Strafe zu entgehen und sich vom Judentume loszusagen, an dem sie nur noch mit einem dünnen Faden hingen, nahmen sie, 200—400

Glieder, den Turban erst im Jahre 1687. Um seine islamitische Rechtgläubigkeit darzutun, begab sich das Haupt dieser Donmähs, Querido, auf die Wallfahrt nach Mekka, etwa um 1690. So bleiben noch immer einige Jahre bis 1696 Spielraum für die Tollheiten **Berachjas**, wovon Mose Chabib vor seinem Tode 1696 Zeugnis ablegte.

Sämtliche gegnerische Berichterstatter beschuldigen die Salonicher **Judentürken** oder Donmähs der Laszivität, des Weiberkommunismus, der *κοινωνία μυστικὴ τῶν ἀφροδισίων*, wie die Christen ehemals die gnostischen Sekten. Die Bannbulle des Konstantinopolitaner Rabbinats gegen Chajon (d. d. 1714, Emden 31 a), welche auch der Salonicher Erwähnung tut, sagt von denselben: וימאסו את החקים ואת התורות, החליפו נשותיהם זה עם זה, באו על נערה המאורסה, גם היה וגם נמצא הבא על אחותו ועל אמו והכל היה תקון גדול לנפשותם. Dasselbe berichtet von früherer Zeit Mose Chabib im Zeugnisse (das.). Joseph Ergas, ebenfalls Zeitgenosse, sagt ganz dasselbe (הצד נחש, p. 49 b): הלא זה הדבר אשר גרם לאבד כמה נפשות מישראל בזמן הש"צ שבדו מלבם כמה הקדמות כדי... להמיר דתם ולהחליף נשותיהם ולעבור עברות חמורות. Auch mehrere andere Zeitgenossen bezeugen diesen Unfug. Niebuhr berichtet allerdings (a. a. O.), daß sie meistens geachtete reiche Kaufleute waren, denen man nichts Böses nachsagte; aber das war ein Jahrhundert später. Ihr schlimmer Ruf kann von zwei Momenten herrühren. 1. Sie schätzten, wie Niebuhr berichtet, „**das Hohe Lied höher als die Bücher Moses und den Koran.**" Das ist leicht erklärlich, weil dieses erotisch-mystisch auslegbare Buch für die kabbalistische Theorie, welche die gradweise Emanation der Gottheit und die Rückkehr der Wesen in ihren Urgrund blasphemierend als Begattung und Verbindung (זווג ובעילה) bezeichnete, scheinbar biblische Belege bietet. Dieses Handhaben und Umsichwerfen mit erotischen Termen und Versen stempelte diese Sekte zu einer die Keuschheitsgesetze mißachtenden. 2. In der Wahl der Ehefrauen und in der Ehescheidung ließen sich die Sabbatianer nach der lurjanischen Theorie von der mystischen Seelenharmonie und Disharmonie oder Wahlverwandtschaft leiten, und um so mehr die Donmähs, welche sich an die jüdischen Gesetze nicht mehr banden. Nach außen mag es daher ausgesehen haben, daß sie untereinander die Ehefrauen wechselten. Indessen mögen sie im Hasse gegen das rabbinische Judentum manches Ehegesetzliche geradezu aus Trotz und Widerspruch übertreten haben.

IV. Die polnischen Sabbatianer Jehuda Chaßid und Chajim Malach.

Die Entstehung und Entwicklung der polnischen Sabbatianer ist für die jüdische Geschichte von besonderer Bedeutung, weil durch sie die Kabbala zu ihrer letzten Konsequenz, zum fanatischen Antagonismus gegen den Talmud und zur Einmündung ins Christentum geführt wurde. Als die Väter dieser Richtung sind **Jehuda Chaßid** und Chajim Malach zu betrachten. Beide gehören zusammen, obwohl der erstere nicht geradezu als Sabbatianer bezeichnet wird. Von ihrem ersten Auftreten berichtet Emden (T. K. p. 26 b. 27 a): קמו ונתעוררו אותה כת של חסידים של ר' יהודה חסיד... שעשו דברים מתמיהים והבטיחו על הגאולה להביא משיח בזמן קרוב. Diese „sonderbaren Dinge", welche die Sekte der **Chaßidäer** unter Jehuda Chaßid trieb, bestanden in **strengster Askese**, in **lang anhaltendem Fasten, Beten und Bußpredigten**, weil das Messiasreich nahe sei und durch die

Büßungen die letzten Hindernisse hinweggeräumt werden könnten. Diese Eigenheiten erinnern an Mardochaï von Eisenstadt, der zuletzt in Polen war. In Polen ließ man sie anfangs gewähren, bis Saul ben Heschel aus Krakau bei dem Klausrabbiner Chacham Zewi in Altona anfragte und dieser ihm die Verderblichkeit der messianischen Schwärmerei schilderte; erst dann begann jener sie in Polen zu verfolgen: וכן עשה הגאון (ר' שאול אב"ד דקראקא) ורדפם ... ממצבם בארץ פולין ... ובאו לארץ אשכנז ... גם באו עד חנה ק"ק אלטונא. Daß auch Chajim Malach dazu gehört hat, deutet Emden an, indem sein Vater Chacham Zewi vor dessen Treiben am meisten gewarnt hat: ובאר לו (חכם צבי לר' שאול) שמלאך רשע ... מחזיק בידיהם (בידי בעלי ש"צ); auch in einer anderen Wendung: die Chaßidäer beklagten sich über Chacham Zewi, daß er sie verleumdet habe und besonders Chajim Malach וביחוד מה שכתב על ר' חיים מלאך ([1]ומלאך רע יענה אמן. Emden berichtet, Jehuda Chaßid sei kein Talmudkundiger gewesen: רי"ח לא היה למדן, dagegen habe Chajim Malach als ein Talmudist gegolten: לפי שהיה (ח"מ) בחזקת למדן בטחו בו. Beide müssen übrigens nicht offen den Sabbataismus gelehrt haben; denn sie wurden in vielen deutschen Gemeinden gut aufgenommen. In Altona, erzählt Emden (das.), habe Jehuda Chaßid die Zuhörer durch seine Predigt zu Tränen gerührt und sich mit der Thorarolle im Arme zu den Frauen begeben, um dadurch einen noch tieferen Eindruck zu machen; das letztere habe Chacham Zewi ihm als ungewöhnlich verboten. Emden erzählt aber nur kurz, daß die Chaßidäer ihre Reise nach Palästina angetreten haben, ohne die Zwischenfälle zu erwähnen; er kannte sie wahrscheinlich nicht. Nur im Eingange zu מטפחת הספרים erzählt er von Hörensagen, Chajim Malach sei in Berlin und Wien gewesen, habe geradezu S. Zewi als Messias proklamiert und habe sich Kabbalisten gegenüber herausfordernd anheischig gemacht, ihnen dessen Messianität aus dem Sohar zu beweisen. Das kann wohl nicht auf der Hinreise nach Palästina geschehen sein; denn in dieser Zeit verriet keiner der Chaßidäer etwas von ihrer Anhänglichkeit an den Pseudomessias. Schudt berichtet mehr darüber (Jüdische Merkwürdigkeiten II, * S. 58 f.), wodurch auch der chronologische Punkt fixiert werden kann. Ein Zitat von Spener lautet: „Frühjahr 1699 seien auf 1500 Juden in Ungarn gestanden, um ins gelobte Land zu gehen, die Erlösung zu erwarten." Aus der Frankfurter historischen Relation referiert er: anno 1700 sind 31 polnisch-jüdische Familien, mehr als 120 Personen, aus Polen gegangen und haben ein Gelübde getan, alle Tage nicht eher zu essen, als bis die Sterne am Himmel stehen. Nachdem sie in Nikolsburg angekommen, haben sie vier Juden mit etlichen Knechten abgeschickt, ihr Vorhaben den Juden im Reiche bekanntzumachen. Monat März seien einige nach Frankfurt gekommen, hätten öfter zur Buße ermahnt und die baldige Erlösung versichert. Wegen ihrer strengen Askese wurden sie Chassidim genannt. Diese vier Vornehmsten unter ihnen: Rabbi Juda Chasid (ein Mann von 40 Jahren), R. Isaak, R. Nathanaël (ein Wahrsager) und R. Saul. Der erstere trug am Sabbat weißen Atlas, die übrigen drei weiße Sergekleider, wunderlich

[1]) Daraus dürfte sich ergeben, daß Emdens (a. a. O.) Erklärung, Chajim habe den Beinamen Malach erhalten, weil er nach der Türkei zu den Sabbatianern gewandert sei, etwa gleich מהלך, nicht richtig ist; denn wir sehen, daß er schon anfangs in Polen den Namen מלאך führte.

geformt. Der erstere habe eine gewaltige, durchdringende Stimme in seinen Predigten entwickelt; er hat noch am 3. April desselben Jahres in Frankfurt gepredigt. Als diese vier mit Reisegeld versehen waren, reisten sie über Hanau und Fürth nach Nikolsburg. Der reiche Samuel Oppenheim habe für sie zwei Schiffe und Pässe zur Donaufahrt nach dem Schwarzen Meere verschafft. S. 62 f. gibt Schudt die Zahl der polnischen Chassidim auf 1300 an, wovon 500 unterwegs gestorben, oder wie Schudt sich lieblos ausdrückt, krepiert seien. Einer derselben, der später Christ geworden, erzählte diesem Erzjudenfeinde, Juda Chaßid sei mit den meisten durch Tirol und Venedig nach Jerusalem gegangen; ein kleiner Teil aber, drunter Chajim Malach, über Konstantinopel. Aus dem Bisherigen ergibt sich, daß der letztere anfangs in dieser Gesellschaft nur eine untergeordnete Rolle spielte, die Hauptrolle hatte J. Chaßid. Dieser stammte aus Szedlovice bei Grodno und hatte in seiner Gesellschaft mehrere Talmudisten, von denen genannt werden Nathan Nata, Rabbiner von Hagenau (Verf. des kabbalistischen Werkes מאורות נתן), Joseph aus Wilna, Kalonymos. (Vgl. Vorwort zu diesem Werke, ferner Schwarz, Geographie von Palästina מעשה ארץ, p. 47, und auch Brüll, Jahrbuch für jüdische Geschichte I, S. 228 f.)

J. Chaßids Schwärmereien sind rasch genug dementiert worden. Er starb, wie Emden und Schudt berichten, drei Tage nach seiner Ankunft in Jerusalem und, wie sein Jünger Gedalja Semiatícz in der Einleitung zu dessen Werk שאלו שלום ירושלים angibt, 6. Marcheschwan תס"א = 19. Oktober 1700. Damit war die Hoffnung seiner Begleiter verflogen und sie zerstreuten sich. Wie Schudt aus dem Munde von zurückgekehrten Chaßidim vernommen, sind viele derselben nach Europa zurückgekehrt. Diese מקובלים שבאו בחברת ר׳ יהודה חסיד בשנת תס"ג haben drucken lassen: תקון חברה קדישא דר׳ יהודה. Etwa 100 derselben sind zum Islam und von den Zurückgekehrten ein guter Teil zum Christentum übergegangen. Von den Getauften nennt Schudt das. Wolf Levi aus Lublin, getauft 1707 zu Nördlingen unter dem Namen Franziskus Lotharius Philippi, J. Chaßids Neffe, und Simcha Chaßid in Bamberg, getauft unter dem Namen Matthias. S. auch darüber Philipp Nikolaus Lebrecht (getaufter Jude) „Der geistlich tote Jude". Zu den zurückgekehrten Chaßidim ist noch zu zählen Jesaia, Jehuda Chaßids Schwiegersohn, der später scheinbar seine Ketzerei bereute, nichtsdestoweniger in Mannheim sabbataischen Schwindel trieb (Emden das. p. 40a), aus Mose Chagis' Schrift: ישראל כומר היה . . . חבר רע ישעיא והוא חתנו של ר׳ יהודה חסיד אשר חזר עם הכנסיה . . . אשר קבל עליו . . . בשבועה חמורה שלא להזכיר עוד בשם ש"ע . . . ועבר על שבועתו.

Chajim Malach blieb allein auf dem Schauplatz. Wie aus einem Sendschreiben des Konstantinopolitaner Rabbinats hervorgeht, agitierte er zuerst in Jerusalem, wo er vielleicht gleichzeitig mit J. Chaßid eintraf. Er predigte dort offen den Sabbatianismus und soll beim Gottesdienste ein Abbild des Pseudomessias von Holz herumgetragen haben (Emden das. p. 27b): חיים מלאך עשה דמות צלמו של ש"צ . . . מעץ. Aus dem vorsichtig geschriebenen Briefe mehrerer deutschen Jerusalemer an die Synode der Vierländer (d. d. Ijar 1705, bei Emden das.) ist nicht viel für Malachs Benehmen zu schließen, weil die Anklagen gegen ihn sehr allgemein und im verschwommenen Stile der Zeit gehalten sind (fol. 28a): אמנם חדשים מקרוב באו . . . באמרם חיים יוסף להם מלאך רע יענה אמן שתו בשמים פיהם . . . ואין כח ידינו משגת

פה עיר הקדושה לייסר אותם או לדון אותם בגירושין בלתי עצת הגדולים אשר בחוצה לארץ המה. Nicht viel deutlicher ist das Schreiben oder die Bannbulle des Rabbinats von Konstantinopel (d. d. Jjar 1710, das. p. 28b f.): נגזר מארץ חיים מלאך אכזרי . . . אתו . כדומין לו בוקי סריקי . . ויבשר להם ביאת הגואל נביא היה בתוכם . . . שאומרים אלקי צבי . . . שולח מדנים בין אחים . . . מבשר ואומר אמונה חדשה . . . מטיל מום בקדשים נקיי הדעת שבירושלים זו היא אמונתם . . . עלי דידן (רבני קושטנ') תלה המקולקל הקלקלה . . . נשמע לימים שעברו האי גברא כי סליק להתם (א"י) כהן ריחו ריח מינות אזרו חייל תקיפי ארעא ואלקים עזרם להרחיקו מעליהם . . . אך יצא יצא מפתקא של ירושלים וילך אל ארץ כשף והסית והדיח כמה קהלות בהגדות של דופי . . . בא האיש בגבולנו . . . שלחנו אחריו . . . ויענוהו קשות בנדויים ובחרמות . . . ומלאך רע ענה אמן . . . חזר ובא אל מחננו שנה ולמד כמו שהיה למד צב"י . . . והורה לעשות חקים דמעיקרא . . . עליו ישאגו כפירים להכחידו מן הארץ . . . והלך לו . . . והקול (fol. 29a) נשמע שהלך לערי פולניא ואשכנז. Das will ungefähr sagen, Malach habe einer Sekte in Jerusalem vorgestanden, Sabbataï Zewi als Messias anerkannt, eine neue Lehre gebildet und das Gerücht verbreitet, daß manche Jerusalemer und Konstantinopolitaner Rabbinen zu den Gläubigen gehörten. Aus Jerusalem sei er ausgewiesen worden, sei in das Zauberland (Salonichi) gegangen, nach Konstantinopel gekommen; dort gebannt und ausgewiesen, sei er nach einem Jahre wieder dahin gekommen, wieder in den Bann getan worden und endlich nach Polen und Deutschland (oder umgekehrt) zurückgekehrt. Das alles müssen wir zwischen 1705 und 1710 setzen, und zwar so, daß er von 1700—1705/06 in Jerusalem geweilt, dann die Reise in die Türkei gemacht und endlich um 1710 nach Europa zurückgekehrt ist. Emden berichtet noch, Ch. Malach sei mit Berachja in Salonichi gewesen (das. 26b): חיים מהלך היה נקרא לפי שהלך לטורקיא ללמוד אמונת ש"צ . . . מברכיה ובנו אותו אח"כ מלאך.

Aus einem bei Chajon konfiszierten Briefe ergibt sich, daß Malach noch mit Samuel Primo, Sabbataïs Inspirator, verkehrt hat, und zwar ganze drei Jahre וגם הרש"פ (שמואל פרימו) אחר שדברתי אתו פה אל פה הדר ביה . . . וזה היה אחר שנמצא עם הר' חיים מלאך ג' שנים. Dieser Verkehr kann nach dem Obigen zwischen 1705 und 1709 stattgefunden haben, und zwar entweder in Salonichi, wenn S. Primo zu dieser Sekte gehört hat, oder in Adrianopel oder sonstwo.

Aus der Bannbulle des Konstantinopolitaner Rabbinats hat sich ergeben, daß Ch. Malach, als er im Orient verfolgt wurde, sich nach Polen und Deutschland begeben hat. Wenn er dieselbe Tour auf der Rückreise wie auf der Hinreise eingeschlagen hat, so muß er wohl von Konstantinopel nach Wien gekommen sein, und auf seinen diesmaligen Aufenthalt daselbst mag sich die Erzählung des Gewährsmannes bei Emden beziehen, daß er Kabbalisten zum Disputieren aufgefordert und sich anheischig gemacht habe, S. Zewis Messianität aus dem Sohar zu beweisen (s. o. S. 475). Freilich paßt die Zeit nicht gut damit; denn dieses kann frühestens 1709 geschehen sein, und in diesem Jahre war der Rabbiner Abr. Broda nicht mehr in Prag, und doch soll dieser zwei Kabbalisten zur Disputation nach Wien zu Malach delegiert haben. Daher mag die ganze Geschichte wohl nur Fabel sein. Die Nachricht das., daß er auch in Berlin manche zum Sabbataismus verführt habe (das.), kann sich nicht auf die Zeit seiner Rückreise beziehen. In Polen gründete er eine nachhaltig wirkende Sekte der Sabbatianer. Emden, עדות ביעקב, p. 51a: חיים מלאח ... הוא אשר טמא מדינת פולין לעבוד לצבי מודח ... ממנו למדה הכת הרעה הידועה בזאלקווי בוטשאטש הארדענק פודהיץ נדבורני ראטין (auch an anderen Stellen). Malach starb durch Trunksucht (Emden, T. K. p. 26 b): הוא (חיים מלאך) הסית הרבה בארץ פולין ... הוא וסיעתו בחומם הושת משתיהם והוא שותה שכור נפל ונשבר מפרקתו בשכרותו. Die Relation ist unzweifelhaft authentisch, denn Emden kam in dieser Zeit mit seinem Vater nach Polen (um 1714—1715); sein Vater bekämpfte damals die sabbatianische Sekte in Polen (das. p. 33 b). Diese Sekte, deren Führung und Umtriebe Emden öfter beleuchtet, hatte eine antitalmudische Richtung, welche dann durch Jakob Frank und seinen Anhang bis zum fanatischen Extrem getrieben wurde. Man kann also annehmen, daß Chajim Malach, welcher mit Juda Chaßid als Asket ausgezogen war, als Antinomist und Kontratalmudist dahin zurückkehrte. Löbele Proßnitz stand sowohl mit ihm wie mit dem Sabbatianer Schemaja und überhaupt den polnischen Sabbatianern in Verbindung.

Von Löbele Proßnitz, der nur eine Nebenrolle gespielt hat, ist nicht viel bekannt. Die Hauptnachricht über ihn gibt Mose Chagis (in לחישת שרף Einl.); daß auch er sich für den Messias, und zwar für den Fortsetzer S. Zewis ausgegeben, und daß er gelehrt habe, Gott habe seine Weltleitung dem Frommen, d. h. dem Messias überlassen, איש משחית נקרא ליבלי פרוסטיץ ... מתנשא להקרא גם הוא משיח יוסף ... התועב הוה כתב ... "כי עתה בזיוג זה אין הקב"ה משגיח בשום דבר כי רק מחשבתו על השכינה כי עתה הוא הצדיק נעץ קנה בים ... לפיכך אין הקב"ה משגיח כלל בתחתונים רק שמסר הכל להצדיק סיעשה בקירוב". .. הצדיק ... כן הם מכנין לשבתי צבי. Über seine Mystifikationen s. Emden, תורת הקנאות, p. 34b; weiter unten Note 6 und בית יהונתן הסופר, p. 1b, daß Löbele durch einen Konvent von mährischen Rabbinen ausgewiesen, nach Ungarn ausgewandert sei, והלך ... נתנדה בכל הק"ק שבמערריין ... אמנם ליבלי והלך נע ונד בארץ הגר.

5.

Die Könige von Schweden und die Karäer.

Wagenseil erzählt, daß König Karl XI. von Schweden, begierig Nachrichten über die Karäer zu erhalten, den Professor Gustav Peringer Lilienbladt aus Upsala nach Polen schickte, um Erkundigungen an Ort und Stelle über sie und von ihnen einzuziehen und ihre Schriften, gedruckte wie Manuskripte, um die höchsten Preise zu kaufen (Hoffnung auf die Erlösung Israels, S. 30, 31). Das Datum ist daselbst nicht angegeben. Annähernd erfahren wir es aus Peringers Brief an Ludolf, d. d. April 1691, worin er diesem einiges über die Resultate seiner Reise zu den Karäern mitteilte (Tentzel, Monatliche Unterredungen ad 1691, S. 572 f., Schudt, Jüd. Merkwürdigkeiten I, S. 109f., Wolf IV, S. 167 f.). Die Reise scheint er also um 1690 angetreten zu haben, wie auch Wolf annimmt (Notitia Karaeorum 2, Note). Viel Neues bietet dieser Bericht nicht, höchstens über die Wohnplätze der Karäer in dieser Zeit, Degunt illi (Karaitae) in Lithuaniae variis locis: Birsae (castellum),

Pozvula, Neostadii, Koronae, Trocae alibique. Ob die Blättchen, die Peringer an Wagenseil darüber absandte, mehr enthalten haben, ist nicht bekannt. Das Itinerarium des Karäers Samuel ben David, welches er fragmentarisch mitgebracht und gedruckt hat (Upsala 1691), hat keinen besonderen Wert, wir besitzen es jetzt vollständig durch Gurland gedruckt ספר המסעות (in seinem גנזי ישראל בס"ט פיטרבורג, Heft 1) Lyck 1865. — Von einer anderen Forschungssendschaft erzählt der Karäer Mardochaï ben Nissan (in der Einleitung zu Dod Mardochaï, ed. Wolf, l. c., S. 2 f.): ועתה העיר ה' את רוח אמות נכריות לדרוש ולתור בתורת ה' . . . כמו שזה שתים או שלש שנים יצאו שנים חכמים ממלכות שוועציה אשר על נהר דווינה וישוטטו בדוכסיה של ליטוא בכל המקום אשר שם הקראים דרים ויבקשו שימסרו להם מחבורי חכמינו ספרים והגיע עד איכן שבקשו את קהלתינו שישלחו מאצלם שני תלמידי חכמים אל מקום מושב מדרשם . . . ויעיר ה' את רוח החכם הכולל . . . כמוהר"ר שלמה יצ"ו בכמוהר"ר אהרן הזקן מעיר פאסוול מתחום זאמייט רך בשנים וזקן בחכמה בקי בלשון לטין . . . שהלך אצלם לעיר מלכותם ויכבדוהו . . . ויבקשוהו שיכתוב להם בקיצור כל המחלוקת שבין הרבנים והקראים . . . וחבר מאמר קצר . . . וישלח להם.

Da Mardochaïs Angabe, als die eines Zeitgenossen, verläßlich ist, so muß dieses eine andere schwedische Sendschrift an die Karäer gewesen sein, etwa vom Jahre 1696 oder 1697 (zwei oder drei Jahre rückwärts vom Jahre der Abfassung, Juli 1699). Sie berichtet daher von zwei schwedischen wissenschaftlichen Exploratoren, und daß Salomo ben Aaron, Verf. einer Schrift über die Differenz zwischen Rabbaniten und Karäern, selbst nach der Hauptstadt gereist sei. Diese Schrift des Karäers Salomo, von welcher Mardochaï sagt, er habe sie nicht zu Gesicht bekommen, besitzen wir jetzt; sie hat den Titel אפריון עשה לו (ediert von Neubauer in der Schrift: Aus der Petersburger Bibliothek, als hebr. Beilage). Im Eingang (S. ד') sagt der Verf. er habe sie auf Veranlassung des Professors Johann Pufendorf verfaßt, der ihn dazu brieflich aufgefordert habe: אז אמר שלמה . . . יען שהפצירני ע"פ כתביו ואגרותיו האיש הנודע בחכמות רמות האדון יוחנן פפנדורף ראש ישיבת מלך שוידיי בריגא . . . להודיע לו סבת חלוקת בית ישראל לשנים קראים וגם רבנים. Dieser Karäer war nicht in Schweden, sondern in Riga bei Pufendorf. Ihm hat er auch seine Abhandlung zugeschickt. Er wohnte, wie Mardochaï angibt, in Poswol (Samogitien), was nicht sehr entfernt von Riga ist. Das wollen auch Mardochaïs Worte sagen. Aus Schweden am Fluß Düna, d. h. aus Livland und Riga. Es ist schade, daß in der Schrift אפריון kein Datum angegeben ist. Doch scheint auch dieses Faktum in Karls XI. letzte Regierungsjahre, 1696—1697, zu fallen.

Derselbe Mardochaï ben Nissan, welcher Triglands Fragen in betreff der Karäer in der Abhandlung דוד מרדכי beantwortet und einen zweiten Brief an denselben, d. d. 1700, gerichtet hat, hat ebenfalls eine Schrift über den Karäismus unter dem Titel לבוש מלכות ausgearbeitet, und zwar auch auf Anregung eines schwedischen Königs Karl. Dieselbe ist ebenfalls von Neubauer (das. Beilage, p. 30 ff.) abgedruckt. Sie beginnt mit den Worten: האדון המעולה והמפואר הגבור הבלתי מנוצח הדרת שמו קארול מלך שוועציריא . . . שאל את עבדיו הקראים שבעיר לוצקא לדעת אודותם מאיזו אומה הם ומה אמונתם ומה ההפרש שבין התלמודיים וביניהם וכשמעי . . . במדרש הקראים שמחתי . . . ואח"כ . . . חשתי ואצתי למלאות רצון האדון. Das kann nun nicht Karl XI., sondern sein siegreicher Sohn Karl XII. gewesen sein, der auf seinen Kriegszügen in Polen, wohl gegen Ende 1702, in Luzk gewesen sein kann: denn hier ist von keiner Sendung an die Karäer, sondern von einer persönlichen Unterredung Karls mit den Karäern die Rede. Mardochaï zitiert auch in dieser Schrift öfter seine Schrift für Trigland, die im Jahre 1699 konzipiert ist, also schon nach Karls XI. Tod. Dieses Faktum dürfte nicht bekannt sein, daß der schwedische Held, welcher hochfliegenden Eroberungsplänen nachhing und nachging, sich auch um die Differenz zwischen Rabbanismus und Karäertum gekümmert hat.

Der Karäer Salomo ben Aaron, welcher für Pufendorf oder für Karl XI. die Schrift אפריון um 1696 ausgearbeitet hat, führt zu einer anderen Untersuchung. Es hat sich gezeigt, daß er in dieser Zeit noch jung war, und daß er in Poswol wohnte. Simcha Isaak Luzki nennt ihn zwar (im Katalog der karäischen Literatur seines ארח צדיקים p. 22b): שלמה הזקן הטרוקי בהר"ר אהרון הזקן, was aber kein Widerspruch zu sein braucht. Salomo kann zur Gemeinde Torok gehört oder später in Torok gewohnt und zur Zeit der Abfassung von S. J. Luzkis Schrift 1756 bereits alt gewesen oder als Greis gestorben sein. Dieser Karäer Salomo erzählt, er sei mit dem damaligen Rabbiner Josua Heschel II. in Wilna befreundet gewesen und habe mit ihm ein hebräisches Rätselspiel unterhalten (J. Finn in קריה נאמנה, Geschichte der Wilnaer Gemeinde, p. 110, Note): זה לשון שלמה בן אהרון מחבר ספר אפריון: אמר המבין חדות בהיותי בק"ק ווילנא פעם אחת פגשתי ברחוב היהודים יוצא מב"ה את אב"ד דק"ק הנ"ל ה"ה הגאון כמוהר"ר יהושע העשל בהגאון המופלג כמוהר"ר שאול והקדימני הגאון בחדה זאת באמרו . . . ועל רגל אחת השיבותי לרום מעלתו בזה הלשון וכו'. Das Rätsel und die Lösung, beide sind abgeschmackt, aber es folgt doch daraus, daß zwischen den Rabbaniten Wilnas und den Karäern kein feindliches Verhältnis bestanden hat, daß sie vielmehr miteinander freundschaftlich verkehrt haben. Solche Indizien von gegenseitiger Duldung und freundnachbarlichem Verhalten, früher unbekannt, kommen noch in dem ersten Viertel des 18. Jahrhunderts vor. Neubauer (a. a. O. S. 73) teilt aus Urkunden mit, daß das Rabbinat zu Wilna ein gerichtliches Urteil von karäischen Chachamim oder Schoftim aus Torok (1712) für gültig erklärt habe. Das Rabbinat von Brzesez empfahl den karäischen Richter (שופט) Abraham ben Samuel sehr warm und erwähnte die Verdienste, die sich sein Vater und er selbst um das Haus Israel erworben, daß beide die Richterwürde mit vieler Biederkeit geführt haben. Es ist schade, daß Neubauer diese Urkunde nicht mitgeteilt hat, woraus die näheren Umstände und die chronologischen Momente deutlicher und erkennbarer wären. Aber so viel geht wohl daraus hervor, daß Rabbaniten und Karäer in dieser Zeit in Polen einander näher standen als früher. Dadurch erscheint die Nachricht Eliakim Milsahagis (in dessen ספר ראביה, p. 28, Note) nicht mehr so abenteuerlich, daß die polnischen Karäer im 18. Jahrhundert eine Deputation an die jüdisch-polnische Synode der Vier-Länder geschickt hätten, sich mit ihnen über Anschluß und Vereinigung zu verständigen. Es habe darüber im Schoße der Synode Meinungsverschiedenheit geherrscht. Samuel, Rabbiner von Kremnitz, Großvater des genannten Verfs., eines der Synodalhäupter, habe durch ein Bonmot die beabsichtigte Vereinigung abgeschnitten: שלחו הקראים גדוליהם אל בית הוועד של רבני ד' ארצות עם מגלה עפה . . . שמבקשים שחכמי הקראים יתוכחו עם רבני הוועד ואם יהיו

מנוצחים יקבלו עליהם תורה שבע"פ ויתאחדו אתנו להיות לעם אחד באחוה ורעות. ונאמר בזו דעות רבות בבית הוועד מה להשיב להם. אז קם אדוני אבי זקני המפורסם מ' שמואל אב"ד קרמניץ ... וכתב להם תשובה ה' תבות: אלו הקראים אינן מתאחין לעולם.

6.

Chajon, seine Ketzerei, seine Gönner und Gegner.

Der des Sabbataïsmus verdächtige Abenteurer Nehemia Chija Chajon[1]), der eine leidenschaftliche Aufregung unter den Gemeinden von Amsterdam bis Jerusalem und von London bis Italien hervorgerufen hat, erhielt in Peter Beers Geschichte der jüdischen Sekten und in Josts größerer und kleinerer Geschichte nur einige dürftige Zeilen. Die gedruckten Quellen (wovon weiter unten) bieten aber so viel Ausbeute, daß Wolf (Bibliotheca III, p. 828, und IV, p. 928) so ziemlich die Umrisse dieser Bewegung zusammenstellen konnte, allerdings soweit sie die Bibliographie interessierte. Viel mehr bieten die handschriftlichen Quellen, bestehend aus hebräischen und italienischen Korrespondenzen und kurzen Streitschriften, die ich ebenfalls der Gefälligkeit des Herrn Halberstam in Bielitz verdanke (Ms. Halberst. B). Diese Quellen gewähren einen höchst unerfreulichen Einblick in das innere Treiben der Stimmführer und Rabbiner im Anfang des 18. Jahrhunderts. Es geht daraus hervor, daß die Kabbala das Urteil so sehr getrübt und verdunkelt hatte, daß Chajons Schwindelei von einer neuen Trinität Verteidiger fand, welche sie für jüdisch-orthodox erklärten. Die meisten Persönlichkeiten, welche bei diesem leidenschaftlichen Streit pro et contra beteiligt waren, sind nur oberflächlich bekannt. Es ist daher gerechtfertigt, wenn ich den ganzen Verlauf aus den Quellen zusammenstelle und die dabei beteiligten Personen zu individualisieren suche.

1. Chajon. Sein Geburtsjahr ist nicht angegeben, doch wird er zur Zeit, als er in Europa auftrat (1713), bereits als זקן bezeichnet. Er muß damals bereits mindestens ein Sechziger gewesen sein, ist demnach um 1650 geboren. 1726 rumorte er zum zweiten Male in Deutschland und Amsterdam, ist demnach sehr alt geworden. — Sein Geburtsland ist, wie vieles an diesem Manne, zweifelhaft geblieben und wurde in den Streit hineingezogen. Er gab sich als Safetenser oder als Obergaliläer aus; seine Gegner dagegen behaupteten, er sei in Bosna-Seraï (Bosnien) geboren. In seiner seltenen polemisch-apologetischen Schrift מודעא רבה, worin auch seine Biographika mitgeteilt werden (deren Richtigkeit allerdings auf sich beruhen möge), gibt Chajon zu, daß seine Eltern in der genannten bosnischen Stadt gewohnt haben, daß sie aber, da sie ihre Kinder nicht am Leben erhalten konnten, den Entschluß gefaßt hätten, nach Palästina zu wandern; unterwegs sei er in Alexandrien geboren und in Jerusalem erzogen worden. Später, im 19. Lebensjahre, sei er wieder nach Bosna-Seraï gekommen und habe dort die Tochter

[1]) So wird der Name ausgesprochen in den italienischen und spanischen Quellenschriften: Hayon oder Haijon, also ist die übliche Aussprache Chajun unrichtig.

eines Samuel Almoli geheiratet. Dagegen bezeugte das Rabbinatskollegium von Smyrna, Chajon sei in Bosna-Seraï geboren und erzogen und habe dort die Sklavin eines Abraham Molina entführt, mit der er am Sabbat entflohen, aber wieder eingeholt worden sei (Aktenstück in Chagis' לחישת שרף und in Jakob Emdens Torat Kenaot 30b): הוא (חיון) מתאר עצמו היותו מגליל עליון. שקר דבר האיש ההוא כי אינו אלא מבוזנה שאראיי' כי שם נולד ושם נתגדל. וברח משם עם הגויה שפחה כנודע שהיה שפחת אברהם מולינא וביום שבת קודש לקח לו שני סוסים וגנב את השפחה וברח לו ושני בניו של מולינא רדפו אחריו והשיגו אותו. Chajon selbst fährt in seiner Biographie fort, er sei nach Avlona (oder Valona in Albanien) übergesiedelt, dort in Gefangenschaft geraten und endlich in Uskiup (אסקופיה, fünf Tagereisen von Salonichi) zum Rabbiner gewählt worden, und zwar auf besondere Empfehlung des angesehenen Rabbiners Aaron Perachja von Salonichi, Verfassers der Responsen פרח מטה אהרן, die allerdings Chajon in einem Gutachten ebenbürtig erwähnt (T. II, No. 80). Warum Chajon in Avlona zum Gefangenen gemacht worden und wie viele Jahre seit seinem Aufenthalt in Bosna-Seraï bis zur Übernahme seines Rabbinats verstrichen sind, verschweigt er geflissentlich, gesteht aber selbst ein, daß er nur kurze Zeit in Uskiup verweilte: ואחר ימים נסעתי משם (מאיסקופיא) אני וביתי ובאתי לארץ ישראל בשנת תנ"ח וישבתי בשכם עד שנת תס"ב. Man erzählt sich aber, daß er sich in Uskiup nicht geziemend betragen haben soll (Mose Chagis, שבר פושעים, Bogen ה). ושמעתי מקדם מהרוכלים המחזרים בעיירות את כל התועבות שעשה באיסקופיא ושאר המדינות.

Aus einer Angabe des glaubwürdigen Brieli (w. unten) geht hervor, daß Chajon um 1691 in Livorno war und dort einen schlechten Lebenswandel geführt hat (Sendschreiben an Ayllon, Ms. Halberst. B, Bl. 129 v.): בידיי עדות נאמנה מיחידי סגולה שבעיר ליוורנו מכל התועבות הגדולות אשר עשה זה הנבל שמה זה כ"ב שנה וסוף דבר שהיה תמיד בפיו שיר עגבים. La bella Margarita bianca come in flor: Auch in Belgrad war er und machte dort Geschäfte (in הצד צבי, p. 37a Ende): ... בא הח' חיון לבילוגראד לשאת ולתת במשא ומתן.

Seine Bekanntschaft mit den Sabbatianern hat Chajon nie recht offen eingestehen wollen, und doch ist es Tatsache, daß er vielfach mit ihnen so ziemlich einverstanden war.

Chajon gestand selbst ein, er habe sich Mühe gegeben, von Sabbatianern die mystische Theorie von Gott zu erfahren, sie hätten aber entgegnet, durch einen Eid gebunden zu sein, dieses Geheimnis nicht mitzuteilen (polemische Schrift הצד צבי, p. 31 b): כי באמת השם כמה פעמים פשפשתי אחרי אשר היו אומרים (מאמונת שבתי צבי) שיודעים סוד האלהות וכלם פה אחד היו אומרים שהם מושבעים ועומדים שלא לגלות לשום אדם ... וזה הוא דבר ברור שאינם מלמדים לשום אדם. In seiner Selbstbiographie behauptet er, er habe die Jünger Cardosos hart bekämpft: הלא עיניכם הרואות את המחלוקת הגדול' שהיה לי באזמיר עם תלמידי אברהם מיכל קארדוזו עד שהשפלתי אמונתם ארצה. In einem unter seinen Papieren gefundenen Zettel ist deutlich angegeben, daß er gerade über das Mysterium Gottes viel mit Samuel Primo, Sabbataï Zewis Sekretär und Hauptagitator, verhandelt hat (v. S. 447 und weiter unten).

Zwischen den Jahren 1702 und 1708 ist eine Lücke in der Biographie, die er selbst unausgefüllt gelassen hat. Innerhalb dieser Zeit trat Chajim

Malach in Palästina auf (s. o. S. 476). In dieser Zwischenzeit war er in Ägypten und soll dort abenteuerliche Streiche, Zauberei u. dgl. getrieben haben (worüber weiter unten). — Im Jahre 1708 war Chajon in Smyrna und seit dieser Zeit beginnt sein propagandistisches Abenteurerleben. Als Bettler war er nach Smyrna gekommen, als gemachter Mann verließ er es. Sein ketzerisches Buch מהימנותא דכלא mit den beiden Kommentarien hatte er damals schon fertig, zeigte es einigen Reichen und bezauberte sie derart, daß sie ihn unterstützten, eine Art Klaus in Palästina in Safet, Tiberias, Jerusalem oder Hebron zu gründen und die genannte Schrift edieren zu können (mitgeteilt in מורעא רבה, p. 3): בהיות שעבר עלינו האיש הלזה החכם . . . המקובל האלקי חייא חיון והארץ האירה מכבודו . . . לכן אנחנו הבאים על החתום נדבה נפשנו למלאות שאלתו . . . והוציא כל א׳ מכיסו . . . כדי שיושלם רצונו ולא ידרוך בציות בימים ובנהרית כי ראינו צרת נפשו ואין ראוי לאיש אשר כמוהו מורה שיתבטל מעסוק בתורה . ומה גם בראותנו הספר הקדוש של בית קה״ק וגם ספר עוז לאלהים שהתחיל בו ונתחייבנו . . . להחזיק בידו . . . להביאם לדפוס וגם נתחייבנו לקבוע ישיבה מכיסנו מעשרה חכמים ושיהיה הוא ראש . . . והרשות בידו לקבוע במקום אשר יחפוץ או בצפת או בטבריה או בחברון . . . פה אזמיר בשלש ראשון לחודש אייר משנת ושכנתי בְּתוֹכָם (= תס״ח) לפ״ק. Die Unterschriften waren durchweg von Portugiesen: אליהו קאלדירון . אליהו די קורדובה . . . אברהם ארדיטי . . . שלמה ארדיטי. — Die Rabbinen hielten sich fern von ihm. Einer derselben, Benjamin Levi, berichtet über Chajons ersten Aufenthalt in Smyrna folgendes (Ms. Halberst. B, Bl. 29) d. d. Elul 1714: העבודה זה כמו שש שנים שהיה פה העירה עבר עוכר ישראל (נחמיה חייא חיון) הלזה ושמעתי שהיה מחבר ס׳ בית קה״ק והאלהים אנה אותו לידי וקראתיו מראש עד סוף ושם ראיתי דמיונותיו וכפירותיו ועלה על לבי להדפיס ספר השגות עליו . . . ומשכתי את ידי מפני בטול בית המדרש . . . אמנם לא מנעתי את עצמי להכריז ברחובות קריה מה שנראה בעיני ומנעתי כמה אנשים המקשיבים בקולי מלהתלכד ברשתו . . .

Benjamin Levi versichert, er sei einer kabbalistischen Unterredung mit Chajon stets ausgewichen und habe ihn überhaupt nur flüchtig gesehen. Er fährt dann fort: הן אמת שאיזה גבירים נכבדים מקהילהינו נפתו לשפת חלקות שלו . . . והחזיקו פה בידו עד שנסע מפה לצפת . . . אמנם לא עברו ימים מועטים ונתגלה קלונו באופן שנתפרסם ונודע אצלנו הויתו רע ובליעל מסית ומדיח מבלבל ומחריב עולמות ונבחנו דברי שהייתי לוחש באזנם בהיותו פה.

In seiner Selbstbiographie erzählt Chajon dagegen, daß er bei seiner Abreise von Smyrna (im Monat Jjar) von 2000 Juden zu Schiffe geleitet worden sei mit einer so großen Ehrenbezeugung, daß die anwesenden Nichtjuden geäußert hätten, der so Geehrte müsse wieder ein Messias sein. Elia Taragon (sein Jünger, wie es scheint, ein Sabbatianer) mit einigen anderen habe ihm bis 20 Meilen ins Meer das Geleit gegeben. Mit demselben Schiffe hätten seine Gegner in Smyrna ein Schreiben für Abraham Jizchaki nach Jerusalem befördert, ihn anzuschwärzen: ובידו רשפה במלקחים לקח כתב מאזמיר מאת אנשי זיפים אויבים . . . על לא חמס וכתבו דברי כזבים . . . להרב הנ״ל (אברהם יצחקי) של ירושלם. Er gesteht also ein, daß er erbitterte Gegner in Smyrna hatte. Abraham Jizchaki habe sofort Gebrauch von dem Schreiben gemacht, um Chajon zu verketzern. Am 5. Siwan war Chajon in Sidon eingetroffen, und drei Wochen später פ׳ שלח לך (21. bis

28. Siwan) ging bereits ein Verketzerungsschreiben gegen ihn von Jerusalem aus nach Smyrna ab, ausgestellt von dem Rabbinatskollegium in Jerusalem, Abr. Jizchaki, Joseph Cuenqui, Simson Gomez Patto, Juda Kohen. — Man muß gestehen, daß die Motivierung dieser Verketzerung (abgedruckt auch in Emdens תורת הקנאות, p. 30a) nichtssagend ist, und daß keine bestimmten Anklagepunkte formuliert sind. Die Hauptanklage lautet: בהיותו בארץ מצרים (חיון) אגלא בהתחיה זיפנא בזייפנותיה וכל מעשיו מעשה כשפים, und er wird als מין, Ketzer, bezeichnet. Der Bann ist darin nicht direkt über ihn verhängt, nur wird ihm alles Böse angewünscht. Ohne daß der Titel seines Buches namhaft gemacht wird, wird es zum Scheiterhaufen verurteilt. Von Chajons Hinneigung zum Sabbataïsmus lassen die Unterzeichneten nichts merken. Der Hauptzweck dieses Verketzerungsschreibens war, die Smyrnaer zu warnen, Chajon die verheißene Unterstützung zukommen zu lassen.

2. Abraham Jizchaki, der Hauptanreger der ersten Verketzerung gegen Chajon, war eine bedeutende talmudische Autorität seiner Zeit, Verfasser der edierten Responsen זרע אברהם. Asulaï, dessen Vater Abraham Jizchakis Jünger war, widmete ihm einen Artikel in seinem bibliographischen Lexikon (sub v.) [vgl. auch Michael אור החיים, א 81]. Nach demselben war er geboren 1661 und starb 13. Siwan (= 10. Juni) 1729 im 68. Lebensjahre. Sein Vater David Jizchaki war erster Rabbiner Jerusalems (s. o. S. 452). Chajon klagt in seiner Selbstbiographie Abraham Jizchaki an, er habe große Verwirrung im heiligen Lande hervorgerufen, habe die Schuldenlast der Gemeinden erhöht, habe die Talmudbeflissenen so despotisch behandelt, daß die meisten derselben die Flucht ergreifen mußten, und habe ihn aus Neid verfolgt, weil er von seiner Niederlassung in Tiberias eine Schmälerung der Einnahmen für die Jerusalemer Gemeinde gefürchtet habe: אשר בימיו (בימי א׳ יצחקי) נפלגת ארץ הקדושה ומחמתו נתרבו החובות . עד שברחו רוב ת״ח ממנו מעיר ירושלם כי לא יכלו שאת מדותיו הרעים ורוב גאותו . . . וכראותו (א׳ יצחקי) שהיה רוצה (חיון) לקבוע הישיבה בטבריא חרה לו עד מאוד ויאמר בודאי יקח הקדשים של טבריה לישיבה זאת . . . והתחיל לדבר ולהוציא שם רע עליו כדי לבטל הענין וכדי שיוכל הוא לקבץ כל הקדשים לעצמו וכו׳. Ferner behauptete Chajon, sein Gegner Abraham Jizchaki habe seine Kollegen moralisch gezwungen, jenes Verketzerungsdekret gegen ihn wider ihren Willen zu unterzeichnen; das habe ihm Simson Gomez Patto verraten: בש:ת ת״ע מצאתי להחכם ר׳ שמשון גומץ פאטו בארץ מצרים ואמרתי לו האתה הוא מחותמי ברכות שהיו במקדש? ויאמר אני . וימחול לי מעכ״ת כי אנוסים אנחנו ואם יאמר (א׳ יצחקי) שנחתום על השקר שהוא אמת חייבים אנחנו לכתוב כי נתננו ה׳ בידיו לא נוכל קום . וכמה כמה רעות כתבו על החכם ר׳ יצחקי אחר שיצא משם ואיני רוצה לגלות כל מה שאני יודע. Indessen kann man diesem Schwindler nicht alles glauben.

Chajon will, sobald er von der gegen ihn vom Jerusalemer Kollegium ausgegangenen Verketzerung vernommen hatte, nach Smyrna an seine Gönner geschrieben haben, eine Gemeindeversammlung mit Zeugenverhör (מעמד) zu veranstalten, um ihn oder seinen Ankläger Abraham Jizchaki zu verurteilen. Aus Schonung für die heilige Stadt, deren rabbinische Führer dadurch kompromittiert worden wären, hätten die aber keine weitere Untersuchung angestellt (das. Bl. 51): בראות אנשי אזמיר את כתב חייא חיון כי בזה ילכד הר׳ יצחקי ויהיה ירושלם ללעג ולקלס חסו על כבוד ירושלם ולא רצו לקבץ מעמד.

Seine Gönner hätten ihn durch ein Schreiben (d. d. 13. Tebet 4569 = 13. Dezember 1708) beschwichtigt, ihm Gelder zukommen lassen und ihm versichert, ihren gegen ihn eingegangenen Verpflichtungen getreu nachzukommen. An der Echtheit dieses Schreibens hat man Grund zu zweifeln. Einmal, weil Benjamin Levi, ein glaubwürdigerer Mann, versicherte, Chajons Gönner hätten, sobald sie Kunde von seinem unlauteren Treiben erhielten, ihre Gunst sofort bereut und die Hand von ihm abgezogen (s. o. S. 483). Tatsache ist es ferner, daß die Gebrüder Arditi, seine ehemaligen Gönner, ein ihn verunglimpfendes Schreiben mit unterzeichnet haben. Endlich war Chajon faktisch nicht imstande, eine Klaus in Palästina zu gründen, sondern trat bald darauf seine Bettelfahrt an, höchst wahrscheinlich, weil ihm seine ehemaligen Gönner in Smyrna die Unterstützung entzogen hatten.

3. Chajons Bettelfahrten. Seine Anfechtung von seiten des Jerusalemer Kollegiums spielte im Jahre 1708, und vielleicht schon im Herbst 1709 war es bereits in Ägypten, wie sein Bericht lautet. 1710 war er wieder in Livorno, wie Joseph Ergas berichtet, der bei ihm die berüchtigte Schrift **Mehemnuta** gesehen und als sabbatianisch erkannt hat (הצר נחש, p. 32a): בשנת ת"ע נא הנחש (חיון) הזה לעיר הזאת (ליוורנו) והלכנו לתחות אקנקניה ... והוציא את ספרו ... אשר קראו בשם מהימנותא דכלא הכרתי אותו שהוא הדרוש אשר חבר שבתי צבי (s. o. S. 447). In demselben Jahre war er auch in Venedig, wie später der erste Rabbiner dieser Stadt, Jakob Aboab, bezeugt (in der Briefsammlung contra Chajon מלחמה וחרב לה'): על ספרי חייא חיון אשר אשתקד נראה במחננו ונתעכב כמה ימים וכאשר שמענו שמעו אשר במסתרים משקץ נפשו ותורה נבדית מלבו היתה בקרבו הרחקנו ממנו דרכנו לא דברנו עמו ... ואחר נסיעתו עשה רושם ס' אחד שהדפיס ... בשם רזא דיחודא אשר הכם מרננים אחריו על חלומותיו ועל דבריו.

Dieses kleine Buch **Raza di Jichuda** hat Chajon erst nach seinem Abzug von Venedig drucken lassen (zwischen 9. Tebet und 1. Adar 5471 = 31. Dezember 1710 und 20. Februar 1711). Die Approbation dieses Schriftchens von drei Rabbinern, Salomo Nizza, [David ben) Salomo Altaras und Raphael de Silva, ist nämlich 9. Tebet 5471 ausgestellt. Beim später erfolgten Verhör haben diese drei ihre Approbation zu diesem Schriftchen nicht ganz in Abrede stellen können; nur ihre **Haskama** zu dem Werke עוז לאלהים (wovon weiter) haben sie als Fälschung erklärt: לא זזנו ... להרצות לפני מעלת חכמי ישיבה הכללית האגרת עם הכתבים ולשמוע מפיהם (מפי שלשה הרבנים) איך קרה הדבר הזה ... ואיך הסכימו בהדפסתם ונשתוממו כשעה חדא על המראה ובמואב תלתא ענו ואמרו שמעולם לא ראו הספרים הללו (עוז לאלהים, בית קדש הקדשים עם מהימנותא דכלא) ולא חתמו ההסכמה הזאת וגם מהספר הקטן (רזא דיחודא) כמעט לא ראו מקצתו ובוראי שמזויפת היא מתוכה וכו'. Die genannten drei Unterrabbiner Venedigs haben demnach auf Grund eines kurzen Einblicks in das Schriftchen **Raza** es approbiert. — Bemerken wir gleich im Eingange, daß Chajon keineswegs als Sendbote der Jerusalemer Gemeinde für Spenden herumgereist ist, wie Surenhuys berichtet (in einem Briefe bei Wolf III, p. 629): **Etenim cum anno 1713 ecclesia Hierosolymitana legatum suum Nehemiam Chia Chion ad oras nostras misisset eleemosynas colligendi gratia, prout singulo fere triennio fieri solet.** Aus einem italienischen Briefe d. d. 1713 (Ms. Halberst. B, Bl. 3) geht hervor, daß er einfach als Bettler umherreiste:

Quel חיון, che dicono fece stampare in Berlino et fù qui, e perche connobbi le sue strane opinioni non le ho voluto in casa, ne li fece dare dal קהלה קדושה, quanto ricercava, solo il puro bisogno dell' alimento, per quelli pochi giorni si tratiene qui etc. Er hatte indes, wie sich zeigen wird, einen Famulus (משרת) bei sich. Er hielt sich in mehreren Städten Italiens auf, ohne besonderen Anklang zu finden, da die Rabbiner dieses Landes, als dem Orient näher, mehr von seinen anrüchigen Antezedentien wußten.

Auffallend ist es, daß ihm das Schriftchen רזא דיחודא keine Anfechtungen in Italien zugezogen hat, obwohl es ganz dieselbe Ketzerei enthält wie die später erschienene Schrift, welche soviel Rumor gemacht hat. Es läßt sich nur aus dem dummen Respekt der meisten damaligen Rabbiner vor allem, was einen kabbalistischen Anstrich hatte, erklären. Wie Chajon selbst erklärt, hatte er bei Abfassung desselben den Zweck, für den Kreis der Sabbatianer eine andere Art Mysterium der Gottheit (סוד אלהות) der Auffassung des Sabbatianers Samuel Primo entgegenzusetzen (v. S. 447 f.): ונבא לסר' ה' שהיא כונת יחוד שמ"ע ישראל דע שכך המכוון כך כרש"ק (ר'שמואל פרימו) הוא קוצ"ן בנציצות . . . והנה עיקר האמונה הוא תלת קשרי ע"ק (עתיקא קדישא) ומ"ק (ומלכא קדישא) וש' (ושכינתיה) . . . העבודה שמקודם הייתי מיחד יחוד הנ"ל (כשמואל פרימו) ואחר שהערונו מן השמים דוקא . . . והדרי בי ועשיתי רזא דיחוד למחות אבן הטועים. Und er durfte dennoch wagen, diese sabbataïsche Farce von einer neuen Trinität den Rabbinen und Frommen vorzulegen, welche die Sabbatianer perhorreszierten! In der Tat bildet die Trinität den Kern des Schriftchens רזא דיחודא. Es beginnt mit dem Aufwerfen verfänglicher Fragen, wie es Chajons Art war, die er dann sophistisch löste, die Gottheit bestehe aus drei Personen (Prosopen, פרצופים), dem heiligen Uralten, dem heiligen König und der Schechina (p. 4b): כבר הקדמנום לך בבית קה"ק ובעוז לאלהים שקודם הכל היה עתיקא קדישא דכל קדושיא וממנו אתפשטו שתי כחות באורח אצילותא הכח האחד . . . והוא הנקרא מלכא קדישא והכח השני . . . והיא הנקראת שכינת עוזו דמלכא קדישא . . . והם הם בבחינה עתיקא קדישא והכל אחד. Also abermals drei und doch eins. Diese Dreifaltigkeit nennt Chajon „die drei Bänder des Glaubens": תלת קשרי דמהימנותא. Beim Sprechen des Schemá müsse man an drei denken und diese Dreifaltigkeit als eins anerkennen (p. 6a): צריך לכוון בשמ"ע ישראל שהם ה' אלהינו ה' לתלת קשרי דמהימנותא (s. o. S. 448). Das Schriftchen ist von solchen sophistischen Deutungen von Soharstellen und von mystischen כונות übervoll. Zuletzt ist angehängt ein mystisches Gebet, eine affenmäßige Nachbildung von Gebirols „Königskrone" unter dem Titel כתר עליון, worin die lurjanisch-sabbataïsch-kabbalistische Theo- und Kosmogonie geschmacklos versifiziert ist. Ganz zum Schlusse ist ein Gedicht mit Chajons Akrostichon angehängt, das später einen Anklagepunkt abgegeben hat. Und in der Tat ist der Anfang gar nicht harmlos, wenn man Chajons herausfordernde Keckheit und seine geflissentlich angebrachten Zweideutigkeiten in Betracht zieht. Der Anfang lautet:

פיוט נאה לאומרו אחר קריאת האדרא רבא והזוהר. לחייא חיון:
לא באלהא מרגליתא בפום דכל בר חי
כי אם בפום רבינו הוא שמעון בר יוחאי.

Der Anfang des Verses ist einem damals bekannten erotischen Liede nachgebildet (nach sefardischer Aussprache): La belaha Margalita, d. h. la bella

Margarita. Seine Gegner haben mit Recht auf diese seine unwürdige Manier hingewiesen. Ein anonymer italienischer Korrespondent, Ms. Halberst. B, Bl. 113 v.: Nel caso l'autore (del עוז לאלהים) è, e fù huomo di mala vita. Già due anni in certa opereta (רזא דיחודא) d'amore platonico stampata in Venezia v'intruse l'amore profano e diabolico, cantando La bella Margarita (vgl. o. S. 482). Chajon gestand auch ein, daß er volles Bewußtsein von dieser Vermischung des Erotischen mit dem Mystischen hatte. Er verteidigt sich in der Replik (הצד צבי, p. 36a): והנה סדר רוב מסדרי פיוטים בעירנו מדינות טורקאי כדי שידע לרנן בו כל הרואה אותו מכוין המיסדו לתחיל בדבורו של קודש שיהיה דומה בדומה לדבורו של חול ויסדתיהו בלשון הקודש לא באלהא מרגליתא שהוא דומה בדומה ללשונו של חול וכו'.

In Italien fand Chajon keinen Boden für seine Schwindeleien und wanderte daher nach Deutschland. Am längsten verweilte er in Prag und hat wohl hier den Grund zu der Sektiererei gelegt, welche sich dort fast bis ins 19. Jahrhundert erhalten hat. Er kam dahin anfangs Winter 5472 = Oktober 1711, gab vor, nur kurze Zeit dort weilen zu wollen, um die Rückreise nach Palästina anzutreten, blieb aber fast ein Jahr daselbst (Bericht des Naphtali Kosten in מלחמה לה'): השמיע קול (חיון) שאינו רוצה לעכב (בפראג) כי אם שבועות שנים כי רוצה לשוב לדרכו לארץ ישראל . . . ונשאר שם כל ימות החורף . . . עד שלהי דסתוא . . .

Er fand freundliche Aufnahme und sogar Bewunderung bei zwei damals in Prag lebenden rabbinischen Autoritäten, welche später ihren Leichtsinn zu bereuen hatten, bei David Oppenheim und Naphtali Kohen. Der erstere, der Sammler der berühmten Bibliothek, der Oppenheimeriana, ist eine bekannte Persönlichkeit. Seine Biographie gab Hock in Liebens Prager Epitaphien (Gal Ed., p. 42). Als Chajon nach Prag gekommen war, hatte David Oppenheim wenig Zeit, ihn näher kennen zu lernen. Er war zur Zeit seiner Ankunft von Prag abwesend. Aber sein Sohn Joseph nahm ihn wie ein höheres Wesen auf, räumte ihm sein Haus ein und überhäufte ihn mit Aufmerksamkeiten (Naphtali Kohen, Sendschreiben, a. a. O., und Einleitung zu Chajons דברי נחמיה [vgl. auch oben S. 320]). Noch mehr gefördert hat ihn anfangs Naphtali Kohen.

4. Seine Biographie ist kurz dargestellt in Landshut, Ammude ha-Aboda, p. 282, und in Perles' Geschichte der Juden in Posen, S. 79 f. Die Geschichte von seiner Gefangenschaft durch die Tataren, von denen er das Pfeilschießen und Reiten gelernt, sowie von seinem begangenen Raube an den Schriften eines Kabbalisten, welche Schudt von einem gelehrten Juden erzählen hörte (Jüdische Merkwürdigkeiten II, S. 73 f.), scheint mir die tendenziöse Erfindung eines Gegners zu sein. Ist es denkbar, daß Naphtali Kohen als Rabbiner von Posen „stets einige Pferde auf der Streu gehalten, öfters ausgeritten und mit seinem Bogen mit Pfeilschießen sich erlustiere"? Dagegen ist es wohl richtig, was Schudt in verschiedenen Versionen berichtet, daß Naphtali einen kabbalistischen Assekuranztalisman gegen Feuersgefahr zu besitzen vorgab (das. p. 71 f.). Denn in Posen hat sich bis auf die neueste Zeit die Legende erhalten, er habe einen mit kabbalistischen Zeichen gefüllten Hirschkopf in der Rabbinatswohnung angebracht, welcher das Haus und die Gasse gegen Feuersbrunst schützen sollte. Durch den Brand, der gerade in seinem Hause in Frankfurt a. M. (14. Januar 1711) ausbrach und die ganze

Judengasse in Asche gelegt hat, wurde er wegen Brandstiftung in Untersuchungshaft gebracht (Schudt das.). Von der Anklage entlastet, begab er sich von Frankfurt nach Prag unter die Protektion David Oppenheims. Etwa neun Monate vor Chajons Eintreffen in Prag war er dort angekommen. Naphtali Kohen war von Chajons Persönlichkeit vollständig geblendet. Er berichtet selbst darüber (Sendschreiben a. a. O.): זה האיש (חיון) בא לפראג וחד דעמיה הסופר שלו . . . ומיד נתפרסם שמו . . . איך שבא איש אלהים מצפת . ובא לביתי לקבל פני עם הסופר שלו שהוא מוועניציא והנה ראיתי איש זקן והוא עוטה מעיל ומצויין כחד מן קאמייא ודרכי מאז לקרב מאוד לאנשים ספרדיים ובפרט שהסופר הגדיל אותו שלא בפניו עד לשמים ואמר שרוח הקודש עליו והיה אצלי כמה פעמים וחזרנו מענין לענין נגלה ונסתר . . . ומצאתיהו מלא דבר והכרזתי עליו ג"כ שהוא מגדולי חשובי חכמים ספרדים . . . ובאותן הימים עשיתי לו כל הפעולות הן בממון לסיעו והן בכל דבר . . .

Im Winter 1711—1712 arbeitete Chajon seine sophistischen Predigten in drei Monaten aus, die er 1713 in Berlin unter dem Titel דברי נחמיה druckte. David Oppenheim gab seine Approbation dazu, obwohl er selbst gesteht, sie nur flüchtig angesehen zu haben (הסכמה vom 2. Adar I. = 9. Februar 1712): דברי נחמיה איש בית דלי שדולה ומדלה ומשקה מתורתו . . . הלא חכמה וזקנה יש כאן . . . אע"ג דלא אתי לידי כ"א עלה אחת מכל כפר בבד אחת לדוגמא וא"כ מן הראוי היה למנוע ליתן ידי אתו עמו מכל מקום עידיו בחתומין זכין לו בני ישיבתי מעידין עליו שהוא גברא רבא.

Bei gewissenhafterer Prüfung hätte Oppenheim finden müssen, daß das Buch, wenn auch nicht Ketzerisches, so doch viel Exzentrisches und Sophistisches enthält, welches dem rabbinischen Judentum zuwiderläuft. Später wurde ein Zetergeschrei dagegen erhoben; aber weder David Oppenheim noch Naphtali, auf dessen Empfehlung hin der erstere seine Approbation erteilt hat, haben es recht angesehen. Naphtali stellte ihm d. d. 22. Marcheschwan 5472 = 4. November 1711 eine lobhudelnde Approbation der später so sehr verketzerten Schrift עוז לאלהים aus und sagt darin, er habe den größten Teil derselben gelesen: הסכמת כמוהרר נפתלי כ"ץ: בר נש דאתי לקבלנא הוא יאי . . . הוא הרב הגדול החכם הכולל . . . כמוהרר נחמיה חיון מקובל אלקי נאמן . . . שני נצוצי אור יוצאין מבית קדשי הקדשים . . . נקרא משו . . . והשני . . . יקרא שמו עוז לאלהים . . . ושניהם כאחד טובים . . . וקריתי בתוכן חלק מרבה ומתקו מאוד לחכי . . . וכו׳, In dem späteren Revokationsschreiben sagte Naphtali Kohen: . . . ובאורך הימים הראה לי מעט מכתביו עוז לאלהים . . . ובודאי הוא לקט את כל הטוב אשר לא היה בו שמץ ודופי. Zum Schlusse beteuert er gar, daß er eine Partie des Chajonschen Buches, den eigentlichen Text, das מהימנותא דכלא, gar nicht gesehen, die sogenannten zwei Kommentarien an der Stelle nicht in der Ordnung vor sich gehabt und überhaupt nur einige Blatt darin gelesen habe: מהימנותא דכלא . . . המאמר לא ראיתיו ולא שמעתיו עד כה וסדר החבור שעשה ב׳ פירושים גדר מזה וגדר מזה לא ראיתי וכל דברי תפלות שלו לא למראה עיני רק איזה דפין ומעולם לא נתתי הסכמתי על זה הספר . . . ועל זה הסדר. Aber seine Approbation spricht doch gerade von den beiden Partien, und diese liegen doch nur in der Form von Kommentarien zu einem Texte vor! Eine von N. Kohens Behauptungen beruht demnach auf Unwahrheit, wahrscheinlich die erstere, als habe er den größten Teil des Buches gelesen. Er hatte nur einen flüchtigen Blick hineingetan, und mit der Vertrauensseligkeit der Rabbinen jener Zeit, namentlich einem Kabbalisten gegenüber, hatte er die Approbation ausgestellt.

Nach und nach konnte Chajon in Prag Naphtali Kohens Protektion entraten. Er fand nämlich Anhänger an der Jugend, welche auf seine Worte lauschte. Er wagte mit seinem schwindlerischen Wesen offen aufzutreten, schrieb Amulette für gutes Honorar, behauptete, mit dem Propheten Elia und auch mit der Schechina auf vertrautem Fuße zu stehen, neue Welten schaffen und Tote erwecken zu können — und spielte im geheimen mit lustigen Genossen Lomber (das. ausgezogen in Emdens תורת הקנאות, p. 33): . . . ובטל כל הזמנים באכילה ושתיה ושחוק בקארטין שקורין לומבריא. Nachdem Chajon fast ein Jahr in Prag zugebracht, kam Naphtali Kohen hinter seine Schwindeleien, stellte ihn wegen seiner Amulette und seiner blasphemierenden Äußerungen zur Rede, erhielt aber nur sophistische und prahlerische Antworten von ihm. Einmal gestand Chajon offen ein, es sei nur ein Mittel für ihn, um Geld zu gewinnen: חשיב לי בדרך שחוק והיתול אין זה חנופה כי אם תחבולה לחוציא ממון (Naphtalis Sendschreiben). Naphtali erzählt ferner, seit der Zeit, daß er hinter dessen gemeine Schliche gekommen wäre, habe sich seine Liebe in Haß verwandelt, er habe dessen Sekretär und Famulus ausgehorcht und aus dessen Äußerungen entnommen, daß Chajon zu den sabbataïschen Aposteln von Salonichi gehört habe: והרגשתי כיד שהוא . . . ממשומדים דסאלוניקי . . . וחקרתי בשבע חקירות את הסופר שלו וכסה טפחים אך פתח פתח כחודו של מחט. Er habe sich Mühe gegeben, ihm die ihm erteilte Approbation abzunehmen, es sei ihm aber wegen der Anhänger Chajons nicht möglich gewesen, und die gebietende Autorität der Gemeinde, David Oppenheim, sei abwesend gewesen.

5. Im Frühjahr 1712 reiste Chajon nach Wien und soll dort von hochstehenden Christen mit reichen Geldmitteln versehen worden sein (Naphtali Kohen das.): ואח"כ יצא חיון משם (מפראג בשלהי דסת״א) לווינא והשיג ממון רב אצל השרים ולא ידעתי באיזה אופן. Auf dieser Reise berührte er Nikolsburg. Der damalige Landrabbiner von Nikolsburg und Mähren, Gabriel, erklärte zwar später, die in seinem Namen den Chajonschen Schriften דברי נחמיה und עוז לאל' vorgedruckten Approbationen (d. d. 22. Siwan 1712) seien gefälscht, da er ihm nie eine solche ausgestellt habe. Allein er räumte ein, daß er Chajon weiter empfohlen habe: ובזכרוני ברור שלא נתתי הסכמה . . . אך המליצה כתבתי עבורו לרוב בקשתו ולרוב כתבים סמכתי גם ידי להמליץ עבורו (abgedruckt in 'מלחמה לה). Auch in Proßnitz war er und soll den Sabbatianer Löbele Proßnitz wieder angeregt haben, seine Sektiererei fortzusetzen, nachdem er sie, durch den Bann bedroht, einige Zeit eingestellt hatte. — Von Mähren durchwanderte Chajon Schlesien, war auch in Breslau und fand überall Anhänger, indem er sich als wundertätigen Propheten vom heiligen Lande ausgab (Naphtali Kohens erstes Sendschreiben): אחר נסיעתו מווינא דרך כל מדינת מעהרין ושלעזי. והחזיק עצמו לנביא . . וכמה כיתות שמאמינים בו . . . ונער את האיסור הגדול והמכשלה שהיה בפרוסטיץ . . . שעשה אחד עצמו לנביא (ליבלי פרוסטיץ) וכמעט לאלקים . . . והנה זה האיש חזר לסורו ומקהיל קהילות ברבים ואף האנשים שלא האמינו בו בראשונה עתה מאמינים בו מאוד מאוד — ובימות החורף שבאתי לכאן (לברסלא תע״ג) ראיתי פה שצרוריה מכל הסביבות והגדילו מאוד את האיש (חיון) ואמרו שעבר נביא דרך קהלתם והתפאר עצמו שיוכל לעשות כל הפעולות שבעולם. In Glogau war Chajon im Monate Ab 1712, wenn die Approbation des dortigen Rabbiners Jehuda Loeb ben Mose (d. d. Ende Ab 5472) echt ist. Anfangs 1713 war er in Berlin, laut des

Datums der Approbation des Berliner Rabbiners Aaron (d. d. 26. Tebet 5473 = 24. Januar 1713). Naphtali Kohen war damals zufällig in Berlin, gedachte ihn zu entlarven und ihm die eingehändigte Approbation zu entziehen: aber da die Gemeinde ohnehin gespalten war und er Skandal scheute, unterließ er jeden Schritt gegen ihn. ואח"כ הזדמנתי לק"ק ... ברלין והיה גם הוא שם ולא ידעתי מה מהותו שם ... ואנכי לא ראיתיו כל ימי היותי שב רק פעם אחד בבה"כ בשבת נתן לי שלום ולא החזרתי לו ושוב לא ראיתיו ... כי לא היה שוב בבה"כ בשום פעם והיה בדעתי אז לבא עליו בעקיפין כדי להוציא את הסכמתי ולפרסם את מעשיו ... וראיתי כי הקהלה בלאו הכי נחלקו לשתי כתות זה בכה וזה בכה ורבים מתפרצים ובהפקירא ניחא להו ומטים כלפי חובה להתדבק דוקא באנשים כאלו. בשגם שזה האיש היה מתאכסן בבית גוי ... וקול הדברים נשמעים למלכות ... ויתחלל השם יותר. Das Zerwürfnis in der Berliner Gemeinde beruhte auf dem Antagonismus der Witwe Liebmann und des übrigen Teils der Gemeinde infolge des Synagogenbaues.

6. In Berlin druckte er nacheinander (1713) seine zwei Hauptschriften, die sophistischen Predigten דברי נחמיה und das sehr verketzerte Buch עוז לאלהים und בית קודש הקדשים betitelt; es sind Kommentarien und Ausführungen zu dem stückweise in der Mitte gedruckten sabbatianischen Texte מהימנותא דכלא (vgl. o. S. 485). Mit den vorgedruckten Approbationen hat er den Schwindel derart angestellt, daß er die ihm für das erste Buch erteilten ohne weiteres buchstäblich auch dem zweiten einverleibt hat. Noch dazu fälschte er drei Approbationen, von Gabriel von Nikolsburg, von Joseph Fiametta von Ancona und von drei Rabbinern Venedigs [vgl. jedoch Roest, Rosenth. Bibl., S. 270]. Die letztere trägt die Fälschung an der Stirne, indem sie sich im Jahre 1711 auf andere Approbationen beruft, die erst ein Jahr später erteilt wurden, als auf eine genügende Garantie für die Vortrefflichkeit des Buches. Dieser Zug charakterisiert die Keckheit des Verf. und die Verblendung derer, welche ihn später durchaus zum Heiligen stempeln wollten. — Der Inhalt des עוז לאלהים ist nicht bloß sophistisch, sondern entschieden antijüdisch, indem er statt der jüdischen Gotteseinheit geradezu eine neue Art Trinität setzt, deutlicher und ausführlicher als in dem Büchlein רזא דיחודא. Diese ketzerische Behauptung zieht sich durch das ganze Buch mit Anlehnung an den Text מהימנותא דכלא und konzentriert sich am Ende (Kap. 28, p. 82b): דע כי עקר האמונה הוא לידע ולהאמין שהם תלת קשרי דמהימנותא ותלתיהון אינהון חד ... והשנים שהם מלכא קדישא ושכינתיה הם התפשטות מן האחד שהוא עתיקא קדישא דכל קדישיא ... וכל כוונתינו צריך לכוון אלו הג׳ קשרי דמהימנותא וכל התורה ארוגה על זה. Im Kommentar עוז לאלהים wird nachgewiesen, daß alles im Universum in Drei-Eins eingeteilt sei, namentlich der menschliche Leib; eine Menge Soharstellen werden dazu herbeigezogen, um diese Trinität zu belegen. Zu diesem Zwecke mußte er die Haupthypostasis der Kabbalisten, den En-Sof eliminieren, d. h. er durfte sie nicht als Person, sondern nur als Modus gelten lassen (gleich im Eingange in beiden Kommentarien und öfter). Die erste Person in seinem System ist demnach עתיקא קדישא. Er hat irgendwo etwas von einer anderen Substanz, einer allgemeinen Seele, נשמתא דכל חיי vernommen; das wäre eigentlich eine vierte Person in der Gottheit, aber diese beseitigt er unter der Hand; sie verbinde nur die drei Personen, sei aber an sich nicht substantiell: והנשמתא רביעאה דלא עייל בשמא היא נשמתא

דכל חיי. David Nuñes Torres, dessen Exposé von Chajons Theosophie in die Bibliothèque raisonnée aufgenommen ist (vgl. o. S. 448), hat dieses Verhältnis nicht recht aufgefaßt, indem er ihm eine Quaternität vindiziert (das. p. 350): Le vieux Saint des Saints qui est la première personne de sa Quaternité . . . la quatrième servant de lien pour unir les trois autres. Von vier Personen spricht Chajon nirgends, sondern spielt nur mit der anima omnium viventium. Um dem Einwurf zu begegnen, daß die Trinität, die doch eben ein Dogma des Christentums ist, nicht zugleich ein solches des Judentums sein könne, stellte er eine Differenz auf, welche zugleich charakteristisch für seine Sophistik und seine Frechheit ist, das christliche Dogma sei gewissermaßen die Karrikatur der jüdischen Trinität. Die Stelle lautet (das.): תלת קשרי דמהימנותא. דבר זה ברור בין הנהו דאיהו מבני היכלא דמלכא אבל לגבי דאינון אטימי לבא . . . דלא ידעי ולא מסתכלי ביקרא דמאריהון קשיא להו האי מלתא איך יתכן שרזא דיחודא היא התלת קשרי ודמיא בעיניהו האי אמונה לאמונת הנכ"ם (הנוצרים) ולא ידעו שגם זה לעומת זה עשה אלהים שכמו שיש תלת קשרי דמהימנותא כך יש תלת קשרי דשקרא. Chajon zitiert dafür Sohar Exodus, p. 243b, wo aber von etwas ganz anderem die Rede ist.

Daß Chajon seine dreieinige Gottheit körperlich gedacht hat, geht aus vielen Stellen hervor. Besonders prägnant ist der Passus in der Einleitung p. 7: כי הקב"ה מושג על ידי הדעת של אדם שכבר מסר לנו מפתח בתורתו וגם בכתובים: דכתיב ויברא ה' את האדם בצלמו וזה שורש גדול בתורה. בכתובים דכתיב: ומבשרי אחזה אלה.

In den zwei oder drei Einleitungen bespricht er drei Punkte: 1. daß es nach talmudischer Lehre, trotz des Scheins vom Gegenteil dem Buchstaben nach, dem Frommen gestattet sei, das Wesen Gottes zu ergründen. Dabei mußte er einem Worte im Talmud (רתוי) eine wächserne Nase drehen und es in dem entgegengesetzten Sinne interpretieren; 2. daß es gestattet sei, von einem Ketzer etwas, namentlich Spekulation über die Gottheit, zu lernen. Er verriet damit ein böses Gewissen, daß die von ihm aufgestellte Trinitätslehre oder der Text מהימנותא דכלא von verketzerten Sabbatianern stamme. In der Tat spielen seine beiden Kommentarien öfter auf sabbatianische Dogmen an, ohne welche manche Stelle nicht verständlich ist. Einmal polemisiert er in einem untergeordneten Punkte gegen Cardoso (p. 26a): ר' אברהם קרדוזו d. h. בסברה זו טעו הרבה ובפרט הר"אק. Daß er unter מלכא קדישא dasselbe, was die Sabbatianer verstanden haben: den Gottmenschen S. Zewi, ist nicht zweifelhaft (s. o. S. 449), Dabei deutet er an, daß durch diesen eine neue Lehre entstanden sei (p. 77b): נשמות אחרות שיבואו מזווג מלכא קדישא ושכינתיה בסור תורה חדשה. Interessant ist es auch, wie er die Kabbala auf den Kopf stellte. Ihre Anhänger haben stets der Spekulation des menschlichen Geistes, welcher irren könne, die Gewißheit der kabbalistischen Überlieferung von Simon ben Jochaï oder Mose, oder noch höher hinauf entgegengestellt. Chajon aber behauptet das Entgegengesetzte, Kabbala sei nicht Überlieferung, sondern Spekulation (Anf.) ואין ידיעה זו (ידיעת אלהים) בדרך קבלה אלא דוקא בחקירה.

7. Um dieselbe Zeit machte auch Chajons Gegner, Abraham Jizchaki, Reisen als Jerusalemischer Sendbote. Um 1712 war er in Smyrna und regte dort die Gemeinde an, die Schriften Abraham Michael Cardosos (o. S. 467) zu verbrennen. In Ms. Halberst. B, Bl. 64 findet sich ein Sendschreiben des

Smyrnaer Rabbinats an Mose Chagis (d. d. משפטים, Februar 1712), worin von der Razzia gegen die genannten ketzerischen Schriften referiert und die Amsterdamer Gemeinde ermahnt wird, den Druck derselben in ihren Offizinen zu inhibieren: זה ימים רבים כמו צער בנפשנו על אודות כתיבות מזויפות עפ״ר אותו האיש אברהם קארדוזו שהיו נמצאות ביד קצת יחידי עירנו . . . ועתה בבא אלינו ציר המעלות . . . שליחא. דרחמנא הרב . . . אברהם יצחקי . . . ונתועדנו יחד בהצטרפות ראשי עם קדש אנשי המעמד . . . והוכרחנו לאנשים החמה . . . כי כל איש אשר נמצא בידו מאותם הכתיבות . . . יביאם לידינו . . . ותיכף דננו אותם . . . לשריפת אש . . . ואותו היום עשינו אותו יומא טבא לרבנן. ועתה שמוצה שמענו ששלחו מכאן לתמן להדפיס מכתיבות אלה. לכן אין אנו כמזהירים אלא כמזכירים ויזהירו לבעלי החדפסה . . . ולא יביאום לבית הדפוס . . . וכן יודיעו לערי איטליא . . . וכל הסביבות להודיע כל האמור בפרשה בין על ענין הקריאה בין על ענין ההדפסה. Nebenher sei erwähnt, daß sich das Smyrnaer Rabbinat zu diesem Scheiterhaufen für die Cardososchen Schriften des weltlichen Armes bedient hat (Sendschreiben des Vorstandes von Smyrna an den von Amsterdam, Emdens תורת הקנאות, p. 32bf.): לבשנו קנאת ה׳ . . . ובעזרת האדונים הרבנים שלנו ה״ר וגם מכל שאר קהלות טורקייא לבקש האופן כדי לעקור אלו האמונות המקוללות (של מאמינים בשבתי צבי ובקרדוזו) וכן עשינו בכל הכח הראוי . . . והגיעו הדברים שעל יד השררה קבצנו כל אותן הכתיבות שחורות ורעות כדי לשורפן. Im Juli oder August 1712 war Arbaham Jizchaki auch in Amsterdam und verunglimpfte Chajon (italienisches Sendschreiben Salomo Ayllons an einen Freund in Livorno d. d. 19. Ab 1713, Halberst. Ms. B, Bl. 27): L'anno passato quando è stato qui . . . H. Abraham Ishachi ha lassato una recommandazione à suo modo infamando à un Hijjá Haïon (ben inteso, per molta lite e dissensione che hebbe col medesimo) che se per fortuna venisse qui, gli fecessero il maggior pazzo l'orrechio (?).

8. Am 6. Tammus (30. Juni) 1713 kam auch wirklich Chajon nach Amsterdam mit seinem ketzerischen Werke. Seine Reise von Berlin hatte er über Hamburg gemacht; doch machte er zuerst mit Jonathan Eibeschütz Bekanntschaft (בית יהונתן הסופר, angeblich von Emden, Anf.). Er hatte vorher zur Rekognoszierung des Terrains in Amsterdam einen Anhänger, Elia Taragon, dorthin vorausgeschickt. Sofort entstand eine immer zunehmende Bewegung, welche sich von dort aus über fast die ganze Judenheit Europas und Vorderasiens fortpflanzte. Diese Bewegung ging von drei Persönlichkeiten Amsterdams aus, von denen jede eine eigene Geschichte hat, vom Chacham Zewi, von Mose Chagis und Salomo Ayllon.

9. Die Biographie des Zewi ben Jakob hat sein Sohn Jakob Emden ausführlich geschrieben unter dem Titel מגילת ספר, wovon Salomo Kohen einen Teil im Sammler (מאסף Jahrg. 1810) gegeben hat, wieder abgedruckt in Jakob Lissas נחלת יעקב I, Ende. Aber der erste Editor hat gerade abgebrochen, wo der Konflikt Chacham Zewis mit der Amsterdamer Gemeinde wegen Chajon beginnt. Die Michaelsche Bibliothek, also jetzt das British-Museum, besitzt das Manuskript. Die biographische Skizze von Fränkel über ihn (Orient, Jahrg. 1846, p. 767f.) und auch das, was Zipser über Chacham Zewi bemerkt (das. p. 598), sind schon deswegen unbrauchbar, weil sie die genannte Biographie gar nicht kannten und nur mit Kombinationen arbeiteten [vgl. Dembitzer כלילת יופי I fol. 91ff., Buber, אנשי שם 186, 189].

Chacham Zewis Geburtsjahr fällt (1658)[1]) einige Jahre nach der Einnahme Wilnas (1655) infolge des kosakisch-polnischen Krieges (o. S. 72). Sein Todesjahr gibt seine Grabschrift in Lemberg: ב' דר"ח אייר ה' תע"ח (= 2. Mai 1718). Sein Sohn motiviert dessen Abgang von Bosna-Seraï (Serajewo) mit der Nachricht von der Gefangennahme der Seinigen in Ofen, ונתקבל לרב בק"ק שאראי . . . והנהיגו בו כבוד גדול וכאשר קרבה פקודת העיר ותבא גם היא במצור וכשמעו כי נשבה אמו (כתום מצור אובין) הלך לו. Chajon erzählt dagegen in gehässiger Weise, Chacham Zewi sei aus Seraï in dunkler Nacht von der Gemeinde ausgewiesen worden (Einl. zu הצד שבי): ותהי ראשית ממלכתו (של ח"צ) בבל . . . היא ארץ שנצר שנצרו אותו ממנה ונקראת בוסנה סאראיי אשר השליכוהו משם בארשון לילה ואפילה והאנשים אשר השתדלו בהשלכתו הם שמואל אלמולי וחייא חיון. Der erstere war Chajons Schwiegervater, und der letztere hatte den Beinamen הארוך, der später Veranlassung zum Mißverständnisse gegeben hat. 1710 wurde Chacham Zewi als Rabbiner der deutschen Gemeinde nach Amsterdam berufen. Obwohl damals noch wenig von ihm im Druck erschienen war (הגהות לטורי זהב 1692), erfreute er sich nichtsdestoweniger damals eines sehr ausgebreiteten Rufes. Von vielen Seiten wurden Anfragen an ihn gerichtet. Die sefardische Gemeinde von London erwählte ihn zum Schiedsrichter in einer peinlichen Gewissensfrage. Ihr Rabbiner, David Nieto, Verfasser des כוזרי מטה דן, hatte in einer Predigt (13. Kislew 5464 = 1. Dezember 1703) auseinandergesetzt, daß die allgemeine Natur (Natura naturans, Naturaleza general) mit Gott identisch sei. 13 Mitglieder fanden dieses Dogma ketzerisch (spinozistisch), beklagten sich darüber beim Vorstand und baten, es einem kompetenten בית דין zur Prüfung vorzulegen. Dieser wählte als Schiedsrichter den deutschen Rabbiner von Amsterdam Chacham Zewi, der Nieto recht gab (zum Schlusse von Nietos zwei Dialogen: de la divina providencia, London 1705 und 1706, auch Chacham Zewi Ressp. No. 18. Diese Gutachtensammlung שו"ת צבי אשכנזי ist erst Anfang 1712 erschienen). Sein Sohn Jakob Emden stellt ihn als Muster der Uneigennützigkeit, der Genügsamkeit und des mutigen Eintretens für gekränktes Recht auf. Bescheidenheit scheint aber nicht seine Tugend gewesen zu sein; wenigstens berichtet sein Rival und Gegner, Salomo Ayllon, von ihm (in dem zitierten italienischen Sendschreiben): il Hacham Zebi, che si par d'esser più di משה רבינו.

10. Mose Chagis. Sein Geburts- und Todesjahr ist bei den Bibliographen ungenau, resp. falsch angegeben. Im Vorwort zu seines Vaters Jakob Chagis' (s. o. S. 442), שו"ת הלכות קטנות, d. d. Livorno פ' קרח שנת ית"ן = Juni 1700, sagt er, er sei ungefähr 30 Jahre alt: הרי אני כבן שלשים שנה. Folglich ist er um 1760 geboren. Wenn Mose Chagis (nach Asulaï s. v. 'מ' ח) 1738 nach Sidon gekommen sein soll (in demselben Jahre druckte er noch in Altona sein פרשת אלה מסעי zur Vorbereitung für seine Rückkehr nach Palästina) und einige Jahre später, nehmen wir gar an 1741, gestorben ist, so kann er nicht, wie bei Asulaï angegeben ist, gegen 90 Jahre alt geworden sein, sondern höchstens 75. Wolf gibt in der Bibliotheca Hebraea III, p. 908 seine Biographie umrißlich; wir besitzen aber einige Notizen, welche diesen Rahmen ausfüllen. Im Anhange zu seinem שבר פושעים und in einer gegnerischen Schrift מודעא רבא (Chajons Selbstbio-

[1]) Vgl. Emdens Biographie von תולדות יעב"ץ, p. 1 und p. 50, Nr. 21.

graphie), auch in Chagis' שפת אמת p. 26a sind Briefe und Notizen mitgeteilt, welche seinen Lebenslauf illustrieren. Aus diesen ergibt sich, daß Chagis in seiner Jugend der Existenzmittel beraubt wurde, die ihm früher zugeflossen waren. Sein Großvater Mose Galante übernahm die Klaus, welche ein Livorneser Vega für J. Chagis gegründet hatte. 1687 heiratete er die Tochter des Mardochaï Maleachi in Jerusalem und wurde der jüngere Schwager des Hiskija da Silva. Nach dem Tode seines Großvaters Galante 1689 hatten die Einnahmequellen aufgehört, und außerdem war seine Mutter von einem Kompagnon und von der Gemeinde Safet, denen sie nacheinander Vorschüsse gemacht hatte, betrogen worden. Der Mittel entblößt, verließ M. Chagis 1694 Jerusalem, empfohlen vom dortigen Rabbinate an die Gemeinde von Kairo; diese wiederum und das Rabbinat Raschid (Rosette) und Alexandrien empfahlen ihn 1695 dem Rabbinate von Livorno mit der Bitte, daß der Schwiegersohn Vegas die eingegangene Klaus in Jerusalem für ihn wieder restaurieren und mit Geldmitteln unterstützen möge. Gegen Ende 1697 hatte bereits ein Kapitalist Abr. Nathan aus Rosette eine bedeutende Summe für diese Klaus festgesetzt; die Ausführung verzögerte sich nur noch wegen einiger Formalitäten, als ein Schreiben aus Jerusalem einlief, von vier Quasi-Rabbinen unterzeichnet, welches Mose Chagis auf das schimpflichste anschwärzte. Das Sendschreiben war von vier obskuren Männern ausgegangen. Anfang Nisan 1698. Sie beschuldigten ihn namentlich, er habe Briefe von Jerusalem nach Amsterdam wegen Besetzung von Stellen geöffnet und ehrenrührig über seinen ehemaligen Schwiegervater, der ihm Wohltaten erwiesen, geschrieben. Auch die Gemeinde von Livorno habe er in seinem Schreiben verleumdet. Sie nennen ihn nicht anders als כסיל נער. Sie sagen von ihm: לא די לו שהחריב צפת בלשונו הרע אלא גם ירושלים מבקש להחריבה. Sie drohen, ihn in den Bann zu legen, wenn er nicht um Verzeihung bäte; dann fahren sie fort: ומבולם הכרנוהו מחרחר ריב לשונו לשון נחש שרף ועקרב ... עד מלא שקרים וכזבים ... לכן מצתה ... אנו ב״ד חתומי מטה גוזרין שלא ימסרו בידו שום מינוי ... לא מהמדרש הישן של הגביר ויגה ... ולא שום מדרש או הסגר מחודש אשר כמה ימים שמענו מנדבת כה' אברהם נתן ושמענו שהנער הלז מטפל לזה והדפיס דף מתוכה שלא לשם שמים ... אבל זה הנער מחריב ארצות גרם חרבת צפת ... לכן כל המחזיק בידו תוויא דרבנן ... ישכנו כי הוא נותן יד לפושעים. Das Rabbinat von Livorno nahm sich indes des Mose Chagis an, stellte ihm ein günstiges Zeugnis aus und bat das Rabbinat von Jerusalem, solchen Invektiven gegen ihn Einhalt zu tun (Oktober 1698). Das Rabbinat von Jerusalem nannte jene vier Ankläger geradezu: אנשים ריקים ופוחזים בני בלי שם הרחיבו פיהם בזילותא דרבנן לדבר תועה על .. משה חאגיז (Anfang August 1700); allerdings gehörte auch dazu Abraham Jizchaki, der M. Chagis' Lehrer und Gönner war. Doch stellten ihm auch die Rabbinen von Livorno Samuel Costa und der biedere Greis Emanuel Frances ein sehr gutes Zeugnis aus. Indessen hatte jene Verleumdung doch insofern Wurzel gefaßt, als die Klaus für ihn nicht zustande kam. Er beschuldigte einige Mitglieder des Rabbinats von Livorno, es hintertrieben zu haben, und machte seiner Verstimmung Luft durch einige verletzende Äußerungen im Vorworte zur Edition des Werkes seines Vaters שו״ת הלכות קטנות (gedr. Venedig 1704). Er geriet dadurch in Spannung mit einigen einflußreichen Personen. Wolf, welcher mit ihm später in Hamburg verkehrte, erzählt die Sache kurz (IV.

p. 908): Avo mortuo magna pecuniae summa, cujus reditus ad fovendam scholam et gentem . . . pauperiorem sustentandam legati erant, fraude nonnullorum subtrahi coepit. Ad causam igitur hanc agendam in Aegyptum atque hinc in Italiam profectus, cum nihil perfecisset, in Germaniam et Belgium abiit. In Amsterdam war er bereits 1707, dem Jahre, in welchem er die Additamenta zu שלחן ערוך או"ח וי"ד unter dem Titel לקט הקמח edierte. Auch darin machte er maliziöse Anspielungen auf einige Gemeindeführer von Livorno, wodurch das Livorneser Rabbinat sich so verletzt fühlte, daß es ein sehr derbes Sendschreiben nach Amsterdam richtete, worin Chagis fast gebrandmarkt wird (abgedruckt in מודעא רבא, d. d. Januar 1709): איש ריב ומדון הה' משה חאגיז כי יש לנו מסה ומריבה עמו כי זה משה האיש לא ידענו מה היה לו ועל מה העלה על ספריו דברים אשר לא ניתנו לכתב מיחידי ק"ק הזה על הכלל ועל הפרט . . . עודנו מחזיק בטומאתו כאשר עשה בהיות פה עמנו עומד כי חסורי מחסרא הדעת וחכם הוא בעיניו ובגאותו . . בקש לישב בבית הכנסת ע"ג ישישים זקנים וגדולים ממנו בחכמה . . . ומעמד ק"ק הזה הפכוה לכורסיה ושלחנו לו לישב במקום הראוי לו . . . והלך ופיזר כמה מעות מעיר הקודש ירושלים לבקש איה מקום כבודו . . . עד שמעט המקום מכבוד שישבו אצלו אנשים ריקים ופוחזים . . וזו היא הטינא אשר בלבו על יחידי ק"ק הזה . . . וזו היה על אודות השררה שהיה רודף אחריה להיות ר"י מהסגר רפאל ויגה . . . וביד אלו נטורי קרתא כתב אחד מירושלים בגזרת חרם שלא ימכרו בידו שום מינוי . . . ועל זה לא נתנו לו זאת השררה אשר היה רודף אחריה וברחה ממנו . . . ובצאתו מכאן הוא עצמו הלך ופייס לכל נטורי קרתא א' לאחד ובפרט לאלו הנזכרים והם נתפייסו עמו ועשו שלום ביניהם . . . וכל ספריו מלאים ליצנותא ומלי דגריעותא וגנאי חביריו.

Diese Rabbinen Livornos schickten jenes als verleumderisch erklärte Schreiben aus Jerusalem gegen Chagis nach Amsterdam und bestanden darauf, daß Chagis um Verzeihung bitten sollte; sonst würden sie ihn in den Bann tun und das Schreiben von Jerusalem veröffentlichen. Beim Eintreffen dieses feindseligen Schreibens hatte Chagis nichts Eiligeres zu tun, als die günstigen Zeugnisse für seinen guten Leumund dem portugiesischen Rabbinate von Amsterdam vorzulegen. Dieses bezeugte deren Authentizität, nahm sich seiner warm an und entschuldigte selbst seine Ausfälle mit der Gewohnheit der Jerusalemer, kein Blatt vor den Mund zu nehmen. Dieses Sendschreiben d. d. Adar (Anfang März) 1709 ist unterzeichnet von den spätern Gegnern Chagis', Salomo Ayllon, David Aben Atar (Melo) und Salomo Jehuda Leon. Mit Salomo Ayllon stand Chagis damals überhaupt auf freundschaftlichem Fuße; jener approbierte dessen Werk לקט הקמח. Noch ist zu bemerken, daß Chagis in Amsterdam Lehrer war (Wolf l. c.): In Belgio Amstelodami primum per aliquot annos versatus, ibidemque doctor tironum seu studiosorum constitutus. Es wird sich später zeigen, daß er auch Prediger an einer der Synagogen war. Sein Aufenthalt in Amsterdam sollte nur vorübergehend sein, er dachte noch immer daran, nach Palästina zurückzukehren. Über seinen Charakter sagt Wolf (III, p. 755): ex sermonibus, qui mihi cum illo intercesserunt, intellexi, hominem esse candidum et juris Judaici reique et historiae inter suos literariae, nec minus variarum linguarum peritissimum (doch wohl nur neben Hebräisch auch Spanisch und Italienisch). Dagegen sprach sich Ayllon sehr wegwerfend über ihn aus, allerdings in der Hitze des Streites, an einen Freund in Livorno: il Haham

Ages che V. S. lo conosce meglio di me (ital. Sendschreiben a. a. O.), anspielend auf jenes anklägerische Schreiben aus Livorno. Heftig, streitsüchtig und rechthaberisch war Chagis allerdings, aber auch leicht zum Versöhnen geneigt und vom Extrem der Heftigkeit und des Stolzes zu dem entgegengesetzten milder Unterwürfigkeit überspringend.

11. Salomo Ayllon (so zu schreiben nach einem Städtchen in Spanien), einer der Hauptanreger des Streites, ist wenig bekannt, da er nichts Selbstständiges ediert hat. Nur Wolf hat zwei kurze Artikel über ihn III, p. 1026: S. Alion f. Jacob Thessalonice Londinum vocatus, Archisynagogum ibi post J. Abendanam per undecim annos egit atque hinc an. 4600 (1700) Amstelodamum discessit, ibidem eodem munere in synagoga Lusitanorum defunctus. IV, p. 974 heißt es: S. Ailion obiit Amst. d. 1. Ijar i. e. Apr. 10 an. 1728. Vgl. Coenen, Geschiedenes d. J. p. 428. In einer kabbalistischen Gebetordnung (תקון) nach S. Ayllon wird er als Safetenser bezeichnet (Kat. Bodl. Nr. 3112). Mag er nun in Salonichi geboren oder daselbst eingewandert sein, so ist es wohl Tatsache, was Chagis mit aller Bestimmtheit behauptete, daß Ayllon zum Kreise der Salonicher Sabbatianer von Querido gehörte, die es in kabbalistischem Fanatismus mit der Ehe sehr leicht nahmen, daß seine Frau früher in Ehebruch gelebt und er sie ihrem Besitzer entrissen habe, daß, als Ayllon später Rabbiner war, und diese seine Antezedentien ruchbar wurden, die Gemeinde Skrupel empfand und einige Rabbinen, um Ärgernis zu vermeiden, die Tatsache mit dem Mantel der Nachsicht verhüllt hätten, und daß er selbst, Chagis, 1699 deswegen angefragt worden wäre und Stillschweigen angeraten hätte (שבר פושעים sign. נ, 2b): ידיע להוי לכם שזה החצוף (שלמה אאליון) הוא אחד מאותן שהוכו במגפת הטמא קירידו פילוסוף ופלורנטין ומש"ו ובאותו פרק החזיק בערוה שתחת ידו (אחרי אשר הוטמאה עם תועב אחד שהוציאה מתחת יד בעלה בטענה שלא היתה בת זוגו . . .) והתנכר ובא למדינות רחוקות אלו . . . נכשלו בו אחת מן הקהלות שבישראל וקבלוהו עלוהם (לרב) וכשנשמע הדבר אצל חכמי ישראל העלימו את העין כאלו לא ידעו בדבר (. . . אמנם אל אלהים הוא יודע . . . שכשנשאלתי מקהלה בש' תנ"ט לפ"ק לא כבשתי עדותי אלא כדי שלא לרשל יד בעלי תשובה ואמרתי הואיל ועלה לא ירד . . .) וסבב הדברים להסביר לנו . . . שהיה גלגול דוד והמופקרת שתחת ידו כיוצא בו. והעלוב ועשוק הבעל הראשון שהיה נחש הקדמוני והשני שלקחה ולא עמדה אצלו אוריה. ושכל מי שידע הדברים בשרשן לא ירנן אחריו . . . ואלו לא שמעתי מפיו לא האמנתי. Ebenso in Chagis' זאת תורת הקנאות und in Ms. Halberst. B. (Bl. 79 v.): והא' שבהם הוא הר"ש אילירן . . . ארס נחש הקדמוני מובלע באיבריו ומאחר שהוא נשתמד זה כ"ז שנה בשאלוניקי מכח אמונה רעה זו ועודנו מחזיק באשתו זאת שיש עליה עוררין מאותה פרק שהיו חוטפין הנשים וכו׳. Ayllon war in der Tat in die sabbatianische Mystik eingeweiht. Chajim Segre, selbst Sabbatianer, berichtet von ihm (Ms. Günzburg in Paris): קבלתי מפי החכם השלם שלמה אילירן נר"ו שכך גלו לו עקר האלהות. Ein gelehrtes Mitglied der Amsterdamer Gemeinde schrieb über ihn später an einen Freund: Potrei dire altre cose di questo חכם (Ayllon), e solo dirò che mai questo קהל hebbe un huomo da così pouca dottrina, come questo; ma hebbe fortuna. Che fù portato d'alcuni per farlo entrar nel carico, che stà, non meritandolo (Anonymes Sendschreiben Ms. Halberst. B, Bl. 100 v.). — 1688 war Ayllon bereits in Livorno (Respp. Samuel Aboab דבר שמואל, Nr. 320, auch Nr. 324), Chacham Zewi beantwortete seine

Frage von London aus 1696 (Respp. No. 1) als er bereits dort Rabbiner war, übereinstimmend mit Wolfs Angabe, und 1697 korrespondierte Jakob Sasportas mit ihm (Respp. אהל יעקב, No. 64). Aus diesem Responsum und aus Nr. 44 geht hervor, daß Ayllon in London nicht allgemeine Achtung genoß. Chagis referiert von ihm, allerdings aus der Zeit der Erbitterung gegen ihn, Ayllon habe der Gemeinde London bei den תפילין geschworen, er werde keine andere Anstellung annehmen, habe meineidig dennoch die Stelle in Amsterdam angenommen und habe sich hinterher entschuldigt, in den Beutel habe er nicht תפילין, sondern zwei Zwiebeln gelegt; auch hätte er damals bereits das Rabbinat angenommen (שבר פושעים Sig. נ, 3a): ואיני נכנס לברר לפניכם ענין חשבועה שנשבע בק"ר בנקיטת חפץ . . . שלא היה לו לקבל שום מינוי ושררה בשום קהלה שבעולם ואח"כ נתן להם שלא היו תפילין בתוך אותו כיס שנשבע עליו אלא שהיו ב' בצלים ושהוא נשבע שלא לקבל אבל שכבר היה מקיבל וכו'.

12. Kurz vor dem Ausbruche des Streites (im Monate Siwan 1713) hatte Ayllon in Amsterdam ein Gutachten in betreff der Cardososchen Schriften abgegeben, welches die Gemeindevertreter nicht akzeptiert hatten, und das soll ihn besonders gewurmt haben. Es ist bereits erzählt (o. S. 491) daß das Rabbinat und der Vorstand von Smyrna Cardosos Schriften zur Vernichtung verurteilt und die Gemeinde von Amsterdam ermahnt hatten, den etwaigen Druck derselben zu inhibieren. Wie es scheint, war Elia Taragon wirklich nach Amsterdam gekommen, um eine von Cardosos Schriften zum Drucke zu befördern. Der Vorstand, der sich als oberste Zensurbehörde gerierte, übergab die Prüfung der Cardososchen Schrift dem Rabbiner Ayllon, und dieser mit noch zwei Kollegen entschied gutachtlich, daß nichts Verfängliches darin enthalten sei, daß sie aber doch nicht verbreitet, sondern geräuschlos beseitigt werden sollte. Dabei hätte sich aber der Vorstand nicht beruhigt, sondern die Schrift zum Feuer verurteilt (Ms. Halberst. B., Bl. 79): שהיו חושדין הפרנסים להר' איילון שהיה נוגע בדבר מה גם כי עיניהם ראו שבכתבי קרדוזו שקדמו חודש ימים לעסק דין ביש עם היות שרבני וגאוני ק"ק אזמיר כתבו לקהלה לבערם מן העולם וגם לזה משה האיש לפי שכתבו לו ולא להר"ש איילון עלה עשן באפו . . . ואסף את השנים הנהוגים להתחבר עמו כדי להיות נקראים ב"ד וכתב וחתם ונתן לפרנסים שלא נמצא בתוכם שמץ פסול . אך להיות שכתובים בכתב ולשון לעז טוב היה להצניעם לקחתם מיד החמון אך לא ע"י כרוז בבה"כ . ואז לא עלתה מחשבתו שכיון שהיו כתובים בכתב ולשון לעז הפרנסים עצמם למדו אותם וסמכו על ב"ד של אזמיר ושרפום לעיניו ועשו כרוז בבה"כ לבערם מן העולם . למן היום ההוא הפרנסים חשדוהו ובאו לידי משה זו . והר"ש איילון היתה שנאה בלבו וכו'.

13. Erst durch diese Prolegomena ist Anfang und Verlauf des Streites und der Wirren verständlich. Der Ausgangspunkt war Amsterdam und die Urheber nebst Chajon die drei Rabbinen Chacham Zewi, Mose Chagis und Ayllon. Am ausführlichsten ist der Beginn geschildert in dem Manifest des Amsterdamer Rabbinats (erschienen unter dem Titel קשט אמרי אמת, erlassen פ' מקץ ת̇ע̇ר̇ח = 10.—15. Dez. 1713), ferner in einem Brief (in Ms. Halberst., Bl. 132 r. f.), überschrieben אגרת שנכתבה מאמשטרדם על מעשה שהיה איך היה, in apologetischem Sinne und in Chagis' Replik unter dem Titel Risposta del manifesto (das.). Einige Berichtigungen der Nebenumstände liefert der zahlreiche Briefwechsel, teils gedruckt und teils handschriftlich, sowie die Streit-

schriften. — Chajons Ankunft in Amsterdam weckte in Chajam Zewis Gedächtnis die Erinnerung an jenen Namensverwandten חיון הארוך (o. S. 493), der ihm in Bosna-Seraï Böses zugefügt hatte, und in Chagis die Erinnerung an die Warnungen von seiten des Abraham Jizchaki vor diesem Manne. Beides wurde lautbar, und daraufhin wurde Chajon vor der Hand der Besuch der sefardischen Synagoge untersagt. Die Verwechslung der Personen klärte sich bald auf, als Chajon sich Chacham Zewi vorstellte, und dieser ließ dem Vorstande anzeigen, er habe nichts gegen den Fremden. Aber das frischgedruckte ketzerische Buch veranlaßte einen Inzidenzpunkt. Chajon hatte ein Exemplar dem Vorstande überreicht, um seine Größe damit zu bekunden; doch dieser wollte es erst prüfen lassen, traute aber dem Rabbinen Ayllon wegen des Präzedenzfalles mit der Cardososchen Schrift nicht — wie Chagis behauptet — und überschickte sie Chagis und dem deutschen Rabbinen zur Prüfung. Chagis, eingenommen wie er gegen Chajon war, fand auch beim flüchtigen Durchblicke die parties honteuses heraus, schlug sogleich Lärm über sabbatäische Ketzerei und steckte damit Ch. Zewi an, der nach dieser Seite hin keinen Argwohn gegen Chajon hatte. Die Gegner Chacham Zewis hatten später recht mit ihrer Behauptung, daß sein Stolz schuld daran war, daß der Funke der Zwietracht nicht im Beginne erstickt wurde. Der sefardische Synagogenvorsteher verlangte von ihm im Namen des Vorstandes, er möge die ketzerischen Stellen in Chajons Buch genau bezeichnen; aber aus Stolz auf seine Autorität mochte er nicht darauf eingehen (Chagis): גבאי הכנסת הלך אצל מ׳ צבי בש״ק . . . וא״ל בשם חביריו הפרנסים שיתרצה לרשום להם מקומות הכפירה . השיב לו שאין זה ממנהג כבודו כי היה רב וגוזר אך לא רושם לבעלי בתים. Darauf fragte ihn der Gabbaï, ob er sich herbeilassen würde, mit Ayllon zu einer Prüfungskommission zusammenzutreten, und er verneinte auch dieses aus Hochmut (Chagis): א״ל הגבאי . . . יודיעני אם חבריי יתרצו לשלח אחר אדוני שיתחבר יחד לדון דין זה עם אב״ד שלנו (שלמה איילון) יתרצה לבא? השיב לו הגאון מיקירי ירושלים לא היו מסובין עד שלא ידעו מי מסיב עמהן וסדר המסיבה וכו׳.

Die letzte Äußerung will sagen, Chacham Zewi mochte nicht Ayllon das Präsidium bei dieser Untersuchung lassen, welches diesem als Rabbinen der sefardischen Gemeinde, gebührte. Anderseits hatte aber auch der sefardische Vorstand Unrecht, daß er Ch. Zewi und Chagis das Chajonsche Exemplar zur weiteren Prüfung des Werkes nicht lassen mochte (Chagis): קם הגבאי וס׳ בידו והלך לו ועם היות שאמרו שיניח הס׳ עד אור הבוקר כדי להעתיק ממנו מה שהועתק לבסוף . . . והוא לא רצה. So waren diese beiden des Mittels beraubt, den schlagenden Beweis zu liefern, daß Chajons Buch — zum Schlusse ohne Umschweife — die Trinität lehrt.

Wie auf der einen Seite Ch. Zewis Hochmut das Feuer der Zwietracht zum Glimmen brachte, so schürten es anderseits Ayllons verletzte Eitelkeit und die Autoritätssucht eines Vorstehers. Ayllon war empfindlich darüber, daß man die Prüfung des Buches ihm entzogen und dem deutschen, ihm die Ebenbürtigkeit bestreitenden Rabbinen, sowie dem Privatgelehrten Chagis übergeben hatte. Er beschwor daher einen der Vorsteher, Aaron de Pinto, sich seiner anzunehmen und seiner gekränkten Ehre Genugtuung zu verschaffen; (Chagis): הקול נשמע בין העם כי הר״ש איילון הלך לבית אהרון די פינטו א׳ מן הפרנסים שלא היה יום ששי בעיר ובכה ויתחנן לו . שלמה זה עשו לו חבריו בזוי וחרפה זו כי טוב מותו מחייו מאחר שהיה מקבל

עלבון כזו להיות נחשד על כן ... עד שנתפתה לצאת נחש והבטיחם שלמחר יעשה בבית הוועד כל הבא בידו כדי להפוך מזכות לחובה. Dieser Pinto, von spanischer Grandezza aufgebläht, machte aus der Frage, ob Orthodoxie oder Heterodoxie, eine Rassenfrage; der Rabbiner der tief unter den Portugiesen stehenden Deutschen dürfe sich nicht herausnehmen, ihnen, den Sefardim, Vorschriften zu machen und ihren Rabbinen zu verdunkeln. Das erste war, daß der Vorstand Ayllon zum Zensor einsetzte, und dieser beging einige Ungebührlichkeiten, die er später mit einer Unwahrheit beschönigen mußte. Daß er seine zwei Kollegen hinzuzog, war in Ordnung, den greisen David Aben-Atar (Melo)[1] (der bereits 1683 Prediger an dem Lehrhause der Pintos und Chasan war) und Samuel ben Aaron Zarfati. Aber Ayllon zog zur Prüfungskommission vier Männer hinzu, von denen drei von der Frage gar nichts verstanden und überhaupt in der hebräischen Literatur unwissend waren, David Israel Athias, Salomo Abrabanel Sousa, den Arzt Salomo de Mesa[2]) und David Mendes da Silva. Er mußte sie später zu Gelehrten stempeln und bediente sich auch einer anderen Unwahrheit, daß sie sämtlich nichts Ketzerisches in Chajons Werk gefunden hätten, während sich aus einem erhaltenen Schreiben aus diesem Kreise ergibt, daß Ayllon und der Vorstand auf ein kundiges Mitglied einen moralischen Druck ausgeübt haben, wider seine Überzeugung das ketzerische Werk zu tolerieren. Hören wir, wie sich das Manifest des sefardischen Rabbinats, oder vielmehr Ayllon darüber ausspricht, und wie die entgegengesetzte Stimme lautet. Vorher muß aber noch bemerkt werden, daß Ayllon oder de Pinto den Mitgliedern einen Eid auflegte, das besagte Buch niemand vor dem Schlußurteil zu lesen zu geben. (Manifest): נהוועדו הפרנסים ביום א׳ ט״ו (תמוז) ... והסכימו לדרוש מאת הרב (של׳ אאילון) שיעיין בספר ההוא ... אך הוא לא רצה לדון יחידי ... ועל כן מלבד החכמים הקבוצים ונלוים אליו בב״ד (דוד ן׳ עטר ושמואל ב׳ אהרון צרפתי) ... הוסיפו עליהם אנשים חכמים וידועים מיקירי ועשירי הק״ק שנפשם חפצה בנגלה ובנסתר ועלו למנין שבעה וכל אחד קבל ספר א׳ מיד בתנאי שלא יראום לשום אדם. Diese Darstellung durchweg Lügen strafend, berichtet ein anonymes Mitglied der Amsterdamer Gemeinde an einen Freund in Mantua, daß sein Sohn, zum Prüfungsmitglied gewählt, die Wahl anfangs ablehnte und sie nur gezwungen annahm. Er selbst habe hinter dem Rücken seines Sohnes das Chajonsche Werk gelesen und darin alle die Verderblichen Lehren Sabbataï Zewis und Cardosos gefunden. Vier von dieser Kommission haben so wenig von der Kabbala verstanden, wie er, der, ein Jünger Simcha Luzzattos (o. S. 154, Note), einen Degout gegen sie hatte. Sein Sohn sei gezwungen worden, das für Chajon günstige Dekret zu unterschreiben; er selbst würde es nie getan haben: Copia di Lettera d'amico d'Amsterdam ad un amico di Mantua (Ms. Halberst. B., Bl. 100): Discorrendo per il libro di questo

[1]) Wolf I, p. 177, 205 und Kayserling, Sephardim, S. 170 [berichtigt in Bibl. esp.-port.-jud., S. 68] verwechseln diesen mit einem älteren Namensverwandten, dem Psalmenübersetzer.

[2]) 1725 erschien von ihm ein unbedeutendes Responsum (betitelt שלחן שלמה) über den Sabbatweg von einem Dorfe bei Amsterdam. Ein hebr. Gedicht von ihm (Katal. Bodl. Nr. 865). Der Name lautet übrigens Mesa span. für mensa und nicht Misa oder Mezza. [Vgl. Kayserling a. a. O. S. 71, wo die Jahreszahl 1711 jedenfalls falsch ist].

H. Haijon dirò, che havendo fatto questi פרנסים eletione di mio figlio pet uno del ב"ד, ricusò l'elettione dicendo haver delle occupationi . . . furono poi questi פרנסים a cercarlo, e pregarlo prendersi quest' incomodo. Per qual causa fù obligato, prender il libro e studiarvi . . . et io viddi ogni cosa benchè senza sua saputa, havendo lui comme li altri fatto שבועה di non discorrere con nessuno in tal particolare. Ma io, che sapeva, ove havevo il libro, andai à tempo, che non era in casa, e viddi ogni cosa ed anche rippassai l'istesso libro . . . e trovai veramente esser il detto libro in tutto heretico e dottrine che si descorrevano nel tempo di שבתי צבי, quali io havevo letto in quel tempo, che furono scritte per un sogetto heretico . . . Abram Cardoso . . . Ridotto poi il ב"ד fecero il suo decreto, che fù lasciar correre il medesimo libro . . . perchè veramente quattro di quelli del ב"ד intendono tánto della קבלה comme io, che mai vi inclinai (s. o. S. 153). E per fine volsero i פרנסים, che si sottoscrivesse il decreto di tutti questi del ב"ד, et il mio figlio che non se l'intendeva fare, lo fecero sottoscrivere poi di cinque e fù obligato sottoscriverlo; ma io non l'havrei mai fatto, et questo nostro חכם (Ayllon) che hà l'inclinatione e presume molto di tal scienza fece gran deligenza perchè fosse sottoscritto da tutti. Der Schreiber bittet zum Schluß, seinen Brief zu vernichten, ihn höchstens Leon Brieli zu zeigen . . . che non voglio si sappia, chi lo scrive. Der Zufall hat diesen interessanten Brief erhalten. Von demselben Korrespondenten ist daselbst noch ein anderes Schreiben erhalten, woraus gelegentlich Notizen mitgeteilt werden sollen. Hier nur das, was derselbe Anonymus über die damaligen Vorsteher Amsterdams urteilte: Questi פרנסים sei di loro sono Idioti et uno בעל תורה ò בל תורה. — Mehrere Wochen dauerte die Beratung der Kommission (16. Tammus bis 14. Ab). Schon daraus zeigte sich Ayllons Tendenz, das Buch unangefochten passieren zu lassen; denn jeder Kundige mußte auf den ersten Blick das Antijüdische und Blasphemierende desselben erkennen. Er hatte, wie Chagis sagte, noch immer eine Schwäche für die sabbataïsche Ketzerei, oder er wollte aus gekränkter Eitelkeit ein Chagis und Chacham Zewi entgegengesetztes Urteil fällen. Diese waren inzwischen sehr rührig und schrieben an alle diejenigen, deren Approbationen dem Werke vorgedruckt sind, ob sie denn wirklich ein so ketzerisches Buch gut geheißen hätten. Sie konnten allerdings nur diejenigen Stellen darin bezeichnen, die sie in der Eile exzerpiert hatten. Denn Ayllon und sein Anhang hatten dafür gesorgt, daß kein Exemplar in ihre Hände kam. Selbst ein deutscher Rabbiner namens Nathanael von Cleve, im Besitze eines Exemplars, mochte es nicht den beiden Gegnern Chajons in Amsterdam zuschicken. Erst viel später erlangten sie eins von Hamburg aus, um den hohen Preis von 60 Gulden (Chajon, Einleitung zum Pamphlet הצר צבי): זהרצים יצאו דחופים לשוטט בארצות למצא ספר עוז לאל' לקנות אותו בכל ממון שבעולם וימצאוהו בק"ק האמבורג ושמעתי אומרים שקנה אותו בס' זהובים ושכר הפאסט ט' וחצי זהובים.

Während die Ayllonsche Prüfungskommission noch prüfte oder vielmehr beriet, was zu tun sei, erließen Chacham Zewi und Mose Chagis ein Zensuredikt, welches den Verf. als Ketzer mit dem Banne belegte und das Buch zum Scheiterhaufen verurteilte (ausgestellt שלהי תמוז: dieser פסק דין ist abgedruckt in מלחמה לה' p. 25). Aus derselben Zeit stammt auch Chagis' הכתב הראשון (in שבר פושעים). Auch in portugiesischer Sprache ist das

Verdammungsurteil Chacham Zewis damals gedruckt und verbreitet worden (Manifesto): בהוציאם כתב . . . ושלחום למקומות אחרים לא לבד בלה"ק אך ג"כ בלשון וכתב לעז ספרדי. Chagis erzählt in Risposta del manifesto, daß einer der sieben selbst, Dr. de Mesa, durch diplomatische Schlauheit Chacham Zewi überredet habe, das Dekret als Mittel, den Streit zu schlichten, zu veröffentlichen, das dann als Waffe gegen ihn gebraucht worden sei. Freilich fielen die Motive der Beurteilung sehr vage aus, da die beiden Gegner nicht die Hauptstellen zum Schlusse von der Trinität gelesen hatten. Unter anderem befindet sich auch das lächerliche Motiv, daß Chajon die Frechheit hatte, von Raschis Erklärung einer Talmudstelle abzugehen. — Dieses Dekret rief große Entrüstung in der Gemeinde hervor. Die Vorsteher glaubten, die Ehre der Sefardim sei dadurch aufs tiefste verletzt, indem, während ihr Rabbinatskollegium noch mit der Prüfung beschäftigt sei, der Rabbiner der Deutschen bereits die Verurteilung ausgesprochen habe. De Pinto und sein Anhang waren daher zu allen Mitteln entschlossen, die Ehre der Gemeinde wiederherzustellen, oder wie der anonyme Korrespondent es bezeichnet: bisogna mantenere la riputatione del ב"ד. Die gegenseitige Erbitterung und Spaltung wurde immer größer. Der Vorstand ließ in der Synagoge verkünden, daß jedes Gemeindemitglied gehalten sei, bei Strafe des Bannes, die Schrift Chacham Zewis gegen Chajon dem Rabbinate auszuliefern, und daß niemand von der Sache bis nach gefälltem Urteil von seiten der Kommission sprechen dürfe. Chagis erzählt, Ayllon habe mehrere aufgestachelt, ihn und Chacham Zewi auf der Straße zu verhöhnen הקים ר"ש אארלירן לפריצים אשר סביבותיו שברחובות ובשוקים היו מחרפים ומגדפים להגאון (ח' צבי) ולזה משה האיש. Ayllon machte maliziöse Anspielungen in einer Predigt, gehalten (6. Ab = שבת איכה) gegen die Verleumder und Friedensstörer, und Chagis vergalt ihm Gleiches mit Gleichem in der Nachmittagspredigt, indem er von Hochmut sprach, welcher zur Ketzerei führe. Darauf hätten Anhänger Ayllons ihn, Chagis, mit dem Tode bedroht, זה אומר נלך ונהרגהו וזה אומר נלך ונרגמהו וזה אומר נלך לפרנסים שיענשו אותו ונלך ונאמר שהזכיר בשם את התועב (חיון) ואת הר"ש אאילירן וכאלה רבות כמו שנהוג אצל הפריצים. — Chagis scheint indessen den Mut verloren zu haben; denn er begab sich, wie er selbst ehrlich in der Risposta del manifesto erzählt, zur Sitzung des Vorstandes, um sich wegen seiner Predigt zu entschuldigen und auch die Hand zum Frieden zu bieten; die meisten Vorsteher wären auch geneigt dazu gewesen, nur de Pinto habe ihn barsch und hochfahrend behandelt und seine Auseinandersetzung mit der Glocke unterbrochen. Vor die Sieben-Rabbinerkommission vorgeladen, habe er sich in deren Sitzung begeben und sogar Ayllon um Verzeihung gebeten, als dieser seine Anspielung auf ihn in Abrede gestellt hatte: וקם (האיש משה) על רגליו והפיל עצמו על זרועותיו (של אאילירן) ועל ידיו ויחבק וינשק לו ובפה מלא א"ל צדיק אתה ממני נעניתי לך מחול לי שאתה לא כונת ואני כונתי. Ein Friedensschluß sei aber doch nicht zustande gekommen, da Chagis sich nicht verpflichten wollte, die Bekämpfung von Chajons Schrift einzustellen. Vier Wochen dauerte bereits die Beratung der Kommission, und zuletzt hat sie die Schlußberatung so sehr beeilt, daß das siebente Mitglied eiligst vom Lande nach Amsterdam berufen wurde (Chagis das. Bl. 80): הכתב שכתב הר"ש אילירן לדוד די סילוה לכפר מארשה . . . מזה התמצית . . . לבא מבלי אחור ועכוב ואעפ"י שלא גמר קריאתו ועיון הספר אין בזה כלום לפי שאם יאחר

צוד אפי׳ יום אחד יתיילדו דברים מצד המתנגדים שלא נוכל לתקנם. Warum diese Eile mit einem Male? Chagis meinte, die Gönner Chajons hätten gefürchtet, er und Ch. Zewi würden in den Besitz eines Exemplars kommen und ihrem Verurteilungsdekret dadurch noch mehr Nachdruck geben. Das ist aber eine bloße Vermutung. Es scheint vielmehr, daß sie das Eintreffen eines wichtigen Schreibens aus Mantua von einer Autorität gebietenden Persönlichkeit gefürchtet hatten und dessen Wirkung vorher paralysieren wollten. Diese Persönlichkeit, die achtungswerteste unter allen Beteiligten, war Juda oder Leon Brieli, Rabbiner von Mantua.

15. Brieli nimmt nur einen kleinen Raum in der Bibliographie ein, war aber doch der bedeutendste unter seinen jüdischen Zeitgenossen. Gedruckt ist von ihm nur כללי הדקדוק, eine hebräische Grammatik (Mantua 1730). Einige seiner Responsen sind zerstreut (vgl. Wolf III, p. 306, Asulaï s. v. und Nepi, Biographien, p. 127). Handschriftlich hinterließ er zwei antichristliche Schriften: 1. השגות על ספרי השלוחים über die vier Evangelien und die Apostelgeschichte (hebräisch); 2. La Synagoga disingannata dagli inganni del padre Pinamonti (italienisch) und 3. Esame delle riflessioni teologiche über die Wunder (ebenfalls italienisch). S. de Rossi, Dizionario s. v. Briele, Bibliotheca Judaica antichristiana No. 22, 23 und Codices No. 1202. Die dritte Nummer vollendete Brieli Siwan 5462 = 1702. 4. Senecas Briefe ins Hebräische übersetzt (Kerem Chemed II, p. 119). Ein hebräisches Sonett von ihm an J. Cardoso und ein italienisches Antwortschreiben des letzteren vom Oktober 1679 (Ozar Nechmad, p. 158). Mehr erfahren wir über seine Biographie aus der Polemik Chajons gegen ihn. Daß Brieli stets ledig geblieben ist, deutet bereits Asulaï an (l. c.). Chajon glaubte ihn durch Aufzählung einiger Fehler zu schänden und hat ihn dadurch nur gehoben. (Einl. zum Pamphlet הצד צבי, p. 6 b): יהודה (בריאל) עלה בראשנה להיות למשל ולשנינה הוא הרב של מנטובה אשר אין לו ידיעה בשיעור קומה רק בתורת לאבין ופילוסוף . . . שאדרבה הוא מכחיש בדברי הזוהר ואומר שאינו מר׳ שמעון ב׳ יוחאי או כנפל טמון לו יהיה . . . בלאו הכי מנדין אותו בשמיא בכל יומא כי כבר עברו עליו כמו שבעים שנה ולא נשא אשה ולא נכנס לחופה לקיים פריה ורביה . . . איש אשר גם את הזקן יספה. Daraus erfahren wir auch Brielis Geburtsjahr. Chajon schrieb dieses Pamphlet Ende 1713, und damals war Brieli beinahe 70 Jahre alt, also um 1643 geboren. Nach Asulaï folgte er Mose Zacut im Rabbinate nach dem Tode des letzteren, und dieser starb יום שני של סכות ה׳ תנ״ח = 1. Oktober 1697 (Luzzatto in Ozar Nechmad III, p. 140). Brielis Todesjahr gibt die Elegie eines seiner Jünger Simson Kohen Modon, ציר הצירים קינה היא = 6. Ab 1722. Diese Elegie, so übertrieben sie auch im Geschmacke der Zeit und der italienischen Dichtungsart ist, enthält doch manche der Wirklichkeit entnommene Züge aus seinem Leben.

Strophe 10

איה טהור לבב נקי כפים.
מיאס חמודות הזמן נתצבו
עהו נכח רוח ושת עינים:

. . . .

כל אוצרות תבל בדק :חשבו
בוזה זהב אופיר כטיט ורפש
רק יקרו לו מעלות הנפש.

Strophe 15 עלה להר חכמות אשר ינעמו
חשבון ותשבורת ואם נסתמו
ידע והגיון וחכמות טבע.

16. Die volle Kunde von der Würdigkeit dieses Mannes ist nötig, um die Unwürdigkeit der Chajonschen oder Ayllonschen Partei zu bemessen. An Brieli, der wegen seiner Gelehrsamkeit, seines Charakters und Alters auch von der sefardischen Gemeinde Amsterdams geachtet war, hatten sich Ch. Zewi und seine Genossen gewendet, um seine gewichtige Stimme auf ihre Seite gegen Chajons Häresie zu ziehen. Sie hatten sich in ihm nicht getäuscht. Brieli trat mit voller Energie gegen diesen Schwindel ein, welcher mit kabbalistischen Phrasen die Basis des Judentums zu untergraben drohte. Acht Briefe Brielis enthält das oft genannte Ms. in dieser Angelegenheit, wovon nun einer gedruckt ist in מלחמה לה', zwei an Chacham Zewi, drei an Ayllon, zwei an den Amsterdamer Vorstand (italienisch) und einen an Benjamin Finzi (italienisch). Der erste (geschrieben zwischen 7. und 12. Ab (פ' ואתחנן) 1713, eben der gedruckte) an Ch. Zewi billigte dessen Verurteilung des Buches und Autors vollständig, allerdings ohne Autopsie, sondern nur auf Grund der Stellen, welche Ch. Zewi ihm mitgeteilt hatte. Die Siebenerkommission muß vorher Nachricht von Brielis Ansicht bekommen haben, und darum beeilte sie sich oder vielmehr Ayllon, vorher eine günstige Zensur auszustellen. David de Silva wurde rasch nach der Stadt berufen, und die Kommission hielt Schlußberatung (15. Tammus). Es ist bereits oben angegeben, daß eines der Mitglieder gezwungen werden mußte, seine Unterschrift für das Dekret פסק ב"ד דאמשטרדם (dem הצד צבי vorgedruckt) zu geben. Der Vater desselben sprach noch mit den Vorstehern, daß das Urteil ungerecht sei, indem Chajons Buch tatsächlich sabbataïsche Häresien enthalte; sie mochten nicht auf ihn hören, ließen das Dekret mit einem neuen Vorworte אגרת בת מחלת לב und mit beleidigenden Ausfällen gegen Ch. Zewi verbreiten. Der Vorstand und ein großer Teil der portugiesischen Gemeinde trieb wahre Abgötterei mit Chajon — zur Kränkung der Gegner. Benjamin Finzi beschrieb den Chajon bereiteten Triumph mit wahrer Freude an Brieli (Ms. B, Bl. 137): All'hora si mandò a complimentare l'autore, e fù accompagnato da multitudine di popolo alla scuola, dove gli fù dato luogo appresso il sign. חכם Ailion, dove ancora lo conserva facendosi per le sue dottrine e bontà amare e rispettare da tutti. Wie Chagis (in der Risposta del Manifesto) berichtet, haben sie zur Kränkung der Gegner den Psalm 75 in der Synagoge singen lassen und noch anderes getrieben: כבוד שעשו לתועב (חיון) בבואו לבה"כ שהושיבוהו לימינו ובמזמור ע"ה . . . לזמר אותו . . . וכמה יללות וצעקות שעשו בבה"כ עד שהגיעו לומר ולכתוב שלא יעשו כמיהו: בביאת משיח ועוד אמרו יחיו פלוני ופלוני וימותו שונאי ישראל.

Ayllon mit seinen Kollegen erzählen selbst (im Manifesto): הלכו שני גדולי הפרנסים עצמם אל הח' חיון לפייסו על מה שנעשה לו ושיבא לבה"כ שיכבדוהו וכן היה שכבדוהו כבוד גדול וכל הקהל שמחו עד מאוד. Ch. Zewi und Chagis waren allerdings beschämt und sogar vom Vorstande der Deutschen verlassen, dessen Unterstützung der erstere angerufen hatte, obwohl er endlich in den Besitz des Buches gelangte und die ketzerischen Stellen sonnenklar aufdeckte (Ayllons Manifest berichtet darüber): וביני וביני הגיע ליד הרב הנז' (ח"צ) וחאגיז ספר אחד . . . וילך לפרנסי קהלתי להראותו ובקש מהם שיסכימו עמו להכריז ולהחרים בבה"כ והם לא הטו את אזנם על זאת. Chagis gesteht es (in der Risposta) mit Schmerz zu: אין כן התימא שפרנסי האשכנזים לא אבו לשמוע אל הרב שלהם כי בזה הוכיחו שנתערבו עם הלועזים ונעשו גרועים מהם.

17. Alles übrige waren Konsequenzen. Ch. Zewi und Chagis ließen im Monat Elul die inzwischen eingelaufenen Schreiben nach und nach drucken: das von Brieli mit dem Anathem; von Gabriel von Nikolsburg (5. Elul), daß seine angebliche Approbation des Chajonschen Werkes gefälscht sei; von Naphtali Kohen (d. d. Breslau, 5. Elul), welches Chajons Schwindeleien aufdeckte; von Jakob Aboab aus Venedig (13. Elul), das ebenfalls die Approbation dementierte. David Oppenheim hatte ebenfalls seine Approbation des angeschuldigten Werkes in Abrede gestellt, aber er soll in Privatschreiben an Freunde Ch. Zewi bitter wegen der versuchten Spaltung getadelt haben (Manifesto). Chagis leugnete aber diese Angabe (Risposta) und bezog den Tadel auf einen anderen Umstand: שהיה (ר' דוד אופנהיים) כמתרעם על כה' צבי לפי שכתבו לו האויבים שהחרים כל אותם שבקליווא שהם מחותניו. Infolge der verbreiteten Sendschreiben zur Demaskierung Chajons nahmen auch viele in der sefardischen Gemeinde Partei gegen ihn; es entstanden Reibungen, und der Vorstand verbot das Lesen solcher Schriften in der Gegenwart und Zukunft (Manifesto): עד שלב בנים היו על אבות ולב אבות על בנים כאש להבות ... ובפרט במקום הזה שהתחילו קטטות בין איש ובין רעהו ... זה מצדיק וזה מרנן על הדבר חששו הקצינים פן יפרדו היחידים איש מעל אחיו ... והכריזו בבה"כ וגזרו בגזירת חרם ששום אדם יחידי לא יקבל ולא יקרא ולא ישלח לחוץ שום א' מהכתבים נכתבים ונדפסים כבר או אשר יכתב ויודפס מכאן ולהבא וכו'. Alle diese Vorgänge fielen bis zu Ende des jüdischen Kalenderjahres 5473 (= bis 20. Sept. 1713) vor. Ein weiterer Vorfall erfolgte bis zum Zeitpunkte, als der Vorstand Ch. Zewi und Chagis gewissermaßen in den Bann getan hat, indem er den sefardischen Gemeindegliedern verbot, mit ihnen zu verkehren (bis 20. Kislew = 8. Dezember). Innerhalb dieser Zeit (Sabbat 4. [?, ob etwa ר"ח?] Marcheschwan) fallen: a) Naphtali Kohen tat in Breslau in einer Privatsynagoge Chajon und seine Schriften in den Bann: שכנסתי את מתני ודרשתי בבה"כ של אלעזר סג"ל ... והחרמתי את האיש הבליעל ואת כל ספריו ואת כל הנלוים אליו. b) Ch. Zewi schrieb und druckte seine erste polemische Schrift gegen Chajon ארס נחש, worin er dessen Ketzereien aufdeckt, und das מהימנותא דכלא als Schrift der Sabbatianer erklärte; c) Die Vorladung Ch. Zewis und Chagis' vor das Tribunal des sefardischen Vorstandes, zuerst des Nachts durch einen Boten — um die beiden Gegner abzukanzeln und sie zum Widerruf zu bewegen (כדי לייסר אותם בסתר, wie Chajon im Vorworte zu חצר צבי verraten und Chagis in der Entgegnung ergänzt hat), dann als sie nicht erscheinen mochten, durch den Vorstand der Deutschen und endlich durch einen Notar (9. November). Darauf erfolgte (12. November) eine öffentliche Bekanntmachung in der Synagoge durch David Abenatar. Diese Episode ist ausführlich gegeben im Manifesto und in einer Art Protest dreier Deutschen vom folgenden Tage (Ms. Halberst. B, Bl. 108; Anfang lautet: תופס מהעקרי). Von Ch. Zewi hatte (nach dieser authentischen Darstellung) der sefardische Vorstand nicht weniger verlangt, als daß er nicht nur seine Schriften gegen Chajon desavouiere und den Bann gegen ihn löse, sondern auch, daß er demselben ein Schreiben mitgebe, welches ihn und dessen Schrift aufs wärmste empfehlen sollte. Der Beschluß des sefardischen Rabbi-

nats und Vorstandes gegen die Gegner war, daß keines der Gemeindeglieder beim Banne ihnen eine Gefälligkeit erweisen und nicht für sie bei den Behörden eintreten dürfte: חרם חמור על כל היחידים ששום א' מהם לא יורשה להמליץ בעדו (ח"צ) אצל שום שר ושופט מאדוני הארץ . . . ולא להיטיב עמו שום הטבה יען הסכמנו לרודפו . . . ועוד מחלים אנשי המעמד וחב"ד את פני כל יחידי הקהלה שלא לדבר כל עקר עם חכם צבי ומשה חאגיז. Als hätten sich Rabbinat und Vorstand später dessen geschämt, haben sie im Manifeste einen Passus weggelassen: שלא ילכו ללמוד אצל משה האיש בישיבה . . . ולא ישלחו לו תלמידים ולא יתנו לו עזר וסיוע כל עקר, den Chagis in der Risposta ergänzt. — Zwei Punkte sollen nur noch hervorgehoben werden. Das Rabbinat und der Vorstand hatten sich geradezu einer Lüge bedient, indem sie angaben, sie hätten bei der Zitation für Ch. Zewi sich nur vergewissern wollen, ob die gedruckten Verdammungsschreiben gegen Chajon von Brieli und anderen echt seien: ועוד שעדיין לא נתבררו בב"ד שהדברים שנדפסו הם דברי הרבנים ממש.

Sie hatten die freche Stirn, dieses Motiv noch später aufzustellen, zur Zeit als sowohl Ayllon wie der Vorstand Sendschreiben von Brieli in Händen hatten, daß er Autor und Buch verdamme. Das erste Schreiben Brielis an Ayllon datiert oben Anfang Tischri (September), und die Vorladung geschah erst November. Eine andere Bemerkung drängt sich auf, daß die deutsche Gemeinde dabei eine sehr erbärmliche Rolle gespielt hat. Ihr Rabbi wird fast in den Bann getan und geradezu verfolgt, und sie rührt sich nicht, ihm beizustehen. Nur drei Mitglieder konstatieren wahrheitsgetreu die ungerechten Vorgänge und protestieren: ואין בידינו למחות, ולקנאת ה' צבאות כתבנו זאת לאות . . . ולזכרון להעמיד הדבר בכתב מקוים עד עת בא דבר ה'. Unterschrieben ist es von drei obskuren Männern. Seit der Zeit trat ein förmliches Verfolgungssystem zuerst gegen Chagis ein, geleitet von Ayllon und de Pinto. Diesem war leicht beizukommen, er war ein Fremder, ein Jerusalemer, und lebte nur von der Gunst der reichen Portugiesen und vom Unterrichte. Beides ist ihm entzogen worden. Er geriet daher in Not und mußte später nach Altona auswandern. Gegen Ch. Zewi mußten sie aber andere Mittel ergreifen. Auf ihre Veranlassung begeiferte Chajon ihn und seine Gesinnungsgenossen in seinem frechen Pamphlet: הצד צבי, das in derselben Woche druckfertig war, in welcher der halbe Bann gegen die beiden Gegner ausgesprochen wurde (תע"ד = פ' חיי שרה, gewissermaßen als Illustration dazu. Außerdem wurden Ch. Zewi und Chagis von der Gegenpartei schikaniert und trakassiert (David Nuñes Torres in Bibliothèque raisonnée I, p. 337): Comme le parti des sept Rabbins était le plus fort, les deux autres Rabbins (Zevi et Chages) y furent terriblement persécutés et se trouvèrent enfin obligés de se retirer ailleurs pour n'être plus exposés au mauvais traitement qu'on leur faisoit. Während viele Rabbinen des Orients und fast sämtliche Rabbinen Italiens den Bann gegen Chajon und sein Buch verhängten, legte das Amsterdamer Rabbinat dessen Gegner Ch. Zewi und Chagis in den Bann (die Bannbullen gegen Chajon in חרב לה' und kurz zusammengefaßt in לחישת שרף). Zugunsten Chajons bannte es auch alle diejenigen, welche noch mit Ch. Zewi und Chagis verkehren sollten (Protest der drei Deutschen): בד' בשבת פ' וישב תע"ד (ר"ח ככלו) עשו כרוז בבה"כ בחרם חמור שלא לדבר כל עקר לא בכתב ולא בעל פה לא בד"ת ולא בדברי חול עם חכם צבי ומשה חאגיז (auch im Manifesto). Um sich zu rechtfertigen, ließen die sieben Kommissionsmitglieder ein Manifest drucken unter dem Titel: קושט אמרי אמת (beendet פ׳ מקץ, 22.—27. Kislew), welches die Tatsachen parteiisch und entstellt darlegte. Mit ihnen und Chajon einverstanden war nur der Rabbiner Jehuda Loeb ben Simon Frankfurter von Mainz (Verf. von יד אליהו kabbalistisch, und זרע יהודה; s. Steinschneider, C. B. 5777 und Schaab, Geschichte der Juden von Mainz, S. 274). Dieser machte Chajon viele Komplimente und tadelte ihn nur zärtlich, daß er die Kabbala popularisiert habe, wodurch eben Mißverständnisse entstanden wären (das Ms. Halberst. B. enthält drei Briefe von demselben). Ayllon und de Pinto fuhren fort, Chacham Zewi zu verfolgen und setzten es beim Magistrate durch, daß er als Friedensstörer aus Amsterdam ausgewiesen wurde (Wolf IV, p. 908, 962): Cum enim praefecti Synagogae Lusitanae Amst. Nehemiae illius (Chajonis) causam agerent, implorato magistratus auxilio, factum est, ut Ch. Zevi Londinum, ipse vero (Chagis) . . . Altonaviam rerum suarum sedem constituerent. Nicht lange nach der Veröffentlichung des Manifesto (Anfang Tebet) hatte Ch. Zewi die Absicht, Amsterdam zu verlassen, wie Naphtali Kohen angibt (d. d. Breslau, 27. Tebet): ... הנה זה שבועות שתים אשר הגיעני מכתבו ושם נאמר שדעת מעלתו לעקור משם ולצאת מן המקום ההוא עם כל אשר לו . . . ועתה בהגיע לי אגרת השנית אשר כבר עשה מעשה ושלח את אשתו וב״ב משם . . . ולא הודיעני אנה יפנה. Sein Sohn Jakob Emden gibt an, er sei, um keinen Skandal zu veranlassen, einer von seinen Gegnern intendierten Ausweisung durch die Behörden ausgewichen (תורת הקנאות, p. 33b). Ch. Zewi hat also im Monat Tebet Amsterdam verlassen und sich zunächst nach London begeben. Im August 1714 war er in Breslau (Ungers Nachricht bei Schudt II, Anhang, Ende); zuletzt siedelte er nach Polen über (Brześć Litewski und Lemberg) und starb vier Jahre später (o. S. 439).

18. Unangenehm wurde für die Chajonsche Partei die Entlarvung von Chajons Gemeinheiten, die aus Smyrna eintraf, bestärkt durch den Bann des Rabbinats von Konstantinopel (d. d. פ׳ ויחי = vor 12. Tebet = Ende Dezember 1713), unterschrieben von 12 Mitgliedern, daß dem Ketzer Chajon nicht einmal ein Nachtlager gewährt werden dürfte. Etwa vier Wochen später (פ׳ בשלח = vor dem 11. Schewat) drückten diesem Bann drei Sendboten aus Jerusalem das Siegel auf, darunter Abraham Jizchaki, damals in Konstantinopel, (beide Konstantinopeler Bannsprüche wurden durch den Druck veröffentlicht; J. Emden, a. a. O., p. 3 ff. hat sie abgedruckt). Diese Schreiben welche nach und nach in Amsterdam eintrafen, und welche auch eine Kopie von der Verdammung Chajons von Jerusalem d. d. 1708 (o. S. 484) enthielten, stellten ihn als Erzketzer und gemeinen Menschen dar, während die Amsterdamer Portugiesen ihn als Heiligen verehrten. Chagis unterließ auch nicht, Pamphlete gegen ihn und Ayllon zu schleudern (אגרת הקנאות, seinem שבר פושעים einverleibt), die er nicht in Amsterdam drucken durfte und die in Berlin (?) erschienen sind (Wolf III, p. 833). Ayllon und sein Anhang waren in Verlegenheit. Sie ließen daher von ihm eine Rechtfertigungsschrift ausarbeiten unter dem Titel מודעא רבא, erschienen Nissan 1714 in Amsterdam. Darin gab Chajon seine Biographie und leugnete oder verschwieg die gegen ihn erhobenen Anschuldigungen, begeiferte Chagis und widerlegte die Punkte, welche Brieli in einem Schreiben an den Vorstand als ketzerisch bezeichnet hatte. Ayllon hatte dabei die Hand im Spiele; denn er hatte ihm die Anklageschriften gegen Chagis geliefert, welche er selbst früher

als verleumderisch und ungerecht bezeichnet hatte (o. S. 495). Um dieselbe Zeit hatte aber der Kabbalist Joseph Ergas eine Verketzerungsschrift gegen Chajon erlassen, unter dem Titel תוכחת מגלה (in London erschienen) gegen welche Chajon ein neues Pamphlet erließ unter dem Titel שלהבת ה' (Amsterdam, Monat Siwan 1714). Noch andere kleine Schriften schleuderte er in die Welt פתקא מן שמיא gegen Ch. Zewi, Chagis und Brieli (4 kleine Blättchen), כתובת קעקע gegen Ergas (2 Bl.) und אגרת שבוקין, den Abdruck eines feindlichen Briefes der Livornenser gegen Chagis (4 Bl.). Es nützte ihm alles nichts. Alle Welt nahm jetzt gegen ihn und das Rabbinat von Amsterdam Partei. Die geharnischte Schrift Chagis' שבר פושעים (gedruckt Elul 1714 in London, vgl. Zedners Katalog, S. 173, 805) stempelte nicht bloß Chajon zum Erzketzer, sondern auch Ayllon, dessen Jugendsünden sie schonungslos aufdeckte (o. S. 496). Nebenher sei noch bemerkt, daß der geachtete portugiesische Rabbiner David Nieto von London eine vernichtende Kritik gegen Chajon schrieb, hebräisch und spanisch, welche der Vorstand von London drucken ließ unter dem Titel אש דת oder ויכוח דן ונפתלי (in Dialogform). Die Tochtergemeinde nahm also gegen die Muttergemeinde Partei.

19. Chajons Rückreise nach dem Orient. Es blieb ihm bei der allgemeinen Verketzerung nichts anderes übrig, als nach Konstantinopel zu reisen, um sich dort zu rechtfertigen und den Bann lösen zu lassen. Seine Amsterdamer Gönner hatten ihm Empfehlungsbriefe an Juden und Nichtjuden mitgegeben, um diesen Zweck zu fördern. Das erfahren wir aus einem Briefe Joseph Ergas' (d. d. Livorno, 13. Ab 1714): שמעתי שהנחש נכנס בספינה ההולכת לעיר קושטאנדינא להתוכח עם הב"ד צ"ל אשר כתבו והדפיסו נגדו . . . והיה מוליך עמו אגרות לאנשים בני ברית ולשאינם בני ברית כדי שבידם תקיפא יעזרוהו ויתמכוהו. ולכן כתבתי לאהובי ר' בנימין הלוי בכ"ר אזמיר שיכתוב לרבני קוש' שהנחש הולך לשם לחשוב מחשבות פן יגיים בלבולים. Von Amsterdam aus ging er wohl zu Wasser; zu Lande wurde er von keiner jüdischen Gemeinde aufgenommen, wie das Konstantinopeler Rabbinat später schrieb (לחישת שרף, p. 7a): ובהגלות נגלות טלטולא דגברא בכל מדינא ומדינא ואין מאסף אותו (חיון) הביתה ואפילו לתת לו חנייה בקרקע. Am 13. Ab (Ende Juli) scheint er in Livorno gelandet und die Absicht gehabt zu haben, hier und da zu verweilen. Der Vorstand erlangte aber vom Herzog ein Edikt, welches ihm die Passage verbot: וביום ד' יג' מנחם דנו ספריו לשריפה והוציאו עליו פתקא מאדוני הארץ לאסור המעבר על התועב (חיון) בכל אותו דוכסות. Von Juli 1714 bis November 1715 erfährt man nichts von ihm; er war wahrscheinlich in Konstantinopel, konnte aber die Lösung des Bannes nicht ohne weiteres durchsetzen. In seinem letzten Werke הקולות יחדלון (welches sowie Chagis' Glossen dazu [לחישת שרף] die einzigen Quellen für diese Zeit bilden) teilt Chajon ein Schreiben vom Rabbiner Abraham (Israel) Seebi aus Hebron mit (d. d. פ' חיי שרה = 21.—26. Marcheschwan תע"ו = 1715), woraus hervorgeht, daß Chajon demselben seine verketzerte Schrift nebst הצד צבי zugeschickt und derselbe den Inhalt gebilligt hatte. Chagis bezweifelte die Echtheit dieses Schreibens mit Wahrscheinlichkeitsgründen, worunter als der gewichtigste angegeben wird, daß der fromme Seebi nicht so etwas geschrieben haben könne. Allein Seebi war ein Schwiegersohn Abraham Cuenquis (Chagis das., p. 5a und b), und dieser war auch im Alter ein fanatischer Sabbatianer (s. o. S. 431). Kann es nicht auch Seebi gewesen sein? Es scheint ohnehin, daß auch

Cuenqui sich dabei beteiligt hat (Chagis das.). Chajon erzählt weiter, daß er sich mit dem Schreiben des Hebroner Rabbiners nach Salonichi begeben und von dem dortigen Rabbinat ein günstiges Schreiben, auf Grund des von Hebron mitgebrachten, erhalten habe (d. d. פ׳ משפטים um 24. Schebat תע״ז = Anfang Februar 1717). Unterschrieben ist es von יוסף כובוס (soll heißen יוסף קובו, Verf. der Respp. גבעות עולם) und von Salomo Amarillo (Verf. der Respp. כרם שלמה). Das Schreiben ist gerichtet an Chajim Kimchi in Konstantinopel, Rabbiner daselbst, mit der Bitte, sich beim Rabbinate für Chajon zu verwenden. damit der Bann von ihm genommen werde. Chagis bezweifelte die Echtheit auch dieses Schreibens und erzählte vom Hörensagen, Chajon habe sich den apostasierten Donmäh in Salonichi anschließen wollen, sei aber von ihnen abgewiesen worden und habe sich erst dann den Rabbinen zugewendet (l. c. p. 5b): ידענו מזה (מסאלוניקי) מפי מגידי אמת שהלך להתחבר לאותן כתות רעות מברכיא ופילוסוף שיצאו מכלל ישראל והם לא רצו לקבלו . . . ואחר כך נתקרב אצל ישראל. Im Jahre 1718 war er wohl zum zweiten Male in Konstantinopel. Hier fand er Gunst bei einem Wesir, welcher die Gemeinde zwang, ihm Subsistenzmittel zu geben, und das Rabbinat, den Bann zu lösen. Wichtig dafür ist das Zeugnis eines Serach ben Mardochaï, der, wie Jakob Emden versichert, ein glaubwürdiger Mann war und folgende Erklärung vor dem Rabbinate der Dreistädte (Hamburg, Altona und Wandsbeck) abgegeben hat: נחמיה חיון היה מוחזק בחרם כל ימיו בק״ק (קוסט׳) שאחר זה היה מביא חיון משר הגדול ווציר שיתירו אותו מן החרם ויתנו לו כתב וכן ראיתי אותו כתב אצלו. גם העיד . . . שר נפתלי כ״ץ נתאכסן אצלי בביתי והיה רוצה חיון הנ״ל לבא לביתי ולא רצה הג׳ מה׳ נפתלי הנ״ל לדבר עמו . . . רק אמרתי שהוציאו אותו מן החרם בקוס׳ על צואת השר (bei Chagis das. p. 8a). Auch Chagis erzählt als gewiß folgendes (das. 6a): גם ידענו שהתועב חיון היה מתאכסן בבית אברהם סאמאנין ומחברה של הגביר רפאל מאגולה משרת בבית משנה המלך יר״ה היו נותנין לו שני אריות ע״פי המלצת המשנה כי הק״ק לא רצו לראות פניו. Aus seinem Zusammentreffen mit Naphtali Kohen in Konstantinopel läßt sich das Datum seiner Anwesenheit und der Dauer seines Aufenthaltes daselbst bestimmen. — Naphtali hatte noch 1715 ein Pamphlet gegen Chajon und Ayllon drucken lassen, worüber Unger berichtet (bei Schudt und Wolf III, 828 ohne Titelangabe); es scheint חרב פיפיות gelautet zu haben (so nennt Chajon Naphtalis Schrift in הקולות יחדלון). Unger (bei Schudt das.) und Wolf (das. 846) geben Naphtalis letzte Biographica vor seinem Ende (s. auch Landshut, Ammude ha-Aboda, p. 283). Im Sommer 1718 bis Ende dieses Jahres war Chajon in Konstantinopel und machte Versuche, sich mit Naphtali auszusöhnen; Chajim Alfandari, einer der Rabbinen, welche ihn in den Bann getan hatten, war auch für die Aussöhnung (Chagis das.): הן אמת מן המעמים הכמוסים לנו ידענו גם ידענו שהרב . . . חיים אלפנדרי המליץ ג״כ בעבורו בפני . . . ר׳ נפתלי כ״ץ ולא עלתה בידו. Chajon behauptet, Naphtali hätte sich vor Neujahr (1718) mit ihm ausgesöhnt (הקולות יחדלון, Ende). Obwohl Chajon bereits 1718 in Konstantinopel weilte, so erlangte er doch erst vom dortigen Rabbinate die Loslösung vom Banne am 27. Tammus 1724 (das.). Nur drei von den dreizehn Rabbinen, welche ihn in den Bann gelegt hatten, sind unter der Urkunde der Lossprechung unterschrieben, darunter Jehuda Rosanes (Verf. des משנה למלך). Die Hauptbedingung dabei war, daß sich Chajon nimmermehr mit der Kabbala beschäftigen, sie niemanden lehren und noch weniger darüber predigen sollte.

20. Zweite Industriereise Chajons durch Europa. Er scheint bereits 1723 diese Reise angetreten zu haben; denn im Rundschreiben des Rabbiners Ezekiel Katzenellenbogen, d. d. 15. Elul 1725, bemerkt er, daß derselbe bereits zwei Jahre seine Agitationen wiederhole: ויתח זה שנתיים הרע בקרב הארץ הלזו הנה הנחש (חיון) . . . ושב ובא למדינת מערהרין. Die Reise scheint er über Wien gemacht zu haben, fand dort keine Unterstützung bei den Juden, gab sich als Türke aus, denunzierte die Juden bei Hofe als Verblendete und wurde geräuschlos ausgewiesen (Chagis das. Einl., p. 3a): הלך ובא לו (חיון) לעיר המלוכה ווין ושם לא ראו פניו פני העדה קציני ארץ וישב בחצר מזומן לאנשי תוגרמה באומרו שהי' תוגר והגאונים אשר שם וקציני ארץ השתדלו עם אותם שהיו מתלוים הלך לחצר הקיסר ואמר שהיהודים עוזרים עמו להרחיקו מעליהם. Dann trat er in Mähren auf und regte den Schwindel des Löbele Proßnitz wieder an (s. o. S. 478), welchen David Oppenheim unterdrückte, der verdächtige Reisende untersuchen ließ, ob sie sabbatäische Schriften bei sich führten (Chagis das. Einl., Rundschreiben, Emden. Torat ha-Kenaot, p. 42b. Ob es authentisch ist, daß Chajon in Mähren eine Buhlerin mit sich geführt hat? Chajon muß damals zwischen 70 und 80 Jahren alt gewesen sein. Von Mähren begab er sich wieder nach Amsterdam. (Emden das., p. 35b, vergl. Chagis das. 2b: כי נשא שם זונה מופקרת ידועה באונגרין ובא עמה עד אמסטרדם.) Im letzten Orte war er zur Zeit des Druckes seines letzten Buches הקולות יחדלון (beendet פ' בא = Januar 1726). [Nach Wolf IV, 928 erschien das Buch jedoch 1725.] Der Zweck dieses Buches war, darzulegen, daß der Bann vom Rabbinat in Konstantinopel gelöst sei. Er fand aber keine Unterstützung in Amsterdam (das.). Ayllon lebte zwar noch, scheint aber zum Bewußtsein seines Unrechts gekommen zu sein (Emden עדות ביעקב, p. 23b): כי הוא (הרב של ספרדים ש' איילון) נתחרט על מעשיו נגד אבי והודה ברבים תוך דרשה שלו . . . בשוב חיון פעם שנית לאמשטרדם . . . לא בקשו לראות פניו. Ehe Chajon nach Amsterdam kam, war er in Glogau, Berlin und Hannover (Chagis' Einl. das.). Überall wurde er ausgewiesen. In letzterer Stadt gab er sich nicht zu erkennen, wurde dennoch erkannt und seine Schriften durchsucht (das.). Am 18. Schewat = 20. Januar 1726, 14 Tage nach dem Erscheinen des Chajonschen Buches, ließ Ezekiel Katzenellenbogen durch den Zeugen Serach konstatieren, daß dessen Angaben unwahr seien, und daß die Lösung des Bannes gegen ihn in Konstantinopel nur erzwungen worden sei (s. o. S. 508). Derselbe hatte ihn bereits Elul 1725 in den Bann gegen Löbele Proßnitz eingeschlossen (das. Ende). Ende Adar I. = Ende Februar 1726 ließ das Rabbinat von Frankfurt, welches bereits 3. Tammus des vorhergehenden Jahres einen Emissär der polnischen Sabbatianer, Mose Meïr, verfolgen ließ, den alten Bann gegen Chajon bekräftigen (das. Anfang). Mose Chagis, der inzwischen in Altona lebte, war froh, dem alten Feinde einen Stoß versetzen zu können, druckte gegen ihn anfangs Adar II. (März) die oft zitierte Schrift לחישת שרף in Hanau. Chajon hatte wahrscheinlich wegen der Verfolgung im Alter mit Not zu kämpfen. Einen Gesinnungsgenossen bat er, ihm für seine Frau ein Bett und Kissen zu leihen: ששאלתי ממנו כר או כסת לאשתי בהלואה ולא הטה אזן (das. p. 3b). In Berlin drohte er, sich taufen zu lassen, falls ihm nicht ein Viatikum gereicht würde (das. Anfang): הלך לברלין

וכתב כתב א׳ לבעל הבית ... שאם יתגרו בו ישטפהו מים רבים ומפני זה שלחו ונתנו לו שני מר״ק. In Prag ließ man ihn nicht in die Stadt. **Eibeschützens** Frau und Schwiegermutter brachten ihm Speise außerhalb der Stadt (Emden התאבקות, p. 109b): היא (אשתו של ר׳ יונתן איבשיצר) ואמה היו מביאים לחיון מזונותיו מחוץ למחנה מושבו והספיק לו איבשיצר צרכיו כל ימי עמידתו שמה ע״י אשתו וחמותו; vgl. Chagis' Einleitung zu לחישת שרף gegen Ende, worin der Inhalt eines Briefes von Eibeschütz an Chajon mitgeteilt wird: ... כתב אחד מר׳ יונתן מפראג ... לנחש (חיון) ... ובדרך עצה כתב לו מה לך לעת זקנותך לחזור בעיירות הכבד ושב בביתך. So konnte sich Chajon zuletzt nicht mehr in Europa behaupten und wanderte nach Afrika, wo er starb, wie Wolf kurz vor 1733 erfuhr (Biblioth. IV, p. 929): Ex Judaeo quodam nuper accepi **Nechemjam** (Chajon) hunc omnino **Sab. Zewi** causam egisse, multosque hodie in Barbaria inprimis, ubi **Nechemja** versatus denique et fatis functus sit, dari, qui ejusdem placido probent. Jakob Emden spricht von dieser Wanderung Chajons nicht, läßt ihn vielmehr in Asien sterben. Chajons Sohn wollte seinen Vater rächen und denunzierte in Rom Juden und jüdische Schriften (Wolf das.): Fuisse etiam non ita pridem (d. h. gegen 1733) Romae **Nechemiae filium**, qui patris sui vestigiis insistens magnas ibi inter Judaeos turbas concitarit. Die Nachricht von Mose Chagis kann als Ergänzung dienen (משנת חכמים Nr. 520, 521, p. 103): ומצפייתינו שאחר שנסגר הנחש (חיון) תשקוט לארץ הנה היום ד׳ ט״ו כסלו משנה זו תצ״ג לפק קבלתי כתב על הבי דוור שבה מודיעים לי מרוב התלאות אשר נמצאו בו אחינו שבגולה ... ורבים לוחמים ... ובראשם שורש פורה ראש הנח״ש נין לו ויוצא מחלציו שיצא לחוץ וחשב לנקום נקם ולרדוף רודפי מולידו ... נתחבר לטמא כיוצא בו והוציאו לעז לא לבד על כל האגדות ומדרשי רז״ל ומפרשי תנ״ך אלא ג״כ על חבורי הפוסקים ... עד שהבאישו את ריחנו בעיני העמים ... והעלו חרון. Der Brief an Chagis (wahrscheinlich aus Rom), angekommen 15. Kislew = 3. Dezember 1732, hat gewiß frische Nachrichten über Vorgänge in Rom angebracht; יצא לחוץ bedeutet wohl, daß sich Chajons Sohn taufen ließ.

7.

Jonathan Eibeschütz und sein Verhältnis zum Sabbatianismus.

Die Frage, ob Eibeschütz ein Krypto-Sabbatianer war oder nicht, welche im 18. Jahrhundert und auch noch im Anfang des vorigen jüdische Kreise so lebhaft und leidenschaftlich aufgeregt und auch einige christliche Kreise beschäftigt hat, ist heute noch nicht kritisch untersucht und noch weniger spruchreif. **Josts** Urteil über Eibeschütz (sowohl in der älteren Geschichte B. IX, S. 52, als in der jüngeren Überarbeitung III, S. 256) ist, gelinde ausgedrückt, höchst vage gehalten. **Spaziers** Urteil wie Biographie (Galerie ausgezeichneter Israeliten, Stuttgart 1834, S. 26 f.) ist nur von der Oberfläche geschöpft. Er stützte sich teils auf Jost, teils auf **Karl Anton** (dessen Angabe sehr unzuverlässig ist, wovon weiter) und teils auf die Aussage eines posthumen Bewunderers von Eibeschütz aus Metz. **Lebrechts** Artikel in Ersch und Gruber, Enzyklopädie (1843, II. sect., B. 22, S. 413) spricht ihn vollständig von der Anschuldigung des Krypto-Sabbatianismus frei und beschuldigt seine Gegner willkürlicher Deutelei, um ihn zu verunglimpfen, beides ohne Begründung. G. Klemperers biographische Skizze: R. Jonathan Eibeschütz (Prag 1858) ist in ihren Helden zu sehr verliebt, als daß sie zu einem unparteiischen Urteil hätte gelangen können. Sie ist eine glorifizierende Apologie. Dr. Beer, der sich viel mit Eibeschütz beschäftigt hat, sprach ihn „im Alter" von dem Verdachte frei, „doch mag er in seiner Jugendzeit . . . sich hin und wieder (über den Sabbatianismus) günstig geäußert haben, da ein gewisser Hang zur Eitelkeit ihm nicht abzusprechen ist." (Frankels Monatsschrift 1858, S. 392). Keiner der genannten Historiker oder Biographen ist auf das Objekt, auf das Korpusdelikti, auf die verdächtigten Amulette, eingegangen. Verzeihlich ist diese Vernachlässigung, da das Thema zu abstrus und abgeschmackt ist; aber sie kann kein sicheres Urteil, sondern nur ein vages Gerede ergeben. Mich hat eine gewissenhaft angestellte Untersuchung zum Resultate geführt, daß Jonathan Eibeschütz, allerdings heimlich, in seiner Jugend und im Alter dem sabbatianischen Schwindel oder der Theorie von dem Dualismus in der Gottheit gehuldigt hat, und eben dadurch war sein ganzes Leben eine Kette von Zwiespältigkeit und Heuchelei. Ich muß einige meiner Freunde, die noch heute eine schwärmerische Verehrung für ihn, für den Verfasser von Urim we-Tumim und Kreti u-Pleti, haben, um Verzeihung bitten, daß ich ihrem Herzen wehe tun und über ihren Heros den Stab brechen muß. Die Pflicht des Historikers, Personen und Vorgänge in ihrem eigenen Lichte zu zeigen, zwingt mich dazu. — Um die Leser in den Stand zu setzen, sich selbst ein Urteil zu bilden, muß ich ihnen das Thema faßlich machen und ein historisches Zeugenverhör anstellen.[1])

Zunächst vom streitigen Objekt selbst. Die Frage liegt eigentlich sehr einfach. Sind die damals von den meisten deutschen, einigen polnischen und italienischen Rabbinen verketzerten קמיעות (Amulettenzettel) sabbatianisch oder nicht? Hat sie Eibeschütz geschrieben und verteilt oder nicht? Fällt die Antwort verneinend aus, so war er ein unschuldig Verfolgter. Fällt die erste bejahend und die zweite verneinend aus, so ist er ab instantia freizusprechen. Müssen aber beide Fragen bejaht werden, so war Eibeschütz nicht bloß in seiner Jugend, sondern auch noch im Greisenalter ein heimlicher Sabbatianer, und daraus lassen sich Konsequenzen für seine Theorie und seinen Charakter ziehen. Abweisen läßt sich diese Untersuchung nicht. Das Verständnis für die tief leidenschaftliche Aufregung jener Zeit und für die große Zahl der damals erschienenen Streitschriften erfordern von dem Historiker ein bestimmtes Urteil. — Es sind damals, 1750 und 1751, etwa 26 קמיעות, welche Eibeschütz angeblich zur Heilung von Krankheiten und zur Erleichterung von Entbindungen in Metz, Frankfurt a. M. und Hamburg geschrieben und verteilt haben soll, geöffnet, untersucht und verdächtig befunden worden. Sie sind meistens in der polemischen Briefsammlung שפת אמת (s. l. 1752, ed. Lemberg 1877, nicht von Jakob Emden) zusammengestellt und kopiert. Von diesen 26 wollen wir jedoch nur sechs herausheben, eine, die er für eine Wöchnerin in Hamburg, und fünf, die er in Metz geschrieben haben soll.

[[1]) Eine neue „Ehrenrettung des R. Jonathan Eibeschütz" hat 1870 Dr. J. Cohn in den „Blättern aus der Michael Davidschen Stiftung in Hannover" (S. 1—62) versucht. Die vereinzelten sachlichen Berichtigungen, die er beibringt, sind gelegentlich berücksichtigt.]

Diese fünf, auf ein Blättchen gedruckt, zur Begründung der Anklage gegen ihn überall hin verteilt und auch der holsteinschen Regierung sowie dem König Friedrich V. von Dänemark, als Herzog von Holstein, vorgelegt, waren von den Gemeindebeglaubigten in Metz und von einem Procureur du roi als echt legalisiert worden, d. h. die Besitzer dieser fünf Amulette haben an Eidesstatt ausgesagt, daß sie dieselben von ihrem ehemaligen Metzer Rabbiner Jonathan Eibeschütz empfangen hatten, und die Kopisten haben die fides copiae bezeugt: אלו ה' קמיעות ... מועתק אות באות ושורה בשורה ... שהיו ביד חמשה יחידים מבני קהילתינו (מיץ) ובאו לידם ממש מן אב"ד שהוא כעת בק"ק האמבורג (ר' יונתן אייבשיץ) ... באנו אנחנו נאמני הקהילה על החותם היום יום ד' כ' לחודש אדר תקי"א. Es ändert an der Sache gar nichts, daß einer der Beglaubigten sich später Eibeschütz gegenüber entschuldigt hat, er sei zum Kopieren und Unterzeichnen gezwungen worden. Eibeschütz gestand selbst zu, daß diese fünf von dem Procureur als echt legalisiert worden sind (לוחות עדות Einl. p. 6: שקיימו שנית דברי קמיעות [דמיץ] אצל ערכאי נקרא פראקרעהר דע ראהי). Wählen wir von diesen fünf zwei aus, weil sie Eibeschütz selbst als echt anerkannt hat, von den übrigen dagegen behauptete er, er könnte deren Richtigkeit nicht zugeben, da sie ihm nicht originaliter, sondern nur gedruckt vorgelegt worden seien; sie könnten möglicherweise gefälscht sein.

Eine dieser beiden, genannt die des Mose ben Miriam, deren Echtheit Eibeschütz im ganzen zugestanden hat (Nr. 2), hat die beglaubigte Unterschrift: קמיע זו נתן (ר' יונתן) למשה בן אורי פייבש ושם אמו מרים.

Sie lautet: בשם יהפה אבהם יבראך הבזבט בתפאגת עוזו יחיד ומיוחד ביחפד עביונ ובשרב הנעלם אכהס מבמחק זבבתי הבמי אשר בחברתו נרפת לנק וברות פמק ימית רבע אני גוזג על כך רוחיט מזידיט נגעם ופגעם בני אדי שלת יזיקק בשום נזד צער פחק בהלה וכובד לבב שבצולם לנושת קמיע זק מבצ בן מרמם (zuletzt ein vielfach versetzter Bibelvers).

Dann folgt ein Hexagramm (sogenannter מגן דוד) mit folgenden Schriften:

oben קרע שטן, links תפארא, rechts עוזק

in der Mitte מבד חותם

זשב אם ל

הן סבם

unten links אכהי rechts יבראך, und ganz unten links נגדיכש.

Ganz von selbst kommt man darauf, daß geflissentlich eine Buchstabenpermutation stattgefunden hat und daß der Schlüssel von את בש das scheinbare Rätsel lösen kann. Nehmen wir zuerst die unschuldigen Wörter תפאגת oder תפארא עוזו, so ist in תפארת im ersten Falle ג für ר, im zweiten א für ת gesetzt. Der Name dessen, welcher die קמיע tragen sollte: מבצ בן מרמם = משה בן מרים. Endlich der jesaianische, angeblich messianische Vers: אשר בחברתו נרפת לנק ist von selbst durch Permutation verständlich. מבד in eine damals häufig gebrauchte Abbreviatur משיח בן דוד. Zwei Dinge sind also gewiß, daß der Messias darin eine Rolle spielt und daß hin und wieder eine Buchstabenversetzung angewendet wurde. Lesen wir also: בשם יהוה אלהי ישראל הבוחר בתפארת עוזו יחיד ומיוחד ביחוד עליון ובשרש הנעלם אלהי משיחו. Wer ist der Messias? זבבתי הבמי. Das erste Wort (ז)בבתי, wenn man das ז wegdenkt: בבתי = שבתי und הבם = צבי plus ר, also שבתי צבי plus ז und ר. Ebenso in der Mitte: מבד זשבאם ל, bedeutet שבאם = שבתי plus ז und ל, was auch ז״ל = זכרונו לברכה bedeuten kann. ה(ן;ם)בם ist צבי plus ן;ם, die zum Irreführen bei etwaiger Entdeckung bestimmt zu sein schienen. Nehmen wir das Ganze wieder auf: אלהי משיחו (ז)שבתי צבי (י) אשר בחברתו נרפא לנו וברוח פיו ימית רשע אני גוזר על כל רוחין מזיקין נגעי ופגעי בני אדם שלא יזיקו . . . לנושא קמיע זו משה בן מרים.

Wie rechtfertigt sich Eibeschütz dagegen? Sachkundigen gegenüber hat er die Anwendbarkeit des Schlüssels von At Basch gar nicht bestritten; nur die Behörden ließ er durch Karl Anton mit der Behauptung irreführen, mittels dieses Verfahrens könne man aus allem alles machen. Was sagte er aber seinen mährischen, böhmischen und polnischen Anhängern, welche an dergleichen Buchstabenversetzung in der kabbalistischen Deutung gewöhnt waren? Er erkannte die Echtheit an, bediente sich aber einer faulen Verteidigung. Hören wir sie (לוחות עדות Einl., Bl. 3a): הקצין ר' משה בן ה״ק ר״פ שפייאר שלח לי העתק מקמיע שלו וכתב לי והתורני ר' יוזל מערכנג שהוא העתק אמת מקמיע שנמסר לו מאתי . . . ובקראי העתק הרגשתי תיכף כי לבלתי ידי אומנת בכתב אשורית ובפרט אז בשכתבתי לר' משה הקמיע ההוא היה בצאתי ממיץ וידוע לכל כי היה לי כאב עינים ממש . . . לא הבינו לנכון האותיות וטעו באותיות הדומות ב' לכ' ד' לר' . . . וכדומה והם שלחו לי הנוסח וכתוב שם אחד זבבתי ואני הכרתי תיכף כי מטעי וצריך להיות זכבתי שהוא שם קדוש כאשר בררתי שרשו וענינו . . . מן פסוק קשת גברים חתים ונכשלים אזרו חיל . . . אות שני.

Also, weil er, der Rabbiner, die Quadratschrift überhaupt nicht gut zu schreiben verstand und weil er beim Ausstellen dieses Amuletts an den Augen gelitten, hat er זבבתי statt זכבתי geschrieben![1]) Und diese Buchstaben kämen je in dem zweiten Worte eines Psalmenverses vor (mit Ausnahme des ersten Wortes!). Aber war es nicht leichtsinnig von ihm, Kamiot überhaupt zu schreiben, wenn er sich in den Buchstaben zu irren pflegte, und diese Buchstaben als angebliche Gottesnamen magische Wirkung haben sollen. Wie schlecht muß es mit seiner Sache gestanden haben, daß er zu einer solchen kindischen Verteidigung Zuflucht nehmen mußte! Ein anderes Mal sagte er, er habe זבבתי schreiben wollen; das sei wieder ein anderer Gottesname! Lauter Ausflüchte.

Indessen würde ihn ein Richter auf dieses einzige Indizium und diese erbärmliche Verteidigung hin, wenn es darauf ankäme, vielleicht noch nicht verurteilen. Ziehen wir daher ein anderes Metzer Amulett hinzu (Nr. 3), das er ebenfalls als echt anerkannt hat (לוחות עדות, p. 63a): והא לכם נוסח קמיע קטן כמות ורב האיכות שכתבתי . . . לאשה אשר ישבה על משבר. Außer der Dismembrierung des Verses בן נתן לנו ילד יולד לנו, geschrieben יודל für ילד, לונ für לנו, kommt in der Mitte des Hexagramms vor: חותם מכד בבתמים לנו; nun ist בבתם = שבתי plus ים; dieses מ״מ = מלך משיח. Wie verteidigt er sich dagegen? Man sehe es an (das. p. 63—71), lauter Gottesnamen aus Versen, abgeleitet nach der willkürlichsten Methode! Diese

[1]) Die Darstellung ist insofern nicht ganz präzis, als Eibeschütz durch den Hinweis auf seine eigene Ungeübtheit und derzeitige Augenschwäche nur erklären will, wie der Irrtum der Abschreiber des Amuletts entstanden ist. Vgl. Cohn a. a. O. S. 32 f. Sachlich ist freilich für seine Verteidigung dabei nicht viel gewonnen, wenn man den Sinn und Zusammenhang des ganzen Amuletts im Auge behält.]

Verteidigung ist womöglich noch kindischer ausgefallen als die bei der erstgenannten. — Die dritte Kamia, welche er in Hamburg geschrieben und als echt anerkannt hat, lautet (ש"א f. 14b): אנא יצוה אבהם ישראך הבוכב בתפארא עוזו נא בזכוא עבדו בבאא הביק שלח רפואה לאבה זאת למעט יתקרב ממך ושמ מביחך בבאא יהבק בעולם . . .

Den ersten Teil können wir leicht lesen. Die wichtigen Worte sind: בזכוא עברו בבאא הביק = d. h. שבתי צבי ק׳; ק = קדוש. Wie erklärte Eibeschütz diese Buchstaben? בבאא sei ein Anagramm für בראשית ברא אלהים את. Wie lächerlich! Entgegnet man ihm, daß dann Sinn und Zusammenhang dieser Kamia zerhackt wären, so replizierte er, eine Kamia solle eben keinen Sinn haben (das. Einleitung Nr. 6): ומאין הרגלים לומר על כותב קמיעה שיתן עליו פירוש והמשך ושורש הדברים? Ein Mann von Kopf wie Eibeschütz hat sich mit einer solchen Verteidigung selbst gerichtet. Zum Überfluß führen wir noch die inkriminierten Stellen in den noch übrigen drei Metzer Amuletten an, deren Echtheit er selbst anerkannt hat: Nr. 1 אלהי משיחו נאמנו (ק) בבתי (קא) חבי (ק) = שבתי צבי; Nr. 4: אלהי משיחו (ה) בבתם (ל) הבמי (ל): wiederum שבתי צבי; Nr. 5: אלהי משיחו = הקדש (ק) בבתי (ל) חבי (ן) (שבתי צבי): also immer שבתי צבי הקדש. Mehr oder minder entstellt und verhüllt kommt dieser Name in sämtlichen Amuletten vor, welche deren Besitzer als Eibeschütz' Werk ausgegeben haben.

Ich will kein Gewicht darauf legen, daß die meisten deutschen Rabbinen damals die Amulette so lasen, auslegten und ihn verdammten, nicht bloß seine offenen Gegner Jakob Emden, Josua Falk von Frankfurt a. M., Arje Loeb von Amsterdam [über seine Tätigkeit in dieser Angelegenheit vgl. noch Landshuth תולדות אנשי שם, S. 71—78], Samuel Heilmann von Metz, sein ehemaliger Assessor Nehemia Reischer von Lothringen, Selig Karo von Hannover, die Rabbinen von Schwabach, Trier, Hanau, Hildesheim, Fürth. Wie haben sie Unparteiische aufgefaßt? Unter seinen Anhängern oder denen, die ihm das Wort geredet haben, war der bedeutendste Ezechiel Landau, bekannt als Verfasser des ס׳ נודע ביהודה, damals noch ein junger Rabbiner in Jampol (Podolien), später nach Prag berufen. Eibeschütz hat Landaus versöhnliches Sendschreiben an die Rabbinate von Frankfurt, den Drei-Gemeinden und von Nikolsburg, um Frieden herbeizuführen, in der Zeugnissammlung (zum Teil) abgedruckt (לוחות עדות, p. 42 f., ausführlicher in פתח עינים mit Glossen von Jakob Emdens Jünger, p. 1—8). Landaus Urteil lautet über die Kamiot: הנה גוף הקמיעות אשר נשתלחו למדינתנו מק"ק האמבורג ומריץ על פי פשוטן הנראה לעינים אי לאו חזקת כשרות של הגאון . . . הייתי גוזר ואומר כי הכותבן נלכד ברשת צבי מודח צבי שבור . . . ונפשו יקלענה בתוך כף הקלע. Er urteilte, wie es damals viele taten (und noch heute einige tun): die Amulette bekunden einen sabbatianischen Verfasser, der in die tiefste Hölle verdammt zu werden verdiente. Aber eben darum könne Eibeschütz, er, der Gaon, der berühmte Lamdan, der Heros talmudischer Gelehrsamkeit, sie nicht geschrieben haben! Nun hat aber Eibeschütz diese sechs als echt anerkannt und sie nur gedeutelt; folglich war er der verdammenswerte Ketzer und Sabbatianer. — Landau verkannte nicht einen Augenblick die Tragweite dieser sabbatianischen Theorie. Er wußte wohl, daß sie in seiner Gegend von mehreren Rabbinen vertreten wurde, die sich wenige Jahre später als Frankisten, Kontratalmudisten und Denunzianten gegen das Judentum bei den geistlichen Behörden entpuppten und zuletzt sich taufen ließen. Er sagte gerade heraus, daß diese sich an Eibeschütz heften würden: ונתן (הגאון מהור"ר יהונתן) בזה יד לפושעים מאמיני ש"ץ . . . כי יאמרו רב לנו מצאנו תנא דמסייע . . . כאשר כאז פשתה המספחת בזאת המדינה בהרבה מחוזות פאקוטיע ופודוליע פרקו עול התורה וכל המצות, עשה נתהפכו ללא תעשה וכל הלאוים וחייבי כריתות למצות עשה יחשבו, וכל העריות דומים להם למישור . . . להתיר להם עריות בפרהסיא. Darum hielt er es für unumgänglich, daß Eibeschütz die betreffenden Amulette öffentlich verdamme; aber das konnte Eibeschütz nicht: er hatte sie bereits als die seinigen anerkannt, mußte sie anerkennen. Josua Falk teilte noch dazu mit, im Vertrauen habe Landau an ihn und andere Rabbinen geschrieben, er sei von Eibeschützens sabbatianischer Ketzerei überzeugt, bitte aber, zur Vermeidung öffentlichen Ärgernisses, ihn zu schonen und nicht zu verdammen (פתח עינים, p. 13b): מה שכתב זה הרב מימפלי (יחזקאל לנדוא) בראשונה לכל אחד ואחד מהרבנים . . : שאף שידוע לו בבירור שכל ענינים המכוערים והתועבות (של ר' יונתן) ידועים לו גם כן רק שבקש מאתנו לחוס על כבוד תורתו ומפני חלול השם לכסות קצת על פשעיו; (das. p. 14a): מצאתי אגרת הראשונה מהרב יאמפלי שהפליג בגנותו של אותו הרש"ע, nämlich Eibeschütz. Das ist also die Stimme eines Mannes, den sich Eibeschütz zum Schilde gegen seine Ankläger genommen hat. In einer Supplik an die Kaiserin Maria Theresia gegen die erbetene Begnadigung bemerkte Landau: „Ungeacht allen dessen ist derselbe (Eibeschütz) um so mehr in seinem üblen Lebenslauf verhärtet geblieben, da er die falsche Lehre der . . . falschen Messiae Schabshetzvi und seines Nachfolger Brachiae erneuret und ausgebreittet . . . Ursach wessen dann der . . . Jonas Nathan Eybeschitz von denen Oberrabbinen . . . in den großen Bann erklärt worden ist" (Monatsschrift 1877, p. 21).

Hören wir eine andere unparteiische, eine christliche Stimme. In den „Freimütigen Nachrichten von neuen Büchern (Zürich, Jahrg. 1752, S. 398) ist ein Resümee des Verlaufes dieses Streites gegeben, das dem Leser um so lieber sein wird, als bisher Eibeschützens Biographen kein Wort von Urteilen aus christlichen Federn auch nur angedeutet haben:

„Der Streit, welcher die hiesige Judenschaft in Absicht auf den sogenannten Metzer-Rabbinen Eibeschütz trennet, hat bisher so viel Aufsehens gemacht, daß wir glauben können, unsere Leser werden begierig sein, etwas Genaueres davon zu erfahren. Und wir können ihnen von der Hauptsache dieses Streites desto eher einiges Zuverlässiges melden, da von beiden Teilen an einen Mitarbeiter dieser Zeitung Nachrichten gelangt sind. Die Partei, welche mit der Wahl dieses Metzer-Rabbinen übel zufrieden ist, beschuldigt ihn, daß er an den Sabbataï Zewie glaube oder (wie sie es nennen) Schabsawite sei. Sie beruft sich unter anderm zum Beweis dieses Vorgebens auf einige von ihm ausgestellte Kemioth (Zauberzettel, Amulette), dergleichen wir auch einige vor der Hand haben. Sie halten für offenbar, daß in diesen Kemioth öfters das Kunststück der Juden gebraucht sei, das sie Atbasch nennen, da man für den ersten Buchstaben des Alphabets den letzten, für den zweiten den einundzwanzigsten, für den dritten den zwanzigsten usf. setzt, und zwar scheine solches nicht nur in ganzen Worten, sondern auch bei einzelnen Buchstaben geschehen zu sein. So werde zum Exempel für יהוה bald ,רצרה bald aber יחפה geschrieben. Nach eben diesem Kunststück deutet sein Gegenteil einige Worte, die in dem Hebräischen gar keine Deutung haben würden, wenn sie ordentlich gelesen werden sollten, und findet dadurch seiner Meinung nach in jedem Zettel den versteckten Namen Sabbataï Zewi, und zwar dergestalt an einem bequemen Orte, daß man sich wundern müßte, wenn es ein bloßer Zufall und Verdrehung sein sollte. So übersetzen sie in dem ersten Zettel: ‚Sabbataï Zewi, der durch den Odem seines Mundes den Gottlosen töten wird,‘ und am Ende: ‚Damit geheiligt werde der Name des Gottes Israels und der Name Zewi Sabbataï.‘ Im zweiten und dritten Zettel kommt etwas Ähnliches mit dem schon Gemeldeten vor. Unter dem vierten erklären sie die in einer Art von Siegel stehende Unterschrift: ‚Ein Kind ist uns geboren, ein Sohn ist uns gegeben, Messias, Davids Sohn, Sabbataï Zewi.‘ Von gleicher Art sind die übrigen Übersetzungen, und wir wollen bloß den sechsten Zettel seiner Kürze wegen ganz übersetzen: ‚Ach, der Herr, der Gott Israels, der da wohnet in der Zierde seiner Macht; ach, wegen des Verdienstes seines Knechtes, des Sabbataï Zewi ק (d. i. heilig), schicke Heilung diesem Weibe, damit dein Name geheiligt werde und der Name seines Knechtes, des Sabbataï Zewi des Heiligen.‘ Der Metzer-Rabbiner, dem die Abschrift dieser Zettel von hier aus übersandt ist, beschwert sich hiergegen, daß in seine Zettel einige Buchstaben hineingerückt wären, die er uns doch nicht deutlich hat melden lassen. Er bezeugt auch, daß er die Auslegung ganz und gar nicht annehme, die seine Widersacher über seine Zettel machen. Allein, was er unter den bedeutungslosen Worten verstehe, will er nicht anzeigen, und es wird zur Ursache vorgebracht, daß er in der Kabbala und insonderheit in der Kunst, dergleichen Zettel zu schreiben und Geister zu beschwören, seinesgleichen in Deutschland nicht habe und sich vor dem Gerichte eines weniger gelehrten Juden nicht einlassen könne. Man muß auf der einen Seite bekennen, daß vielerlei auch aus unschuldigen Worten herausgebracht werden könne, wenn man einzelne Buchstaben nach dem jüdischen Atbasch versetzt, sonderlich, wenn man noch einzelne Buchstaben von dem übrigen Worte trennet und gleichfalls nach jüdischer Art als Anfangsbuchstaben ganzer Worte ansieht. Es würde daher der Metzer-Rabbiner für ganz unschuldig zu halten sein, sobald er eine andere Erklärung über die verdächtigen Worte gebe, die denselben genug täte. Allein es ist doch bedenklich, daß eben an allen Stellen, wo sich der Name des Messias hinschickte, der Sabbataï Zewi gefunden werden kann. Und das tiefe Stillschweigen und Verweigerung aller Antwort macht es noch bedenklicher. Wir müssen daher unser Urteil zurückhalten . . . Soviel können wir zuverlässiger sagen, daß unter den Verteidigern des Metzer-Rabbinen solche auch uns bekannte Juden sind, die gewiß keine Anhänger des Sabbataï Zewi sind, und denen man ihre jüdische Gelehrsamkeit nicht absprechen kann.“ Auch „Göttinger Gelehrten-Anzeigen“ 1752, Nr. 38, S. 394, und Acta historiae ecclesiae T. XVIII. (1753), S. 1026.

Ein ausführlicher Bericht über den Amulettenstreit findet sich auch in den „Mecklenburgischen Gelehrten-Nachrichten“, Jahrg. 1752, S. 410, 418, eigentlich eine Rezension der ersten polemischen Schrift שפת אמת in dieser Streitsache. Der Rezensent nennt sich am Ende Carpow[1]), der kein eigenes

[1]) Es war wahrscheinlich der Professor und Hebraist Carpzow. Jost erzählt in seiner Geschichte des Judentums (III, S. 254): Der König befahl, die Herschelschen (Emdenschen) Belege gegen Eibeschütz zu prüfen. Man wählte fünf gelehrte Sachkenner zur Begutachtung, nämlich die Professoren

Urteil in der Sache hatte. Aber das Urteil in den „Freimütigen Nachrichten" ist für einen Außenstehenden wichtig genug, wie es auch milde klingt: Eibeschütz wollte keine genügende Erklärung geben, folglich konnte er es nicht.

Karl Anton hat zwar Eibeschütz in Schutz genommen und in seiner Schrift einen förmlichen Panegyricus geliefert. Aber dieses Machwerk wirft erst recht einen Schatten auf ihn. Das, was Emden öfter in עדות ביעקב und התאבקות behauptete, daß Eibeschütz diese Lobhudelei auf sich seinem getauften Jünger Karl Anton übergeben habe, das fand ich auch in einem gedruckten Blatte in deutscher Sprache, d. d. Altona, 19. März 1759, mit einem Testat des kaiserlichen Notars von der Hude in Altona bestätigt. Der Hauptinhalt ist: „Wie . . . Herr v. Neuendahl (Obergerichtsadvokat) mir discursive erzählt, daß circa ein Vierteljahr vorher, ehe und bevor bemeldete Schrift des Karl Anton im Druck erschienen, er (Neuendahl) bei dem Ober-Rabbiner Eibeschütz, für welchen er derzeit verschiedene Arbeiten habe verrichten müssen, sowohl einen Aufsatz von denen er in dem . . . vom Oberrabbiner gegebenen Amulet, von dessen Gegenpartei unrichtig übersetzten Stellen, als auch eine völlige Explication vom gedachten Amulet habe aufsetzen müssen, welche mit derjenigen genau übereingekommen, die sich nachhero in der vorangeführten Schrift des Karl Anton befunden, dargetan, daß er (Neuendahl) auch zu derselben Zeit bei gedachtem Ober-Rabbiner dessen Lebenslauf auf sein Geheiß zu Papier bringen müssen, welcher gleichfalls mit Karl Antons Buch ganz übereinstimmig gewesen wäre." Diese Notiz ist auch abgedruckt als Beilage zu Emdens Biographie von Wagenaar p. IV. Hier haben wir den Schwindel aktenmäßig belegt. Eibeschütz diktierte seinem Advokaten von Neuendahl die läppische Erklärung eines Amuletts, die für Christen gut genug war, und zugleich seinen von Eigenliebe strotzenden Lebenslauf in die Feder und übergab alles seinem getauften Jünger zur Veröffentlichung unter dessen Namen.

Wir können uns jetzt kurz fassen: der Beweis für Eibeschützens Kryptosabbatianismus ist geführt. Wir können nichts darauf geben, daß er einen feierlichen Eid geleistet hat, er gehöre nicht zu den Sabbatianern. Er hat 25 Jahre vorher (1725) mit anderen in Prag einen feierlichen Bann gegen S. Zewi und die Sabbatianer öffentlich ausgesprochen (abgedruckt in Emdens Torat ha-K., p. 38 a b), und nichtsdestoweniger war es damals notorisch, daß er mit ihnen unter einer Decke steckte. In einem Konvolut von Briefen,

Karl Anton, Baumgarten, Acharius, Carpzow und Megerlin usw. Jost scheint sich dieses Faktum ohne Quelle kombiniert zu haben, was schon daraus folgt, daß er K. Antons mit Megerlins Gutachten in dieselbe Zeit setzt, während der erstere 1752 und der letztere 1756 über diesen Streit schrieb. Jost hat beider Schriften nicht angesehen, sonst konnte er nicht angeben, daß sie sie auf des Königs Wunsch geschrieben, während sie sich mit einer Bitte an ihn zugunsten Eibeschützens gewendet haben. Jost hatte dabei nur den Passus bei Emden (בית יהונתן הסופר, p. 11b) im Gedächtnis: . . . מצא לו בקיאים בהלכות כתיבות קמיעות, הלא הם בוים גארטין מהאלי ואכריוס מקיהל, קארפצוף מראשטאק קארל אנטאן בהלמשטט מעגרלין בפפד"מ. Daraus hat er ein Faktum gemacht. Aber diese christlichen Schriftsteller sind nicht vom Könige zur Begutachtung aufgefordert worden, sondern haben sich selbständig über diesen Streit in Zeitschriften und in eigenen Schriften ausgesprochen.

welches Eibeschützens Frau einem seiner Jünger in dieser Zeit zu verbrennen übergab, fand dieser einen konfidentiellen Brief von Löbele Proßnitz an Eibeschütz und ließ ihn zirkulieren (abgedruckt in התאבקות, p. 42a). Unter den Schriften des entlarvten Jesaia Chassid fand man einen kompromittierenden Brief von Eibeschütz an denselben. Er bat ihn dringend um Stillschweigen und Geheimhalten (in בית יהונתן p. 4a): לה״ה החריף החכם מופלא מהר׳ ישעיה . . . ונא אל יהיה מן המפרסמים כ״א הצנע מאד ויזהיר לכל אנשי סודו כי אולם אני רואה צעקת כלבים . . . למולי למאוד . . . כתר זעיר עד שלא יהיה ערוה בעולם . . . ממני . . . יהונתן. In einem Zeugenverhör (Freitag, 11. Tammus 1725) in Mannheim wurde Eibeschützens Name öfter in Verbindung mit den sabbatianischen Schwindlern genannt, daß sie ihn für den Davidischen Messias (und Nachfolger Sabbataïs) gehalten und seine Korrespondenz mit ihnen beiseite gebracht haben (das. a, b); das Original dieses Zeugenverhörs war im Besitze des Herrn Carmoly. Chajon hat sich stark an Eibeschütz gerieben (o. S. 510). Eibeschütz' Lehrer Meïr Eisenstadt hat ihn wegen seines intimen Verkehrs mit den Sabbatianern zur Rede gestellt, und er versprach Besserung (עדות ביעקב, p. 65b, 60, auch p. 55a): הרב מה׳ מאיר בהיותו בוין בבית הקצין ר׳ וואלף ווירטהיימ הכניס אותו (ר׳ יונתן) לחדר לפני ולפנים והוכיח אותו ע״י מעשים מקולקלים שעשה עם ליבלי פרוסטיץ ועם חויא חיון לאחר שנתפרסם קלונם . . . וקרב אותם בשתי ידים . . . וקבל על עצמו להיות סור מרע. [Vgl. Kaufmann, Samson Wertheimer, S. 88, n. 3.] Wie Arje Loeb, Rabbiner von Amsterdam, referiert, hätte ihn damals (1725) die Synode der Vier-Länder in Polen wegen Sabbatianismus in den Bann tun wollen; aber er, Arje Loeb, hätte für ihn interveniert (אספקלריא המאירה, Brief I, d. d. 1752): שנחשד אותו האיש (ר׳ יונתן) מכת המחזיקים באמונה הרעה הזאת של ש״צ ועלתה הסכמה . . . אצל נגידי דד׳ ארצות להחרימו ולנדותו בכל הקהלות ישראל במדינת פולין ומגודל בקשת דודו . . . מהו׳ הירץ אב״ד דפינטשוף אשר כתב אלי דברי תנחומים . . . שלא לבישו ברבים . . . בטלתי הדבר . . . ואף שבאותו הזמן כתבו אלי הרב משה חאגיז והרב אב״ד דק״ק פ״פ (ר׳ יעקב כהנא) . . . לירד עמו עד לחייו ובאלו אמרו מורידין . . . אמרתי משגה הוא בידו. Man berichtete ferner, daß der damalige Rabbiner von Frankfurt und den Drei-Gemeinden (Ezekiel Katzenellenbogen) einander aufgefordert haben, die Initiative zu ergreifen, Eibeschütz in den Bann zu legen (התאבקות, p. 2b). Jakob Reischer (Verf. von חק יעקב und anderen Schriften) hat ihn für einen förmlichen Apostaten gehalten. Das berichtet sein Enkel Nehemia Reischer, Rabbiner von Lothringen (שפת אמת, p. 35): אדוני זקני חרה לו עלי מאוד (על אשר נכנסתי למחיצת ר׳ יונתן בפראג) ושחרתי פניו לאמור: אם תראה אותו מלפניך תאהוב אותו כמוני. והשיב לי ח״ו שיבא תחת פני והלואי שלא תלכוד ברשתו . . . כי קסמים בידו וכמומר נחשב לפני. Eibeschütz kam aber allen zuvor und sprach den Bann über die Sabbatianer aus. David Oppenheim mochte aber die Bannbulle nicht mit unterzeichnen, weil er Eibeschützens Manöver als eine Heuchelei betrachtete (das.): אבן הגאון ר׳ דוד אופנהיים משך ידו לבל יחתום עמם לבל ישעו בדברי שקר. Mose Chagis war wütend über diese Heuchelei, schrieb darüber dem Rabbiner Michael Chaßid[1]) von Berlin und prophezeite damals (1725) das Schlimmste

[1]) [Ausführliches über ihn bei Landshuth, תולדות אנשי שם, S. 11 ff.] Ein Enkel dieses Michael Chaßid war der getaufte Joseph v. Sonnenfels (Jüd. Plutarch I).

von Eibeschütz (Emden תורת הקנאות, p. 42a): אנכי הרואה שר׳ יונתן יוצא מן הכלל ומלא קדים רוחו רוח זוה מליבלי פרוסטיץ ... וחביריו. והזמן יגיד הנזק הגדול שמזה יצא אם לא יכחישו אותו הרבנים שבידם. לגלות חרפתו כעת ... ולבי בל עמי להאריך ... מאשר יעשה הרע הזה לעמי באחרית הימים. Vgl. noch Chagis' Brief an Arje Loeb in בית יהונתן, p. 3b.

Noch ist ein Wort über die scheußliche blasphemierende Schrift ואבא היום אל העין עין רוגל [jetzt Cod. Oxf. No. 955, 4] nötig, die man damals Eibeschütz zugeschrieben hat. Ezechiel Landau forderte Eibeschütz auf, diese und ähnliche Schriften energisch zu verdammen, um den Verdacht von sich abzuwälzen. Bei dieser Gelegenheit zählt er sie auf und charakterisiert sie (פתח עינים, p. 8a, fehlt in Eibeschützens לוחות עדות) folgendermaßen: באתי לעורר לב ... על דברי ספרי ... מינות שנמצאו במדינותינו ... לעקור ולשרש שורש אמונת ישראל ... תאמינו לי שבכל אמונת הגוים ... לא שמעתי כפירה כזו ואזכיר הכתבים בסימניהם: 1. קונטרס אחד התחלתו ואבא היום אל העין ... כופר בהשגחת אין סוף; 2 הקונטרס השני פירושי שיר השירים ... פה דובר נבלה; 3. שלישי פירוש מגלת אסתר כתב פלסתר; 4. קונטרס כונת תקיעת שופר ... וכל דת היהודים כופר ... כבר נתפשטו הכתבים כמעט ברוב מחוזי פאדאליע ומחזיקים אותן לכתבי קודש. עורו נא ... לחחרים המחבר הראשון ... ועל הגאון מ׳ יונתן הדבר מוטל יותר בחיוב ... שתולים (הכופרים) עצמם בו כי ממנו יצאו הדברים כבושים. Landau sagte es ihm also ebenso bestimmt wie höflich, daß man in Polen Eibeschütz für den Verfasser dieser laszіven und destruktiven kabbalistisch-sabbatianischen Schriften gehalten hat. Eibeschütz rechtfertigt sich auch gegen diese Anklage (לוחות עדות Einleitung, Nr. 19), allein diese Verteidigung ist nicht überzeugend, sie läuft darauf hinaus, daß man seine Autorschaft nicht beweisen könnte. Aber warum hat er diese Schriften, wie Landau mit Recht von ihm verlangt hat, nicht mit dem schwersten Banne verdammt? Dazu kommt noch, daß ein Reisender aus Prag, dessen Effekten auf David Oppenheims Befehl in Preßburg untersucht worden sind und bei dem man die Schrift ואבא היום fand, ausgesagt hat, daß sie von Eibeschütz stamme (Emden תורת הקנאות, p. 42b, 43a; der Brief Emdens an D. Oppenheim ist Ende [7. Kislew = November] 1725 datiert, zur Zeit als er Eibeschütz noch nicht kannte: daher nahm er ihn in Schutz). Endlich ist in der Schrift פתח עינים (S. 15b) ein Zeugenverhör vor dem Rabbinate von Brody mitgeteilt, in welchem die Zeugen geradezu aussagten, die genannten Schriften 1—4 seien von Eibeschütz verfaßt worden.

Sollte aber, wenn er so voll von sabbatianischer Häresie war, so gar nichts davon transspiriert sein? Eibeschütz war kein Freund von Bücherschreiben, war zu ungeduldig dazu und auch zu klug, um seine geheimsten Gedanken dem verräterischen Papier anzuvertrauen. Der Zufall brachte indes kabbalistische Ansichten Eibeschützens ans Licht. Mein gelehrter Freund, Herr J. Mises, entdeckte einen handschriftlichen Kodex, dessen Verfasser oder Sammler ein Jünger Eibeschützens war, Simon Buchhalter in Petersburg (unter dem Titel לקט שמעוני (שם עולם, auch), s. Mises, Darstellung der jüdischen Geheimlehre I, S. 7. Dieser Kodex ist Eigentum meines geehrten Freundes, Herrn Dr. Jellinek in Wien, der ihn mir zuvorkommend zur Benutzung übergeben hat. Dieser Simon Buchhalter stellte 1748 alles zusammen, was er von Eibeschütz mündlich und schriftlich (im Anfang einen

Dialog) über Kabbala und Philosophie 20 und mehr Jahre vorher vernommen hatte. Die Gespräche und die darauf folgende Korrespondenz fallen um 1728—1730. Das ist wichtig für die Beurteilung des Folgenden. Auch einige Bemerkungen über den Sammler, wie er sie in diesem Kodex gibt, müssen vorausgeschickt werden. Das Buch hat zwar nicht die große Bedeutung, welche Herr Mises ihm vindiziert hat. Es ist eine langweilige Wiederholung abgegriffener kabbalistischer Phrasen, mit Bombast ausstaffiert. Auch der Dialog im Anfang enthält nichts Neues. Aber um Eibeschützens Standpunkt zu erkennen, hat es einige Wichtigkeit. Der Sammler, Eibeschützens Jünger, kannte die sabbatianische Bewegung Cardosos und Chajons. Gegen Ende wirft er die Frage über die im Sohar angedeutete Dreieinigkeit auf, wodurch Cardoso, Chajon und andere auf Irrwege geraten wären (Bl. 99). Darauf schreibt Eibeschütz an ihn: על מה ששאלת אותי שהענינים הם הוא על תבנית ודמות טענת הטועים . . . והבאת ראיה מזהר . . . בגין דכל מהימנותא דקב"ה בתלתא אסתמו . . . וסברו בו בני עמנו כגון קרדאזי וחיון ואחרים עמהם הן לסיוע דעתם הנפסדת מביאים בספריהם. In der Antwort zeigt sich, daß auch Eibeschütz Cardosos Schriften kannte und daß er glaubte, seine Ansicht weiche bedeutend von der Cardosos ab, welcher in eine entschieden ausgeprägte Dreieinigkeit geraten sei ואחר, אחד (שלשה) והמה אומרים הרבוי הוא הרבוי . . . ואפילו אם יאמר שהם עלולים זה מזה אחה מרבה באלהות ח"ו . . . האני מרחיק לומר כדעת מה' אברהם קרדאזי ודכותיה. Bl. 11v. teilt Simon Buchhalter mit, daß er früher die Schriften Cardosos und Chajons gelesen, aber infolge des Bannes gegen sie habe er sie vernichtet; aber er habe noch manches von ihrem Gedankengange im Kopfe behalten. Dabei gibt er in nuce Cardosos und Chajons Trinitätslehre: מימי חרפי וזה לי עשרים שנה ויותר שעיני ראו כל כתבי הכם חיון וכתבי חכם ר' אברהם קרדאזי ומלפנים כזאת מאסיפת הרועים וכת הטועים בצבי שבור ומודח. את הכל ראיתי בימי הבלי וקיימתי מהן מצות ביעור . . . אבל עדין חיות בזכרוני . . . וכן יסדו את דבריהם על תלתא קשרי דמהימנותא. Die ganze Korrespondenz zwischen ihm und Eibeschütz bewegt sich eigentlich um das Verhältnis der göttlichen Einheit im Pentateuch und der Dreiheit im Sohar. Eibeschütz beantwortet diese Fragen kabbalistisch; er meinte aber, sie philosophisch beantwortet zu haben. Die Quintessenz seiner Anschauung ist, daß die Gottheit aus einem Dualismus besteht, der ersten Ursache oder dem Urgrunde, סבה ראשונה, die keinerlei Einfluß auf die Welt habe, und dem Gotte Israels אלהי ישראל, dem Komplexe der Sephirot, dem von der ersten Ursache Effektuierten (עלול), gewissermaßen dem Reflex derselben (ציור). Diese Anschauung wird durch das ganze voluminöse Buch gehetzt (vgl. Bl. 24b): כי באמת הסבה הראשונה אינו משתנה ואינו מתפעל בשום פנים . . . להיותי כן אין ידיעתו ג"כ בפרטים . . . והציור י' ספירות אך שהוא דבוק עמו בתכלית הקישור האידוק והדיבוק מכל מקום הוא בבחינת עלול נגד סבה ראשונה . . . וכל תפילתינו ותכלית העבודה לו לציור הנ"ל . . . שהוא עצם אלהות אשר הוא אלהינו ולו יתואר שם אחד מה שאין כן על סבה ראשונה אפילו שם אחד לא יצדק . . . אמנם עליו (על ציור) יתואר שם אחד להורות על אחדותו עם הסיבה הראשונה לכך לא נמצא בכל הגמרא ומדרשים וזהר בתורה נביאים כתובים שום ענין על אלוהותו . . . על תוארי ס"ר . . . אמנם באמת אלהי ישראל הנותן התורה הוא ציור י' צפירות והוא דבוק עם הסיבה ראשונה . . . א"כ התפלה אינו לס"ר רק לציור הנ"ל . . . שהס"ר משגיח רק בכללים והציור אך בפרטים זה . . . תפארתו שאינו משתנה להיות ס"ר

ופשוט . אמנם הציור שהוא בבחינת העלול יכול להשגיח בפרטים ולהתפעל ע"ר תורה ותפלה ומעשים טובים . . . והוא אלהי ישראל באמת. Vgl. Bl. 16b: ולכך לא תמצא בכל הגמרא ומדרשים שאלהי ישראל הוא הסבה הראשונה כי באמת אינו הס"ר רק הוא בסוד עלול. Nun, diesen Blödsinn von Dualismus hat auch Cardoso aufgestellt, und seine Ansicht wird in derselben Schrift (S. 11 v.) entwickelt, daß die Bibel nicht die erste Ursache kenne, sondern das erste causatum: סי הס"ר לא נזכר בתורה ולא בנביבים ובכתובים ולא רמז בו משה רבינו שום רמז בכל התורה כי אם למאורות המתפשטים ממנו.

Das ist eben der sabbatianische Schwindel (vgl. o. S. 450). Das sabbatianische Sendschreiben an Samuel de Pagas (o. S. 461) wiederholt oft, daß der Gott Israels verschieden von der prima causa sei (והקדוש ברוך הוא אינו הסבה ראשונה כלל, p. 71, 67, 102, 142). Es ist der Grundton in Cardosos Schriften, wie bereits öfter angegeben ist. Vergleiche noch zum Überfluß den Auszug aus seinem בקר אברהם bei J. Altaras (oder J. Lopez) ס' כור מצרף האמונות ומראה האמת p. 102d: ויתבאר . . . על ידי ראיות אמתיות מן התורה ומן השכל, שאין הסבה ראשונה הבורא אלא המצוי אשר נאצל ממנו, והוא אלהי ישראל, ולו צריך לעבוד והעובד לזולתו עובד ללא אלהי אמת. Eibeschütz hat geradezu ein Plagiat an Cardoso begangen, wie auch Chajon ein Plagiator an demselben geworden war. Eibeschützens Jünger, Simon Buchhalter, hat es ihm auch vorgehalten, daß diese Theorie eben Chajons Ausgangspunkt war, und Eibeschütz schwindelte ihm eine Differenz vor, um eine solche zwischen seiner und Chajons Annahme zu statuieren (Bl. 58 v): ומה שכתב מכ"ת שהלמוד הזה נוטה לשיטת חכם חיון רחמנא ליצלן הוא אומר שלס"ר יש גבול. Derselbe Dualismus kommt auch in dem Eibeschütz zugeschriebenen ואבא היום אל העין vor (bei Emden תה"ק, p. 44a), nur daß die erste Ursache עתיקא קדישא genannt wird: אך עתיקא קדישא בהיות שאלהי ישראל מושך מאתו ומפריד ממנו כל הסגים ונשאר רק חסדים גמורים אין צריך לעשות המצות ולקיים התורה. Mit Recht bemerkt Emden (das. p. 29b), daß die Bezeichnung „Gott Israels oder heiliger König" gar nicht so harmlos war, sondern von den Sabbatianern als ein verschämter Terminus für Sabbataï Zewi und überhaupt für die messianische Inkarnation Gottes gebraucht wurde, מה שמכנה אותו מלכא קדישא ואלהי ישראל כונתו ולבו לשבתי צבי. Wie dem auch sei, es ist jedenfalls gewiß, daß Eibeschütz dem einfachen Gottesbegriff des Judentums einen Dualismus substituiert hat, den er seinem Jünger gegenüber als eine eigene, von Cardoso und Chajon differierende Auffassung akzentuierte. Erwägt man, daß er die Korrespondenz mit demselben um 1728—1730 führte, d. h. wenige Jahre nachdem er kaum den gegen ihn heraufbeschworenen Sturm wegen Zuneigung zum Sabbatianismus beschwichtigt hatte, so wird man es nicht auffallend finden, daß er auf seiner Hut war und von der Einreihung des Messiasbegriffes in diese Theorie nichts erwähnte. Ich hoffe, daß die Leser meine Charakteristik von Eibeschütz vollkommen gerechtfertigt finden werden.

Zum Schlusse noch ein Moment aus Eibeschützens Biographie, welches seinen Biographen völlig entgangen ist. Es ist bekannt, daß die Kaiserin Maria Theresia gegen die Juden von Böhmen und Mähren Ende 1744 und anfangs 1745 ein Ausweisungsdekret ergehen ließ. In dem Dekret, das in verschiedenen Quellen mitgeteilt ist, heißt es mysteriös: „Aus mehrerlei uns bewegenden höchst triftigen Ursachen." Diese Ursachen waren, daß die böhmischen Juden, namentlich die von Prag des verräterischen Einverständnisses mit den Feinden der Kaiserin beschuldigt wurden. Bodenschatz, Aufrichtung deutschredender Hebräer I, S. 172 f. zitiert eine authentische Relation darüber. Nachdem die Not der Juden ausführlich beschrieben wird, heißt es weiter: „Man beschuldige sie (die Prager Juden) als ob sie den Feinden ihrer k. Majestät allen Vorschub getan und sich dadurch des Lasters der beleidigten Majestät schuldig gemacht hätten." Auch angedeutet bei Pilarz, Historia Moraviae II, p. 348 (woraus mir Herr Rabbiner Oppenheim freundlichst einen Auszug gemacht hat). Auch Mirabeau sur Moses Mendelssohn, réforme politique des Juifs, p. 85: En 1744 les Juifs furent bannis de la Bohème, parce qu'on les accusa de trahison, mais dès l'anné suivante ils furent reconnus innocents et rappelés. Daß Eibeschütz Veranlassung zu dem Verdachte gegeben hat, und daß daher gegen ihn dekretiert wurde, daß er nie mehr die Kaiserstaaten betreten dürfte, ist aber nicht bekannt. Karl Anton oder vielmehr Eibeschütz selbst erzählt es aber deutlich in der Antonschen Schrift (S. 53): „Er zog im Jahre 1742 nach Metz und seine Frau, Familie und ganzes Vermögen ließ er auf eine kleine Weile in Prag zurück. Diese Veränderung setzte ihn in den Verdacht, als wäre er den Franzosen zugetan, daher sein ganzes Vermögen sequestriert wurde." Weiter gibt er zwar an, daß seine Unschuld an den Tag gekommen, aber dem ist nicht so. Emden berichtet, daß er schuld an der Ausweisung der Juden aus Prag gewesen, und daß er und die Seinigen aus dem Kaiserreiche verbannt wurden (עדות ביעקב, p. 38a): והוא (ר' יונתן) עיקר גרמא בנזקין לגירוש ק"ק הנ"ל (פראג) במעשיו המכוערים . . . נגזר מארץ פיהם כי גם במלכותא דארעא הרים יד ונדון בשלוחין וגרושין מכל מדינות הקיר"רה.

(Auch das. p. 45a): זוגתו מפראג שהיתה עצורה שם בפקודת הקיר"ה עזבה שם והוא ברח לילה וימלט (s. auch התאבקות, p. 23a): כי באמת נגזר מארץ פיהם וכל מדינות הקיסר הוא וכל ב"ב אינם רשאים לדור שמה מאז מרד במלכו ואדוניו שמה במלחמת הצרפתים עם הקיסר יצא דת מהקיר"ה לחשבו כמורד בל ידרוך עוד בארצו (auch das. p. 13b). Daß Emden die Wahrheit erzählt hat, geht aus einem Briefe Mardochaï Jaffas an Eibeschütz hervor (d. d. 1753), worin er ihm anzeigt, daß Eibeschütz in Nikolsburg gewählt wurde, und er hoffe, die Kaiserin werde ihr Verbannungsdekret zurücknehmen (לוחות עדות p. 14b): ואם מה' יהיה זאת ליתן בלב המלכה להסכים לחפר עצת שוכנים אזי אקוה שיחזור התורה ליושנה. Vgl. die oft zitierte Supplik Landaus an Maria Theresia (Monatsschrift 1877, p. 20). „Daß Selbter Bey Vorigen Turbelenten Kriegszeiten mittelst colludirung deren dazumal feindlichen Frantzösischen Truppen sich mit denen Selben in der Stille von hier in die Stadt Metz verfüget, folgsamb denselben als reum criminis laesae majestatis sammbt seinen Weib und Ehelichen Kindern aus Höchst dero Sämmtlichen Erb-Ländern zu verweysen geruht haben."

Das Ausweisungsdekret ist zwar erst nach Abzug der Preußen von Prag im zweiten schlesischen Krieg (1744) erlassen worden, während die Anschuldigung gegen Eibeschütz sich nur auf den ersten schlesischen Krieg während der Okkupation Prags von den Franzosen (1741—1742) beziehen kann. Aber die Anklage gegen die Juden Prags muß durch die Anklage gegen Eibeschütz erst Gewicht erhalten haben. Die Akten mögen revidiert worden sein, oder die Judenfeinde mögen auf Eibeschützens Anschmiegen an die Franzosen zur Begründung ihrer Anschuldigung verwiesen haben. — Daß die böhmischen und mährischen Juden in ihrem Unglück ihre Brüder überall um Schutz angefleht haben, läßt sich voraussetzen und wird von Abraham Trebitsch in seinem קורות העתים (einer Fortsetzung des צמח דוד) ausdrücklich bezeugt (p. 18 b). Christliche Quellen geben ebenfalls an, daß die Verwendung mehrerer Mächte, namentlich Hollands und Englands, die Kaiserin bewogen hat, die Ausweisung aufzuschieben. Die Relation bei Bodenschatz (a. a. O.) sagt zum Schluß: „Man berichtet: als habe die kaiserl. Gnade oben erwähntes Emigrationsedikt auf Vorbitte einiger Potenzen und sonderlich beider Seemächte nunmehro zurückgezogen und ihnen erlaubt, im Lande zu bleiben." Pelzel, Geschichte der Böhmen (zu Ende des Jahres 1744): „Sie (die Juden) fanden an der Republik Holland, am König von England und andern Mächten Fürsprache, deren Botschafter dringende und rührende Vorstellung machten". Pilarz (a. a. O.): Et enim factum istud ab eis (Judaeis) suo intercessu averterunt Angliae, Hollandiae aliarum Aularum autores.

Schließlich sei hier noch die chronologische Reihenfolge der in der Streitsache gegen Eibeschütz erschienenen Polemika und ihre Autorschaft angegeben. Meines Wissens ist diese bibliographische Arbeit noch nicht kritisch unternommen worden. Es ist auch schwer, in die selten gewordenen Streitschriften Einsicht zu nehmen. Einige derselben sind ohne Jahresangabe erschienen.

1. אגרת פורים, kurze Erzählung der Vorfälle bezüglich der Amulette in Hamburg und der Verfolgung gegen Emden, wohl von diesem selbst verfaßt Monat Ab = August 1751 (צולתה), Handschrift geblieben, gegenwärtig in Oxf. cod. hebr. 2190.

2. אגרת שו"ם, Emdens Sendschreiben an die polnischen Synoden mit der Aufzählung der Wirren, ferner Antwortschreiben des Synodalvorsitzenden, Abraham aus Lissa, und eine Warnung aus Jaroslaw, d. d. Marcheschwan = Oktober 1751. Diese Piecen sind in die Schrift עדות ביעקב (w. u.) übergegangen.

3. תורת הקנאות. Es ist die erste Schrift, die Emden in Amsterdam während seiner Emigration infolge der Streitigkeiten verfaßt hat. Sie ist, namentlich zum Schlusse, gegen Eibeschütz gerichtet und vollendet Adar = März 1752. Amsterdam [Altona], 4.

4. שפת אמת ולשון של זהורית, eine Sammlung der verketzerten Amulette und Korrespondenzen gegen Eibeschütz, erschienen im Sommer in Amsterdam(?) 1752, wie aus der Anzeige in den „Mecklenburgischen Gelehrten Nachrichten" (v. S. 516) hervorgeht.

5. התראה אחרונה, Aufforderung Josua Falks an Eibeschütz, sich dem Urteile des Schiedsgerichts zu unterwerfen, wahrscheinlich 1752 gedruckt, aber sine anno.

6. מספקלריא מאירה, eine Fortsetzung der Urteile von vier Rabbinen mit noch anderen Piecen über Eibeschütz, erschienen [Altona 1753]. Der Sammler dieser und der vorhergehenden Schrift war nicht Emden, sondern Joseph Präger, sein Parteigänger. S. עדות ביעקב, p. 22a: רק אחד מחצד שלנו (רי"פ) קבצו בדפוס, d. h. ר' יוסף פרעגיר.

7. עקיצת עקרב von Emden, auf das Eibeschützens Anhänger in Emdens Behausung gefahndet haben (das. 17b) ist um 1753 angeblich in Amsterdam, wahrscheinlich in Altona erschienen; es enthält nicht viel Tatsächliches.

8. מאירת עינים, Protokoll über Zeugenverhör bezüglich der Vergehungen der Sabbatianer und Schreiben mehrerer Rabbinen in der Eibeschütz-Emdenschen Streitsache. 1753 (in Amsterdam?).

9. לוחות עדות von Eibeschütz, beendet 18. Tammus = 20. Juli 1753. Erst mit dem Erscheinen dieser umfangreichen Schrift begann die Polemik heftiger zu werden. Gedruckt in Altona 1755, 4.

10. כי לה' אלי, Widerlegung der Angriffe Eibeschützens auf den Rabbinen Loeb von Amsterdam 1755.

11. שבירת לוחות האון zur Verdächtigung der von Eibeschütz angeführten Zeugnisse und als Fortsetzung dazu:

12. פתח עינים Beleuchtung des von Ezechiel Landau erlassenen Sendschreibens, erschienen 1755—1756, angeblich nicht von Emden selbst verfaßt, sondern von seinem Jünger David Awas, der sich im Anfang nennt, Zolkiew [Altona 1756—1759], 4.

13. עדות ביעקב von Emden selbst, begonnen 1755, aber erst viel später, nach 1762 vollendet, s. l. [Altona], 4.

14. ספר שמוש, von Emden (in drei Piecen) eigentlich gegen die Frankisten gerichtet, aber auch vielfach gegen Eibeschütz polemisierend, begonnen 1758, erst 1761 vollendet, gedruckt in Altona.

15. בית יהונתן הסופר, erschienen 1762 oder 1763 [in Altona] nicht von Emden selbst, sondern von einem seiner Jünger verfaßt (s. p. 7a Nr. 3).

16. התאבקות (aus mehreren Piecen bestehend), auch nicht von Emden selbst verfaßt, sondern unter seinem Diktat begonnen 1762, vollendet 1769, in Altona gedruckt.

17. מטפחת הספרים, eigentlich eine kritische Beleuchtung des Sohar, aber auch gegen die Sabbatianer, Frankisten und Eibeschütz gerichtet, von Emden selbst, Altona 1768, 4.

18. חרבות צורים, Sendschreiben einiger Rabbinen zu Emdens Gunsten, sine dato.

19. ספר נזיקין, Briefe und Proklamationen gegen Eibeschütz, Handschrift in Oxf. cod. hebr. 2229, 5.

20. גחלי אש, eine ausführliche Erzählung aller Vorgänge in dieser Streitsache, Verf. war Emdens Jünger, Joseph Präger, handschriftlich [in Oxford, jetzt cod. hebr. 2189. Nähere Mitteilungen daraus von Neubauer im Jahrgang 1887 der Monatsschrift, S. 202—214, 257—268].

Im Besitze meines Freundes, Herrn R. Kirchheim in Frankfurt a. M., sind einige handschriftliche Briefe an Joël Engers in Frankfurt a. M. über den ersten Ausbruch der Streitigkeiten in Altona; sie sind zu Eibeschützens Gunsten gehalten. — Die Streitschriften in dieser Affäre belaufen sich demnach nicht auf einige Hundert, wie de Rossi es darstellt (Dizionario storico s. v. Eibeschütz).

Register.

J.

K.

L.

T.

U.

V.

W.

Z.

Druck von Oskar Leiner in Leipzig. 23577